Linda O'Bryan und Hans Zaglitsch

# Panama

001pa hz



„In Panama", sagte er, „ist alles viel schöner, weißt du.
Denn Panama riecht von oben bis unten nach Bananen.
Panama ist das Land unserer Träume, Tiger.
Wir müssen sofort morgen nach Panama ..."

*Janosch*

# Impressum

Linda O'Bryan, Hans Zaglitsch
**Reise Know-How Panama**

erschienen im
Reise Know-How Verlag Peter Rump GmbH
Osnabrücker Str. 79, 33649 Bielefeld


**8., neu bearbeitete und komplett aktualisierte Auflage 2013**



**Gestaltung**
Umschlag: G. Pawlak, P. Rump (Layout);
Katja Schmelzer (Realisierung)
Inhalt: Günter Pawlak (Layout);
Katja Schmelzer (Realisierung)
Fotonachweis: Hans Zaglitsch (hz)
Titelfoto: Hans Zaglitsch
Karten: Cathérine Raisin, der Verlag
Umschlagkarten: Bernhard Spachmüller, der Verlag

**Lektorat** (Aktualisierung): Katja Schmelzer

**Druck und Bindung**
Wilhelm & Adam, Heusenstamm

**ISBN 978-3-8317-2315-7**
Printed in Germany

Dieses Buch ist erhältlich in jeder Buchhandlung Deutschlands, der Schweiz, Österreichs, Belgiens und der Niederlande.
Bitte informieren Sie Ihren Buchhändler über folgende Bezugsadressen:

**Deutschland**
Prolit GmbH, Postfach 9, D–35461 Fernwald (Annerod) sowie alle Barsortimente

**Schweiz**
AVA Verlagsauslieferung AG,
Postfach 27, CH–8910 Affoltern

**Österreich**
Mohr Morawa Buchvertrieb GmbH
Sulzengasse 2, A–1230 Wien

**Niederlande, Belgien**
Willems Adventure, www.willemsadventure.nl

Wer im Buchhandel trotzdem kein Glück hat, bekommt unsere Bücher auch über unseren **Büchershop im Internet: www.reise-know-how.de**

181pa hz

Wir freuen uns über Kritik, Kommentare und Verbesserungsvorschläge, gern auch per E-Mail an info@reise-know-how.de.

Alle Informationen in diesem Buch sind von den Autoren mit größter Sorgfalt gesammelt und vom Lektorat des Verlages gewissenhaft bearbeitet und überprüft worden.

Da inhaltliche und sachliche Fehler nicht ausgeschlossen werden können, erklärt der Verlag, dass alle Angaben im Sinne der Produkthaftung ohne Garantie erfolgen und dass Verlag und Autoren keinerlei Verantwortung und Haftung für inhaltliche und sachliche Fehler übernehmen.

Die Nennung von Firmen und ihren Produkten und ihre Reihenfolge sind als Beispiel ohne Wertung gegenüber anderen anzusehen. Qualitäts- und Quantitätsangaben sind rein subjektive Einschätzungen der Autoren und dienen keinesfalls der Bewerbung von Firmen oder Produkten.

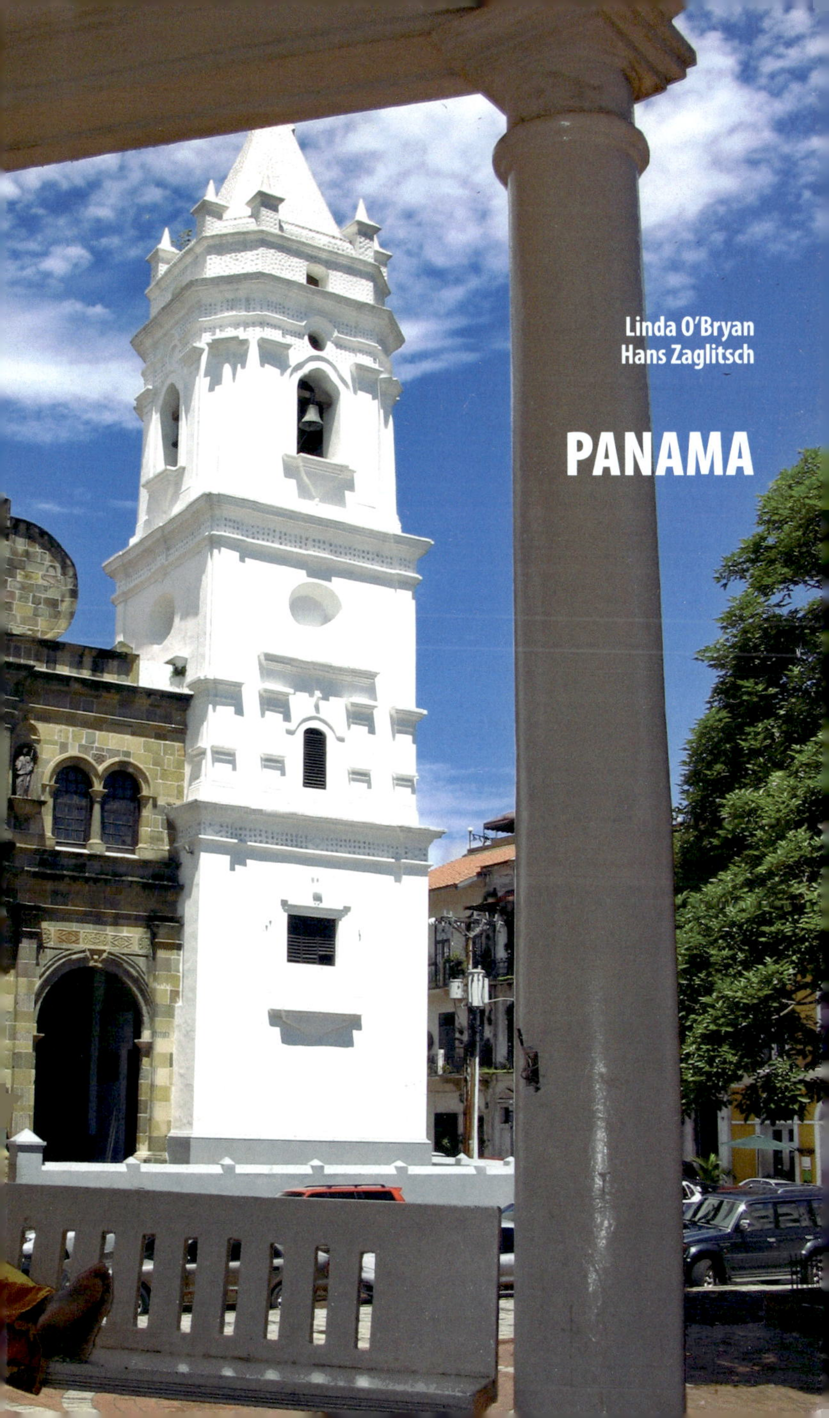

Linda O'Bryan
Hans Zaglitsch

# PANAMA

# Vorwort

Es gibt heutzutage nur noch wenige reizvolle Länder, die nicht von Urlaubern überschwemmt sind, keine touristisch maßgeschneiderten, künstlichen Welten haben und nicht vom Tourismuskommerz und -konsum geprägt werden. Panama ist eines davon. Diese Tatsache und die Schönheiten Panamas machen es zu einem der letzten Paradiese auf der Erde, zu einem jungfräulichen Land in jeder Hinsicht.

Aber was ist schon über dieses kleine Land im Südosten Zentralamerikas bekannt, das meistens in einem Atemzug mit dem Panamakanal erwähnt wird. Der Bau ist zwar eine gigantische Leistung der Ingenieursarbeit und eines der teuersten Einzelunternehmen überhaupt, doch sollten auf keinen Fall die anderen Sehenswürdigkeiten Panamas in den Schatten gestellt werden. Deshalb möchten wir Ihnen mit diesem Reiseführer das kleine zentralamerikanische Land näherbringen.

Um es gleich vorwegzunehmen: Die panamaische Tourismusbranche steckt in vielen Regionen noch immer in den Kinderschuhen, und die Touristen, die nach Panama kommen, konzentrieren sich weitgehend auf die Landeshauptstadt Ciudad de Panamá mit ihren vielen Einkaufsmöglichkeiten, auf den Panamakanal, auf das Bergdorf Boquete und die Inselwelt von Bocas del Toro. Gerade deswegen werden Sie unterwegs relativ wenig internationalen Touristen begegnen und ein Land vorfinden, das ungeahnte Schönheiten zu bieten hat: viele palmengesäumte, menschenleere Strände, mehr Inseln, als das Jahr Tage zählt, ehrwürdige historische Stätten und Natur in Hülle und Fülle. Rund dreißig Naturschutzgebiete erstrecken sich zwischen den mystisch erscheinenden Nebelwäldern der Bergregion im Westen und dem nahezu unberührten Regenwald im Osten, dem größten zusammenhängenden Urwald in Zentralamerika.

Die gastfreundlichen, warmherzigen Menschen, die mit Stolz ihr kulturelles Erbe hegen und temperamentvolle Feste mit Salsa, Ragga und Kongos feiern, freuen sich, wenn europäische Touristen ihr Dorf besuchen, Kirchen und sonstige Sehenswürdigkeiten bestaunen oder einfach nach einem gemütlichen Plätzchen suchen. Und sie sind überaus hilfsbereit, ohne dabei auch nur einen Gedanken an ihren Vorteil zu verschwenden.

Panama hat Charme und ist gut zu bereisen. Das Land hat ein gutes Bussystem, gute Inlandsflugverbindungen und relativ gute Straßen, die auch eine Reise durchs Land mit einem Mietauto ermöglichen. Mit etwas Zeit im Reisegepäck und ohne die Erwartung, überall perfektionierten Tourismus vorzufinden, werden Sie dieses faszinierende Land entdecken können.

An dieser Stelle möchten wir auch herzlichen **Dank** sagen an alle Personen, die uns vor, während und nach unserer Reise bei der Erstellung des Reiseführers mit Rat und Tat zur Seite standen. Unser besonderer Dank gilt allen Reisenden, die mit zahlreichen Tipps an dieser Überarbeitung mitgeholfen haben, sowie unseren panamaischen Freunden *Ivy Vergara Correa* in Guararé und *Dr. Maleny Rivera Soriano* in Sabana Grande, mit denen wir sehr viel Zeit verbrachten und die unsere Aufenthalte immer wieder zu unvergesslichen Erlebnissen machen – sowohl tagsüber wie auch in mancher (anstrengenden) Nacht.

Gute Reise – *hasta luego en Panamá!*

*Linda O'Bryan* und *Hans Zaglitsch*

009pa hz

# Inhalt

# Karten

# Exkurse

### Hinweise zum Gebrauch dieses Buches

Hinweise zur Schreibweise von **Internetadressen** und **Abkürzungen** in diesem Buch finden Sie auf Seite 271 im Kapitel „Vor der Reise“.

## 1 Panama-Stadt und Umgebung | 12

Panamas Hauptstadt ist eine der modernsten Metropolen Lateinamerikas. Verwinkelt und malerisch dagegen zeigt sich die Altstadt Casco Viejo, die zum UNESCO-Weltkulturerbe gehört. In der Umgebung der Hauptstadt locken tropische Naturgebiete und die Blumeninsel Isla Taboga.

## 2 Der Panamakanal | 78

In direkter Nachbarschaft zur Hauptstadt liegt der Panamakanal. Er zählt zu den technischen Meisterleistungen der Menschheit und zu den Höhepunkten einer Panama-Reise. Faszinierend und hochinteressant ist auch seine Entstehungsgeschichte.

## 5 Halbinsel Azuero | 144

Um die Schönheit Azueros zu entdecken braucht es Zeit. Nicht nur die unberührte Landschaft im Süden der Halbinsel, sondern vor allem die Traditionen, die Fiestas und die Herzlichkeit der Menschen sind Azueros wichtigste Schätze.

## 6 Der Westen | 178

Panamas populärste Reiseziele liegen im Westen, wie z.B. das Bergdorf Boquete und die tropische Insel Bocas del Toro. Sie sind nicht nur wegen der Landschaft und der Naturerlebnisse beliebt, sondern auch wegen dem dortigen Ambiente.

## 3 Zentrale Karibikküste | 98

Die kleine Region am Karibischen Meer scheint so wenig mit Lateinamerika gemein zu haben. Hier erlebt man vor allem karibische Kultur.

## 4 Zentrale Pazifikküste | 116

Auf der anderen Seite des Panamakanals liegt die Zentrale Pazifikküste. Die Region lockt vor allem wohlhabende einheimische Touristen an, die ihre Freizeit in luxuriösen Wochenendhäusern an den Stränden verbringen. Anders dagegen das Bergdorf El Valle, dessen üppig grüne Landschaft zum Schönsten zählt, was diese Region zu bieten hat.

## 7 Der Osten | 242

Im Osten des Landes wird die Landschaft allmählich einsam und unberührt. Dieses entlegene Gebiet ist nicht leicht zugänglich und zieht nur wenig Touristen an, mit Ausnahme der wunderschönen San Blas Inseln der Kuna-Indianer.

### Nicht verpassen!

Diese Tipps in den Ortskapiteln erkennt man an der **gelben Hinterlegung**.

# 1 Panama-Stadt und Umgebung

Vom kolonialen Handelsposten am Pazifik zur modernen Metropole. Eine hinreißende Kulisse aus

Wolkenkratzern, schicken Villen und angenehmen Kneipen unter tropischer Sonne.

Panama-Stadt

# PANAMA-STADT

Die ersten Impressionen erhalten die meisten Besucher Panamas in der spanisch-amerikanisch geprägten Landeshauptstadt **Ciudad de Panamá,** dem kulturellen, politischen und ökonomischen Zentrum des Landes. Die hinreißende Kulisse aus Villen, Wolkenkratzern, grünen Hügeln, baumgesäumten Straßen, Ozeanriesen und Luxusjachten überrascht die Besucher ebenso wie die Ausmaße der Stadt. Wer sich nicht gleich vom hektischen Treiben, Straßenlärm und von Abgasen abschrecken lässt, erlebt eine **quicklebendige, kosmopolitische** Stadt – kurz und bündig **Panamá** genannt.

143pa hz

Blick auf die Skyline von Panama-Stadt

## NICHT VERPASSEN!

- **El Casco Viejo,** Panamas Altstadt ist geprägt von spanischer und französischer Architektur und wurde zum Weltkulturerbe erklärt | 22
- **Puente de Las Américas,** die Brücke gehört zu den größten Stahlbrücken der Welt | 30
- **Calzada Amador,** der 5 km lange Damm zwischen Panama-Stadt und den vorgelagerten Inseln ist ein faszinierend vielfältiges Freizeitgebiet | 31
- **Panamá Viejo,** die ursprüngliche Hauptstdt Panamas gehört zum UNESCO-Weltkulturerbe und besteht aus historischen Gebäuden | 34

**Diese Tipps erkennt man der gelben Hinterlegung.**

# Überblick

Durch ihre Größe und ihre Bedeutung lässt Panama Stadt alle anderen Städte des Landes verblassen. Die Wurzeln dafür liegen in der kolonialen Epoche. Durch die Zentralisierung im politischen und kommerziellen Bereich wurde ein Konkurrenzkampf mit anderen Siedlungen unterbunden, weshalb sich keine andere Stadt am Isthmus besser und größer entfalten konnte als Panama-Stadt. Seit *Francisco Pizarro* im Hafen seine Segel setzte und in Richtung Peru aufbrach, entwickelte sich die Stadt zu einem **Handels- und Verwaltungszentrum.** Das ist Panamá bis heute geblieben und wird es, solange die Zukunft des Panamakanals sichergestellt ist, auch bleiben.

Der Panamakanal spielt unverändert die erste Geige in der **Wirtschaft** von Panama-Stadt und damit auch in der Ökonomie des Landes. Ende der 70er Jahre des 20. Jahrhunderts wurden mit liberalen Bankgesetzen ausländische Geldinstitute in das Land geholt und damit wurde ein zweites ökonomisches Standbein aufgebaut. Mittlerweile haben ca. 130 ausländische Banken eine Filiale in der Hauptstadt, die vorwiegend in den Stadtteilen Bella Vista, El Cangrejo und in Punta Paitilla ihre markanten Gebäude errichtet haben und die Panama-Stadt zu einem der größten Finanzzentren der Welt machen.

Seit der Eröffnung des Kanals erlebt die Stadt einen **permanenten Menschenzustrom.** Gegenwärtig leben in der weitläufigen Metropole, die die Vorstädte San Miguelitos an sich gezogen hat, etwa

## Übersicht Panama-Stadt

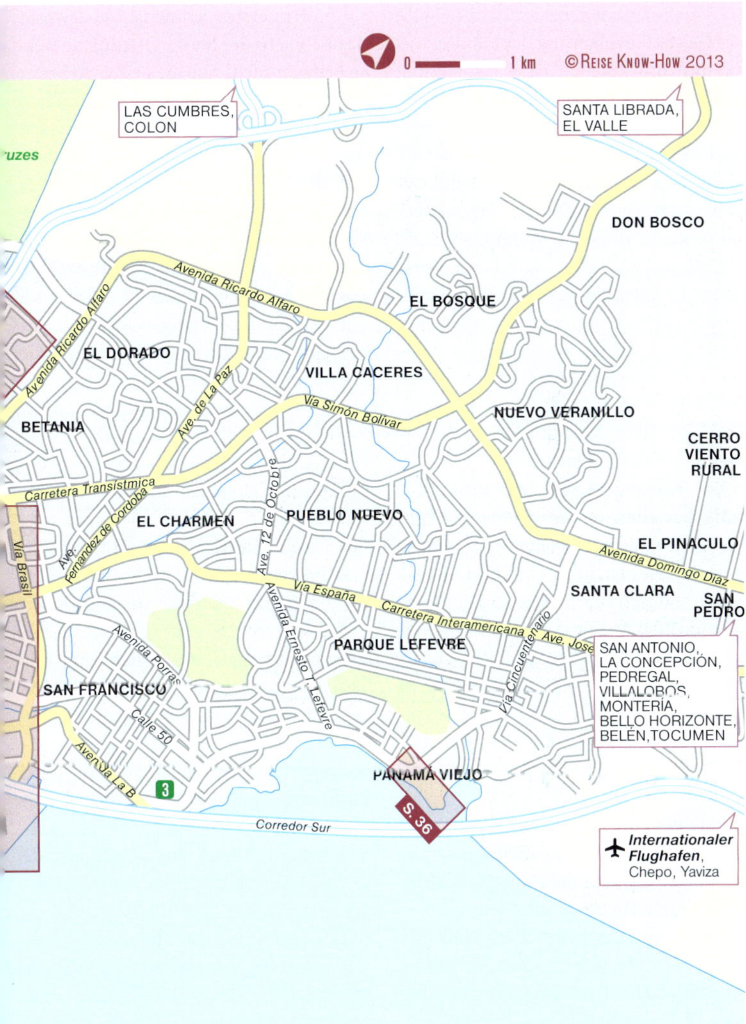


**Essen und Trinken**
2 Mi Ranchito

**Sonstiges**
1 ANAM (Naturschutzbehörde)
3 Atlapa

1,5 Mio. Menschen, das ist ca. die Hälfte der Gesamtbevölkerung des Landes, was zwangsläufig zu einer Überbevölkerung geführt hat. Als „Goliathkopf" bezeichnet man derartige Städte in Lateinamerika, womit gleichzeitig auch die Missverhältnisse zwischen Stadt und Land demonstriert werden. Panama-Stadt bildet dabei keine Ausnahme, denn es dient vor allem sich selber. Die Kanal- und Banken-Dollar bleiben in erster Linie in der Hauptstadt und eine Umverteilung wird kaum getätigt, womit auch der Finger auf die wunde Stelle im Verhältnis zwischen Panama-Land und Panama-Stadt gelegt ist. Eine Änderung der Situation ist nicht in Sicht.

Die **Konsequenzen der Zuwanderung** bestehen in bitterer Armut und Kriminalität, die hier genauso zu Hause sind wie Wohlstand und Luxus, oft nur getrennt durch eine Straße. Einige Stadtteile erscheinen wie das Manhattan von New York oder das Beverly Hills von Los Angeles – Nobelbezirke, die hier Namen wie La Boca, Paitilla oder El Dorado tragen. Andere Bezirke dagegen, wie etwa Curundú oder El Chorrillo – das im Volksmund ironischerweise „Hollywood" genannt wird –, zeigen die Armut, Trost- und Aussichtslosigkeit auf und lassen sich durchaus mit New Yorks berüchtigter Bronx vergleichen.

Die Hauptstädter scheinen trotz der Probleme, die ihnen diese kontrastreiche Stadt täglich zur Bewältigung gibt, ihre gute Laune beibehalten zu haben. Vielleicht liegt das auch am **tropischen Klima.** Die Metropole ist das ganze Jahr über in eine lähmende Hitze gehüllt, in der die durchschnittlichen Temperaturen zwischen 22 °C am Morgen und 32 °C um die Mittagszeit schwanken.

Mit dem ersten Sonnenstrahl erwacht das **Leben in der Stadt.** Öffentliche Busse bringen nicht nur die ersten Arbeiter an ihren Bestimmungsort, sie verbreiten auch enorme Abgas- und Staubwolken, die sich mit der immer größer werdenden Hitze vermischen. Langsam wird es auf den Straßen zunehmend lebhaft, der vorprogrammierte Stau auf der Vía España setzt wie jeden Tag, mit Ausnahme des Wochenendes, gegen 9 Uhr ein und das morgendliche Hupkonzert der gestressten Autofahrer durchschneidet die Staub- und Abgaswolken, die langsam auf das Häusermeer herabsinken.

Um die Mittagszeit, wenn die Sonne die Stadt in einen Backofen verwandelt, hilft oft nur die Flucht in einen klimatisierten Raum, in den schattenspendenden Parque Natural Metropolitana, dem „Dschungel vor der Haustür" oder zum Erholungsgebiet am Calzada Amador.

Am späten Nachmittag steht die Vía España abermals im Mittelpunkt des Verkehrsgeschehens. Der Büroschluss gegen 16 Uhr verursacht erneut ein Verkehrschaos, dem die Polizei machtlos gegenübersteht. Kotflügel an Kotflügel, Stoßstange an Stoßstange schieben sich die Fahrzeuge im Schneckentempo stadtauswärts und nach einer guten Stunde löst sich langsam der Stau auf. Das geschäftige Treiben, vor allem in der Avenida Central und der Vía España, verschwindet mit der Ladenschlusszeit gegen 20 Uhr. Das Verkehrschaos vom Nachmittag auf der Vía España ist dann längst vergessen, die Rollbalken schützen die Geschäfte gegen den Zugriff von Kriminellen, und die Bewohner ziehen sich in ihre Wohnungen zurück. Gegen 22 Uhr sind die Straßen leergefegt, ab und zu fährt noch ein qualmender,

Stadtbus durch die Straßen und sammelt die letzten Fahrgäste an den Haltestellen auf. Nach Mitternacht wird es still in der Stadt, kaum jemand ist in den künstlich erhellten Straßen noch zu sehen, mit Ausnahme der *Security Guards,* die vor teuren Geschäften und feinen Restaurants, öffentlichen Instituten, Banken und noblen Einfamilienhäusern einsam Wache schieben, bis der Morgen vom Lärm der ersten Busse angekündigt wird.

# Geschichte

Über die **Bedeutung des Wortes Panamá,** das aus einer längst verschwundenen Sprache der ursprünglichen Bevölkerung stammt, scheiden sich die Meinungen. Die meisten Panamaer halten an jener Version fest, in der Panamá *Fisch im Überfluss* bedeutet, womit auch die Verbundenheit mit dem Meer zum Tragen kommt, das eine bedeutungsvolle Rolle bei der Entwicklung der Hauptstadt und des Landes gespielt hat.

Ursprung von Panama-Stadt war eine kleine Fischersiedlung der Ureinwohner an der Mündung des heutigen Río Abajo, wo am 15. August 1519 mit dem spanischen Gouverneur *Pedro Arias de Avila* (auch *Pedrarias Dávila*) die Stadtgeschichte beginnt. Er gründete **Nuestra Señora de la Asunción de Panamá,** das rasch an Gestalt gewann und der Stützpunkt für Expeditionen nach Zentral- und Südamerika wurde. Aus dem Hafen liefen Segelschiffe in alle Himmelsrichtungen aus, deren Kapitäne und Mannschaften von der Gier nach Ruhm und Gold getrieben wurden.

Mit der Entdeckung des Inkareiches in Peru durch *Francisco Pizarro* (1524) glaubten die Spanier, endlich das sagenumwobene Goldland *El Dorado* gefunden zu haben.

Panamá erlebte kurz danach eine **wirtschaftliche Blütezeit** und wurde der wichtigste Umschlagplatz für die erbeuteten Reichtümer, die von Peru zunächst nach Panamá, anschließlich über den Camino de Cruces und den Camino Real an die Atlantikküste und von dort weiter nach Spanien transportiert wurden. Mit zunehmender Ausbeutung des Inkareiches und dem anwachsenden Handel mit Kolonialwaren entwickelte sich Panamá zu einer Handelsstadt von Format. Reisende berichteten: *„Die Stadt wird fast nur von Leuten mit Handelsgeist bewohnt. Ein großer Teil dieser Handelsleute stammt aus Sevilla. Es sind hauptsächlich reiche Menschen, die ihr Personal gut behandeln und ihre Häuser pflegen“.* Wie wohlhabend die Einwohner waren, zeigt die Tatsache, dass jeder vierte, im 17. Jahrhundert sogar jeder dritte Einwohner der Stadt Panamá als reich galt.

Derartige Berichte weckten natürlich auch das Interesse der **Piraten.** Nach mehreren erfolglosen Angriffen auf Panamá stand im Januar 1671 der britische Pirat *Henry Morgan* mit seiner Mannschaft vor den Stadttoren. Nach einem kurzen Kampf mussten die spanischen Soldaten trotz ihrer zahlenmäßigen Überlegenheit die Stadt an *Henry Morgan* übergeben. Die Piraten plünderten, wo es etwas zu holen gab, und raubten nebenbei auch noch die Schiffe aus, die mit neuen Schätzen aus Peru völlig ahnungslos in den Hafen einliefen. Nach einer dreiwöchigen Besetzung war der Spuk für die Bewohner vorbei. *Morgan* und seine Männer packten ihre reiche Beute auf 165 Esel, verschwanden auf Nimmerwiedersehen am Horizont und Panamá blieb in Schutt und Asche zurück. Die Ruinen der Stadt, die als **Panamá Viejo** (Alt-Panamá) bekannt sind, zählen heute zu den bedeutungsvollsten historischen Monumenten des Landes.

Kurz nach dem Abzug der Piraten beschlossen die Spanier, die Stadt an einer für die Verteidigung günstigeren Stelle **neu aufzubauen.** Die Wahl fiel dabei auf eine kleine Landzunge in der Küstenmitte der Bahía de Panamá, auf jene Stelle, wo sich heute die Altstadt *(Casco Viejo)* von Panamá ausbreitet. Wegen der ständig drohenden Piratenüberfälle errichtete man ein riesiges Bollwerk, das so kostspielig war, dass die Verantwortlichen in Spanien die Frage stellten, ob die Befestigungsanlage etwa aus Gold und Silber erbaut werde.

Während der Bau der Verteidigungsanlage auf Hochtouren lief, kündigte sich bereits der **wirtschaftliche Abstieg** Panamás an. Die permanenten Piratenangriffe auf die spanischen Handelsflotten in der Karibik und der Schmuggelhandel auf der Landenge brachten der spanischen Krone hohe Verluste ein. Man entschloss sich deshalb zur Einstellung der Handelsroute über die Landenge, zugunsten einer Seeroute um den Südzipfel des amerikanischen Kontinents, womit Panamá eine Statistenrolle erhielt.

Die völlig vom Handel mit den Kolonialwaren und den Reichtümern aus Peru abhängige Stadt stürzte in eine tiefe politische und ökonomische Krise, die einen Exodus in Richtung Peru auslöste.

Erst mit dem Goldrausch in Kalifornien, um die Mitte des 19. Jahrhunderts, kam der **neuerliche Aufschwung** für Panamá. Die alten Landhandelswege zwischen dem Pazifik und dem Atlantik wurden für die regen Goldtransporte von der Ost- zur Westküste der USA neu aufpoliert und in Panamá schossen Geschäfte, Hotels, Casinos und Bordelle wie Pilze aus dem Boden. Die größten Wirtschaftsimpulse kamen allerdings von zwei technischen Großprojekten. Zunächst war es der Bau der **interozeanischen Eisenbahn** (1850–1858), der einen Wirtschaftsboom auslöste, später fiel diese Rolle dem **Panamakanalbau** (1904–1914) zu. Die beiden Monsterprojekte lockten Tausende von Menschen aus allen Berufssparten und aus allen Erdteilen nach Panamá, womit der Grundstein für die kosmopolitische Metropole der Gegenwart gelegt wurde.

# Unterwegs in Panama-Stadt

## Orientierung

Das Häusermeer der Landeshauptstadt wird von den mittlerweile zusammengewachsenen, dicht besiedelten Distrikten von Panamá und San Miguelito gebildet und erstreckt sich entlang der Pazifikküste, vom Panamakanal im Südwesten über Vororte wie Santa Clara, San Pedro, La Concepción und Pedregal bis fast an den internationalen Flughafen im Nordosten. Nach Norden hin breiten sich an den Hügeln fast grenzenlos kleine und große Siedlungen aus, wie etwa Nuevo Veranillo, El Bosque, La Colina, El Valle oder Santa Librada, die zum Distrito San Miguelito gezählt werden.

Das **Kerngebiet** von Panama-Stadt liegt entlang der ca. 3 km langen Bucht, die im Südwesten von der Altstadt San Felipe (auch Casco Viejo) und vom Stadtteil Santa Ana, im Nordosten von den modernen Stadtteilen Bella Vista und Punta Paitilla begrenzt wird. Im Kerngebiet, zu dem auch noch die Stadtteile El Chorrillo, Calidonia, La Exposición, La Cresta und El Cangrejo zählen, befinden sich nahezu alle Hotels, Restaurants, Sehenswürdigkeiten etc.

Für viele Besucher wird das Häusermeer der Hauptstadt auf den ersten Blick wie ein undurchdringlicher Dschungel erscheinen. Zur Orientierung: Die wichtigsten Straßen sind auf großen Verkehrstafeln oberhalb der Fahrbahnen angegeben. Im modernen Stadtzentrum sind das die **Avenida Balboa** entlang des Meeres, die **Via España** und die **Calle 50,** die quer durch das Banken- und Geschäftsviertel führt, sowie die **Via Brasil, Via Federico Boyd** und die **Avenida Manuel Batista.**

Aus der Stadt folgt man den Verkehrstafeln mit der Aufschrift *Corredor Norte* (Autobahn Richtung nationalem Flughafen, Panamakanal und nach Westen über die Kanalbrücke Puente Centenario) und *Corredor Sur* (Autobahn Richtung internationalem Flughafen und Darién).

Achtung! Verschiedene Straßen, die nur mit einer Nummer versehen sind, wurden umbenannt. Die Calle 49 im Viertel El Cangrejo zum Beispiel heißt jetzt Via Venetto. Beide Straßenbezeichnungen werden aber noch immer verwendet. Benutzen Sie neben der Straßenbezeichnung deswegen auch immer den Namen eines Hotels, Restaurants, Geschäftes oder eines Gebäudes nahe Ihrem Ziel.

Zur Erleichterung der Orientierung bzw. der Suche nach einer Adresse wurden Detailpläne vom Stadtkern und ein Übersichtsplan von Panama-Stadt angefertigt, die auch im Stadtverkehr hilfreich sein werden.

## Stadtverkehr

Die **Stadtbusse** verkehren täglich zwischen 6 und 23 Uhr. An der Windschutzscheibe steht die Fahrtroute mit Stadtteilen und/oder Straßen bzw. Plätzen angeschrieben. Der **Fahrpreis** liegt bei 30 ct. und wird beim Einsteigen entrichtet. Entlang der Straßen gibt es **Haltestellen** *(Paradas),* und nur dort dürfen die Busfahrer anhalten. In vielen, meist verkehrsarmen Straßen nimmt man dieses Gesetz allerdings nicht so ernst. Zum Anhalten genügt ein Wink mit der Hand, zum Aussteigen ruft man kurz vor der Haltestelle **„Parada por favor".**

Die **für Touristen wichtigen Busse** verkehren in der Vía España (ab der Vía Brasil nur in Richtung Altstadt), in der Avenida Central (nur Richtung Altstadt), in der Avenida 3a und Avenida 4a (Richtung Vía Brasil) und in der Avenida Balboa (beide Richtungen). Falls die Lage der Sehenswürdigkeit, des Hotels etc. es erfordert, wird immer auf den jeweiligen Stadtbus hingewiesen.

In Panama-Stadt wird gerade an der ersten **Metrolinie** gebaut, die voraussichtlich im Frühjahr 2014 in Betrieb gehen soll. Sie wird auf einer Länge von ca. 14 km das Stadtgebiet von Norden nach Süden durchqueren und u.a. die Stadtteile Bella Vista (Via Argentina) und

Casco Viejo (Plaza 5 de Mayo) mit dem Nationalen Flughafen und den Busterminal in Albrook verbinden.

## Sicherheit

Aus Sicherheitsgründen sollten Sie, sowohl zu Fuß wie auch mit dem Mietwagen, die Viertel El Chorrillo und Curundú sowie die Siedlungen im Distrito San Miguelito meiden. **Nach Einbruch der Dunkelheit** sollte man nicht zu Fuß unterwegs sein sollte, das gilt auch für die Stadtteile El Cangrejo, Bella Vista und Marbella. Sicherheitshalber sollten Sie nachts immer ein Taxi nehmen, und für den Preis von nur 3–6 $ pro Taxifahrt geht in der Stadt kaum jemand zu Fuß.

Weitere Sicherheitsmaßnahmen, die heute nahezu jede Großstadt fordert, finden Sie im Kapitel „Praktische Reisetipps A–Z".

# Sehenswertes

## El Casco Viejo – der historische Stadtkern

Einen Besuch Wert ist mit Sicherheit Panamas Altstadt *Casco Viejo,* die von der UNESCO zum **Weltkulturerbe** erklärt wurde und der Drehort für den James-Bond-Film „Ein Quantum Trost" war. Der historische Stadtkern mit seinen von spanischer und französischer Architektur geprägten Residenzen und Handelshäusern aus längst vergangenen Tagen erwacht allmählich aus seinem Tiefschlaf. Die Schönheit der pastellfarbenen, mehrstöckigen Häuser mit schmiedeeisernen Balkonen lässt sich dank großen Restaurierungsprojekten wieder erkennen. Jahrelang war die Altstadt vernachlässigt und der ärmeren Stadtbevölkerung überlassen. Doch Casco Viejo wurde wiederentdeckt: Moderne Appartments sind nun in den renovierten, historischen Gebäuden untergebracht, wie stimmungsvolle Restaurants, noble Bars, Konferenzräume und Galerien. Sie geben dem alten Zentrum wieder Flair.

In Casco Viejos südlichem Teil sind viele Restaurierungsprojekte bereits abgeschlossen, im nördlichen Teil wartet dagegen noch viel Arbeit. Die Grenze zwischen arm und reich läuft nun quer durch das Viertel. Tagsüber kann Casco Viejo problemlos besichtigt werden, denn eine Touristenpolizei patrouilliert mit Fahrrädern, und rund um den Präsidentenpalast gibt es genügend Sicherheitskräfte. Nach Einbruch der Dunkelheit sollte die Altstadt einfach gemieden werden. Zu dieser Zeit bietet sich eine Rundfahrt mit dem Taxi an.

Casco Viejo erreicht man am einfachsten mit einem Taxi. Stadtbusse halten an der Plaza 5 de Mayo, von wo man durch die Fußgängerzone der Avenida Central zur Altstadt laufen kann.

### Plaza Santa Ana

Der Beginn der Altstadt wird von der schattenreichen, immer von einer bunten Gesellschaft bevölkerten Plaza Santa Ana gebildet, die zugleich die Avenida Central unterbricht. An ihrer Westseite steht die schlicht ausgestattete Kirche **Iglesia de Santa Ana,** die vom Jahr 1676 datiert. Um den Verlauf der Avenida Central in Richtung Altstadtkern wiederzufinden, orientieren Sie sich im Straßenwirrwarr am leichtesten an den alten Eisenbahnschienen.

### Casa de la Municipalidad

Die weißgetünchte Casa de la Municipalidad, der **ehemalige Sitz des Bürgermeisters,** bildet nach wenigen Gehminuten das erste sehenswerte Bauwerk. Es zählt nach einer Restaurierung zu den schönsten Gebäuden der Stadt. Sein neoklassizistischer Baustil, der dem architektonischen Trend am Ende des 19. Jh. entspricht, lässt sich u.a. anhand der stattlichen Säulenreihe erkennen.

Wer die Wächter am Tor freundlich anspricht, wird nicht selten zu einem kostenlosen Rundgang durch die Villa eingeladen – mit spanischsprachiger Führung. Im **Vorraum** fällt dabei der Blick auf das Fliesenmosaik, das den spanisch-maurischen Einfluss erkennen lässt. An der rechten Seite des Vorraumes liegt der **Empfangssalon,** dessen stilvolle Innenausstattung nicht mehr original ist, mit Ausnahme des kleinen Deckengemäldes und der Bordüre. Die ursprüngliche Einrichtung wurde während der Unruhen, die auf die US-Invasion folgten, gestohlen. Das gleiche gilt für das Interieur des **Ess- und** des angrenzenden **Arbeitszimmers,** die links vom Vorraum liegen. Trotz der Kopien atmen diese Räume noch Stil und Grandeur der vergangenen Tage. Originale dagegen sind die im Arbeitszimmer in einer Vitrine ausgestellten präkolumbischen Keramiken und die Überreste der alten Stadtmauer, die unter einer dicken Glasplatte am Boden zu sehen sind.

Im ersten Stock der Villa befinden sich zwei ehemalige Schlafzimmer. Sie dienen heute als Ausstellungsräume für eine **internationale Briefmarkenkollektion** und eine **Sammlung von Fotos,** die das Casco Viejo der 30er und 40er Jahre des 20. Jahrhunderts zeigen. Über eine Galerie an der Innenhofseite erreicht man das im Art-déco-Stil geschaffene **Badezimmer** und einen touristisch weniger interessanten **Saal,** der für Musikproben und musikalische Darbietungen reserviert ist. Zu beachten wäre das Galeriegeländer, das mit schmiedeeisernen Ornamenten verziert ist, ein Zeichen des damaligen Wohlstandes, denn Panama verfügte über keine Eisenerzeugung.

### Iglesia de La Merced

Von der Galerie aus blickt man bereits auf die barocke Sandsteinfassade der Iglesia de La Merced, die vermutlich 1680 aus den Überresten des Klosters de La Merced in Panamá Viejo errichtet wurde. Die karg ausgestattete **Kirche** fungierte wahrscheinlich als Sanktuarium, in dem Reliquien von der angrenzenden Kathedrale aufbewahrt wurden.

### Plaza de la Indepedencia

Kurz nach der Kirche wird die Avenida Central von Casco Viejos „Herz", der Plaza de la Indepedencia, unterbrochen. Hier trifft sich Jung und Alt, um zu plaudern oder über das politische Geschehen zu diskutieren. Die Spanier übernahmen in ihrer kolonialen Stadtplanung die alte Tradition des **zentralen Platzes** als sozialer Treffpunkt. Im Casco Viejo wurde dessen traditioneller Name, Plaza Mayor, in Plaza de la Indepedencia (Unabhängigkeitsplatz) abgeändert, als Würdigung für die Unterzeichnung des Souveränitätsvertrages im Palacio Municipal. Am Platz wird die Vergangenheit von Bronzebüsten prominenter Personen aus der panamaischen Geschichte wachgehalten.

Für die Bevölkerung scheinen die historischen Hintergründe allerdings nur nebensächlich zu sein. Sie bezeichnen den schattenreichen Platz schlicht als Plaza Catedral, nach der an der Westseite des Platzes liegenden **Kathedrale,** die nach einer Bauzeit von 108 Jahren im April 1796 geweiht wurde. Sie wurde 1943 zum Nationaldenkmal erklärt und bildet den Blickfang der eleganten Kulisse rund um die Plaza. Die sonst eher schlichte, barocke Fassade hat einen Schwerpunkt in ihrem mittleren Teil, dank dessen ausgeprägt dekorativen Elementen. Der Effekt wird durch die Robustheit der beiden weißen, viereckigen Seitentürme noch verstärkt. Ein gutes Auge entdeckt an den Turmdächern ein dekoratives Muster aus unzähligen Perlmuttstücken, die im Sonnenlicht funkeln. Von den Turmglocken wird behauptet, dass drei Expemplare aus der alten Kathedrale in Panamá Viejo stammen. Im Inneren der Kathedrale kommt der dramatische und theatralische Stil des Barocks kaum mehr zum Ausdruck. Vom ehemaligen Prunk ist bei der Restaurierung in den 1920er Jahren viel verloren gegangen. Von Bedeutung im Kircheninneren sind die Gräber wichtiger Personen aus der Stadtgeschichte.

Gegenüber der Kathedrale liegt die ehemalige Nobelherberge der Stadt, das **Hotel Central.** Das Gebäude wird zu einem 5-Sterne-Hotel umgebaut.

Schräg gegenüber dem Hotel Central steht ein Gebäude mit einer sehr bewegten Vergangenheit. Es wurde 1875 von *George Loew* als Grandhotel errichtet, 1883 von *Ferdinand de Lesseps* für die Kanalgesellschaft gekauft und von 1904 bis 1912 als Büro der Kanalkommision

verwendet. Danach diente das Haus vorwiegend als Postamt. Heute beherbergt es das **Museo del Canal Interoceánico de Panamá** (siehe „Museen").

Neben dem Museum liegt der **Palacio Municipal,** in dem am 3. November 1903 die Unabhängigkeitserklärung unterzeichnet wurde. Das neoklassizistische Gebäude hat vom Erscheinungsbild her wenig vom Charme vergangener Jahre eingebüßt und fungiert heute als **Rathaus.** Im zweiten Stock des historischen Schauplatzes ist das *Museo de Historia de Panamá* untergebracht (siehe „Museen").

## Palacio Presidencial

Zwei Straßen nördlich der Plaza Catedral prunkt der auf das Jahr 1673 datierte **Präsidentenpalast,** ein weißgetünchtes, wunderschönes Gebäude, das erhaben auf die Bucht von Panama blickt. Sein imposantes Erscheinungsbild ist dem ehemaligen Präsidenten *Belisario Porras* (1857–1942) zu verdanken, der 1921 eine umfassende Restaurierung veranlasste. Aus dieser Zeit stammen auch die allegorischen Wandmalereien des panamaischen Künstlers *Roberto Lewis* und der stimmungsvolle Patio in spanisch-maurischem Stil. Die Statuen der Weißen Reiher *(garza reales),* die sich um den kleinen Brunnen des Patios gruppieren, gaben dem Palacio Presidencial den Beinamen *de las Garzas.* Da er als offizielle Residenz des Präsidenten der Republik dient, ist der Zugang für Besucher lediglich an Wochenenden zwischen 8 und 17 Uhr gestattet, allerdings nur dann, wenn kein wichtiges Amtsgeschäft auf dem Terminplan des Präsidenten steht.

## Plaza Bolívar

Die nächste Station im Rundgang durch die Altstadt ist die ruhige Plaza Bolívar, benannt nach dem venezolanischen Unabhängigkeitskämpfer und zum lateinamerikanischen Freiheitssymbol avancierten *Simón Bolívar.* Die Bronzestatue des *Libertador* ziert die Mitte des **Platzes** und wurde 1926 enthüllt, anlässlich der Feierlichkeiten zum 100. Jahrestag des lateinamerikanischen Kongresses, der von *Bolívar* auf der Landenge einberufen wurde (siehe Kapitel „Staat und Gesellschaft“, „Geschichte“).

Schauplatz des historischen Zusammentreffens war das an der Ostseite des Platzes befindliche **Franziskanerkloster.** Es wurde 1678 erbaut und beherbergt heute das Auswärtige Amt. Die in verschiedenen Phasen erfolgten Restaurierungsarbeiten zeigen sich in den Stilmischungen der Fassade.

An das ehemalige Kloster grenzt die **Iglesia de San Francisco,** deren barockes Gesicht dank der bewussten Restaurierungsprojekte in Casco Viejo langsam

142pa hz

> Liebevoll restauriert: die Häuser in Casco Viejo

wieder zurückkehrt, nachdem es durch fachunkundige Arbeiten im Jahre 1918 ein weniger schmeichelhaftes Aussehen erhalten hatte. Sehenswert sind das geschmückte Portal und der achteckige Kirchenturm.

Auch im gegenüberliegenden neoklassizistischen **Teatro Nacional** ist seit 1974 wieder der alte Glanz eingekehrt. Der elegante Theatersaal kann an Wochentagen gegen eine geringe Gebühr besichtigt werden. Doch wird der europäische Stil des kleinen Theaters nur wenige Touristen beeindrucken.

Das Theater bildet mit dem ehemaligen Palacio Nacional ein Einheit. Das Gebäudeensemble wurde 1908 an der Stelle eines Klosters erbaut, zu dem auch eine Bastion am Meer gehörte, wo die Mönche gerne verweilten, was schließlich zum Namen der Anlage führte: *Baluarte de las Monjas.* Auf den Resten der Bastion und der alten Stadtmauern wurde ein kleiner Park angelegt, von wo aus man eine schöne Aussicht auf die modernen Hochhäuser der Stadt hat.

## Paseo de las Bóvedas

Das nächste Ziel des Rundganges ist der auf einer breiten Festungsmauer ange-

040pa hz

legte Paseo de las Bóvedas (auch Paseo Estebán Huertas genannt). Er kann zu den schönsten Flecken von Panama-Stadt gezählt werden und lädt mit seinen Bänkchen und Bougainvillenhecken zum Verweilen ein. Kuna-Frauen in ihrem exotischen Tracht bieten Souvenirs an. Von der **Promenade** aus bietet sich ein spektakulärer Panoramablick auf die Bahía de Panamá und das Häusermeer der Stadt.

Lateinamerikanisches Wohnen: nie ohne Balkon

## Plaza de Francia

Einige Stufen führen vom Paseo de las Bóvedas hinunter zur Plaza de Francia, dem Frankreich-Platz. Der gepflegte Platz ist teilweise von Festungsmauern umschlossen.

An seiner Ostseite befinden sich in der soliden Festungsmauer noch gut erhaltene Gewölbe *(bóvedas),* in denen einstmals eine Kaserne, ein Waffendepot und einige Gefängniszellen untergebracht waren. Heute hat sich in diesen Räumen das bekannte französische Restaurant *Las Bóvedas* etabliert.

Im Südteil der charmanten Plaza de Francia, die der französischen Kanalinitiative gewidmet ist, erhebt sich ein **Obelisk,** an dessen Spitze ein gallischer Hahn steht, das Sinnbild des französischen Geistes. Im Halbkreis um den Obelisken, der Panama 1923 von Frankreich zum Geschenk gemacht wurde, befinden sich die Bronzebüsten prominenter Personen des gescheiterten Kanalprojektes. Aus dem Halbkreis hebt sich die Abbildung *Ferdinand de Lesseps'* optisch hervor, zur Würdigung seiner wegbereitenden Rolle im Kanalbau. Hinter dem Obelisken wurden in den Nischen der Festungsmauer 10 Marmortafeln angebracht, auf denen die Kanalgeschichte zu lesen ist.

Die rund um den Platz stehenden **gepflegten Gebäude** wie etwa die französische Botschaft oder das Kulturinstitut *(Instituto Nacional de la Cultura)* spiegeln die Architektur aus Spanien und Frankreich.

## Dominikanerkloster Santo Domingo

Nach wenigen Gehminuten durch die Calle 2 und die Avenida A passiert man die Backsteinruinen des Dominikanerklosters Santo Domingo. Der umfangreiche Komplex stammt aus dem 17. Jahrhundert und wurde im 18. Jahrhundert von zwei großen Brandkatastrophen heimgesucht. Sein Wiederaufbau wurde auf Grund der sinkenden Anzahl von Ordensbrüdern und mangelnden finanziellen Mitteln nur beschränkt durchgeführt. Die weiße **Capilla de Santo Domingo** wurde 1941 zum Nationaldenkmal erklärt und beherbergt heute das *Museo de Arte Colonial Religioso* (siehe unter „Museen").

## Ruinen der Landesuniversität

An der gleichen Avenida, fünf Straßen weiter westlich, trifft man ebenfalls auf historische Spuren: die *Ruinas de la Compañía de Jesús.* Sie bilden die Überreste der ersten, 1749 im barocken Stil erbauten Landesuniversität, die unter der Leitung des Jesuitenordens stand. Der Schule war aber nur ein kurzes Leben vergönnt. Mit einem päpstlichen Beschluss wurde 1773 der Jesuitenorden verboten und die Schule aufgelöst, und acht Jahre später kam der endgültige Ruin, als der Komplex zerstört wurde. Die Fassade wurde jedoch mittlerweile rekonstruiert und vermittelt einen guten Eindruck der ehemaligen Schönheit des Kolonialgebäudes.

## Iglesia de San José

Einen Häuserblock von den Ruinen der Landesuniversität entfernt, an der Ecke Avenida A/Calle 8, steht die *Iglesia de San José,* die mit ihrem **Goldenen Altar** viele Besucher anlockt. Das Glanzstück besteht aber nicht aus massivem Gold, sondern aus Holz, das mit einer dünnen Goldschicht belegt wurde. Mit seinem Glanz, schmuckvollen Formen- und Ornamentenspiel entspricht das sakrale Kunstwerk der Vorliebe des Barocks für reichen, künstlerischen Ausdruck. Der vergoldete Altar stand ursprünglich in der *Iglesia de San José* in Nuestra Señora de la Asunción de Panamá (heute Panamá Viejo), das von den Piraten unter *Henry Morgan* bei ihrem Raubzug 1671 zerstört wurde. Der Altar konnte allerdings vom listigen Pfarrer vor den Piraten verborgen werden. In Windeseile

149pa hz

Koloniales Ambiente im Casco Viejo

wurde die Goldschicht mit schwarzer Farbe bedeckt und der Pfarrer spielte angeblich seine Rolle als Hüter einer „sehr armen" Gemeinde so perfekt, dass er eine großzügige Spende erhalten hat. *Morgan* hat damit das Startkapital zum Wiederaufbau der Kirche an ihrer heutigen Stelle gegeben. Die anderen Kirchenaltäre sind weniger spektakulär und stammen aus späteren neugotisch und neubarock geprägten Zeiten. Die Kirche ist geöffnet: Mo–Sa 8–12 und 14–19 Uhr. Eintritt 1 $.

### Mauerreste der Festung

Auf dem Weg zum letzten Ziel wird zwangsläufig die **Plaza Herrera** überquert; ein vernachlässigter Platz, der von halb verfallenen Häusern umgeben ist und der sicher keinen schönen Eindruck hinterlassen wird. Das Schlusslicht des Rundganges bilden die Mauerreste des **Baluarte del Mano de la Tigre** („Bollwerk der Tigerpfote"). Wahrscheinlich erhielt der robuste Festungsring diesen populären Namen wegen seiner klauenähnlichen Form und seiner großen Verteidigungskraft.

Als 1853 die Stadt aus allen Fugen platzte, wurde mit dem Abbruch des Mauerringes begonnen, um neues Terrain für Wohnhäuser zu schaffen. Die winzigen Überreste lassen kaum noch erkennen, welche Ausmaße das Bollwerk Mitte des 19. Jahrhunderts hatte. Es ist aber nicht der Eindruck der Mauerreste, der diesen Altstadtteil beherrscht, sondern jener der umliegenden, teils dem Verfall preisgegebenen Häuser – aber extreme Kontraste sind in Casco Viejo immer und überall vorhanden.

## Puente de Las Américas

*„An irgendeinem Tag kommst du vom Strand zurück und der Zugang zu deiner Stadt ist eine Brücke, die versucht, eine viel zu große Wunde zu klammern. An irgendeinem Tag kommst du zurück und unter der Brücke ist dein Land geteilt"*

Aus den Versen des Gedichtes von *Manuel Orestes Nieto* kommt bereits deutlich die Rollenverteilung der beiden größten Bauwerke Panamas hervor. Während der Kanal wie eine klaffende Wunde das Land in einen Ost- und Westteil trennt, hält die *Puente de Las Américas* wie eine riesengroße Klammer die beiden Teile zusammen.

Die *Puente de Las Américas,* die zu den **größten Stahlbrücken der Welt** zählt, konnte nach einer vierjährigen Bauzeit am 16. Mai 1962 in das Verkehrsnetz eingebunden werden. Bis zu ihrer Fertigstellung hat man die Lücke im Straßennetz mit Fähren geschlossen, die gleichzeitig mit der feierlichen Eröffnung am 12. Oktober 1962 verschwanden. Die 1654 m lange Brücke überspannt in einer Höhe von ca. 117 m die Kanaleinfahrt am Pazifik. Das stolze Projekt hat 20 Mio. US-Dollar verschlungen; wurde von den USA finanziert, geplant und gebaut. Das war allerdings nicht als noble Geste von *Uncle Sam* an Panama zu verstehen, sondern als ein notwendiges und militärisch wichtiges Projekt für die USA innerhalb der damaligen Kanalzone, denn beidseitig des Kanals befanden sich alle wichtigen amerikanischen Militärstützpunkte.

Obwohl die beeindruckende *Puente de Las Américas* mit dem Land und Kanal im wahrsten Sinn des Wortes unzertrennlich verbunden ist und sie nahezu in jedem touristischen Hochglanzprospekt abgebildet ist, wird ihr der Rang als Wahrzeichen *numero uno* von der neuen, modernen Brücke *Puente Centenario* beim Culebra-Durchstich streitig gemacht.

Eine **gute Sicht auf die Puente de Las Américas** ergibt sich von der Plaza de Francia in der Altstadt, der Calzada Amador und natürlich während der Bootsfahrt zur Isla Taboga.

## Calzada Amador

Südwestlich des alten Stadtzentrums, zwischen der Halbinsel Amador (benannt nach dem Arzt *Manuel Amador)* und den kleinen Inseln Naos, Culebra, Perico und Flamenco, erstreckt sich ein **künstlich angelegter Damm** *(calzada* oder *causeway),* der seit dem Bestehen des Panamakanals als Wellenbrecher dient und der gleichzeitig das Festland mit den vorgelagerten Inseln verbindet.

Die Calzada Amador, wie der ca. 5 km lange Damm genannt wird, und die Inseln sind ein **beliebtes Freizeitgebiet,** wo die Stadtbewohner gerne joggen, Rad fahren oder spazieren gehen. Neben den angepflanzten Palmen, der angenehmen Meeresbrise und der Ruhe, die die Großstadthektik in weite Ferne rückt, ist es vor allem der atemberaubende Blick auf die Skyline der Hauptstadt, auf die *Puente de Las Américas* und auf die lange Schlange von wartenden Schiffen, der zum Charme des Calzada Amador beiträgt. Außerdem ist der Calzado Amador wegen seiner angenehmen Freiluftrestaurants und -bars und seinen Einkaufsmöglichkeiten bekannt. Die **Gastronomie** und **Geschäfte** konzentrieren sich auf die beiden letzten Inseln: Isla Perico und Isla Flamenco. Angenehm und populär bei den Panameños ist das Freiluftrestaurant Mi Ranchito am Ende der Isla Naos. Die Shops sind aber vor allem für die Touristen von Kreuzfahrtschiffen gedacht, die hier im Hafen vor Anker liegen. Der Damm ist zudem auch die beste Stelle, um bei einem Cocktail oder einem Glas Bier den Sonnenuntergang zu genießen.

Ende 2013 soll das **Museo de la Biodiversiadad** mit 9 Sälen seine Pforten öffnen. Schon von Weitem fällt dieses spektakuläre Bauwerk auf. Es wurde nach den Entwürfen des Stararchitekten *Frank Gehry* erbaut. *Al Gore, Brad Pitt* und *Angelina Jolie* haben das auffallende Gebäude, das die Naturgeschichte des Landes auf modernste Art präsentieren wird, besucht. Aktuelles zum Museum unter www.biomuseopanama.org.

Calzado Amador ist mit dem öffentlichen Bus nicht einfach zu erreichen, am besten, man nimmt ein Taxi. Stadtrundfahrten, die von Reiseveranstalter in Panama-Stadt angeboten werden, enden meistens am Calzado Amador.

Auf der Isla Naos befindet sich das **Marinelaboratorium** des nordamerikanischen *Smithonian Tropical Research Institute (STRI),* das nur für Wissenschaftler und Personal des Instituts zugänglich ist und die briefmarkengroße Playa Naos, wo ein *Beachresort* geplant ist.

Einige Gehminuten südlich von Naos wurde vom STRI auf der Isla Culebra das **Marinemuseum** *Punta Culebra Nature Center (PCNC)* eröffnet mit dem Thema „Die Landenge Panamas – Wo das Land dem Meer begegnet“. Das Museum, zu dem auch zwei **Aquarien** gehören (etwa 50 m vom Museum entfernt), gibt einen guten Einblick über das Leben im und über dem Wasser. Es ist Di–Fr von 13 bis 17 Uhr, Sa/So von 10 bis 18 Uhr und während der Schulferien Di–So 10 bis 18 Uhr geöffnet, Eintritt: 5 $, Kinder 1 $.

Neben dem Marinemuseum befindet sich ein kleiner Hafen, von wo aus Passagierboote zur **Isla Taboga** ablegen.

Trotz ihres kleinen Umfangs verfügt die **Isla Culebra** über zwei schmale Strände, die vor allem am Wochenende gut besucht sind. Bei Flut verschwinden allerdings die Sandstrände fast vollständig. Für einige Dollar kann man dann die Liegesessel und den kleinen Swimmingpool nebenan benutzen.

## Cerro Ancón

Der Cerro Ancón und der Wald aus den abends beleuchteten Radio- und Fernsehmasten, Satelliten- und Radarschirmen auf der Spitze des fast 200 m hohen **Berges** bilden rund um die Uhr einen guten Orientierungspunkt in der Stadt. An seinen Berghängen bis hin zum Kanal ist, während die Kanalzone noch ihren Sonderstatus hatte, eine **gepflegte Wohngegend** entstanden, die vorwiegend der amerikanischen *High Society* vorbehalten war und noch immer ist. Ein kleiner Spaziergang durch diese ruhige Gegend gibt einen guten Einblick in die Wohnkultur der ehemaligen und heutigen Top-Angestellten der Panamakanal-Kommission. Zwischen dem üppigen Grün heben sich gepflegte alte Gebäude hervor und unterwegs bieten sich verschiedene Panoramablicke über die Dächer von Panama-Stadt.

Am besten beginnt man die Tour an der **Gorgas Road** nahe dem *Museo de Arte Contemporáneo* (siehe „Museen), die von der Plaza 5 de Mayo in wenigen Minuten zu Fuß erreichbar ist. Die leicht ansteigende Straße führt am US-Militärkrankenhaus *William C. Gorgas* vorbei. Es ist benannt nach jenem Arzt, der am Beginn des Kanalprojekts die Malaria- und Gelbfieberepidemien besiegte und damit einen wichtigen Beitrag zur Fertigstellung des Kanals leistete.

Nach kurzer Zeit passiert man an der Height Road Nr. 107 eine grün-weiße Villa. Das wunderschöne Holzhaus stammt von 1906 und stand ursprünglich am Culebra-Bergrücken, wo es die Wohnung des Ingenieurs *John F. Stevens* war, der einen großen Beitrag zur Durchschneidung dieses Bergrückens während des Kanalbaus leistete. Nach der Eröffnung des Kanals 1914 wurde das Haus demontiert und noch im gleichen Jahr an der heutigen Stelle aufgebaut. Bis in das Jahr 1979, als mit dem Torrijos-Carter-Kanalvertrag der Sonderstatus der Kanalzone aufgehoben wurde, diente das Haus als repräsentative Unterkunft für die US-Gouverneure der Kanalzone. In diese traditionelle Linie passt auch die heutige Funktion der Villa als **Wohnsitz des Direktors der Panamakanal-Kommission.**

Wenige Schritte nach der Villa stößt die Height Road an die Quarry Road, die zum Gipfel des Cerro Ancón führt. Die Straße ist für Gipfelstürmer offen, egal ob zu Fuß oder mit dem Auto. Ein Wachposten sorgt für Ordnung und Sicherheit, denn tief im Inneren des Berges liegt ein atom- und abhörsicherer **Notfallbunker** für den amtierenden Präsidenten.

Zurück zum Gipfel geht es links auf der Ridge Road zum imposanten **Gebäude der Panamakanal-Kommission,** das auf einer kleinen Anhöhe liegt und das an der Rückseite betreten wird. Das 1914 erbaute neoklassizistische Gebäude beherbergt ein sehenswertes Rundbild, das die Wand einer innenliegenden Kuppel ziert und dessen Thema wohl keine Überraschung ist: der Kanalbau. Der Maler dieses Meisterwerkes, *W. B. Van Ingen,* hat auf beeindruckende Weise dem Kanalbau durch die feinen Details, die perspektivische Wirkung und das

Einer der Prestigebauten der Hauptstadt: das Gebäude der Panamakanal-Kommission

stimmungsvolle Farbenspiel eine künstlerische Gestalt gegeben. Das Werk wurde übrigens nicht vor Ort auf die Wand gemalt, sondern 1915 im New Yorker Studio des Malers angefertigt und nach Panama verschifft. Seit der Restaurierung 1993 blickt das Rundbild wieder strahlend auf die Bronzestatue von *Theodore „Teddy“ Roosevelt* (1858–1919), dem 26. Präsidenten der USA. Unter seiner Führung (1901–1909) begann das Kanalprojekt für die USA, mit dem legendären Ausspruch des Präsidenten „I took the canal“. Außer dem Rundbild sind wechselnde Ausstellungen von Ölgemälden, Aquarellen und Zeichnungen, die den Kanal zum Thema haben, zu bewundern. Die Kunstwerke sind an Werktagen kostenlos zu besichtigen, dürfen aber nicht fotografiert werden.

Verlässt man das Gebäude durch den Haupteingang, bietet sich ein wunderschöner Blick auf die *Puente de Las Américas*, die hinter den Baumwipfeln des Stadtteils La Boca hervortritt. Vor dem Eingang liegt ein Steinbrocken, der aus dem Culebra-Bergrücken stammt und der die Kraft und den Einsatz der Kanalbauarbeiter symbolisieren soll. Vom Haupteingang führen Stufen hinunter zu einer palmengesäumten **Allee.** Ihre Abmessungen entsprechen exakt der Breite und Länge einer Schleusenkammer, und das ca. 17 m hohe Marmordenkmal des Kanal-Chefingenieurs und ersten Gouverneurs der Kanalzone *George W. Goethals* am Fuße der Stufen zeigt die Höhe der kontinentalen Wasserscheide an. Das Denkmal steht inmitten eines Brunnens mit drei Becken. Sie repräsentieren die Schleusengruppe Miraflores, Pedro Miguel und Gatún.

## Panamá Viejo

Schon nach dem ersten Blick auf das Zentrum von Panamá Viejo wird sichtbar, dass von der ursprünglichen Hauptstadt mit dem Namen Nuestra Señora de la Asunción de Panamá (siehe „Geschichte“ von Panama-Stadt) nur noch einige wenige **Ruinen** vorhanden sind. Nicht auf Grund ihrer Schönheit, sondern wegen ihrer besonderen historischen Bedeutung hat Panama Viejo einen Platz auf der UNESCO-Weltkulturerbeliste erhalten.

Panamá, wie die Stadt in Kurzform genannt wurde, war die erste europäische Siedlung an der Pazifikküste des amerikanischen Kontinents. Sie entwickelte sich zwischen ihrer Gründung am 15. August 1519 und ihrem Untergang im Jahre 1671 zu einer ziemlich wohlhabenden Stadt, über die in historischen Reiseberichten anerkennend geschrieben steht: *„Panamá ist das Zentrum, wo sich der florierende Seehandel bündelt [ ...], die Stelle, wo Reisende aus Spanien sich nach ihrer anstrengenden Tour erholen, bevor sie die Weiterfahrt nach Peru antreten [ ...], das Depot des für Spanien bestimmten Goldes und der Handelswaren, die von verschiedenen Küsten des Imperiums kommen ...“*

Ein modernes, nicht besonders geschmackvolles Gebäude am Anfang von Panamá Viejo, beherbergt ein etwas staubiges **Museum,** das unter anderem ein Modell von Panamá Viejo und einen bronzenen **Gedenkstein** beherbergt, der den spanischen Abenteurern *Francisco Pizzaro* und *Diego de Almagro* gewidmet ist. Sie begannen im Hafen von Panamá, der sich in der Mündungsbucht des Río Gallindero (heute Río Abajo) befand, ihren Eroberungsfeldzug, der sie bis nach Peru in das Reich der Inka führte und der mit grausamen Folgen für die dortige Hochkultur verbunden war. Die Greueltaten der beiden Männer, die sich aus Habgier gegenseitig in den Untergang stürzten, lassen Zweifel an der Existenzberechtigung dieses Denkmals aufkommen.

## Kathedrale und Hauptplatz

Die ersten Häuser der Siedlung erbaute man aus Holz, das im Verlauf des 17. Jahrhunderts durch Sandsteine ersetzt wurde. Trotzdem haben viele Gebäude den Zahn der Zeit nicht überstanden. Der blockhafte **Kirchturm der Kathedrale** ist am besten erhalten und überragt in jeder Hinsicht die anderen Ruinen, was schließlich auch dazu führte, dass man den Turm zum **Wahrzeichen von Panama-Stadt** erklärte. Nördlich des Turmes schließt sich das **Längshaus der Kathedrale** an, dessen Mauerreste eine dreischiffige Kirchenform erkennen lassen. Vor dem Turm und dem Längshaus breitet sich der ehemalige Treffpunkt des gesellschaftlichen Lebens aus: die **Plaza Mayor,** die heute eine gepflegte Grünfläche ist.

## Gebäude der weltlichen Macht

Die nahe der Plaza Mayor liegenden Stadtteile waren den Gebäuden der weltlichen und geistlichen Macht vorbehalten. Außer der bereits erwähnten Kathedrale standen in diesen Vierteln unter anderem der **Cabildo** (Rathaus), vor dessen Mauerresten sich die Statue von Kolumbus befindet, die **Casa del Obispo** (Sitz des Erzbischofs) und der wahrscheinlich größte Gebäudekomplex der Stadt, der **Convento de Santo Domingo** (Dominikanerkloster), von dem noch umfangreiche und wuchtige Mauerreste zu bewundern sind.

Von der **Casa de los Genoveses** (Sklavenmarkt) ist dagegen weniger zu sehen. Während der Blütezeit des Menschenhandels im 16. und 17. Jahrhundert fungierte Panamá als Sklavenhandelszentrum für Ecuador, Peru, Chile und die Río-Plata-Staaten Argentinien und Uruguay. Als die spanische Krone das Handelsmonopol an Kaufmänner aus Genua verpachtete, erhielt das Haus den Namen „Casa de los Genoveses".

## Bereich der Klosterorden

Westlich der Plaza Mayor, an der anderen Seite der heute in den Verkehr eingebundenen Calle de Santo Domingo, lag der Bereich der verschiedenen Klosterorden. Die erste Ruine an der Calle de la Empedrada stammt vom **Convento de la Compañía de Jesús** (Jesuitenkloster). Im Anschluss daran liegen die Mauerreste der **Iglesia** und des **Convento de las monjas de la Concepción** (Dominikanerinnenkirche und -kloster). Im Vergleich zu den Grundrissen der anderen Ruinen auf dieser Seite ist der Komplex der Ordensschwestern erheblich kleiner. Einige Teile der Klostermauern sind fast in ihrer gesamten Höhe erhalten geblieben, sie geben einen Eindruck von der vereinfachten gotischen Architektur, die damals für den Baustil des Dominikaner- und Franziskanerbettelordens kennzeichnend war. Die Wände und kleinen

Fenster wurden ohne schmückende Elemente gestaltet, um die Konzentration der Kirchenbesucher nicht von der Predigt abzulenken.

Das **Krankenhaus San Juan De Dios** wurde von einer Sebastianer-Bruderschaft (*Sebastian* ist der Schutzpatron der Schützen) gegründet und 1628 von den Brüdern des Johanniterordens übernommen, die das Gebäude kurzerhand in ein Krankenhaus umwandelten. Das Gesundheitswesen war einer der traditionellen Bereiche des geistlichen Ritterordens der Johanniter, dessen Ursprung in einem Krankenhaus für Pilger in Jerusalem zu finden ist.

Die Mauern und Fundamente des **Convento y Jardín de San Francisco** (Franziskanerkloster) sind weniger beachtenswert. Das gleiche gilt auch für die Ruinen des **Convento de La Merced** (Klosterorden der Mercedarier), die **Casas Reales,** wo die königliche Verwaltung untergebracht war und die **Puente del Rey** (Königsbrücke) im Norden der Stadt. Sie war das „Tor“ zum Camino

Real, einem Mauleselpfad, auf dem die Handelswaren und die kostbaren Güter aus der Neuen Welt von Panamá nach Portobelo transportiert und weiter nach Spanien gebracht wurden.

Die **Puente del Camino a Natá** über den heutigen Río Agarroba eignet sich wegen ihrer Lage und ihres Zustandes besser für eine Besichtigung. Außerdem bietet sich dort das Restaurant *Bohío Turistíco* für eine eventuelle Rast an.

## Markt

Panamá Viejo bietet nicht nur Kultur aus der Vergangenheit, sondern auch aus der Gegenwart: einen überdachten Markt für **landestypische Kunsthandwerke,** der täglich von 9 bis 16 Uhr geöffnet ist.

## Praktische Tipps

- Panamá Viejo liegt ca. 10 km nordöstlich der Altstadt und ist **erreichbar mit dem Bus** ab dem

zentralen Busbahnhof oder ab der Avenida Balboa. Die Busse tragen zusätzlich die Aufschrift *Pma. Viejo* und fahren in der Regel in 20-Minuten-Abständen direkt zu den Ruinen. Schneller ist man mit einem Taxi, und bequemer ist es mit einem lokalen Reiseveranstalter, die bei ihren Stadtrundfahrten auch eine Besichtigung von Panama Viejo anbieten.

■ Das **Museum** ist geöffnet Di–So 9–17 Uhr, Eintritt 6 $ (Kombi-Ticket für Museum und Ruinen).

■ **Achtung!** Die Gegend um Panama Viejo ist heruntergekommen und zu jeder Stunde unsicher. Die Ruinen von Panama Viejo sind tagsüber sicher, sollten aber nach Einbruch der Dunkelheit nicht mehr besucht werden.

⌃ Ein Teil der Ruinen von Panamá Viejo

## Monumento und Avenida Balboa

Seit Ende 2009 ist die Avenida Balboa zwischen den Stadteilen Santa Ana und Punta Paitilla auf einer Länge von etwa 3,5 km völlig neu gestaltet: Grünflächen, Sport- und Parkanlagen beidseitig der breiten Straße laden allesamt zum Verweilen und Schlendern ein. Zwischen der Calles 35 und 36 erhebt sich die Bronzestatue von *Vasco Núñez Balboa,* die auf einem steinernen, von vier Männern gehaltenen Globus steht. Die triumphale Haltung *Balboas* und der Blick auf das offene Meer symbolisieren seine Entdeckung des Pazifiks im Jahre 1513 (siehe Kapitel „Staat und Gesellschaft – Geschichte“).

150pa hz

## Museen

### Museo El Pueblito

In diesem **Freiluftmuseum** beim Cerro Ancòn werden Folklore-Shows abgehalten, traditionelle panamaische Häuser (*casa de quincha*; s.a. Halbinsel Azuero) und einfache Hütten der Indígenas gezeigt, vor allem jene der Kuna, über deren Lebensweise auch informiert wird.

- **Öffnungszeiten:** Di–So 9–18 Uhr, Eintritt 5 $.

### Museo Antropológico Reina Torres de Araúz

Wer mehr über die Geschichte Panamas wissen möchte, der sollte das *Museo Antropológico Reina Torres de Araúz,* eigentlich nur kurz *MARTA* genannt, besuchen. Das Museum ist in einem modernen Gebäude untergebracht und verfügt über ausgezeichnete Kollektionen. Ein Höhepunkt des Museums ist die **präkolumbische Sammlung.** Aufgeteilt nach Fundorten bzw. präkolumbischen Gemeinschaften, wird die Periode von etwa 8000 vor unserer Zeitrechnung bis zur Ankunft der Spanier 1520 beleuchtet. Die Blickfänger bilden die von der Zeremonienstätte Barrilles (Provinz Chiriquí) stammenden *monolitos* (Steinstatuen) und die *metates* (Steintische), die vorwiegend zum Zermahlen von Mais benutzt wurden, aber im religiösen Alltag auch Verwendung als reich geschmückte Altäre fanden. Neben diesen freistehenden stummen Zeugen hochentwickelter Kulturen beherbergen Vitrinen viele Steinwerkzeuge, Urnen und Tonvasen. Die kulturelle Entwicklung im Land lässt sich an diesen Exponaten anhand der verschiedenen Formen und der Dekorationen stufenweise verfolgen. Mit Bildtafeln wird dabei die angewendete Verarbeitungstechnik illustriert. Sehr interessant ist die Darstelllung der präkolumbischen Bestattungsweise mithilfe eines originalgroßen Grabmodells.

Ein weiterer Höhepunkt von MARTA ist der *Salón de Oro.* Hier liegen einige originale **Goldschmuckstücke,** die in der präkolumbischen Zeit von spezialisierten Künstlern gefertigt und von der höheren Klasse der indianischen Gemeinschaft getragen wurden. Die Exponate reichen von schlichten und nur im Krieg getragenen Kopf- und Armbändern bis hin zu sehr fein verarbeiteten und mit tier- und/oder menschenähnlichen Gestalten geschmückten Objek-

# Der Urwald vor der Haustür

Mit den ersten Sonnenstrahlen erwacht die nahezu unberührte Tropenwelt des 265 ha großen **Parque Natural Metropolitano,** der sich an den Hügeln der Stadtgrenze ausbreitet und das morgendliche Tierkonzert begrüßt stimmungsvoll die ersten Besucher. Sie sind sehr früh aus dem Bett gekrochen, um die Schätze des Urwaldes, vor allem die exotischen Tiere, zu bewundern, die sich im dichten Urwald gut getarnt verborgen halten. Mit einer dünnen, englischsprachigen Broschüre *(self guided booklet),* die vor Ort erhältlich ist, können die Naturliebhaber vom Besucherzentrum aus den Urwald selbst „erforschen".

Die Wanderung führt Sie in Richtung Norden, dann entlang eines La Cienaguita **Waldlehrpfades** *(sendero)* bergauf und zum *mirador* auf 150 m Höhe (ca 1½ Std.). Von diesem **Aussichtspunkt** blickt man auf die Baumkronen des Parks und auf die Häuser der Stadt. Nach dem herrlichen Panoramablick geht es auf dem *Sendero del mono tití* wieder in **Richtung Besucherzentrum zurück.** *Mono tití* ist die örtliche Bezeichnung für das bedrohte Panama-Perückenäffchen, das zur Familie der Krallenaffen gehört und nur in Panama beheimatet ist. Mit etwas Glück lässt sich der scheue Baumbewohner mit seiner rötlichen Färbung und seiner weißen Halskrause, die sich vom schwarzen Gesicht deutlich abhebt, beobachten.

Exotische Tiere im dichten Blätterwerk zu entdecken ist jedoch keine leichte Aufgabe für ein ungeübtes Auge. Wer erkennt schon auf den ersten Blick ein Faultier, das regungslos an den Ästen hängt, noch dazu mit einem Fell, das mit grünschimmernden Moosen und Algen überzogen ist? Die **Tarnung** ist aber nur eine von vielen raffinierten Naturregeln, die es den Besuchern erschweren, in dieser dämmrigen Welt ein Tier ausfindig zu machen. Obwohl viele Tiergattungen wie beispielsweise Agutis, Weißrüsselbären, Gürteltiere und Leguane ebenso im Park beheimatet sind wie eine Vielzahl von Vögeln, Schmetterlingen und Insekten, sollten Sie daran denken, dass der Parque Natural Metropolitano kein Zoo ist, in dem die Tiere aus nächster Nähe zu sehen sind.

Der **Parkeingang** beim **Besucherzentrum** liegt an der Ave. Juan Pablo II. Der **Stadtbus** hält allerdings nicht direkt vor dem Eingang an, weshalb eine Taxifahrt einen längeren Fußmarsch erspart. Wer trotzdem mit dem Bus fahren will, nimmt am besten den in Richtung El Dorado. Er trägt die Aufschrift *„Tumba* (auch *tmb.*) *muerta"* und hält im Stadtzentrum entlang der Ave. Perú sowie an der Ecke Cl. 44/Vía España neben der Tankstelle an. Nach einer 15-minütigen Fahrt müssen Sie im Stadtteil La Loceria an der Kreuzung Vía Ricardo Alfaro-Vía Brasil (Orientierung: Edison Tower) aussteigen. Ab dort sind es 1,8 km (Vía Brasil und Ave. Juan Pablo II) bis zum **Besucherzentrum,** wo sich ein kleiner Laden mit Kunsthandwerk und mit Büchern über die Landesnatur befindet. Der Park ist täglich von 6 bis 17 Uhr **geöffnet,** Eintritt 5 $.

Die Mitnahme von guten **Wanderschuhen, Verpflegung** und einem **Fernglas** ist ratsam.

Siehe auch **Lageplan** auf Seite 42 in diesem Buch.

ten (siehe unter „Menschen und Kultur“, „Goldschmiedekunst“). Auf Tafeln wird dabei die Technik der Goldschmiedekunst gezeigt. Die Rekonstruktion einer in Sitio Conte (Provinz Coclé) gefundenen Grabstelle mit Goldschmuck und diversen Beigaben rundet die Ausstellung im Salon de Oro ab.

Eine weitere Ausstellung widmet sich den **ersten Kontakten** zwischen den präkolumbischen Kulturen und den spanischen Konquistadoren. Die Keramikarbeiten, Steintische und die teilweise Fruchtbarkeitssymbole darstellenden Steinfiguren bilden die letzten Zeugnisse von den an der zentralen Pazifikküste lebenden Hochkulturen, die im Verlauf der Kolonialperiode ausgelöscht wurden. Unter den interessanten Exponaten ragen vor allem die mit tierpfotenähnlichen Tischbeinen ausgestatteten, runden Keramiktische heraus. Die Vermischung von indianischen und spanischen Kulturaspekten wird anschaulich mit Fotos, Kleidungsstücken, Musikinstrumenten und Agrarwerkzeugen dokumentiert. Aber auch einige kulturelle Aspekte der von schwarzen Sklaven abstammenden *Afro-hispaños* werden beleuchtet.

Das 1976 von der renommierten panamaischen Anthropologin *Reina Torres de Araúz* gegründete und nach ihrem Tod 1982 mit ihrem Namen bedachte Museum liegt an der Ave. Diana Morán, zwischen der Avenida Juan Pablo II und der Calle Curundu, nahe dem **Nationalen Flughafen.** Das Museum ist geöffnet: Di–Fr 9 bis 16 Uhr, Sa, So und Feiertage 10 bis 17 Uhr. Eintritt: 2 $.

## Museo Afro-Antilliano de Panamá

Der Besuch dieses kleinen Museums kann als Ergänzung zum nahe gelegenen Anthropologischen Museum betrachtet werden. In einem liebevoll eingerichteten Raum wird der **Werdegang der afroantillianischen Einwanderer** illustriert, die als Bauarbeiter für das Eisenbahn-, später das Kanalprojekt von den französisch und englisch geprägten Karibikinseln in das Land geholt wurden (siehe „Menschen und Kultur“). Historische Möbelstücke vermitteln einen guten Eindruck von der alten, europäisch orientierten Wohnkultur, die die Arbeiter von ihren karibischen Heimatinseln nach Panama mitbrachten. Besonders die alte Kochnische mit dem betagten Ofen und das Bügelbrett aus längst vergangener Zeit strahlen eine lebensechte Atmosphäre aus. Die kleine Ausstellung wird von einigen zeitgenössischen Fotos und Originaldokumenten unterstützt.

Das Museum ist seit 1980 in einer ehemalig protestantischen Kirche aus Holz (*Iglesia de la Misión Cristiana* aus dem Jahr 1910) untergebracht. Es liegt im ehemals als Barrio del Marañon bezeichneten Stadtteil, in dem im 19. Jahrhundert viele karibische Arbeiter ihre Wohnhäuser hatten. Heute wird dieses Stadtviertel als *Calidonia* bezeichnet. Vor allem abends zählt es mittlerweile zu den **unsichersten Vierteln** von Panama-Stadt. Auch tagsüber liegt in den Straßen mit ihren alten, halbverfallenen Holzgebäuden eine unangenehme Spannung. Die kurze Strecke, die vom Anthropologischen Museum zum Afro-Antillianischen Museum durch die Avenida Justo Arosemena führt, kann tagsüber zu Fuß bedenkenlos zurückgelegt werden.

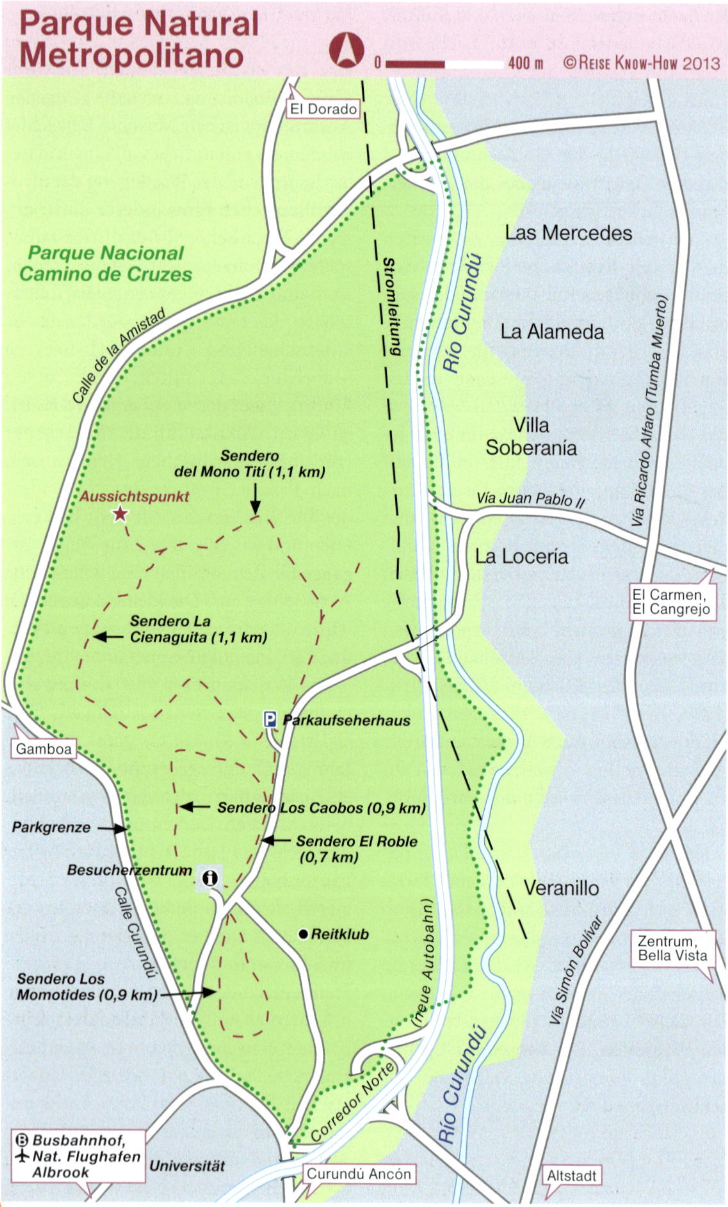
Parque Natural
Metropolitano
0
400 m
©Reise Know-How 2013
El Dorado
Parque Nacional
Camino de Cruzes
Calle de la Amistad
Stromleitung
Río Curundú
Las Mercedes
La Alameda
Villa
Soberanía
Vía Ricardo Alfaro (Tumba Muerto)
Sendero
del Mono Tití (1,1 km)
Aussichtspunkt
Vía Juan Pablo II
La Locería
El Carmen,
El Cangrejo
Sendero La
Cienaguita (1,1 km)
Parkaufseherhaus
Gamboa
Sendero Los Caobos (0,9 km)
Parkgrenze
Sendero El Roble
(0,7 km)
Besucherzentrum
Veranillo
Calle Curundú
Reitklub
(neue Autobahn)
Zentrum,
Bella Vista
Vía Simón Bolívar
Sendero Los
Momotides (0,9 km)
Río Curundú
Corredor Norte
Busbahnhof,
Nat. Flughafen
Albrook
Universität
Curundú Ancón
Altstadt

■ **Öffnungszeiten:** Di–Sa von 9 bis 15.30 Uhr, So und an Feiertagen geschlossen, Eintritt 3 $.

## Museo de Historia de Panamá

Das 1977 gegründete **Historische Museum** führt Sie in großen Zügen durch die Schwerpunkte der **Stadtgeschichte.** Es befindet sich im zweiten Stock des neoklassizistischen Palacio Municipal, dem heutigen Sitz der Stadtregierung.

Neben den **kolonialen Anfangsjahren,** die anhand von Modellen, Dokumenten und Plänen beleuchtet werden, dokumentieren Ausstellungen mit Gemälden und alten Dokumen-ten die Zeit des **Unabhängigkeitskampfes.** Darüber hinaus sind einige Möbelstücke aus der Zeit um 1900 aufgestellt, die einen kleinen Einblick in den damaligen **Wohnstil der wohlhabenden** Familien vermitteln. Von einem großen Fenster bietet sich übrigens ein fotogenes Panorama über die Dächer der Altstadt und die Plaza Catedral.

Der Besuch des Historischen Museums lässt sich gut mit einem Rundgang durch den alten Stadtkern (siehe „Casco Viejo") verbinden.

■ **Öffnungszeiten:** Mo–Fr von 9 bis 16 Uhr, am Wochenende und an Feiertagen geschlossen, Eintritt 3 $.

## Museo del Canal Interoceánico de Panamá

Gleich neben dem Historischen Museum befindet sich das besonders interessante **Kanalmuseum.** Es ist eines der jüngsten Museen Panamas und, wie der Name bereits andeutet, der Lebensader des Landes gewidmet. Mit vielen Exponaten wird hier in sehr beeindruckender Weise die wirtschaftliche Funktion und die Geschichte des Kanals sowie das einfache Leben und die harte Arbeit während der zehnjährigen Bautätigkeit ausführlich dokumentiert (nur in Spanisch) und anhand eines Modells beleuchtet man die Hydrologie des Kanals. Der Besuch des Museums ist ein Muss für jeden Touristen, vor allem vor der Besichtigung des echten Bauwerks.

■ **Öffnungszeiten:** Di–So 9 bis 17 Uhr, Mo und Feiertage geschlossen. Eintritt 2 $.

## Museo de Arte Colonial Religioso

Einen kleinen, wenn auch bescheidenen Einblick in die koloniale Vergangenheit erhält man im ältesten Stadtmuseum, dem im Jahre 1974 gegründeten **Museum der religiös-kolonialen Kunst.** Das im passenden Rahmen der Capilla de Santo Domingo untergebrachte Museum zeigt einige **Gemälde und Holzschnitzereien** aus dem 18. Jahrhundert, die im Auftrag der Kirche von anonymen Künstlern in den Kulturhochburgen Quito, Lima und Mexiko hergestellt wurden. Die schönsten Stücke der Sammlung bilden die **silbernen Reliquien,** die der panamaischen Silberschmiedeschule entstammen. Die Schule lieferte ab dem 16. Jahrhundert feine Handarbeiten, die den Weg nach Südamerika und Spanien fanden. In Panama sind leider nur wenige greifbare Zeugen dieser Kunst zurückgeblieben.

Das Museum befindet sich (wie das historische Museum) in Casco Viejo, weshalb der Besuch am besten mit einem Rundgang durch die Altstadt (siehe „El Casco Viejo – der historische Stadtkern“) verbunden wird, www.museodel canal.com.

■ **Öffnungszeiten:** Di–Sa von 9 bis 16 Uhr, So, Mo und an Feiertagen geschlossen, Eintritt 1 $.

## Museo de Ciencias Naturales

Das 1975 gegründete **Naturkundemuseum** gibt einen kleinen Einblick in die Landesgeologie und vermittelt zugleich einen bescheidenen Überblick über die panamaische Fauna. Der Rundgang beginnt in der *Sala de Evolución, Geología y Paleontología*. Dieser kleine Raum birgt eine Kollektion von **Mineralien** und **Fossilien** sowie geologische Schautafeln und Karten. Der nächste und zugleich der größte Raum des Museums ist die *Sala de Vertebrados*, wo sich Vitrinen mit einer Kollektion von **präparierten Säugetieren, Vögeln, Reptilien und Amphibien** befinden. Dahinter schließt die *Sala de Entomología y Biología Marina* an, die unter anderem **Korallen, Fische, Muscheln** sowie eine umfangreiche **Käfer- und Schmetterlingssammlung** beherbergt. Links von der *Sala Vertebrados* liegt die *Sala de Fauna Extranjera*, in der ausgestopfte **Tiere aus der ganzen Welt** zu sehen sind.

Das Naturkundemuseum, das an der Ecke Avenida Cuba/Calle 30 zu finden ist, wurde in einem aus dem Jahr 1930 stammenden Herrenhaus mit einem auffallenden Rundturm untergebracht.

■ **Öffnungszeiten:** Di–Sa von 9 bis 16 Uhr, am Mo und an Feiertagen geschlossen, Eintritt 1 $.

## Casa Museo Banco Nacional de Panamá

Hinter dem beeindruckenden Dekor einer aus dem Jahr 1925 stammenden Villa versteckt sich das jüngste Stadtmuseum, in dessen verschiedenen Räumen die **historische Entwicklung des Geld-, Bank- und Postwesens** dokumentiert wird. Die Ausstellung zeigt Münzen aus der kolonialen Epoche, Banknoten aus der ganzen Welt, antike Telefone und Briefkästen sowie panamaische Briefmarken ab dem Beginn des 20. Jh.

Das in der Calle 34 nahe der Avenida Cuba liegende Museum ist eine Initiative der *Banco Nacional de Panamá (BNP)* und wurde anlässlich ihres 70-jährigen Bestehens im Oktober 1983 gegründet.

■ **Öffnungszeiten:** Mo–Fr von 8 bis 12.30 Uhr und von 13.30 bis 16 Uhr, Sa, So und an Feiertagen geschlossen, Eintritt frei.

## Museo de Arte Contemporáneo

Das in einem sehr gepflegten und baumreichen Stadtteil am Fuße des Cerro Ancón gelegene **Museum für Gegenwartskunst** entstand im Jahr 1981 durch eine Initiative des *Instituto Panameño de Arte (PANARTE)*. Es ist eines der wenigen Museen, das nicht unter staatlicher Leitung steht. Für die Kunstförderung ist *PANARTE* völlig auf Sponsorengelder und Spenden angewiesen. Bis jetzt konnte damit im Museum nur eine winzige Sammlung von unspektakulären Landschaftsbildern von einheimischen Künstlern aufgebaut werden.

Die feste Sammlung ist im ersten Stock untergebracht, wo sich auch ein

Konzertsaal und ein Raum für wechselnde Expositionen befinden. Interessanter dagegen sind die wechselnden Ausstellungen lateinamerikanischer Kunst im geräumigen, hellen Erdgeschoss, wo sich die Werke führender internationaler, aber auch nationaler Künstler bewundern lassen (siehe „Menschen und Kultur", „Malerei").

Informationen über **aktuelle Ausstellungen** erhalten Sie unter www.macpanama.org oder direkt im Museum, Ave. de los Mártires/Cl. San Blas, Tel. 2628012.

- **Öffnungszeiten:** Di–So von 9 bis 17 Uhr, Mo und Feiertags geschlossen, Eintritt 5 $.

## Galerien

Interessierte an lateinamerikanischer zeitgenössischer Kunst treffen auf überraschende Ausstellungen in den Galerien der Hauptstadt. Empfehlenswert sind z.B.:

- **Galeria Arteconsult,** Tel. 2703436, Calle 72, No. 34 (Eingang Calle 50, *Hyundai*), www.arteconsult.com.
- **Galeria Bernheim,** Tel. 2230012, Cl. 50 im Erdgeschoss des Edif. Tronlap.
- **Staatliche Galerie** des *Instituto Nacional de Cultura (INAC),* Tel. 2288057, Las Bóvedas/Plaza de Francia in Casco Viejo.

# An- und Weiterreise

## Flugzeug

### Internationaler Flughafen

Der Flughafen *General Omar Torrijos* liegt ca. 28 km nordöstlich der Hauptstadt nahe dem Ort **Tocumen.** Besondere Einreiseprozeduren gibt es nicht.

- Hinter der Pass- und Zollkontrolle befindet sich ein **Informationsschalter des Tourismusamtes** der 24 Stunden geöffnet ist.
- In der **Ankunftshalle** im Erdgeschoss gibt es u.a. kleinere Restaurants, ein Business Center von *Cable & Wireless* (kurz *C&W*) zum telefonieren, internetsurfen und faxen, die Schalter der größeren Autovermieter und eine Filiale der *Banco Nacional de Panamá.*
- Im **ersten Stock** des Flughafengebäudes **(Abflughalle)** gibt es ein Restaurant, ein Postamt, eine Erste-Hilfe-Station und einen Airport-Tax-Schalter. Hier muss auch bei der Ausreise, noch vor dem Check-In, die Flughafengebühr von 40 $ pro Person entrichtet werden.
- In der **Transitzone** des Flughafens findet man diverse Geschäfte mit zollfreien Waren (24 Std. geöffnet), kleine Restaurants, ein *C&W*-Büro und eine Filiale der *Banco Nacional de Panamá,* die täglich von 8 bis 13 Uhr und von 14 bis 20 Uhr geöffnet ist.

### Transport vom/zum internationalen Flughafen

- **Bus:** Busse verkehren regelmäßig zwischen dem internationalen Flughafen und dem Stadtzentrum. Busse vom Stadtzentrum zum Flughafen tragen die

Aufschrift *Tocumen/Corredor Sur* und benutzen die Autobahn. Die Busse fahren vom zentralen Busbahnhof zwischen 8 und 20.30 Uhr ab, früher bzw. später fahren die Busse nur noch vom Plaza 5 de Mayo ab.

- **Taxi:** Vor der Ankunftshalle des internationalen Flughafens befindet sich ein Taxistandplatz. Die Fahrt kostet 25 $ pro Taxi bzw. 10 $ pro Person im Sammeltaxi. Für etwa 2,50 $ (Maut) mehr nimmt der Taxifahrer die Küstenschnellstraße ins Zentrum, auch bekannt als Corredor Sur, was normalerweise rund 20 Minuten an Fahrzeit erspart. Tickets für das Taxi gibt es in der Ankunftshalle am Schalter Transportes turísticos. Vorsicht! In letzter Zeit häuften sich die Überfälle auf Taxis bei Fahrten ins Stadtzentrum, vorwiegend während der Dunkelheit.

## Internationale Flugverbindungen

Die wichtigsten internationalen Flugverbindungen finden Sie im Kapitel „Praktische Reisetipps A–Z“ unter „An- und Weiterreise“.

In der nachfolgenden Übersicht sind die in Panama-Stadt ansässigen internationalen **Fluggesellschaften** aufgelistet.

- **Air Panama,** Nationaler Flughafen Albrook, Tel. 3169000, www.airpanama.com.
- **Avianca** (Kolumbien), Calle Manuel M. Icazú, Tel. 26431201, www.avianca.com.
- **Continental/United Airlines,** Via España, Tel. 265 0040, www.united.com.
- **Copa** (Panama), Av. Justo Arosemena/Cl. 39 und 49, Tel. 2272522, www.copaair.com.
- **Delta Airlines,** Calle 53a, Urb. Marbella, Tel. 2148118, www.delta.com.
- **Grupo Taca,** Via Ricardo Alfaro, El Dorada, Tel. 2608222, www.taca.com.
- **Iberia,** Av. Balboa/Cl. 34, Tel. 2273966, www.iberia.com.
- **KLM,** www.klm.com.

## Nationaler Flughafen

Der nationale Flughafen befindet sich in der ehemaligen US-Militärbasis **Albrook,** nur wenige Gehminuten vom zentralen Busbahnhof entfernt.

Seit dem Konkurs fast aller Fluglinien konzentriert sich der nationale Flugverkehr größtenteils auf die Fluggesellschaft *Air Panama* am nationalen Flughafen, die dort auch ein Buchungsbüro unterhält; über das Internet können auch Reservierungen vorgenommen und Informationen abgerufen werden: www.airpanama.com.

## Nationale Flugverbindungen

Nachstehend eine Übersicht der wichtigsten nationalen Flugverbindungen mit Preisen, die als Richtlinie für das einfache Ticket dienen sollen. Das Retourticket kostet das Doppelte. Für Kinder und Senioren gibt es oft Ermäßigungen. Einige Ziele im Land:

- **David,** mehrmals täglich, 80 $.
- **Bocas del Toro,** mehrmals täglich, 80 $.
- **Isla Contadora,** mehrmals täglich, 40 $.
- **San Blas,** verschiedene Inseln, jede täglich einmal, 50–80 $.
- **Darien** (Jaque, Bahia Piñas), einmal täglich, 50–80 $.

> Neu und modern: der zentrale Busbahnhof

# Bus

## Zentraler Busbahnhof

Von Panama-Stadt aus können alle größeren Städte mehrmals täglich mit dem Bus erreicht werden. Die Busse fahren vom zentralen Busbahnhof ab, der offiziell *Terminal de Albrook* oder *Terminal Nacional de Transporte* bezeichnet, aber im Allgemeinen „Terminal" genannt wird. Der Busbahnhof liegt neben der Autobahn Corredor Norte, am Rande der ehemaligen US-Militärbasis Albrook.

Es gibt dort diverse Geschäfte, Frühstückscafés, öffentliche Toiletten, eine Bäckerei und zahlreiche Geldautomaten.

Der Busbahnhof ist mit Stadtbussen **ab dem Zentrum** leicht erreichbar. Ein Taxi ab dem Stadtzentrum sollte nicht mehr als 5 $ kosten.

Der Busbahnhof ist in zwei Etagen gegliedert: Oben kommen die Busse an, unten fahren sie ab. **Tickets** kauft man

145pa hz

# Panama-Stadt – El Cangrejo & Bella Vista

**Übernachtung**

1 Panama House B & B
10 Sevilla Suites
11 Posada Agua Miel
14 Hotel El Parador
17 Hotel Riande Granada
23 Hostal Mamallena
25 Hotel Marbella
26 Coral Suites
27 Hotel Toscana Inn
28 Aparthotel Suites Ambassador
29 Aparthotel Coral Suites
30 Hotel Milan
32 La Jungla House
33 Hilton Garden Inn
40 Hotel El Panama
41 Hotel Crowne Plaza
48 Hotel Continental
54 Panama Mariott Hotel
56 Hotel De Ville
57 The Bristol
71 Hotel Miramar Intercontinental
76 Hostal Villa Vento Surf
77 Hotel Radisson Decapolis
79 Hotel Plaza Paitilla Inn

0 200 m 

**Einkaufen/Sonstiges**
- 22 Gran Morrison
- 24 Centro Comercial Concordia
- 39 Artesanías Flory Saltzmann
- 44 Gran Morrison
- 46 Farmacia Arrocha
- 59 Panafoto
- 78 Centro Comercial Multicentro

**Nachtleben**
- 10 Taverna 21
- 12 The Greenhouse
- 47 Disco Bacchus
- 65 The Londoner
- 68 Habibis
- 75 Hardrock Café Panama

**Essen und Trinken**
- 2 Steinbock
- 7 El Prado
- 8 Bon Profit
- 9 Cafetería Manolo
- 12 The Greenhouse
- 15 Rest. Martin Fierro
- 16 Ginza Teppanyaki
- 20 Niko's Café
- 21 Rincón Aleman
- 31 Rest. Rincón Suizo
- 34 Rest. Pomodoro & The Wine Bar
- 36 Rest. Gusto's
- 38 Don Lee
- 43 Nobu
- 45 Tre Scali
- 49 Jimmy's Grillrestaurant
- 50 Sorrento
- 51 Costa Azul
- 52 Aladino's Café
- 53 Vegetarisches Restaurant Mireya
- 55 El Pavo
- 58 Sushi Express
- 60 Las Tinajas
- 61 Bar Waikiki
- 62 Don Blas
- 63 Madame Chang
- 64 Friday's
- 65 The Londoner
- 66 Cafetería Manolo
- 67 The Ozone Café
- 68 Bar Habibis
- 69 Gauchos Rest.
- 70 Bar/Café Darna

an den Schaltern der verschiedenen Busunternehmen, die Fahrtziele sind ausgehängt. Warten kann man in modernen Warteräume, essen im modernen Einkaufszentrum, das mit dem Busbahnhof verbunden ist.

### Nationale Busverbindungen

- **El Valle** zwischen 6.30 und 18.30 Uhr alle 20 Minuten. Mit diesem Bus kann man auch nach **Campana, Chame, Coronado,** und **San Carlos** fahren.
- **Penonomé** zwischen 5.15 und 21 Uhr alle 20–30 Minuten.
- **Santiago** zwischen 5 und 21 Uhr halbstündlich, danach um 23, 1 und um 3 Uhr. Der Bus hält je nach Nachfrage unter anderem in **Natá, Aguadulce** und **Divisa**
- **David** zwischen 7 und 13 Uhr jede volle Stunde, danach 6x bis Mitternacht.
- **Chitré** und **Los Santos** zwischen 5.50 und 23.15 Uhr jede Stunde.
- **Guararé** und **Las Tablas** zwischen 6 und 18 Uhr. Die Abfahrt erfolgt, wenn der Bus voll ist, in der Regel jede volle Stunde.
- **Yaviza** über **Pacora, Chepo, Metetí** und **Canglón** zwischen 4.30 und 14 Uhr fünf Mal.
- **Colón:** täglich zwischen 3.30 und 1 Uhr alle 20 Minuten. Colón ist der Umsteigeort nach **Portobelo** sowie zur **Isla Grande.** Über diese Busverbindungen siehe „An- und Weiterreise" in Colón.
- Einmal täglich fährt ein Bus nach **Chiriquí Grande, Almirante** und nach **Changuinola,** wo man nach einer Fahrzeit von etwa 12 Stunden (nach Chiriquí Grande 8 Std.) mit einer Fähre oder einem Wassertaxi nach Bocas übersetzen kann.

**Busse in die Kanalzone** nahe Panama-Stadt fahren vom Plaza 5 (Cinco) de Mayo ab, u.a. nach:

**Paraíso**
**Botanischer Garten Summit**
**Gamboa** und **Chilibre,** Nationalparks **Camino de Cruzes** und **Soberanía**
**Nationaler Flughafen** und **Busbahnhof**
**Miraflores-Schleusen, Panamakanal**
**Calzada Amador**
**Playa Bonita**
**Playas Far Fan** und **Veracruz**

### Internationale Busverbindungen

- Ab Panama-Stadt fahren Direktbusse nach San José (Costa Rica) von den Gesellschaften *Panaline* und *Tica-Bus.* Abfahrt ist täglich ab dem zentralen Busbahnhof. Die Fahrtdauer beträgt ca. 15 Stunden, der Preis zwischen 25 und 30 $. Eine Ticketreservierung am Schalter im Busbahnhof ist ratsam.
- Weitere Busverbindungen ab Panama-Stadt: nach **Nicaragua** (40 $/Fahrt), **Honduras** (60 $), **San Salvador** (75 $), **Guatemala-Stadt** (86 $), allerdings immer mit Umsteigen in San José in Costa Rica. Aktuelle Informationen gibt es direkt bei den Busunternehmen und unter www.ticabus.com, wo man auch online Tickets reservieren kann. Abfahrtzeiten und Preise findet man unter www.grantnt.com. Hier links im Suchfeld „internationales" auswählen und „IR" anklicken.

## Boot

- Eine **Passagierfähre** *(lancha)* verbindet Panama-Stadt mit der Isla Taboga. Sie legt am Calzado Amador von der Isla de Culebra ab. Fährzeiten: Mo–Fr um 8.30, Sa, So und Feiertage um 8 Uhr. Mo und Fr zusätzlich um 15 Uhr, Sa, So und Feiertage zusätzlich um 10.30 und 16 Uhr. Retour geht es täglich zwischen 15.30 und 16.30 Uhr. Informieren Sie sich vor Ort nach den aktuellen Hin- und Rückfahrzeiten.

Die **Überfahrt** dauert rd. 1 Stunde und kostet pro Strecke 6 $, Kinder bis 12 Jahre bezahlen 3,50 $. **Tickets** sind direkt am Anlegesteg am Schalter erhältlich. Wegen des großen Andrangs, vor allem am Wochenende und an Feiertagen, sollten Sie das Ticket reservieren oder sich etwa 1 Stunde vor der

Abfahrt an der Kasse einfinden. **Infos und Reservierungen:** *Calypso Queen*, Tel. 3902403 und *National Tours*, Tel. 3140571.

■ 5x wöchentlich besteht auch eine Bootsverbindung zu den Inseln **Contadora** und **Saboga.** Die Überfahrt dauert ca. 1½ Stunden, Abfahrt: Amador Las Brisas am Calzado Amador. Aktuelle Preise und Abfahrtzeiten unter: www.sealasperlas.com.

## Zug

■ **Zug:** Von der Eisenbahnstation nahe dem nationalen Flughafen Albrook in Panama-Stadt fährt Mo–Fr ein Personenzug nach Colón. Die Fahrzeit beträgt ca. 1 Stunde, der Preis für eine einfache Fahrt liegt bei 22 $, das Retourticket kostet 44 $. Bevor Sie ein Retourticket kaufen, fragen Sie nach der Rückfahrzeit, damit Sie nicht den ganzen Tag in Colón warten müssen, weil der Zug erst wieder am späten Nachmittag zurückfährt. Am besten ist es, nur die Zugfahrt nach Colón zu machen und von dort aus mit dem Bus retour zu fahren oder weiter zu reisen. Aktuelle Infos unter: www.panarail.com.

## Unterwegs in der Stadt

Wie in vielen Großstädten der Welt gibt es auch in Panama-Stadt mittlerweile einen sogenannten **Hop-on-hop-off-Bus.** Mit einem Tagesticket können Sie sehr einfach und angenehm die Stadt besichtigen und an verschiedenen Haltestellen in den zentralen Stadtteilen, in Casco Viejo und in der Kanalzone ein- und aussteigen. Die genauen Routen, Preise und vieles mehr gibt es unter www.city sightseeing.com.

# Unterkunft

Panama-Stadt besitzt eine große Anzahl von Hotels aller Preisklassen. Die billigeren Unterkünfte konzentrieren sich in den westlich des Stadtzentrums gelegenen Stadtteilen La Exposición und Calidonia. Diese Stadtvierteln haben allerdings keinen guten Ruf mehr, sind mittlerweile auch tagsüber unsicher, und nach Einbruch der Dunkelheit sollte man keinen Fuß mehr auf die Straße setzen.

Dagegen werden die **Vierteln El Cangrejo** und **Bella Vista** im Osten des Zentrums sowohl von Touristen wie auch von Geschäftsreisenden bevorzugt frequentiert, nicht zuletzt wegen der guten Lage, der Sicherheit und des gastronomischen Angebotes. Die von uns aufgelisteten Unterkünften konzentrieren sich deswegen auch auf diese Stadtteile.

## Hostels & Hotels

### Hostels

■ **La Jungla House,** Calle 49A Oeste/Via Argentina, Edificio Rina, El Cangrejo, Tel. 69204170, www.hos tallajungla.com. Hostel in einem Wohnturm mit Dachterrasse, saubere Zimmer, alle mit Gemeinschaftsbad, Küchenbenutzung und Internet. Im Mehrbettzimmer 12 $ pro Person, im DZ 44 $, inkl. Frühstück und gratis Kaffee oder Tee. Gute und zentrale Lage.

■ **Luna's Castle,** Calle 9NA Oeste, Casco Viejo, Tel. 2621540, www.lunascastlehostel.com. Hostel für Rucksacktouristen in altem Kolonialhaus in der Altstadt. Im Mehrbettzimmer 13 $ pro Person, EZ/DZ 30 $, alle mit Gemeinschaftsbad, inkl. Frühstück, Kaffee oder Tee. Partystimmung.

■ **Hostal Mamallena,** Calle Primera/Avenida España, Bella Vista, Tel. 66766163, www.mamallena.com. Hostel in alter Villa mit Garten, Internet und Gemeinschaftsküche. Im Mehrbettzimmer 13 $ pro Person, DZ 33 $, alle mit Gemeinschaftsbad, inkl. Frühstück und gratis Kaffee oder Tee.

■ **Panama House B & B,** Calle 1ra, El Carmen, Tel. 2634366, www.panamahousebb.com. Alte Villa im traditionellen Baustil mit ordentlichen Zimmern. Nette Terrasse zum entspannen, gratis WLAN und Küchenbenutzung. Etwas abseits gelegen nahe der Via Brasil im Viertel El Carmen. Im Mehrbettzimmer 15 $ pro Person, DZ 55 $, inkl. Frühstück.

■ **Hospedaje Casco Viejo,** Calle 8a/Avenida A, Casco Viejo, Tel. 2112027, www.hospedajecascoviejo.com. Pension in einem alten Haus inmitten der Altstadt. Mehrbettzimmer ab 10 $ pro Person. Leider etwas vernachlässigt.

■ **Hostal Villa Vento Surf,** Calle 47, Marbella, Tel. 397600, www.hostelvillaventosurf.com. Sauberes Hostel in guter, zentraler Lage; Pool im Garten und gratis WLAN. Im Mehrbettzimmer ab 13 $ pro Person inkl. Frühstück.

## Mittelklassehotels

■ **Hotel Milán,** Calle Eusebio Morales, Tel. 2636 130, www.hotelmilan.com.pa. Gutes Stadthotel mit Standardzimmern, alle mit Kabel-TV und AC. Restaurant. EZ/DZ ab 66 $.

■ **Hotel El Parador,** Calle Eusebio Morales, Tel. 2144586, www.hotelparadorpanama.com. Stadthotel mit wenig Flair, aber mit einem Swimmingpool auf dem Dach und Restaurant. Einige Zimmer mit Balkon. EZ/ DZ ab 75 $.

■ **Hotel Marbella,** Calle D, El Cangrejo, Tel. 2632 220, www.hmarbella.com. Kleines Stadthotel. Zimmer mit Kabel-TV und AC, einfache Zimmer, aber für den Preis akzeptabel. EZ/DZ ab 60 $. Restaurant.

■ **Hotel Plaza Paitilla Inn,** Avenida Balboa, Punta Paitilla, Tel. 2080600, www.plazaaitillainn.com. Die besondere Architektur macht dieses Stadthotel sehr attraktiv. Alle Zimmer haben eine halbrunde Glaswand von Boden bis zur Decke und gestatten damit viel Aussicht. Swimmingpool und Restaurant. Gelegen in einer der teuersten Wohngegenden der Stadt. EZ/DZ ab 120 $.

■ **Posada Agua Miel,** Avenida 4AB Norte/ Via Argentina, Tel.3925671, www.posadaaguamiel.net. Bed & Breakfast in moderner Villa mit Garten; gute Lage. Gepflegte DZ mit Bad, TV und AC ab 83 $.

■ **Toscana Inn,** Calle D, El Cangrejo, Tel. 2650019, www.toscanainnhotel.com. Gutes, junges Stadthotel in zentraler Lage. Standardzimmer im klassischen Stil. DZ 120 $ inklusive Früstück.

■ **Coconut Lodge,** Las Cumbres, Tel. 2680936, www.coconutlodgepanama.com. Sehr angenehmes Bed & Breakfast-Hotel im Grünen mit Pool und Tennisplatz. Abseits vom Zentrum gelegen, dafür aber ruhig und gut zum entspannen. Zimmer ab 88 $ inkl. gutem Frühstück.

■ **Hilton Garden Inn,** Calle Eusebio Morales und Calle 49, Tel. 3019999, www.hiltongardeninn.hilton.de. Eines der neuen Stadthotels im Zentrum, mit modernen Zimmern, Pool, Fitnessräumen, Restaurant, WLAN. Gutes Preis-Leistungs-Verhältnis. DZ ab 88 $.

## Luxushotels

Ein Zimmer in einem 4- oder 5-Sterne-Hotel von Panama buchen Sie am besten online. Die Hotels und diversen Zwischenhändler im Internet bieten oft spezielle Internettarife mit enormen Ermäßigungen an (oft bis zu 50 %).

■ **Hotel Riande Granada,** Calle Eusebio Morales, Tel. 2044444, www.riandehoteles.com. Renoviertes Viersternehotel in guter, zentraler Lage. Moderne Zimmer, guter Service, Restaurant, Bar, Pool und Casino. EZ/DZ ab 120 $.

■ **Hotel Continental,** Calle 50/Via España, Tel. 2639999, www.continentalhotel.com. Großes, gepflegtes Hotel mit klassischer Einrichtung. Swimmingpool, Restaurant, Bar werden ebenso geboten wie ein Casino. Tarif bei online-Buchung: DZ ab 90 $.

■ **Hotel El Panama,** Via España, Tel. 2159000, www.elpanama.com. Eines der renomiertesten Hotels mit Swimmingpool, Restaurants, Bars, Casino, Disco, Fitnessräumen und Sauna. Zimmer teilweise mit Terrasse oder Balkon. EZ/DZ ab 120 $.

■ **Hotel Crowne Plaza,** Via Manuel Batista, Tel. 2065500, www.crownplaza.com. Luxushotel mit Swimmingpool, Restaurant, Bar, Fitnesscenter und Casino. Stilvolle Zimmer. Günstige Internettarife.

■ **The Bristol,** Calle Aquilino de la Guardia, Tel. 2657844, www.thebristol.com. Hotel mit Stil, von der Lounge bis zu den Zimmern, und sogar mit eigenem Butlerservice für jedes Zimmer. Internettarife um die 180 $ für ein DZ.

■ **Hotel De Ville,** Calle 50/Calle Beatriz de Cabal, Tel. 2063100, www.devillehotel.com. pa. Sehr gutes und angenehmes Hotel im Landhausstil, inmitten des Bankenviertels. DZ ab 110 $.

■ **Hotel Riande Aeropuerto,** Tel. 2903333. Das einzige Hotel nahe des internationalen Flughafens (3 km), mit Swimmingpool, Fitnessraum, Restaurant, Bar und Tennisplatz. EZ/DZ ab 120 $.

■ **Panama Marriott Hotel,** Calle 52/Calle Ricardo Arias, Tel. 2109100, www.marriott.com.

■ **Hotel Miraramar Intercontinental,** Avenida Balboa, Tel. 2068888, www.miramar panama.com.

■ **Hotel Radisson Decapolis,** Avenida Balboa, Tel. 2155786, www.radisson.com.

### Aparthotels

Aparthotels bieten eine Alternative zu den meisten Stadthotels. An Stelle eines kleinen Standardzimmers wird meistens eine geräumige Suite mit AC und Kabel-TV, Sitzmöglichkeit, eine Kochnische oder Küche angeboten. Außerdem verfügen die Aparthotels oft über ein Businesscenter mit WiFi.

■ Nette, kleine Anlagen mit Swimmingpool, Fitnessraum und zentraler Lage sind die **Coral Suites,** Calle D, El Cangrejo, Tel. 2692727, www.coralsuites.net, **Suites Ambassador,** Calle D, El Cangrejo, Tel. 2637274, www.suitesambassador-hotel.com, sowie **Sevilla Suites,** Calle Eusebio Morales, Tel. 2130016, www.sevillasuites.com. Preise ab 80 $ pro Tag und Studio.

# Essen und Trinken

## Restaurants und Cafeterias

Die beste Auswahl an Restaurants in den verschiedenen Preisklassen befindet sich in den **Stadtvierteln El Cangrejo** und **Bella Vista,** insbesonders in der Calle Uruguay. Das Angebot ist sehr unterschiedlich und reicht von preiswerten panamaischen Gerichten über italienische und griechische Küche bis hin zu asiatischen und arabischen Leckerbissen.

### Panamaische Küche

■ **Niko's Café,** Cl. 51 nahe der Vía España. Großes SB-Restaurant mit preiswertem und variationsreichem Buffet ab 3 $. 24 Stunden geöffnet, Wenig Atmosphäre, aber gut, billig und populär.

■ **Jimmy's Grillrestaurant,** Ave. 2a Sur, nahe der Vía España. Sehr beliebtes, einfaches Restaurant mit Terrasse und Buffet-Gerichten ab 3 $.

■ Große Popularität genießen auch die Cafeterías **Manolo,** Vía Argentina, nahe *El Trapiche* und **El Prado** (24 Stunden geöffnet), Vía Argentina/Ave. 1a B Norte.

■ **Don Blas,** Avenida 4a Sur/Calle 48. Einfaches, aber nettes Restaurant mit Terrasse. Gut und preiswert.

■ **Café Darna,** Calle Uruguay. Ein frisches, modernes Loka. Die Spezialität des Hauses sind allerdings Fischgerichte. Moderate Preise.
■ **Las Tinajas,** Ave. 3a Sur, nahe der Ave. Federico Boyd. Atmosphärereiches, auf Touristen gerichtetes Lokal der gehobenen Klasse mit Folklore-Shows am Di, Do, Fr und Sa. So geschlossen.
■ **Restaurant/Cafetería Costa Azul,** Cl. 50/ Vía España und Ave. 3a Sur. Lokale Speisen und gute Fischgerichte ab 6,50 $, aber auch gut für einen Kaffee zwischendurch auf der kleinen Terrasse.
■ **Mi Ranchito,** Calzada Amador. In diesem preiswerten Freiluftestaurant kann bei gutem Essen die herrliche Aussicht und der spektakuläre Sonnenuntergang genossen werden. Am Ende der Calzada Amador gibt es übrigens weitere gute Restaurants.

## Italienische und französische Küche

■ **Restaurant Pomodoro,** Via Venetto. Kleines Lokal mit schönem Garten, gemütlicher Atmosphäre und sehr gutem italienischen Essen.
■ **Restaurant Gusto's,** Calle 47/Ave. Federico Boya. Variationsreiches Angebot aus *Bella Italia.* Kleine Terrasse. Gut und empfehlenswert.
■ **Tre Scali,** Calle 52 Este/Ave. Federico Boyd. Ein weiteres gutes und beliebtes italienisches Restaurant im Zentrum.
■ **Sorrento,** Calle 50. Angenehmes, modern gestyltes italienisches Restaurant mit kleiner Terrasse.
■ **Restaurant Las Bóvedas,** Cl. 2/Plaza de Francia in der Altstadt. Stilvolles, sehr teures Nobellokal, am Wochenende oft Live-Jazzbands.

## Asiatische Küche

■ **Ginza Teppanyaki,** Eusebio Morales/Calle D. Gehobenes, japanisches Restaurant, das außer Teppanyaki-Gerichten auch Sushi anbietet.
■ **Sushi Express,** ein Kette von einfachen Sushi-Lokalen mit u.a. einer Filiale im Zentrum an der Calle 51 Este. Preiswerte und frische Sushi und Teppanyaki sowie asiatische Salate. Auch für Vegetarier.
■ **Don Lee** ist eine chinesische Fast-Food-Restaurantkette mit verschiedenen Filialen in der Stadt. Preiswert.
■ Chinesisches serviert das zu den besten (und auch teuersten) der Stadt gehörende Restaurant **Madame Chang,** Avenida 5a Sur/Calle 48, und das **Nobu,** Calle 48/Avenida 4a Sur, das außer der chinesischen Küche auch diverse Sushigerichte anbietet.

## Essen und Trinken im Casco Viejo

In der **Altstadt** haben verschiedene Restaurants geöffnet. Sie eignen sich gut zum Einkehren während eines Stadtrundganges, wie etwa das *Café Coca Cola* gegenüber der Plaza Santa Ana. Es ist kein neues Lokal, sondern das älteste der Stadt. Das Café bietet unter anderem leckere Sandwiches und ist schon wegen der tollen panamaischen Atmosphäre einen Besuch wert. Fischliebhaber sollten unbedingt den ufernahen **Fischmarkt** *(Mercado de mariscos)* und dessen Restaurant im ersten Stock besuchen.

## Vegetarische Küche

■ **Restaurant Mireya,** Cl. 50/Ave. 3a Sur. Buffet-Gerichte ab 2,50 $, reichhaltige Salatbar, sehr gute frisch gepresste Fruchtsäfte; mit kleiner Terrasse. Das Restaurant ist Mo–Fr bis 20 Uhr geöffnet, sonntags geschlossen.

## Lateinamerikanische und spanische Küche

■ **Restaurant Martín Fierro,** Cl. 52/Ave. 2a Norte. Ganz im argentinischen Stil geprägtes Lokal, das man für Liebhaber von Steak- und Grillgerichten empfehlen kann.

- **Gauchos,** Calle Uruguay. Populäres argentinisches Steakhouse, aber auch gegrillte Hühnchen und Fisch stehen auf der Menükarte.
- **Bon Profit,** Vía Argentina nahe der Ave. 1b Norte. Kleines Lokal mit spanischen Gerichten für ca. 8 $.

### Internationale Küche

Neben den **Hotelrestaurants,** die sich an der internationalen Küche orientieren, ist vor allem hervorzuheben das:

- Restaurant **The Wine Bar,** und das **Friday's;** Treffpunkt für Ausländer in Panama.

### Restaurants für Heimwehgeplagte

- Das im Chaletstil errichtete **Restaurant Rincón Suizo,** Calle Eusebio Morales, offeriert typische Schweizer Gerichte, u.a. verschiedene Käsefondues.
- Treffpunkt für Deutsche in Panama-Stadt sind die Restaurants **Rincón Alemán,** Calle 51, Nr. 39, Bella Vista, Tel. 2640590 und **Steinbock,** Via Cincuentenario, Tel. 2702784.

### Mediterrane Küche

- **Habibis,** Calle Uruguay. Trendy, arabisch-mediterranes Restaurant mit einer der angenehmsten Terrassen der Stadt und gutem Service, was sich auch im Preis niederschlägt.
- **Aladino's Café,** schräg gegenüber dem Mariotthotel. Döner, Falafel und Humus in orientalischem Ambiente, mit kleiner Terrasse. Moderate Preise.
- **The Ozone Café,** Calle Urugay. Mediterrane Küche mit großer Auswahl an Salaten, Sandwiches und Grillgerichten. Ungezwungenes Ambiente, moderate Preise. Beliebt.

# Unterhaltung

Panama-Stadt ist, landesweit betrachtet, das **Zentrum des nächtlichen Lebens,** nur ist es nicht immer ganz einfach, die richtigen Lokale zu finden. Am besten fängt man in der **Calle Uruguay** an, wo sich in der Regel die Stadtszene trifft. Das Publikum ist jung, stammt aus der gehobenen Mittelklasse, und die Preise für Drinks sind wie zu Hause.

## Kneipen und Discos

- **The Greenhouse,** moderne, etwas sterile Loungebar mit Terrasse. Der Wein wird hier zwar gerne getrunken, ist aber nicht selten von geringerer Qualität. Das gleichnamige Lokal in der Via Argentina ist etwas ungezwungener.
- **Habibis,** zum Entspannen und Genießen auf einer der angenehmsten Terrassen der Stadt.
- **The Londoner,** Calle Uruguay. Typisches, englisches Pub mit Pints, Dart und TV-Sportkanälen.
- Ein traditionelleres Lokal ist die alteingesessene **Disco Bacchus** in der Calle 49.
- Ein weiteres **Zentrum des Nachtlebens** befindet sich entlang der Calzada Amador. Hier gibt es verschiedene Freiluftbars und Kneipen und zudem können Sie den schönen Ausblick auf die Skyline der Stadt geniessen.
- Wer nur eine nette Kneipe sucht, um einfach in Ruhe ein Bier zu trinken, ist im seit Jahren beliebten **El Pavo Real,** Calle 51, an der richtigen Adresse, eine Kneipe im englischen Pub-Stil mit Billard-Tischen.
- Das gleiche gilt für die amerikanische **Bar Friday's** zwei Straßen weiter, wo man auch essen kann.
- Für einen Besuch am Nachmittag bietet sich die **Taverna 21** in der Via Argentina an.
- Das **Hardrock Café Panamá** liegt etwas abseits im Einkaufszentrum Multicentro (Punta Paitilla)

140pa hz

und hat mit seiner rustikalen Einrichtung eher ältere Gäste im Visier.

- Darüber hinaus gibt es verschiedene **Nachtclubs in der Stadt.**
- Viele Luxushotels betreiben ein **Casino,** in dem man mit einer gehörigen Portion Glück sein Reisebudget aufbessern kann.
- Im alten Teil der Stadt, in Casco Viejo, rund um die Plaza Francia und die angrenzenden Straßen haben sich trendige Bars und Nachtclubs angesiedelt, vor allem an der Plaza Bolívar, der Calles 7 und 8. Empfehlenswert ist **Cervezería La Rana Dorada,** Calle 12/Plaza Santa Ana. Ein Brauhaus mit gutem, regionalem Bier und ungezwungener Atmosphäre.

↑ Lotterieverkäuferinnen

## Internet-Cafés

Bei den Internetcafés, den sogenannten Cybercafés, herrscht ein derart reges Kommen und Gehen, dass es kaum möglich ist, eine aktuelle Auflistung zu erstellen. Am besten werfen Sie einen Blick auf die Website **www.cybercafe.com,** wo eine ständig aktualisierte Übersicht über die Internetcafés in Panama gegeben wird. Oder Sie fragen im Hotel nach, denn mittlerweile bieten viele Unterkünfte einen Internetzugang für ihre Gäste an und das oft noch gratis!

## Folklore und Theater

- **Abendliche Folklore-Shows** werden im *Hotel El Panamá,* im *Restaurant Las Tinajas* und im *El Pueblito* geboten, einem kleinen Freilichtmuseum nahe der Puente de Las Américas, das Di–Sa von 11.30 bis 22.30 Uhr, So von 10 bis 22 Uhr geöffnet ist.

■ Fast jedes Wochenende wird der **Paseo Peatonal de San Francisco** in der Calle 68, zwischen den Avenidas 4a Sur und Belisario Porras, ins Leben gerufen. Neben dem üblichen Angebot an Restaurants und Kneipen, wie die Bars *Captain Morgan, Giorgio, Kabuki* und *Los Cuervos* sowie das Restaurant *La Caleta*, gibt es in der verkehrsfreien Zone auch noch Straßentheater und -konzerte.

■ Wer es „bunter" haben möchte, der kann fast täglich für etwa 1 bis 2 Stunden mit einem ausgeflippten Bus durch Panama-Stadt fahren. **La Chiva Parrandera** nennt sich der Spaß und beinhaltet Snacks, dröhnende Musik und viel Alkohol.

■ Die **Teatros Nacional,** *La Cúpula, Skena* und *Circulo,* bieten ein breites Programm an, das von Jazz- bis zu Klassikkonzerten sowie von Ballett- bis zu Folkloretänzen reicht.

■ Im **Atlapa-Konferenzzentrum,** Vía Israel, werden meistens große Popmusikkonzerte, Showveranstaltungen sowie messeähnliche Ausstellungen abgehalten.

■ Das **aktuelle Programm** finden Sie in den lokalen Tageszeitungen und in der Touristenzeitung *El Visitante – The Visitor.*

■ Zahlreiche **Events** werden über Reisebüros und Hotels angeboten.

## Kino

**Filme** werden täglich zwischen 15 und 22 Uhr drei- bis viermal ausgestrahlt, meistens in Originalfassung mit spanischen Untertiteln.

Der **Preis** einer Eintrittskarte liegt zwischen 2 $ und 3,50 $.

■ **Cinemark Albrook Mall,** Albrook Mall, Tel. 314 6001.

■ **Cinepolis,** Multiplaza Punta Pacifica, Tel. 3026 262.

■ **Cinemark Multicentro,** Multicentro, Ave. Balboa, Tel. 2082507.

■ **Extreme Planet,** Av. Balboa, Tel. 305958.

■ **Cine Universitario,** Tel. 2642737, am Uni-Gelände. Bietet neben den letzten Hollywood-Schinken auch Produktionen aus der alternativen Szene an.

Das **Kinoprogramm** ist den Wochenendbeilagen der Tageszeitungen und unter www.cinespanama.com zu finden.

# Einkaufen

Wahre Paradiese für einen ausgedehnten Einkaufsbummel sind die bekannten **Einkaufsstraßen** Vía España und Avenida Central, die täglich (außer sonntags) zu einem Bummel einladen. Während in der **Vía España** das Treiben eher als ruhig zu beschreiben ist, herrscht in der **Avenida Central** im Stadtteil La Exposición ein chaotisches Bild: Zwischen den heranbrausenden, hupenden und qualmenden Stadtbussen überqueren meist unter Lebensgefahr die Kauflustigen die Straße. An den schmalen Gehsteigen häufen sich die wackeligen Verkaufsstände der Straßenhändler, die von der Stecknadel bis zum elektronischen Schnickschnack alles in ihrem Sortiment haben. Und zwischen den Geschäften, die von billigen Waren aus allen Bereichen des Lebens überquellen, und den Verkaufsständen tummeln sich Hunderte von Menschen. Schulter an Schulter kämpfen sie sich durch den „Dschungel der Einkaufsgroßstadt" in der Hoffnung, ein Schnäppchen zu ergattern.

## Souvenirs

■ Die beste Adresse für **landestypische Kunsthandwerke** ist das Geschäft von *Flory Saltzmann,* in der Cl. 49 am *Hotel El Panamá* (bei der Zufahrt, rechts die Treppen hoch). Der Laden bietet eine Auswahl an neuen und gebrauchten *molas, chachiras* (bunte Halsketten der Guaymí) und Ansichtskarten.

■ Für die **Schnitzereien der Chocó** und für **chacaras** (praktische Umhängetaschen aus Pflanzenfasern) ist der *Mercado Artesanía* in Panamá Viejo eine gute Adresse. Manche Stücke erreichen sogar Museumsqualität. **Molas** können hier direkt von den Kuna-Frauen gekauft werden. Sie bieten ihre Waren auch in Casco Viejo am Paseo an.

■ Hinter dem ehemaligen Anthropologischen Museum findet man ein *Mercado Artesanía* nahe der Plaza 5 de Mayo.

■ Schmuck, der nach dem Vorbild der **präkolumbischen Goldschmiedekunst** hergestellt wurde, wird in den verschiedenen Juwelierläden angeboten. Die besten befinden sich in der Ave. Samuel Lewis. In der gleichen Straße, an der Ecke mit der Cl. 54, befindet sich eines der renommiertesten Geschäfte, das *Reprosa,* wo neue und alte Traditionen miteinander verbunden werden.

■ CD's und Musikcassetten mit **panamaischer Folklore** sind an den Straßenständen entlang der Ave. Central, im Kaufhaus *Gran Morrison,* Vía España und in Musikläden, wie z.B. in der Cl. 49, erhältlich.

## Einkaufszentrum

■ Das größte Angebot an Geschäften findet sich in den modernen, klimatisierten Einkaufszentren, den **Shopping Malls,** wo neben diversen Läden meistens auch Kinos und Restaurants zu finden sind. Einkaufszentren sind in der Regel Mo–Sa 10 bis 20 Uhr und So 11 bis 19 Uhr geöffnet, so auch *El Dorado, Tumba Muerte, Multicentro, Avenida Balboa, Paitilla* und *Multi Plaza Pacifica,* östlich von Paitilla. Das derzeit größte und modernste Einkaufszentrum der Stadt ist *Albrook Mall* beim zentralen Busbahnhof.

Eine der zahlreichen Shoppingmalls

144pa hz

# Adressen A–Z

## Apotheke

■ Die Filiale von **Arrocha,** Calle 49, nahe der Vía España, hat rund um die Uhr geöffnet und führt ein großes Sortiment an Medikamenten, u.a. auch Malaria-Tabletten, die vor Ort unter dem Namen *Aralen* und *Plaquinol* abgegeben werden (siehe Kapitel „Praktische Reisetipps A–Z – Gesundheit").

## Ärzte

Wegen der großen Anzahl von Ärzten wende man sich am besten an die Botschaft (siehe „Diplomatische Vertretungen" im Kapitel „Praktische Reisetipps A–Z") oder an die deutsch-panamaische Handelskammer an der Vía España/Ave. Argentina, die bei der Vermittlung eines Arztes helfen können.

## Autoverleih

Die meisten Autovermieter haben ein Büro am internationalen Flughafen Tocumen, am nationalen Flughafen Albrook und im Stadtviertel El Cangrejo und bieten sehr günstige Internettarife an. Mehr dazu auf den homepages der Vermieter:

- **Avis,** www.avis.com
- **Budget,** www.budgetpanama.com
- **Dollar rent a car,** www.dollarpanama.com
- **Hertz,** www.hertz.com
- **National,** www.nationalpanama.com
- **Thrifty,** www.thrifty.com

## Botschaften und Konsulate

Adressen, Telefon- und Faxnummern der Botschaften und Konsulate siehe Kapitel „Praktische Reisetipps A–Z“ unter „Diplomatische Vertretungen“.

## Ein- und Ausreisebehörde

- **Aufenthaltsverlängerung** erteilt das *Departemento de Migración,* Ave. Cuba/Cl. 30, geöffnet Mo–Fr von 8 bis 15 Uhr.
- Das **Ausreisevisum** (nur bei Verlängerung vor Ort notwendig!) erhalten Sie im *Ministerio de Hacienda y Tesoro,* Ave. Perú/Cl. 35 und 36, geöffnet Mo–Fr, 8 bis 16 Uhr.

## Digitale Fotos

Es gibt einige Fotoläden, in denen man sich mit Zubehör eindecken kann, z.B.:

- **Panafoto,** Calle 50, in El Cangrejo, wo man auch digitale Fotos in kurzer Zeit abdrucken lassen kann.

## Geld

Bargeldabhebungen an einem der zahlreich vorhandenen ATMs im Stadtgebiet sind mit der Kreditkarte und der Maestro-(EC-)Karte möglich wenn die ATMs das Logo Maestro und/oder Cirrus tragen. Reiseschecks werden von Banken gewechselt. Viele Mittelklasse- und Luxushotels verfügen über eine Wechselstube, darüber hinaus gibt es die Möglichkeit, an der Rezeption Euros zu wechseln, allerdings ist der Kurs ziemlich schlecht und man sollte sich nicht 100%ig darauf verlassen. Am besten nimmt man zusätzlich Bargeld (US-Dollar) von zu Hause mit.

## Krankenhaus

- **Clinica Santo Tomas,** Tel. 2274122. Das öffentliche Krankenhaus hat einen modernen Standard und einen guten Ruf. Einige gute Privatkrankenhäuser sind das **Hospital Nacional,** Tel. 2078345, www.hospitalnacional.com, das **Centro Medico Paitilla,** Tel. 2658800, und die **Clinica San Fernando,** Tel. 2293800.

## Polizei

- **Notruf:** 104
- Die **PGN,** Tel. 2626979, in Ancón, nahe der Albrook Mall, nimmt Anzeigen aller Art entgegen, allerdings nur in Spanisch.
- Im Falle eines **Führerscheinentzuges** wegen eines Verkehrsvergehens erhalten Sie – natürlich gegen eine entsprechende „Gebühr“ – Ihre Fahrerlaubnis zurück bei der *Dirección Nacional de Tránsito y Transporte Terrestre,* Tel. 2325140 oder 42.

## Post

- Alle **Postämter** *(Estafetas)* von Panama-Stadt haben Mo–Fr von 7 bis 18 Uhr, am Sa nur bis 17 Uhr geöffnet.
- Zentral gelegen ist das **Postamt an der Via España** im Einkaufszentrum Plaza Concordia (bei der Fußgängerbrücke).

## Reisebüros

Verschiedene Reiseveranstalter bieten **Stadtrundfahrten** und **Ausflüge** zu Sehenswürdigkeiten an. Die Adressen, Telefonnummern und Websites sind im Kapitel „Praktische Reisetipps A–Z" unter „Reiseveranstalter" aufgelistet.

## Schwimmbad

Die Stadt verfügt über einige Schwimmbäder, die auf Grund ihres ungepflegten Zustandes nicht zu einem Bad einladen.

## Telefon

- Regionale und internationale Gespräche können mit einer **Telefonwertkarte** *(tarjeta)* aus jeder Telefonzelle, die es an nahezu allen Straßenecken gibt, geführt werden.
- Für **internationale Gespräche** sollte besser der Dienst von *Cable & Wireless* an der Plaza Concordia, Via España nahe der Fußgängerbrücke in Anspruch genommen werden.

## Touristeninformation

- Die **Autoridad de Tourismo Panama** *(ATP)*, *Centro de Convenciones Atlapa*, Vía Israel, Tel. 2267 000, www.ipat.gob.pa, geöffnet Mo–Fr von 9 bis 15 Uhr, ist das einzige Touristenbüro der Stadt. Wegen der mangelhaften Informationen ist der Besuch allerdings wenig lohnenswert.

Lok der Panama Canal Railway

146pa hz

Umgebung von Panama-Stadt
©Reise Know-How 2013
102 Colón
PROVINZ COLÓN
Limón
68
Gatún- See
66 Parque Nacional Soberanía
66 Camino Oleducto
Eisenbahnlinie
70 Parque Nacional Chagres
Buenos Aires
Chilibre
72 Isla Barro Colorado
Gamboa
64 Parque Municipal y Jardín Botánico Summit
66 Parque Nacional Camino de Cruces
14 Panama Stadt
Muelle vom Smithonian Institut
Península Gigante
Parkverwaltung Nat. Park Soberanía
Cerro Contratista
Puente Centenario
Paraíso
Pedro-Miguel-Schleuse
Parque Nacional Interoceánico
PROVINZ PANAMÁ
Miraflores-Schleusen
Parque Natur. Metropolitan
Arraiján
Nuevo Arraiján
Puente de Las Américas
La Chorrera
Carretera Interamericana
65 Veracruz
64 Playa Bonita
Playa Veracruz
64 Playa Far Fan
Taboga-Fähre
Isla Urabá
Isla Tobaguilla
73 Isla Taboga
San Carlos, Penonomé, David

# UMGEBUNG VON PANAMA-STADT



Bei der Umgebung der Hauptstadt wurden in diesem Buch alle Orte, Strände, Sehenswürdigkeiten etc. berücksichtigt, welche in einem Umkreis von ca. 30 km liegen, oder die nur ab Panama-Stadt erreichbar sind, wie etwa die Inseln **Contadora** und **Taboga.**

**NICHT VERPASSEN!**

- **Parque Municipal y Jardín Botánico Summit,** tropischer Park mit Picknick-Arealen, botanischem Garten und kleinem Zoo | 64
- **Aerial Tram,** Sessellift über dem Regenwald des Nationalparks Sobrería | 69
- **Isla Taboga,** diese „Blumeninsel" ist ein kleines Paradies | 73

**Diese Tipps erkennt man an der gelben Hinterlegung.**

# Playa Bonita

Etwa 20 Busminuten südwestlich des Stadtzentrums befindet sich in einer kleinen Pazifikbucht die Playa Bonita. Der helle, von türkisfarbenem Wasser umspülte **Sandstrand** mit eleganten Palmen und Sonnenschirmen aus Palmblättern sowie der Anblick von Braunen Pelikanen, die im Sturzflug ihre Mahlzeit aus dem Meer holen, vermitteln ein Bild, das sich bereits der Klischeevorstellung eines Karibikstrandes nähert. Die Wasserqualität wird aber durch die Nähe des Panamakanals als zweifelhaft beurteilt.

## Praktische Hinweise

- Die Playa Bonita ist erreichbar mit dem **Bus** nach Veracruz, der ab dem zentralen Busbahnhof in Panama-Stadt losfährt. Die letzten 400 m zum Strand müssen gelaufen werden.

  Wer mit dem **Auto** zur Playa fahren will, nimmt nach der *Puente de Las Américas* die erste Abzweigung rechts. Danach geht es unter der Brücke hindurch und quer durch die ehemalige US-Basis Howard, heute teilweise Wohngebiet mit Kontrollstelle bei der Einfahrt. Die Straße führt direkt zum **Hotel Playa Bonita,** wo die Straße nach rechts zur Playa Veracruz abzweigt.

  Unterwegs bietet sich übrigens ein fantastischer Blick auf die Brücke und die **Pazifikeinfahrt des Panamakanals.**
- Zimmer gibt es im Luxushotel **Playa Bonita Resort,** www.playabonitapanama.com.

# Playas Far Fan und Veracruz

Der Unterschied zwischen der Playa Bonita und den nahe gelegenen **Stränden** Far Fan (ca. 1,5 km) und Veracruz (weitere 3 km) ist erschreckend: Plastikteller, Papierservietten, leere Glasflaschen, Speisereste etc. sind die Spuren, die an diesen populären Stränden, vor allem am Wochenende, im Sand hinterlassen werden. Sie wirken, als seien nach einer riesigen Party alle Gäste verschwunden, um sich vor dem Aufräumen zu drücken. Weder die Besucher, die Strandbudenbetreiber noch die Behörden scheinen sich für die Reinigung der Strände verantwortlich zu fühlen.

Im staubigen Fischerort Veracruz befindet sich sogar eine Unterkunft: Das Hotel *Roca Mar.* Für einen Tag *Sun, Sea and Sand* sind Sie an diesen Stränden nicht an der besten Adresse.

# Parque Municipal y Jardín Botánico Summit

An der Ostseite des Kanals, zwischen Paraíso und Gamboa, befindet sich eine 250 ha große Parkanlage, die allgemein als **Botanischer Garten Summit** bezeichnet wird. Sie bildet einen Teil des heutigen Nationalparks Soberanía (siehe weiter unten), der zwischen 1923 und

1979 der Panamakanal-Kommission als wissenschaftliches Gebiet für Experimente im Bereich der Tropenflora diente. Mit dem Wegfall des Sonderstatus der Kanalzone im Jahre 1979 kam das gesamte Terrain unter die Leitung des staatlichen Naturschutzinstitutes *ANAM*, das es zum Nationalpark erklärte. Die Verwaltung von Panama-Stadt übernahm 1985 die Verantwortlichkeit über einen kleinen Teil des Nationalparks.

Die abwechslungsreich gestaltete Parkanlage steht auf der Ausflugsliste der Panamaer ganz oben. Vor allem Familien kommen in den Park, in dem die Kinder nahezu ungehemmt spielen können, während die Erwachsenen an einem Picknicktisch sitzen und plaudern oder sich zur Entspannung auf den gepflegten Rasen legen. Neben dem Erholungswert hat die Parkanlage aber auch das Ziel, die Panamaer, vor allem die jüngere Generation, mit der Natur vertraut zu machen.

Zu diesem Zweck wurde ein **kleiner Zoo** errichtet, in dem heimische Säugetiere, Vögel, Reptilien und Amphibien aus nächster Nähe zu beobachten sind. Leider machen viele Tiergehege einen ungepflegten Eindruck.

Die Anlage verfügt zudem über insgesamt 140 verschiedene, weltweit verbreitete **Tropenpflanzen,** die entlang der Wege angepflanzt und mit Tafeln zur Erklärung versehen wurden. Wegen seines Baumreichtums eignet sich der Park besonders gut, um mit wenig Aufwand **freilebende Vögel** zu beobachten, unter anderem Kolibris. In einem kleinen, für die Besucher unzugänglichen Winkel des Areals wird seit Jahren versucht, die Raubvogelart Harpyie zu züchten, leider bis heute ohne Erfolg.

■ Summit ist täglich von 8 bis 16 Uhr geöffnet, Eintritt 3 $. Die Anlage ist direkt erreichbar mit dem **Bus** nach Gamboa ab der Plaza 5 de Mayo.

# Die Naturschutzgebiete

An beiden Seiten des Panamakanals wurden von der panamaischen Regierung in den 1980er Jahren große, teilweise mit tropischen Feuchtwäldern bedeckte Flächen als Naturschutzgebiete ausgewiesen, die primär zum **Schutz der Wassereinzugsgebiete des Kanals** dienen. Sie garantieren aber ebenso den Erhalt der Flora und Fauna und sind von wesentlicher Bedeutung für die Wasserversorgung der beiden Großstädte Colón und Panama-Stadt. Ein weiterer Zweck der Naturschutzgebiete ist die **Regeneration brandgerodeter Flächen.** Laut Statistik ist in den letzten Jahrzehnten durch diese traditionelle Landgewinnungsmethode ca. 35 % des Primärwaldes verlorengegangen, vor allem in den Randzonen der Naturschutzgebiete, in denen der Primärwald mit bis zu 40 m hohen Baumriesen mittlerweile Seite an Seite steht mit niedrigen Sekundärwäldern. Die Natur holt sich ganz langsam wieder zurück, was ihr der Mensch genommen hat.

Wegen der wichtigen Funktionen der Naturschutzgebiete ist kaum eine **Infrastruktur** vorhanden, weshalb man einige Gebiete nicht besuchen kann. Dazu gehören der jüngste Nationalpark des Landes, der ca. 62.000 ha große *Parque Nacional Interocéanico de las Américas* entlang dem Westufer des Kanals und der etwa 4000 ha große *Parque Nacional Camino de Cruces,* der die Lücke schließt zwischen dem *Parque Natural Metropolitano* am Rande von Panama-Stadt und dem Nationalpark *Soberanía.*

## Parque Nacional Soberanía

Der langgestreckte **Nationalpark** Soberanía am Ostufer des Panamakanals, zwischen den Orten Paraíso und El Limón, lässt sich von allen Naturschutzgebieten in der Umgebung der Hauptstadt am einfachsten besuchen und begehen. Bereits bei einer kurzen Wanderung durch die mannigfaltige Tropenflora Soberanías können Sie mit etwas Glück verschiedene Tiere beobachten. Im üppigen Grün flattern farbenprächtige Vögel und seltene Insekten durch den Park, hüpfen winzige Frösche am blätterbedeckten Boden und bahnen sich exotische Vierbeiner einen Weg durch das Dickicht.

Auf die Besucher übt vor allem die **Vogelwelt** einen besonderen Reiz aus und bei den Ornithologen hat Soberanía einen ausgezeichneten Ruf. Weihnachten 1985 registrierte die *Panama Audubon Society* an nur einem Tag 380 verschiedene Vogelarten im Park, worunter sich viele nur dort heimische Arten befanden. Soberanía trägt seither mit Stolz das Etikett, die weltweit größte Artenvielfalt von Vögeln im Verhältnis zur Parkgröße zu beheimaten.

⊡ Wassergefüllter Bombax

### Wanderweg Camino de Oleoducto

Die meisten **Vögel** wurden und werden entlang des alten *Camino de Oleoducto* gesichtet, einer Schotterpiste, die auch als **Pipeline Road** bezeichnet wird und die das Naturschutzgebiet zur Hälfte durchquert. Die ca. 18 km lange Piste wurde im Zweiten Weltkrieg von US-Soldaten angelegt und verläuft parallel zur ehemaligen interozeanischen Eisenbahnstrecke, von der Ortsgrenze Gamboas bis nach Agua Salud, einer Hydraulikstation am Gatún-See. Die interessante Kulisse aus jungfräulichem **Feuchtwald** offenbart sich den Besuchern erst nach einigen Kilometern ab Gamboa. Obwohl fast die gesamte Strecke während der Trockenzeit gut befahrbar ist, empfiehlt sich eine Wanderung, nicht nur, um der Natur näherzukommen, sondern auch, weil die selten befahrene Route oft durch umgefallene Baumriesen versperrt wird.

### Wanderweg Camino de Cruces

Eine andere reizvolle Wanderroute bildet der teilweise erhaltene *Camino de Cruces,* der einst die **Atlantik- mit der Pazifikküste** verband. Auf einer Länge von ca. 10 km werden Sie in die Fußstapfen von Kaufleuten und Sklaven aus der spanischen Kolonialzeit, von europäischen Emigranten und von nordamerikanischen Goldsuchern treten, die diesen Weg benutzten, um von Küste zu Küste zu gelangen. Während der Wanderung kann man sich ein wenig vorstellen, welche Strapazen die Menschen auf diesem Weg durch die tropische Welt auf sich nehmen mussten, bedrängt von der feuchten Hitze, umgeben von Mückenschwärmen, geheimnisvollen Naturgeräuschen und der ständigen Angst, überfallen zu werden. Alte Pflastersteine, die den Reisenden damals den Weg wiesen, sind zwischen den Moospolstern und vermodernden Blättern noch an einzelnen Stellen sichtbar.

Die **Wanderroute** beginnt an der waldgesäumten Straße zwischen Paraíso

043pa hz

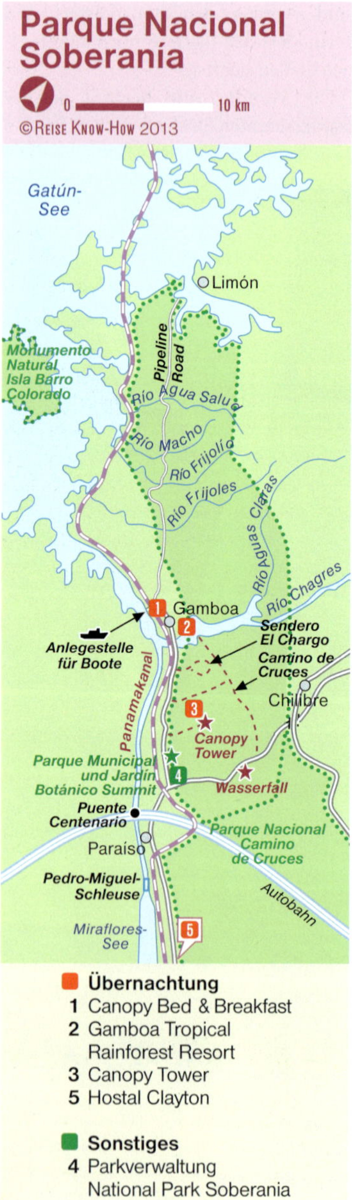


und Chilibre, ein Schild weist auf den Beginn des Wanderwegs hin. Wer die Wanderung machen möchte, der sollte unbedingt bedenken, dass nach ca. 4 bis 5 Gehstunden der Weg am Río Chagres **im Nichts** endet. Das heißt, der Ausgangspunkt muss noch vor Einbruch der Dunkelheit wieder erreicht werden.

Etwa 1,5 km vor dem Schild (in Richtung Chilibre) befindet sich an der gegenüberliegenden Straßenseite ein größerer **Wasserfall,** der eine gute Stelle für eine Rast ist und außerdem zur Orientierung bei der Busfahrt dienen kann.

## Sendero El Chargo

Der dritte Wanderweg im Nationalpark Soberanía, der Weg mit dem Namen *Sendero El Chargo,* beginnt wenige Kilometer nach dem Botanischen Garten Summit, an der Straße nach Gamboa. Es ist ein angenehmer Rundweg von ca. 20 Minuten, quer durch **herrlichen Tropenwald.** Ein Wasserfall, die **Bademöglichkeiten** und die Picknickbänkchen machen den Sendero El Chargo am Wochenende zu einem beliebten Ausflugsziel. Mückenschutz nicht vergessen!

## Camino de Plantación

Der letzte Wanderweg im Nationalpark ist der *Camino de Plantación.* Während des Baus des Panamakanals wurde ein Weg zur Plantage Las Cascades angelegt, wo unter anderem Kaffee, Kakao und Gummibäume für die Kanalbehörden wuchs. Der **alte Plantagenweg** ist heute eine der angenehmsten Wanderrouten im Naturraum um Panama-Stadt. Er ist ca. 7 km lang und beginnt beim Eingang zum Hotel Canopy Tower, wo er auch wieder endet.

## Aerial Tram

Der Regenwald des Nationalparks Soberanía lässt sich nicht nur zu Fuß, sondern auch mit der Sessellift ähnlichen *Aerial Tram* erkunden. Die unvergessliche und bequeme Fahrt zwischen den Baumkronen dauert ca. 2 Stunden und beginnt und endet im Gamboa Resort (s. „Praktische Hinweise"), Di–So, viermal pro Tag. Montags ist die Aerial Tram wegen Wartungsarbeiten geschlossen. Eine Reservierung wird empfohlen unter Tel. 3145000 (Spanisch/Englisch). Mehr Informationen über die Aerial Tram finden sich unter www.gamboatours.com.

## Praktische Hinweise

- Soberanía hat derzeit **keine Öffnungszeiten,** Eintritt: 3 $. Da die Pipeline Road aus unterschiedlichen Gründen z.T. geschlossen wird, sollten Sie sich vorher bei der **Nationalparkdirektion,** Tel. 27663 70, in Gamboa informieren. Dort können Sie auch einen Termin für eine begleitete Tour absprechen.
- Soberanía ist ab dem zentralen Busbahnhof bzw. ab der Plaza 5 de Mayo in Panama-Stadt erreichbar. Zur Pipeline Road, zum Camino de Plantación und zum Sendero El Chato nehmen Sie den **Bus** nach Gamboa, zum Camino de Cruces den Bus nach Chilibre.
- Organisierte **Halbtags- und Tagestouren** werden von verschiedenen Reiseveranstaltern in der Hauptstadt angeboten (siehe Kapitel „Praktische Reisetipps A–Z" unter „Reiseveranstalter").
- **Achtung!** Es wurden bereits mehrfach bewaffnete Überfälle auf Touristen verübt. Besuchen Sie den Nationalpark deshalb nicht alleine, nehmen Sie nur etwas Bargeld mit und lassen Sie Ihre Kreditkarte und wichtige Dokumente im Hotelsafe!
- Zimmer gibt es im etwas vernachlässigten **Gamboa Tropical Rainforest Resort** direkt am Río Chagres, Tel. 3145000. Aus ehemaligen Wohnhäusern der Kanalverwalter entstand eine Anlage mit 107 Hotelzimmern und 38 Zimmern in Villen, mit Restaurants, Pool, Jachthafen und Wellnesszentrum. Mehr Informationen unter www.gamboaresort.com.
- Eine preiswertere Unterkunft ab 11 $ pro Person bietet das **Clayton Hostal** in der ehemaligen US-Militärbasis Clayton, Tel. 3171264, www.hostaldeclayton.com.
- Zimmer gibt es auch im **Canopy Tower,** Tel. 264 5720, einer zum Hotel umgebauten, ehemaligen amerikanischen Radarstation am Semaphore Hügel, mitten im Regenwald gelegen. Das außergewöhnliche Hotel bietet auch **Halbtagstouren** für Tagesbesucher an. Vom gleichen Unternehmen wird auch das **Canopy Bed & Breakfast** im Ort Gamboa geführt. DZ 120 $ inkl. Frühstück. Infos unter www.canopytower.com.

Ein Juwel in Panamas Fauna: der Blue Morpho

154pa hz

## Parque Nacional Chagres

Der **Nationalpark** Chagres ist mit einem Umfang von rund 129.000 ha das größte Naturschutzgebiet nahe dem Panamakanal und der viertgrößte des Landes. Er gilt auch als einer der schwerzugänglichen Parks und kann fast nur über einen der vielen Wasserwege besucht werden. Unmöglich ist eine Wanderung allerdings nicht, doch sollten Sie die mit Vegetation überwucherten Pfade nicht auf eigene Faust begehen, sondern nur in Begleitung eines ortskundigen Führers.

Der einzige Teil des Parks, den Sie auf eigene Faust besuchen können, breitet sich um den 1007 m hohen **Cerro Jefe** nahe dem Ort Cerro Azul aus. Für den Besuch ist allerdings ein Pkw notwendig, in der Regenzeit ein Jeep. Die Zufahrt erfolgt ab Panama-Stadt in Richtung Osten, entlang des internationalen Flughafens und durch die kleine Ortschaft **Cabuya.** Etwa 2,5 km nach Cabuya weist eine große Tafel auf den Weg nach **Cerro Azul** hin, ein Ort, der auf Grund seines immer frühlingshaften Klimas und seiner traumhaften Lage als bevorzugte

Wohngegend für die panamaische „High Society" gilt.

Vom Ort Cerro Azul zum Cerro Jefe, auf dessen Gipfel ein Sendemast steht, führt ein ständig ansteigender Weg durch eine **abwechslungsreiche Landschaft,** die von Savanne über kultivierte Gebiete mit blühenden Obstbäumen bis hin zum tropischen Feucht- und Nebelwald reicht. Unterwegs trifft man auf wilde Orchideen. Diese für den Nebelwald charakteristischen Pflanzen wachsen in diesem kühl-feuchten Gebiet mit Vorliebe auf Bäumen und bringen während der Blütezeit von April bis Mai etwas Farbe in die dunkelgrüne Umgebung. In einem weiten Kreis rund um dem Sendeturm wurden verschiedene Pfade angelegt, zur Erkundung der Flora und Fauna. Vorsicht! Einige Strecken sind ziemlich steil.

046pa hz

Der Nationalpark Chagres ist nicht zur Gänze der Natur vorbehalten: Etwa 30 % des Gebietes liegen in Privatbesitz, unter anderem in den Händen der Emberá, die wegen der Schaffung des Bayano-Stausees hierher umgesiedelt wurden.

Die Emberá organisieren unter anderem **Ausflüge in den Nationalpark,** die generell mit einer Bootstour am Río Chagres beginnen. Zudem werden auch Raftingtouren auf diesem Fluss durchgeführt.

Die beste Adresse für Bootsfahrten auf der Río Chagres ist der **kleine Hafen im Gamboa Resort,** wo es eine eigene Anlegestelle für die Bootsfahrer und Führer gibt. Bootstouren sind hier immer möglich, egal ob Sie alleine kommen oder in Gruppen. Die Preise beginnen ab 16 $ pro Person. Eine Reservierung ist nur für die abendliche Bootssafari, unter anderem mit Beobachtung von Krokodilen, notwendig. Tel. 3145000 (Spanisch/Englisch).

◁ Unterwegs im Nationalpark Chagres

# Monumento Natural Isla Barro Colorado

Inmitten des 424 km² großen Gatún-Stausees schimmert die paradiesische **Insel** Barro Colorado. Sie ist **während der Kanalflutung entstanden,** wobei ein waldreiches Gebiet unter dem Wasser verschwand und nur der Zipfel eines ursprünglich 171 m hohen Hügels übrig blieb: die heutige Isla Barro Colorado, wo der im Wasser matt glänzende Wald die Fantasie über ein panamaisches Atlantis weckt.

Viele von der Flutung bedrohte Tierarten haben auf der Insel Zuflucht gefunden. Durch die Isolation kann die Tier- und Pflanzenwelt auch heute noch auf der Insel ungestört existieren. Dank der Initiative von nordamerikanischen Wissenschaftlern ist Barro Colorado bereits seit 1923 als biologisches Reservat geschützt, das übrigens als eines der ersten Naturschutzgebiete auf dem amerikanischen Kontinent gilt.

Aus der panamaischen Tierwelt scheint fast jede Gattung den Schritt auf die „Arche Noah" geschafft zu haben. So herrscht eine **erstaunliche Artenvielfalt.** Studenten und Wissenschaftler haben bis heute auf der 15 km² großen Insel Hunderte von Insekten, darunter 300 Schmetterlingsarten, 56 verschiedene Fledermäuse, 40 Schlangen-, 30 Frosch- und 366 Vogelarten registriert. Stolze 200 Vogelarten haben ihre Brutstelle ständig auf der Insel. Jedes Jahr kommen Biologen aus der ganzen Welt nach Barro Colorado, um Forschungsarbeiten durchzuführen und vielleicht neue Arten zu entdecken. Vor allem in der Inselflora werden regelmäßig neue Arten entdeckt, obwohl bereits 1370 Pflanzenarten auf der Insel bestimmt wurden.

Die Isla Barro Colorado ist in erster Linie **der Wissenschaft vorbehalten** und wird vom *Smithonian Tropical Research Institute (STRI)* verwaltet. Ökotourismus ruft hier die nötige Skepsis hervor, gespeist von der nicht unberechtigten Angst, dass die neugierigen Besucher das ökologische Gleichgewicht gefährden könnten. Aber man zeigt auch Verständnis für das Interesse an der tropischen Natur.

Der individuelle **Besuch** der Insel ist nur gegen Voranmeldung (über Tel. 212 8000 oder www.stri.org) und Bezahlung von 80 $ möglich, allerdings sind die Wartezeiten enorm lang. Je früher man also reserviert, desto größer ist die Chance für einen Besuch! Aber auch von lokalen Reiseveranstaltern (siehe Kapitel „Praktische Reisetipps A–Z – Reiseveranstalter") werden Bootsausflüge zur Insel angeboten, bei denen dann die tropische Tier- und Pflanzenwelt aus nächster Nähe zu beobachten ist. Das unverkennbare tiefe Gebrüll des schwarzen Brüllaffens, das wiederholte „kre-ék, kre-ék" des farbenprächtigen Regenbogentukans oder das „kauh" der Trogone sorgen dabei für ein passendes Morgenkonzert. Die Insel darf während einer solchen Tour nicht betreten werden.

Aus diesem Grund nehmen die Bootsführer später Kurs auf die **Península de Gigante,** die südlich des Reservates liegt und die teilweise unter Naturschutz steht. Auf der Halbinsel wird eine etwa einstündige Wanderung durch Sekundärwald unternommen, nicht selten unter den neugierigen Blicken exotischer Spezies, allen voran das Totenkopfäffchen und der Brüllaffe.

# Isla Taboga

Nur eine Bootsstunde liegt zwischen dem lebhaften Treiben in der Hauptstadt und der **angenehmen Ruhe** auf der ca. 11 km$^2$ großen Isla Taboga, wo Autos oder Mopeds ein nahezu unbekanntes Phänomen sind. Und wenn die Tagestouristen am Nachmittag mit der letzten Fähre die Insel verlassen haben, hören die Verbleibenden nur noch das Rauschen des Meeres. Selbst wenn man keine Zeit hat, um länger auf der Insel zu verweilen, lohnt sich ein Tagesausflug nach Taboga allein schon wegen der Bootsfahrt, bei der man einen fantastischen Blick auf die Puente de Las Américas und die in der Hitze flimmernde Skyline von Panama-Stadt hat.

Die 1500 Inselbewohner bezeichnen ihr **kleines Paradies** mit Recht als die *Isla de las Flores,* die „Blumeninsel“: Bougainevilleas, Oleander, Beerenmalve, Hibiscus und Jasmin schmücken die schmalen, verwinkelten Gassen des einzigen Ortes, der schlicht als *Pueblo* (Dorf) bezeichnet wird. Die pastellfarbenen Häuser heben sich gegen den grünen Tropenwald ab, das türkis schimmernde Wasser und die hellen Sandstrände runden das Bild der Insel ab.

Der malerische Flecken inspirierte schon vor Jahrzehnten viele **Künstler,** wie den panamaischen Maler *Roberto Lewis* oder den französischen Maler *Paul Gauguin,* dessen expressive Figurenbilder von Tahiti Weltbekanntheit erlangten. *Gauguin* war zweimal für wenige Tage auf der Insel und wollte sich hier für längere Zeit niederlassen. Die hohen Grundstückspreise haben ihn jedoch dazu veranlasst, in Richtung Südsee weiterzureisen.

Über den **Namen Taboga** scheiden sich die Meinungen: Mit größter Wahrscheinlichkeit wurde der Inselname vom Kaziken *Haboga* abgeleitet, der bei der Ankunft der Spanier die Insel regierte. Eine andere Version besagt, dass Taboga aus einer Indianersprache stammt und „Wasserberg“ bedeutete, gleichzeitig aber auch als Definition für eine Fischart verwendet wurde. Woher der Name stammt, wird weiterhin ein Rätsel bleiben. Die ursprüngliche Bevölkerung samt ihrer Kultur ist während der Kolonialzeit untergegangen und damit auch der Schlüssel zum Ursprung des Namens Taboga. Als die Spanier 1524 eine Siedlung auf Taboga gründeten, versuchten sie, ihr den neuen Namen *Isla de San Pedro* aufzuzwingen, doch vergeblich – Inselbewohner sind ja bekanntlich etwas eigensinniger.

Taboga ist nicht nur ein malerischer Flecken, sondern auch einer, an dem sich die Seele wohlfühlt, und das haben die Menschen schon in der Vergangenheit erkannt. Mit ihren beiden **Stränden** lockt die Insel heute viele Ruhesuchende, aber auch Badehungrige an, die vor allem am Wochenende und an Feiertagen anreisen. Während die **Playa Honda** neben dem Anlegesteg kostenlos zugänglich ist, wird für die Benutzung der **Playa La Restinga** nach der Fertigstellung des Hotels *Taboga* wahrscheinlich eine Gebühr erhoben werden.

Bei einem Inselbesuch sollten Sie nicht versäumen, einen Rundgang durch das **Dorf** zu machen, das mit sei-nen imposanten Gassen, Stiegen und pastellfarbenen Hausfassaden an ein Dorf des europäischen Mittelmeerraumes erinnert. Im

Ortszentrum erhebt sich die Kirche, deren Turm noch aus der Ortsgründungszeit im Jahre 1550 datiert. Unweit von *Chu Apartments* befindet sich eine Besonderheit: die *casa la concha,* ein Häuschen, das über und über mit Muscheln dekoriert wurde.

Für ausgedehnte **Touren** eignet sich die Insel allerdings nicht. Die Pfade enden entweder an der Tür eines abseits stehenden Hauses oder an einer kleinen Mülldeponie. Eine Ausnahme ist der Weg zum Mirador im Südosten der Insel (gute Fernsicht). Wer diese einstündige

048pa hz

Wanderung nicht machen möchte, kann sich von einem Guide für etwa 5 $ hochfahren lassen.

Die Hälfte von Taboga und die gesamte **Nachbarinsel Urabá** bilden ein **Wildtierreservat,** das für die Brutkolonien der Fregattvögel und der Braunen Pelikane geschaffen wurde. Um die Tiere nicht zu stören, werden nur Bootsfahrten um die Inseln angeboten, wobei man die Vögel beobachten und die Insel aus einer anderen Perspektive betrachten kann.

## Praktische Hinweise

### An- und Weiterreise

- Taboga ist nur ab Panama-Stadt mit der **Fähre** zu erreichen (An- und Rückfahrzeiten s. „Panama-Stadt – An- und Weiterreise"). Tickets gibt es auf Taboga am Anlegesteg.

### Unterkunft, Essen und Trinken

- **Hotel Vereda Tropical,** Tel. 2502154, eine stimmungsvolle kleine Anlage in mediterranem Stil. Alle Zimmer mit Bad, WC, Meeres- oder Dorfblick. EZ/DZ ab 72 $. Restaurant und nette Bar.
- Eine ebenfalls gute Unterkunft ist **Cerrito Tropical,** Tel. 64890074, www.cerritotropicalpanama.com. Großräumige Apartments mit Küche, Bad, Balkon und drahtloser Internetverbindung. DZ mit Klimaanlage ab 78 $ inkl. Frühstück.
- Alternativen dazu sind **Casa Roeder,** Tel. 250 2208, DZ ab 55 $, **Casa Brower,** Tel. 6024796, DZ ab 55 $, **Chu Apartements,** Tel. 2502034, DZ ab 35 $, **Tres Terrazas,** Tel. 65799120, www.tresterrazas.com; schönes Appartement ab 60 $. **Hospedaje Mundi Taboga,** Tel. 2502292, www.hospedajemunditaboga.com, einfaches DZ ab 45 $.
- **Ocean Rock Café,** nahe dem Anlegesteg mit Terrasse am Wasser und schönem Ausblick. Gute Adresse zum Essen ist auch das **Restaurant** im *Cerrito Tropical* und das in der *Hospedaje Mundi.*

### Weitere Informationen

- **Tretboote** können direkt an der Playa La Restinga gemietet werden, **Bootsausflüge** um die Insel können im *ANAM*-Büro erfragt werden.
- Auf Taboga gibt es keine **Bank, Post** oder sonstige Einrichtung. Ein **Telefon** findet sich an der Plaza beim Hotel *Chu.*
- Im *ANAM*-Büro nahe der Anlegestelle gibt es hilfreiche **Informationen** über die Insel und das Naturschutzgebiet.

# Isla Contadora

Wenn es unter den tausend Inseln und Inselchen in Panama eine gibt, die es verdient, als „Juwel" bezeichnet zu werden, dann ist es die Isla Contadora. Kaum 30 Flugminuten von Panama-Stadt entfernt, liegt mitten im Golf von Panama dieses schimmernde Juwel – ein Paradies, wo karibische Träume wahr werden: 13 weiße, feinsandige Strände, Kokospalmen und kristallklares Wasser verzaubern die Besucher bereits beim Blick aus dem Flugzeug während des Landeanfluges.

◁ Brauner Pelikan

Die ca. 300 ha große Insel gehört zum **Archipiélago de las Perlas,** einer Inselgruppe, die im Jahr 1513 von *Vasco Nuñéz Balboa* entdeckt wurde. Wegen ihres Perlenreichtums in den umliegenden Gewässern erweckte die Inselgruppe schon bald das Interesse der Spanier, die im Verlauf der Kolonialzeit die Perlenbänke ausbeuteten. Die *señores de canoas,* wie man die spanischen Händler damals nannte, holten große Mengen von Naturperlen aus dem Wassers. Allerdings beschränkte sich ihre Arbeit nur auf die Organisation, die Taucharbeit verrichteten indianische und schwarze Sklaven. Die Beute der unfreiwilligen Perlentaucher wurde auf der Insel penibel gezählt und registriert, was schließlich zu ihrem Namen führte: *Isla Contadora* – die „Buchhalterinsel".

Die Spuren der kolonialen Vergangenheit sind längst verwischt und die Buchhalter nur noch Legende. In den letzten Jahrzehnten stand die Insel gelegentlich im **internationalen Rampenlicht,** wie etwa Ende der 1970er Jahre, als hier der Schah von Persien, *Mohammed Reza Pahlevi,* mit seiner Gattin für einige Zeit im Exil lebte oder 1983, als sich hier die Regierungschefs von Mexiko, Venezuela, Kolumbien und Panama zum erstenmal trafen und eine Konferenz zur Wiederherstellung des Friedens in Mittelamerika abhielten. Die noch immer regelmäßig zusammentreffende Politikergruppe ist seither als **Contadora-Gruppe** ein internationaler Begriff.

Die Isla Contadora ist heute ein beliebter Zweitwohnsitz finanzkräftiger Panamaer, ein Aussteigeort und Altersruhesitz für Europäer, ein Tauchgebiet ersten Ranges und eines der **exklusivsten Touristenziele** in Panama. Hochbetrieb herrscht aber nur, wenn das *Love Boat* vor Anker geht, denn ein zollfreier Einkauf in den Inselgeschäften gehört zum Standardprogramm der Kreuzfahrtgäste, obwohl auch die anderen Inseln des Archipels ihren Reiz haben, wie die **Isla Pacheca,** wo Tausende von Braunen Pelikanen und Fregattvögeln nisten.

## Praktische Hinweise

### An- und Weiterreise

■ Contadora ist nur ab Panama-Stadt mit dem **Flugzeug** erreichbar (siehe „Panama-Stadt" unter „An- und Weiterreise").

### Unterkunft, Essen und Trinken

■ **Gerald's B & B,** Tel. 2504159, www.island-contadora.com. Nette, zweckmäßige Zimmer mit TV und Ventilator. DZ ab 100 $ inkl. Frühstück. Mit Swimmingpool, Bar und beliebtem Restaurant.

■ **Villa Romantica,** Tel. 2504067, www.visitcontadoraisland.com Einfache Mittelklasse mit Zimmern ab 105 $ inkl. Frühstück.

■ Alternativen sind das **Perla Real Inn,** Tel. 228 885190, www.perlareal.com, mit Zimmern ab 65 $, und das **Contadora Island Inn,** Tel. 669 94614 und 66602499 (Reservierung auf Englisch), www.contadoraislandinn.com, mit Zimmern ab 65 $ (Nebensaison) bzw. 80 $ (Hochsaison).

■ Billigere Zimmer gibt es in den **Cabañas de Contadora,** Tel. 3940307 oder -08, 66743839 und 2504214, http://cabanasdecontadora.com, Studio ab 50 $, und im **Casa del Sol,** Tel. 2504212 oder 6984676, www.panama-isla-contadora.com, wo zur Zeit zwei kleine Zimmer ab 70 $ (eines mit Küche) und ein Haus vermietet werden.

■ Für das leibliche Wohl sorgen neben den Restaurants in den großen Resorts auch das **Galéon**

(Fisch- und internationale Gerichte) und das **Pelicano,** beide am Playa Galéon, das **Super Blandy** hinter dem Air-Panama-Büro, das **Multi Comida** gegenüber dem Aeroperlas-Büro, das Restaurant **Sagitario** (lokale Speisen), das **Mi Kioskito/Duty Free Store** (Häppchen für Zwischendurch) und **Angelina's Bar** (unter anderem Pizza), alle im Zentrum der Siedlung gelegen.

## Weitere Informationen

■ **Aktivitäten: Tauchkurse** sowie Schnorchel- und Tauchausrüstung werden vom Tauchzentrum *Coral Dreams* angeboten. Weitere Informationen unter www.coral-dreams.com. Zum Schnorcheln eignet sich unter anderem das Gebiet vor der Playa Larga. **Touren** zu nahe gelegenen Inseln werden von lokalen Fischern angeboten. Zudem werden **Segeltörns, Angeltrips** und Fahrten mit dem **Glasbodenboot** angeboten, und man kann **Fahrräder** und **Jet-Ski** ausleihen.

Abendstimmung nahe der Isla Contadora

FRISIA

109pa hz

# 2 Der Panama-Kanal

Der wohl bekannteste Kanal der Welt. Keiner sollte sich die Chance entgehen lassen den Betrieb aus

nächster Nähe, von einer der Aussichtsplattformen aus, zu betrachten. Einfach beeindruckend.

‹ An einer Schleuse des Panamakanals

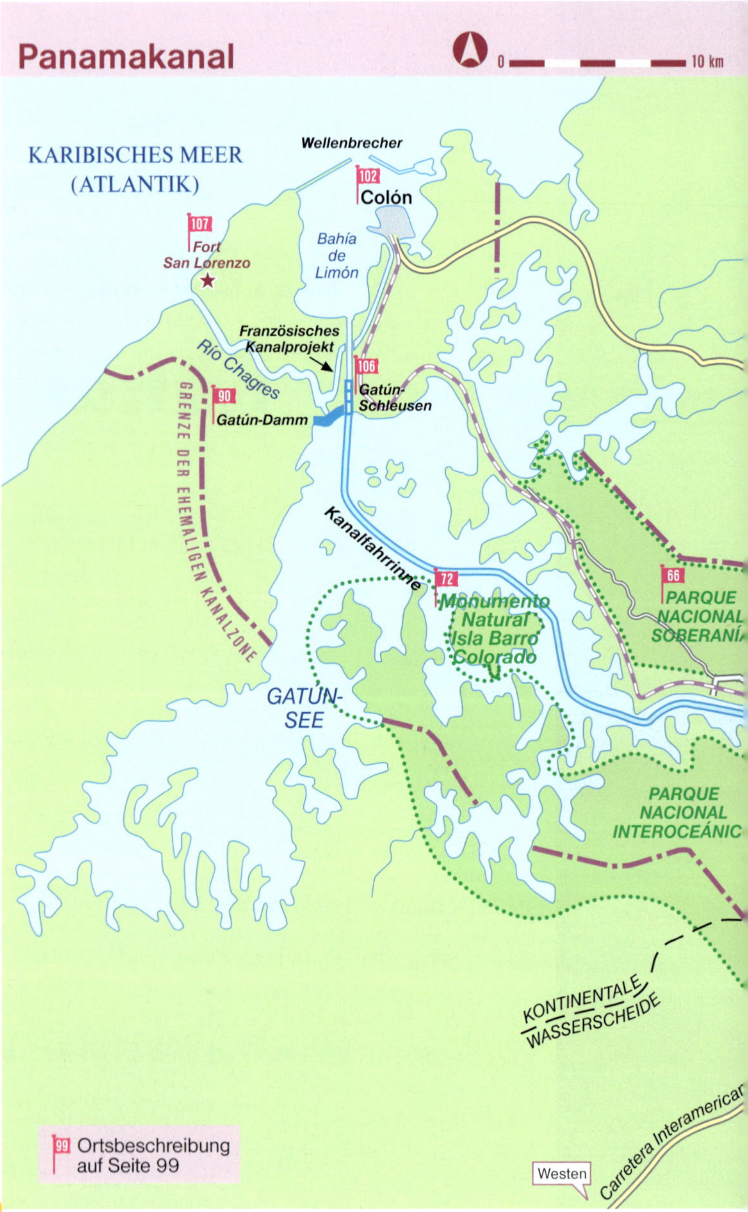
Panamakanal
0 10 km
KARIBISCHES MEER (ATLANTIK)
Wellenbrecher
102 Colón
107 Fort San Lorenzo
Bahía de Limón
Französisches Kanalprojekt
Río Chagres
106 Gatún-Schleusen
90 Gatún-Damm
GRENZE DER EHEMALIGEN KANALZONE
Kanalfahrrinne
72 Monumento Natural Isla Barro Colorado
66 PARQUE NACIONAL SOBERANÍA
GATÚN-SEE
PARQUE NACIONAL INTEROCEÁNICO
KONTINENTALE WASSERSCHEIDE
Carretera Interamericana
Westen
99 Ortsbeschreibung auf Seite 99

# DER PANAMAKANAL

Mit der Entdeckung des Pazifiks durch *Vasco Núñez Balboa* im Jahre 1513 begann der Wunschtraum einer **Wasserverbindung zwischen dem Atlantischen und dem Pazifischen Ozean.**

## Vom Traum zur Wirklichkeit

### Die ersten Schritte

Während die interozeanische Eisenbahn dampfend über die Landenge pendelt, beginnt der französische Ingenieur *Ferdinand de Lesseps* 1859 in Ägypten mit

**NICHT VERPASSEN!**

- **Miraflores Schleusen,** von dieser Aussichtsplattform kann man die Schleusenvorgänge am Kanal bestens beobachten | 97

**Diesen Tipp erkennt man an der gelben Hinterlegung.**

dem Bau des Suezkanals, der am 17. November 1869 feierlich seiner Bestimmung übergeben wird.

Zwei Jahre später tritt in Antwerpen der erste Internationale Geografische Kongress zusammen, um die Möglichkeit eines Wasserweges in Zentralamerika zu diskutieren. Es vergehen vier Jahre, bis sich die Geografen, Geologen und Ingenieure aus 22 Ländern wieder zusammenfinden. Das Treffen findet diesmal in Paris statt, wobei man ein **Komitee** gründet, das die Möglichkeit einer Durchschneidung des zentralamerikanischen Isthmus vor Ort studieren soll. Das Geld für die bevorstehenden Expeditionen stellt die gleichzeitig mit dem Komitee gegründete Bürgerinitiative *Sociedad Civil Internacional del Canal Interocéanico del Darién* zur Verfügung, womit bereits klar wird, wo der Kanal entstehen soll: im Osten des Isthmus von Panama, quer durch den Regenwald der heutigen Provinz Darién.

1876 und 1877 wird je eine **Expedition** auf die Landenge geschickt, um eine geeignete Kanalroute zu suchen. Unter den Expeditionsteilnehmern befinden sich *Ferdinand de Lesseps* und *Bonaparte Wyse,* die mithilfe ortskundiger Geologen und Geografen der *Panama Railroad Company,* die die interozeanische Eisenbahn Panamá-Colón erbaute, Pläne für einen Kanal ausarbeiten.

Am 4. März 1878 schließt *Wyse* mit der kolumbianischen Regierung (die Landenge war damals ein Teil von Kolumbien) den **Salagar-Wyse-Vertrag,** der den Franzosen gestattet, innerhalb von 10 Jahren einen Kanal auf dem Isthmus zu erbauen und ab der Fertigstellung diesen für 99 Jahre zu betreiben. Mit dem Vertrag und vier Vorschlägen für eine Kanalroute in der Tasche kehren *de Lesseps* und *Wyse* 1878 nach Paris zurück und legen sie dem Geografischen Kongress vor. Im gleichen Jahr entsteht aus der Bürgerinitiative die Kanalgesellschaft *Compagnie Universelle du Canal Interocéanique de Panamá,* die das geplante Kanalprojekt finanzieren wird.

Am 15. Mai 1879 beschließen die 136 Delegierten des Geografischen Kongresses, das **Kanalprojekt in Angriff zu nehmen.** Die Entscheidung fällt dabei auf den Plan von *de Lesseps,* der einen Kanal in Meereshöhe, entlang der interozeanischen Eisenbahnstrecke von der Bahía de Limón zur Bahía de Panamá vorsieht. Mit dem Projekt wird *Ferdinand de Lesseps* betraut.

## Der Fehlschlag

Am **31. Dezember 1879** geht *de Lesseps* in Colón von Bord und trifft am Neujahrstag unter dem stürmischen Beifall der Bevölkerung in Panamá (Panama-Stadt) ein, um mit der Vorbereitung des Bauprojektes zu beginnen. Ein Jahr später folgen ihm die ersten 200 Techniker und 800 Arbeiter und im **Januar 1881** erfolgt der erste Spatenstich zum Kanalbau.

Nach und nach vergrößert sich das Heer der Arbeitskräfte, die vorwiegend von den karibischen Inseln kommen. Doch die geplanten **Arbeiten gehen nur schleppend voran,** Tausende Arbeiter sterben an **Tropenkrankheiten** und große Fortschritte bleiben aus. *De Lesseps* muss jährlich neue Berechnungen und Schätzungen im technischen, vor allem aber im finanziellen Bereich erstellen, die die ersten Kalkulationen bei Weitem übertreffen. Schnell wird deutlich, dass die französische Gesellschaft den Kanal innerhalb von zehn Jahren niemals fertigstellen kann. Acht Jahre nach dem ersten Spatenstich bringt ein Bestechungsskandal in Paris, der im Zusammenhang mit dem Kanalbau steht (Panamaskandal genannt), der französischen

## Der Panamakanal – alles auf einen Blick

### Abmessungen

- **Kanalfahrrinne:** 81,6 km lang, 153 m breit, 14,30 m tief.
- **Schleusenkammer:** 305 m lang, 35,50 m breit, 24,50 m tief.
- **Gatún-Damm:** Länge 2,4 km, Breite 800 m unten, 30 m oben.

### Daten und Fakten

- **Gesamtbauzeit:** 10 Jahre (1904–1914).
- **Gesamtbaukosten:** 387 Mio. US-Dollar, plus 40 Mio. US-Dollar für Land- und Kanalrechteerwerb.
- **Erdbewegungen:** unter den Franzosen (1881–1898) 23 Mio. Kubikmeter, unter den USA (1904–1914) 177 Mio. Kubikmeter.
- Eingesetzte **Arbeitskräfte:** ca. 75.000.
- **Tote** durch Krankheiten und Unfälle während der Bauarbeiten: ca. 25.000.
- **gegenwärtig eingesetzte Arbeitskräfte:** 7500, davon 90 % Panamaer.

### Verkehr

- **Maximal** zugelassene **Abmessungen des Schiffes:** Länge 294,13 m, Breite 32,31 m, Tiefgang 12 m.
- **Schiffe pro Tag:** durchschnittlich 38.
- **Schiffe pro Jahr:** durchschnittlich 14.000.
- **Schiffe seit der Eröffnung:** ca. 914.000.
- **Fracht pro Jahr:** ca. 220 Mio. Tonnen.
- **Durchfahrtszeit:** 8–10 Stunden im Kanalwasser, plus einer Wartezeit von 12 Stunden vor der Durchfahrt.
- **Einsparung im Transportweg:** Von der US-Ostküste nach Japan ca. 4800 km, von Ecuador bis Europa ca. 8000 km.
- **Das erste Schiff:** das französische Kranschiff *Alexandre La Valley*, am 7. Januar 1914.
- **Das erste seetüchtige Schiff:** der panamaische Frachter *Cristóbal*, am 3. August 1914.
- **Das erste offizielle seetüchtige Schiff:** das US-Flaggschiff *Ancón*, am 15. August 1914 während der Eröffnung.
- **Das längste Schiff:** der Öltanker *San Juan Prospector* (jetzt *Marcona Prospector*), 299 m lang, 32,2 m breit.
- **Das breiteste Schiff:** die *US New Jersey*, 33 m breit, 278 m lang.
- **Das größte Passagierschiff:** das „Loveboat" *Crown Princess*.
- **Das schwerste Cargo-Schiff:** der Öltanker *Arco Texas*, rund 66.349 Tonnen.
- **Durchschnittsgebühr:** 34.000 $
- **Die höchste Gebühr:** die *Crown Princess* (Mai 1993), 141.345 US-Dollar.
- **Die niedrigste Gebühr:** 36 ct., bezahlt von *Richard Halliburton*, der 1928 den Kanal durchschwamm.
- **Das am schnellsten durchgeschleuste Schiff:** die *US-Navy Pegasus*, die von den Miraflores-Schleusen bis zu den Gatún-Schleusen nur 2 Stunden und 41 Minuten benötigte.

### Panamakanal live

Bei den Miraflores-Schleusen befinden sich **Webcams**, www.pancanal.com.

Kanalgesellschaft den **finanziellen Ruin.**

Im Mai 1889 fordert der Konkursverwalter die Gesellschaft auf, die Kanalarbeiten sofort einzustellen. Um die Zwangseinstellung der Arbeiten zu umgehen, bietet die kolumbianische Regierung den **USA** das gesamte Eigentum und die Lizenzen der Gesellschaft zum Kauf an. Die USA zeigen aber wenig Interesse daran. Sie konzentrieren sich auf die Möglichkeit eines Kanals in Nicaragua, der in der Nähe der costaricanischen Grenze entstehen soll.

Trotz der finanziellen Probleme laufen die Kanalarbeiten weiter. Sie sind inzwischen soweit fortgeschritten, dass sich die kolumbianische Regierung entschließt, noch einmal auf die Franzosen zu setzen. 1893 verlängert man ihre Konzession um weitere 10 Jahre, allerdings unter der Bedingung, dass eine **neue Kanalgesellschaft** die Kosten übernimmt. *De Lesseps* gründet mit Privatkapital die *Compagnie Nouvelle du Canal de Panamá,* womit der Baustop vorläufig abgewendet ist. Als *de Lesseps* am 7. Dezember 1894 stirbt, kündigt sich das Ende des Kanalprojektes an. Nach 17-jähriger Bautätigkeit unter französischer Leitung, wobei über 20.000 Menschen an den Folgen von Malaria und Gelbfieber starben, werden **1898 die Arbeiten endgültig eingestellt.**

Bis zu diesem Zeitpunkt wurde zwischen Miraflores und dem Pazifik ein schiffbarer Kanal und zwischen Miraflores und Gatún eine ca. 50 km lange Fahrrinne ausgehoben, am Culebra-Durchstich ein rund 50 m tiefer, terrassenförmiger Einschnitt gemacht, insgesamt 55 km Entwässerungskanäle für den Río Chagres angelegt und eine 18 km lange, 20 m breite und 7 m tiefe Fahrrinne westlich von Colón ausgehoben, die auf der Fahrt zum Fort San Lorenzo (siehe „Zentrale Karibikküste") noch heute zu sehen ist. Etwa **23 Mio. Kubikmeter Erde,** Felsen und Schlamm wurden von den Franzosen verarbeitet – Material, das die neuen Bauherrn aus den USA nicht mehr bewegen müssen.

## Das Projekt unterm Sternenbanner

Nach dem gescheiterten Versuch der Franzosen kehrt Ruhe um das Kanalprojekt ein, die Arbeiten sind eingestellt und auf der Landenge kämpft man im sogenannten 1000-Tage-Krieg (1899–1902).

Mit dem steigenden **Interesse der USA** an einer Kanalroute in Zentralamerika und den geografischen Bedingungen in Nicaragua, die den amerikanischen Kanaltraum zum Scheitern brachten, wächst die Chance, dass der Kanal am Istmo de Panamá doch noch fertiggestellt wird. 1899 wenden sich die USA an Kolumbien, um über einen Kanal auf der Landenge zu verhandeln. Nach jahrelangen Unterredungen schließen die USA unter dem Präsidenten *Theodore Roosevelt* mit Kolumbien den **ersten Vertrag ab,** der sie ermächtigt, einen Kanal auf der Landenge innerhalb einer Zone mit politischem Sonderstatus zu bauen, zu betreiben und zu schützen, ferner die Konzessionen und das Eigentum der alten Kanalgesellschaft zu erwerben.

Im Januar 1903 legen die USA ihr Angebot auf den kolumbianischen Tisch: 10 Millionen Dollar nach dem endgültigen Vertragsabschluss, außerdem ab dem

9. Jahr nach Fertigstellung des Kanals 250.000 Dollar jährlich. Doch als die Detailverhandlungen mit Kolumbien im Sand verlaufen, wenden sich die USA direkt an Panama, das bereits die Souveränität von Kolumbien anstrebt. Unter der Zusicherung, im **Unabhängigkeitskampf** „hilfreich zur Seite zu stehen", wird unter strenger Geheimhaltung ein Vertrag ausgehandelt, der sich vom Vertrag mit Kolumbien nicht unterscheidet.

Als am 12. August 1903 die kolumbianische Regierung das Angebot der USA ablehnt, trennt sich Panama mit kräftiger Hilfe der USA von Kolumbien und mit der **Unabhängigkeitserklärung Panamas** am 3. November 1903 fällt das Kanalprojekt endgültig unter das Sternenbanner. Ein Jahr später kaufen die USA für 40 Mio. Dollar das Land (die ehemalige Kanalzone) und die Baurechte von der *Lesseps-Kanalgesellschaft.* Die letzten Hürden auf dem Weg zum Kanalbau sind damit endgültig beseitigt.

## Fast eine Niederlage für die USA

US-Präsident *Roosevelt* gründet für das Bauvorhaben 1904 die **Isthmus-Kanal-Kommission,** die sich aus je einem Marine- und Heeresoffizier, einem Geschäftsmann und vier Zivilingenieuren zusammensetzt. Die Leitung der Kommission erhält *John Walker,* als Kommissionssitz wird Washington gewählt – 3000 km vom Schauplatz des Geschehens entfernt. Mit dem Posten des Chefingenieurs betraut man *John Findley Wallace,* den Chefposten im Gesundheitsbereich erhält der Militärarzt *William Crawford Gorgas,* der bereits 1898 im Kubakrieg umfangreiche Erfahrungen in puncto Tropenkrankheiten sammeln konnte.

*Roosevelt* unterstellt mit einer Verordnung die Kommission direkt dem Kriegsministerium, womit sie voll befugt ist, das Kanalprojekt im wahrsten Sinne des Wortes „in Angriff" zu nehmen. Doch die **Organisation ist hochbürokratisch und chaotisch,** alle Materialanforderungen müssen über das Büro in Washington laufen. Wegen dieses Papierkrieges und des langen Post- bzw. Telegrafenweges trifft das Material entweder zu spät oder überhaupt nicht ein. Chefingenieur *Wallace,* der einen Kanal in Meereshöhe plant, glänzt vor Ort mit großer Unfähigkeit und die geplanten 20.000 Arbeitskräfte bleiben nur Wunschvorstellung. Im November 1904 arbeiten gerade 3500 Männer in Panama, die vorwiegend am Culebra-Durchstich eingesetzt sind und über die ein Gesandter der Kommission schreibt: *„Die Arbeitskräfte, die von Amerika nach Panama kommen, sind vorwiegend unqualifizierte Männer, die der USA durch ihren Weggang einen Gefallen taten ..."*

Zu den organisatorischen Problemen in den ersten Monaten der Bauarbeiten kommen auch noch die ersten **Malaria- und Gelbfiebererkrankungen** hinzu. Doch die Kommission misst dem Gesundheitsbereich keine große Bedeutung zu. Obwohl *Gorgas* immer wieder auf die Übertragung der Tropenkrankheiten aufmerksam macht, hört die 3000 km entfernte Kommission nicht darauf, schon gar nicht auf das Hirngespinst von *Gorgas,* der behauptet, dass die Mücken die gefährlichen Krankheiten übertragen. *Gorgas* kann allerdings keine eindeutigen Beweise für seine Theorie vorweisen. Er stützt sich lediglich auf die Berichte des englischen Arztes *Ronald Ross,* der 1897 in Indien die Ursache der Malaria entdeckt hat. Trotz der geringen Unterstützung kämpft *Gorgas* gegen die Mücken an.

Die geringe Zahl von Krankheitsfällen, die bis zum Beginn des Jahres 1905 verzeichnet wurden, geben der Kommission keinen Anlass, dem Gesundheitsbereich mehr Aufmerksamkeit zu widmen. Nach wie vor konzentriert man sich auf den Baubereich. Langsam wird aber immer deutlicher, dass bisher **keine Fortschritte** gemacht wurden. Ein Jahr war verloren und 128 Mio. Dollar waren bereits ausgegeben, ohne auch nur einen wesentlichen Schritt weitergekommen zu sein. Für die USA bahnt sich langsam eine demütigende Niederlage an.

## Die entscheidende Wende

Präsident *Roosevelt* erkennt den Ernst der Lage, löst die siebenköpfige Isthmus-Kanal-Kommission auf und gründet im April 1905 eine **Drei-Mann-Kommission,** die er unter die Leitung von *Theodore Perry Shonts* stellt. *Wallace* bleibt vorerst Chefingenieur, tritt aber im Juni des gleichen Jahres zurück. Die freigewordene Stelle besetzt *Roosevelt* mit *John Stevens,* der in den USA einen sehr guten Ruf erlangt hat beim Brücken-, Tunnel- und Eisenbahnbau. *Stevens* kommt im Juli 1905 nach Panama – und mit ihm die entscheidende Wende.

Während sich die Ablösung des Chefingenieurs vollzieht, wütet in Panama eine **Epidemie.** Die Vernachlässigung des Gesundheitsbereiches kommt jetzt voll zur Wirkung. Rund 1000 Menschen sind an Gelbfieber, Cholera, Malaria, Ruhr, Lungenentzündung und Tuberkulose erkrankt. Als noch ein Fall von Beulenpest und zwei Pockenfälle auftreten, ist das Chaos perfekt. Die Konsequenz ist eine Fluchtwelle von Arbeits- und Führungskräften. Nach einem Überblick über die Lage stellt *Stevens* im August 1905 die Bauarbeiten am Kanal vorläufig ein.

Auf seine Anweisung hin genießen ab sofort alle **gesundheitlichen Belange Priorität.** Während *Stevens* die Städte von Unrat reinigen lässt und mit dem Bau von Arbeiterwohnungen, Kirchen, Kantinen, Schulen, Kühlhäusern, Kanalisationen und Wasserreservoirs beginnt, bekämpft *Gorgas* zusammen mit dem panamaischen Arzt *Manuel Amador* und einem großen Heer von Helfern die unerträgliche Mückenplage. In einer großangelegten Aktion werden Wohnhäuser und Büros ausgeräuchert, Trinkwasserbehälter, Fässer und Tonnen, die von Gelbfiebermücken als Brutstellen genutzt wurden, verschlossen und offene Wasserflächen mit Öl oder Kerosin bedeckt (zur Bekämpfung der Malariamücken und ihrer Larven). Im Dezember 1905 ist durch diese spektakuläre Aktion das Gelbfieber am Isthmus verschwunden, die Gefahr durch die Malaria eingedämmt und das Problem von ansteckenden Krankheiten weitgehend unter Kontrolle.

Nicht nur im Gesundheitsbereich beginnt mit *Stevens* eine neue Ära am Isthmus, sondern auch im Bereich des Kanalbaus. *Stevens* macht die von *Wallace* angelegte **Eisenbahn** zur „Lebensader" des Kanalprojekts. Im Zuge einer umfassenden Erneuerung überholt man die gesamte Eisenbahnanlage, legt einen zweiten Schienenstrang an und stattet die Züge mit größeren Waggons und kräftigeren Lokomotiven aus. Zudem schafft man alle wichtigen Betriebseinrichtungen, die für den Betrieb einer Eisenbahn notwendig sind und holt qualifiziertes US-Bahnpersonal aus allen Bereichen nach Panama. *Stevens* entwickelt ein System von Zügen zum Abtransport des Erdreichs, das wie ein überdimensionales Förderband funktioniert und das endlos neben den riesigen, 95 Tonnen schweren Baggern läuft. Zu Beginn des Jahres 1906 sind die Arbeiten an der Eisenbahn soweit abgeschlossen, der Maschinenpark erweitert und die nötigen Arbeitskräfte vorhanden, dass man den Kanalbau wieder in Angriff nehmen kann.

## Der Schleusenkanal

Während die Reorganisation des Kanalprojektes auf Hochtouren läuft, stellt man sich die Frage, **welcher Kanaltyp** eigentlich gebaut werden soll. Doch *Stevens* will sich anfänglich noch nicht genau festlegen. Er geht bei seinen Berechnungen von einem Kanal in Meereshöhe aus, der größtenteils dem Verlauf des Río Chagres entspricht. Um die Entscheidung dieser Frage zu erleichtern, legt US-Präsident *Roosevelt* das Problem einem internationalen Gremium von Fachleuten vor, das aus acht Amerikanern und fünf Europäern besteht. Am 18. November 1905 befürwortet die Mehrheit dieses Gremiums den Bau eines Kanals in Meereshöhe, nach dem Vorbild des Suezkanals. Die ersten Berechnungen ergeben, dass dieses Projekt eine gewaltige Summe in Höhe von ungefähr 247 Millionen Dollar verschlingen und eine Bauzeit von ca. 12 bis 13 Jahren in Anspruch nehmen würde.

Ein anderer Plan, der sogenannte **Gatún-Plan,** sieht einen Kanal vor, nach dem die Schiffe in Schleusen gehoben und gesenkt werden und ein künstlich aufgestauter See die Verbindung zwischen den Schleusenabschnitten herstellt. Das größte Problem dieses Kanaltyps ist der Damm, mit dem der Río Chagres aufgestaut werden soll. Nach den Berechnungen muss dieser Erdwall ca. 2 km lang und 30 m hoch sein, ein Bauwerk, das bis dahin nirgens auf der Welt durchgeführt wurde. Den Gatún-Plan entwickelte übrigens der Amerikaner *Alfred Noble,* nach dem Vorbild des Soo-Kanals in den USA.

Um eine Entscheidung herbeizuführen, lässt *Roosevelt* Chefingenieur *Stevens* nach Washington kommen. *Stevens* zählt zu den Befürwortern das Gatún-Plans und schätzt die Bauzeit des Schleusenkanals auf etwa 9 Jahre (bis 1914). Nach längeren Beratungen entscheidet sich die Isthmus-Kanal-Kommission am 5. Februar 1906 schließlich für den Gatún-Plan, dem die US-Regierung im Juni des gleichen Jahres zustimmt.

## George Washington Goethals

Die Entscheidung für den Bau des Schleusenkanals bringt natürlich andere Gesichtspunkte mit sich. Alles muss neu überdacht und berechnet werden. Die Organisation, Planung und Entwicklung lastet aber zu sehr auf den Schultern eines einzigen Mannes, des Chefingenieurs **John Stevens,** der mit den neuen Aufgaben total überfordert ist. Er erklärt im Januar 1907 seinen **Rücktritt** und kehrt in die USA zurück.

*Roosevelt* besetzt einen Monat nach dem Rücktritt von *Stevens* den Posten mit dem Militäringenieur *George Wa-*

*shington Goethals* und verändert die Isthmus-Kanal-Kommission zum dritten- und letztenmal. *Goethals,* der Chefarzt *William Gorgas* und der Offizier und Ingenieur *David DuBose Gaillard* bilden die Pfeiler der neuen Kommission. **Chefingenieur Goethals** ist gleichzeitig auch der Vorsitzende der Kommission, womit die gesamte Macht und Kompetenz allein in seinen Händen liegt und er leitet das Kanalprojekt bis zum Ende mit diktatorischer Hand.

Mit *Goethals* kommt im Bereich der Organisation ein neuer Wind auf den Isthmus. Er teilt das Bauprojekt in die Atlantik-, die Pazifik- und die mittlere Zone ein. Die Meereszonen umfassen die Kanaleinfahrten und die Schleusen-

717pa hz

abschnitte und stehen unter der Leitung der Ingenieure *William Sibert* und *Sidney Williamson*. Die Leitung der Schleusenkonstruktionen erhält *Harry Foote Hodges*. Der Mittelteil ist mit 52 km der längste und mit dem Culebra-Durchstich der schwierigste und wichtigste Abschnitt des Projekts, womit der Ingenieur *David DuBose Gaillard* betraut wird, nach dem dieser Abschnitt später auch benannt wird: der Gaillard-Cut.

## Der Culebra-Durchstich

Die größte Hürde beim Bau der Kanalfahrrinne bildet der Culebra-Bergrücken. Er verläuft parallel zur Pazifikküste zwischen den Orten Paraíso und Gamboa und bildet die kontinentale Wasserscheide in dieser Region. Bei der Durchschneidung muss der Bergrücken von ursprünglich 96 m über dem Meeresspiegel bis auf die geplanten 12 m über dem Meeresniveau abgetragen werden, in einer Breite von ca. 550 m oben und 91,5 m an der Sohle, auf einer Länge von 13,5 km.

*Goethals* erklärt deshalb den Culebra-Durchstich zum **Projekt mit höchster Priorität** und konzentriert den größten Teil der Baumaschinen und der Arbeitskräfte in diesem Abschnitt. Täglich sind ca. 60 Bagger im Einsatz, die sich zugleich von der Pazifik- und von der Atlantikseite aufeinander zubewegen. Rund 160 Züge transportieren die Erde über 7 Gleisstrecken ab. Die Nächte benutzt man dazu, um alle notwendigen Reparaturen an den Baggern und Zügen durchzuführen. Ca. 6000 Männer arbeiten 7 Jahre lang ununterbrochen an dem Durchstich. Dabei werden ca. 120 Mio. Kubikmeter Material bewegt, um die Fahrrinne durch Schiefer und Fels zu graben, teilweise auch zu sprengen.

Mit zunehmender Fahrrinnentiefe treten an den relativ steilen Hängen immer häufiger Erdrutsche auf. Vor allem während der Regenzeit brechen unerwartet Lawinen aus Schlamm und Felsen los, die den Fortgang der Arbeiten tagelang hemmen. Als das Ende des Durchbruches naht, wird die Fahrrinne langsam mit Wasser gefüllt, weshalb für die restlichen Erdarbeiten nur noch schwimmende Bagger zum Einsatz kommen.

Nach jahrelanger Arbeit am Culebra-Durchstich steht am **10. Oktober 1913** die **letzte Sprengung** auf dem Tagesprogramm. Um die historische Bedeutung des Ereignisses zu unterstreichen, soll die Sprengung durch den US-Präsidenten *Woodrow Wilson* (1913–1921) vorgenommen werden, allerdings im 3000 km entfernten Washington. *Wilson* löst am Nachmittag des 10. Oktobers 1913 durch einen Knopfdruck die letzte Sprengung aus. Eine Telegrafenleitung leitet das Signal nach Panama weiter, wo Hunderte von Dynamitladungen ein riesiges Loch in das Erdreich reißen und sich das Wasser im Culebra-Graben mit dem Wasser des Gatún-Sees für immer vereint.

## Dämme, Schleusen und Seen

Gleichzeitig mit den Grabungen am Culebra-Durchstich entsteht westlich der Gatún-Schleusen der prekärste Teil des Kanals: der **Gatún-Damm.** Nach den Berechnungen der Techniker muss der geplante Erdwall eine Länge von 2,4 km, eine Sohlenbreite von 800 m und eine Kronenbreite von 30 m haben, um dem enormen Druck der Wassermassen des Gatún-Sees standhalten zu können. Der See entsteht durch die Stauung des Río Chagres und ist als Überbrückung des Kanals zwischen den Schleusenabschnitten Pedro Miguel und Gatún notwendig. Mit der im Culebra-Durchstich gewonnenen Erde und mit Felsbrocken wächst der Erddamm Monat für Monat sichtbar an und langsam ergänzt er das aus natürlichen Wänden bestehende Seebecken.

Die Oberkante des Dammes liegt heute 32 m über dem Meeresniveau bzw. 6 m über dem Wasserspiegel des Gatún-Sees, der heute als **zweitgrößter von Menschenhand geschaffener See** gilt. Seine Flutung bis auf das heutige Niveau dauerte 15 Jahre. Dabei wurden Hunderte Quadratkilometer jungfräulichen Hügellandes überflutet und ganze Siedlungen mussten verlegt werden. Tausende von Tieren ertranken entweder in den Wassermassen oder flüchteten auf die Hügel, deren Spitzen heute als Inseln aus dem See ragen.

Nahe der Pazifikseite entsteht durch die Stauung des Río Grande der 1,6 km breite **Miraflores-See,** der die beiden Schleusenabschnitte Miraflores und Pedro Miguel miteinander verbindet. Sie bilden zusammen mit den Gatún-Schleusen zweifellos die technischen Meisterstücke des Kanals. Kein Bauwerk der damaligen Welt enthält soviel Beton wie die **Schleusen,** deren Kammern je 305 m lang, 35,5 m breit und 24,5 m tief sind. Vier Jahre nach dem Baubeginn der Schleusen ist mit der letzten Ladung Beton, die man im Mai 1913 bei den Gatún-Schleusen verarbeitet, der Kanal praktisch betriebsbereit.

## Endlich am Ziel

Seit *Goethals* mit diktatorischer Hand das Kommando am Isthmus übernommen hat, wird Woche für Woche augenscheinlicher, dass der Kanal auch tatsächlich in der geplanten Zeit fertiggestellt wird. 1913 sind fast alle Arbeiten abgeschlossen, das Wasser des Kanals erreicht langsam sein Betriebsniveau und die Schwimmbagger reinigen ununterbrochen die Fahrrinne. Ironischerweise ist **das erste Schiff,** das den Panamakanal vollständig durchfährt, das französische Kranschiff *Alexandre La Valley* am 7. Januar 1914. Mit diesem kleinen Detail fällt den Franzosen nach ihrem gescheiterten Versuch doch noch eine Ehre zu.

Mit dem Beginn des Jahres 1914 wird die **Isthmus-Kanal-Kommission aufgelöst** und *Goethals* zum ersten Gouverneur des US-Verwaltungsbezirkes Panamakanal ernannt (womit eigentlich die Kanalzone gemeint ist). Bürogebäude und Wohnhäuser werden abgerissen und Tausende Arbeiter packen mit ihren Familien die Koffer. Täglich laufen vom Hafen in Colón und in Panama-Stadt Schiffe aus, um sie wieder in ihre Heimat zu bringen.

Während in Panama das Ende des Kanalbaus in Sicht ist, bereitet man in Washington und San Francisco ein **großes Eröffnungsspektakel** vor. Als Höhepunkt der feierlichen Eröffnung am 15. August 1914 soll die US-Kriegsflotte den Kanal durchfahren – so, wie es sich „*Teddy*" *Roosevelt* immer erträumt hat. Der Ausbruch des **Ersten Weltkrieges** in Europa zieht allerdings einen Strich durch die Rechnung. Die Weltöffentlichkeit richtet ihr Augenmerk vorwiegend auf den europäischen Kriegsschauplatz, wodurch die offizielle Kanaleröffnung kaum mehr Beachtung findet.

Die Erbauung des Panamakanals war **eine der größten menschlichen Leistungen aller Zeiten.** Keine Statistik der Welt kann nur annähernd vermitteln, was die Menschen auf der Landenge geleistet haben. Für eine ganze Generation von Amerikanern war es eigentlich Präsident *Roosevelt,* der den Panamakanal erbaute. Aber ohne die Fähigkeiten von *John Stevens, George Washington Goethals* und *Dr. William Gorgas* hätte sicher erst viel später ein Schiff die Landenge überqueren können – und ohne die 75.000 unbekannten Arbeiter wäre der Traum, mit diesem technischen Wunderwerk die Welt ein Stückchen näher zusammenzurücken, niemals wahrgeworden. Bei allen Leistungen dürfen aber die ca. 25.000 Arbeiter nicht vergessen werden, die durch Krankheiten und Unfälle starben – etwa jeder dritte Kanalmeter hat einen Arbeiter das Leben gekostet.

# Rund um den Kanalbetrieb

## Verwaltung

Der Panamakanal ist offiziell „eine nicht gewinnorientierte Einrichtung im Dienste der Menschheit". Er wurde bis Ende der 1970er Jahre allein von den USA verwaltet. Danach lagen die Geschäfte entsprechend dem Kanalvertrag vom Oktober 1979 (siehe „Staat und Gesellschaft", „Geschichte") zu gleichen Teilen bei den USA und Panama, wobei in den 1980er Jahren die USA, in den 1990er Jahren Panama den Vorsitzenden der Kanalkommission stellte. Seit 1. Januar 2000 liegt die Kanalverwaltung vollständig in den Händen von Panama, nur die militärische Sicherheit wird noch von den USA gewährleistet. An den offiziellen Bezeichnungen für die Verwaltung hat sich nichts geändert: Die Geschäfte werden von der **Panamakanal-Kommission** geleitet, die von einem **Aufsichtsrat** aus neun Mitgliedern überwacht und von einem *Administrador* (die offizielle Bezeichnung für den Leiter der Kommission) geleitet wird.

## Gebühren

Zur Berechnung der Durchfahrtsgebühr wurde die Bezeichnung **Panamakanal-Nettotonne** geschaffen, die 2,83168 Kubikmeter des kommerziell genutzten Schiffsraumes entspricht, egal ob Cargo- oder Passagierraum. Pro beladener Panamakanal-Nettotonne werden 2,41 $ berechnet, pro ungeladener Tonne 1,96 $. Schiffe, die unter der panamaischen Flagge laufen, erhalten einen Spezialtarif. Die gesamte Durchfahrtsgebühr muss 48 Stunden vor der Durchquerung auf dem Konto der Kanalgesellschaft eingehen, ein Kredit wird nicht gewährt. Gegen eine zusätzliche Gebühr kann die Durchfahrt reserviert werden, was die Wartezeit erheblich verkürzt. Diese Möglichkeit wird meistens von Kreuzfahrtsschiffen genutzt.

▷ Diesellokomotiven stabilisieren die Schiffe in den Schleusenkammern

## Schleusenbetrieb

Ohne die kräftigen Regenfälle und die für das Wassersystem des Kanals unentbehrlichen Waldreservate an seinen beiden Seiten könnte der Panamakanal nicht 24 Stunden pro Tag und das ganze Jahr hindurch reibungslos funktionieren. Pro Boot und Schleuse werden rund 400.000 Liter Wasser benötigt, das man allerdings nur einmal verwenden kann und das dem Gatún- oder dem Miraflores-See entnommen wird. Um die **Wasserversorgung** während der Trockenzeit zu gewährleisten, wurde in den 1930er Jahren der Madden-See (auch Alajuela-See) geschaffen. Er wird von den Flüssen Chagres und Perqueni gespeist und reguliert über Rohrleitungen das ganze Jahr hindurch den Wasserspiegel der Seen.

Der **Zu- und Abfluss des Wassers** in die Schleusenkammer bzw. aus der Kammer erfolgt ohne Pumpen über die am Boden und in der Wand befindlichen Öffnungen, die durch ein Rohrleitungssystem mit den höherliegenden Kanalseen und den tieferliegenden Meeren verbunden sind und basiert auf dem physikalischen Prinzip der kommunizierenden Röhren. Das Boot wird durch die Wasserkraft in ca. 10 Minuten pro Schleusenkammer gehoben beziehungsweise gesenkt. Zum Öffnen und Schließen der 800 Tonnen schweren Schleusentore werden 400-PS-Elektromotoren verwendet.

Der Kanal verfügt insgesamt über drei **Schleusenabschnitte:** die zweistufige Miraflores-Schleuse (ca. 16,5 m), die einstufige Pedro-Miguel-Schleuse (ca. 9,5 m) an der Pazifikseite und die dreistufige Gatún-Schleuse (ca. 26 m) an der Atlantikseite. In den 1960er Jahren wurden sie mit einer Beleuchtung ausgestattet, um eine Abfertigung der Schiffe fast rund um die Uhr zu ermöglichen.

Um die Stabilität eines Schiffes in der Schleusenkammer während des Hebens bzw. Senkens zu gewährleisten, werden **Diesellokomotiven** *(mulas)* eingesetzt, die je 47 Tonnen wiegen und über Stahl-

049pa hz

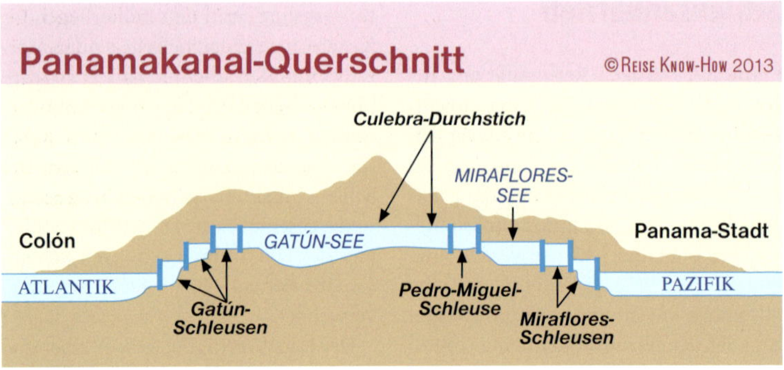


seile mit dem Schiff verbunden sind. Je nach Größe des Schiffes werden an der Vorderseite zwei oder vier, an der Rückseite immer zwei Lokomotiven verwendet. Die Loks werden auch als Zugmaschinen eingesetzt, um die Schiffe in die Schleusenkammer bzw. aus der Kammer zu ziehen, allerdings nur in geringem Maße, denn zu 90 % fährt das Schiff aus eigener Kraft in die Schleuse hinein beziehungsweise verlässt diese wieder.

## Instandhaltung

Für die lebenswichtigen Instandhaltungsmaßnahmen werden jährlich ca. 100 Mio. Dollar ausgegeben. Seit der Eröffnung 1915 sind 90 % der Einrichtungen noch im Originalzustand. Die empfindlichsten Teile sind die Stemmtore, Schleusenkammern, Ventile, Abzugs- und Einlaufkanäle, die ständig gewartet werden. Um die Fahrrinne sauber zu halten und den maximalen Tiefgang von 12 m zu sichern, wurde die **Kanal-Bagger-Kommission** eingerichtet, deren Hauptquartier sich in Gamboa befindet.

## Sicherheitsvorschriften

Auf dem Kanal herrscht **Einbahnverkehr,** der jeweils am Morgen und am Mittag die Richtung wechselt. Große Schiffe dürfen nur tagsüber fahren. Während der gesamten Durchfahrt muss mindestens ein **Kanallotse** (auch Kanalpilot) an Bord sein, der für die Navigation verantwortlich ist und der ständig in Kontakt steht mit dem *Marine Traffic Control Center,* einem vollcomputerisierten Kontrollzentrum, das den gesamten Schiffsverkehr überwacht. Während kleine Schiffe mit einem Lotsen auskommen, werden auf großen Schiffen 3 bis 4 eingesetzt. Die Ausbildung und das praktische Training eines Lotsen dauert insgesamt 8 Jahre.

> Hält die Fäden in der Hand: Kanalarbeiter

## Zukunft des Kanals

Obwohl ca. 90 % der heute weltweit fahrenden Schiffe mit ihren Abmessungen problemlos den Kanal benutzen können, ist eine **Verbreiterung** unumgänglich, um die Wirtschaftlichkeit des Kanals nicht nur zu erhöhen, sondern auch für die Zukunft zu sichern. Und dass die Vergrößerung des Kanals unbedingt notwendig ist, zeigt auch die Tatsache, dass Nicaragua ebenfalls einen Kanal plant. Dafür schaffte es in 2012 eine Behörde, die den Bau des **Gran Canal In-**

050pa hz

**teroceanico** zwischen Atlantik und Karibik einleiten soll. Die Kosten für den Kanal, dessen Herzstück der Cocibolca-See (auch Nicaragua-See) im Süden des Landes sein wird, sollen rund 30 Milliarden Dollar betragen und zu 51 % von Nicaragua sowie zu 49 % von ausländischen Investoren getragen werden. Ob es aber wirklich auch zum Bau dieses Kanals kommt, steht noch in den Sternen. Nach jahrelangen Diskussionen über Für und Wider kam es in 2006 zu einer **Volksabstimmung,** bei der sich rund 78 % der Bevölkerung für eine Verbrei-

051pa hz

terung des Kanals aussprachen. Damit gab es grünes Licht für das Bauprojekt, und am 3. September 2007 war es dann soweit: Im Beisein von Panamas Präsident *Martin Torijjos* und vom amerikansichen Altpräsident *Jimmy Carter,* der vor 30 Jahren mit Torijjos' Vater den Kanalvertrag unterzeichnete, wurde mit 15.000 Kilogramm Dynamit die erste Sprengung für die Verbreiterung des Kanals eingeleitet. Das Bauprojekt soll in 2014 abgeschlossen sein, genau 100 Jahre nach der Eröffnung des Kanals. Es wird rund 5 Milliarden Euro kosten und sieht eine zusätzliche Fahrrinne und größere Schleusen (366 m lang, 49 m breit, 15 m Tiefgang) vor. Bereits während des Zweiten Weltkrieges wurde wenige Meter südwestlich der Miraflores-Schleusen an einer neuen Schleusenstufe gearbeitet, aus finanziellen Gründen musste das Vorhaben jedoch aufgegeben werden.

## Praktische Hinweise

- Die **Schleusenvorgänge** können Sie am besten im **Gatún-Abschnitt** (siehe „Zentrale Karibikküste") oder von der **Aussichtsplattform der Miraflores-Schleusen** beobachten, die ca. 20 km nordwestlich der Hauptstadt liegen. Der Zugang ist täglich gegen Bezahlung von 9 bis 17 Uhr gestattet. Während die Schiffe gehoben bzw. gesenkt werden, erhalten die Besucher über Lautsprecher Informationen in spanischer und englischer Sprache. Wenn es keine Schiffe zu beobachten gibt, wird ein kostenloser Filmvortrag gehalten (nur bei den Miraflores-Schleusen). Hier wurde ein modernes **Besucherzentrum** mit mehreren Aussichtsplattformen, einem Restaurant und einem Souvenirladen errichtet. Außerdem kann eine interessante Ausstellung über den Kanal besichtigt werden. Eintritt: 8 $, inklusive Filmvortrag und Ausstellung, 5 $ nur für die Aussichtsplattformen.

  Die besten Chancen, ein Schiff in den Miraflores-Schleusen anzutreffen, hat man täglich zwischen 9 und 10 sowie zwischen 15 und 17 Uhr. Die genauen **Durchfahrtszeiten** der Schiffe können unter Tel. 2768617 (Spanisch/Englisch) abgefragt werden.

  Die Miraflores-Schleusen sind mit dem **Bus** Richtung Paraíso oder Gamboa ab der Plaza Cinco de Mayo erreichbar. Sollte der Busfahrer wegen mangelnder Nachfrage keinen Abstecher zum Parkplatz vor den Schleusen machen, müssen Sie an der Durchfahrtsstraße aussteigen. Ein großes Schild zeigt die Abzweigung an, außerdem können Sie sich an der Universität Ciudad de Saber orientieren, die ca. 100 m vor der Abzweigung an der rechten Straßenseite steht. Von der Abzweigung sind es ca. 15 Gehminuten zu den Schleusen. Eine **Taxifahrt** kostet ab Panama-Stadt mindestens 15 $.
- Die **Pedro-Miguel-Schleuse** kann nur aus der Ferne besichtigt werden.
- **Kanaldurchfahrten** werden derzeit 2-mal pro Monat für ca. 165 $ pro Person durchgeführt, Teildurchfahrten bis Gamboa (retour mit Bus) sind fast jeden Samstag ab 115 $ möglich. Der Startpunkt ist im Hafen Calzada Amador. Mehr Infos unter www.canalandbaytours.com.

  Preisgünstigere, kurze Bootsfahrten auf dem Kanal gibt es u.a. ab dem Hafen im *Gamboa Resort* (www.gamboatours.com), wo zusätzlich auch noch **Kajaktouren** auf dem Kanal angeboten werden. Ab Amador-Hafen werden am Wochende *Sunset Cruises* durch die Bahía de Panamá am Beginn des Kanals angeboten (www.tranquilotour.com).
- **Kanalmuseum:** siehe unter Panama-Stadt.

◁ Schiffe auf dem Panamakanal

# 3 Zentrale Karibikküste

An der Karibikküste setzten die Spanier Fuß an Land. Die Landschaft ist nicht mehr ganz so unbe-

rührt wie zu Kolumbus' Zeiten, aber die Uhren laufen hier noch immer anders. Don't worry, be happy.

‹ Traumhafte Karibikküste Panamas

# ZENTRALE KARIBIKKÜSTE

Die „Mutter Natur" zeigt sich an der Zentralen Karibikküste, die sich beidseitig der Hafenstadt Colón erstreckt, von ihrer freundlichen Seite, was man vom „Vater Staat" nicht behaupten kann. Die **Kontraste** sind erschreckend: Während in der Metropole an der Pazifikküste **moderner Komfort** überwiegt, dominiert **herbe Armut** an der Karibikküste, vor allem in und um Colón.

# Überblick

Die beiden Küstenstreifen sind durch die Lebensadern der Zentralregion, den Panamakanal und eine ca. 80 km lange neue Autobahn, die die **Carretera Transístmica** ablöste, verbunden. Die Autobahn endet in Sabanita, kurz vor der Hafenstadt Colón, das für Touristen weniger interessant ist.

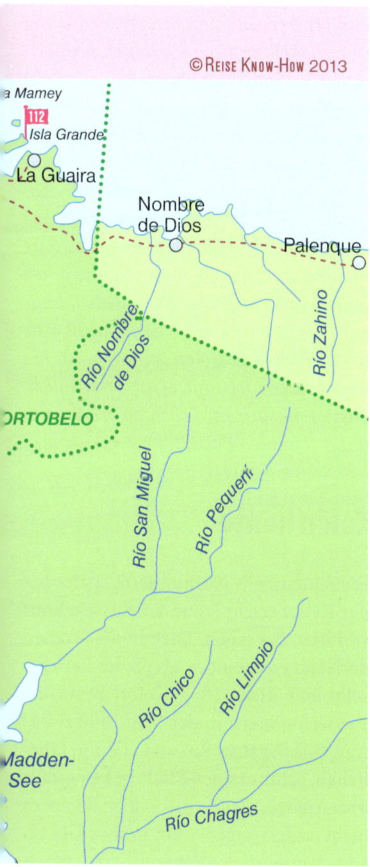


**Lohnenswerte Ziele** bietet dagegen die Costa Arriba („Obere Küste"), die sich nordöstlich von Colón erstreckt. Dort liegen unter anderem das historische Hafenstädtchen Portobelo mit den Ruinen spanischer Befestigungsanlagen und der Nationalpark Portobelo, dessen maritimer Bereich mit kristallklarem Wasser, Korallenriffen und feinen Sandstränden am Wochenende viele Taucher, Schnorchler und Sonnenanbeter anlockt; besonders beliebt ist die vom karibischen Flair geprägte Isla Grande mit ihrem Bilderbuchstrand.

Das Gegenstück zur Costa Arriba, die Costa Abajo („Untere Küste"), erstreckt sich südwestlich von Colón. Sie ist über die Gatún-Schleusen des Panamakanals erreichbar, wo die Ozeanriesen über drei Stufen zum Atlantik gesenkt bzw. zum Gatún-See gehoben werden. Zwischen dem Gatún-See und dem Karibischen

**NICHT VERPASSEN!**

- **Gatún-Schleusen,** die Aussichtsplatform bietet einen imposanten Ausblick auf die Schleusenkammern des Panama-Kanals | 106
- **Portobelo,** malerische Bucht, umsäumt von historischen Ruinen | 109
- **Isla Grande,** traumhaftes Eiland mit einem Bilderbuchstrand | 112

**Diese Tipps erkennt man an der gelben Hinterlegung.**

Meer und westwärts des Río Chagres, der nahe dem Kanal in das Meer mündet, liegt ein nahezu unberührter Regenwald. An der Flussmündung erhebt sich das Fort San Lorenzo, das mit den Befestigungsanlagen Portobelo zu den imposanten Zeugnissen der Vergangenheit zählt.

Die Zentrale Karibikküste gehört vollständig zur Provinz Colón, deren gleichnamige Hauptstadt das Ballungszentrum der Region ist. Die Mehrheit der **regionalen Bevölkerung** bilden die Nachkommen der Arbeiter, die als billige Arbeitskräfte im 19. Jahrhundert von den englischsprachigen Karibikinseln nach Panama kamen und jene der afrikanischen Sklaven, deren Traditionen bis heute größtenteils erhalten geblieben sind. Nicht umsonst wird die Zentrale Karibikküste auch als die Region der Congos bezeichnet (siehe Exkurs „Los Bailes de los Congos“).

# Colón

## Geschichte

Colón, **Panamas zweitgrößte Stadt,** breitet sich an der Ostseite der Bahía de Limón aus. Es entstand Mitte des 19. Jahrhunderts als Warenumschlagplatz und als Umsteigeort für die Reisenden, die von einer US-Küste zur anderen den zeitsparenden Schiffs- und Eisenbahnweg über die Landenge nahmen.

Die **Stadtgründung** geht größtenteils auf das Konto der Schiffs- und Eisenbahngesellschaft *United States Mail Steam Line,* deren Direktor den Ort zunächst nach seinem Familiennamen *Aspinwall* taufte, erst später trat der heutige Name Colón in den Vordergrund. Durch seine große Bedeutung als Knotenpunkt wuchs der Ort rasch zu einer Kleinstadt an, in der das Leben aber alles andere als angenehm war.

Ein Reisender beschrieb Colón im Jahre 1853 als *„eine angelsächsische Siedlung, die dem spanischen Amerika eingefügt wurde, aber nur auf den ersten Blick, denn sie wird von Nordamerikanern dominiert und die Einrichtung der Häuser ist nicht komfortabel. Sie verfügt über keine Kirche, lediglich über ein Krankenhaus für die drei- bis viertausend Einwohner, aber dagegen sind Hotels, Tavernen und alle Arten von Läden reichlich vorhanden. Ihre Bevölkerung wird vom Abschaum aller Nationen gebildet, speziell von dem der englischen Antillen. Niemand wagt es, durch die Straßen zu gehen und in den Hotels zu übernachten, ohne gut bewaffnet zu sein. Es ist nicht verwunderlich, dass Colón ist, was es ist: Ein ungesunder Ort und es ist erstaunlich, dass es möglich ist, Leben zu erhalten in dieser unreinen Pfütze ...“*

## Colón heute

Fast eineinhalb Jahrhunderte später hat der Reisebericht kaum an Aussagekraft verloren. Bei einem Blick in die Straßen der Stadt erscheint es, als ob der Berichtschreiber nicht 1853 Colón besuchte, sondern gestern in der Stadt unterwegs war. Der negative Ruf von einer **gefährlichen, schmutzigen Stadt** ist keinesfalls übertrieben. Colón ist – man kann es nicht anders sagen – ein großes Ghetto aus kaum bewohnbaren, morschen

Holzhäusern, an denen die salzhaltige Meeresluft und die Feuchtigkeit ständig nagen. Mit alten Brettern und Blechteilen versuchen die Bewohner, ihre Häuser vor dem langsamen Zerfall zu retten. Vielerorts haben sie den Kampf gegen die Natur bereits aufgegeben, und nur noch Lappen, Pappkartons und alte Kleidungsstücke verhindern den Blick in die Wohnungen.

Kaum eine Straße oder ein Stadtteil von Colón kann als angenehm bezeichnet werden, ganz zu schweigen von der Atmosphäre. Über der Stadt liegt eine unheimliche Spannung, die mit jedem Tag dem Zerreißen näher kommt.

Dabei besitzt Colón mit der **Zona Libre** einen **Freihandelshafen** (www.zolicol.gob.pa) der nach Hongkong der zweitgrößte der Welt ist und der einen nicht unerheblichen Beitrag zur panamaischen Wirtschaft leistet. Aber die Gewinne fließen größtenteils nach Panama-Stadt oder ins Ausland und Colón bleibt mit leeren Taschen zurück.

Die Geschäftsleute und die Touristen fahren mit dem Auto, Taxi oder dem Bus direkt zum Eingang der Zona Libre, einer Art Kleinstadt im Südosten Colóns, die mit hohen Mauern und Stacheldraht umgeben ist und bewacht wird wie der Hochsicherheitstrakt eines Gefängnisses. In den Straßen vor dem Eingang drängen sich Bettler, Kinder und Arbeitslose, die für ein paar Cents die oft teuren Autos der Besucher bewachen.

Der Kontrast könnte nirgenwo größer sein als vor dem Tor der Zona Libre, in der täglich Millionen von US-Dollars umgesetzt werden, während draußen die Bevölkerung um jedes Stück Brot kämpfen muss. Dass die Unzufriedenheit unter den Bewohnern ständig wächst und die **Kriminalität** Jahr für Jahr eine drastische Steigerung verzeichnet, sollte für Sie eine Warnung sein, in Colón nicht länger zu verweilen als unbedingt notwendig ist – von einem Spaziergang in den Straßen von Colón kann sowieso keine Rede sein.

Der Ruf nach **Maßnahmen** wird zwar von Tag zu Tag immer lauter, doch bis heute hat die Landesregierung nur mit einer sehr langsam anlaufenden Stadtrenovierung und beschränkten Umsiedlung der Ärmsten reagiert. Einige Kilometer vor Colón, direkt an der Transístmica, sind neue Siedlungen aus Einzimmerhäuschen entstanden. Diese sind in Reih und Glied angeordnet und kaum größer als ein Gartenschuppen. Wenn die Regierung weiterhin die Ohren und Augen vor den Problemen der Bewohner von Colón verschließt, wird diese Haltung letztendlich zu einer Explosion führen, deren Druckwelle bis nach Panama-Stadt reichen wird.

Nur einmal im Jahr, während des **Karnevals,** werden alle Probleme für ein paar Tage beiseite gelegt, wird in den Straßen von Colón ausgelassen gefeiert und getanzt, ganz in der temperamentvollen afro-karibischen Art – bis schließlich der Vorhang wieder fällt.

## Praktische Hinweise

### Sicherheit

■ **Achtung!** In Colón kommt es ständig zu Überfällen, auch tagsüber. Vermeiden Sie wenn irgendmöglich, dass Sie sich zu Fuß in der Stadt bewegen. Der Flughafen, der Busbahnhof, die erwähnten Hotels sowie die Zona Libre und Colón 2000 gelten als sichere Orte für Touristen.

Colón
0
200 m
Calle 1
Calle 2
Calle 3
Calle 4
Calle 5
Calle 6
Calle 7
Calle 8
Calle 9
Calle 10
Calle 11
Calle 12
Calle 13
Avenida del Frente
Avenida Bolivar
Paseo del Centenario
Avenida Santa Isabela
Bahía
de Limón
Bahnhof
Hafen Cristóbal
Französischer Kanal
Zug nach
Panama-Stadt
1
3
4
6
7
8

## An- und Weiterreise

### Bus

Der **zentrale Busbahnhof** liegt an der Avenida Bolívar/Calle 13. Ab hier gibt es täglich Verbindungen u.a. nach:

- **Panama-Stadt** zwischen 3.30 und 1 Uhr alle 20 Minuten.
- **Portobelo,** von 6.30 bis 21 Uhr fast stündlich.
- **La Guaira (Isla Grande)** von 7 bis 18 Uhr fast stündlich.
- **Gatún-Schleusen:** von 9 bis 17 Uhr stündlich.
- Eine Verbindung zu den Siedlungen der **Costa Abajo** und zum **Fort San Lorenzo** gibt es nicht.

### Zug

- Am **Bahnhof nahe des Busterminals** kommt einmal täglich der Passagierzug aus Panama-Stadt an. Rückfahrt um 17.15 Uhr.

## Unterkunft

- **Nuevo Washington,** Tel. 4417133, Fax 441 7397, am Nordende der Ave. del Frente, EZ 100 $, DZ 120 $, Suite ab 165 $. Große, stilvolle Zimmer mit Bad, WC, TV, Telefon und AC. Am Meer gelegene Anlage mit Garten, Pool, Bar, Restaurant und Cafetería.
- **Meryland,** Calle 7, Tel. 4417055, www.hotelmeryland.com. Komfortable Zimmer mit Bad, AC und Telefon. EZ/DZ ab 55/60 $.
- **Hotel Carlton,** Calle 10, Tel. 4470349. Eine günstigere Alternative, EZ/DZ ab 40 $, aller Zimmer mit Bad, AC und TV.
- In der Stadt entstehen permanent neue Hotels bzw. gibt es derzeit viele Hotels, die sich als Alternativen anbieten, wie etwa das **Hotel Andros,** Tel. 4410477, www.hotelandros.com (70 Zi.) und das **Radisson Colon 2000,** Tel. 4462000, www.radisson.com.
- Außerhalb von Colón, direkt am Ufer des Gatún-Sees in einer schönen Umgebung, entstand aus einem Teil des ehemaligen amerikanischen Forts Gu-

lick das **Hotel Meliá Panamakanal** mit sehr viel Komfort und DZ ab 80 $, Tel. 4701100, www.meliapanamacanal.com.

### Essen und Trinken

- Um den Busbahnhof und entlang des Paseo del Centenario gibt es zwar verschiedene **Restaurants,** doch aus Sicherheitsgründen sollte man ein Essen oder einen Drink ausschließlich in den Hotelrestaurants zu sich nehmen.

### Einkaufen

- Für den Besuch der **Freihandelszone** (Zona Libre) benötigen Sie eine Besucherkarte, die Sie kostenlos am Eingang in der Calle 13/Ave. Roosevelt erhalten (Reisepass nicht vergessen!). Fahrzeuge dürfen nur mit besonderer Erlaubnis (allerdings nicht für Touristen) innerhalb der Zona Libre abgestellt werden. Die Zona Libre ist ein riesiges, umsatzsteuerfreies Einkaufszentrum, wo eigentlich nur *en gros (por mayor)* gekauft wird. Einige Geschäfte bieten ihre Produkte auch einzeln an. Die gekaufte Ware wird verpackt und Ihnen vor der Ausreise am internationalen Flughafen in Panama-Stadt ausgehändigt. Wenn Sie in mehreren Geschäften einkaufen, sollten Sie dies immer angeben, damit nur ein einziges Paket für Sie zusammengestellt wird. Für den Transport von der Zona Libre zum internationalen Flughafen werden 5 $ pro Paket berechnet. Weitere Informationen finden Sie unter www.colonfreezone.com und www.zonalibredecolon.com.pa.
- Das **Einkaufszentrum Colon 2000** verfügt über einen Terminal für Kreuzfahrtschiffe und soll mit kauffreudigen Geschäftsleuten, Kreuzfahrtpassagieren und sonstigen Touristen der sonst trostlosen Stadt einen Aufschwung bringen.

[>] Blick vom Fort San Lorenzo

### Adressen A–Z

- **Autovermietung:** *Budget rent a car,* Tel. 4417161.
- **Geld/ATM:** *Banco Nacional de Panamá,* Ave. Bolívar/Calle 9, geöffnet Mo–Fr von 8 bis 13.30 Uhr.
- **Post:** Ave. Bolívar/Calle 9 neben der *Banco Nacional de Panamá,* geöffnet Mo–Fr von 7 bis 18 Uhr, am Sa bis 17 Uhr.
- **Telefon und Fax:** In den Hotels oder im *Cable&Wireless*-Büro, Paseo del Centenario/Calle 12, geöffnet Mo–Fr 8 bis 17 Uhr.

# Costa Abajo

## Zufahrt

Der Teil der Karibikküste, der sich vom Westufer des Kanals bis an die Provinzgrenze Veraguas' erstreckt, wird generell als Costa Abajo („Untere Küste“) bezeichnet. Die einzige **Straße,** die in diese Region führt, zweigt von der neuen Autobahn ca. 2 km vor Colón nach links ab. Sie führt an der ehemaligen US-Basis Fort Davis und an der Abzweigung zum Hotel *Meliá Panamakanal* vorbei, über die Gatún-Schleusen (ca. 10 km ab der Abzweigung), an das Westufer des Kanals. Busse hierher fahren ab dem Busterminal in Colon. Für das **Fort San Lorenzo** sollte ein Auto angemietet oder ein Taxi gechartert werden.

## Gatún-Schleusen

An der Ostseite der dreistufigen Gatún-Schleusen wurde eine kleine **Aussichtsplattform** errichtet, von wo aus sich ein imposanter Blick auf die Schleusenkammern bietet. Mit hochpräziser, computerunterstützter Arbeit werden hier täglich bis zu 38 Schiffe gehoben bzw. gesenkt. Die Gatún-Schleusen können täglich zwischen 8 und 16 Uhr gegen Eintritt von 5 $ besucht werden. Weitere Informationen über die technischen Kanaldetails und seine Geschichte finden Sie im Kapitel „Der Panamakanal".

## Fort San Lorenzo

Nur wenige Meter nach den Gatún-Schleusen gabelt sich die Straße: Sie führt nach links entlang des Gatún-Staudammes, zum Abschnitt des gescheiterten französischen Kanalprojekts (siehe „Der Panamakanal"), geradeaus zum historischen Fort San Lorenzo. Nach etwa 12 km erreicht man eine Kasse, an

052pa hz

der 5 $ pro Person für den Besuch des Forts San Lorenzo erhoben werden. Rund 8 km weiter erreicht man das **Fort San Lorenzo.** Es wurde im 17. Jahrhundert auf einem Plateau hoch über der Mündung des Río Chagres errichtet, als Verteidigungsanlage gegen die Piraten, die es auf die begehrten Handelswaren der Spanier abgesehen hatten. Die schweren Kanonen sind heute noch auf das Meer gerichtet, als ob der legendäre englische Pirat *Sir Francis Drake* jeden Moment auftauchen könnte. Das aus groben, unsymmetrischen Steinblöcken erbaute Fort ist gut unterhalten und gibt mit seinen Kasematten, seiner Zugbrücke und seiner Bastei einen kleinen Einblick in jene Zeit, als sich die europäischen Seemächte heftig bekämpften.

Vom Fort aus hat man einen fantastischen **Ausblick** auf die Mündung des Río Chagres, über das kaum berührte Pflanzenmeer der Costa Abajo und das türkisfarbene Wasser der Karibischen See. Eine schöne Asphaltstraße führt ab dem Fort entlang der Costa Abajo bis nach Miguel de la Borda. Seit die Straße diesen sehenswerten Küstenabschnitt leicht zugänglich gemacht hat, ist die Region für viele interessant geworden, und es wird sicher nicht mehr lange dauern, bis hier die ersten Hotels entstehen.

# Costa Arriba

Im kleinen Ort **Sabanita,** etwa 12 km vor Colón, zweigt von der Transístmica eine Asphaltstraße zur Costa Arriba ab. Diese Kreuzung, mit einer Filiale der Supermarktkette *REY,* ist eine praktische Stelle zum Umsteigen für Busreisende in Richtung Portobelo und Isla Grande.

Nach Sabanita verläuft die **Straße** durch verschlafene Siedlungen und entlang von Weideflächen mit Rinderherden. Im Hintergrund des Kulturlandes erhebt sich die grün bewachsene Sierra Llorona de Portobelo, an deren Hängen sich der Nationalpark Portobelo ausbreitet. Die ersten Strände unterwegs, die **Playas María Chiquita** (ca. 15 km ab Sabanita) und **Langosta** (3 km weiter), eignen sich nicht besonders für ein Sonnen- und Meeresbad. Je näher man Portobelo kommt, desto näher rücken die Berghänge, bis sie die Straße ganz an das Meeresufer drängt. Während an der einen Straßenseite Blumen und Pflanzen in allen Sorten gedeihen, öffnet sich an der anderen Seite das dunkelblaue Meer, dessen aufsteigender Dunst den Küstenstreifen umhüllt.

## Parque Nacional Portobelo

Der knapp 36.000 ha große **Nationalpark** Portobelo erstreckt sich entlang der Küste zwischen den Bahías de Portobelo und de San Cristóbal und stößt im Süden an den Nationalpark Chagres. Sein mittlerer, unzugänglicher Teil ist noch vollständig von tropischem Regenwald bedeckt während in seinen Randzonen die ursprüngliche Vegetationsdecke der Agrarwirtschaft weichen musste.

Durch das traditionelle, ungeschriebene Gesetz, dass jener Person das Land gehört, die es urbar machte, sind viele *campesinos* aus den Provinzen der Zentralen Pazifikküste und der Halbinsel Azuero an die Costa Arriba gezogen. Ein Beispiel für diese Zuwanderung bildet die Ortschaft **Nuevo Tonosí**, wenige Kilometer nach Portobelo, wo besitzarme Bauern der Halbinsel Azuero eine neue Existenz aufzubauen versuchen.

Trotz des geschützten Status des Parks wird die **illegale Waldrodung** fortgesetzt. Wer nach Gegenmaßnahmen fragt, stößt immer wieder auf das gleiche Problem: Es mangelt an Geld, um den Nationalpark effizient schützen und den Kleinbauern eine Alternative anbieten zu können. In Nuevo Tonosí befindet sich ein *ANAM*-Büro, das mit Informations- und Aufforstungsprojekten versucht, eine Wende zugunsten der Natur einzuleiten.

Auf Grund der **beschränkten Infrastruktur** des Nationalparks Portobelo konzentriert sich der Tourismus großteils auf den maritimen Bereich des Parks. Etwa 22 % der Nationalparkfläche liegen im Karibischen Meer, entlang einer ca. 70 km langen Küstenlinie mit einer Vielzahl von Buchten.

## Praktische Hinweise

Wenige Kilometer vor Portobelo, in einer malerischen, teils mangrovenbewachsenen Bucht, haben sich **Tauchclubs** etabliert, die Anfängerkurse, Tauchgänge für die Besitzer einer internationalen Tauchlizenz (PADI–Ausweis) und Schnorcheltouren zu den vorgelagerten Korallenriffen und Inseln im Programm haben. Mehr Informationen erhalten Sie unter anderem bei:

- **Twin Oceans Dive Center,** ca. 5 km vor Portobelo, Tel. 4482067.
- Das Tauchzentrum ist mit dem **Coco Plum Resort,** Tel. 4482102, www.cocoplum-panama.com, verbunden, einer kleinen, stimmungsvollen Hotelanlage mit netten Zimmern und einem angenehmen Restaurant. EZ 46 $, DZ 57 $.
- **Scuba Portobelo,** Tel. 2613841 (Panama-Stadt), www.scubapanama.com, ca. 3 km vor Portobelo. Gepflegte Anlage mit 6 freistehenden, einfachen Häuschen für 45 $ pro Haus, 5 Zimmer für 35 $ oder 15 $ pro Person im Mehrbettzimmer. Reservierung am Wochenende ratsam.
- **Essen und Trinken:** Direkt an der Straße zu den Tauchclubs liegen das **Restaurant La Torre,** ein turmähnlicher Bau mit einer Terrasse im ersten Stock, das gemütliche Open-Air-Restaurant **Los Cañones,** das neben lokalen Gerichten vor allem Spezialitäten aus dem Meer anbietet und das Restaurant **Grupo Marin,** ebenfalls mit guten Fischgerichten.
- Die Tauchclubs und die Restaurants sind mit dem **Bus,** der ab Colón in Richung Portobelo fährt, mehrmals täglich erreichbar.
- **Geld:** Nehmen Sie genügend Bargeld mit, denn die nächstgelegene Bank für die gesamte Costa Arriba befindet sich in Sabanita vis-à-vis des REY-Supermarktes. Kreditkarten werden auf Isla Grande nur vom Hotel *Isla Grande* und dem Restaurant/Cabañas *La Cholita* akzeptiert. Verlassen sollten Sie sich aber nicht darauf.

## Portobelo

Nur wenige Minuten nach dem letzten Tauchclub wird der Blick von einer **malerischen Meeresbucht** eingefangen, die sich nach Westen hin öffnet. *Kolumbus* taufte diesen wunderschönen Flecken, der von seinem Reiz bis heute nichts verloren hat, *porto belo* („schöner Hafen"). Die tiefgrüne, hügelige Landschaft, die schaukelnden Boote und die Braunen Pelikane, die im Sturzflug in das türkisfarbene Wasser eintauchen, bilden eine zauberhafte Kulisse, die von historischen Spuren abgerundet wird.

Entlang der Bucht ragen die Ruinen mehrerer spanischer Verteidigungsanlagen empor, als stumme Zeugen für die Bedeutung von Portobelo in der Vergangenheit, das einstmals der wichtigste Festlandshafen in der Neuen Welt war.

## Geschichte

Portobelo verdankt seine Existenz dem Ruin der einstigen Hafenstadt Nombre de Dios, die der englische Pirat *Sir Francis Drake* mit seiner Mannschaft zerstörte. Aus strategischen Gründen verlegten die Spanier den Hafen in die Bahía de Portobelo. Im Jahr 1597 entstand das Städtchen San Felipe de Portobelo, benannt nach dem damaligen spanischen König *Philipp II.* Während des 17. und der ersten Hälfte des 18. Jahr-

093pa hz

hunderts erfüllte Portobelo eine **Schlüsselrolle in der Verteidigung dieser Küstenregion** und im Handel mit allen anderen spanischen Kolonien auf dem Kontinent.

Einmal jährlich ging in der Bucht eine große **spanische Kriegs- und Handelsflotte** vor Anker. Zwei Monate lang wurde im Hafenstädtchen gefeilscht, gefeiert, wurden Nachrichten ausgetauscht und Gold, Silber und Perlen aus den Kolonien auf die Schiffe verladen. Wochenlang herrschte Hochbetrieb auf dem Camino de Cruces und dem Camino Real, die die einzigen Überlandverbindungen zwischen dem Atlantik und dem Pazifik waren.

In den restlichen 10 Monaten des Jahres lag Portobelo, das aus etwa 130 Häusern, einer Kirche, einem Kloster und einem Krankenhaus bestand, in einem Tiefschlaf. Die Mehrheit der Bevölkerung wohnte nur kurzfristig in Portobelo. Mit dem Auslaufen der Flotte kehrten sie in ihre Heimatorte an der Pazifikküste der Landenge zurück. Im Hafenstädtchen verblieben vorwiegend Soldaten und Sklaven.

Wegen der großen Bedeutung Portobelos für den Handel errichteten die Spanier eine **imposante Festungsanlage.** Abschreckende Forts umrahmten die Bucht, um die Begierde und den Übermut der Piraten zu zügeln, die meistens im Auftrag anderer europäischer Seefahrtsmächte die „spanischen“ Gewässer nach Beute absuchten. Die Militärarchitektur bestand aus dem vorgeschobenen Fort San Felipe Todo Fierro am Nordufer der Bucht und dem gegenüberliegenden Fort Santiago de la Gloria. Die mittlere Verteidigungslinie bildeten die Forts San Cristóbal und San Férnando, während die Kasematten an den Hügeln und Berghängen zur Unterstützung der Forts dienten. Das letzte Verteidigungsbollwerk, die Festung San Jerónimo, lag direkt im Ort neben dem Gold- und Silberdepot.

Die Festunganlage von Portobelo steht wegen ihrer historischen Bedeutung mittlerweile auf der **UNESCO-Weltkulturerbeliste.** Trotz dieser hohen Auszeichnung sind die Ruinen wenig beeindruckend. Ein Umweg zur Besichtigung der Ruinen lohnt sich nicht, wenn Sie aber in der Gegend bzw. in Portobelo sind, kann ein kurzer Rundgang durch die alten Festungsmauern etwas Abwechslung bieten. Oder Sie nehmen einfach ein Wassertaxi für ein paar Dollar und schauen sich die Befestigungsanlage mal vom Meer aus an.

## Portobelo heute

Mit der Einstellung des Handels im 18. Jahrhundert wurde Portobelo seiner Existenzgrundlage beraubt und das einst blühende Hafenstädtchen geriet zunehmend in Vergessenheit. Das gegenwärtige Portobelo, ca. 35 km nordöstlich von Sabanita gelegen, ist ein **schlichter Ort,** der noch zahlreiche monumentale Spuren aus der lebhaften Vergangenheit birgt.

Außer den Überresten der Befestigungsanlage ist **La Aduana** erwähnenswert, das als umfangreiches Handelshaus, Depot und zugleich als Unterkunft für die damaligen Beamten diente. Das restaurierte Gebäude beherbergt Aus-

[<] An der Karibikküste ist das Boot oft das einzig brauchbare Verkehrsmittel

stellungen über die Geschichte Portobelos, die Festungsanlagen und über den Schutzpatron *Cristo Negro*.

Die schlicht ausgestattete Kirche **Iglesia de San Felipe** aus dem 17. Jahrhundert wirkt sehr gepflegt, dank der Statue des **Cristo Negro de Portobelo,** die wie ein Augapfel gehütet wird. Alljährlich am 21. Oktober pilgern Tausende von Gläubigen aus dem ganzen Land nach Portobelo, um sich Panamas bedeutendster **Prozession** zu Ehren des schwarzen Christus anzu-schließen. Auf individuelle, teils sehr schmerzhafte Weise erfüllen die Gläubigen die selbstauferlegte Buße für ihre Sünden. Sie legen die letzten Meter zur Kirche oft auf den Knien zurück oder sie lassen heißes Kerzenwachs auf ihren nackten Oberkörper tropfen. Während der Prozession wird die Statue des Cristo Negro über und über mit Gaben und Bildern geschmückt, als Zeichen der Dankbarkeit der Gläubigen.

Die Verehrung des Cristo Negro beruht auf einer Legende. Während die Region von einer schweren Cholera-Epidemie betroffen war, tauchte in der Bahía de Portobelo plötzlich eine Kiste auf. Die Fischer des Ortes holten sie an Land und fanden zu ihrem Erstaunen eine schwarze Christus-Figur darin. Sie brachten die Figur sofort in die Kirche und noch am gleichen Tag verschwand die Cholera-Epidemie.

### An- und Weiterreise

- Portobelo ist ab Colón mit dem **Bus** zwischen 6.30 und 21 Uhr fast stündlich erreichbar, nach einem kurzen Aufenthalt fährt der Bus wieder zurück. Ein paar Unterkünfte sind vorhanden.

## Isla Grande

Ca. 7 km nach Portobelo teilt sich die Straße: Nach rechts führt sie in den 13 km entfernten, unscheinbaren Ort **Nombre de Dios,** in dem nichts mehr an seine koloniale Vergangenheit erinnert, geradeaus führt sie in das 8 km entfernte **La Guaira,** dem Ausgangspunkt für die Überfahrt zur Isla Grande. Obwohl die Distanz zwischen Colón und La Guaira nur 51 km beträgt, benötigt der Bus für diese Strecke etwa 1½ Stunden.

Die Definition **Isla Grande** („Große Insel") scheint in Bezug auf ihre Abmessungen wohl etwas übertrieben, jedoch ist das traumhafte Eiland einer der angenehmsten Flecken Panamas. Die Isla Grande liegt kaum fünf Bootsminuten vom Festland entfernt, wird von einem Korallenriff gegen die hohen Meereswellen geschützt und wirkt bereits vom Festland aus wie eine ruhige Oase in der unruhigen Karibischen See. Die einzige Siedlung auf dem Eiland besteht aus wenigen Häuschen, die das zum Festland gerichtete Ufer säumen. Lärmender Verkehr ist hier ein unbekannter Begriff, denn in ca. 15 Gehminuten hat man die Insel von Osten nach Westen durchquert. Mit bunten Fischerbooten, die nahe dem Anlegesteg im ruhigen Wasser schaukeln oder am hellen Sandstrand liegen, werden die Gäste vom Festland abgeholt und direkt vor der Tür einer Unterkunft abgesetzt.

Das Geheimrezept der Isla Grande besteht in ihrem **Bilderbuchstrand** im Westen, der zum süßen Nichtstun einlädt, in ihrem kristallklaren Wasser und ihrer ruhigen Atmosphäre. Nur am **Wochenende** wird die Insel aus ihrem Dornröschenschlaf gerissen, wenn die

053pa hz

„Großstadtmüden“ ihre Freizeit auf dem Eiland verbringen. Die meisten Besucher kommen aus Panama-Stadt, Colón und aus Portobelo. Während die Hauptstädter meistens zwei Tage auf der Isla Grande verbringen, verweilen die Besucher aus Colón und Portobelo nur am Sonntagnachmittag, doch diese Stunden haben es in sich: Zu karibischen Klängen aus den Kassettenrecordern werden von den tanzenden, knapp bekleideten Frauen und Männern die mitgebrachten Speisen und Flaschen bis zum letzten Krümel verzehrt bzw. bis zum letzten Tropfen geleert. *Sun, Sea and Fun* beherrschen den Sonntag-nachmittag, bis mit dem faszinierenden Sonnenuntergang wieder Ruhe auf der Insel einkehrt.

Der zeitlose karibische Charme der Isla Grande wird ganz langsam von Wohlhabenden untergraben, die die ersten Grundstücke auf dem Eiland erstanden und dort ihre Häuser errichtet haben. Mit der Ortsgemeinde haben sie relativ weniger Kontakt, denn zwischen der wohlhabenden, meist weißen Schicht und den Insulanern, den Nachkommen der Sklaven, liegen leider auch heute noch immer Welten.

Ein idyllisches Fleckchen: Isla Grande

## Praktische Hinweise

### An- und Weiterreise

■ Ab Colón fährt ein **Bus** mehrmals täglich zwischen 7 und 18 Uhr nach La Guaira, von wo aus die **Überfahrt** zur Isla Grande (5 $ pro Person) ständig möglich ist. Von La Guaira nach Colón fährt der Bus mehrmals täglich zwischen 8 und 18 Uhr.

### Unterkunft, Essen und Trinken

■ **Cabañas Candy Rose,** Tel. 4482947 oder 6656 6917, hat Zimmer ab 46 $ ohne Klimaanlage, ab 90 $ mit AC.

■ **Aguamarina Eco Lodge,** Tel. 65270909, ist günstiger mit Zimmerpreisen ab 20 $ für eine Person und 30 $ für 2 Personen.

■ **Cabañas La Cholita,** Tel. 4482962 oder 66731 157, DZ ab 55 $, www.hotellacholita.com. Zweckmäßig ausgestattete Zimmer mit Bad und AC. Kleine Gartenanlage mit **Restaurant.** Am Wochenende ist eine Reservierung ratsam.

■ **Hotel El Nido del Postre,** Tel. 4482061 oder 65505587, www.elnidodelpostre.net. Sehr einfache Zimmer ab 61 $ pro Person.

■ **Posada Villa Ensueño,** Tel. 66852026 oder 4482964, www.hotelvillaensueno.com. Zimmer mit Bad, Ventilator oder AC und kleiner Terrasse, für maximal 6 Personen, ab 55 $. Es besteht auch die Möglichkeit, in der Gartenanlage zu campieren (10 $ pro Zelt), wofür eine sehr einfache sanitäre Anlage zur Verfügung gestellt wird. Mit **Restaurant.**

■ **Hotel Isla Grande,** Tel. 2256722 und 2252798 (Pam.), www.hotelislagrande.com. EZ/ DZ 48 $. Einfach ausgestattete Zimmer mit Bad und Ventilator in Stein- und Holzbungalows. Großer Garten, **Restaurant/Bar** mit schöner Terrasse am Meer.

■ **Bananas Village Resort,** Tel. 2639510, www.bananasresort.com. Kleines Mittelklassehotel mit Bar und Pool. EZ/DZ ab 139 $. Zimmer mit DU, TV, AC. Sehr abgeschiedene Lage und nur gut mit einem Boot zu erreichen.

■ **Hotel Sister Moon,** an der Nordostküste gelegen, www.hotelsistermoon.com. Ansprechende Cabañas mit Ventilator, Bad, Terrasse. Zimmer ab 69 $. Liegt malerisch, aber etwas abseits: ca. 12 Gehminuten in den Ort (abends Taschenlampe mitnehmen), ca. 20 Minuten zum Strand im Westen. Restaurant nur spärlich in Betrieb!

■ Fisch, Bohnen, gebackene Bananen und in Kokosmilch gekochter Reis bilden das „Inselmenü". Empfehlenswert ist das **Restaurant** in der *Posada Villa Ensueño.*

### Ausflüge

■ Die Ausflugsmöglichkeiten ab der Isla Grande beschränken sich auf den Besuch der **Nachbarinsel Mamey** sowie auf **Tauch- und Schnorchelausflüge** in die umliegenden Gewässer, die unter anderem vom *Isla Grande Dive Center* angeboten werden. Für Ausflüge zu den **San-Blas-Inseln** muss man tief in die Tasche greifen.

# Los Bailes de los Congos

Jeden Samstagabend zieht eine Horde „böser Geister" mit lauten Pfeiftönen, Trommelwirbel und furchterregenden Schlägen, die mit Holzstäben erzeugt werden, durch das sonst friedliche Dorf der Isla Grande. Das unüberhörbare Spektakel kündigt die kurz bevorstehende Ankunft der *Reina* (Königin) *de los Congos* und ihres Hofstaates an. Wenn die „bösen Geister" mitten im Dorf ihren Platz eingenommen haben, erscheint zunächst der königliche Hofstaat. Mit musikalischer Untermalung, deren Rhythmus von den Musikern mit ihren Standtrommeln *(tambores)* hervorgerufen wird und der die afrikanischen Traditionen erkennen lässt, taucht später die Königin auf. Ihr Haupt ziert eine große Blumenkrone, womit sie sich von den Prinzessinnen deutlich abhebt.

Die Königin eröffnet alleine den Hoftanz und mit sinnlichen Hüft- und Fußbewegungen fordert sie einen Prinzen zum **Tanz** auf. Zwischen dem Paar entsteht eine Spannung, die von den aufputschenden Trommelrhythmen, dem Gesang des Hofstaates und dem Händeklatschen der Umstehenden in Richtung Höhepunkt getrieben wird, bis die Musik kurz davor abrupt abbricht. Nach einer kurzen Pause begibt sich eine Prinzessin auf das Tanzparkett, die mit ihrem flatternden Rock um einen Partner wirbt. Sie bleibt auch nicht lange alleine und schon bald herrscht wieder eine „knisternde" Spannung auf dem Tanzparkett.

In die Tänze werden auch Außenstehende miteinbezogen, von denen am Ende des Tanzes eine kleine Spende, meistens in Form einer Flasche Rum, erwartet wird. Das nur für die Touristen stattfindende Tanz- und Musikspektakel reduziert die eigentliche Bedeutung auf eine kommerzielle Folklore, aber das stört die wenigsten Besucher. Die richtige Zeremonie mit der Krönung der *Reina de los Congos* findet während des ausgelassenen **Karnevaltreibens** statt. Der Titel der Königin wird immer an eine Frau mit überdurchschnittlichen Gesangs- und Tanzfähigkeiten vergeben, die zugleich auch eine starke Persönlichkeit ist. Diese als die *Bailes de los Congos,* der „Ball der Kongos", bekannte **Tradition** stammt **aus der Kolonialzeit,** als die Sklaven auf den Plantagen einen Fürsten nach den damaligen sozialkulturellen Strukturen der afrikanischen Kongo-Völker (Westafrika) wählten. Auf diese Weise verbanden sich die Sklaven fernab von ihrer Heimat zu einer neuen Gemeinschaft. Vielerorts in Lateinamerika, wo unter den Sklaven die Kongo-Kultur dominierte, im speziellen in Brasilien, wurden die Traditionen von Generation zu Generation mit Stolz weitergegeben. Und ein Zipfel des Schleiers, der diese Traditionen für Außenstehende verhüllt, wird jeden Samstag auf der Isla Grande gelüftet.

055pa hz

725pa hz

# 4 Zentrale Pazifikküste

Hier macht Panama gern selbst Urlaub, zumindest, wer es sich leisten kann. Mondänes Leben unter

freiem Himmel in Meeresbuchten mit langen Sandstränden, all das unweit der Hauptstadt.

< Traumstrand an der Pazifikküste Panamas

# ZENTRALE PAZIFIKKÜSTE

Nach der Puente de las Américas bzw. der Puente Centenario beginnt für die Panamaer der **Interior**, die Definition für das Land zwischen dem Panamakanal und der Grenze mit Costa Rica. Der Interior ist das Gebiet der Bauern, der Plantagenarbeiter und des trägen Lebensrhythmus', aber auch das Gebiet der Traditionen, wo die Wiege der panamaischen Kultur steht und wo der typische Panamahut aus dem Alltag nicht mehr wegzudenken ist.

## NICHT VERPASSEN!

- **Parque Nacional Altos de Campana,** von der dortigen Aussichtsplattform überschaut man das Land bis zur Pazifikküste | 120
- **El Valle, Markt,** eines der schönsten Dörfer Panamas, besitzt einen Markt, der die Fruchtbarkeit der Gegend spiegelt | 126
- **Piedra Pintada,** geheimnisvolle Felszeichnung im Ortsteil La Pintada in El Valle | 132
- **Playa Blanca,** der schönste Strand an der panamaischen Pazifikküste | 135
- **El Caño,** Panamas einzige Zeremonialstätte präkolumbianischer Kulturen | 141

**Diese Tipps erkennt man an der gelben Hinterlegung.**

## Überblick

Die erste Region westlich der Hauptstadt wird als **Zentrale Pazifikküste** bezeichnet. Sie erstreckt sich vom Panamakanal bis an die Halbinsel Azuero und gliedert sich in den Westteil der Provinz Panamá und in die Provinz Coclé. Der spanische

Entdecker *Gaspar de Espinoza* schrieb in seinen Berichten über diesen Küstenstreifen: *„Das Land hier ist fruchtbar und teils flach, voll mit Gewächsen und Wild, hat fischreiche Gewässer und die besten Salzseen, die ich bis jetzt in diesem Land gesehen habe. Die Bevölkerung hüllt sich in Baumwollkleidung, ist intelligenter und schöner als alle anderen Völker des entdeckten Gebietes …“* Gute Voraussetzungen für die Kolonisation, die von den Spaniern mit der Gründung des Ortes Natá im Jahre 1520 in Angriff genommen wurde.

Heute dient der teilweise buchtenreiche Küstenstreifen als **Naherholungsgebiet** für die Hauptstädter, die am Wochenende und an Feiertagen Panama-Stadt verlassen, um Abkühlung und Erholung in der Bergregion bei El Valle

**Übernachtung**
1 Playa Blanca Resort, Royal Decameron Beach Resort
2 Cabañas Las Veraneras
3 Guicci Resort
4 Hotel Playa Río Mar
5 Residencial San Carlos
6 Bay View Resort, Palmar Surf Camp, Manglar Lodge, Rancho los Toros
7 Club Gaviota, Coronado Golf & Beach Resort, Corowalk Inn
9 Hotel casa sin punto, Cabañas de Playa Gorgona
10 Hostal Casa Amarilla
11 Punta Chame Villas

**Essen und Trinken**
1 Playa Blanca Resort, Royal Decameron Beach Resort
3 Guicci Resort

oder an einem der vielen Strände an der Pazifikküste zu suchen. Der populärste Strand ist die **Playa Coronado** mit ihren zahlreichen Wochenendvillen und Ferienwohnungen. Die schönsten Strände liegen etwas weiter westlich: die **Playa Blanca** und die **Playa Santa Clara.**

# Von Panama-Stadt in Richtung Westen

Die Fahrt in Richtung Westen erfolgt nach der Puente de Las Américas oder der Puente Centenario über einen kleinen Teil des **Panamerican Highway,** der wahrscheinlich berühmtesten Straße der Welt, die mit einer Länge von rund 26.000 km von Alaska bis nach Feuerland führt. In Zentralamerika wird diese Straße als *Interamericana,* teilweise auch als *Panamericana* bezeichnet. Hinter Panama-Stadt beginnt eine vierspurige Autobahn, die bis Santiago reicht. Bei Chorrera wird eine Maut erhoben, allerdings nur in Richtung Interior. In Richtung Panama-Stadt kann man frei durchfahren, da in der Maut bereits die Rückfahrt enthalten ist. Die ersten Kilometer führen durch einen beeindruckenden Primär- und Sekundärwald, der im *Parque Nacional Interoceánico las Américas* vor Abholzung geschützt wird. Zwischen Arraiján und Chorrera wird die üppige Vegetation langsam von jungen Vorortsiedlungen verdrängt, mit denen die Regierung versucht, das Überquellen der Hauptstadt zu verhindern.

Ab San Carlos bis Río Hato verläuft die Autobahn fast parallel zur Pazifikküste und durch viele größere und kleinere Orte. Die zahlreichen Strände liegen einige Kilometer abseits der Straße und Buslenker nehmen sich kaum die Mühe, um bis an den Strand zu fahren. Bade- und Sonnenhungrige müssen deshalb die Strecke zwischen der *Carretera Interamericana* und dem Strand zu Fuß, als Tramper oder gegebenenfalls mit dem Taxi zurücklegen. Ca. 55 km westlich der Hauptstadt passiert man das staubige **Capira.** Der Ort ist der Ausgangspunkt für Reisende, die den Nationalpark *Altos de Campana* besuchen möchten, der sich auf dem in Nebel gehüllten Ausläufer der Cordillera Central ausbreitet.

# Parque Nacional Altos de Campana

Etwa 5 km nach Capira, gegenüber einer hoch gelegenen Asphaltstraße, zweigt nach rechts eine Schotterpiste ab, die sich in einer Länge von 12 km bergauf zum Eingang des *Parque Nacional Altos de Campana* schlängelt. Der 4800 ha große **Nationalpark** liegt an den Hängen des Cerro de Altos de Campana, beidseitig der kontinentalen Wasserscheide auf ungefähr 1000 m Höhe und hebt sich wie eine grüne Insel von der umliegenden Steppenlandschaft ab. Die Üppigkeit seines tropischen Berg- und Nebelwaldes steht in einem starken Kontrast zu

[>] Wilde Pazifikküste

der kargen, fast baumlosen Gegend, deren schwarze Felsbrocken auf den vulkanischen Ursprung des Berges hinweisen.

Etwa 100 m hinter dem Parkeingang wurde eine Aussichtsplattform errichtet, von der aus sich ein faszinierender **Panoramablick** eröffnet. Mit dem Rücken zum Nationalpark schweift der Blick bis an die Pazifikküste, über sanfte, mit Weiden und Feldern überzogene Hügel, die in der Trockenzeit wie riesige Schokoladenhaufen aus der Landschaft ragen. Beim Rundblick wird deutlich, dass die Rodung hier oben tiefe Spuren hinterlassen hat. Der Wind hat ohne die Barriere der Vegetation freie Hand bekommen und kann in diesen Höhen mit kräftigen und frischen Brisen auftreten.

Von Froschkonzerten und Vogelgesang begleitet, betritt man den **Berg- und Nebelwald,** eine märchenhaft erscheinende Welt aus uralten Baumriesen, deren Äste mit Lianen, Bromelien, Moosen, Flechten und Farnen überwuchert sind. Unter den vielen Pflanzen, die im Nationalpark gedeihen, nehmen die artenreich vertretenen Orchideen eine Sonderstellung ein. Der Nationalpark ist aber auch die Heimat für kriechende, flatternde oder springende Lebensformen. Der **Weißschulterkapuzineraffe** mit seinem weißen Gesichtsfell findet

Parque Nacional Altos de Campana

hier ebenso optimale Lebensbedingungen vor wie der **Graukappenvireo,** ein kleiner, aktiver Singvogel oder wie der sehr seltene, goldfarbene **Stummelfußfrosch** (*rana dorada,* lat. *Atelopus zeteki)* der ausschließlich im Nationalpark und in der Gegend um El Valle anzutreffen ist.

## Praktische Hinweise

- Der Nationalpark kann ohne Begleitung eines Parkaufsehers besucht werden; Eintritt 5 $. Die Wege sind noch nicht zur Gänze ausgeschildert. Im kleinen **Forschungszentrum/ANAM-Rangerstation** gibt es eine Übernachtungsmöglichkeit auch für Touristen, allerdings nur gegen Voranmeldung. Verpflegung muss auf jeden Fall mitgenommen werden und ein Schlafsack sollte im kühlen Klima nicht fehlen.
- **Aktuelle Informationen und Reservierungen** können direkt bei der Parkdirektion *Altos de Campana,* Tel. 9979805 oder im *ANAM*-Hauptbüro, Tel. 2324518, in Paraíso vorgenommen werden.
- Die am nächsten gelegene **Unterkunft** befindet sich direkt an der *Carretera Interamericana,* ca. 5 km nach der Abzweigung zum Park in Richtung Punta Chame: das **Motel/Restaurant Sajalices,** EZ/DZ 20 $, sehr einfache Zimmer mit Bad, WC und AC.
- Altos de Campana ist mit dem öffentlichen **Bus** nicht erreichbar. Ab Capira bestehen unregelmäßige **Verbindungen nach Chicha,** einer kleinen Siedlung an der Parkgrenze. Über die Abfahrtszeiten erkundigt man sich im Zentrum Capiras.
- Das *Gorgona Resort* an der Playa Gorgona (siehe dort) bietet **Hikingtouren** und **Abseiling** im Nationalpark Campana an.

057pa hz

# Punta Chame

Ca. 20 km nach Capira weist ein großes Schild den Weg zur Punta Chame, einer **Halbinsel,** die wie ein schmaler, langgestreckter Finger in den Golfo de Panamá ragt. Die ca. 8 km lange Landzunge wird vorwiegend von Wochenendhäusern, Privatgrundstücken, einigen Hotelanlagen und Mangroven geprägt, die vor allem die Landzunge am Beginn säumen. An jeder Seite der „Fingerspitze" liegt ein langgezogener **Strand,** wobei der Nordstrand während der Flut fast zur Gänze vom Wasser verschluckt wird. Der Südstrand, aber auch der Nordstrand außerhalb der Flut, eigenen sich hervorragend für ausgedehnte Spaziergänge. Dank des permanenten Windes hat sich Punta Chame in den letzten Jahren zu einem **(Kite-)Surfparadies** entwickelt, doch überlaufen ist die Halbinsel trotzdem noch nicht. Und wer Kitesurfen oder Stand-up-Paddle-Surfing einmal ausprobieren oder erlernen möchte, der sollte sich am besten an die Kitesurfschule *Shokogi* (www.shokogi.com) wenden.

## Praktische Hinweise

- Punta Chame liegt 25 km von der *Carretera Interamericana* entfernt und ist mit **öffentlichen Verkehrsmitteln** nur schwer erreichbar. Busse aus der Hauptstadt fahren unregelmäßig vom zentralen Busbahnhof ab.
- Von den **Unterkünften** empfehlenswert sind *Punta Chame Villas*, Tel. 2405590, www.hotelpuntachamevillas.com, ab 137 $ pro Villa, mit Bar und Restaurant, und das *Hostal Casa Amarilla*, Tel. 6138 6738 oder 60327743, www.hostalcasaamarilla.com, ab 40 $, mit Pool, Restaurant und Bar.

Wer es noch ruhiger und gehobener haben möchte, der kann auf die vorgelagerte **Privatinsel Taborcillo** ausweichen, wo sich das *Taborcillo Island Resort*, Tel. 2147408 oder 66175384, www.isla-taborcillo.com, befindet. Ein Transport vom Festland zur Insel wird vom *Resort* angeboten. Die Insel war übrigens einmal im Besitz des Westernhelden *John Wayne*. Ihm zu Ehren wurde auf der Insel die kleine Westernstadt *John-Wayne-City* errichtet, die man besichtigen kann und dabei vieles über die Geschichte der Insel und dessen einstigen Besitzer erfahren wird.

# Playa Gorgona

Etwa 6 km nach der Abzweigung zur Punta Chame und ca. 3 km von der *Carretera Interamericana* entfernt liegt in einer kleinen Bucht die Playa Gorgona, ein dunkler, feinsandiger **Strand.** Vor allem am Wochenende ist er mit Menschen überfüllt. Sie genießen die Sonnenstrahlen und das Wasser, spielen eine Partie Strandvolleyball oder geben sich den kulinarischen Genüssen hin. Im Westen wird der Strand von einem Felsen begrenzt, hinter dem die Apartmenthochhäuser der Playa Coronado aufragen. Hinter dem Strand liegt die aufstrebende **Siedlung Gorgona,** die touristisch ausgebaut wird. An den Stränden entstehen Apartmenthäuser, und die Versorgung mit Lebensmitteln ist mit derzeit vier *Supermercados* mehr als gewährleistet.

## Praktische Hinweise

- Die Playa Gorgona ist mit dem öffentlichen **Bus** ab dem zentralen Busbahnhof in Panama-Stadt erreichbar.
- **Unterkunftsmöglichkeiten** gibt es in den *Cabañas de Playa Gorgona*, Tel. 2632433 oder 2406 160, www.propanama.com/gorgona. Einfache Apartments mit Bad, AC, Küche, Schlafzimmer und Terrasse, ab 50 $. Kleine Anlage mit Swimmingpool, Grillmöglichkeit im Garten, Restaurant und privater Picknickanlage mit Sonnenschirmen am Strand.

Die Alternative ist das *Gorgona Resort*, Tel. 240 6520. Mittelklassehotel ab 40 $ pro Person mit Pool, Bar, Restaurant und Reiseveranstalter.

*Thomas Karl Häuptli* betreibt in schöner Lage das Hotel *casa sin punto*, Calle Los Pescadores, Nueva Gorgona, Chame, Tel. 8326447 oder 67805495. Nette, einfache Anlage mit 3 Zimmern, alle mit Dusche, WC und Kühlschrank. Preise auf Anfrage via www.casasinpunto.com.

■ Drei **Restaurants** in Strandnähe sorgen für das leibliche Wohl.

# Playa Coronado

Das moderne Einkaufszentrum an der *Carretera Interamericana*/Abzweigung Playa Coronado ist bereits ein kleiner Vorgeschmack auf die Exklusivität des Ortes und des Strandes, die mit dem öffentlichen Bus nicht erreichbar sind. Coronado ist ein **eleganter, gepflegter Ort,** der vorwiegend aus Zweitwohnsitzen besteht. Moderne Apartmentkomplexe und traumhafte Villen zeugen vom *Dolce Vita* in Coronado. Die Idylle wird von einem Wächter an einer beschrankten Zufahrt (ca. 1 km ab der *Carretera)* überwacht. Nicht jeder ist im Ort gerne gesehen, aber ausländischen Touristen steht der Zugang jederzeit offen. Man tut sich schwer, im Häuserwirrwarr eine Gasse zum Strand zu finden, denn entlang des feinen Sandstrandes reiht sich Grundstück an Grundstück mit noblen Herbergen der Reichen und Mächtigen.

Um entspannende Stunden am Strand zu verbringen, gibt es deutlich bessere Möglichkeiten als die Playa Coronado.

## Praktische Hinweise

■ Es gibt einige **Unterkünfte,** wie z.B. den *Club Gaviota,* der 1 km vom Zentrum entfernt auf einer Anhöhe direkt über dem Strand liegt, Tel. 2404526 oder 22490056, www.hotelgaviotapanama.com. 10 Zimmer (ab 50 $) mit Bad, AC, WC und zwei Doppelbetten. Sehr gepflegte Anlage mit Restaurant, Bar, Swimmingpool, Sonnenschirmen und Liegestühlen.

*Coronado Golf & Beach Resort,* Tel. 2643164, www.coronadoresort.com. Komfortables Mittenklassehotel nur wenige Meter vom Strand entfernt, mit Bar, Disco, Golf, Wellness, Pool, Reitschule und mehreren **Restaurants.** Ab 99 $ pro Person, inklusive die Gebühr für die Benutzung des Golfplatzes.

*Corowalk Inn,* oberhalb des Einkaufzentrums an der Kreuzung, Tel. 2401516, www.hostalesdelpacifico.com. Rustikale Zimmer mit Bad, AC, Satelliten-TV. EZ/DZ 77 $.

In Coronado werden auch **Privatbungalows und -häuser** vermietet. Auskunft darüber erhalten Sie im *Club Gaviota.*

# San Carlos

San Carlos, der letzte größere Ort im Westteil der Provinz Panamá, liegt etwa 90 km von Panama-Stadt entfernt. Er wurde 1775 von einem Bischof als *San Carlos del Chirú* gegründet, der von hier aus die umliegenden Agrargemeinden betreute.

San Carlos ist aus touristischer Sicht weniger interessant, sein Strand ist wenig attraktiv. Der Ort dient lediglich als Raststätte oder als Umsteigemöglichkeit nach El Valle, falls man nicht einen Direktbus ab Panama-Stadt genommen hat.

## Praktische Hinweise

■ Wer in San Carlos hängen bleibt, findet **Unterkunft** im *Residencial San Carlos,* Carretera Interamericana, Tel. 2408185 oder 66167915. EZ/DZ mit

Ventilator 20 $, mit AC 25 $, am Wochenende jeweils um 6 $ teurer. 14 zweckmäßig eingerichtete, laute Zimmer mit Bad, WC und z.T. Balkon. Die Zimmer mit AC haben keine Fenster. Altes, einfaches Hotel mit Restaurant.

## Playa El Palmar

Etwa 300 m nach San Carlos zweigt nach links eine 1 km lange Straße zur Playa El Palmar ab. An diesem feinen, ca. 400 m langen **Sandstrand** hat sich seit einigen Jahren die nationale und internationale **Surfszene** angesiedelt, die größtenteils das Flair im Ort und am Strand prägt.

### Praktische Hinweise

- **Bay View Resort,** Tel. 2409621, www.bayviewelpalmar.net, mit Bar, **Restaurant,** Swimmingpool und guten Zimmern ab 60 $
- **Palmar Surf Camp,** Tel. 2408004 oder 665565, www.palmarsurfcamp.com, mit einfachen Zimmer mit AC ab 40 $. Alternativen dazu sind die **Manglar Lodge,** Tel. 3454014 oder 2408970, www.manglarlodge.com, und **Rancho los Toros,** Tel. 62329206, http://rancholostoros.com. Surfbretter zum Mieten werden von fast allen Unterkünften angeboten, Unterrichtsstunden bietet die **Panama Surf School,** Tel. 66730820, www.panamasurfschool.com

## Playa Río Mar

Ca. 2,5 km hinter San Carlos führt eine Straße zur Playa Río Mar, die in einer kleinen Bucht mit Steilküste idyllisch eingebettet liegt. Den kräftigen Wellen verdankt der **Sandstrand** seinen guten Ruf unter den **Surfern** als der beste Ort an der Zentralen Pazifikküste für das Spiel mit den sich überstürzenden Wellen. Aber auch Badefreunde kommen nicht zu kurz an diesem schönen Strand, allerdings wird er mit zunehmender Flut immer kleiner.

### Unterkunft

- Die einzige Unterkunft liegt hoch über dem Strand: **Hotel Playa Río Mar,** Tel. 2408027, EZ/DZ von Mo bis Do ab 50 $. Ältere Hotelanlage mit Swimmingpool und Restaurant.

# El Valle

Von der *Carretera Interamericana* zweigt im Ort **Las Uvas** eine Asphaltstraße nach *El Valle de Antón* ab, das sich auf 600 m Höhe am Boden eines ca. 20 km großen, kreisrunden **Kraterkessels** ausbreitet. Nach dem Erlöschen des Vulkans vor vielen Jahrhunderten verwandelte sich der Kraterboden in ein Sumpfgebiet, das trockengelegt und kultiviert wurde.

Die 25 km lange Straße nach El Valle verläuft durch **fruchtbares, hügeliges Agrarland** und entlang kleiner Siedlungen, wo am Straßenrand tropische Früchte und einfache Handarbeiten aus Ton oder Stroh zum Verkauf angeboten werden. Im Dorf **Los Lanitos** erreicht die Straße auf ca. 800 m ihre höchste Stelle, danach fällt sie langsam nach El Valle ab. Wenige Kilometer vor der Ortseinfahrt bietet sich vom *Mirador* am Kraterrand aus ein imposanter Blick auf den waldreichen, meist nebelumhüllten Kraterkessel.

Wenn es einen **Schönheitspreis** für die Dörfer des Landes geben würde, dann wäre El Valle sicher unter den Spitzenplätzen zu finden. Es scheint, als ob fast jede tropische Pflanze in dem ausgedehnten Ort vertreten ist: breitgefächerte Mangobäume, kletternde Bougainvilien, Palmen, Kiefern, Zitrusbäume, Bambus und Farne. Das tropischgrüne Meer zieht u.a. bunte Kolibris, winzige Singvögel, Waldtauben und viele Schmetterlinge in jeder Farbschattierung an. Oft entfaltet sich die Natur direkt vor der Haustür, lassen sich vom Hotel aus mühelos Pflanzen und Vögel bewundern. Kein Wunder, dass diese Gegend mit ihrem frühlingshaften Klima viele Panamaer anlockt, die sich in El Valle ein Wochenendhäuschen errichtet haben.

Während sich die neuerbauten Häuser entlang der wenigen Asphaltstraßen befinden, liegt der ursprüngliche, vorwiegend von Indianern bewohnte Ortskern westlich des Río Antón. Im Volksmund ist dieses Gebiet als *La Pintada* bekannt, was von den interessanten **präkolumbischen Felszeichnungen** *(piedra pintada)* in unmittelbarer Nähe abgeleitet wurde.

## Sehenswertes

Alle interessanten touristischen Attraktionen im Ort selbst sowie in der näheren Umgebung sind gut ausgeschildert.

### Museo de El Valle

In diesem kleinen Museum bei der Kirche San José wird mit den unterschiedlichsten Exponaten die **Geschichte der Region** beleuchtet.

■ Das Museum ist nach Vereinbarung zu besichtigen, Tel. 64259239 (englisch und spanisch).

### Hacienda El Níspero

Im kleinen **Zoo** und **botanischen Garten** des 12 ha großen Landgutes **El Níspero** können viele heimische Vögel und Säugetiere, aber auch Tierarten aus anderen Ländern bewundert werden. Ein Mitarbeiter führt die Besucher in einem Rundgang durch das Anwesen, entlang der Tiergehege und durch den botanischen Garten. In El Níspero kann außerdem ein seltener Waldbewohner bewundert werden: der goldfarbene Stummelfußfrosch (*rana dorada*, lat. *Atelopus zeteki*), der in freier Natur immer seltener gesichtet wird. Leider bleibt die einst so gerühmte Orchideenzucht für die Öffentlichkeit vorläufig geschlossen, da es immer wieder vorkam, dass Besucher Pflanzen entwendeten.

■ Das Anwesen liegt ca. 1 km nördlich der Polizeistation und ist täglich von 7 bis 17 Uhr geöffnet, Eintritt 3 $, Kinder 2 $.

Interessant sowie ergänzend zum El Níspero kann der Besuch des **Serpentario** sein, wo derzeit 14 verschiedene einheimische **Schlangen** zu bewundern sind (täglich geöffnet 8.30–7 Uhr, Fr–Sa bis 19 Uhr; Eintritt: 1 $, Kinder zahlen die Hälfte) und des **Centro de Orquidea,** Tel. 9836472, einer gemeinnützigen Organisation, die sich die Zucht und die Erhaltung gefährdeter regionaler **Orchideen** zum Ziel gesetzt hat. Täglich geöffnet 9–16 Uhr, Eintritt 2 $, Studenten 1 $, Kinder 0,75 $.

# El Valle

- ■ **Übernachtung**
- 2 Canopy Lodge
- 3 Cabinas Potosi
- 6 Aparthotel El Valle
- 7 Hotel Don Pepe
- 8 Residencial El Valle
- 10 Cabañas de Colores
- 11 Hotel Los Mandarinos, La Casa de Lourdes
- 12 Hotel Los Capitanes
- 11a Casa di Pietra
- 11b Cabanas Seguras
- 13 Hotel Campestre
- 14 Golden Frog Inn
- 15a Casa el Pueblo
- 16 Resort Crater Valley
- 17 Cabinas Las Mozas
- 18a Hostal Cariguana
- 19 Hotel Rincón Vallero
- 20 B&B Park Eden
- 21 Hotel Los Nances

0
100 m
©Reise Know-How 2013
Cerro Gaital
Essen und Trinken
7 Restaurant Don Pepe
17 Café Las Mozas
Einkaufen/Sonstiges
1 Canopy Touren
4 Supermarkt
5 Panadería (Bäckerei)
9 Supermarkt
15 Mietpferde
16 Panama Explorer Club
18 Supermarkt
11a
Schule
11
13
Quadratische Bäume
EL HATO
14
Calle El Gaital
Hacienda El Níspero
12
Quebrada Embalsadero
Calle El Ciclo
15
Calle El Hato
11b
izei &
uerwehr
10
@
Avenida Principal
15a
16
Calle El Encanto
Park
Spielplatz
Schule
Centro de Orquidea
17
CAPIRITA
LAS MEDINAS
18a
Calle El Valle
18
Calle Espave
Calle El Nance
Río Antón
19
Quebrada Capirita
20
21

### Markt

Das Angebot des kleinen, überdachten Tagesmarktes spiegelt die Fruchtbarkeit der Gegend: vom Gemüse über saftige Obstsorten bis hin zu tropischen Pflanzen, die auch manches Wohnzimmer in Europa zieren. Jeden Sonntag morgen kommen noch Gartenkeramiken, Strohkörbe und -hüte, **Kunsthandwerk** aus Holz, Seifenstein, Naturfasern und Flaschenkürbissen sowie bunte **Textilprodukte** vom lateinamerikanischen Kontinent hinzu, wobei die panamaischen *molas* der Kuna-Frauen alle Produkte bei Weitem übertreffen. Der Morgen ist die beste Zeit, um in Ruhe einen Bummel über den Sonntagsmarkt zu machen. Zur Mittagszeit wird das Treiben lebhafter, nicht nur weil die duftenden Speisen die Menschen anlocken, sondern weil auch viele Tagestouristen zum Markt strömen.

### Pozos Termales

Die Anlage verfügt über nur sehr einfache Planschbecken im Freien und Picknickbänkchen. Die Hygiene lässt zu wünschen übrig, die Wasserqualität ist zweifelhaft und die Mücken sind sehr lästig. Für Wellness und zum Entspannen sollte man lieber das Angebot des *Crater Valley Resorts* in Anspruch nehmen.

## Praktische Hinweise

### An- und Weiterreise

- El Valle ist mit dem **Bus** ab Panama-Stadt, San Carlos und Penonomé direkt erreichbar.

Retour fahren die Busse von der Bushaltestelle nahe dem Markt (es kann auch entlang der Hauptstraße zugestiegen werden) nach:

**San Carlos, Penonomé** und **Panama-Stadt:** täglich 10 Verbindungen.

059pa hz

## Unterkunft

An Wochentagen ist es sehr ruhig in El Valle, die meisten Besucher kommen am Wochenende von der Hauptstadt. Wochentags gibt es deswegen wesentlich günstigere Preise als am Wochenende. Die Lage der Unterkünfte entnehmen Sie bitte dem Stadtplan.

■ **Cabañas de Colores,** Tel. 9836613. Unterschiedlich eingerichtete Häuschen mit Garten für 2–6 Personen, ab 40 $.

■ **Cabinas Potosí,** Tel. 9836181, 1 km westlich des Kioskes *Casa el Valle,* 40 $ pro Cabina. Vier sehr einfach ausgestattete Cabinas mit Bad und WC.

■ **Hotel Campestre,** Tel. 9836146, www.hotelcampestre.com. Schön gelegenes, rustikales Landhotel mit netten Zimmern. EZ ab 40 $, DZ ab 70 $. Restaurant (Wochentags nur mittags geöffnet).

■ **Hotel Los Capitanes,** Tel. 9836080, www.loscapitanes.com. Anlage unter deutscher Leitung mit Restaurant und Garten. EZ/DZ ab 40/60 $.

■ **Cabinas/Café Las Mozas,** Tel. 9836200 oder 9836865, www.lasmozas.com. EZ/DZ 77 $. Acht schlicht eingerichtete Zimmer mit kleiner Kochnische, Bad und WC, in einem Garten.

■ **Hotel Don Pepe,** Tel. 9836425 und 9836538. Oberhalb des Souvenirladens. Große, saubere Zimmer, schlicht ausgestattet, aber preisgünstig. EZ/ DZ ab 30 $. Mit Dachterrasse und Restaurant.

■ **Residencial El Valle,** Tel. 9836536, www.hotelresidencialelvalle.com. Neben Hotel *Don Pepe,* ebenfalls oberhalb des Souvenirladens. Nette, saubere Zimmer, die schon wegen der gemeinsamen Dachterrasse mit Hängematten, Sitzgelegenheiten und Blick auf die Berge empfehlenswert sind. Morgens Gratis-Kaffee. EZ/ DZ ab 50 $.

◁ Sonntagsmarkt in El Valle

■ **Park Eden Bed and Breakfast,** Tel. 9836167, www.parkeden.com. Gepflegte Anlage in ruhiger Lage mit DZ ab 110 $.

■ Preisgünstiger ist die nahe gelegene, rustikale Unterkunft **Los Nances,** Tel. 9836126, mit Zimmern ab 60 $, inklusive Frühstück.

■ **La Casa de Lourdes,** Tel. 9836450, www.lacasadelourdes.com. DZ ab 190 $. Das derzeit beste Hotel in El Valle, was auch für das **Restaurant La Casa de Lourdes,** Tel. 9836450, gilt.

■ **Hotel Rincon Vallero,** Tel. 9836175 oder 264 9119. 14 Zimmer ab 80 $, inklusive Frühstück.

■ **Aparthotel El Valle,** Tel. 2642272. 13 große, zweckmäßige Zimmer zwischen 38 und 60 $.

■ **Crater Valley Resort,** Tel. 2152328 (Panama-Stadt) oder 9836942, www.crater-valley.com. Im Grünen gelegene, kleine Anlage. Mit Sauna, Jacuzzi, Swimmingpool und Wellnessbereich. Stilvolle, unterschiedlich gestaltete Zimmer, teils mit Terrasse, ab 100 $, inkl. Frühstück.

■ Weitere Übernachtungsmöglichkeiten gibt es im **Anton Valley Hotel** (www.antonvalley hotel.com), in der **Canopy Lodge** (www.canopylodge.com), im **Golden Frog Inn** (www.goldenfroginn.com) und im Hotel **Los Mandarinos,** Tel. 9836645 (www.losmandarinos.com), im **Casa El Pueblo,** Tel. 2152 912, im **Hostal Cariguana,** Tel. 9836269, www.hostalcariguana.com, im **Casa di Pietra,** Tel. 667 56901, und in den **Cabanas Seguras,** Tel. 661 18365 www.el-valle-panama.com/cabanas-seguras/index.html.

## Essen und Trinken

■ Eine große Auswahl an Restaurants gibt es nicht. Die meisten Touristen bevorzugen die **Restaurants in den Hotels,** die oft ein gutes Mittagmenü anbieten. Ansonsten findet man einige einfache Restaurants mit lokaler Küche und eine schlichte Pizzeria entlang der Hauptstraße. Die meisten Restaurants schließen gegen 19 oder 20 Uhr. Danach ist El Valle fast wie ausgestorben.

■ Entlang der Hauptstraße (vor allem im Zentrum) gibt es **Supermärkte,** kleine **Geschäfte** mit Erfrischungsgetränken und eine **Bäckerei,** wo man auch frühstücken kann.

■ Wer selber mal den Kochlöffel schwingen möchte, kann dies tun in der **Kochschule Three Sisters,** Ave. Los Guayacanes, local 58, Tel. 67190825.

### Adressen A–Z

■ **Fahrradverleih:** *Recidencial El Valle* vermietet Fahrräder für einige Dollar.

■ **Geld:** Eine Bank ist nicht vorhanden. Sie können aber am Geldautomaten Geld abheben, u.a. beim Supermarkt gegenüber dem *Hotel Don Pepe* sowie beim Schnellrestaurant an der Abzweigung zur Polizei. Ansonsten sollten Sie genügend Bargeld mitnehmen.

■ **Post:** hinter dem Tagesmarkt, geöffnet Mo–Fr von 8 bis 16 Uhr, samstags bis 12 Uhr.

■ **Reiseveranstalter:** *Panama Explorer Club* bietet Trekkingtouren, Mountainbiking und Rafting an. Infos unter www.pexclub.com.

■ **Reiten:** An der Straße zum Hotel Campestre gibt es eine Reitschule, wo auch Pferdetouren angeboten werden. Vermittlung auch über die Hotels.

■ **Telefonieren:** In Hotels und Restaurants.

## Umgebung von El Valle

### Piedra Pintada

Diese mysteriösen **Felszeichnungen** liegen im Ortsteil La Pintada, versteckt im Wald am Fuße des Cerro del Indio (auch als *La India Dormida* bezeichnet). Der Pfad zum präkolumbischen Erbe beginnt bei der Kapelle *La Santa Cruz* und verläuft entlang eines kleinen Flusses stromaufwärts. Nach ca. 8 Gehminuten offenbaren sich an einem mächtigen Felsen mit einer glatten Schrägwand die imposanten Spuren der Vergangenheit. Was die Felszeichnungen bedeuten, wie alt sie sind oder wer sie hinterlassen hat, sind bis heute noch offene Fragen. Eintritt: 1 $ pro Person.

### Saltos El Sapo und Cerro del Indio

Die beiden **Wasserfälle** lassen sich gut mit einer Besichtigung der Felszeichnungen verbinden. Kurz nach den Felszeichnungen steigt der Pfad steil bergan. Nach etwa 10 Minuten passiert man den ersten Wasserfall, kaum 5 Minuten später den zweiten. Zum Baden sind die Becken am Fuße der Fälle nicht geeignet, doch zum kurzen Verweilen, zum Erfrischen und um die Natur auf sich einwirken zu lassen, sind sie die idealen Stellen.

Nach dem zweiten Wasserfall geht es für ca. 10 Minuten bergauf bis zu zwei markanten Felsen. 100 Meter danach zweigt nach links ein schmaler Pfad zum Cerro del Indio ab. Kurze Zeit später steht man vor zwei Hütten; dahinter beginnt der Weg. Die ersten Meter sind sehr steil und gefährlich rutschig. Nach ca. 25 Minuten erreicht man ein baumarmes Plateau, von dem aus sich ein **wunderschöner Blick** auf den Krater-

▷ Präkolumbianisches Erbe: die mysteriösen Felszeichnungen Piedra Pintada

060pa hz

kessel und das darin liegende El Valle bietet. Am Plateau endet meistens die Wanderung, denn der restliche Weg zur Spitze des Cerro del Indio ist wegen der Gefahr von Hangrutschen oft gesperrt. Am besten vorher im Ort nach dem jeweiligen Zustand des Weges fragen.

## Chorro El Macho und Canopy

Etwa 2 km nach der Bushaltestelle im Ortsteil La Pintada liegt der schönste **Wasserfall** der Umgebung: der Chorro El Macho, benannt nach dem *Macho del Monte,* dem Tapir, das einst das Becken als Trinkstelle benutzte. Kaum 3 Gehminuten von der Straße entfernt, stürzt dieser Wasserfall über eine breite, ca. 20 m hohe Felswand hinunter in ein kleines Becken. Der Weg zum Wasserfall ist mit Steinen befestigt und teilweise durch ein Geländer gesichert. Vorsicht! Je näher man dem Wasserfall kommt, desto rutschiger werden die Steine. Entlang des kurzen Weges trifft man auf ein 3 m großes **Naturschwimmbecken,** das zu einem erfrischenden Bad einlädt.

Die zweite Attraktion in dem 30 Hektar großen *refugio*, der Heimat von Agutis, Faul und Gürteltieren sowie von rund 130 Vogelarten, ist eine **Canopy-Tour.** Dabei gleitet man an Seilen durch das Kronendach des Waldes. Die Tour dauert ungefähr 1 Stunde. Zwei Drittel davon muss aber zur „Startrampe" hochgegangen werden, um dann in luftiger Höhe wieder zum Eingang „zurückschweben" zu können.

Die Tour kostet 55 $ pro Person und findet täglich von 8 bis 10 Uhr und von 13 bis 15 Uhr statt. Die CanopyTour verläuft über mehrere Plattformen. Es gibt auch eine kurze Variante, *el corto,* für 15 $. Außerdem werden geführte Wanderungen angeboten (35 $, 4 km).

■ Das gesamte Gelände steht unter Privatleitung und ist täglich von 9 bis 16 Uhr **geöffnet,** Eintritt 3,50 $.

■ Auf dem Weg zum Wasserfall passiert man ein kleines **Kunsthandwerks-Geschäft,** das im Gegensatz zum Sonntagsmarkt nur über ein kleines Angebot von Handwerksarbeiten verfügt.

### Chorro Las Mozas

Mit Chorro Las Mozas bezeichnet man die drei **Stromschnellen des Río Antón,** die etwa 60 Gehminuten vom Markt im Ort entfernt inmitten üppiger Vegetation liegen. Der Weg dorthin ist ausgeschildert und verläuft über eine breite Straße direkt zum Fluss, wo sich eine beliebte und häufig frequentierte Badestelle befindet.

Ab der Badestelle führt ein schmaler Weg entlang des Ufers stromabwärts, über glitschige Felsen und Steine zu den imposanten rauschenden Stromschnellen. Eintritt 3 $.

### Cerro Gaital

Nordwestlich hinter dem Hotel *Campestre* erhebt sich der 1173 m hohe Cerro Gaital, dessen Gipfel über zwei Wege erreichbar ist: Der eine beginnt in Alto de la Mesa, der andere etwa einen halben Kilometer hinter dem Hotel Campestre bei der Rancho Steingut (auch Finca de la Piedra) in einer kleinen Bauernsiedlung, die während der Landreformpolitik unter General *Omar Torrijos* entstanden ist. Beide Wege werden wenig frequentiert, was bedeutet, dass der **tropische Feuchtwald** die Pfade in rasantem Tempo wieder zurückerobert. Es ist durchaus möglich, dass Sie sich den Weg hinauf teilweise selber bahnen müssen. Für diejenigen, die es trotzdem wagen möchten, empfehlen wir unbedingt, einen **Führer aus El Valle** zu organisieren, denn die **Besteigung des Cerro Gaitals** erfordert gute Kenntnis des Terrains, viel Kraft, vor allem während der Regenzeit, und einige Klettererfahrung. Personen mit Höhenangst muss von der Tour abgeraten werden, denn unterwegs trifft man auch auf eine schmale Gratwanderung, bei der man sich an zwei Stahlseilen festhalten bzw. richtig weiterhanteln muss!

# Playa Corona

Ferienhäuschen und Wochenendvillen haben die schönsten Stellen an der Playa Corona eingenommen. Die Bebauung ist dicht und reicht bis an den Strand. Es wird dadurch schwierig, ans Wasser zu gelangen, was schade ist, denn der dunkle Sandstrand und die teilweise steile Küste haben ihren Reiz.

## Praktische Hinweise

■ Die Playa Corona liegt ca. 2 km von der *Carretera Interamericana* entfernt und ist mit dem **Bus** nicht erreichbar.

■ **Guicci Resort,** Tel. 2408926 oder 66747672, www.guicciresort.com. Schlichte *Cabañas* mit Küche und Terrasse, für 2 bis 4 Personen, ab 99 $ für 2 Personen.

■ Für Surffans gibt es im *Río Surf Shop* in der Nähe des Hotels verschiedene **Surfbretter** zu mieten, allerdings nur am Wochenende.

# Playa Santa Clara

Der Río Las Guías bildet die Grenze zwischen den Provinzen Panamá und Coclé, wo das erste Ziel der Ort **Santa Clara** ist. Von der Abzweigung sind es noch einige Kilometer zur beliebten Playa Santa Clara.

Trotz seiner Beliebtheit herrscht am Meeresufer erholsame Ruhe, denn der kilometerlange, weiße **Sandstrand** bietet mehr als genug Platz für alle Besucher. Die Playa Santa Clara ist sicher einer der schönsten Strände entlang der Pazifikküste, ein idealer Ort für das süße Nichtstun. Für Schatten sorgen einige aus Palmblättern hergestellte Sonnenschirme. Einige gemütliche **Strandrestaurants** sorgen fürs leibliche Wohl. Eintritt/Strandbenutzung: 3 $ für Erwachsene, 1 $ für Kinder.

## Unterkunft

- **Cabañas Las Veraneras,** Tel. 9933313, www.aventuraspanama.com/lasveraneras. Kleine Anlage mit sehr einfachen, aber leider vernachlässigten *Cabañas,* teilweise mit Küche ausgestattet, für 2 bis 6 Personen, ab 76 $. Nettes Strandrestaurant.

# Playa Blanca

Der vielleicht schönste Strand an der panamaischen Pazifikküste ist die langgezogene Playa Blanca mit fast weißem Sand. Dieses Kleinod ist natürlich nicht unbemerkt geblieben, und einige große Luxusresorts haben bereits ihre Türen geöffnet. Restaurants, Bars, Swimmingpools, Strandaktivitäten, animierte Unterhaltung, ein Golfkurs, ein Casino, diverse Autovermieter und ein Wellnessbereich runden das Angebot ab. Neben den Strandhotels schießen aber auch immer mehr Zweitwohnungen und Ferienapartments aus dem Boden. Das Publikum ist gehoben und kommt größtenteils aus Panama und den USA. Dazwischen mengen sich zahlreiche Wochenendtouristen aus der Hauptstadt und internationale Touristen, die einen Strandurlaub in Panama gebucht haben.

Der naheliegende, staubige Fischerort **Farallón** wird langsam von der touristischen Infrastruktur verschluckt. Der Dorfstrand ist öffentlich zugängig, aber wenig attraktiv. Der schönste Strandabschnitt ist durch die Bebauung fast nur noch den Hotelgästen und den Bewohnern der Zweitwohnungen und Ferienapartments vorbehalten.

## Unterkunft

- **Playa Blanca Resort,** Tel. 2646444, www.playablancaresort.com. Gepflegte Anlage mit zwei Swimmingpools, mehreren Restaurants, Bars, Disco und Wassersportangeboten. Guter Service. Zimmer mit AC, TV und Balkon. EZ ab 90 $, DZ ab 140 $.
- **Royal Decameron Beach Resort,** Tel. 993 2255, www.decameron.com. Renomierte Hotelkette. Sehr große Anlage mit Casino, Wellnessbereich, diversen Restaurants, Bars und SWP. Tennisplätze, Wassersportangebote, Autoverleih, Golfkurs. All-inclusiv-Hotel ab 100 $ pro Person.

# Penonomé

## Geschichte

Penonomé, die Hauptstadt der Agrarprovinz Coclé, wurde 1588 als **Missionsgebiet** mit beschränkter Selbstverwaltung gegründet. Ziel der sogenannten *reducciones* war die Verbreitung des christlichen Glaubens unter der ursprünglichen Bevölkerung, Hand in Hand mit dem Unterricht der spanischen Sprache. Die Abgeschiedenheit, ähnlich der einer Klostergemeinschaft, schien damals ein geeigneter pädagogischer Weg. Der Erfolg blieb nicht aus: Im 17. Jh. hatte sich Penonomé zu einem „vorbildlichen" Ort entwickelt, dessen indianische Bevölkerung sich an die spanische Kultur angepasst hatte. Letzte Spuren der reichen präkolumbischen Kultur sind nur noch im Stadtmuseum sowie im Ortsnamen vorhanden, der von einem kämpferischen Kaziken abgeleitet wurde.

## Sehenswertes

Penonomé ist anzusehen, dass es einst eine unbedeutende Kolonialstadt war. Der Wohlstand aus längst vergangenen Tagen lässt sich noch an einigen Lehmhäusern mit ihren charakteristischen Holzbalkonen und Gitterfenstern ablesen, von denen aus die würdevollen Damen des Hauses das Treiben auf der Straße unbemerkt beobachten konnten. Verschiedene Beispiele dieser **Kolonialarchitektur** befinden sich allerdings in einem bedauernswerten Zustand und zeugen kaum noch vom alten Flair.

Eine Ausnahme bildet die südlich der Kirche liegende weißgetünchte Häuserreihe aus dem 18. Jahrhundert, wo das **Museo de Penonomé** untergebracht ist. In den Ausstellungsräumen wird ein Überblick über die regionale Geschichte gegeben, von Exponaten der präkolumbischen Keramik- und Goldschmiedekunst bis hin zur Gegenwartskunst.

■ Das Museum ist Di–Sa von 9 bis 12.30 Uhr und von 13.30 bis 16.00 Uhr, am Sonntag von 9.30 bis 12 Uhr geöffnet, Eintritt 1 $.

Bis auf die renovierten **Adobe-Häuser** mit dem Museum hat Penonomé wenig zu bieten. Seine größte Anziehungskraft sind die nationalen und regionalen Feste, anlässlich derer sich das sonst ruhige Städtchen in einen lebhaften Festplatz verwandelt. Den Höhepunkt des Jahres bildet der **carneval acuático,** der am Faschingsamstag, meist gegen 17 Uhr, auf dem Río Mendozas stattfindet. Dieses einzigartige Spektakel mit geschmückten Booten und den bunten Kostümen zu bestimmten Themen genießt einen einzigartigen Ruf, der weit über die Landesgrenze hinausreicht. Am Faschingsonntag findet dann abends der Umzug der *Polleras* auf der Avenida Central Arosemena statt, am Rosenmontag und Faschingdienstag gibt es einen bunten Umzug mit diversen Fantasiethemen. Der Karneval in Penonomé, der von aufputschenden Rhythmen der folkloristischen Musikgruppen bis in die frühen Morgenstunden begleitet wird, gehört zu den ausgelassensten Festen des Landes.

[>] Maske im Museum von Penonomé

# Praktische Hinweise

## An- und Weiterreise

- Penonomé ist mit dem **Bus** ab Panama-Stadt, El Valle, David, Santiago und Chitré erreichbar.

Der **Busbahnhof** für die **Kleinbusse in die nähere Umgebung** liegt nahe der Feuerwehr. Ab dort fahren die Busse täglich zwischen 6 und 20 Uhr alle 20 bis 30 Min., u.a.nach **El Copé** (Nationalpark), **Chaimito** *(Trinidad Spa & Lodge)*, **El Caño** (Archäologischer Park) und nach **Natá.**

061pa hz

Penonomé
0
100 m
Regierungs-
gebäude
Policia
Nacional
La Pintada
Feuerwehr
Busbahnhof
für die Umgebung
Calle Suarez
Avenida Arosemena
Calle Nicanor Rosa
Museo
de Penonomé
Guardia Nacional
Calle Cincuentenario
Calle Damian Charles
Calle Segunda
Avenida
Erste Hilfe
Carretera Interamericana
Santiago,
David
Calle 12 d
1
2
3

Alle anderen Busse fahren von der *Carretera Interamericana* ab:

nach **Panama-Stadt:** vom UTRAPEP-Busbahnhof täglich zwischen 4.20 und 20 Uhr stündlich.

nach **Chitré:** von der Esso-Tankstelle zwischen 6.30 und 18.30 Uhr alle 30 bis 40 Minuten.

nach **Santiago** und **David** fahren Busse ebenfalls von der Esso-Tankstelle täglich zwischen 7 und 18 Uhr alle 45 bis 50 Minuten.

## Unterkunft

- **Hotel Dos Continentes,** Ave. Juan Arosemena/Carr. Interamericana, Tel. 9979325, www.hoteldoscontinentes.net. EZ 25 $, DZ 45 $. Saubere Zimmer mit Bad und WC. Typisches Stadthotel mit Restaurant, Cafetería und Bar. Oft ausgebucht! Reservierungen können auf der Website vorgenommen werden.
- Nebenan bietet das **Hotel La Pradera,** Tel. 991 0107, einen etwas besseren Standard zu vergleichbaren Preisen.

## Essen und Trinken

- Die meisten Restaurants der Stadt liegen direkt an der *Carretera Interamericana.* Populär ist das **Restaurant** im *Hotel Dos Continentes* mit deftiger, lokaler Küche.

## Adressen A–Z

- **Erste Hilfe:** Rotes Kreuz *(Cruz Roja),* einige Schritte nördlich des Hotels *Dos Continentes.*
- **Geld:** Es gibt mehrere Banken im Ort mit Geldautomaten (ATM).
- **Post und Telefon:** Das Postamt und das *Cable & Wireless*-Büro liegen nahe der Kirche. Beide sind Mo–Fr von 8 bis 17 Uhr geöffnet.

## Umgebung von Penonomé

Schmale Täler zwischen Hügelketten, ausgedehnte Grasfluren und ab und zu eine Oase aus tropischem Bergwald prägen das Hinterland von Penonomé. Die moderne Zeit scheint die **verschlafenen Dörfchen** in der traditionellen indianischen oder kolonialen Bauweise kaum berührt zu haben. Eine Fernsehantenne und ein wackeliges Auto bilden die sichtbaren Zeugen der Gegenwart. Mit zunehmender Distanz zur Provinzhauptstadt bzw. zur *Carretera Interamericana* verringert sich die Qualität der Straßen, bis schließlich eine holprige, Stoßdämpfer tötende Piste übrig bleibt.

Die **öffentlichen Transportmittel** passen sich gut an die Pisten an: Statt der sonst komfortablen Überlandbusse fahren hier nur noch aus Lastwagen umgebaute Busse in die entlegensten Winkel der Provinz. Als Nahtransportmittel in den abgelegenen Dörfern bleibt schließlich nur das Pferd oder ein verrosteter Drahtesel. Die Umgebung von Penonomé gibt einen Einblick in den ländlichen Alltag und die Naturschönheiten dieser Provinz.

### Praktische Hinweise

■ Ein **Ausgangspunkt** für **Ausflüge** ist die *Trinidad Spa & Lodge,* Tel. 66274921 oder 9838 905, www.posadalavieja.com, ein Landhaus inmitten einer ruhigen Berglandschaft. Gepflegte Zimmer mit Terrasse. EZ ab 65 $, DZ ab 79 $ inkl. Frühstück. Die Bezeichnung *Spa* ist aber etwas zu groß geraten für die weniger aufregende Behandlung von 10 Minuten im Dampfbad und 15 Minuten im Jacuzzi.

Die *Trinidad Spa & Lodge,* auch als *Posada La Vieja* bekannt, liegt auf einem Plateau im winzigen Ort **Chiguiri Arriba** ca. 30 km nordöstlich von Penonomé. **Busse** ab Penonomé fahren meistens nur bis Caimito, das etwa 8 km von der Posada entfernt liegt.

■ Ca. 200 m vor der Trinidad Lodge gibt es das einfache **Hostal Don Mene,** ein Matrazenlager für bis zu 6 Personen.

■ Die in La Pintada angesiedelte kleine **Zigarrenfabrik,** *Cigars Joyas de Panama,* hat ihre Pforten bis auf Weiteres geschlossen.

# Parque Nacional El Copé

Nahezu unberührt ist der ca. 6000 ha große Nationalpark El Copé, der sich an den Hängen der Serranía del Tabasará um den Ort El Copé bis hin zur Karibikküste ausbreitet. Seine unendlich erscheinenden **Berg- und Nebelwälder,** die mit abnehmender Höhe zur Karibikseite hin in **Regenwälder** übergehen, zählen zu den schönsten des Landes. Farne, Moose, Orchideen und Bromelien haben sich auf den Baumriesen einquartiert. „Bäume, wo die Götter zu Hause sind", nennen die Indios die mächtigen Exemplare. Die ständig durch die Baumkronen streichenden Nebelschwaden und die Geräuschkulisse der Natur verstärken die mysteriöse Atmosphäre des Waldes. Das Kronendach und die ewigen Nebelfetzen hindern die Sonnenstrahlen daran, bis an den Boden vorzudringen und nur im Frühling berührt helles Licht die untere Waldzone.

Das **Klima** im Nationalpark ist in den Hochlagen feuchtkalt, schwülwarm dagegen an der Karibikküste. Nicht gerade ein einladendes Klima für eine Wanderung durch den Park, der erst kürzlich den Namen „El Copé“ erhielt. Davor hieß der Park „General División Omar Torrijos“, in Anlehnung an den Führer der sogenannten „Zärtlichen Revolution“, der im Jahre 1981 in den Bergen bei Coclesito bei einem Flugzeugabsturz verunglückte.

## Infrastruktur

Die Infrastruktur des Nationalparks steckt noch in den Kinderschuhen. Die **Markierung der Parkgrenze und der Pfade** muss noch erfolgen, eine Aufgabe, die von der schweren Zugänglichkeit des Waldes und der raschen Überwucherung der Wege erschwert wird. Ausgangspunkte für eine Tour durch den Nationalpark sind die **Bergdörfer Las Sabanas und El Copé,** in dessen Zentrum die Asphaltstraße und Transportverbindung ab Penonomé endet. Vom Ort führt westwärts eine 15 km lange, steile und **rutschige Piste** nach Las Sabanas, die nur mit einem Allradjeep zu bewältigen ist.

## Wanderrouten

Derzeit gibt es zwei Möglichkeiten, den Nationalpark zu durchwandern: Ab **Las Sabanas** geht es in einem 5- bis 6-stündigen Fußmarsch quer durch den Nebelwald über die kontinentale Wasserscheide (ca. 1450 m) nach **Limón** und in weiteren 2 Gehstunden nach **San Juan,** einer winzigen Siedlung direkt am Río San Juan. Von dort fährt man mit dem Boot nach **Coclesito,** wo es allerdings nur unregelmäßige Verbindungen nach Penonomé gibt.

Die zweite Tour führt in einem 8- bis 9-stündigen Fußmarsch von **El Copé** nach **Turbe** und mit dem Boot auf dem Río Turbe nach **Coclesito.**

Beide Touren sollten nicht ohne **Führer** gemacht werden, schon wegen der Organisation eines Bootes und eventueller Schlafplätze, denn in El Copé, Las Sabanas und unterwegs gibt es **keine Übernachtungsmöglichkeiten.** Der Bau eines Parkhäuschens und einer biologischen Station ist geplant, woauch Betten für Besucher vorhanden sein werden.

# El Caño

Nicht der auf halber Strecke zwischen Penonomé und Aguadulce gelegene **Ort** El Caño bildet den touristischen Anziehungspunkt, sondern der gleichnamige archäologische Park: Panamas einzige erhaltene **Zeremonialstätte der präkolumbischen Kulturen.** Beim Gedanken an die Kultstätte haben die Touristen sofort Vorstellungen von imposanten Ruinen, wie sie von den Mayas oder Azteken bekannt sind – immerhin befindet man sich auf zentralamerikanischem Boden. Die präkolumbischen Kulturen des Isthmus haben aber keine Bauwerke von derartigem Umfang hinterlassen.

In den 1920er Jahren begannen unter der Leitung der nordamerikanischen Archäologen *Verhill* und *Lothrop* die **Ausgrabungen** in *El Caño* und dem nahe gelegenen *Sitio Conte.* Ihre Funde brachten ans Licht, dass diese Gegend zwischen 500 und 1100 unserer Zeitrechnung als

Zeremonialzentrum fungierte; ein heiliger Ort, wo die Begegnung mit den Göttern gesucht wurde.

Von der präkolumbischen Tempelanlage sind noch einige *columnas de basalto* geblieben, riesige **Steinsäulen,** die ursprünglich mit Tier- und menschlichen Gestalten verziert waren. Heute existieren nur noch Bruchteile der Säulen, ohne die charakteristischen oberen Teile, die z.T. im Museum *Reina Torres de Araúz* in Panama-Stadt zu besichtigen sind. Viele dieser Oberteile gelangten in die USA, wo sie in Museen ausgestellt sind.

Die archäologischen Funde waren von unschätzbarem Wert bei der Lüftung des Schleiers über die präkolumbischen Kulturen in Panama und ihrer Kontakte zu anderen Völkern des Kontinents (siehe „Staat und Gesellschaft", „Geschichte", sowie „Menschen und Kultur", „Kunsthandwerk"). Die Grabstätten mit Beigaben und die Alltagsgegenstände im kleinen Museum des Parks vermitteln einen kleinen Einblick in die Kultur des fast noch unbekannten Volkes, das in dieser Region angesiedelt war.

Der Park ist Di–Sa von 10 bis 16 Uhr **geöffnet,** am Mo, So und an Feiertagen geschlossen, Eintritt 2 $. Mehr Infos gibt es unter Tel. 9879352.

## An- und Weiterreise

- Der archäologische Park liegt etwa 4 km südwestlich des Ortszentrums und ist mit **öffentlichen Verkehrsmitteln nicht erreichbar.** Die Busse aus Penonomé stoppen an der Plaza Central. Ab hier ist der erste Kilometer zum Park noch asphaltiert, danach ist eine Lehm- und Schotterpiste vorhanden, die nach kräftigen Regengüssen nur noch mit einem Jeep oder zu Fuß zu bewältigen ist.

# Natá

*„Bienvenido a Natá de Caballeros"* prangt auf einem Schild am Rand der *Carretera Interamericana,* das die Reisenden begrüßt. Eine große Geste angesichts der wenigen Häuser, die sich an einer Hand abzählen lassen. Der erste Eindruck trügt jedoch, denn wie vielerorts entlang der *Carretera Interamericana* bilden die Häuser, Geschäfte und Restaurants an der großen Durchfahrtsstraße nur den Vorposten der eigentlichen Siedlung. Das trifft auch auf Natá zu, denn der Ortskern liegt ca. 1,5 km abseits der Hauptstraße.

Natá gehört zu den ältesten Orten des Landes und verdankt seine Existenz *Gaspar de Espinoza,* der im Jahr 1520 den Ort als **Stützpunkt für** die mühsame **Eroberung des Hinterlandes** gründete.

Von den Kolonialbauten kann heute nur noch die zum Nationaldenkmal erhobene **Kirche** besichtigt werden, die mit Spenden der Deutschen Botschaft in Panama-Stadt und der Schweizer Botschaft in San José (Costa Rica) vollständig renoviert wurde. Sie ist eine der ältesten Kirchen auf dem ganzen Kontinent, datiert aus dem Ortsgründungsjahr und überragt in ihrer Art und Ausstattung kaum den Rang einer kleinen Provinzkirche. Die schlichte Renaissancefassade schmücken seitlich liegende Voluten. Sie wird flankiert von einem viereckigen Turm mit einem eingelegten Perlmuttmuster. Im Innenraum sind vor allem an den Haupt- und Seitenaltären die Stilmischungen späterer Perioden erkennbar, wobei der neobarocke Stil überwiegt. Vor dem Hauptportal an der Plaza Central steht eine Bronzebüste des Ortsgründers *Espinoza.*

■ Natá ist mit dem **Bus** ab Penonomé und Aguadulce mehrmals täglich erreichbar. **Unterkünfte** oder empfehlenswerte **Restaurants** sind nicht vorhanden.

# Aguadulce

Aguadulce (das heißt Süßwasser), das letzte größere Städtchen an der Route entlang der Zentralen Pazifikküste, liegt etwa 200 km von Panama-Stadt entfernt. Es fungiert als Zentrum für die Bauerngemeinden der Region, in der vorwiegend **Zuckerrohr** angebaut wird. Diese schilfähnlichen Gräser, die bis zu 9 m Höhe erreichen können, sind an ihren beigen Rispen, leichter aber an ihrer Größe erkennbar. Wenn die Ähren gelb leuchten, wird das Startsignal für die Ernte gegeben. Die dicken Stängel müssen dann mit der Machete geschlagen und rasch in die Fabrik zur Weiterverarbeitung geschafft werden, denn bei den vorherrschenden Temperaturen verdirbt Zuckerrohr rasend schnell. Die Zuckerrohrkultur stammt ursprünglich aus Asien, fand mit den Kreuzfahrern den Weg nach Europa und landete mit den spanischen Entdeckern schließlich in der „Neuen Welt".

Kulturhistorische Sehenswürdigkeiten oder Naturattraktionen kann die Stadt nicht vorweisen, auch die **küstennahen Salzseen** *(salinas)* nicht; hier kann man jedoch hervorragend Meeres- und **Sumpfvögel** beobachten.

## Praktische Hinweise

### An- und Weiterreise

■ Zwischen Aguadulce und Santiago, Chitré und Penonomé besteht von frühmorgens bis spätabends ein reger **Busverkehr.**

### Unterkunft, Essen und Trinken

■ **Hotel Interamericano,** *Carretera Interamericana,* Tel. 9974363, Fax 9974975, EZ/DZ mit Ventilator 28 $, mit AC 32 $. 25 zweckmäßig ausgestattete Zimmer mit Bad, WC, TV und z.T. Balkon. Die straßenseitig gelegenen Zimmer sind recht laut. Vernachlässigte, alte Hotelanlage.

■ In der gleiche Preisklasse und ebenfalls am Carretera Interamerican gelegen ist das **Hotel Plaza Aguadulce,** Tel. 9860788, mit Standardzimmer und einem guten **Restaurant.**

■ **Hotel Carisabel,** Zentrumsnähe, Tel. 9973800, 14 Zimmer mit Bad und AC. Gutes Hotel. **Restaurant** vorhanden.

■ Außer dem **Restaurant** im **Hotel Plaza Aguadulce** kann die **Panadería/Cafetería** an der Plaza Central empfohlen werden, vor allem für ein Frühstück oder einen Snack.

### Adressen A–Z

■ **Bank:** *Banco Nacional de Panamá,* Ave. Central, ca. 3 Block nördlich der Kirche, geöffnet Mo–Fr von 8 bis 13.30 Uhr.

■ **Postamt:** Einen Block südlich der Plaza Central, geöffnet Mo–Fr von 8 bis 16 Uhr.

■ **Telefon und Fax:** Im Postamt oder im *Cable & Wireless*-Büro, an der Einfahrtsstraße kurz vor der Ave. Central.

728pa hz

# 5 Halbinsel Azuero

Authentisch und untouristisch. Ihre Schönheit liegt eher im Kleinen, im Alltäglichen, in ihren Bewoh-

nern und Traditionen. In Azuero entdeckt man noch den wahren Charakter von Panama.

< Mädchen in der Landestracht La pollera

# HALBINSEL AZUERO

Die Península de Azuero ist eine Region mit unverkennbarem Kolonialcharakter. Nicht umsonst wird Azuero als die **Wiege der panamaischen Kultur** betrachtet.

## Überblick

Die meisten Bewohner der Halbinsel sind **spanischer Abstammung** und tragen mit großem Stolz Namen wie *Díaz, González* oder *Vergara*. Sie hegen und pflegen die **Traditionen** ihrer iberischen Vorfahren, unter anderem mit der *pollera* und dem *montuno* (Nationaltrachten), der *tuna* (Straßenfest) und mit den *casas*

NICHT VERPASSEN!

- **Chitré, Keramikwerkstatt,** das panamaische Zentrum für Töpferei nimmt auch individuelle Aufträge entgegen | 156
- **Guararé,** lebhaftes Örtchen mit malerischen Lehmhäusern | 164
- **La Angostura,** natürliche Wasserbecken laden zu einem erfrischenden Bad ein | 176

**Diese Tipps erkennt man an der gelben Hinterlegung.**

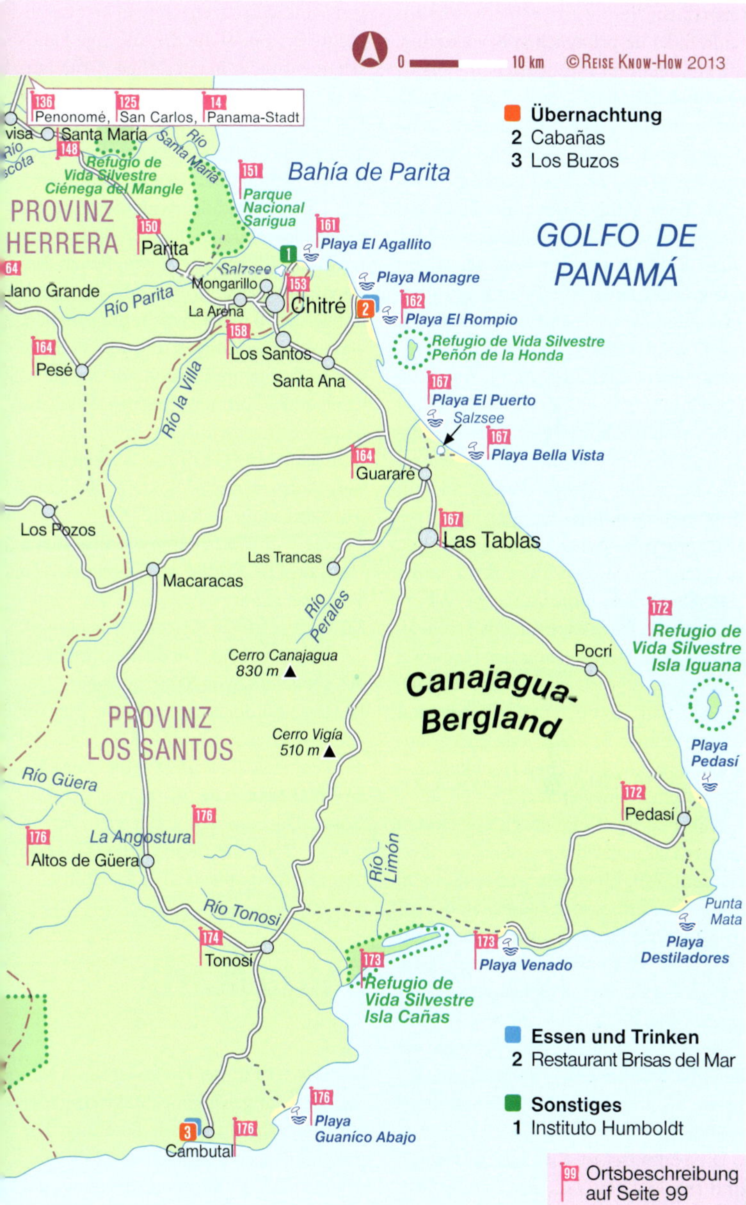
0 10 km ©Reise Know-How 2013
Übernachtung
2 Cabañas
3 Los Buzos
Essen und Trinken
2 Restaurant Brisas del Mar
Sonstiges
1 Instituto Humboldt
99 Ortsbeschreibung auf Seite 99
136 Penonomé, 125 San Carlos, 14 Panama-Stadt
Santa María
148 Refugio de Vida Silvestre Ciénega del Mangle
Río Santa María
151 Parque Nacional Sarigua
Bahía de Parita
GOLFO DE PANAMÁ
PROVINZ HERRERA
150 Parita
161 Playa El Agallito
Salzsee
Mongarillo
153 Chitré
Playa Monagre
162 Playa El Rompio
Llano Grande
Río Parita
La Arena
158 Los Santos
Refugio de Vida Silvestre Peñón de la Honda
164 Pesé
Santa Ana
Río la Villa
167 Playa El Puerto
Salzsee
167 Playa Bella Vista
164 Guararé
Los Pozos
167 Las Tablas
Las Trancas
Macaracas
Río Perales
172 Refugio de Vida Silvestre Isla Iguana
Pocrí
Cerro Canajagua 830 m
Canajagua-Bergland
PROVINZ LOS SANTOS
Cerro Vigía 510 m
Playa Pedasí
Río Güera
172 Pedasí
176 Altos de Güera
La Angostura 176
Río Limón
Punta Mata
Río Tonosí
174 Tonosí
173 Refugio de Vida Silvestre Isla Cañas
173 Playa Venado
Playa Destiladores
176 Playa Guanico Abajo
3 Cambutal 176

Oberfläche verbergen sich aber ebenso Spuren der ursprünglichen Bevölkerung, die vor allem im musikalischen, religiösen und landwirtschaftlichen Bereich hervortreten. Auch an einigen Ortsnamen sind indianische Spuren abzulesen, wie etwa *París* und *Guararé* – Namen, die von den einst auf der Halbinsel regierenden Kaziken abgeleitet wurden.

Die **Kaziken und ihr Volk** begrüßten mit großen Ehren die Spanier und beschenkten sie mit Goldschmuck, da sie die Konquistadoren wegen ihrer ungewöhnlichen Kleidung möglicherweise für Himmelsboten hielten, dies allerdings nur für kurze Zeit. Der brutale Auftritt der Spanier öffnete den *Indígenas* die Augen schnell. *París* und sein Volk schlugen mit der gleichen Brutalität zurück. Die wenigen spanischen Überlebenden lösten unter der Leitung von *Gaspar de Espinoza* eine **erbarmungslose Racheaktion** aus. Nahezu die gesamte Bevölkerung der Halbinsel wurde getötet, vertrieben oder versklavt. Heute leben nur noch in der Bergregion Azueros einige Bewohner, deren Vorfahren den präkolumbischen Hochkulturen der Halbinsel angehörten.

Während der Kolonialzeit entstanden auf der Halbinsel keine großen, wohlhabenden Orte. Einerseits wurde dies von der Verwaltung in Panama-Stadt aus Angst vor Konkurrenz unterbunden, andererseits fehlte auch das nötige Geld, um größere Orte mit Befestigungsanlagen vor den Piraten zu schützen. So blieb Azuero eine einfache **Agrarprovinz,** die Panama-Stadt mit Nahrungsmitteln versorgte – daran hat sich bis heute nichts geändert.

Die Halbinsel ist einer der **wärmsten und trockensten** Teile des Landes. Regenzeit und Trockenzeit sind hier ausgeprägte Perioden, die die hügelige Landschaft entweder in ein saftiges Grün tauchen oder die sie in einen braunen, dürr erscheinenden Mantel hüllen. Ausgedehnte Grasfluren mit vereinzelten Schatten spendenden Bauminseln dominieren das Landschaftsbild. Nur die Mangrovenwälder entlang der Küste und der Bergwald im schwer zugänglichen Nationalpark *Cerro Hoya* sind vom Landhunger der Bauern verschont geblieben. Um weitere Rodungen und vor allem die voranschreitende Erosion auf der Halbinsel einzudämmen, begann 1997 die deutsche *Gesellschaft für technische Zusammenarbeit* (GTZ) mit Aufklärungs- und Aufforstungsprojekten, die leider frühzeitig eingestellt wurden.

Azuero gliedert sich in die **Provinzen** Herrera, Los Santos und Veraguas. Zu Veraguas gehört ein etwa 20 km breiter Küstenstreifen im Westen der Halbinsel, der verkehrsbedingt in die Beschreibung der Umgebung von Santiago (siehe „Der Westen“) miteinbezogen wurde. Das Tor zum östlichen und interessantesten Teil der Península de Azuero bildet der kleine Ort **Divisa** an der *Carretera Interamericana.* Dort zweigt die *Carretera Nacional No. 2* ab, die über Chitré, Guararé und Las Tablas bis nach Pedasí führt.

# Santa María

Der erste Ort hinter Divisa ist Santa María, eine langgezogene, beidseitig der *Carretera No. 2* liegende Siedlung. Die pastellfarbenen Häuschen im Kolonialstil und die plaudernden Bewohner auf

# La casa de quincha

Mit *casa de quincha* bezeichnet man das für die Halbinsel Azuero typische schlichte Kolonialhaus aus Lehm, Holz, Schilf und Stroh. Am **traditionellen Hausbau** arbeiten generell alle Dorfbewohner unentgeltlich und tatkräftig mit, denn schließlich geht es darum, ein Haus für ein Mitglied der Dorfgemeinschaft zu bauen. Der Bauherr besorgt das Baumaterial und das Essen, jeder Dorfbewohner lässt seine Arbeit liegen und in nur zwei Tagen steht das Haus – oder wie es im Fachjargon so schön ausgedrückt wird, „kann es schlüsselfertig übergeben werden".

Bereits im Morgengrauen beginnen die Männer des Dorfes, ein Hausgerüst samt Dach aus Holz und Schilfrohr zu zimmern, das bis zum Einbruch der Dunkelheit fertiggestellt ist. Am nächsten Morgen legen die Männer am Bauplatz einen großen Teppich aus Lehm, Stroh und Wasser an, der zum Errichten der Wände dient. Sie ziehen ihre Schuhe aus, rollen die Hosenbeine hoch und kneten mit ihren Füßen die Baumaterialien kräftig durch. Wie bei einem Tanz bilden sie eine Kette, legen ihre Arme um die Schultern der Mitarbeiter und mit lauten und fröhlichen Liedern werden die Materialien so lange vermischt, bis ein verarbeitungsfähiger Lehmmörtel entstanden ist. Dieses fröhliche Bauverfahren erhielt auf der Halbinsel die Bezeichnung *junta de embarre* – eine „Gemeinschaft zum Beschmieren".

Während die Männer singend und tanzend die *casa de quincha* errichten, sorgen die Frauen des Dorfes mit kräftigem Essen und Erfrischungsgetränken für das leibliche Wohl der Bauarbeiter. Alles findet im Freien statt und wie in einer panamaischen Großküche wird in riesigen Töpfen *sancocho* zubereitet, Reis gekocht, *chichas* zur Erfrischung angerührt und auf großen Eisengittern Fleisch geröstet.

Mit einer riesigen **Einweihungsfeier** am Abend des zweiten Tages wird dann die fröhliche Gemeinschaftsleistung abgeschlossen, eine Feier, die oft bis in die frühen Morgenstunden dauert, bis der Lehm schließlich getrocknet ist und der Hausbesitzer samt Kind und Kegel einziehen kann.

Casa de quincha

063pa hz

den schattenreichen Terrassen und Balkonen zeugen vom ungezwungenen, aber traditionellen Ton der Halbinsel. Das hohe Alter von über 400 Jahren ist dem Ort nicht anzusehen, aber Santa María überschritt in der Geschichte nie den Rang einer **unbedeutenden Pfarrgemeinde.** Die kulturhistorischen Sehenswürdigkeiten von Santa María beschränken sich auf das Ortsbild, aber Architekturbeispiele aus der Kolonialzeit gibt es in den nachfolgenden Orten genügend zu sehen. Ein Grund, um in Santa María zu verweilen, ergibt sich im März, wenn das *Festival Acuático* auf und um den Río Santa María für eine lebhafte Stimmung im Ort sorgt. Sonst, so scheint es, ist die Zeit hier stehengeblieben.

## Refugio de Vida Silvestre Ciénega del Mangle

Wenige Kilometer östlich von Santa María breitet sich um die Mündung des Río Santa María das ca. 1000 ha große **Tierschutzgebiet** *Ciénega del Mangle* aus. Es besteht vorwiegend aus von Mangroven überwucherten Sümpfen und Lagunen und dient den unterschiedlichsten **Zugvögeln** des amerikanischen Kontinents als wichtige Zwischenstation. Das schwer zugängliche Gebiet ist gleichzeitig auch ein Paradies für Moskitos, die sich mit Vorliebe auf die seltenen menschlichen Besucher stürzen.

⊡ Das Markenzeichen des Nationalparks Sarigua – Steine, soweit das Auge reicht

## Parita

Das Markenzeichen Paritas, des zweiten größeren Ortes auf der Route nach Chitré, ist die *Iglesia de Santo Domingo de Guzmán.* Die auf 1656 datierte **Kirche** wurde im Auftrag der Dominikanermission von Natá erbaut und hat während der unsachkundigen Restaurierung in den 1920er Jahren viel von ihrer barocken Würde verloren. Der architektonische Akzent wird vom Kirchturm gesetzt, der sich über das Hauptportal erhebt und damit die Fassade betont. Das dekorative Element bildet ein Muster aus Perlmutter, das für den kolonialen Kirchenbaustil des Landes typisch ist.

Der Innenraum wurde mithilfe von ausländischen Organisationen fast wieder an den ursprünglichen Zustand angepasst. Fast, denn verschiedene Kunstgegenstände der Kirche verschwanden während der Säkularisation Anfang des 20. Jahrhunderts, unter anderem der Hauptaltar. An seiner Stelle steht jetzt ein farbenprächtiger, ehemaliger Seitenaltar aus Holz mit neobarocken und neoklassizistischen Stilmerkmalen, flankiert von zwei zierlichen Barockaltären.

Das Prunkstück der Kirche ist die mit Schnitzereien geschmückte, barocke Kanzel aus Holz. Große religiöse Bedeutung hat die Statue der *Virgen del Carmen,* die viele wohlhabende Bürger der Gegend dazu veranlasste, einen Großteil ihres Besitzes der Kirche zu vererben.

Die weißgetünchte Kirche befindet sich im Ortszentrum, an der ehemaligen Plaza de Toros (Stierkampfarena), die von schönen Kolonialhäusern umringt ist. Man kann sich leicht vorstellen, wie die Hausbewohner und ihre Verwandten das Stierkampfspektakel von der Veranda aus gemütlich verfolgt haben.

# Parque Nacional Sarigua

Nicht alles, was in den Tropen blüht und gedeiht, ist ein undurchdringlicher Urwald, was von den Dornenbüschen und laubabwerfenden Bäumen des **Nationalparks** Sarigua illustriert wird. Sie zeigen ein völlig anderes Gesicht und bestätigen die Definition der Tropenzone als „Gürtel der Extreme".

Das 8000 ha große Naturschutzgebiet erstreckt sich an der Küste des Golfo de Panamá zwischen den Flüssen Parita und Escota, in **einer der trockensten Ecken** des gesamten Landes Panama. Für Pflanzen und Tiere herrschen hier schlechte Lebensbedingungen: Die lange Trockenperiode wird von einer Saison mit kurzen, aber kräftigen Regenschauern abgelöst. Dabei wurden und werden die Nährstoffe des Bodens ständig fortgeschwemmt, wodurch sich das ehemals fruchtbare Gebiet in ein Trockenareal verwandelt hat.

Die **Temperatur** schwankt zudem zwischen maximal 45°C am Tag und durchschnittlich 20°C in der Nacht und bildet damit eine weitere Extrembelastung für die Lebensformen. Sogar Steine bersten durch die große Spannung, die von der Temperaturschwankung hervorgerufen wird, auseinander. In der Stille der Nacht sind diese knackenden Geräusche angeblich gut hörbar. Im steinigen Sektor des Parks, der auch als *cantera* (Steinbruch) bezeichnet wird, können Sie sich tagsüber von dem nächtlichen Naturschauspiel überzeugen, denn die gespaltenen Steine, die in großen Mengen den Boden bedecken, lassen sich leicht wieder in ihre ursprüngliche Form zusammenfügen.

Die wenigen **Pflanzen** des Nationalparks sind auf verschiedenste Art an die natürlichen Gegebenheiten angepasst.

095pa hz

Außer den Kakteen, als typischer Wüstenpflanze, sind Bäume zu bewundern, deren Stämme und Zweige mit dicken Moosschichten umhüllt sind, welche die Bäume wie eine Jacke gegen das unbarmherzige Klima schützen. Andere Pflanzen wiederum verfügen über gefiederte Blätter, die am Abend zusammengefaltet werden, um die Wasserverdunstung zu reduzieren.

Allein die Mangrove entlang der Küste hat keinen speziellen Schutz entwickelt. Sie wächst mit einem undurchdringlichen Wurzelnetz, das im Salzwasserboden fest verankert ist. Keine andere Pflanzenart gedeiht im salzigen Boden so gut wie die Mangrove. Und in Sarigua gewinnt der **Salzboden** rasch an Territorium. Überall dort, wo der starke Wind den Boden mit salzigem Sandstaub

064pa hz

überzieht, sterben jährlich immer mehr Pflanzen ab. Verschiedene Versuche, diesen Versalzungs- und Entwaldungsprozess zu stoppen, blieben allerdings bislang erfolglos.

Das unwirtliche Klima in Sarigua lockt nur wenige **Tiere** an. Neben den fleißigen Ameisen, den schnellen Geckos und den prähistorisch anmutenden Leguanen zählen viele ungiftige Schlangen zu den Dauergästen Sariguas. Den größten Anteil an der Tierwelt bilden die Vögel. Bis heute wurden über 160 verschiedene Arten regis-triert, worunter sich unter anderem der Strichelkauz mit seinen weißumrandeten, augenähnlichen Flecken am Hinterkopf, das Sperlingstäubchen und der Fischadler befinden.

Der Park hat neben seiner Funktion als Naturschutzgebiet auch eine große **kulturhistorische Bedeutung.** Archäologische Funde haben gezeigt, dass in Sarigua eine der ältesten und größten präkolumbischen Siedlungen auf panamaischem Territorium stand. Die ältesten Bodenfunde sind Steinspitzen, die von Nomadenvölkern der paläoindianischen Periode (12.000 bis 7000 v. Chr.) stammen. Die interessantesten Spuren, die auf sesshafte **Jäger- und Sammlerkulturen** hinweisen, bilden die Muschelhaufen *(concheros)*. Sie sind noch immer am größtenteils rotgefärbten Boden deutlich erkennbar, teilweise als kleine Pyramiden. Die natürlichen Müllhaufen aus der Vergangenheit zeugen von einer Zeit, als die Bewohner dieser Region Wild, Fisch, Meerestiere, Nutzpflanzen, Salz und Süßwasser im Überfluss fanden. In den Randzonen des Nationalparks lässt die gegenwärtige Vegetation den ursprünglichen Lebensraum zumindest noch einigermaßen erahnen.

Trotz der großen natur- und kulturhistorischen Bedeutung scheint der Park bei den Verantwortlichen keinen hohen Stellenwert zu besitzen. Einige Teile des Parks verkommen zusehends zur **Müllhalde,** was den Besuch dieses einzigartigen Nationalparks sicher weniger lohnenswert macht.

Der Park ist täglich 8–16 Uhr **geöffnet,** Eintritt 5 $.

## An- und Weiterreise

■ Der Park ist mit **öffentlichen Verkehrsmitteln nicht erreichbar.** Kurz vor Parita, das mit dem Bus ab Chitré erreichbar ist, zweigt nach rechts eine teilasphaltierte Straße (ausgeschildert) zum Nationalpark ab. Ab hier sind es ca. 6 km zum Parkeingang, wo sich eine Rangerstation von *ANAM* befindet. An den Straßengabelungen halten Sie sich immer an die links verlaufende Straße.

# Chitré

Chitré, die **Hauptstadt der Provinz Herrera** und das **Industrie- und Handelszentrum** Azueros, bietet die erste Übernachtungsmöglichkeit auf der Halbinsel. Die Kleinstadt am Nordufer des Río La Villa verfügt zwar über keine außergewöhnlichen Sehenswürdigkeiten, ist aber ein angenehmer Ort. Die ungezwungene Atmosphäre der Halbinsel ist hier deutlich spürbar, etwa bei einem Bummel durch das überschaubare Zentrum, entlang der Geschäfte und typischen Häuser im Kolonialstil. Auch eine Rast auf der *Plaza Central,* wo die freundlichen Einwohner von Chitré genüsslich tratschen, eignet sich, um die Atmosphäre auf sich wirken zu lassen.

Der Name Chitré wird übrigens landesweit mit dem *Seco* verbunden, einem wodkaähnlichen Getränk aus Getreide, das bei keiner „feuchtfröhlichen" Feier fehlen darf.

## Sehenswertes

### Kirche San Juan Bautista

Chitré wurde im 18. Jahrhundert gegründet. Aus den Anfangsjahren des Ortes stammt die *Iglesia San Juan Bautista* (Johannes der Täufer), die im Aussehen noch Stilmerkmale des einfachen panamaischen Barock aufweist, wie die Doppelturmfassade. Der Innenraum wurde neu gestaltet, unter anderem mit einem Hauptaltar aus Edelhölzern.

### Stadtmuseum

Lohnenswert ist der Besuch des *Museo de Herrera* an der Ave. Manuel Correa. Der blauweiße Holzbau mit einem auffallenden Balkon wurde im Jahr 1917 von einer wohlhabenden kolumbianischen Familie erbaut und diente von 1920 bis 1979 als Postamt. Nach einer umfassenden Renovierung zog 1984 das Stadtmuseum ein.

Als ersten Raum betritt man die *Sala Archeológica.* Sie ist den **präkolumbischen Kulturen** der Halbinsel gewidmet. Ihre interessante Ausstellung wird von

### Chitré

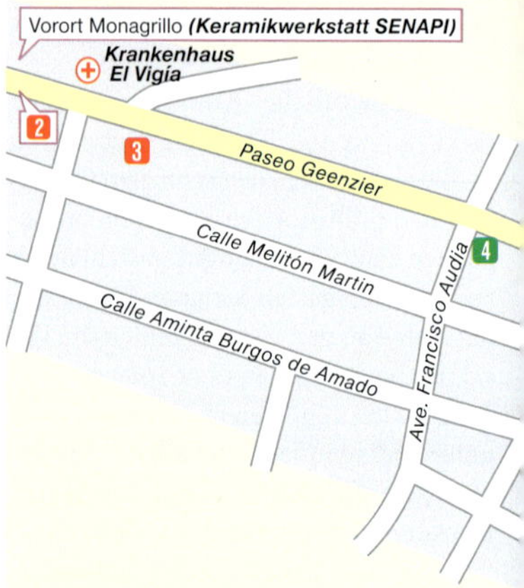


**Übernachtung**
2 Gran Hotel Azuero
3 Hotel Versalles
5 Hotel Hawaii
11 Hotel Rex
13 Hotel Santa Rita
15 Miami Mike's Backpacker Hostel
16 Hotel Bali
21 Los Guayacanes
23 Hotel Hong Kong

**Essen und Trinken**
8 Panadería Chiquita
9 Pizzeria
14 Rest. Rapido Pollo
17 Restaurant La Araura
19 Restaurant Chuiquito
20 Restaurant El Vichente
23 Restaurant Hong Kong

**Einkaufen/Sonstiges**
4 Supermercado Masisa
6 CECA
7 Supermercado Lira
10 Fotoentwicklung
12 Farmacia Internacional
18 Wäscherei
22 Discount rent a car

0
100 m
©Reise Know-How 2013
Flughafen,
Playa El Agallito
La Arena
Calle José María
Calle San Pedro
Ave. Pérez
5
6
7
8
Museo
de Herrera
Ave. Antonio Burgos
Ave. Manuel María Correa
12
13
14
15
16
17
18
11
euerwehr
Calle Tomás Sanchez
Plaza Central
Parque
Union
Iglesia
San Juan
Bautista
Markt
10
9
Stadion
19
20
Ave. Antonio Burgos
Ave. Herrera
Ave. Centenario
Privatklinik
D. Villarreal
22
21
Divisa
Krankenhaus
Integrado
Carretera Nacional No. 2
23
Los Santos,
Las Tablas
Los Santos
Las Tablas

Texten in Spanisch begleitet, aber die Fotos und Zeichnungen ermöglichen, die kulturelle Entwicklung auch ohne ausreichende Spanischkenntnisse zu verfolgen. Ein bedeutungsvolles Objekt befindet sich in der Mitte des Raumes: das nachgebildete Grab *(tumba)* des Kaziken *París* (auch *Parita* oder *El Viejo*), der großen Respekt für seinen erbitterten Widerstand gegen die Spanier genießt.

Im ersten Stock des Museums liegt die *Sala Herrera,* deren Exponate einen Überblick über die **Biografie des Generals Tomás Herrera** (1804–1854), des Namensgebers der Provinz, bieten. Unter seiner Führung trennte sich Panama für kurze Zeit von Kolumbien (siehe „Geschichte").

Nach der *Sala Herrera* folgt die *Sala Etnografía,* die der Bevölkerung Azueros und ihren **Traditionen** gewidmet ist. Veranschaulicht wird dies anhand von zahlreichen Fotos, typischen Handwerkszeugen, verschiedenen Musikinstrumenten und folkloristischen Kostümen.

Im letzten Raum befindet sich eine kleine Sammlung von antiken **Waffen,** religiösen **Kunstgegenständen** und **Dokumenten aus der Stadtgeschichte.** Vor dem Ausgang ist unter freiem Himmel das ländliche Leben auf der Halbinsel dargestellt.

- **Öffnungszeiten:** Di–Sa von 8.30 bis 16 Uhr, So von 9 bis 12 Uhr, Eintritt 2 $.

### Zentrum der Töpferei

Chitré ist auch ein Zentrum für Töpferei, eine Tradition, die wegen der archäologischen Funde in der Provinz Herrera, unter anderem im Vorort **Monagrillo,** neue Impulse erhalten hat. Die **Keramikwerkstatt SENAPI,** die sich ca. 1 km östlich des Zentrums neben der Touristeninformation befindet, ist einen Besuch wert. In einem Geschäft werden Stücke aus der Werkstatt verkauft und Bestellungen für individuelle Keramikarbeiten entgegengenommen. Im 3 km nördlich von Chitré gelegenen Ort **La Arena** säumen die *Carretera No. 2* kleine Keramikgeschäfte, die ihre Waren entlang der Straße zur Schau und zum Verkauf ausgestellt haben. Schöne Keramikstücke gibt es auch im **Mercado Artesanial de Herrera,** der sich ebenfalls in La Arena an der Durchfahrtsstraße befindet.

## Praktische Hinweise

### An- und Weiterreise per Bus

Chitré ist mit dem Bus ab Panama-Stadt, Santiago, Aguadulce, Penonomé und den größeren Orten der Halbinsel erreichbar. Alle Busse kommen an bzw. fahren ab vom zentralen Busbahnhof *(Terminal de Transportes de Herrera)* unter anderem nach:

- **Los Santos** zwischen 5.30 und 20 Uhr alle 10–15 Minuten. Die Busse sind oft genauso bunt bemalt wie die von Panama-Stadt.
- **Guararé** und **Las Tablas** zwischen 6 und 19 Uhr alle 15 Minuten.
- **Tonosí** viermal täglich.
- **Parita** über **La Arena** zwischen 7 und 18.45 Uhr alle 10 Minuten.
- **Llano Grande** und **Ocú** zwischen 7 und 18 Uhr stündlich.
- **Santiago** zwischen 7 und 18.30 Uhr jede halbe Stunde.
- **Penonomé** über **Aguadulce** zwischen 6.30 und 18.30 Uhr, der Bus fährt alle 30 Minuten.
- **Pesé** und **La Minas** zwischen 6 und 16.30 Uhr stündlich.

**Panama-Stadt.** Dabei können Sie wählen zwischen *Tuasa,* Tel. 9965619, und *Inazún,* Tel. 9964 177. Tickets im Vorverkauf gibt es bei beiden Busunternehmen.

*Tuasa* fährt täglich zwischen 12 und 18 Uhr jede 45 bis 60 Minuten.

*Inazún* fährt täglich zwischen 6 und 15 Uhr im Stundentakt.

Nach **David** gibt es keine direkte Busverbindung, man muss umsteigen in **Santiago** (beim Hotel *Piramidal,* direkt an der *Carretera Interamerciana*).

## Unterkunft

**Hotel Bali,** Avenida Herrera, Tel. 9964620, www.hotelbalipanama.com. EZ/DZ 33/44 $. Sehr gute Zimmer mit TV, Bad, AC und WC. Restaurant (auch indonesische Küche) und Lounge im ersten Stock. Die Besitzer sprechen Englisch.

**Hotel Hawaii,** Calle San Pedro, Tel. 9963524, EZ 18 $, DZ ab 22 $. 25 zweckmäßig ausgestattete Zimmer mit Bad, WC und Ventilator oder AC, für anspruchslose Touristen.

**Hotel Santa Rita,** Ave. M. Correa/Ave. Herrera, Tel. 9964610, EZ/DZ mit Ventilator 15 $, mit AC 23 $. 20 einfache, saubere Zimmer mit Bad, WC und teilweise mit Balkon, aber ohne Fenster. Die Benutzung des Satellitenfernsehens kostet 1,50 $ extra pro Tag. Die Zimmer an der Straßenseite sind ziemlich laut.

**Hotel Rex,** Plaza Central, Tel. 9962408 oder 9964310, EZ ab 22 $, DZ ab 29 $. 19 zweckmäßig eingerichtete Zimmer mit Bad, WC, teils Balkon, TV, AC und Ventilator. Zentral gelegenes Hotel mit Bar, Restaurant und einer gemeinsamen Terrasse im ersten Stock.

**Hotel Hong Kong,** *Carretera No. 2,* Richtung Los Santos, Tel. 9964483, Fax 9965229. EZ/DZ ab 24 $. Saubere Zimmer mit AC, TV, Bad, WC und teilweise ohne Fenster. Gutes, einfaches Mittelklassehotel mit gepflegtem Restaurant (chinesische und lokale Gerichte). Swimmingpool und Internet.

**Hotel Versalles,** Paseo Enrique Geenzier, Tel. 9964422, Fax 9962090, www.hotelversalles.com. EZ/DZ ab 30 $. Eines der besten Hotels der Stadt, moderne Zimmer, alle mit AC, Bad, Telefon und TV. Das Hotel liegt etwas abseits und hat ein Restaurant/Bar (24 Std. geöffnet) sowie einen Pool.

Weitere gute Hotels sind das **Los Guayacanes,** Tel. 9969758, www.losguayacanes.com, und das **Gran Hotel Azuero,** Tel. 9701000 oder 9965125, www.hotelazuero.com.

Für preisbewusste Reisende gibt es das **Miami Mike's Backpacker Hostel,** Tel. 9100628 oder 66039711, www.miamimikeshostel.com. 10 Betten ab 10 $ pro Person.

## Essen und Trinken

Restaurant **El Vichente,** Ave. Herrera, mit asiatischen und anderen Gerichten.

**Rapido Pollo,** Ave. Pérez/Cl. Melitón Martín. Kleines Open-Air-Lokal mit Grillgerichten.

**Chuiquito,** Ave. Herrera südlich der Kirche und **Hong Kong** im gleichnamigen Hotel. Preiswerte, chinesische Restaurants

**Pizzeria** südwestlich der Kirche, modern eingerichtet, neben Pizzas und Pasta wird auch guter Wein angeboten.

**La Araura,** Ave. Herrera, kleines Selbstbedienungslokal mit preiswerten lokalen Gerichten.

**Panadería Chiquita,** Ave. Herrera, die Bäckerei serviert auch ein gutes Frühstück mit Kaffee und frischem Fruchtsaft.

## Adressen A–Z

**Apotheke:** *Farmacia Internacional,* Ave. Manuel Correa/Ave. Antonio Burgos.

**Autoverleih:** *Discount rent a car,* Tel. 9961010, an der *Carretera No. 2,* Richtung Los Santos.

**CECA-Büro:** (Umweltschutzorganisation): Ave. Manuel Correa/Ave. Tomás de Sanchez, im 1. Stock.

■ **Geld:** *Banco Nacional de Panamá*, Ave. Manuel Correa, Mo–Fr von 8 bis 13.30 Uhr; *Banistmo*, Ave. Manuel Correa, Mo–Fr von 8 bis 14 Uhr, eingewechselt werden. Bei den Banken finden Sie ATM's.

■ **Krankenhaus:** Den besten Ruf hat die Privatklinik von *Dr. Venancio Villarreal*, an der *Carretera No. 2*, Richtung Los Santos.

■ **Markt:** Die *Supermercados Masisa*, Paseo Geenezier/Ave. Franciso Audia und *Lira*, Ave. Manuel Correa/Ave. Tomás de Sanchez, haben ein umfangreiches Angebot an Lebensmitteln und Dingen des täglichen Bedarfs. Beide sind Mo–Sa von 9 bis 20 Uhr geöffnet. Frisches Obst und Gemüse gibt es am kleinen **Markt östlich der Kirche.**

■ **Nationalparkbüro:** siehe Los Santos.

■ **Post:** Cl. José María Correa, neben dem *Cable & Wireless*-Büro, Mo–Fr von 7 bis 18 Uhr, Sa nur bis 17 Uhr.

■ **Telefon & Internet:** *MWS (Micro World System)*, Paseo Geenzier, ist täglich geöffnet von 8–21 Uhr. Öffentliche Telefonzellen für (inter)nationale Gespräche gibt es fast an jeder Straßenecke.

■ **Wäscherei:** In der *Lavamatico Vequin*, einige Schritte östlich des Zentrums, kann die Kleidung für ca. 1,50 $ selber gewaschen und getrocknet werden.

# Los Santos

*La Villa Los Santos*, so der offizielle Ortsname, und Chitré sind fast miteinander verschmolzen, wäre nicht die natürliche geografische Trennung durch den breiten Río La Villa, der wegen seiner großen Bedeutung für die Landwirtschaft von Azuero als der „Nil der Halbinsel" bezeichnet wird. Der Fluss trennt nicht nur die beiden Orte, sondern bildet auch die Grenze zwischen den Provinzen Herrera und Los Santos. Das industriell und kommerziell bedeutendere Chitré hat Los Santos ein Schattendasein beschert, doch die Santeños übertreffen die ökonomische Bedeutung des Nachbarortes durch ihre Kultur und Geschichte.

Das **Gründungsdatum** von Los Santos wird mit dem 1. November 1569 angegeben, obwohl man dies mit Dokumenten nicht untermauern kann. Ein kleines Detail am Rande, das die alljährlich ausgelassene Stimmung während der Gründungsfeier in keiner Weise beeinträchtigen kann.

Im Streben nach der **Unabhängigkeit von Spanien** nahm Los Santos eine Führungsrolle ein. Stolz wird erwähnt, dass die Ortsregierung als erste im Land 1821 die Unabhängigkeit vom iberischen Mutterland ausgerufen hat. Ein historischer Moment, der alljährlich am 10. November so groß und ausgiebig gefeiert wird, dass viele Besucher aus dem ganzen Land hierher strömen.

Die Unabhängigkeitserklärung wurde im heutigen **Museo de la Nacionalidad** an der Plaza Central unterzeichnet. Die *Sala de Concejo* ist in ihrer ursprünglichen Ausstattung erhalten geblieben und dem panamaischen Wegbereiter der Unabhängigkeit *José Vallarino Guiménez* sowie Lateinamerikas Helden *Simón Bolívar* gewidmet.

Außer Originaldokumenten des denkwürdigen Ereignisses beherbergt das kleine Museum eine Sammlung von **religiösen Kunstgegenständen** aus dem 18. Jh.und präkolumbische Keramiken.

Im gepflegten **Museumsgarten** steht eine typische Küche aus der Region samt Ausstattung.

Ein Raum des Museums ist außerdem für wechselnde Ausstellungen der Gegenwartskunst und für neue archäologische Funde aus der Gegend reserviert.

**Übernachtung**
1 Hotel La Villa
2 Hotel Rancho Kevin

**Essen und Trinken**
1 La Villa
2 Restaurant Rancho Kevin

**Sonstiges**
3 Inazún
4 Wäscherei Chele
5 Unidos de Azuero

**Öffnungszeiten:** Mo–Fr von 9 bis 12 Uhr, Sa von 14 bis 16 Uhr, am So von 9 bis 12 Uhr, Eintritt 2 $.

Schräg gegenüber dem Museum erhebt sich die **Iglesia de San Atanasio de Los Santos** mit einem ehrwürdigen Alter von über 200 Jahren. Seit 1938 ist sie Nationaldenkmal. Gemäß der panamaischen Auffassung des Barockstils wurde die Kirche mit einer robusten Doppelturmfassade ausgestattet. Figurennischen und Muster aus Perlmutter sorgen für die Gestaltung. Die Kirche besitzt verschiedene Barock- und Rokokoaltäre aus Holz, die mit ihrer Bemalung und Verzierung dem theatralischen Stil des Ba-

rocks entsprechen. An den Kirchenmauern befinden sich einige Gedenktafeln aus Marmor zur Erinnerung an die *Santeños,* die eine tragende Rolle beim Kampf um die Unabhängigkeit von Spanien spielten.

Um die Plaza herum und in den Seitengassen des ruhigen Zentrums gibt es farbenprächtige Beispiele des charakteristischen **Kolonialbaustils,** welche die Atmosphäre von Los Santos bestimmen.

Traditionelles Häuschen in Los Santos

## Praktische Hinweise

### An- und Weiterreise

- Los Santos ist mit dem **Bus** ab Panama-Stadt und den größeren Orten der Halbinsel erreichbar.

Busse nach **Chitré** fahren von der Haltestelle in der Cl. José Vallarino nahe der *Carretera No. 2* ab, täglich zwischen 5.30 und 20 Uhr alle 10–15 Min.

Direkt an der *Carretera No. 2* können Busse auch per Handzeichen angehalten werden und zwar solche, welche nach **Guararé, Las Tablas** und nach **Tonosí** fahren.

Nach **Panama-Stadt** (über **Penonomé** und **San Carlos)** können Sie wählen zwischen den Busunternehmen *Unidos de Azuero,* Tel. 9668303 und *Inazún,* Tel. 96968646. Unterschiede gibt es allerdings keine. Beide Gesellschaften betreiben ihr Ticketbüro mit Vorverkauf und ihre Haltestelle an der Plaza Central.

065pa hz

*Unidos de Azuero* fährt täglich um 2.45, 7, 8, 9.30. 11, 14, 15.30 und 17 Uhr.

*Inazún* fährt täglich um 7.30 Uhr, danach zu jeder vollen Stunde bis 12 Uhr, ab Mittag jede halbe Stunde bis 17.30 Uhr.

### Unterkunft, Essen & Trinken

- **Hotel La Villa,** 400 m südwestlich der *Carretera No. 2* (bei der Delta-Tankstelle rechts), Tel. 9668201, http://web.hotellavillapanama.com. EZ/DZ ab 25 $. Zimmer mit Bad, WC und Sat-TV. Ältere Anlage mit Swimmingpool, **Restaurant,** Bar und Disco, Do–Sa ab 21 Uhr.
- **Hotel Rancho Kevin,** Tel. 9968276, an der Carretera Nacional, hat 20 moderne, saubere Zimmer mit Bad, TV und AC für 30 $. Das Hotel verfügt auch über ein gutes **Restaurant** mit einigen regionalen Gerichten.

### Adressen A–Z

- **Geld:** *Banco Nacional de Panamá*, Plaza Central, geöffnet Mo–Fr von 8 bis 13.30 Uhr.
- **Nationalparkinformation:** *ANAM*-Büro, an der *Carretera No. 2,* ca. 3 km außerhalb des Zentrums in Richtung Las Tablas (Abzweigung Restaurant Juancito), geöffnet Mo–Fr von 8 bis 16 Uhr.
- **ATP:** (Touristeninformation) neben der Kirche, geöffnet 9–16 Uhr.
- **Post:** direkt an der *Carretera No. 2,* nahe der Delta-Tankstelle, Mo–Fr 7–17 Uhr.
- **Taxi** (Tel. 9668223): Taxistandplätze findet man an der Plaza Central und an der *Carretera No. 2* nahe der Polizei. Die Fahrt nach Los Santos kostet 1,50 $ pro Person.
- **Telefon:** von den Telefonzellen im Zentrum.
- **Wäscherei:** in der *Lavamatico Chele* nahe der Plaza Central kann man täglich zwischen 8 und 21 Uhr seine Kleidung für 1 $ waschen und trocknen lassen.

## Strände in der Umgebung von Chitré und Los Santos

### Playa El Agallito

Die Playa El Agallito, der Hausstrand von Chitré, ist kein Naturstrand, sondern wurde der Natur mühsam abgerungen, wobei man eine breite Schneise in den dichten Mangrovengürtel der Küste geschlagen hat. Ab und zu ragen noch Wurzeln aus der dunklen Sandoberfläche, aber daran stört sich niemand, schon gar nicht die Kinder, die sich am Strand und auf dem Kinderspielplatz vergnügen, während ihre Eltern im einfachen Restaurant ein Häppchen essen. Der 5,5 km nordöstlich von Chitré liegende Strand ist zwar ein beliebtes Ausflugsziel, aber im Vergleich mit den Stränden an der Zentralen Pazifikküste weniger lohnenswert und mit öffentlichen Verkehrsmitteln nicht erreichbar.

Am Nordende des Strandes befindet sich das **Instituto Humboldt,** ein kleines unscheinbares Haus, das der Umweltschutzverein *CECA (Conservación Medio Ambiente Ciencia Cultura)* mit finanzieller Unterstützung der Deutschen Botschaft erbaute. Neben Aufklärungsprojekten auf der Halbinsel und im Hinterland der Zentralen Pazifikküste beschäftigt *CECA* sich mit **wissenschaftlichen Untersuchungen** über verschiedene Zugvögel, die zwischen September und Februar ihre Flugroute zwischen Nord- und Südamerika an dieser Küste unterbrechen. Touristen mit speziellem Interesse an diesem Thema können sich an das *CECA*-Hauptbüro in Chitré wenden. Verschiedene Wasservögel lassen sich übrigens das ganze Jahr hindurch an den kleinen Salzseen hinter dem Strand beobachten.

## Playas Monagre und El Rompio

Wenige Kilometer südlich von Los Santos im Ort Santa Ana zweigt von der *Carretera No. 2* eine Straße ab, die zu den ca. 9 km entfernten **Stränden** Monagre und El Rompio führt. Die Palmen nahe der Küste versprechen einiges, doch sie säumen nicht die Strände, sondern stehen nützlich in Reih und Glied auf einer Plantage.

Die schattenlosen, ungepflegten Strände, die mit öffentlichen Verkehrsmitteln nicht erreichbar sind, und das raue Meer machen die Playas Monagre und El

192pa hz

Rompio nicht gerade attraktiv. Die Bewohner der Region stört das weniger, denn an den Wochenenden herrscht hier typisch panamaisches Strandleben mit kühlem Bier, Salsa-, Merengue- und Volksmusik – wer schaut da noch auf das Meer und die Strände.

Von der Playa El Rompio aus blickt man auf das 2000 ha große *Refugio de Vida Silvestre Peñón de la Honda*, das aus einer kleinen Insel und zahlreichen Riffen besteht. Das **Wildtierreservat** ist ein bedeutender Brutplatz für die Meeresvögel, allerdings für Besucher gesperrt.

### Unterkunft, Essen und Trinken

■ **Cabañas/Restaurant Brisas del Mar,** Tel. 966 9845. Neben guten Gerichten gibt es hier auch Zimmer mit Bad, WC und Ventilator für 20 $.

# Das Hinterland von Chitré

Westlich von Chitré erstreckt sich eine Ebene, die zum überwiegenden Teil von **Ackerland und Weideflächen** geprägt wird. Die ursprüngliche Vegetation ist bis an das kaum 1000 m hohe Bergland von Azuero zurückgedrängt, das einen schmalen, zur Provinz Veraguas gehörenden Küstenstreifen vom Territorium der Provinzen Herrera und Los Santos trennt. Ein Blick auf die Landkarte genügt bereits, um zu sehen, wie spärlich ausgebaut das Straßennetz in diesem Bergland ist.

Die mangelnde Infrastruktur hat aber auch ihre positive Seite: In den Bergen sind noch **Waldbestände** vorhanden, die vom ständigen Hunger nach neuem Weideland und nach Holz bisher verschont geblieben sind. Gerade diese grünen Oasen haben im Entwaldungsprozess, der seit der Kolonialzeit ununterbrochen Meter für Meter die ursprüngliche Vegetation dahingerafft hat, eine Wende eingeleitet. Die Bedeutung des Waldes wurde auf der Halbinsel lange Zeit unterschätzt.

## Waldreservat El Montuoso

In jüngster Zeit wird versucht, mit Aufforstungsprojekten den Waldschaden zu reparieren. Unter der Führung von *ANAM* wurde dabei ein erster Schritt gemacht, der zur Entstehung des etwa 10.000 ha großen Waldreservates El Montuoso geführt hat. Dieser **tropische Feuchtwald** liegt westlich von Las Minas und beherbergt eine Vielzahl an endemischen Insekten und Pflanzen, z.B. die *Rosera panamensis*, eine fleischfressende Pflanze. Im Waldareal sind unausgeschilderte Wege und Straßen vorhanden, die nach Chepo oder La Torre führen.

### Praktische Hinweise

■ Im **ATP**-Büro in Los Santos lassen sich **begleitete Touren** arrangieren. Im kleinen Las Minas sind **Cabañas** und ein ausgeschilderter **Wanderweg** bis an die Küste des Golfo de Montijo geplant. Las Minas ist mit dem **Bus** ab Chitré zu erreichen. Wer mit einem **Auto** die Gegend erkunden möchte, der sollte die Straße über Pesé und Los Pozos oder die über Macaracas benutzen.

☐ Wildromantisch – die Küsten von Azuero

## Pesé

Zu den interessantesten Orten im Hinterland von Chitré zählt das Bauerndörfchen Pesé. Es ist bekannt wegen seiner **Fronleichnamsprozession** *El Corpus Christi* mit den sehenswerten *Danzas de los Diablícos* (Teufelstänze mit grotesken Masken) und außerdem wegen seiner **Passionsspiele** *La Semana Santa de Vivo,* an denen fast die ganze Dorfbevölkerung beteiligt ist.

Eine weitere Sehenswürdigkeit ist die **Rumfabrik** der Brüder *Varela.* Ein Teil der Destillerie inklusive Abfüllanlage liegt im Ort, der andere, weit schönere Teil befindet sich auf der Hacienda, 1,5 km außerhalb des Ortes. Am Tor einfach den Portier nach einer Führung fragen.

## Llano Grande

17 km nordwestlich von Pesé liegt der winzige Ort Llano Grande, wo sich einst das Naturschutzprojekt *Fundación pro Iguana Verde* befand. Das Projekt konzentrierte sich auf die **Züchtung des** stark bedrohten **Grünen Leguans** (lat. *Iguana iguana*), wurde aber inzwischen eingestellt. Ob es jemals wieder in Betrieb genommen wird, ist derzeit nicht bekannt.

[>] Beim Festival de La Mejorana

# Guararé

Guararé mit seinen schmalen Gassen und seinen malerischen Lehmhäusern liegt ca. 25 km südlich von Chitré. Der Ort entstand als Zentrum einer kleinen Bauerngemeinschaft, die von Los Santos aus, auf der Suche nach neuem Land, in Richtung Süden gezogen war.

## Festival de La Mejorana

Das nette und ruhige Kleinstädtchen Guararé verwandelt sich einmal pro Jahr mit dem *Festival de La Mejorana* in das pulsierende Zentrum der panamaischen Kultur. Radiostationen bringen dann ständig Liveberichte und über die Fernsehschirme flimmern stundenlang die Bilder von diesem kunterbunten Festival, das sich auf und rund um die mit einer überdimensionalen *mejorana* (panamaische Gitarre) geschmückten Bühne im Zentrum des Ortes abspielt.

Diese temperamentvolle Veranstaltung mit Musik, Tanz und Liedern aus dem Alltagsleben liegt den Panamaern, vor allem aber den Bewohnern der Halbinsel, am Herzen. Folklorekostüme werden aus dem Schrank geholt, die Instrumente gestimmt, die Kehle wird mit *seco* oder *ron* angefeuchtet und die letzten Handgriffe an den geschmückten Paradewagen werden gemacht.

Nach der offiziellen Eröffnung wird vier Tage lang bis in die frühen Morgenstunden ausgelassen gefeiert, bis die Krönung der Festivalskönigin mit ihrer eleganten *pollera* (siehe Exkurs „La pollera") den Schlusspunkt setzt. Die Gua-

066pa hz

rareños warten ein ganzes Jahr auf diesen Moment, der Guararé aus seinem Dornröschenschlaf weckt. Das Startsignal für die Veranstaltung wird von der *Fiesta de la Virgen de Las Mercedes* gegeben, die an wechselnden Daten etwa um den 24. September beginnt.

## Sehenswertes

### Museum Manuel F. Zárate

Für jene Reisenden, die nicht zum Zeitpunkt des Festivals in Guararé sind, sei ein Blick in die beiden Räume des kleinen *Museo Manuel F. Zárate* empfohlen. Fotos von Paraden und der Krönung der Festivalskönigin geben einen Einblick in das bunte Treiben während des Festes. Blickfänger des Museums sind die handgemachten *polleras* und *montunos*, diverse Teufelsmasken, zahlreiche traditionelle Musikinstrumente und Kostüme der Congos, die die Zentrale Karibikküste um Colón charakterisieren. Der hintere Raum ist *Manuel F. Zárate* gewidmet, dem Gründer des *Festival de La Mejorana,* der mit einer Marmorstatute im Garten vor dem Eingang eine weitere Würdigung erhielt. Das Museum ist in einer typischen *casa de quincha* untergebracht, die 1969 in der traditionellen Arbeitsweise von den Guarareños erbaut wurde.

■ **Öffnungszeiten:** Di–Sa von 10 bis 16 Uhr, am So von 14 bis 18 Uhr, Eintritt 2 $.

## Praktische Hinweise

### An- und Weiterreise

■ Guararé ist mit dem **Bus** ab **Panama-Stadt** und ab den größeren Orten der Halbinsel erreichbar. Zwischen **Guararé, Chitré** und **Las Tablas** verkehren von frühmorgens bis zum Einbruch der Dunkel-

# La pollera

Das Dirndlkleid findet in Panama eine Verwandte in der *pollera,* der **panamaischen Nationaltracht der Frauen.** Bei diesem wunderschönen, feinverarbeiteten Trachtenkleid lassen sich zwei Grundtypen unterscheiden: die *pollera montuna,* die ländliche Alltagskleidung und die *pollera de lujo,* das Prachtgewand, das heute nahezu auf jedem Fest zu bewundern ist.

Die panamaische Nationaltracht ist grundsätzlich ein **koloniales Erbe** aus Spanien. Der schwungvolle Glockenrock, die leicht von den Schultern hängende Bluse und die Haarkämme erinnern an die Flamenco-Tänzerinnen Andalusiens. Die *pollera* wurde in Panama zunächst von Dienstmädchen und den armen Bauernfrauen getragen und weckte erst im vorigen Jahrhundert, im Zuge der Romantik und des Aufblühens des Nationalbewusstseins, die Begeisterung der kapitalkräftigen Bevölkerungsschicht. Sie nahmen die weiße Hochzeitstracht zum Vorbild, verwendeten bei den Materialien das Feinste vom Feinen und fügten dekorative Details hinzu.

Für das Anziehen des **Prachtgewandes,** der *pollera de lujo,* samt Unterrock, Mieder, Bluse, Rock und Kopfschmuck, benötigt die *empollerada,* wie die Trägerin der *pollera* genannt wird, eine unterstützende Hand und mindestens zwei Stunden. Über dem Unterrock wird ein wadenlanger Glockenrock, über das Mieder wird eine Bluse mit Rüschen getragen, die mit einer einfarbigen, leuchtenden Wollschnur an den Schultern zusammengezogen wird. Das Grundmaterial der *pollera de lujo* bildet ein leichter, weißer Baumwollstoff, der rundum mit auffallenden, einfarbigen Bordüren aus Ranken, Blumen und/oder Früchten verziert ist. Feine Klöppelspitzen halten den mehrteiligen Glockenrock zusammen und säumen die Bluse. Zur *pollera de lujo* gehören außerdem vier bis acht prachtvolle Goldketten, die ursprünglich eine religiöse und magische Bedeutung hatten, sowie der bemerkenswerte Kopfschmuck. In früheren Zeiten wurden frische Blumen ins Haar gesteckt, bis die glitzernden, aus feinen Blumen- und Blattmotiven bestehenden *tembleques* zur Tracht kamen, die größtenteils das Haar verdecken. Unverändert geblieben sind die Kämme, die mit einem schmuckvollen Gold- und/oder Perlenrand das hochgesteckte Haar zieren.

Der **Wert** einer *pollera de lujo,* die mittlerweile als kostbares Familienstück gehütet wird, liegt bei etwa 3000 US-Dollar. Und bei jedem Fest wird die pollera de lujo aus der „Familienschatztruhe" geholt und in der Öffentlichkeit voller Stolz präsentiert.

Die **ländliche Alltagstracht,** die *pollera montuna,* ist im Vergleich mit der *pollera de lujo* sehr schlicht gehalten und besteht aus einem einfarbigen, hellen Rock und einer weißen, bordürelosen Bluse mit schmalen Bändern aus Klöppelspitzen, die den Akzent setzen. Auch der Kopfschmuck fällt mit unverzierten Kämmen oder gelegentlich mit dem Panamahut eher bescheiden aus. Bis vor einigen Jahrzehnten gehörte diese Art der *pollera* zum täglichen Ortsbild auf der Halbinsel. Heute kann man sie aber fast nur noch als Museumsstück bewundern.

heit ständig Kleinbusse, die man an der *Carretera No. 2* anhalten kann. Der Bus nach Panama-Stadt kann nur in Las Tablas oder Chitré bestiegen werden.

### Unterkunft, Essen und Trinken

■ **Residencial La Mejorana,** direkt an der *Carretera No. 2*, Tel. 9945794. EZ/DZ 26 $. Große, nett eingerichtete Zimmer mit Bad, WC, AC und Ventilator. Saubere kleine Anlage, Restaurant. Selbstverpfleger finden das Notwendigste im **Supermarkt Mario** an der Durchfahrtsstraße. Schräg gegenüber befindet sich ein Imbissstand (Frühstück). Gute **Restaurants** finden Sie in Las Tablas.

### Adressen A–Z

■ **Geld:** *Banco Nacional de Panamá,* im Ortszentrum, geöffnet Mo–Fr 8–13.30 Uhr.

■ **Post, Telefon und Fax:** Das Postamt (Mo–Fr von 9 bis 16 Uhr), das *Cable & Wireless*-Büro (Mo–Fr von 8 bis 15 Uhr) und die **Polizei** liegen direkt an der *Carretera No. 2* in unmittelbarer Nähe der *Residencial La Mejorana.*

■ **Touren:** *Ivetur,* im Block hinter dem Supermarkt *Mario,* bietet Touren auf der gesamten Halbinsel an.

# Umgebung von Guararé

## Playa El Puerto und Playa Bella Vista

Einige Kilometer östlich bzw. nordöstlich von Guararé liegt die Playa Bella Vista bzw. der **Hausstrand von Guararé,** die Playa El Puerto („Der Hafen“), der noch an die alten Zeiten erinnert, als das Meer ein wichtiger Verkehrsweg zwischen der heutigen Provinz Los Santos und Panama-Stadt war. Sobald das Schiffshorn durch die Gegend schallte, eilten die Bewohner über die holprige Straße zum Hafen, um ihre Waren abzuholen und die letzten Neuigkeiten aus der Großstadt zu hören. Heute gehört das Geschehen zu den nostalgischen Erinnerungen der betagten Ortsbewohner, nur die staubige Straße zum Strand und eine unscheinbare Schiffswerft scheinen noch unverändert zu sein.

Der dunkle Strand liegt an der Mündung des Río Guararé, der in der Regenzeit den Müll der Umgebung zum Meer transportiert. Hinter dem kleinen Strand befinden sich kleine Salzseen, an denen sich in der Regensaison zahlreiche Wasservögel tummeln. Die Gegend eignet sich gut zur **Vogelbeobachtung,** aber für ein Badevergnügen sind Sie an der Playa El Puerto an der falschen Adresse, ebenso an der Playa Bella Vista, die sich wenige Kilometer südlich der Playa El Puerto erstreckt. Der nicht gerade schöne Sandstrand wird von rauer See umspült, hat keine schattenspendenden Bäume und die Sanddünen wurden und werden aus kommerziellen Gründen abgetragen.

Eine bessere Badestelle befindet sich ca. 15 km westlich von Guararé nahe dem Dorf **Las Trancas** am Río Perales: Im Naturbecken eines kleinen **Wasserfalls,** dem *Salto del Mero,* allerdings nur in der Trockenzeit. In der Regensaison trübt sich das Wasser durch die starke Strömung.

# Las Tablas

Las Tablas, die **Hauptstadt der Provinz Los Santos,** ist das Agrarzentrum der Südregion der Halbinsel und liegt etwa auf halber Strecke zwischen Chitré und Pedasí. Ihre Gründung erfolgte im Jahre 1671 kurz nach der Zerstörung von Panama-Stadt durch den Piraten *Henry Morgan.* Viele Familien in der Hauptstadt packten danach ihr restliches Hab und Gut und fuhren mit dem Schiff in Richtung Halbinsel. Auf der Höhe des heutigen Las Tablas gingen sie vor Anker, demontierten das Schiff und erbauten aus den Holzplanken die ersten Häuser. Die in Los Santos lebenden Kolonisten der ersten Stunde inspirierte dieser „Recyclingprozess“ der Neuankömmlinge dazu, ihnen den weniger schmeichelhaften Namen *las gentes de las tablas* zu geben – „die Menschen von den Holzplanken“, woraus der Ortsname entstand. Die Holzhäuser sind heute verschwunden und durch Lehm- und Steinhäuser ersetzt und dass viele Familien in ihrer neuen Heimat eine gute Existenz aufbauten, ist an vielen wunderschönen Häusern abzulesen.

## Sehenswertes

Eine Schlendertour durch Las Tablas führt unvermeidlich über die **Plaza Central,** wo am Sonntag oft Folkloremusik von verschiedenen Gruppen dargeboten wird. Der Platz wird von der **Iglesia de Santa Librada** dominiert, einem schlichtbarocken Gotteshaus aus dem Jahre 1789, das einen beachtenswerten vergoldeten Hauptaltar mit dekorativen Schnitzereien besitzt. Das wichtigste Relikt ist allerdings die Statue der *Virgin de La Santa Librada,* die jedes Jahr am 19. Juli in einer feierlichen Prozession durch Las Tablas getragen wird. Die Wurzeln der Verehrung dieser Heiligen liegen auf der iberischen Halbinsel in Sigüenza, einem Kleinstädtchen nahe Madrid.

Schräg gegenüber der Kirche, an der Stelle seines einstigen Geburtshauses, befindet sich das **Museum Belisario Porras,** das dem Botschafter und dreifachen Präsidenten des Landes gewidmet ist. Die Sammlung von Dokumenten, Fotos und persönlichen Gegenständen bildet eine kleine Biografie von *Belisario Porras* (1857–1942), der in einem Marmorsarg in der Mitte des Raumes seine letzte Ruhestätte gefunden hat. Sein ehemaliges Landgut, die *Finca El Pausilípo,* soll ebenfalls in ein Museum umgewandelt werden, was allerdings noch einige Zeit in Anspruch nehmen wird.

- **Öffnungszeiten:** Mo–Fr 8.30 bis 17 Uhr, Sa und So nur 9 bis 12 Uhr, Eintritt 1 $.

## Feste

Die bedeutendensten Ereignisse des Jahres in Las Tablas sind das **Festival de La Pollera** in der zweiten Juliwoche, ein folkloristisches Spektakel, das die Wahl der Dame mit der schönsten *pollera* (siehe Exkurs „La pollera“) einschließt und natürlich der **Karneval,** für den Las Tablas bekannt ist.

## Praktische Hinweise

### An- und Weiterreise

- Las Tablas ist mit dem **Bus** ab Panama-Stadt und ab den größeren Orten der Halbinsel erreichbar.

Einen zentralen **Busbahnhof** gibt es nicht. Die Busse starten in der Via Hacia El Carate nahe dem *Jardín Praga.*

**Übernachtung**
4 Hotel Las Tablas
5 Hotel La Luna
10 Hostal Casa Magna
12 Hotel Piamonte
15 Hotel Oria

**Essen und Trinken**
1 Restaurant Moravelles
9 Restaurant Moravelles
13 Restaurant Oriental
14 Restaurant El Caseron

**Einkaufen/ Sonstiges**
2 Farmacia Neña
3 Supermercado Las Tablas
7 Farmacia Las Tablas
8 Farmacia Azuero
11 Wäscherei Popular

## Wenn in Las Tablas Karneval gefeiert wird

... dann platzt das sonst ruhige Kleinstädtchen aus allen Fugen und Nähten, denn Las Tablas gilt weit über die Provinzgrenzen hinaus als **Zentrum des Karnevals.** Tausende Menschen aus allen Landesteilen pilgern in großen Bus- und Autokarawanen jedes Jahr im Februar bzw. März nach Las Tablas, um sich tagelang dem Rausch des temperamentvollen Festes hinzugeben. Der Karneval in Las Tablas ist eben einer der Superlative: der bedeutendste, der spektakulärste und natürlich auch der exzessivste des Landes.

Einige Ortsbewohner sind vom Karneval-Bazillus das ganze Jahr über befallen. Vor allem unter den Anwohnern der *Calle Abajo* und der *Calle Arriba,* der „unteren" und der „oberen" Straße, treten die Symptome der „chronischen" Krankheit deutlich auf. Die Heilmittel heißen Basteln, Komponieren und Arbeiten mit „Herz und Seele". Die Anwohner dieser Straßen, aber auch ihre nahen Verwandten, arbeiten das ganze Jahr hindurch hinter streng verschlossenen Türen an Kostümen, Melodien, Texten und Paradewagen für den Karneval.

Dabei geht es nicht nur darum, der Konkurrenz von der „anderen" Straße bei der Präsentation den ersten Rang abzulaufen, sondern auch darum, sie mit **gepfefferten Liedtexten** während des Karnevals in aller Öffentlichkeit zu verspotten. Die Kontrahenten schicken lange vor dem Festbeginn ihre „Spione" durch die Straßen und Kneipen von Las Tablas, um „heiße" Tipps, pikante Informationen oder Gerüchte über die „anderen" zu sammeln, allerdings nicht immer zum Vergnügen der Betroffenen, denn viele Texte gehen ziemlich unter die Gürtellinie. Aber es gehört zum Karneval in Las Tablas dazu und die Zuschauer warten gespannt darauf, wer diesmal mit einem Lied durch den Dreck gezogen wird.

Um Punkt Mitternacht des **Silvestertages,** wenn die Kirchenglocken das neue Jahr einläuten und die Sektkorken und Feuerwerkskörper knallen, werden die ersten Kostproben der Spottlieder für den bevorstehenden Karneval gegeben, während die Kandidatinnen der jeweiligen „Straßen" für den Titel der neuen Karnevalskönigin in einem stundenlangen Umzug

**Guararé, Los Santos** und **Chitré:** zwischen 6 und 19 Uhr jede halbe Stunde.

**Pocrí** und **Pedasí:** zwischen 8 und 16 Uhr viermal.

**Tonosí:** zwischen 7 und 11 Uhr alle 30–40 Min., danach bis 16 Uhr etwa dreimal, je nach Bedarf.

**Isla Cañas:** zu unregelmäßigen Zeiten, nur nach Bedarf.

Nach **Panama-Stadt** fährt *Coosvetras,* Paseo López, gegenüber der Polizeiwache, täglich um 4 und zwischen 6 und 17 Uhr (am Wochenende bis 16 Uhr) etwa alle 1½ Stunden. Eine Ticketreservierung ist ratsam.

### Unterkunft

- **Hotel Oria,** Tel. 9946315, einfaches Hotel. EZ/DZ ab 22 $.
- **Hotel Piamonte,** Ave. Belisario Porras, Tel. 994 6372, EZ 20 $, DZ 24 $. Mit Restaurant und kleiner Bar. Renovierte Zimmer mit Bad, WC, AC.
- **Hotel Las Tablas,** Tel. 9946366, oberhalb des gleichnamigen Supermarktes gelegen, bietet 15 Zimmer mit AC, Bad und TV für 28 $ pro Zimmer.
- Eine gute Alternative ist das **Hostal Casa Magna,** Tel. 9947392 oder 66128727, besser noch das

durch die Straßen dem Publikum offiziell vorgestellt werden.

Viele Reaktionen aus dem Publikum werden dabei aufgenommen und noch schnell in den Liedern verarbeitet, bis endlich der **Startschuss zum Karneval** gegeben wird. Dann wird die Silvesternacht bei Weitem übertroffen. Das Spektakel wird größer und exzessiver als zur Jahreswende und Jahr für Jahr ist der Ablauf der gleiche: Durch die Straßen werden die prächtig geschmückten Paradewagen gezogen, auf denen auf denen die wunderschön gekleideten Kandidatinnen dem Publikum strahlend zulächeln, während die Musiker, unter dem stürmischen Beifall des Publikums, ihre Lieder vortragen. Hinter den Paradewagen folgt eine große Menschentraube, die ausgelassen tanzt und lautstark mitsingt, so wie jeder eben kann. Und zwischendurch fließt der Alkohol in enormen Mengen – Karneval in Las Tablas ist eben eine riesengroße Party.

068pa hz

Karnevalskönigin in Las Tablas

**Hotel La Luna,** Tel. 65259410, http://hotel-laluna.com, an der Playa Uverita, ca. 10 km östlich der Stadt.

## Essen und Trinken

■ Empfehlenswert ist das **Restaurant El Caseron,** Ave. Moises Espino/Calle Augustin Batista, mit nationalen und internationalen Gerichten und das **Restaurant Moravelles,** Cl. Primavera, mit guten Fisch- und Grillgerichten sowie Pizzen. Angenehmes Ambiente unter einem Palmdach.

■ Pizzen bietet auch das **Restaurant Moravelles,** südlich der Kirche.

■ Einfache lokale Gerichte hat das **Restaurant Oriental** und das im **Hotel Piamonte.**

## Adressen A–Z

■ **Apotheke:** *Farmacias Neña,* Paseo López/Cl. Primera, *Las Tablas* und *Azuero* an der Plaza Central.

■ **Geld/ATM:** *Banistmo,* Ave. Bolívar/Ave. Belisario Porras, geöffnet Mo–Fr von 8 bis 15.30 Uhr und

*Banco Nacional de Panamá*, Cl. Ramón Mora nahe dem Paseo López, geöffnet Mo–Fr von 8 bis 13.30 Uhr.

- **Krankenhaus:** Das öffentliche Krankenhaus der Stadt hat den schlechtesten Ruf auf der ganzen Halbinsel. Bei einer Erkrankung wenden Sie sich besser an die Privatklinik in Chitré (siehe dort).
- **Markt:** *Supermercado Las Tablas*, Paseo López/ Cl. Ramón Mora.
- **Post:** Cl. Ramón Mora hinter dem Regierungsgebäude, geöffnet Mo–Fr von 8 bis 16 Uhr.
- **Telefon:** viele Telefonzellen für (inter)nationale Gespräche vorhanden.
- **Wäscherei:** *Lavandería Popular*, gegenüber dem *Hotel Piamonte.*
- **Internetcafé:** neben dem *Hotel Piamonte.*

# Pedasí

Pedasí ist der letzte größere Ort im Südosten der Halbinsel Azuero und wurde 1785 zum erstenmal auf einer Landkarte erwähnt. Benannt wurde der Ort nach *Peazí*, dem Kaziken der Region.

Der Ort liegt ca. 42 km von Las Tablas entfernt und wird, wie viele Orte auf der Halbinsel, von ländlicher Ruhe und kolonialem Ambiente geprägt. Die wenigen Besucher, die es in diese Gegend verschlägt, kommen wegen der **Isla Iguana,** die von der ca. 3 km entfernten Playa Pedasí mit Fischerbooten erreichbar ist.

## Unterkunft

- **Pensión Moscoso** an der Ave. Central, Tel. 995 2203, EZ/DZ ab 15 $. 10 einfache, saubere Zimmer, alle mit Bad, WC, AC.
- **Residencial Pedasí,** Tel. 9952490, an der Ortseinfahrt. 15 Zimmer mit Bad, WC, AC. EZ 20 $, DZ 25 $. Cafetería und TV-Raum. Hier können auch **Touren** zur *Isla Iguana* organisiert werden.
- **Hospedaje Dim,** Tel. 9952302, ist eine kleine Familienpension mit 5 Zimmer, alle mit Bad, ab 20 $, inklusive Frühstück. Derzeit die angenehmste Unterkunft im Ort.
- **Posada los Destiladores,** Playa los Destiladores, Tel. 9952772 oder 66739262, www.panamabambu.net. Zimmer zwischen 60 und 250 $. Anlage mit vielen tropischen Pflanzen, Swimmingpool und schönen Bungalows. Zimmer mit Bad, teilweise kein Warmwasser und keine AC.

# Refugio de Vida Silvestre Isla Iguana

Dieses kleine Eiland befindet sich ca. 20 Bootsminuten östlich der Küste. In erster Linie ist die Isla Iguana ein **Wildtierreservat für die Prachtfregattvögel,** die auf der Insel ihre Brutkolonien haben. Die schwarz-weißen, mächtigen Seevögel mit dem charakteristischen tief gegabelten Schwanz und langem, in einem Haken endenden Schnabel, lassen sich hier aus unmittelbarer Nähe beobachten. Wenn das Männchen während der Balz seinen roten Kehlsack zu einem riesigen Ballon anschwellen lässt, macht er dem würdevollen Namen dieser Gattung alle Ehre. Neben den Fregattvögeln zieht die Insel auch viele Braune Pelikane an. Zwischen den Brutkolonien tummeln sich unzählige **Leguane** *(iguanas)*, die allerdings keine Gefahr für den Nachwuchs der Vögel darstellen, sie sind „strenge" Vegetarier.

Von Weitem macht die Insel mit ihrem weißen Sandstrand einen idyllischen Eindruck. Das ca. 50 ha große Vogelparadies entpuppt sich aber rasch als eine kleine **Müllhalde.** Zwischen den Felsen und Sträuchern der Küste sowie am Strand liegen Abfälle, die teilweise von den Fischern hinterlassen, größtenteils aber vom Festland angespült werden. Denn die Bewohner am Festland „entsorgen" ihre Abfälle an den Ufern der Flüsse Purio und Pedasí, die den Müll (vor allem in der Regenzeit) zum Meer transportieren, von wo er mit der Strömung an die Westküste der Isla Iguana gespült wird. So lange keine Lösung für dieses anwachsende Problem gefunden wird, ist die Isla Iguana wohl nur ein Naturschutzgebiet auf dem Papier. In naher Zukunft möchte *ANAM* mit einer umfassenden Reinigungsaktion die Insel säubern.

Ein weiteres, allerdings unsichtbares Problem ist eine **Bombe,** die während der US-Invasion über der Insel abgeworfen wurde, jedoch nicht explodiert ist. Sie liegt nahe dem Strand, allerdings tief im Sandboden des Meeres. Bis jetzt haben weder die USA noch die panamaische Regierung etwas dagegen unternommen, um die Bombe zu bergen.

■ Ein **Boot** von der Playa Pedasí zur Insel und retour kostet 50 $ (maximal für 12 Personen).

# Playa Venado

Die Playa Venado liegt an der Südküste der Halbinsel Azuero, auf halber Strecke zwischen Pedasí und Tonosí. Die Straße zu diesem grauen, langgezogenen **Sandstrand** ist asphaltiert und in gutem Zustand, im Gegensatz zur weiterführenden Straße nach Tonosí. Venado ist bekannt und beliebt wegen der **meterhohen Wellen,** die sich zum sogenannten „Body-Surfen" besonders gut eignen. Direkt am Strand gibt es ein **Restaurant** mit guten Fischgerichten und fünf sehr einfachen, vernachlässigten **Cabañas** mit Dusche und WC für 15 $ pro *Cabaña.* Am Strand ist Campieren üblich und auch erlaubt, allerdings gibt es keine sanitären Einrichtungen, weshalb man auf die Toilette des Restaurants angewiesen ist. Der Strand ist mit dem sehr unregelmäßig fahrenden Bus ab Las Tablas erreichbar. Von der Straße sind es kaum 5 Gehminuten zum Strand.

# Isla Cañas

Wer die Fahrt auf der Straße in Richtung Tonosí fortsetzt, wird kurze Zeit später auf die Abzweigung zur Isla Cañas treffen. Cañas ist im geografischen Sinn keine Insel, sondern eine schmale, parallel zum Festland verlaufende Landzunge, die nur über den Río Limón erreichbar ist. Mit dem Besuch der Isla Cañas betritt man eine andere Welt, eine Welt, in der die Zeit scheinbar um die Mitte des 20. Jahrhunderts einfach stehengeblieben ist oder anders ausgedrückt: eine **vergessene Region,** ohne ausreichende ärztliche Versorgung und schulische Erziehung, obwohl Cañas nur 500 m vom Festland entfernt ist.

Das Leben der selbstversorgenden Dorfgemeinschaft wird weitgehend vom

Zyklus des Säens und Erntens bestimmt. Während die Männer und größeren Kinder die Arbeit auf den Reis- und Bohnenfelder verrichten oder fischen, kochen die Frauen in der Gemeinschaftsküche die Mahlzeiten.

Der Stolz der Insulaner ist der kilometerlange, schattenlose Südstrand. Er ist als **Wildtierreservat** zum Schutz der bedrohten **Leder- und Meeresschildkröten** ausgewiesen, die alljährlich zu Tausenden an den Strand kommen, um ihre Eier im Sand abzulegen. Ein einzigartiges Schauspiel, das von den Insulanern derzeit nur als gute Einnahmequelle betrachtet wird, denn sie verkaufen die Eier in großen Mengen am Festland als Delikatesse.

Um den **Naturschutz** auf der Insel zu fördern, sind seit Kurzem Aufklärungsprojekte angelaufen. Die ersten Früchte sind bereits sichtbar und teilweise planen die Insulaner, touristische Einrichtungen zu bauen, um mit der Unterstützung von *IPAT* und *ANAM* einen kontrollierbaren Tourismus zu betreiben. Auf diese Weise hätte die Dorfgemeinschaft eine neue Einnahmequelle und einen guten Grund, die Schildkröteneier zu schützen, anstatt die Nester zu plündern. Zunächst müssen die Insulaner aber noch Berge versetzen, um diese Pläne in die Tat umsetzen zu können.

## Praktische Hinweise

■ **Anreise:** Mit dem Bus ab Chitré oder Las Tablas bis Tonosí und von dort mit einem Taxi bis zur **Anlegestelle;** die Taxifahrer kennen normalerweise die Stelle. Bei der Anlegestelle befindet sich eine alte **Autofelge:** Schlägt man darauf, wird man im Inseldorf gehört und einige Minuten später mit dem Boot von der Anlegestelle abgeholt. Die Überfahrt kostet 1 $ pro Person.

■ **Schlafen, Essen und Führungen:** Im Dorf gibt es einfache Unterkünfte mit Gemeinschaftsbad für 10 $ pro Zimmer, inklusive Essen, das von der Dorfküche gebracht wird und extra bezahlt werden muss. Ohne lokalen Führer, der ein paar Dollar kostet, darf die Insel nicht mehr erkundet und dürfen die Schildkröten nicht beobachten werden.

In der Nähe der Insel in **Cañas de Tonosí** gibt es *Juergs Guesthouse,* Tel. 66597801. Zimmer mit Bad, WC, AC und Sat-TV. Ab 25 $, inklusive Frühstück.

■ Für eine Inseltour ist als **Ausrüstung** unbedingt mitzunehmen: ein leichter Schlafsack mit Isoliermatte, eine Taschenlampe oder Ker-zen, Insektenschutzmittel, körperbedeckende Kleidung und wasserfeste Schuhe.

■ Da die Kinder auf der Insel kaum Spielsachen haben, ist die Mitnahme von **Spielzeug** eine gute Geste.

# Tonosí

Ab Las Tablas führt eine gute Asphaltstraße nach Tonosí durch das Canajagua-Bergland, das entlang der Strecke kaum höher als 500 m ansteigt. Diese ruhige Route zählt zu den schönsten Strecken auf der Halbinsel, auch wegen der guten Fernsicht auf den Pazifik.

Fast am Ende der Route bietet sich ein imposanter Blick in das zum Meer hin geöffnete, saftiggrüne Tonosí-Becken, das den treffenden Beinamen *Esmeralda de Azuero,* der „Smaragd von Azuero", erhalten hat.

Tonosí wird von einem Hauch von Wild-West-Romantik umgeben. Der **abgelegene Ort** galt lange Zeit als Zufluchtsstätte für die *guapos,* die Gesetzlosen der Halbinsel. Männer unterschiedlichen Alters, sogar ganze Familien, die ihre Konflikte auf gewalttätige Weise gelöst hatten, flüchteten über das Bergland nach Tonosí, wo sie vor der strafrechtlichen Verfolgung sicher waren. Besucher verirren sich nur selten nach Tonosí, wo aus den Kneipen die von Versen abgewechselte *saloma* auf die Hauptstraße dringt. Angeblich ist dieser typische Ruf während den Feldarbeiten entstanden, um den monotonen Alltag und zugleich die Einsamkeit zu unterbrechen. Die Funktion des auffallenden Falsettons ist vergleichbar mit dem Jodeln, das ursprünglich ein Kommunikationsmittel zwischen den Hirten und Landarbeitern war.

Die **Musik** spielt aber nicht nur im Alltagsleben eine Rolle, sie führte auch zum **Ortsnamen.** Nach einer Legende baute sich ein Bewohner eine *mejorana* (panamaische Gitarre). Bei der Einweihung des Instruments aber wurde sein erstes Lied mit viel Gelächter und Hohn belohnt und mit den Worten: *ese tono no* („dieses Lied nicht") eindeutig abgewertet. Während der Schnaps reichlich floss, wurden immer wieder neue Lieder angestimmt, die man immer als fad, traurig oder falsch gesungen beurteilte. Die laute und amüsante Stimmung zog immer mehr neugierige Leute an, aber auch Musiker mit mehr Talent und Gefühl. Im Verlauf des feucht-fröhlichen Abends, der bereits zu einem kleinen Musikerwettberwerb ausartete, stieg das Stimmungsbarometer, bis alle wie aus einer Kehle in das Lied einfielen: *ese tono sí* – „ja, dieses Lied". Noch lange nach diesem Abend redeten die Bewohner über dieses Zusammentreffen, wobei *tono sí* zu einem geflügelten Ausdruck wurde und letztendlich den alten Namen des Ortes, *Madres Vieja,* ersetzte.

Kulturhistorische Sehenswürdigkeiten sind in Tonosí nicht zu finden, obwohl die Region bekannt ist wegen der **präkolumbischen Kulturen,** die unter anderem bemerkenswerte Tonvasen hinterließen. In der Archäologie wird, nach dem einzigartigen Stil, der in dieser Region vorgefundenen Keramikgegenstände, sogar von einem Tonosí-Stil gesprochen. Die Funde sind heute in den Museen von Chitré und Panama-Stadt ausgestellt und dort wahrscheinlich auch besser aufgehoben.

## Praktische Hinweise

- Tonosí ist mit dem **Bus** ab Chitré und Las Tablas erreichbar. Retour fahren die Busse täglich zwischen 7 und 11 Uhr alle 30–40 Minuten, danach um ca. 12, 14.30 und 16 Uhr. Die Busse fahren aber nicht über Pedasí.
- Von den **Unterkünften** im Ort sind *Hospedaje Irtha,* Tel. 9958316, mit zweckmäßigen Zimmern, alle mit Bad (nur Kaltwasser) und AC, ab 12 $, und *Hospedaje Mar y Selva,* Tel. 9958003, schöne Zimmer mit AC, Bad (Warmwasser) und TV, DZ ab 18 $.
- Unterhalb der *Hospedaje Mar y Selva* liegt das **Restaurant Lindy,** der Platz schlechthin zum Essen im Ort. Zudem gibt es noch eine kleine **Panadería** (Bäckerei), das sehr einfache **Restaurant El Valle,** kleine **Geschäfte** mit den notwendigsten Lebensmitteln, eine **Apotheke,** die **Polizei,** die *Banco Nacional de Panamá* (keine Reiseschecks!), die **Post** und ein **Taxistandplatz.**

# Die Umgebung von Tonosí

## La Angostura

Ca. 20 km nordwestlich von Tonosí nahe dem Ort **Altos de Güera** hat der Río Güera die Felsen zu bizarren Formationen ausgeschliffen. Im panamaischen Sommer (europäischer Winter) locken die **natürlichen Wasserbecken,** bekannt als La Angostura, zu einem erfrischenden Bad. Während der Regenzeit wird das Wasser allerdings sehr trüb. Die Gegend um Altos de Güera ist auch bekannt wegen der Möglichkeit zur **Vogel beobachtung.** Güera ist ab Tonosí am besten mit dem Taxi (ca. 5 $ pro Fahrt) erreichbar.

## Playa Guaníco Abajo

Ca. 7 km westlich von Tonosí zweigt von der Straße nach **Cambutal** (24 km) eine Asphaltstraße ab. Sie führt zur Playa Guaníco Abajo, einem langen, dunklen **Sandstrand** ohne Schatten. Touristen verirren sich hierher nur selten, dafür aber umso mehr **Meeres- und Lederschildkröten,** die ihre Eier in den weichen Sand vergraben.

Am breiten Strand befindet sich ein kleines **Open-Air-Restaurant** mit guten und preiswerten Fischgerichten. Der freundliche Besitzer *Roberto* plant in naher Zukunft einige *Cabañas* zu bauen. Zurzeit ist jedoch noch keine Unterkunft vorhanden. **Camping** ist erlaubt, man kann aber auch mit einer Hängematte im Restaurant schlafen, natürlich gegen Bezahlung. Einfache sanitäre Einrichtungen sind vorhanden. Vom Strand kann man über einen Hügel in Richtung Westen zur schönen **Playa La Minera** wandern oder sich von *Roberto* mit dem Boot hinbringen lassen.

# Praktische Hinweise

■ **Cambutal – Schlafen, Essen, Wassersport:** An der Playa Cambutal befindet sich die noch recht junge Anlage **Los Buzos,** www.losbuzos.net. Die Häuschen stehen auf einer kleinen Anhöhe mit schönem Ausblick. **Restaurants** befinden sich direkt am Meer. Im weiteren Verlauf der Straße findet man schöne Buchten und Strände, die vor allem von **Surfern** bevorzugt werden.

## Naturschutzgebiete

Im südwestlichen Zipfel der Halbinsel erstrecken sich, größtenteils auf dem Gebiet der Provinz Veraguas, der **Parque Nacional Cerro Hoya** (ca. 32.000 ha) und das **Waldreservat La Tronosa** (ca. 22.000 ha). Beide Naturschutzgebiete zählen zu den letzten Urwäldern der Halbinsel und verfügen über einige Wanderwege, sind aber auf eigene Faust nicht erreichbar. Für Touren in den Nationalpark wenden Sie sich am besten an das Tourbüro in Guararé.

# Der Panamahut

Anfang des 20. Jahrhunderts machte auf dem nordamerikanischen Kontinent ein leichter, handgeflochtener Strohhut große Furore, der als „Panamahut" bezeichnet wurde. Dass dieser **breitrandige Männerhut,** der unter anderem den Kopf des legendären Gangsterbosses *Al Capone* zierte, eigentlich aus Ecuador stammte und mit den Goldsuchern Mitte des 19. Jahrhunderts über Panama-Stadt in die USA kam, spielte keine große Rolle. Auf die Frage hin, woher der schicke Strohhut stamme, wurde schlicht „aus Panama" geantwortet.

Der richtige Panamahut *(sombrero montuno)* ist, wie die ecuadorianische Kopfbedeckung, das **Symbol der Campesinos** und wird vielerorts im *Interior* getragen, vor allem in den Provinzen der Zentralen Pazifikküste und der Halbinsel Azuero. In diesen Regionen verlässt kein Mann ohne seinen „geliebten" Hut das Haus, ganz nach dem Motto: „Ein Mann ohne Hut ist eben nur ein halber Kerl."

Der Panamahut ist nicht nur ein Symbol der Männlichkeit und zugleich ein **praktischer** Sonnenschutz, sondern auch ein typisches **Merkmal für die Region.** Der weiße Hut, der *sombrero blanquito* (auch *sombrero ocueño),* hat seine Wurzeln im Distrikt Ocú auf der Halbinsel Azuero, taucht aber auch in der Provinz Veraguas auf. Der *sombrero pintao* hat in seiner weißen oder beigen Grundfarbe unterschiedliche schwarze Muster und gehört zu den Traditionen der Provinzen Coclé, Los Santos und Herrera. Nicht nur an der Hutfarbe erkennt man die regionale Zugehörigkeit. In der Provinz Coclé wird zum Beispiel der Hut ohne auffallendes Merkmal getragen, während er in der Provinz Veraguas und im Distrikt Ocú mit einem bunten Band und/oder einer Schnur mit Quaste verschönert wird. In den Provinzen Los Santos und Herrera tragen die Männer ihren Hut bevorzugt mit der breiten Krempe an der Stirnseite nach oben gebogen.

Zur **Herstellung** des Panamahutes werden die Schößlinge der Panama-Palmfarne benutzt. Diese dünnen Fäden werden nach mehreren Wasserbädern, die das Material biegsam machen, getrocknet und mit großer Fingerfertigkeit zu einem Flechtwerk verarbeitet. Diese uralte Tradition lässt sich bis zu den präkolumbischen Kulturen des südamerikanischen Kontinents zurückverfolgen, womit nicht nur die Spur des unechten Panamahutes, sondern auch die des echten nach Ecuador führt.

056pa hz

726pa hz

# 6 Der Westen

Der Westen Panamas ist voller Kontraste: kühle Bergwelt und tropische Inseln, beschaulich und

swingend, für einen Aktivurlaub und zur Erholung. Den Westen darf man einfach nicht verpassen.

< Karibische Architektur auf der Insel Bocas

# PROVINZ VERAGUAS

Die jahrhundertalte Tradition der **Agrarwirtschaft** hat der Landschaft Veraguas' unverkennbar ihren Stempel aufgedrückt. Ackerland, saftige Wiesen oder saisonbedingt trockenes Grasland und vereinzelt Baumoasen prägen das Landschaftsbild entlang der Carretera Interamericana. Nur abseits dieser Straße bekommt der Reisende einen Eindruck des ursprünglichen Vegetationskleides der Provinz. Zwischen den Orten **Las Palmas** und **Soná** ist noch ein Rest der einst weit verbreiteten **Feuchtsavanne** sichtbar. Eine schöne Landschaft aus Grasfluren, die von Waldarealen aus immergrünen und laubabwerfenden Bäumen entlang der Wasserläufe abgewechselt werden. **Üppiger, tropischer Bergwald** ist größtenteils in der Serranía del Tabasará, dem Ostflügel der Cordillera Central, in der Umgebung des Dorfes Santa Fé erhalten geblieben.

## Geschichte

In der Geschichte spielte das Gebiet der heutigen Provinz Veraguas keine bedeutende Rolle, mit der Ausnahme, dass *Kolumbus* an der Karibikküste vor Anker ging. Auf seiner vierten und letzten Reise (1502–1504) gründete der Entdecker mit seiner Mannschaft eine kleine Siedlung an einer Flussmündung. Sie war als Stützpunkt für die von starken Regengüssen und Stürmen erschwerten Erkundungsfahrten entlang der zentralamerikanischen Küste gedacht. Bei der Verpflegung seiner Mannschaft war Kolumbus auf die Gastfreundlichkeit der indianischen Bevölkerung angewiesen, aber auch bei der Suche nach dem begehrten Gold. Tatsächlich befanden sich

**NICHT VERPASSEN!**

- **San Francisco, Kirche,** sicher das schönste religiöse Bauwerk des Landes | 186
- **Playa Santa Catalina,** das Surferparadies Panamas | 188

**Diese Tipps erkennt man an der gelben Hinterlegung.**

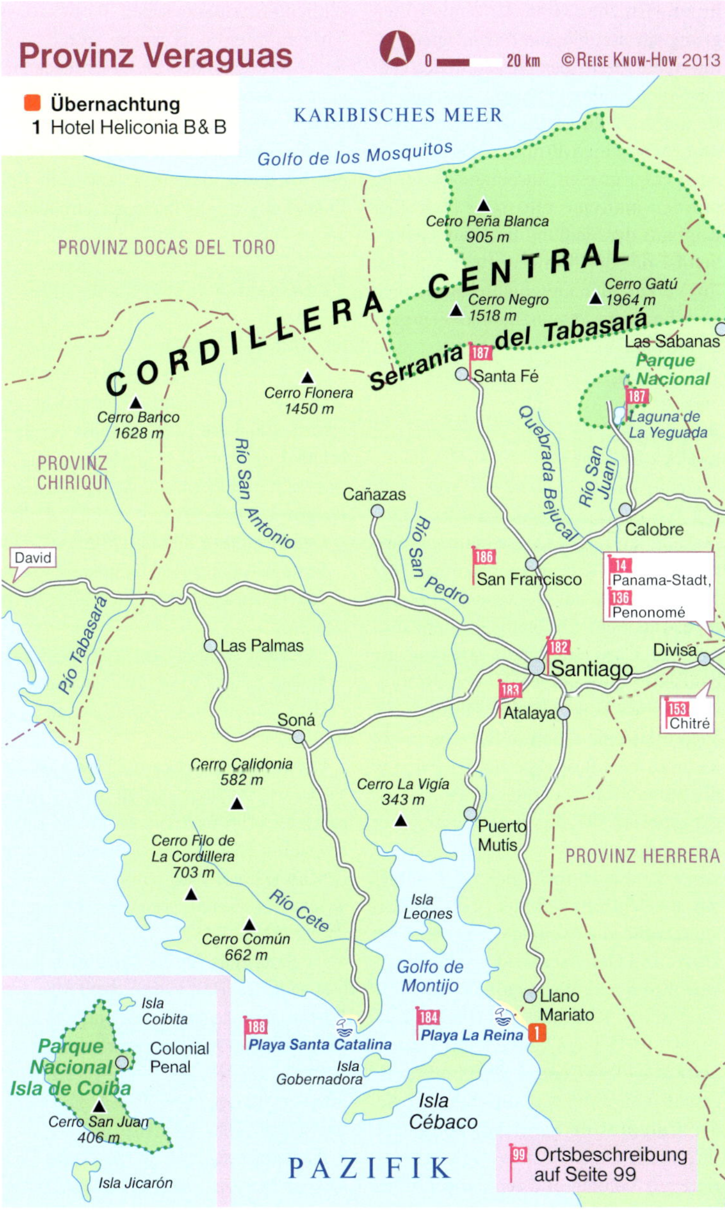
Provinz Veraguas
0 20 km
©Reise Know-How 2013
Übernachtung
1 Hotel Heliconia B&B
KARIBISCHES MEER
Golfo de los Mosquitos
PROVINZ BOCAS DEL TORO
Cerro Peña Blanca 905 m
CORDILLERA CENTRAL
Cerro Gatú 1964 m
Cerro Negro 1518 m
Serranía del Tabasará
Las Sabanas
Parque Nacional
187
Santa Fé
Cerro Flonera 1450 m
Cerro Banco 1628 m
187
Laguna de La Yeguada
Quebrada Bejucal
Río San Juan
Río San Antonio
PROVINZ CHIRIQUI
Cañazas
Calobre
Río San Pedro
David
186
San Francisco
14 Panama-Stadt,
136 Penonomé
Río Tabasará
Las Palmas
182
Santiago
Divisa
183
Atalaya
153 Chitré
Soná
Cerro Calidonia 582 m
Cerro La Vigía 343 m
Puerto Mutís
Cerro Filo de La Cordillera 703 m
PROVINZ HERRERA
Río Cete
Isla Leones
Cerro Común 662 m
Golfo de Montijo
Llano Mariato
Isla Coibita
Parque Nacional Isla de Coiba
Colonial Penal
188
Playa Santa Catalina
184
Playa La Reina
Isla Gobernadora
Isla Cébaco
Cerro San Juan 406 m
Isla Jicarón
PAZIFIK
99 Ortsbeschreibung auf Seite 99

im unwirtlichen Hinterland mit seinen grüngefärbten Flüssen *(verde aguas)* einige Goldadern, die man erst in den späten Kolonialjahren effizient ausschöpfte. *Kolumbus* konnte aus dem **Goldvorkommen** keinen Profit schlagen, denn nach einer großen Auseinandersetzung mit den *Indígenas* musste er Hals über Kopf aus der Siedlung flüchten. Geblieben ist nur der Name *Verde Aguas,* der im Verlauf der Geschichte allmählich zum heutigen Provinznamen Veraguas geführt hat.

# Santiago

Etwa 25 km hinter Divisa heißt ein großes Schild die Reisenden in Santiago, der Provinzhauptstadt Veraguas', willkommen. Das Zentrum Santiagos liegt südlich der *Carretera Interamericana,* die beidseitig von einigen Hotels, Restaurants und Tankstellen gesäumt wird. Viele Reisende sehen in Santiago nicht mehr als eine Raststätte auf der Fahrt in die Provinz Chiriquí oder als guten Ausgangspunkt für die Besichtigung der Umgebung. Die Stadt hat aus touristischer Sicht auch nicht viel mehr zu bieten. Im Zentrum befindet sich eine **Einkaufstraße,** die Avenida Central und ein **Obst- und Gemüsemarkt,** wo die Stadtbewohner und die regionale Bevölkerung billige Kleidung und frische Nahrungsmittel kaufen können. Der **Hauptplatz,** die Plaza Central, wird traditionsgemäß von einer katholischen Kirche, der **Catedral de Santiago,** dominiert. Ihre weiße Doppelturmfassade ist dekoriert mit Voluten und repräsentiert den schlichten panamaischen Barock. Der Kircheninnenraum wurde durch eine Renovierung an den Zeitgeschmack angepasst. Sehenswerte Aspekte sind während dieser Arbeiten verloren gegangen. An der Nordseite der Plaza befindet sich ein **Museum,** das unter anderem der Entstehung von Santiago gewidmet ist.

## Praktische Hinweise

### An- und Weiterreise

■ Santiago ist mit dem **Bus** ab Panama-Stadt, Penonomé, Chitré und David erreichbar. Der **Busbahnhof** liegt an der Cl. 10 ca. 500 m von der *Carretera Interamericana* entfernt. Ab dort fahren Busse täglich nach:

**Chitré** zwischen 6.30 und 19 Uhr jede halbe Std.

**Santa Fé** zwischen 6 und 18.20 Uhr alle 45 Min.

**San Francisco** zwischen 6.30 und 18 Uhr alle 35 Minuten.

**Penonomé** zwischen 7 und 18 Uhr alle 45 Min.

**Atalaya** zwischen 6 und 18 Uhr alle 15 Min.

**Llano Mariato** dreimal täglich, ohne feste Abfahrtszeiten.

**Panama-Stadt** zwischen 6.30 und 22.30 Uhr alle 60 Min. Die Busgesellschaft *Expresso Vergaguense* hat an der Vorderseite des Terminalgebäudes ein Ticketbüro mit einem Vorverkauf für die Fahrt nach Panama-Stadt.

■ **Sona** (Playa Santa Catalina) zwischen 6 und 18 Uhr alle 20 Min.

■ Die **Haltestelle für die Busse nach David** liegt an der *Carretera Interamericana* nahe dem *Hotel Piramidal.* Ab dort bestehen täglich Verbindungen zwischen 9 und 24 zu jeder vollen Stunde.

An der Haltestelle gibt es ein **Ticketbüro** mit Vorverkauf, das täglich von 8.30 bis 12.30 Uhr sowie von 14.30 bis 17 Uhr geöffnet ist.

■ Die internationalen Busse von Panama-Stadt nach **San José (Costa Rica)** halten zwar in Santiago nahe dem *Hotel Piramidal* an, jedoch kann hier nicht zugestiegen werden. Wenn man nach Costa Rica fahren möchte, ist das ab David möglich.

### Unterkunft

- **Hotel Melior,** *Ave. Central,* Tel. 9984158, 23 Zimmer, EZ/DZ 15 $. Einfach ausgestattete Zimmer mit AC, Bad, WC, TV und teilweise Balkon.
- **Hotel Gran David,** *Carretera Interamericana,* Tel. 9984510, 65 Zimmer, EZ/DZ mit Ventilator 25 $/ 35 $, mit AC 34 $/50 $. Zimmer mit Bad, TV und WC. Restaurant.
- **Hotel Piramidal,** *Carretera Interamericana,* Tel. 9983123, 60 Zimmer, EZ/DZ 45 $. Zimmer mit Bad, WC, TV und AC. Vernachlässigte Anlage.
- **Motel Hong,** Carretera Interamericana, Tel. 998 4059. Eine der billigsten Unterkünfte, wird aber auch als Stundenhotel benutzt. Zimmer ab 13 $.
- Für Reisende mit kleinem Budget geeignet ist das **Hostal Veraguas,** Barrida San Martin, 5 *cuadras* (Blöcke) hinter der *Universidad de Panama (CRUV),* gegenüber *Restaurante de Samudio,* Tel. 66696126, oder 9589021. Für 6 $ pro Person. Klein, familiär, sauber.
- **Hotel Galeria,** Carretera Interamericana, Tel. 9587951. Eines der besseren Hotels an der Straße. Standardzimmer mit AC und Kabel-TV für 55 $. Gutes Restaurant.
- Stimmungsvoller ist **Hotel Hacienda,** Carretera Interamericana, Tel. 9588580, www. hotel-lahacienda.com. Derzeit die beste Unterkunft in Santiago mit Restaurant und Swimmingpool. Am Wochenende oft ausgebucht. EZ/DZ ab 72 $.
- **Hotel Plaza Gran David,** Tel. 9983433, Zimmer mit Bad und AC, EZ ab 25 $, DZ ab 35 $. Restaurant und Swimmingpool vorhanden.

### Essen und Trinken

- Die meiste Restaurants fungieren als **Raststätten** und liegen entlang der *Carretera Interamericana.* Die Busse halten beim Centro Piramidal wegen seines preisgünstigen **Selbstbedienungs-Restaurants.** Geschäftsleute und Touristen, die mit dem Auto unterwegs sind, bevorzugen das **Restaurant** im *Hotel Galeria* oder jenes im *Hotel Hacienda.* Es gibt auch noch einige bekannte **Fast-Food-Restaurants** entlang der Straße.

### Adressen A–Z

- **Apotheke:** an der Plaza Central.
- **Geld/ATM:** *Banco Nacional de Panamá*, Carretera Interamericana, geöffnet Mo–Fr 8 bis 13.30 Uhr; *Global Bank,* Ave. Central/ Cl. 9, geöffnet Mo–Fr von 8 bis 15.30 Uhr.
- **Post, Telefon und Fax:** Das Postamt und das *C&W*-Büro sind im Gebäude an der Cl. 8 neben der Schule untergebracht und sind beide geöffnet Mo–Fr von 7 bis 18 Uhr, am Sa nur bis 17 Uhr.

## Umgebung von Santiago

### Atalaya

Der Ort Atalaya liegt 6 km südöstlich von Santiago. Er hat sich zu einer **beliebten Wohngegend** entwickelt. Elegante Bungalows und Häuser mit gepflegten Vorgärten sprechen für sich.

Die ruhige Atmosphäre des Ortes wird zweimal pro Jahr durch eine Invasion von **Pilgern** unterbrochen. Die erste „Belagerung“ erfolgt zwischen dem Sankt-Michaels-Tag (29. September) und dem **Erntedankfest** am darauffolgenden Sonntag, wenn die Menschen die **Wallfahrtskirche Basilica Menor de San Mi-**

**guel Arcángel** bevölkern, um mit Gebeten und Gaben für die abgelaufene Ernte zu danken und für die kommende Ernte um reichen Ertrag zu bitten. Der Festtag des Erzengels Michael stellt traditionell das Ernteende dar, ein wichtiger Moment im Leben der regionalen Bauerngemeinschaften.

Der zweite Pilgeransturm findet am **Fastensonntag** statt, an dem die **größte Prozession des Landes** zu Ehren des *Jesús de Nazareno* abgehalten wird. Die Statue wird in der einschiffigen Basilika aufbewahrt, deren schlichte Fassade einen großen Kontrast zum farbvollen Innenraum bildet. Den Blickfang im Inneren bilden die bunten, fast naiv gemalten Deckenfresken, die das Leben Jesu zeigen. Dieses Thema tritt ebenso in den Glasmalereien der Fenster auf. In den Ölgemälden an den Mauern ist der Kreuzweg dargestellt. Der geschmückte Hauptaltar und die beiden Nebenaltäre sind aus Marmor, einem in Panama sehr selten verwendeten Material – ein unübersehbarer Hinweis auf die große Bedeutung der kleinen Basilika.

### Praktische Hinweise

■ Zwischen Atalaya und Santiago besteht von 6 bis 18 Uhr ein **Buspendelverkehr** im Abstand von etwa 15 Min. **Unterkünfte** sind nicht vorhanden.

## Playa La Reina

50 km südlich von Atalaya erstreckt sich an der Westküste der Halbinsel Azuero einer der wenigen Badestrände der an zwei Weltmeere grenzenden Provinz Veraguas: die Playa La Reina.

Die Playa La Reina liegt etwa 4 km westlich der Ortschaft **Llano Mariato.**

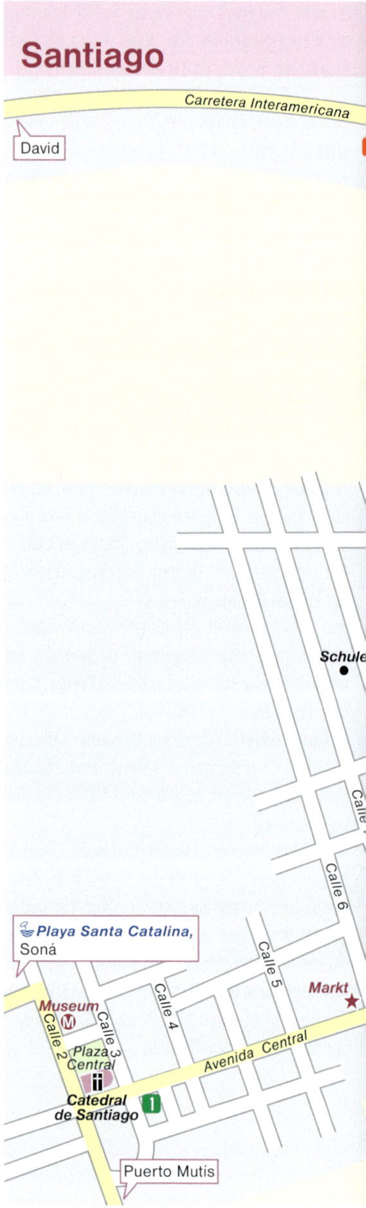

☐ Übersichtskarte S. 181





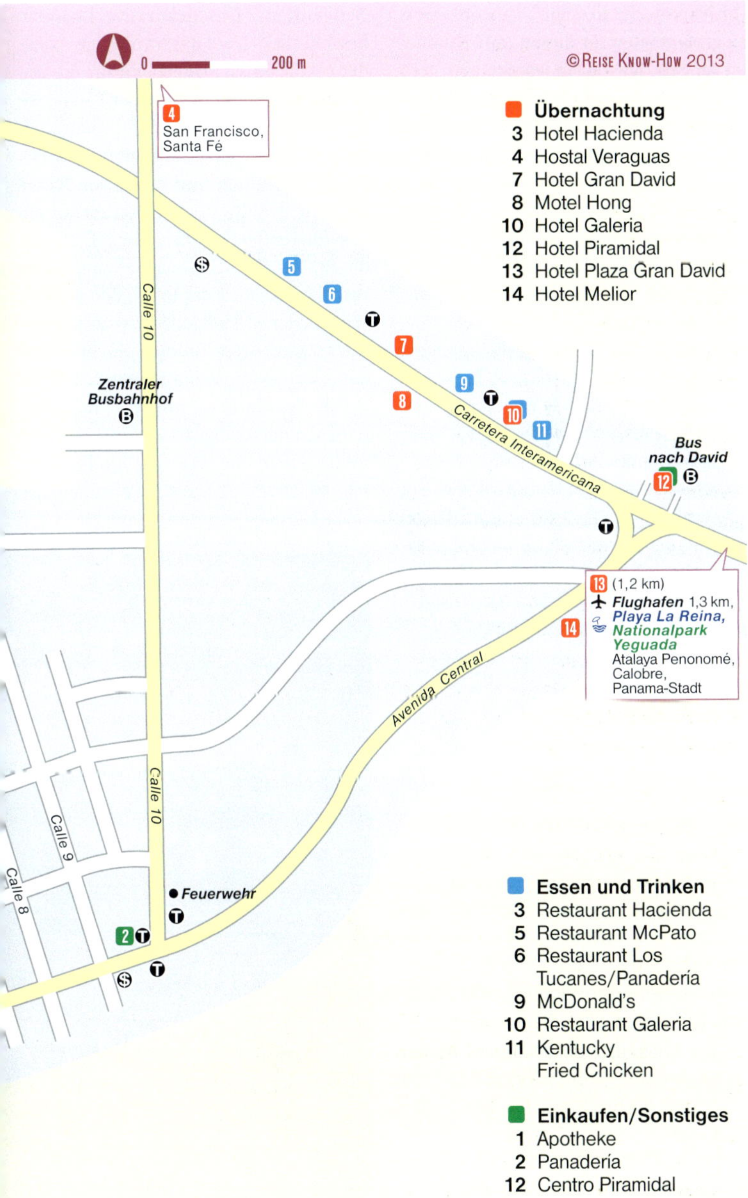

Ihr Name, „die Königin", ist wohl etwas zu groß geraten für diesen ca. 1 Kilometer langen, teils aus Kieselsteinen, teils aus dunklem Sand bestehenden Strand. Vielleicht wurde der Name nicht auf den Strand, sondern auf die Brandung bezogen, die begeisterte Wellenreiter in ihren Bann zieht. La Reina gilt als **eine der besten Surfstellen** des Landes, die Ausrüs tung muss mitgebracht werden.

### Praktische Hinweise

- Die **Anreise zum Strand** mit öffentlichen Verkehrsmitteln gestaltet sich schwierig. Nur dreimal pro Tag fährt ein Kleinbus von Santiago nach Llano Mariato. Für einen geringen Aufpreis bringt Sie der Busfahrer bis an den Strand.
- Circa 8 km südlich von Mariato und etwa eine Autostunde von Santiago entfernt, liegt das **Hotel Heliconia Bed & Breakfast,** Tel. 66760220, http://hotelheliconiapanama.com, das neben Zimmern und Mahlzeiten auch verschiedene Touren anbietet, wie z.B. in den Nationalpark Isla Coiba.

## San Francisco

Auf der Fahrt von Santiago in Richtung Norden ist der kleine Ort San Francisco de la Montaña (20 km) der erste lohnenswerte Stopp. Das Dorf besitzt eine kleine **Kirche,** die man mit Sicherheit als **das schönste religiöse Bauwerk des Landes** betrachten kann. Das Juwel aus der Kolonialzeit wurde von Franziskanermönchen gegründet und inzwischen liebevoll und sachkundig renoviert.

Ihr äußeres Erscheinungsbild beeindruckt durch seine Schlichtheit, ein deutliches Stilmerkmal der Bauten des Bettelordens. Das dekorative Element beschränkt sich auf das turmartige Arkadenportal. Ausschlaggebend für die architektonische Bedeutung der Kirche ist ihr harmonisch gestalteter Innenraum im Barock-Stil, wo die bunten, prunkvollen Skulpturen und Altäre von feinster, sehr detaillierter Holzschnitzarbeit imponieren. Sie wurden geschaffen, um die Predigt der Missionare zu unterstützen. So sind am Hauptaltar, der aus 180 verschiedenen Holzteilen zusammengesetzt ist, mehrere Bibelgeschichten auf fantasievolle Weise dargestellt. Die Dramatik des Barocks und des Rokokos schienen hervorragend geeignet, um der indianischen Bevölkerung die katholische Glaubensbotschaft zu vermitteln. In

072pa hz

> Schnitzerei in der Kirche von San Francisco

den Kunstwerken findet man neben den religiösen Motiven des Katholizismus auch Tiermotive, tropische Früchte, die Sonne und den Mond sowie würdevolle *Indígenas*, beispielsweise in der Stützfigur der Kanzel.

### Praktische Hinweise

- Die Kirche ist täglich zu **besichtigen,** wobei um die Mittagszeit die Pforten geschlossen bleiben. Falls die Kirche nicht geöffnet ist, sollten Sie im Ort nachfragen, denn für interessierte Besucher wird gewiss aufgeschlossen und eine freundliche, kundige Führung durch das Ortsjuwel organisiert.
- Wer mit dem **Bus** anreist, sollte am besten am Ortsbeginn an der Straßengabelung (weißes Kreuz) aussteigen, an der es links nach Santa Fé sowie rechts zur Kirche (ca. 10 Gehminuten) geht. San Francisco ist von Santiago aus mit dem Bus mehrmals täglich erreichbar. Der Bus fährt zwischen 7 und 18 Uhr etwa jede halbe Stunde retour.

11 km östlich von San Francisco wird auf der Straße nach Calobre (25 km) der **Quebrada Bejucal** überquert. Unterhalb der Betonbrücke stürzt dieser Fluss über einen **Wasserfall** in ein natürliches Becken hinab, das zu einem erfrischenden Bad einlädt. Ein deutlich sichtbarer, ausgetretener Pfad führt hinunter zu dem Wasserbecken. Vom Wasserfall führt die Asphaltstraße durch den Ort **Calobre** zur **Laguna de La Yeguada,** einem schönen Stausee, der zur Stromerzeugung genutzt wird.

Um den See breitet sich der **Nationalpark Yeguada** aus, den man auf Wanderwegen leicht erkunden kann. Geöffnet: 9–16 Uhr, Eintritt: 5 $, Camping erlaubt. Im **Ort Yeguada** kann man einkaufen.

## Santa Fé

Nach San Francisco schlängelt sich die gemächlich ansteigende Straße zum etwa 35 km entfernt liegenden Bergdorf Santa Fé. Je näher der Ort und die Kontinentale Wasserscheide (zwischen 1200 m und 1500 m) rücken, desto üppiger wird die Vegetation.

Etwa 2 km vor Santa Fé, im kleinen **Aremaye,** befindet sich eine von Indígenas betriebene *Casa de Artesanias* mit sehr schönen Handarbeiten zu vernünftigen Preisen.

Santa Fé liegt auf einem kleinen Plateau im Schatten der Wasserscheide und verdankt seine Existenz den **Goldadern** in dieser Region, von denen *Kolumbus* in seinen Dokumenten bereits vielversprechend berichtete: „*In zwei Tagen habe ich hier mehr Gold gesehen als in Spanien in vier Jahren*", womit das Schicksal der Region besiegelt war. Als Mitte des 16. Jahrhunderts die Spanier nach einigen Expeditionen am Río Concepcíon Gold fanden, entwickelte sich am Ufer des Flusses ein aus Bretterbuden bestehendes Goldgräbernest, das den Namen Santa Fé erhielt.

Zu Beginn des 19. Jahrhunderts wurde die damals noch an der Karibikküste liegende Siedlung vom Moskito-Volk, das damals fast die gesamte Karibikküste Zentralamerikas beherrschte, angegriffen und in Schutt und Asche gelegt. An der Pazifikseite der Serranía del Tabasará wurde Santa Fé später wieder zum Leben erweckt, doch das Goldfieber hatte sich schon lange verabschiedet.

Geblieben ist eine kleine Agrargemeinde und ein netter Ort, der langsam von Naturliebhabern, als **Ausgangspunkt für Touren** durch die fast unberührte

Flora und Fauna der höherliegenden Regionen der Serranía del Tabasará, entdeckt wird.

### Praktische Hinweise

- Santa Fé ist mit dem **Bus** ab Santiago erreichbar. Der Bus fährt zwischen 6 und 18 Uhr etwa alle 45 Minuten. Einige hundert Meter hinter der Bushaltestelle befindet sich der *Cecy,* ein **Tante-Emma-Laden** und **Restaurant,** in dem Grundnahrungsmittel und Gerichte aus Reis, Bohnen und Fleisch angeboten werden.
- **Unterkunft** findet man im *Hotel Santa Fé,* Tel. 9540941, www.hotelsantafepanama.com, am Ortsanfang. Restaurant und 20 kleine Zimmer (EZ 22 $, DZ 28 $, MBZ 10 $ pro Person), die alle mit Bad, WC und Ventilator oder AC ausgestattet sind, sowie auch im *Hostal La Ohia,* Tel. 9540903, www.panamamountainhouse.com. Ab 11 $ pro Person im Mehrbettzimmer, 33 $ für EZ/DZ. Terrasse, Garten und Besitzer, die viel von der Gegend wissen.
- **Einkaufen:** Im Ort gibt es mittlerweile einige kleine *Supermercados* und *Tiendas* mit dem Notwendigsten.
- **Aktivitäten:** In Puerto Lara besteht die Möglichkeit, mit Einheimischen Bootsfahrten zu unternehmen. 2 Stunden mit dem Boot kosten etwa 15 $.

## Playa Santa Catalina

Noch vor wenigen Jahren war die Playa Santa Catalina nur wenigen Reisenden bekannt, mittlerweile hat sich der Strand allerdings mehr und mehr zum **Surferparadies Nummer eins** in Panama entwickelt. Fast in jedem Haus bis unmittelbar an den Strand gibt es mittlerweile Zimmer zu mieten und/oder einfache Restaurants. Öffentliche Telefonzellen und eine Tankstelle runden die Infrastruktur ab, lediglich eine Bank bzw. ein Bankomat (derzeit nur in *Soná*) lässt noch auf sich warten. Santa Catalina ist aber nicht nur als Surfparadies bekannt – im Sommer 2010 wurden hier Weltmeisterschaften abgehalten –, sondern ist auch ein guter **Ausgangspunkt für Boots- und Tauchtouren** in den Nationalpark Isla Coiba.

### Praktische Hinweise

- Santa Catalina ist mit dem **Bus** ab Soná dreimal täglich erreichbar. Nach Soná gibt es gute Busverbindung ab Santiago und sogar ab Panama-Stadt.
- **Unterkunft** findet man in den *Cabinas Sol y Mar,* am Ortseingang gelegen. Nette Häuschen mit Kühlschrank, TV, AC und Terrasse für 2 bis 4 Personen, ab 60 $, inkl. Frühstück. Es gibt auch einfachere Zimmer mit Gemeinschaftsbad ab 12 $ pro Person, sowie in den *Cabinas Rolo,* www.rolocabins.net. Treffpunkt der Surferszene. Einfache Zimmer, Ventilator, Gemeinschaftsbad; ab 20 $ pro Person, im MBZ ab 40 $ pro DZ.

  Weitere **Zimmer** finden Sie unter anderem im *Casa Kenia,* www.casakenia.com, *La Vida Buena,* www.labuenavida.biz und im *Surf Side Inn,* www.dospalmascatalina.com – alle im Dorf gelegen. Etwas außerhalb liegen das nette kleine *Hostel Blue Zone,* Tel. 64585305, www.bluezonepanama.com, das *Casa Maya,* www.santacatalinaboattours.com/accomodations/casamaya.html und die *Rancho Estero,* www.ranchoestero.com, die *Cabanas Time Out,* www.cabanastimeout.com, das *Hotel Santa Catalina,* www.hotelsantacatalinapanama.com, das *Hotel Surf Point,* www.santacatalinasurfpoint.com, desweiteren *On the Reef Hotel, Surfer's Paradise* und *Oasis Surf Camp.*

  Etwa 10 Autominuten vom Santa Catalina entfernt an der Playa und Río Lagartero liegt das *Hotel Hibiscus Garden,* Tel. 66156097, www.hibiscusgarden.com. 8 Zimmer zwischen 10 und 30 $ pro Person. Kleiner **Campingplatz** für 7,50 $ pro Person. Shuttleservice zur Playa Santa Catalina.
- **Bootsausflüge** in den **Nationalpark Isla Coiba** werden bei den Unterkünften angeboten. Fans

des Tauchsports finden alles in der PADI-Tauchschule *Scuba Coiba*, am Ende der Hauptstraße. Es wird auch Deutsch gesprochen. Mehr Informationen unter www.scubacoiba.com.

# Parque Nacional Isla de Coiba

Wenige Kilometer vor der Pazifikküste Veraguas', zwischen dem Golfo de Montijo und dem Golfo de Chiriquí, schimmert die Isla de Coiba, die 2005 von der UNESCO zum Welterbe erklärt wurde. Sie ist mit einer Oberfläche von 493 km² die **größte Insel Panamas,** sogar eine der größten im zentralamerikanischen Pazifikraum und ragt als Spitze eines riesigen Unterwassergebirges über die Pazifikwellen.

Coiba war bereits lange Zeit vor der Entdeckung der Neuen Welt von einer bis heute noch kaum erforschten Kultur besiedelt. Jüngste **archäologische Funde** untermauern diese Existenz einer **präkolumbischen Kultur,** die sich bis etwa 500 v. Chr. zurückverfolgen lässt. Im Verlauf der Geschichte sind die ursprünglichen Bewohner von der Insel verschwunden. Außer den archäologischen Funden ist von ihnen nur der Inselname Coiba geblieben, was „Land jenseits" bedeutet.

Dank des Desinteresses der Spanier an der Kolonisierung der Insel ist die Robinson-Crusoe-Idylle bis heute erhalten geblieben. Eine **einzigartige Tier- und Pflanzenwelt** konnte sich ungestört entfalten, sowohl oberhalb des Meeresspiegels wie auch darunter. Der Arakanga *(ara macao)*, einer der farbenprächtigsten Papageien, der auf dem Festland nur noch spärlich zu beobachten ist, lebt auf der hügeligen Insel in großer Zahl. Er ist aber nur einer der 130 verschiedenen Vogelarten, die hier beheimatet sind, wovon 20 Arten ausschließlich auf Coiba registriert wurden. Die feinen Sandstrände der Insel bilden die Brutplätze der bedrohten Meeresschildkröten, dienen aber gelegentlich auch kurzzeitig als tropisches Paradies für „landhungrige" Kreuzfahrtpassagiere.

Seit 1991 ist die Isla Coiba mit den umliegenden Inselchen, wie etwa der Islas Coibita, Jicarón und Jicarita, als **Nationalpark** ausgewiesen. Fast 80 % der Fläche besteht aus Wasser, in dem sich eine sehr reizvolle Flora und Fauna verbirgt. Begegnungen mit bunten Tropenfischen, mit Haien und Mantas sind bei Tauchgängen keine Seltenheit. Aber auch ohne Taucherbrille ist hier viel Interessantes zu beobachten, wie etwa die unterschiedlichen **Wale,** die vor allem in den Monaten Juni, Juli und August an der Insel vorbeiziehen.

Seit die alte, berühmt-berüchtigte Strafanstalt an der Ostküste der Insel geschlossen wurde, kommt der Tourismus allmählich in Gang, aber noch ist die Isla de Coiba ein wirkliches Paradies für Taucher und Naturliebhaber.

Vom *Heliconia B & B* nahe Llano Mariato und an der Playa Santa Catalina werden **Tauch- und Ökotouren** in den Nationalpark Isla Coiba angeboten. Geschlafen wird in den einfachen Mehrbettzimmern des dortigen wissenschaftlichen *ANAM*-Zentrums.

# PROVINZ CHIRIQUÍ

Der aus der Sprache der Guaymi stammende Name der südwestlichsten Provinz des Landes trifft den Charakter der Provinz gut: „chiriquífi", das **„Tal des Mondes"**, ein Gebiet im Bann des magischen Himmelskörpers, der als uraltes Symbol für Leben und Verderben sowie für Regen und

Fruchtbarkeit steht. Die **regenreichen Hochlagen** der Serranía de Talamanca, des Westflügels der Zentralkordillere und das frühlingshafte Bergklima eignen sich für den Anbau von Kaffee, Zitrusfrüchten, Erdbeeren und Kartoffeln, während in der Schwüle der Küstenebene die Rinderzucht und der Anbau von Bananen und Zuckerrohr zu den wichtigsten Wirtschaftsfaktoren zählen. Chiriquís Landschaft ist ein **buntgefleckter Teppich** aus Kulturland, Feucht- und Nebelwäldern, grünen Berghängen, zerklüfteten Tälern und Flüssen mit Stromschnellen und Wasserfällen. Nördlich von David nahe Boquete erhebt sich der erloschene **Vulkan Barú,** der mit 3475 m der hochste Berg des Landes ist.

# Geschichte

Die ersten **spanischen Kolonisten** lebten auf kleinen Haciendas und trieben über einen Mauleselweg Handel mit Costa Rica und den weiter nordwestlich liegenden Ländern Zentralamerikas. Das Band mit Panama-Stadt war über

**NICHT VERPASSEN!**

- **Playa Las Lajas,** einer der schönsten Strände der Pazifikküste | 193
- **Rumfabrik Carta Vieja,** panamaische Traditionsbrennerei bei David seit 1914 | 200
- **Kaffeetouren,** bei Boquete bieten Kaffeeproduzenten Touren zu Plantagen mit Fabrikbesuch an | 211
- **Parque Internacional La Amistad,** einer der landschaftlichen Höhepunkte des Landes | 219

**Diese Tipps erkennt man an der gelben Hinterlegung.**

Jahrhunderte wegen der Entfernung schwach. Kaum beachtet von der Verwaltung in der Hauptstadt, gingen (und gehen) die Chiricanos ihren eigenen Weg, ein Grund, weshalb sie in Panama als „eigensinnig" angesehen werden.

Die ersten Orte in Chiriquí entstanden nur langsam. Es fehlten die spanischen Truppen und das Geld für den Bau von Befestigungsanlagen zum Schutz vor den **Angriffen der indianischen Völker,** die sich unter der Führung ihrer Kaziken, wie etwa *Dorega* und *Buguba,* in die Berge zurückgezogen hatten.

Erst mit dem großen **Kolonisationsprozess im 19. Jahrhundert** kam es zu einem Zustrom von neuen Siedlern und zur Entstehung von Dörfern. Viele dieser Kolonisten kamen aus allen Teilen der Welt, lebten bereits lange in der Hauptstadt und kehrten nun der Stadt den Rücken, um im äußersten Südwesten des Landes ihr Glück zu suchen. Im Zuge der Kolonisierungswelle wurde der einst kaum beachtete Winkel Mitte des 19. Jahrhunderts von der Provinz Veraguas abgekoppelt und zu einer selbstständigen Provinz erhoben.

Mit Beginn des 20. Jahrhunderts kam die amerikanische Bananengesellschaft **United Fruit Company** nach Chiriquí, die den sogenannten **Coto-Streit** mit Costa Rica entfachte. Die Basis des Konflikts war der Grenzverlauf, doch in Wirklichkeit handelte es sich um einen Konkurrenzkampf zwischen der *United Fruit Company* und der *American Banana Company.* Der Konflikt wurde 1914 beigelegt: Panama erhielt einen Teil der Coto-Region am Pazifik, Costa Rica das Tal des Río Sixaola an der Karibikseite.

Die **indianischen Völker** sind im Lauf der Geschichte völlig verschwunden. Nur die Guaymí (auch *Ngwobe)* haben überlebt, wurden und werden aber mit dem Landhunger der Großgrundbesitzer immer weiter in die Berge und an den Rand der Gesellschaft gedrängt – ein schwarzer Fleck auf der weißen Weste der stolzen Chiricanos.

# Zwischen Santiago und David

Mit dem Beginn der Provinz Chiriquí ändert sich langsam das Landschaftsbild: Riesige Farne und von Schlingpflanzen überwucherte Bäume säumen beidseitig die *Carretera Interamericana* und verhindern einen Blick auf die immer höher werdende Zentralkordillere. Hin und wieder verkaufen an kleinen **Straßenständen** die Guaymí-Frauen ihre traditionellen Halsketten *(chachiras)* und ihre typischen Kleider mit bunten, geometrischen Mustern. Anders als manche panamaische Trachten sind diese Kleider keine Staubfänger, die nur zu speziellen Anlässen hervorgeholt werden, sondern bilden einen festen Bestandteil des Alltags. Die weitgeschnittenen, liebevoll verarbeiteten Modelle aus Baumwolle wurden von vielen nichtindianischen Frauen als bequeme und luftige Hauskleider entdeckt.

Nach Tolé öffnet sich die **Llanura Chiricana,** die von zahlreichen Flüssen durchzogen und von Kultursavanne, blattwechselnden und immergrünen Wäldern geprägt wird. Der erste Ort in der Küstenebene, zugleich aber auch die erste Siedlung in der Geschichte von Chiriquí ist **Remedios.** Es liegt einige Kilometer südlich der *Carretera Interamericana* und wurde 1589 als *Nuestra Señora de los Remedios* gegründet. In historischen Dokumenten wird die Siedlung als *„ein armseliges, aus 14 Hütten bestehendes Dorf“* bezeichnet, was sich heute in jeder Hinsicht geändert hat.

## Playa Las Lajas

Etwa 70 km vor David liegt die Playa Las Lajas, einer der schönsten Strände der Pazifikküste. Es ist beinahe unglaublich, dass dieser dunkle, feinsandige **Strand** an Wochentagen völlig menschenleer ist und nur am Wochenende frequentiert wird. Aber auch dann wird durch seine Länge ein Schulter-an-Schulter-Sonnenbad verhindert. Die einzigen Lebewesen, mit denen Sie wochentags diesen kilometerlangen, während der Ebbe bis zu 30 m breiten Strand teilen, sind unzählige Einsiedlerkrebse und hungrige Wasservögel. Als Schattenspender dienen Indische Mandelbäume mit ihren typischen etagenförmig angeordneten Zweigen, Strandwinden mit rosafarbenen Blüten, fürstlich anmutende Kokospalmen und Palmblattdächer, die für 5 $ pro Tag vermietet werden.

### Praktische Hinweise

■ **Paradise Inn,** Tel. 7270653 oder 67200008, www.paradiseinn.de. Einfache Bungalows mit Bad, WC, AC und Kühlschrank; ab 50 $; **Las Lajas Beach Resort,** Tel. 67901972, www.laslajasbeachresort.com. 12 Zimmer mit Bad und AC, ab 100 $ in der Nebensaison. Restaurant, Swimmingpool, Bar; **Finca Buenavista,** Tel. 68148691, www.finca-buenavista-laslajas.com. Angenehme und gepflegte Anlage, aber etwas weit vom Strand entfernt. DZ 80 $ inkl. Frühstück. Einige Unterkünfte bieten sehr einfache Zimmer an, teilweise mit Gemeinschaftsbad ab 13 $ pro Person, wie das **Hostal La Spiaza,** Tel. 66206431, www.laspiazapanama.com, und das **Hostal de la Abuela,** Tel. 6176566, www.backpackerspanama.com.

■ **Bar/Restaurant El Mundo,** direkt am Strand, sorgt für das leibliche Wohl.

■ Ab David ist der Ort Las Lajas mit dem **Bus** viermal täglich, die Abzweigung mit dem Bus nach Tolé mehrmals täglich erreichbar. An der Abzweigung warten **Taxifahrer,** um Busgäste in den kleinen Ort Las Lajas (3 km) oder direkt an den Strand (12 km) zu bringen (ca. 10 $). Eine Abholzeit sollte mit dem Taxifahrer abgesprochen werden.

Nach **David zurück** können Busse an der Kreuzung angehalten werden. Wer aber nach Panama-Stadt fahren möchte, der sollte dies am besten ab David tun, da Busse nach Panama-Stadt an der Kreuzung wegen Platzmangels fast nie anhalten.

## Isla Boca Brava

Ca. 40 km vor David zweigt eine Straße nach **Horconcitos** und **Boca Chica,** dem Hafen von Horconcitos, ab (13 km; Taxi 15 $). Von dort aus kann man sich mit einem Boot zur Isla Boca Brava übersetzen lassen (2 $ pro Person; 5 Minuten). Die Insel liegt am Rande des **Parque Nacional Marítimo Golfo de Chiriquí,** einem sehr fisch- und korallenreichen Schnorchel- und Tauchrevier.

Der Marinepark ist auch ab Boquete mit einer **Tauchtour** erreichbar, die unter anderem im Hotel *Country Inn* angeboten wird.

### Unterkunft, Essen und Trinken

■ Auf der Insel befindet sich das **Hotel Cala Mia,** Tel. 66175352, mit Restaurant und 11 Cabañas, ab 220 $. Mehr Informationen zum Hotel unter www.boutiquehotelcalamia.com. Günstigere Zimmer bietet das **Hotel Boca Brava,** Tel. 851-0017, www.hotelbocabrava.com. DZ mit Bad und Ventilator 50 $, Deluxe-DZ mit Bad, AC, TV und Terrasse 72 $. Im Mehrbettzimmer 10 $, in der Hängematte 8 $. Mit **Restaurant.**

# David

Damit unterwegs keine Missverständnisse bei der Aussprache des Ortsnamens auftreten: David wird weder auf die englische Weise, noch auf die deutsche Art ausgesprochen, sondern die Betonung liegt auf dem i. Es muss also „Dawiet" heißen.

David ist die **Hauptstadt der Provinz Chiriquí** und die zweitgrößte Stadt des Landes. Mit ca. 100.000 Einwohnern liegt die Stadt aber weit hinter der Millionenmetropole Panama-Stadt. Für den Westen des Landes ist David das **regionale Zentrum** mit vielen Arbeitsplätzen, Schulen, Geschäften und einer guten Gesundheitsversorgung. Für Touristen ist David nur ein Umsteigeort auf dem Weg von oder nach Boquete, Bocas del Toro, Panama-Stadt oder Costa Rica.

David ist weitläufig angelegt, sehr unübersichtlich und ziemlich heiß. Die Straßen im Zentrum sind tagsüber ständig mit Autos verstopft und in Abgaswolken gehüllt. Historisch interessante Gebäude sind eher selten, genauso fehlt es an einer spannenden, modernen Architektur. Sogar eine gemütliche Einkaufsstraße sucht man hier vergeblich. Für einen Einkaufsbummel ist deshalb das moderne **Einkaufszentrum Chiriquí Mall** an der Carretera Interamericana eine viel bessere Adresse. David ist derzeit nicht mehr als ein hektisches Provinzstädchen mit wenig Charme, doch wird an der Entwicklung der Stadt stetig gearbeitet.

## Geschichte

Davids Geschichte lässt sich anhand von zeitgenössischen Dokumenten bis in das Jahr **1602** zurückverfolgen, doch die kleine Bauerngemeinde war so unbedeutend, dass man sie erst im 18. Jahrhundert auf der Landkarte als *pueblo* (Dorf) erwähnte. Das damals knapp 1000 Einwohner zählende **Dorf** lag an der **Handelsroute** zwischen Panama-Stadt und San José (Costa Rica), weshalb die Mauleselkarawanen auf ihrem oftmals beschwerlichen Weg im Pueblo gern eine Rast einlegten.

Der **Aufschwung** des Ortes begann, als die spanische Krone den Transit auf der Landenge um die **Mitte des 18. Jahrhunderts** einstellte, womit der Landweg als Handelsroute immer mehr an Bedeutung gewann.

Die Einwohner des nahe gelegenen Verwaltungsstädtchens Alanje witterten ihre wirtschaftliche Chance und zogen massenweise in das Dorf, das rasch die Ausmaße einer kleinen Stadt annahm und den Namen *San José de David* erhielt. *José de Obaldía,* einer der wohlhabendsten Bürger von David, ergriff im 19. Jahrhundert eine Initiative, die im Jahr 1849 zur eigenständigen Provinz

Chiriquí führte, mit David als **Provinzhauptstadt.** Zur Würdigung von *Obaldía* wurde sein ehemaliges Wohnhaus in ein Museum umgewandelt, das jährlich am 28. und 29. September im Mittelpunkt des *Festival del Tambor Chiricano* steht, einem beeindruckenden Musikspektakel, das von Trommelklängen beherrscht wird.

## Sehenswertes

Herausragende Sehenswürdigkeiten hat David zwar nicht zu bieten, aber wer etwas Zeit übrig hat, der kann vielleicht einen Blick ins Stadtmuseum werfen.

### Museo de Historia y de Arte José de Obaldía

Das weiß-braune Museumsgebäude mit seinem schönen Balkon ist eine der wenigen stadthistorischen Spuren, die den Zahn der Zeit schadlos überstanden haben. Der Akzent des Museums liegt in der **regionalen Geschichte.**

In zwei ebenerdigen Räumen befinden sich zwar bescheidene, aber doch interessante Sammlungen von **präkolumbischen Kunstgegenständen** sowie von **religiösen Antiquitäten,** wobei der Schwerpunkt auf den Keramikgegenständen, den Steinfiguren und der Silberschmiedekunst liegt. Im ersten Stock geben Dokumente und Fotos einen Einblick in die regionale **Geschichte des 19. und 20. Jahrhunderts,** als die *United Fruit Company* in Chiriquí auftauchte. Die Dokumenten- und Fotoausstellung befindet sich in den **ehemaligen Wohnräumen,** die dank der noch aus der Zeit um 1900 stammenden Möblierung einen stimmungsvollen Eindruck in den Lebensstil der Familien der damaligen Zeit vermitteln.

■ Das Museum ist Di–Sa von 8.30 bis 16.30 Uhr **geöffnet,** Eintritt 2 $, und liegt an der Avenida 8 in einem Stadtviertel, das als Barrio Bolívar bezeichnet wird.

### Barrio Bolívar

Gegenüber dem Museum ist dem Namensgeber des Viertels, dem lateinamerikanischen Helden *Simón Bolívar*, ein Denkmal gewidmet. Der Barrio Bolívar zählte einst zu den Glanzlichtern von David. Pläne, um das Flair des **Viertels** wieder aufzupolieren, sind bereits in Arbeit. Bis es wieder im neuen Glanz erstrahlt, bleibt lediglich der wehrhafte, koloniale Kampanile beachtenswert. Dieser freistehende **Glockenturm** ist in Lateinamerika eine Rarität. Seine Bauweise stammt ursprünglich aus Italien, wo der Turm von Pisa wohl das bekannteste Beispiel bildet, allerdings kann Davids Kampanile keineswegs mit diesem Bauwerk konkurrieren.

## Praktische Hinweise

### An- und Weiterreise per Bus

■ Es gibt zwar Pläne, einen neuen Busbahnhof an der *Carretera Interamericana* beim modernen Einkaufszentrum *Chiriquí Mall* zu bauen, doch zum Zeitpunkt unserer Recherche war alles unverändert. Bis es soweit ist, benutzen die Busse noch immer den **zentralen Busbahnhof** an der Ave. Cincuentenario (ca. 500 m vom Zentrum entfernt).

David
0 100 m
1 2 3 4
Boquete,
Carreta Interamericana,
Plaza El Terronal,
Balnearios Majagua,
201
La Cascada
Essen und Trinken
2 Restaurant Cuatro
15 Gran Nacional
19 Pio Pio
22 Café Multi II
20 Puerta del Sol
23 Castilla
25 Café Multi I
2
Panama-Stadt,
Caldera
Carretera Interamericana
Calle G Norte
Calle F Norte
Calle E Norte
Calle D Norte
Calle C Norte
Calle B Norte
Calle A Norte
Calle Central
Calle A Sur
Calle B Sur
Avenida Obaldia
Avenida 1 Este
Avenida Circuentenario
Avenida Bolivar
Avenida 3 de Noviembre
Avenida 5 Este
Avenida Central
Avenida 1 Oeste
Avenida 2 Oeste
Parque Central / Cervantes
Playa La Barqueta,
Rumfabrik Carta Vieja
Flughafen (4 km)

**Panama-Stadt,** zwischen 7 und 24 Uhr fährt fast stündlich ein Bus.

**Paso Canoas** (Grenze zu **Costa Rica),** zwischen 5 und 20 Uhr alle 10 Minuten.

**Caldera** (Heiße Quellen), zwischen 10 und 18 Uhr dreimal.

**Boquete,** zwischen 6.15 und 20 Uhr jede halbe Stunde.

**Alanje,** zwischen 7 und 19.45 Uhr alle 35 Min.

**Almirante und Changuinola** (Boote nach Bocas del Toro), zwischen 7 und 19 Uhr mehrmals täglich.

**Las Lajas,** um 11.45, 12.45, 16.20 und 19.20 Uhr.

**Tolé,** zwischen 5 und 18.50 Uhr jede halbe Stunde.

**Volcán** und **Cerro Punta,** zwischen 5.45 und 18.30 Uhr alle 20–25 Minuten.

### Internationale Busverbindung

■ **Puerto Armuelles,** zwischen 5 und 20 Uhr alle 15 Minuten.

Nach **San José/Costa Rica** fährt ein Bus der Gesellschaft *Tracopa* täglich um 8.30 Uhr (9 $, 8 Stunden). Die Haltestelle und das Ticketbüro, Tel. 775 0585, befinden sich ebenfalls im zentralen Busbahnhof. Tickets gibt es im Vorverkauf. Eine Reservierung ist ratsam, www.tracopac.com.

Ab San José besteht täglich eine Verbindung nach **Nicaragua, Honduras, Guatemala und El Salvador.**

## An- und Weiterreise per Flug

■ Der **Flughafen** *Enrique Malek* liegt ca. 4 km südwestlich des Zentrums. Er ist mit dem **Bus** nach Pedregal (10 ct.) oder mit dem **Taxi** für ca. 7 $ erreichbar. Flüge **von David** nach:

**Panama-Stadt,** mehrmals täglich.

**Changuinola,** zweimal täglich.

**Bocas del Toro,** dreimal wöchentlich.

**San José, Costa Rica,** einmal täglich.

■ **Flugtickets** sind erhältlich am Flughafen, im Stadtbüro sowie im Internet unter www.airpanama.com.

## Unterkunft

■ **Residencial Avenida,** Ave. 3/Cl. D und E Norte, Tel. 7740451, EZ/DZ ohne Bad 15 $, mit Bad, Ventilator/AC und TV 20 $. Zweckmäßig ausgestattete, saubere Zimmer, teilweise ohne Fenster.

■ **Hotel Madrid,** Cl. F Norte/Ave. Diaz und Obaldía, Tel. 7752051, 25 Zimmer, EZ/DZ 22/30 $. Zweckmäßige Zimmer, etwas vernachlässigt.

■ **Hotel Castilla,** Calle A Norte/Parque Central, Tel. 7745236, EZ/DZ ab 32 $. Mit Bad, WC und AC. Restaurant und Bar. Ordentliches Stadthotel.

■ **Hotel Iris,** Plaza Central, Tel. 7752251, EZ/ DZ ab 22 $. Vernachlässigte Zimmer mit Teppichboden, Bad, WC und Ventilator oder AC.

■ **Hotel Occidental,** Plaza Central, Tel. 7754068. 64 Zimmer. Bad und AC. Restaurant. EZ ab 30 $, DZ ab 45 $. Eines der ältesten Hotels.

■ **Hotel Puerta del Sol,** Calle Central/Ave. Bolívar, Tel. 7748422, www.hotelpuertadelsol.com.pa. EZ ab 43 $, DZ ab 50 $. Mittelklassehotel. Standardzimmer mit AC und TV. Internet und Restaurant.

■ **Hotel Toledo,** Tel. 7746732, Zimmer ab 25 $. 34 zweckmässige Zimmer, alle mit Bad, AC und TV.

■ **Hotel Alcalá,** Tel. 7749018, www.hotelalcalapanama.com. DZ ab 35 $. 54 Zimmer, mit Bad, AC und TV. Restaurant.

■ **Hotel Purple House,** Tel. 7744059, www.purplehousehostel.com, Ave. 6/Calle C Sur. Pension für Rucksacktouristen, untergebracht in einem etwas abgelegenen und unattraktiven Einfamilienhaus. Preisgünstig für Einzelreisende. Mehrbettzimmer ab 9 $ pro Person. Internet, Küchenbenutzung, Terrasse, Kaffee und Tee gratis.

■ Ähnlich ist das **Bambú Hostel,** Calle Virgencita, San Mateo, Tel. 7302961, www.bambuhostel.com. Garten und kleiner Pool, aber schlechte Lage abseits vom Zentrum. Mehrbettzimmer ab 10 $ pro Person.

■ **Gran Hotel Nacional,** Cl. Central/Ave. 1 Este, Tel. 7752222. Beliebtes Mittelklassehotel. Zimmer mit AC und Kabel-TV. Swimmingpool, diverse Restaurants, Bars und Casino. EZ/DZ ab 95 $ inkl. Frühstück, www.hotelnacionalpanama.com.

■ **Hotel Ciudad de David,** Calle D Norte, Ave. 2a Este, Tel. 7743333, www.hotelciudaddedavid.com. Modernes Hotel mit Restaurant, Bar, Swimmingpool, Fitnessraum, Sauna und Parkplatz. Gepflegte Zimmer mit Bad, WC, AC, TV. DZ ab 76 $), inklusive Frühstück. Eines der besten Hotels der Stadt.

■ **Hotel Internacional,** Avenida 3, zwischen Calle A und B Sur, Tel. 777000, www.hotelinternacionalchiriqui.com, Hochhaus mit Restaurant, Bar, Fitnessraum und gepflegten Zimmern, alle mit Bad, WC, TV und Internet. DZ ab 76 $ inklusive Frühstück.

## Essen und Trinken

■ Das Angebot an Restaurants im Zentrum ist eher bescheiden. Empfehlenswert ist das preiswerte **Mittagsbuffet** im *Gran Hotel Nacional,* täglich außer sonntags, dann wird nämlich ein preiswerter **Brunch** angeboten. Die **Pizzeria** im selben Hotel ist ebenfalls empfehlenswert.

■ Gut ist auch das **Restaurant** im *Hotel Puerta del Sol* und jenes im *Hotel Castilla.*

■ **Café Multi** hat wenig Ambiente, bietet aber relativ preiswerte lokale Gerichte. Auch gut zum Frühstücken, einen Kaffee mit Kuchen oder eine Erfrischung zwischendurch. Die Filiale neben *Hotel Castillo* ist am angenehmsten.

■ **Pio Pio,** eine lateinamerikanische Fast-Food-Kette, ist spezialisiert auf Grillhühnchen und hat eine Filiale gegenüber dem Hotel *Puerto del Sol.* Weitere (Fast-Food-)Restaurants befinden sich im *Centro Comercial San Mateo,* der *Chiriquí Mall* und der Plaza El Terronal.

■ **Restaurant Cuatro,** Avenida Obaldía/Calle Estudiante, www.restaurantecuatro.com. Derzeit eines der besten Restaurants der Stadt.

› Eine willkommene Erfrischung

## Adressen A–Z

■ **Apotheke:** Cl. C Norte (24 Stunden)

■ **Autovermietung:** Wer ein Auto anmieten möchte: Die meisten bekannten Firmen wie *Avis, Herz* oder *Thrifty* haben eine Filiale am Flughafen und eine in der Stadt. Auf deren Internetseiten finden Sie die aktuellen Adressen und günstige Internettarife.

■ **Geld:** Es gibt verschiedene Geldautomaten (ATM), um Geld abzuheben. Im Zentrum finden Sie einen ATM unter anderem bei der Bank *BBVA,* Ave. 3 de Noviembre, und einen bei der *HBSC* an der Ave. Central.

■ **Internetcafés:** Viele Hotels bieten ihren Gästen (oft gratis) Internetzugang an. Im Zentrum gibt es Internet-Cafés bzw. Hotspots mit gratis WLAN.

■ **Kino:** *Multicine* im *Gran Hotel Nacional* und in der *Chiriquí Mall.*

073pa hz

- **Krankenhaus:** Ein neues, modernes Krankenhaus befindet sich an der *Carretera Interamerica*, Richtung Paso Canoa.
- **Nationalparkbüro:** *ANAM* Tel. 7757840, gegenüber dem Flughafen; engagiertes Personal, aber wenig Infos über die Nationalparks.
- **Parken:** Im Innenstadtgebiet besteht Parkscheinpflicht zwischen 8 und 17 Uhr (Es gibt strenge Kontrollen!). Parkscheine erhält man am Automaten.
- **Postamt:** Cl. C Norte/Ave. 3 de Noviembre und Bolívar, geöffnet Mo–Fr von 7 bis 18 Uhr, am Sa bis 17 Uhr.
- **Supermarkt** und **Einkaufszentren:** Einkaufen kann man am besten in den verschiedenen Shoppingmalls außerhalb des Zentrums, wie dem *Centro Comercial San Mateo*, der *Chiriquí Mall* und dem modernen *Plaza El Terronal*, beide an der *Carretera Interamericana* gelegen.
- **Telefonieren:** *Cable & Wireless*, Ave. Cincuentenario und im *Plaza El Terronal*.
- **Touristeninformation:** *ATP*, Avenida Central, geöffnet Mo–Fr von 8.30–16.30 Uhr, es hat allerdings weder brauchbare Informationen noch hilfreiche Mitarbeiter.

## Umgebung von David

### Playa La Barqueta

Etwa 30 Autominuten südlich von David liegt die Playa La Barqueta, ein kilometerlanger feiner Sandstrand, der nur gegen Bezahlung von 5 $ benutzt werden kann. Besucher sollten vorsichtig sein, denn die Wellen sind hoch und die Strömung gefährlich.

#### Praktische Hinweise

- Playa La Barqueta ist mit den **Bus** nicht erreichbar. Zimmer gibt es im **Las Olas Beach Resort,** Tel. 7723000, www.lasolasresort.com. Hotel mit Swimmingpool, Restaurants, Bars und Wellnessbereich. Komfortable, große Zimmer mit AC, Kabel-TV und Terrasse, ab 60 $ pro Person. Leider vernachlässigte Anlage und die Zimmer sind renovierungsbedürftig.

### Rumfabrik Carta Vieja

Ca. 25 km südwestlich von David liegt, versteckt hinter Zuckerrohrfeldern, die Brennerei *Carta Vieja*, die bereits seit 1914 die Nation täglich mit weißem und dunklem Rum versorgt.

Als Basis des tropischen Elixiers dient die Melasse, ein Sirup, der aus Zuckerrohr gewonnen wird. Der Rum wird durch Destillation aus der vorgegorenen Melasse gewonnen und später in Eichenfässern gelagert, wodurch er sein besonderes Aroma erhält. Über die **Herstellung** werden beim kostenlosen, ca. 40-minütigen Rundgang allerdings keine Details verraten, denn das Rezept wird gehütet wie ein Staatsgeheimnis.

In der Fabrik werden pro Minute zwischen 40 und 60 Flaschen Rum halbautomatisch abgefüllt, versiegelt und für den Transport verpackt.

Der dunkle Rum schmeckt milder und aromatischer als die weiße Sorte. Sie ist aber wesentlich billiger und wird mehr für tropische Cocktails verwendet. Am besten lässt sich die dunkle Sorte pur oder *on the rocks* genießen, allerdings sollte der Alkoholgehalt nicht unterschätzt werden.

Das Zuckerrohr stammt übrigens ursprünglich aus Asien. *Marco Polo* berichtete bereits vom Anbau dieser Pflanze in China. Nach seiner Verbreitung über den arabischen Raum kam das Zuckerrohr auf die iberische Halbinsel, womit der Weg nach Mittel- und Südamerika nur noch eine logische Folge war.

Das „Patent“ zur Rumherstellung gebührt ursprünglich den karibischen Inseln, wo am Anfang des 17. Jh. zum erstenmal über dieses Nebenprodukt der Zuckerherstellung berichtet wurde.

Welche Qualität *Carta Vieja* erreicht, können Sie nach Abschluss des Rundganges selbst beurteilen, denn jeder Besucher erhält ein kleines Fläschchen Rum als Souvenir – Prost!

### Praktische Hinweise

- Die Rumfabrik *Carta Vieja,* Tel. 7727073, www.cartaviejapanama.com/cartavieja, ist am Montag, Mittwoch und am Freitag 9–11 Uhr und 13–15 Uhr für Besucher **geöffnet** (Anmeldung erwünscht!) und liegt nahe der Straße, die Alanje mit der *Carretera Interamericana* verbindet.
- Die **Anreise mit dem Bus** gestaltet sich etwas umständlich: Ab David mit jedem Bus, der über die *Carretera Interamericana* in Richtung Westen fährt (z.B. nach Concepción oder Paso Canoas), an der ausgeschilderten Abzweigung aussteigen und ab dort mit sehr unregelmäßig fahrenden Kleinbussen oder Taxis in Richtung Alanje fahren. Nach 3,5 km zeigt ein großes Fass die Einfahrt zur Fabrik (1 km ab der Straße) an.

Oder man fährt mit dem Bus von David nach Alanje und von dort mit einem Kleinbus in Richtung *Carretera Interamericana* (ca. 6 km bis zur Fabrikeinfahrt). Der letzte Bus Alanje – David fährt um 17.30 Uhr.

## Balnearios Majagua und La Cascada

Ab der *Carretera Interamericana* in David sind es nur 4 km in nördlicher Richtung bis zum Balneario Majagua, ein natürlicher **Schwimmplatz** im gleichnamigen Fluss, der mit seinem kleinen Wasserfall Gelegenheit für ein erfrischendes Bad bietet. Am Flussufer befinden sich kleine **Picknickplätze, ein Restaurant** und eine einfache Umkleidekabine. Während Sie an Wochentagen das kleine Freizeitparadies fast für sich alleine haben, müssen Sie das „Reich“ am Wochenende mit vielen Badelustigen teilen, die den Picknickplatz in einen Rummelplatz verwandeln. Der Badeplatz ist ab David mit dem Bus nach Boquete leicht erreichbar und liegt an der rechten Straßenseite in Fahrtrichtung Boquete.

Etwa 6 km nördlich des *Balneario Majagua,* an der gleichen Straße, befindet sich im Río David ebenfalls ein Badeplatz und ein Wasserfall, der einfachheitshalber *La Cascada* genannt wird. Zum Baden ist das Becken des Wasserfalls weniger geeignet, das dort befindliche *Waterfall Hostel* ist geschlossen. *La Cascada* ist ab David ebenfalls mit dem Bus nach Boquete erreichbar.

## Caldera

Auf halber Strecke zwischen David und Boquete zweigt nach rechts eine Straße ab, die 12 km weiter in Caldera endet. Kurz vor dem Ort wird auf einer Eisenbrücke der Río Caldera überquert, der eine tiefe, wunderschöne Schlucht im Felsen ausgeschwemmt hat. Der einzige Grund, Caldera zu besuchen, sind seine heilkräftigen **Thermalquellen** *(aguas termales).* Der verschlafene Ort ist aber noch weit entfernt von einem europäischen Kurort.

Die Thermalquellen liegen nahe dem Río Chiriquí auf einer Finca, wo ein Wellness-Hotel geplant ist. Ein Besuch der Quellen unterliegt zurzeit noch keinen besonderen Auflagen.

### Praktische Hinweise

- Die **Route zu den Quellen** ist ausgeschildert. In Boquete werden **Halbtagesausflüge** zu den Quellen in Calderas angeboten. Ein Bad im warmen Wasser der 1 bis 1,5 m großen Naturbecken ist sehr wohltuend. Handtuch nicht vergessen! Eintritt 3 $.
- Caldera ist ab David mit dem **Bus** achtmal täglich erreichbar. Nach einem kurzen Aufenthalt fährt der Bus wieder zurück.
- **Unterkünfte** gibt es in Caldera nicht. Sollten Sie den Retourbus versäumen, müssen Sie im ungünstigsten Fall die 12 km zur Straße, die von David nach Boquete führt, zurücklaufen. Dort an der Straße können Busse nach David bis 18.30 Uhr, nach Boquete bis 20 Uhr jede halbe Stunde angehalten werden. Am Sonntag kommt der letzte Bus gegen 16 Uhr vorbei!

# Boquete

Die Asphaltstraße von David zum 35 km entfernten Bergdorf Boquete auf 1000 m Höhe steigt fast unmerklich und ohne eine einzige Kehre an. Der Bau einer Serpentinenstraße war hier wegen der langgezogenen, sehr flachabfallenden Kordillerenhänge nicht notwendig. Die Straße verläuft fast kerzengerade nach Boquete und noch ehe die frische Bergluft in den Bus dringen kann, wird der Blick vom Tal des Río Caldera gefangen, in dem die rotfarbenen Hausdächer Boquetes einen Kontrast zu den immergrünen, nebelumhüllten Bergen bilden. Das **malerische Panorama** lässt sich wenige Kilometer vor der Ortseinfahrt vom Mirador beim Cafe Kotowa am besten genießen. Dabei breitet sich zu Ihren Füßen das sogenannte Bajo Boquete aus, während sich das höher gelegene Alto Boquete hinter Ihrem Rücken erstreckt.

Aus touristischer Sicht ist nur Bajo Boquete interessant, welches im Alltag schlicht als Boquete bezeichnet wird. Der Ort wurde 1911 von Einwanderern, unter anderem aus Nordamerika, Deutschland, dem Balkan, Schweden und Spanien, gegründet, die von der Fruchtbarkeit und dem frühlingshaften Klima der Region angezogen wurden. Kaffee, Zitrusfrüchte, Gemüse und viele Zierpflanzen, wie etwa die Orchideen, von denen etwa 200 verschiedene Arten in der Bergregion gedeihen, sind heute unlösbar mit Boquetes Erfolgsgeschichte

Blick auf Boquete

148pa hz

verbunden und brachten der Gegend den Ruf als *Tierra de las Flores y del Café* ein – das **Land der Blumen und des Kaffees.**

Boquete hat sich in den letzten Jahren zu einem der beliebtesten Reiseziele des Landes entwickelt. Das Klima ist sehr angenehm, eher frühlingshaft als tropisch, und die Berglandschaft rundum lädt zu Trekkingtouren und Wanderungen auf dem **Sendero Los Quetzales** (s. gleichnamiges Kapitel) ebenso ein, wie zum Mountainbiking oder zum Besuch einer Kaffeeplantage.

Nicht nur Touristen haben ihren Weg nach Boquete gefunden. Der Ort besitzt mittlerweile auch eine der **größten Ausländergemeinschaften** des Landes, die hauptsächlich aus US-Amerikanern und Europäern gebildet wird. Das ursprüngliche Panama findet man in dieser Region nicht mehr so leicht, aber wer flexibel und offen ist, kann anstelle der touristischen Aktivitäten auch als Freiwilliger in diversen Sozialprojekten mitarbeiten, um das authentische Boquete kennen zu lernen.

## Praktische Hinweise

### An- und Weiterreise

- Boquete ist ab David mit dem **Bus** mehrmals täglich erreichbar. Die Busse nach **David** fahren zwischen 6 und 21.30 Uhr jede halbe Stunde und können entlang der Ave. Los Fundadores angehalten werden. Zwischen Boquete und den **umliegenden Siedlungen** verkehren Kleinbusse mit der Aufschrift *Zona Urbana*.

## Unterkunft

Alle folgenden Hotels verfügen über Warmwasser, das in dieser Höhe und bei diesem Klima nicht zu verachten ist.

■ **Pension Marilos,** Tel. 7201380. Preiswertes und stimmungvolles Haus mit einfachen, aber sauberen Zimmern mit Bad/WC. EZ ab 7 $, DZ ab 16 $.

■ **Hostal Boquete,** Tel. 7202573, www.hostalboquete.com. Kein typisches Hostel, sondern eine nette Pension mit schöner Lage am Fluss, Internet, Restaurant und Terrasse. DZ mit Bad, TV und teilweise mit Balkon, ab 39 $, Mehrbettzimmer ab 15 $ per Person. Bieten auch diverse Touren an und vermieten Mopeds.

■ **Hospedaje Valle Primavera,** Tel. 7202881, www.valleprimavera.com. Kleine Pension mit netten Zimmern mit Bad, TV und kleiner Terrasse, in ruhiger, grüner Lage, gratis WLAN. EZ/DZ ab 43 $.

■ **Hostal Mamallena,** Tel. 7201260, www.mamallenaboquete.com. Typisches Hostel in traditionellem Holzhaus; zentrale Lage. TV-Lounge, Internet, Garten und Gemeinschaftsküche. Von 11 $ pro Person im Mehrbettzimmer bis zu 33 $ pro DZ mit Bad. Preise inklusive Frühstück und gratis Kaffee und Tee. Touren und Mopedvermietung.

■ **Hostal Nomba,** Tel. 7202864, www.nombapanama.com. Einfaches Backpackerhostel mit unterschiedlichen Zimmern, von 9 $ pro Person im Mehrbettzimmer bis 42 $ für das Familienzimmer (max. 4 Pers.), alle mit Gemeinschaftsbad. Touren und Fahrradvermietung.

■ **Hostal Refugio del Río,** Tel. 7202088, www.refugiodelrio.com. Derzeit bestes Hostel, modern eingerichtet, mit WLAN und schöner Lage am Wasser mit mehreren Terrassen zum entspannen. Mehrbettzimmer 10 $ pro Person, DZ mit Bad ab 27 $.

■ **Hostal Gaia,** Tel. 7201952, www.hostalgaia.com. Sauberes, kleines Hostel mit Gemeinschaftsküche, Internet und TV-Lounge. Mehrbettzimmer 11 $ pro Person, DZ mit Bad 33 $.

■ **Hotel El Oasis,** Tel. 7201586, www.oasisboquete.com. Mittelklassehotel, schön am Fluss gelegen und

## Boquete

**Übernachtung**
- 2 Hotel La Casa de Abuela
- 3 Panamonte Inn & Spa
- 6 Mañana Madera
- 7 Finca Lérida
- 14 Hostal Nomba
- 19 Hostal Sueños del Rio
- 20 Hostal Boquete
- 21 Cabañas Isla Verde
- 22 Hostal Refugio del Río
- 26 Hostal Mamallena
- 28 Hotel El Oasis
- 31 Hotel Rebequet
- 32 Pensión Marilos
- 33 Downtown Hotel
- 35 Hostal Gaia
- 37 Hotel Fundadores
- 38 Hospedaje Valle Primavera
- 41 Cabañas Momentum
- 42 Boquete Garden Inn

**Essen und Trinken**
- 1 Kaffee Ruiz
- 4 The Rock
- 5 Café Kotowa
- 8 Zanzibar
- 9 La Crêpe
- 12 Restaurant El Sabrosón
- 15 Bistro Boquete
- 24 Restaurant Lourdes
- 27 Café Duran
- 29 Las Orquideas
- 29a Oasis
- 30 Café Punto de Encuentro
- 36 Sugar & Spice
- 39 La Casona
- 40 Salvatore

**Einkaufen/Sonstiges**
- 10 Panadería Deli Barú
- 11 Boquete Tree Trek
- 13 Farmacia Any
- 16 Supermarkt
- 17 Mercado Municipal
- 18 Supermarkt Romero
- 23 Chiriquí River Rafting, Los Establas Paza, Habla Ya
- 25 Souvenirshop El Cacique
- 34 Lavandería

0
200 m
© Reise Know-How 2013
1
Los Naranjos,
Bajo Monos,
Sendero Los Quetzales
4
5 6 7
2
3
8
9
Calle Central
@
10
12
11
13
Parque de las Madres,
alter Eisenbahnwaggon
14
15
16
17
18
19
20
Messegelände
Palacio Municipal
Parque Central
Centro de Salud
Schule
Feuerwehr
21
24
25
26
27
Poliklinik
@
23
Rotes Kreuz
22
Polizei
28
29
29a
31
30
32
33
36
35
37
34
39
40
38
41 42
David

nicht weit entfernt vom Zentrum. Mit Restaurant. DZ ab 75 $, Luxussuites ab 120 $.

■ **Hotel Fundadores,** Tel. 7201298, www.hotelfundadoresboquete.com. Einers der ältesten Hotels der Stadt, wird aber renoviert.

■ **Hotel Rebequet,** Tel. 7201365, http://rebequet.com. Große Zimmer mit TV, Bad und WC. Etwas altmodisch. EZ/DZ 90 $.

■ **Hostal Sueños del Río,** Tel. 7202122, www.boquetesuenosdelrio.com. Beliebtes Hostel im Zentrum am Fluss gelegen. 10 $ pro Person im Mehrbettzimmer, DZ mit Bad ab 25 $.

■ **La Casa de Abuela,** Tel. 7309484, www.lacasadeabuela.com. Gepflegtes, kleines Mittelklassehotel mit modern ausgestatteten Zimmern, EZ/DZ ab 78 $, inkl. Frühstück.

■ **Downtown Hotel,** Tel. 7202455, www.boqueteguesthouses.com. Kleines Hotel in ruhiger, aber zentraler Lage mit schönen, modernen Suites ab 139 $.

■ **Cabañas Isla Verde,** Tel. 7202533. Modern gestaltete Bungalows mit Kochnische, max. 6 Personen. Ruhige Lage, schöner Garten und Freiluftbar. Ab 110 $ für 2 Personen. Reservierung ist ratsam, www.islaverdepanama.com.

■ **Panamonte Inn & Spa,** Tel. 7201324, www.panamonte.com. Das bekannteste Hotel Boquetes im Landhausstil mit klassisch eingerichteten Zimmern. Restaurant/Wellnessbereich. EZ/DZ ab 200 $.

### Unterkünfte außerhalb von Boquete

In der schönen Berglandschaft Boquetes, **inmitten der Kaffeeplantagen** liegen verschiedene schöne Unterkünfte, die fast nur mit einem Auto, einem Taxi oder zu Fuß erreichbar sind, so auch

■ **Mañana Madera Coffee Estate & Guest Suites,** Tel. 64232930, www.mananamadera.com. Entspannen auf einer Kaffeeplantage in modernen, luxuriösen Suites ab 80 $ inkl. Frühstück. Eine Oase.

■ **Lacha Country Inn,** Tel. 7308329, www.lachahotel.com. Nettes Bed & Breakfast mit komfortablen Zimmern.

■ **Boquete Garden Inn,** Tel. 7202376, www.boquetegardeninn.com. Palo Alto, Zimmer ab 100 $.

■ **Cabañas Momentum,** Tel. 7204385, www.momentum-panama.com. Alto Boquete, Bungalows ab 83 $.

■ **Finca Lérida,** Bajo Monos, Tel. 7202285, www.fincalerida.com. Ecolodge, DZ ab 160 $.

## Essen und Trinken

Die meisten Restaurants im Ort sind einfach ausgestattet, eher als Caféteria zu bezeichnen.

■ Zum Mittag- oder Abendessen in gepflegtem Ambiente und mit anspruchsvollerer Küche empfehlen sich u.a. die Restaurants **Oasis** und **The Rock,** beide unweit vom Zentrum am Fluss gelegen.

■ **Bistro Boquete,** angenehmes, ungezwungenes Restaurant mit freundlichem Service und internationaler Küche. Auch gut für eine Suppe oder ein Häppchen zwischendurch, einen Kaffee oder einen Schlummertrunk.

■ **Restaurant La Casona,** preiswerte, mexikanische Gerichte. Nebenan bei **Salvatore** stehen Pizzen und Pasta auf der Speisekarte.

■ **Restaurant Lourdes,** sehr einfaches Lokal mit wenig Atmosphäre, aber preiswerter panamaischer Küche.

■ Vergleichbar mit *Lourdes* ist das **Restaurant El Sabrosón.**

■ **Las Orquideas,** nettes Lokal mit preiswerter panamaischer Küche.

■ **Sugar & Spice,** amerikanische Bäckerei mit Brot, Muffins und Brownies.

■ **La Crêpe,** Crêpes und andere Gerichte aus der französischen Küche.

■ **Zanzibar,** die populärste Kneipe in Boquete.

■ **Café Punto de Encuentro,** gute Adresse zum Frühstücken. Abends geschlossen.

■ **Café Duran,** mit Straßenterrasse und netter Atmosphäre. Bietet lokale Küche, aber ebenso Hamburger und Frühstück an. Auch gut für einen abendlichen Drink.

■ **Café Kotowa,** beim Mirador an der Ortseinfahrt. Kaffee von lokalen Poduzenten mit schöner Aussicht.

■ **Lebensmittel** finden Sie u.a. im Supermarkt *Romero* nahe der Plaza Central. Hier bekommt man auch täglich frische Brötchen.

## Adressen A–Z

■ **Erste Hilfe:** Medikamente gibt es in der Apotheke *Any*, einige Schritte nördlich des Zentrums, ansonsten wendet man sich an das **Rote Kreuz** *(Cruz Roja)*, schräg gegenüber der Feuerwehr.

■ **Geld/ATM:** *Banco Nacional de Panamá*, Ave. Los Fundadores, geöffnet Mo–Fr von 8 bis 15 Uhr, am Sa 9 bis 12 Uhr. Einen weiteren ATM findet man bei der *Global Bank* nebenan.

■ **Internet:** Die meisten Unterkünfte sowie verschiedene Cafés und Restaurants bieten gratis WLAN an.

■ Informationen für Freiwillige, die sich an einem **Sozialprojekt** beteiligen möchten, gibt es unter www.hablayapanama.com/volunteer.

■ **Sprachschule:** *Habla Ya*, im Los Establos Plaza, www.hablayapanama.com.

■ **Post:** im Palacio Municipal, geöffnet Mo–Fr von 8 bis 17 Uhr, Sa bis 12 Uhr.

■ **Telefon:** Internationale Anrufe können von den Telefonzellen aus geführt werden.

■ **Touristeninformation:** nördlich des Restaurants *La Casona*.

■ **Wäscherei:** einige Meter südlich von *Kalima Suites*.

# Aktivitäten in der Umgebung

Verschiedene Veranstalter bieten Touren in die reizvoll anmutende Berglandschaft rund um Boquete an. Auf dem Programm stehen unter anderem einfache **Wanderungen** mit/ohne Vogelbeobachtungen, **Mountainbiking, Rafting,** Touren durch die großen **Kaffeeplantagen** inklusive einer Kaffeeverkostung, **Trekkingtouren** zum Gipfel des Vulkans Barú, die populäre und anstregende Trekkingtour auf dem Sendero Los Quetzales und eine abenteuerliche **Canopytour** durch die Baumkronen des Nebelwaldes. Die interessantesten Wan-

076pa hz

⊡ Kaffee-Ernte

# Bis der Kaffee in Ihre Tasse kommt

Rund 190 Liter Kaffee fließen pro Kopf und Jahr durch die deutschen Kehlen. Mit dieser Zahl übertrifft das schwarze Genussmittel sogar den Pro-Kopf-Verbrauch des populären Gerstensaftes. Um die ständig wachsende Nachfrage der Kaffeegenießer abzudecken, werden von den bekannten Kaffeemultis alljährlich Millionen von grünen Kaffeebohnen importiert, geröstet und mit großem Gewinn an die Endverbraucher weitergegeben. Die meisten **Importbohnen** zählen zur Sorte *Coffea arabica*, die vorwiegend in den Berglandplantagen Lateinamerikas gedeiht und weisen eine hohe Qualität auf, denn schließlich ist das „Beste gerade gut genug", wie so mancher Werbespot verkündet.

Um eine gute Qualität zu erreichen, muss die **Ernte** mit der Hand erfolgen. Für diese Methode, die auch in Panama üblich ist, benötigt der Plantagenbesitzer ein großes Heer an **billigen Arbeitskräften,** das in Boquete größtenteils von den Guaymí gebildet wird. Sie leben mit der ganzen Familie während der Erntesaison von September bis April auf den Plantagen um Boquete. Für die kostenlose Unterbringung sorgt der Plantagenbesitzer, doch mehr als ein Zimmer pro Familie in einer menschenunwürdigen Baracke mit gemeinsamer Waschmöglichkeit und Toilette wird nicht bereitgestellt.

Der **Arbeitstag der Pflücker** hat keine geregelten Zeiten. Er beginnt im Morgengrauen und endet beim Einbruch der Dunkelheit. Von Montag bis Freitag zupfen sie mit großer Fingerfertigkeit die reifen, dunkelroten Kirschen vom Strauch und werfen sie in einen Korb, der um den Bauch gebunden ist. Blätter und Zweige der Kaffeesträucher zerkratzen dabei die Arme und Hände der Pflücker, die sich scheinbar daran gewöhnt haben. Ein Pflücker schafft 10–12 Körbe pro Tag, die später in Säcke abgefüllt werden.

Jeden Samstag steht in den Kaffeefabriken Boquetes der „Zahltag" auf dem Programm und jeder Samstag verläuft nach dem gleichen Schema: Stundenlang stehen die Pflücker vor einer aus viereckigen Behältern *(lata)* bestehenden „Messstation", um ihre Säcke zu entleeren. Zur Vereinfachung des Ablaufes hat jeder Pflücker vor dem Erntebeginn eine Nummer erhalten, unter der die abgelieferte Menge „pro *lata*", von einem „Buchhalter", notiert und später ausgezahlt wird. Ein gefüllter Sack bringt dem Pflücker zwischen 9 $ und 12 $ – das Resultat eines 10-stündigen Arbeitstages.

Von der „Messstation" wandern die Kaffeekirschen in ein Wasserbecken, wo sie automatisch von der roten Schale befreit werden. Anschließend werden die geschälten Kirschen 24 Stunden im Wasser eingeweicht, damit sich das farblose, klebrige Fruchtfleisch vom Bohnenkern löst. Im Wasserbad werden die Bohnen bereits nach ihrer Qualität sortiert. Die besten sind gleichzeitig auch die schwersten und sinken zu Boden. Ein weiteres Qualitätsmerkmal bildet die Farbe der Bohnen. Während die graugrünen Bohnen ausschließlich für den Export bestimmt sind, gelangen die grünbraunen auf den nationalen Markt. Die minderwertigen braunen Bohnen werden schließlich unter den Arbeitern der Plantagen verscherbelt.

Nach der Aussortierung werden die Bohnen ca. 4 Stunden lang bei 60–70 °C in einer Trommel gedreht, damit sich später ihre Hornschale und die Silberhaut leichter entfernen lassen. Letztendlich werden die Bohnen nach Größe und Form automatisch sortiert und in Säcke für den Export abgefüllt. Erst in den Konsumländern findet die Röstung statt, wodurch sich das „unwiderstehliche" Aroma entwickeln kann, das sich später in Ihrer Tasse „voll entfalten" wird.

derrouten sind ohne Führer nicht so leicht zu machen und schon gar nicht alleine zu empfehlen. Auf eigene Faust kann und sollte man lediglich einen Teil der ortsnahen Umgebung erkunden, wobei einige Routen auch ausgeschildert sind und unser Umgebungsplan von Boquete hilfreich sein wird.

## Bajo Monos

Eine schöne, kaum ansteigende Route führt entlang des Oberlaufs des Río Caldera durch die Schlucht Bajo Monos, die **Schlucht der Affen.** In früheren Jahren tummelten sich hier am Flussufer große Gruppen von Kapuzineräffchen auf der Suche nach Nahrung. Mit der Umgestaltung größerer Landschaftsteile in Nutzfläche wurden die Baumbewohner immer weiter in den unberührten Nebelwald der Cordillera zurückgedrängt. Die Insekten, die bunten Schmetterlinge und die Vögel haben sich davon weniger stören lassen und sind noch immer unterwegs anzutreffen.

Auf eine besondere Attraktion treffen Sie am Beginn der Route: auf die *ladrillos.* Diese bemerkenswerten **Gesteinsformationen** werden von der Bevölkerung schlicht als „Ziegelsteine" bezeichnet, da sie die erstarrten Basaltsäulen als Wand- und Fassadenplatten für ihre Häuser verwenden. Heute sind sie ein Ziel für Klettertouren. Eine weitere Sehenswürdigkeit in Bajo Monos ist der kleine **Wasserfall San Ramon.**

Am Ende der Bajo-Monos-Schlucht verläuft die Grenze des Nationalparks Barú. Der üppige Wald des Parks an den steilen Hängen bildet die optimalen Lebensbedingungen für den stark bedrohten **Quetzal** (Familie der Trogone), der zu den faszinierendsten und schönsten Vögeln der Welt zählt. Diese Attribute verdankt die Gattung vor allem dem grün-roten Männchen mit seinen langen Schwanz- und den buschigen Kopffedern. Der in Zentralamerika sagenumwobene Quetzal ist am besten frühmorgens und während seiner Nestsaison zwischen Februar und Mai zu beobachten, vor allem auf der *Finca Lérida.*

## Bajo und Alto Quiel

Der fruchtbare Boden um Boquete bringt Kohl, Kartoffeln, Orangen und Broccoli, aber vor allem Kaffeebohnen hervor, eine gute Gelegenheit, um einen Blick in die **Kaffeeplantagen und -fabriken** zu werfen. Nach Las Naranjas windet sich die Straße hinauf nach Bajo Quiel, wo sich die international renommierte Kaffeefabrik *Sitton* befindet. In Begleitung eines Arbeiters kann ein Blick hinter die Kulissen der Kaffeeherstellung geworfen werden (siehe Exkurs). Von einem kleinen Aussichtspunkt nahe der Fabrik können Sie den Blick über Los Naranjos und Bajo Lindo schweifen lassen.

Die Straße verläuft ab der Kaffeefabrik nach Alto Quiel weniger kurvenreich. An der rechten Seite breitet sich zunächst eine der vielen Kaffeeplantagen der Firma *Sitton* aus. Je näher man Alto Quiel kommt, desto atemberaubender werden die **Panoramablicke,** wie der auf die umstehenden, knapp 2000 m hohen Berge und ihre mit Nebelwald drapierten Hänge; fast schon spektakulär ist aber der Blick in die tiefe Bajo-Monos-Schlucht mit dem Río Caldera, die sich an der rechten Straßenseite öffnet.

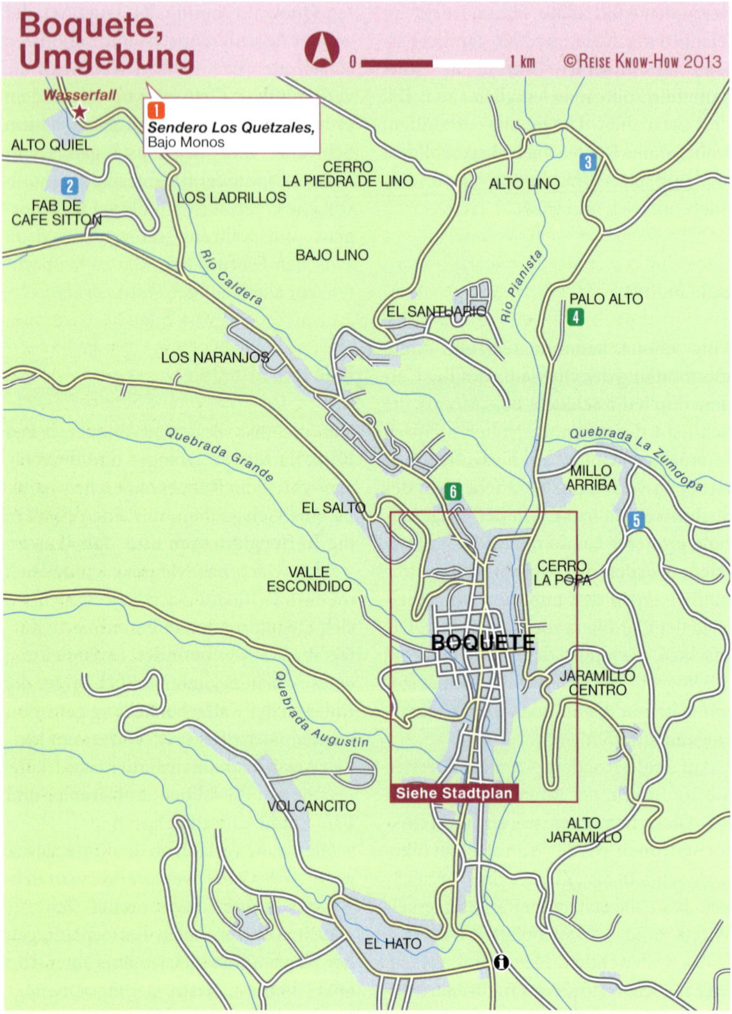


**Übernachtung**
1 Finca Lérida

**Essen und Trinken**
2 Kaffee Sitton
3 Kaffee Princesa Janca
5 Rest. Explorador

**Sonstiges**
4 Kaffee Kotowa
6 Kaffee Ruiz

## Sendero Los Quetzales

Eine der beliebtesten Wanderrouten Panamas ist der Sendero Los Quetzales (Quetzal Trail) im Nationalpark Vulkan Barú nahe Boquete. Der Weg verläuft durch dichten, unberührten Nebelwald mit besonderer Vogelwelt. Es besteht auch die Möglichkeit, die Wanderung in **Cerro Punta** (s. dort) bei der Parkwächterstation *El Respingo* zu beginnen. Von dort aus verläuft der Weg bergab, ist also einfacher zu bewandern. Die Gehzeit ab der Station beträgt etwa 6 Stunden. In umgekehrter Richtung, also ab Boquete, beginnt die Wanderung bei der Parkwächterstation *Alto Chiquero* und führt nun, der Logik folgend, ständig bergauf. Von Station zu Station muss bei dieser kräftezehrenden Route mit ca. 7 bis 8 Stunden Gehzeit gerechnet werden.

Beide Stationen liegen einige Kilometer außerhalb der Ortschaften. Die Anreise mit öffentlichen Verkehrsmitteln ist oft umständlich und zeitraubend. Eine Alternative dazu ist eine **organisierte Tagestour** ab Boquete, inklusive Transport und Führer. Es werden auch Zweitagestouren angeboten: hin- und zurück ab Boquete mit Übernachtung im Zelt.

Wer keine Lust hat, den gesamten Weg zu gehen, kann auf halber Strecke beim Aussichtspunkt **Mirador La Roca** (Abzweigung) umkehren. Aber auch die Gegend um die Station Alto Chiquero ist bereits wunderschön und eignet sich hervorragend zur Vogelbeobachtung. Alto Chiquero erreichen Sie ab Boquete über *Bajo Monos* (Bushaltestelle) und dann ca. 3 km weiter zu Fuß auf der Asphaltstraße entlang der Wasserpipeline. Gebühr für den Nationalpark: 5 $, Tagestour ab Boquete ab 45 $ pro Person.

## Nach Volcancito

Empfehlenswert ist die kurze **Wanderung von Boquete nach Volcancito.** Die leicht ansteigende Route führt teils durch Pinienwald und bietet viele schöne Aussichten auf Boquete und das Tal.

## Kaffeetouren

Die Umgebung von Boquete wird von **Kaffeeplantagen** geprägt. Einige Kaffeeproduzenten bieten Touristen die Möglichkeit, mit einer organisierten Tour einen Blick in den Plantagen- und Fabriksalltag zu werfen. Eine der interessantesten und informativsten Touren wird von **Kaffee Kotowa** angeboten. Die mit Begeisterung geführte Tour (Mo–Sa um 14 Uhr) in Englisch dauert etwa 2 Stunden, führt durch Panamas älteste Kaffeeplantage und kostet 38 $ pro Person, inklusive einer Kaffeeverkostung und dem Transport ab/bis zu Ihrem Hotel. Eine Reservierung ist notwendig unter Tel. 7203852 oder www.coffeeadventures.net.

**Kaffee Ruiz** bietet geführte, englischsprachige Kaffeetouren von Mo bis Fr für 9 $ und 15 $ pro Person an. Dauer: 45 oder 90 Minuten. Der Transport kostet extra. Reservieren kann man in der Caféteria bei der Fabrik unter der Tel. 7201000 oder im Internet unter www.caferuiz-boquete.com. Es gibt mittlerweile mehrere Kaffeetouren zu unterschiedlichen Preisen. Informieren Sie sich am besten vor Ort.

Über folgende **Veranstalter** können diese Touren gebucht werden:

- **Boquete Tree Trek,** Avenida Central, Tel. 7201 635, www.boquetetreetrek.com. Neben den Cano-

193pa hz

pytouren werden auch Trekkingtouren, unter anderem auf dem Sendero Los Quetzal, angeboten.

■ **Chiriqui River Rafting,** Tel. 7201505, www.panama-rafting.com, ist der Raftingspezialist in Panama; professionell und vertrauenswürdig. Bietet auch *Meereskajaken im Pazifik* an.

■ Die **Sprachschule Habla Ya** bietet neben Unterricht auch gute und bezahlbare Touren an. www.hablayapanama.com.

Am Beginn des Sendero Los Quetzales in Boquete

# Parque Nacional Volcán Barú

Weiße Rauchwolken, grollender Donner, glühende Lava und eine perfekte Kegelform – das sind Fantasien, die aber nicht dem tatsächlichen Bild des **Vulkans Barú** entsprechen. Seine Aktivitäten liegen in der Vergangenheit, angeblich war sein letzter Ausbruch im 6. Jahrhundert. Auf die Besucher hat der erloschene Vulkan von seiner magischen Wirkung nichts verloren.

Der 3475 m hohe Vulkan, höchster Berg des Landes, kann über eine breite, teils steil **ansteigende Straße** bestiegen werden. Sie führt ab dem Parkeingang auf 1800 m auf den ersten 200 Höhenmetern durch Agrarland, danach durch dichten Nebelwald, der sich wie ein breites Band zwischen 2000 und 3000 m um den Vulkan wickelt. Die letzten Höhenmeter, der Krater und die Gegend um den Kraterrand sind nahezu vegetationslos und mit dunkler Vulkanasche überzogen, die besonders rutschig und gefährlich ist (!).

Zum Gipfel gibt es mittlerweile auch noch eine zweite Aufstiegsmöglichkeit, die aber nur mit einem Bergführer möglich ist. Für diese Alternativroute, die wesentlich schöner ist als die Straßenroute, benötigt man zwischen 8 und 10 Stunden. Führer können über die Hotels und die Tourveranstalter organisiert werden.

Am **Gipfel** des Vulkans breitet sich ein „Antennenwald" aus, der dieser Mondlandschaft keinen besonderen Reiz verleiht. Außerdem haben die Wartungsarbeiter ihren Müll hinterlassen. Der Höhepunkt der Besteigung ist nicht der Gipfel, von wo aus man auf beide Weltmeere blicken kann, sondern der Weg durch den faszinierenden Nebelwald.

Eine Fläche von etwa 14.300 ha rings um den Vulkan ist seit 1976 als **Nationalpark** ausgewiesen, womit der Barú als ältestes Naturschutzgebiet Panamas gilt. Großflächige Teile des Parks sind allerdings noch in den Händen von Bauern. Die finanziellen Mittel fehlen, um die Landwirte zu entschädigen oder ihnen Alternativen zu bieten.

Ein „heißes" Thema ist die **illegale Jagd** im Park. Das Areal ist zu groß und die Zahl der Parkaufseher zu gering, um dieses gravierende Problem unter Kontrolle zu bringen. Mit den 1992/93 begonnenen Informationskampagnen und Aufklärungsprojekten erreicht man mehr oder weniger nur die Bewohner von Bajo Boquete. An den Kleinbauern, die in abgelegenen Winkeln am Parkrand leben und sich ab und zu mit einem kleinen Fleischvorrat aus dem Park eindecken, geht diese Kampagne vorbei.

Die illegale Jagd hat unter anderem dazu beigetragen, dass der Mittelamerikanische Tapir nur noch selten im Parkgebiet gesichtet wird. Das gilt auch für die Raubkatzen des Nationalparks Barú: Der **Puma,** der **Ozelot** und die **Wieselkatze** sind nur noch sehr seltene Gäste, ebenso wie der **Geoffroy-Klammeraffe.** Dieser Baumakrobat ist in Panama übrigens nur im Westen, in der Cordillera de Talmanca, beheimatet.

Zu den zahlreicheren Bewohnern des Parks gehören unter anderem **Agutis, Hirsche, Eichhörnchen** und viele Arten bunter **Schmetterlinge,** wie etwa der Monarchfalter und die großen, blauschimmernden Morphofalter.

Am stärksten vertreten sind die **Vögel,** weshalb Barú und die Gegend um Boquete zu den besten Vogelbeobachtungsgebieten des Landes zählen. Unzählige Kolibris in brillanten Farbschattierungen „surren" durch den Park und die Hämmerlinge machen mit ihren „kreeek"-Rufen auf sich aufmerksam.

## Praktische Hinweise

- **Entfernungen:** Boquete (1000 m) – Abzweigung Parkeingang ca. 7,5 km (asphaltiert); Abzweigung Parkeingang – Parkwächterhütte (Eingang) ca. 1 km (sehr steil); Parkwächterhütte (1800 m) – Vulkanspitze (3475 m) ca. 13 km (kräfteraubend!).
- **Unterkunfts-** oder **Verpflegungsmöglichkeiten** sind unterwegs nicht vorhanden. Am Gipfel

kann nicht übernachtet werden, weshalb der Auf- und Abstieg so geplant werden sollte, dass er an einem Tag bewältigt werden kann. Die ersten 7,5 km können und sollten wegen der Zeitersparnis mit einem Taxi (ca. 10 $) zurückgelegt werden.

- Am Parkeingang werden Besucher von den **Parkaufsehern** registriert, wer allerdings frühmorgens losgeht, wird sie kaum antreffen. **Öffnungszeiten** flexibel, Eintritt 5 $.
- Die Straße zum Vulkangipfel wird zwei- bis dreimal pro Woche von den Wartungsgruppen der Elektrizitäts- und der Telefongesellschaft benutzt, die mit Jeeps oder Pick Up's zu den Sendemasten fahren. Eine gute Gelegenheit, um mitzufahren (gegen Gebühr) und so den kräfteraubenden Aufstieg von etwa 6–8 Stunden (ab Parkeingang) zu umgehen. Bergab werden Sie etwa 3 bis 4 Stunden bis zum Parkeingang benötigen. Über **Mitfahrmöglichkeiten** zum Gipfel fragen Sie am besten in Boquete nach oder Sie buchen eine Tour, für 125 $ bis zu völlig überteuerten 200 $ pro Person angeboten wird.
- Wer selbst mit einem **Jeep** (nur mit Allradantrieb und hohem Radstand!) zur Spitze hochfahren will, der sei gewarnt: Die Strecke ist ziemlich steil (vor allem das letzte Stück), rutschig und schlecht befestigt, weshalb es öfters zu Abrutschen kommt (vor allem nach Regenfällen). Aktuelle Informationen über den Zustand der Piste erhalten Sie von den Arbeitern der Elektrizitätsgesellschaft.
- Achtung! Überschätzen Sie Ihre **Kondition** nicht, denn mit zunehmender Höhe nimmt die Sättigung des Blutes mit Sauerstoff ab. Der Körper versucht, dies durch beschleunigtes Atmen auszugleichen, wobei die Atemluft zusätzlich erwärmt und befeuchtet wird, was zum Verlust von Körperflüssigkeit führt. Nehmen Sie deshalb genug Flüssigkeit mit. Die sogenannte **Höhenkrankheit** entsteht durch Probleme bei der Anpassung an den Sauerstoffmangel und äußert sich durch Kopfschmerz, Müdigkeit, Übelkeit oder Atemnot. Sollten solche Probleme auftreten, hilft nur der sofortige Abstieg.

# Volcán

Von David über Concepción, einem Agrarstädtchen ohne nennenswerte Höhepunkte, geht es wieder in die Bergwelt der Cordillera de Talamanca. Die Straße verläuft ab Concepción in Richtung Norden, durch ein teilweise **waldreiches Gebiet** mit Haciendas, bis sie sich langsam nach oben windet durch die faszinierende Szenerie aus üppiger Vegetation, die nicht selten von dichtem Nebel umhüllt ist. Im Gegensatz zur Straße von David nach Boquete ist diese Strecke wesentlich kurvenreicher und steiler. Der Bus von David nach Volcán benötigt für die 57 km lange Strecke immerhin gute 1,5 Stunden.

Etwa auf halber Strecke zwischen Concepción und Volcán liegt das **Restaurant Mirador,** dessen Name „Aussichtspunkt" bereits auf die hervorragende Lage hinweist. Von der Terrasse des Restaurants lassen sich zwei kontrastreiche Gesichter des Landes in vollen Zügen genießen: im Norden die imposante Bergregion mit Höhen zwischen 2000 und 3000 m, im Süden die Chiricana-Tiefebene, die sich entlang des Pazifiks entfaltet.

Volcáns offizieller Ortsname, **El Hato del Volcán,** spiegelt die Entstehungsgeschichte des Ortes, der als großer Weideplatz *(hato)* auf einem 1200 m hohen Plateau an der Westflanke des Vulkans Barú entstand, wider. Die grasenden Rinderherden haben den ursprünglichen Wald immer mehr zurückgedrängt, sodass sich größere Waldgebiete nur noch westlich von Volcán befinden.

Der **Ort** setzt sich aus dem ursprünglichen Ortsteil und der jüngeren Siedlung Nueva California zusammen. Sie bilden insgesamt einen langgezogenen Ort, der sich auf beiden Seiten der Durchfahrtsstraße über eine Länge von ca. 4 km erstreckt.

Volcán und seine Umgebung sind beliebte **Wochenendziele,** was sich unter anderem an der großen Zahl der Übernachtungsmöglichkeiten ablesen lässt. Eine Vielzahl der Wochenendtouristen kommen wegen des erfrischenden Bergklimas, andere wiederum wegen des Vogelreichtums in die Gegend.

Erholungssuchende und Naturliebhaber zieht es an die kühlen **Seen** *(lagunitas),* die sich ca. 3 km westlich der Ortschaft Volcán nahe einer kleinen Landepiste *(Pista de Volcán)* befinden.

Zwischen den zahlreichen Ameisen- und Töpfervögeln mit ihrem überwiegend braunen Federkleid fallen die bunteren Tyrannen und die in großer Zahl vorhandenen **Wasservögel** am häufigsten auf.

Volcáns wenig abwechslungsreiches Alltagsleben spielt sich fast ausschließlich entlang der Durchfahrtsstraße, der **Calle Central,** ab. Sie teilt sich im Zentrum an der unübersehbaren Polizeistation und führt nach rechts über Bambito nach Cerro Punta. Geradeaus führt die Straße in das Grenzdorf Río Sereno (ca. 30 km entfernt), wo für Touristen **keine (!) Möglichkeit zum Grenzübertritt nach Costa Rica** besteht.

# Praktische Hinweise

## An- und Weiterreise

■ Volcán ist ab David und Concepción mit dem **Bus** Richtung Cerro Punta erreichbar, retour fahren die Busse zwischen 6.30 und 18.30 Uhr alle 20–25 Minuten. Der Bus kann angehalten werden.

## Unterkunft, Essen und Trinken

Die **Unterkünfte** und **Restaurants** sind über den ganzen Ort verstreut, weshalb die Distanz zwischen der Unterkunft und der Straßengabelung (Zentrum) angegeben wird. Entlang der Durchfahrtsstraße weisen Schilder den Weg zur Unterkunft.
Empfehlenswert sind:

■ **Volcán Lodge,** Tel. 7714709, www.volcanlodge.webs.com. Angenehmes Bed & Breakfast in einem traditionellen Holzhaus am Ortseingang. Vom großen Balkon des Hotels aus hat man einen herrlichen Blick auf die umliegende Berglandschaft mit dem Vulkan Barú. Gepflegtes DZ mit Bad und WC; 55 $ inkl. Frühstück. **Restaurant.**

■ **Hotel Dos Ríos,** 2,7 km, Tel. 7714271, www.dosrios.com.pa. EZ/DZ ab 80 $. Nett eingerichtete Zimmer mit Bad, WC. Rustikales Hotel in ruhiger Umgebung, mit **Restaurant** und Bar.

■ Die meisten Touristen besuchen die Restaurants in den Hotels. Die lokale Bevölkerung bevorzugt dagegen u.a. das preiswerte panamaische **Restaurant Lorena.** Empfehlenswert ist auch das angenehme griechische **Restaurant Akropolis.**

## Weitere Informationen

■ Nahe der Straßengabelung im Ort befinden sich alle Einrichtungen, die für touristische Belange wichtig sind: die **Banco Nacional de Panamá** (Mo–Fr 8 bis 13.30 Uhr), das **Postamt** (Mo–Fr 7 bis 17 Uhr, am Sa bis 16 Uhr) und eine **Telefonzelle.**

# Bambito

Nur 6 km karge Landschaft trennen Volcán vom üppigen Bergwald um den **winzigen Ort** Bambito, der an beiden Seiten der Straße am Nordende des Hochplateaus liegt. Die Straße hinter den wenigen Häusern führt entlang eines tosenden Flusses, der eine **schmale Schlucht** mit steilen Felshängen geschaffen hat. Beidseitig der Straße breitet sich dunkelgrüner Pflanzenwuchs in allen Sorten und Größen aus. Daher ist es nicht verwunderlich, dass auf diesem wunderschönen Flecken einige Wochenendbungalows und eine stilvoll in die Landschaft eingebettete Nobelherberge stehen.

## Praktische Hinweise

### An- und Weiterreise

- Bambito ist mit jedem **Bus** erreichbar, der nach Cerro Punta fährt.

### Unterkunft, Essen und Trinken

- Ein entspanntes Wochenende versprechen sich in erster Linie wohlhabende Panamaer aus der Hauptstadt vom **Hotel** *Bambito,* Tel. 7714373, www.hotelbambito.com, und dem *Casa Grande Bambito,* Tel. 7715126/27, www.casagrandebambito.com.
- Süßwasserfische zum Lunch oder Dinner offeriert das **Restaurant** *Marisqueria El Nuevo Bambito,* das etwa 700 m vor der Nobelherberge (von *Bambito* kommend) in einer Kurve liegt.
- Einige hundert Meter nach dem *Hotel Bambito,* in Richtung Cerro Punta, liegen die *Cabañas Kucikas,* Tel. 7714245, www.kucikas.com. Die 18 verschiedenen großen **Häuschen** sind alle mit Bad, WC und Küche ausgestattet, kosten ab 72 $ pro Haus für 2–10 Personen und sind am Wochenende häufig ausgebucht.
- Etwa 3,5 km nach dem *Hotel Bambito,* in Nueva Suiza, befindet sich das *Cielito Sur,* Tel. 7712038, www.cielitosur.com. Die **Bed & Breakfast-Unterkunft** bietet renovierte, saubere Zimmer an mit Bad (Warmwasser) und Heizung für 115 $, inklusive Frühstück.

# Cerro Punta

Kurz nachdem die Straße das Waldgebiet um Bambito verlassen hat, öffnet sich ein ehemaliger Kraterkessel mit stark abfallenden Hängen, an denen die Bau-

077pa hz

ern terrassenförmige Äcker angelegt haben – entstanden ist so eine Landschaft, die auf den ersten Blick aussieht, als hätten die Götter den Kraterkessel mit einem großen Flickenteppich drapiert. Der ertragreiche Boden dieser Gegend bringt Gemüse, Früchte, Kartoffeln, Zwiebeln und Blumen hervor, die ihren Weg bis nach Panama-Stadt finden.

Die Region genießt nicht nur wegen ihrer **Fruchtbarkeit** einen guten Ruf, sondern auch bei der Zucht von Vollblutpferden. Die Gewinner der nationalen Pferderennen stammen fast alle aus diesem schönen Winkel des Landes.

Der ausgedehnte Ort Cerro Punta ist das Zentrum dieser **Agrarregion.** Sein Name wurde vom gleichnamigen Berg (2372 m), der sich nördlich des Dorfes erhebt, übernommen. Cerro Punta liegt auf 1600 m Höhe und ist klimatisch betrachtet in „ewigen" Frühling gehüllt. Die in Panama ansonsten unbekannte Jahreszeit bedeutet, dass sich Nebel und Regen öfter blicken lassen als die Sonne und die kühlen Temperaturen auch tagsüber ständig einen Pullover erfordern.



## Praktische Hinweise

### An- und Weiterreise

- In Cerro Punta enden die **Busverbindungen ab David,** zurück fahren die Busse täglich zwischen 6 und 18 Uhr alle 20–25 Minuten. Die Fahrzeit in die Provinzhauptstadt beträgt etwa 2 Stunden.

☐ Blick auf Cerro Punta und den Vulkan Barú

### Unterkunft, Essen und Trinken

■ Gute Adressen zum **Übernachten** sind *Los Quetzales Lodge & Spa*, Tel. 7712291, www.losquetzales.com, in der Nähe der Wanderroute Los Quetzales nach Boquete, DZ ab 85 $ inklusive Frühstück, im Mehrbettzimmer 18 $ pro Person. Es werden auch Touren angeboten; *Las Orquídeas Bed & Breakfast*, Tel. 7712687, www.lasorquideaspanama.com, rechts bei der kleinen Brücke. DZ ab 60 $ inkl. Frühstück und angeschlossenes **Chinesisches Restaurant**; *Hostal Elvita*, Tel. 7712014, www.hostalelvita.com, sauberes und freundliches *Guesthouse*, eingerichtet mit viel Holz, netter Aufenthaltsraum mit Kamin. 10 $ pro Person im Mehrbettzimmer bis 25 $ pro Person im DZ mit Bad. Preiswert.

■ Die notwendigsten **Lebensmittel** finden Sie im *Centro Comercial Saul* und im *Supermercado Romero*, die sich an der Hauptstraße befinden.

## Sendero Los Quetzales

Den Sendero Los Quetzales beginnen die meisten Wanderer bei **Boquete** (siehe dort). Wer auf eigene Faust die Route laufen möchte: Ab Cerro Punta fährt man bis zur Ortschaft Guadalupe bis kurz vor das *Hotel Los Quetzales*, wo sich eine Tafel mit nicht sonderlich guten Informationen über die Wanderstrecke befindet, was allerdings kein Problem ist. Der Weg ist ab hier bestens ausgeschildert und unter dem Namen *Sendero Los Quetzales* bekannt. Sagt man dem Busfahrer Bescheid, lässt er einen bei der Informationstafel raus.

Immer der Ausschilderung folgend, erreicht man nach ca. 1½ bis 2 Stunden die Passhöhe, wo ein Schild den Weg nach Boquete *(Cerro Punta – Boquete, old track/sendero viejo)* weist. Das Schild können Sie ignorieren, denn erstens ist der Weg oft gesperrt und zweitens führt er Sie ins dichte Unterholz. Stattdessen gehen Sie den Schotterweg noch weiter hoch, bis die Rangerstation El Respingo in Sicht kommt, die nächste Anlaufstelle auf der Strecke. Bei der Rangerstation kann man sich ins Besucherbuch eintragen und muss den Eintritt von 5 $ bezahlen. Bis hierher kann man eventuell auch mit einem Allrad-Taxi fahren, was ab Cerro Punta in der Regel zwar 15 bis 20 $ kostet aber sehr viel Zeit erspart.

Ab der Rangerstation geht es meistens bergab, der Weg ist gut unterhalten und die Ausschilderung ist sehr gut, weshalb ein Führer nicht unbedingt notwendig ist. Nach etwa 4–5 Stunden trifft man auf die Rangerstation von Boquete und später auf die Wasserpipeline. Ab hier sind es noch etwa 30–40 Minuten auf der Asphaltstraße zur Bushaltestelle oder weitere 1½ bis 2 Stunden bis Boquete zu Fuß.

### Praktische Hinweise

■ **Geführte Wanderungen** werden in Boquete für ca. 65 $ pro Person angeboten, inklusive Transport und Verpflegung. Gute Erfahrungen haben einige Reisende gemacht mit *Sergio Araúz*, Tel. 6703 7370, qualitytour2005@yahoo.com, und *Gustavo Zevallos* (er spricht Deutsch), Tel. 66767274, pkzevallos@hotmail.com.

Gutes Schuhwerk ist ein Muss. Regenschutz, Mückenmittel, genügend Trinkwasser und Proviant müssen ebenfalls dabei sein.

**Achtung:** Die Route wird nicht ständig benutzt, sicher nicht in der Nebensaison. Der Pfad kann also teilweise durch Vegetation überwuchert sein, was die Orientierung für Ortsunkundige erheblich erschwert. Wer auf eigene Faust den Sendero erkunden möchte, hat dann wenig Zeit für die Natur und muss sich eher auf den Routenverlauf konzentrieren. Sie sollten in jedem Fall nicht allein gehen, so früh wie möglich starten und sich vorab in Boquete über der Begehbarheit der Route gründlich informieren. **Und nicht vergessen:** an- und abmelden bei den Rangerstationen – sonst wird womöglich noch eine Suchaktion gestartet.

# Parque Internacional La Amistad

Im äußersten Westen der Cordillera de Talamanca liegt einer der landschaftlichen Höhepunkte des Landes: der *Parque Internacional La Amistad* („Internationaler Park die Freundschaft"), der einfachheitshalber *PILA* genannt wird. Seine unberührte Natur und sein internationaler Charakter machen den Park zu einem der bedeutendsten Biosphären-Reservate in Zentralamerika. Das gesamte Naturschutzgebiet umfasst knapp 400.000 ha und breitet sich sowohl auf panamaischem wie auch auf costaricanischem Territorium aus. Etwas mehr als die Hälfte dieses guten Beispiels von **grenzüberschreitender Naturschutzpolitik** erstreckt sich über die panamaischen Provinzen Chiriquí und Bocas del Toro. Die schroffen Kämme und zerklüfteten Täler des Parks ab ca. 1000 m Höhe sind mit einer dicken Decke aus Nebel- und Bergwald überzogen, die an der Karibikseite unterhalb dieser Grenze in tropischen Regenwald übergeht.

Die Pflanzenschichten steigen von leuchtendgrünen Farnen und Moosteppichen stufenweise empor zu den Baumkronen der bis zu 50 m hohen Urwaldriesen. Flechten und Moose schaukeln im Wind an den Zweigen, die bereits mit Bromelien und anderen Epiphyten überladen sind. Der Mensch ist in dieser märchenhaft erscheinenden Dämmerwelt lediglich ein Eindringling, der von den Waldbewohnern mit neugierigen Augen und stets aus sicherer Entfernung beobachtet wird, vor allem von den neugierigen Affen und den unzähligen Vögeln. Tiefer im Wald finden Raubkatzen wie Puma und Ozelot noch **große, unberührte Areale** vor, die sie für die Jagd und die Fortpflanzung unbedingt benötigen – eine einzigartige Welt, die für die Tiere immer noch ein „Garten Eden" ist.

## Praktische Hinweise

- Der beste **Zugang zum Park** ist über den **Eingang Las Nubes** (mit Verwaltungshäuschen). Parkaufseher begrüßen die Naturfreunde herzlich und sind hilfsbereite und naturkundige **Führer** durch diese einmalige Welt. Sie kennen auch jene Stellen, an denen sich die „Götter der Morgendämmerung" befinden, wie die Quetzals von den Indianern genannt werden. Wer alleine den Park erkunden möchte: Von der Station Las Nubes führt ein beschilderter Wanderweg zu einem 45 m hohen Wasserfall (ca. 4 km retour); ein zweiter ist als Rundweg ausgeschildert (ca. 2 km); und ein dritter Weg führt zu einem Aussichtspunkt (ca. 3 km retour). Unterwegs passiert man Informationsstände, die über die Probleme im und mit dem Nebelwald informieren.
- Ein Dach über dem Kopf bieten die **Cabañas Odesen,** ein Ecotourismusprojekt der Teribe-Indianer.
- Einfache **Schlaf-** und **Kochgelegenheiten** für 7 $ pro Person gibt es im Verwaltungshaus. Informationen erhalten Sie im *ANAM-Büro* in David.

■ Für **Tagestouristen** hat der Park täglich von 8 bis 16 Uhr geöffnet, Eintritt 5 $, **Parkgebühr** fürs Auto 1 $.

■ Die beste **Anreisemöglichkeit** besteht über Cerro Punta. Gegenüber der Kirche, etwa 300 m vom Hotel *Cerro Punta* entfernt, zweigt die Straße zur ca. 5 km entfernt liegenden Siedlung **Las Nubes** („Die Wolken") ab, wo die Asphaltstraße an einer Brücke endet. Von hier sind es bis zum Parkeingang ca. 2 km über eine holprige Schotter- und Lehmpiste, quer durch das Bauerndörfchen Las Nubes. Man kann sich an der breiteren Straße und an den bewachsenen Berghängen orientieren, die in greifbare Nähe kommen werden, je weiter man sich dem Eingang nähert. Das Rauschen des kleinen Bergflusses, der über große Felsen hinunterstürzt und tosend zu Tal fließt, klingt wie eine Ouvertüre auf die Naturschönheiten des Parks.

■ Zwischen Cerro Punta und Las Nubes existiert keine **Busverbindung.** An der Straßenabzweigung in Cerro Punta warten **Taxifahrer,** die Sie für ca. 7 $ nach Las Nubes bringen können.

# Von David nach Costa Rica

53 km trennen David vom **Grenzübergang Paso Canoas.** Auf halber Strecke passiert man **Concepción.**

Zwischen Concepción und Paso Canoas steht ein **Kontrollposten,** an dem die Polizei jedes Fahrzeug kontrolliert. (Achtung: Den Reisepass solte man griffbereit halten!)

**Paso Canoas** ist wenig interessant, am besten überquert man gleich die Grenze und fährt mit dem costaricanischen Bus weiter. Die Haltestelle liegt ca. 500 m von der Grenze entfernt. **Unterkünfte,** die sich auf Grund ihrer sehr einfachen Ausstattung allerdings nur für den Notfall eignen, gibt es nur auf costaricanischer Seite. Der **Grenzposten** an der panamaischen Seite ist von 8 Uhr bis Mitternacht geöffnet, in Costa Rica wegen der Zeitverschiebung ab 9 Uhr. Paso Canoas ist ab David mit dem **Bus** von 5 bis 20 Uhr alle 10 Minuten erreichbar.

# Abstecher auf die Halbinsel Burica

Unweit des Grenzübergangs nach Costa Rica zweigt nach links eine **Straße** ab, die 36 km weiter in Puerto Armuelles endet. Sie zunächst entlang der **Grenze,** die von einem ca. 5 m breiten Grünstreifen ohne Zäune gebildet wird. Kurz vor der Ortschaft Progreso werden an einem Polizeiposten alle Fahrzeuge sowie deren Insassen kontrolliert.

**Puerto Armuelles** liegt auf der Halbinsel Burica, die etwa zu gleichen Teilen zum Staatsgebiet von Costa Rica und Panama gehört. Die Route ist landschaftlich weniger reizvoll.

Zwischen Paso Canoas und La Esperanza wird das Landschaftsbild vorwiegend von **Weideland, Tabak-, Kokos- und Ölpalmenplantagen** geprägt, während das Bild im Süden von **Bananenplantagen** bestimmt wird. Die gelben Früchte haben den Hauptanteil an Buricas Wirtschaft. Die gesamte Infrastruktur auf der Halbinsel ist für die Bananenproduktion ausgelegt.

Asphaltierte Straßen sind nicht vorhanden, mit Ausnahme jener, die Paso

Canoas mit Puerto Armuelles verbindet. Für den Bananentransport sind Straßen auch nicht unbedingt notwendig. Die Bananenstauden werden über Förderbänder aus den Plantagen gebracht und gleich auf den **„Bananen-Zug“** verladen, der sie nach Puerto Armuelles bringt, von dessen Hafen aus sie dann in alle Welt verschifft werden.

## Puerto Armuelles

Das touristisch uninteressante, aber für die Wirtschaft unentbehrliche Hafenstädtchen dient nicht nur als reiner **Umschlagplatz für die Bananen,** sondern ist auch ein wichtiger **Rohölhafen für die USA.** Die Nordamerikaner erbauten von Puerto Armuelles nach Chiriquí Grande an der Karibikküste eine Ölpipeline. Sie ist ein wichtiges Bindeglied für den Transport des Rohöls aus Alaska an die Ostküste der USA. Die USA ersparen sich mit der panamaischen Rohrleitung nicht nur Zeit und Geld, sondern sie umgehen auch den risikoreichen Transport des Öls mit Lkws quer über den nordamerikanischen Kontinent.

Puerto Armuelles ist ein kontrastreiches Städtchen mit vielen armen Bezirken und alten verfallenen Holzhäusern. Diese **typisch amerikanischen Plantagenhäuser** aus den 1920er Jahren standen damals dem Verwaltungspersonal der Bananenplantagen zur Verfügung. Heute dienen die halbverfallenen Häuser als Wohnungen für die sozial Schwächsten von Puerto Armuelles, die als Arbeiter auf den Plantagen hart ihren Lebensunterhalt verdienen.

### Praktische Hinweise

- Puerto Armuelles ist ab David über Paso Canoas erreichbar, zurück fahren die **Busse** zwischen 6 und 19 Uhr alle 15–20 Minuten.
- Die meisten **Bars, Kneipen, Restaurants** und **Billighotels** befinden sich am Paseo. Die einzige akzeptable **Unterkunft** ist *Koko's Place,* Tel. 770 7049, wenige Kilometer außerhalb von Puerto Armuelles, an der Straße nach Paso Canoas.

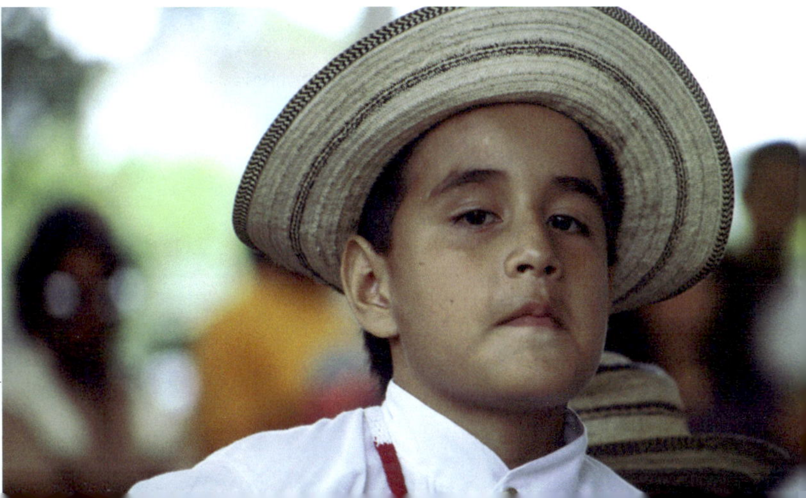

074pa hz

Provinz Bocas del Toro
0 10 km
Cahuita, Bri Bri
Río Sixaola
Sixaola
Naturschutzgebiet Humedales San Pock
240 Guabito
Finca 60
240 Changuinola
Boca del Drago
Isla Colón
Archipiélago de Bocas del Toro
Playa Bluff
236 Playa Wizard
Playa Red Frog
Punta Caracol
235 Isla Caranero
Playa Larga
Río Teribe
225 Bahía de Almirante
226 Bocas del Toro
Bastimentos-Dorf
219 Parque Internacional La Amistad
225 Almirante
Isla Solarte
236 Isla Bastimentos
Isla Cristóbal
Río Changuinola
Isla Popa
Serranía de Talamanca
Río Culubre
Cerro Fábrega 3335 m
Cerro Itamut 3279 m
Cerro Echandi 3162 m
COSTA RICA
Cerro Totuma 2625 m
216 Cerro Punta 2375 m
Reserva Forestal Palo Seco
225 Chiriquí Grande
Cerro Pando 2482 m
Cerro Horqueta 2232 m
Cerro Guayabo 2088 m
Vulkan Barú 3475 m
Volcán
Boquete
212 Parque Nacional Volcán Barú
Reserva Forestal Fortuna
Fortuna-See
Río Chiriquí
1
PROVINZ CHIRIQUÍ
Los Planes
Cerro Chorcha 2238 m
Erdölpipeline
La Concepcíon
Gualaca
194 David
Übernachtung
1 Finca La Suiza

# PROVINZ BOCAS DEL TORO

Im Nordwesten von Panama erstreckt sich entlang der Karibikküste die Provinz Bocas del Toro, die aus einer schmalen Küstenebene, steilen Berghängen und zahlreichen Inseln gebildet wird. Auf der **Isla Colón** befindet sich die **Provinzhauptstadt,** die ebenfalls Bocas del Toro heißt. Diese Provinz ist ein **„vergessener Winkel des Landes“,** wie die Bocatoreños ihre Heimat charakterisieren und das „**Land der Chiquita-Bananen“**, das um Changuinola und Almirante fest in den Händen der „United Fruit Company“, liegt. Doch hier liegen auch **unberührte Inseln**, die teils im **Nationalpark Isla Bastimentos** geschützt sind.

**NICHT VERPASSEN!**

- **Bocas del Toro,**
  Städtchen mit lässigem Karibikflair und alter amerikanischer Südstaaten-Architektur | 226
- **Changuinola, Costa Rica,**
  das lebhafte Grenzstädtchen lädt zum Shoppen von Kleidung und zu einem Marktbummel ein | 240

**Diese Tipps erkennt man an der gelben Hinterlegung.**

# Geschichte

Die **Bevölkerung** von Bocas del Toro besteht vorwiegend aus *Afro-antillianos,* Guaymí, Bokota und Terriben. Während der spanischen Kolonialjahre hatte diese Region kaum Bedeutung, das dünnbesiedelte Gebiet diente den Indianern als Zufluchtsort und den englischen Piraten als Freihafen. Um 1820 tauchten hier die ersten Siedler auf, die schottischer und englischer Abstammung waren und die mit ihren Sklaven und Gütern vorher auf der kolumbianischen Insel San Andrés gelebt haben. Zu Anfang des 20. Jahrhunderts kamen die nordamerikanischen Bananenzüchter hinzu, die für die Plantagenarbeit auf den Karibikinseln, vorwiegend auf Jamaika, um Arbeiter warben. Die amerikanischen und englischen Einflüsse sind heute noch in der Architektur zu sehen, vor allem aber erklären sie die Zweisprachigkeit der schwarzen Bevölkerung.

Über den **Ursprung des Provinznamens** gibt es zwei Versionen: In der ersten und aller Wahrscheinlichkeit nach auch der richtigen Version stammt der Name vom Kaziken *Boka Toro,* der die *Indígenas* dieser Region Anfang des 17. Jahrhunderts führte. Der zweiten Version nach ist *Kolumbus* der Urheber: Auf seiner Fahrt durch die Buchten sichtete er eine Fels-formation an der Küste, die einem liegenden Stier ähnelte, dazu die hohen, sich am Felsen brechenden Wellen. Die Vorstellung eines schnaubenden Stieres war geboren – *la boca del toro,* „das Maul des Stieres".

# Von Chiriquí nach Bocas

Die einzige Straße, die in die Provinz Bocas del Toro führt, zweigt von der *Carretera Interamericana* ca. 15 km östlich von David ab. Sie verläuft über die Zentralkordillere nach Chiriquí Grande (ca. 100 km) und dann an der Küste entlang über Almirante nach Changuinola.

Hinter der Ortschaft Gualaca kommen die schroffen Gebirgskämme immer näher. Vom natürlichen Pflanzenkleid ist weit und breit sehr wenig übriggeblieben. Schwere Regenfälle und starke Winde haben in dieser fast baumlosen Gegend freien Zugang zum fruchtbaren Boden. Die **Erosionsprobleme** kommen hier sehr viel deutlicher als anders wo in Panama zum Vorschein.

Die Befürchtung, dass der Landhunger die Vegetation auch an der Karibikseite zerstört und dadurch der künstliche Fortuna-See nicht mehr seine Funktion als Wasserspeicher und für die Elektrizitätserzeugung erfüllen kann, hat schließlich zur Schaffung des 15.000 ha großen **Waldschutzgebietes Fortuna** geführt. Direkt von der Straße aus lassen sich übrigens kurze Wanderungen durch diese Schutzgebiete machen.

Bis der Wald in greifbare Nähe rückt, quält sich der Bus bergauf über eine Serpentinenstraße zur kontinentalen Wasserscheide auf ca. 1100 m Höhe, wo der **üppige Bergwald** einen starken Kontrast zu den gerodeten Hängen an der Pazifikseite bildet. Unterwegs passiert man ca. 3 Kilometer hinter Los Planes die Tankstelle 3 de Noviembre.

Ca. 500 Meter danach zweigt nach rechts eine Straße ab zur **Finca La Suiza,** Tel. 69011007, info@fincalasuiza.com. Sie liegt am Rande des Waldschutzgebietes Fortuna in etwa 1300 m Höhe und verfügt über ein weitreichendes Netz sehr gut markierter Wege durch tropischen Berg- und Nebelwald, das für 20 Stunden Wandern ausreicht. Eine gute körperliche Verfassung, Wanderschuhe und Regenschutz sind erforderlich. Für die Wegbenutzung werden 8 $ pro Person verlangt, der Einlass ist zwischen 7 und 10 Uhr. Jugendliche bis zu 12 Jahren haben keinen Zutritt. Zum Übernachten kann man bei der Finca einen Stopp einlegen. EZ 44 $, DZ 55 $, bei mindestens 2 Übernachtungen. Frühstück gibt es für 4,50 $, eine Mahlzeit kostet 14 $ (geschlossen Juni, September und Oktober, weitere Infos: www.fincalasuiza.com).

Nach der Wasserscheide schlängelt sich die Straße talwärts über den Staudamm Fortuna durch eine **reizvolle Landschaft,** vorbei an rauschenden Wasserfällen, an Bächen und Flüssen. Ab und zu fällt der Blick auf einige Wanderer, die mit ihren Ferngläsern die Bäume nach Vögeln absuchen, denn die gefiederten Freunde sind hier mit vielen Arten vertreten. Die Piste, die für den Unterhalt der Kraftwerkszentrale Fortuna und der Erdölpipeline Puerto Armuelles – Chiriquí Grande angelegt wurde und parallel zur Straße verläuft, ermöglicht kleine Wanderungen in dieser vogelreichen Gegend.

Außer in der *Finca La Suiza* kann man in **Chiriquí Grande** übernachten, das direkt an der Laguna de Chiriquí liegt. Der einzige Grund für die Existenz dieses Ortes ist das Erdöl, das durch die riesige **Pipeline** von Puerto Armuelles hergepumpt und in Tanks bis zum Weitertransport in die USA gelagert wird.

# Almirante

Auf den letzten Kilometern der Fahrt nach Almirante zieht an den Passagieren eine Küstenlandschaft aus steilen, saftiggrünen Berghängen, mangrovenbewachsenen Küstenabschnitten, vorgelagerten Inseln und der ruhigen **Bahía de Almirante,** „Bucht des Admirals“, vorbei. *Kolumbus* und seine Mannschaft waren, wie eine alte Aufzeichnung berichtet, die ersten Europäer, die diese Bucht jemals sahen: *„Der Admiral segelte in Richtung Osten, wo es eine Meeresbucht von sechs Seemeilen Länge (ca. 33 km) und von mehr als drei Seemeilen Breite gab. Sie besaß viele Inseln und Inselchen und drei oder vier Öffnungen, die es den Schiffen ermöglichten, hineinzutreten und ruhig weiterzusegeln. Zwischen diesen Inselchen fuhren die Schiffe wie auf einer Straße und die Segel und Seile berührten die Zweige der Bäume …“* Die Inseln, die Bucht und die Kleinstadt Almirante halten mit ihrem Namen den Besuch des Entdeckers der Neuen Welt ständig wach.

Almirante ist ein **Hafenstädtchen** auf dem Festland, das mit seinen einfachen, verschiedenfarbenen Häusern auf den ersten Blick einen malerischen Eindruck macht. Doch die Realität sieht anders aus: Die Hafenstadt ist ein schmutziger, chaotischer Ort ohne Charme und in eine erdrückende Schwüle gehüllt. Güterzüge, zum Bersten mit Bananen beladen, pendeln zwischen den Plantagen und dem Hafen, von wo aus die gelben

Früchte ihre Reise zu den nordamerikanischen und europäischen Märkten antreten. Den Touristen steht die teilweise englischsprachige Bevölkerung freundlich und hilfsbereit gegenüber, aber das kann nicht über die geringe Attraktivität des Städtchens hinwegtäuschen.

## Praktische Hinweise

### An- und Weiterreise per Bus

- Die **Busse von/nach David** kommen von oder fahren weiter nach **Changuinola** und halten bei der Bushaltestelle an der Durchfahrtsstraße an, etwa 2 km von der Bootsanlegestelle entfernt. Die Busse pendeln zwischen Sonnenauf- und Sonnenuntergang fast alle 30 Minuten. Ein Taxi zur Bootsanlegestelle kostet ca. 2 $.

### Wassertaxi und Fähre

- Der Anlegesteg des **Wassertaxis** liegt 10 Gehminuten südlich des Zentrums. Ab hier gibt es mehrmals täglich Verbindungen **nach Bocas del Toro** (ca. 30 Minuten, 5–7 $).

Aktuelle **Informationen** über das Wassertaxi erhalten Sie an der Anlegestelle. Wer mit dem Auto anreist, findet gegen Bezahlung einen bewachten Parkplatz in der Nähe der Anlegestelle.

- Der Anlegesteg der **Autofähre** liegt ca. 10 Gehminuten südöstlich des Zentrums im großen Hafen. Ab hier gibt es täglich um 8 Uhr eine Verbindung **nach Bocas del Toro** (30 $ pro Auto, 1 Stunde), retour um 16 Uhr.

☒ Bananenverkauf in Bocas del Toro

# Bocas del Toro

Die ruhige Bahía de Almirante wird im Nordwesten von der etwa 15 km langen **Isla Colón** gegen die kräftigen Wellen des Atlantiks geschützt. Auf dem Südzipfel der Insel liegt die **Provinzhauptstadt** Bocas del Toro. Vielleicht ist „Hauptstadt" eine etwas üppige Bezeichnung für den Ort, der von einem lässigen Karibikflair geprägt wird.

Ein lockeres Englisch mit einem für die Karibik charakteristischen Akzent klingt durch die ruhigen Straßen. „Nur keine Hektik" scheint hier die Devise der freundlichen Bevölkerung zu sein, und nur allzugerne lassen sich die Touristen von diesem *easy way of life* anstecken. Die drückende Schwüle lässt eben keine schnellen Bewegungen zu und verführt öfters zum Nichtstun.

**Holzbauten** mit Veranden und Balkonen säumen noch immer viele Straßen und repräsentieren die alte Architektur der Südstaaten der USA. Man kann sich gut vorstellen, wie hier die Ranghöchsten der Bananenfirma jahrzehntelang die Kolonialherren gespielt haben, mit einem angenehmen, elitären Leben.

Mit dem Abzug der Nordamerikaner, die ihre Geschäfte heute von Changuinola und den USA aus führen, wurden die Häuser ihrem Schicksal überlassen. Naturkatastrophen wie der Wirbelsturm im Jahr 1962 oder das Erdbeben von 1991 haben ihren **Verfall** beschleunigt.

Mittlerweile sind aber viele europäische und amerikanische Touristen dem karibischen Flair der Insel erlegen, haben alte Häuser gekauft, renoviert oder durch modernere ersetzt, und sie versuchen, sich mit Hotels, Pensionen, Kneipen und Restaurants eine Existenz unter der Sonne aufzubauen.

152pa hz

## Bocas del Toro

0 — 100 m

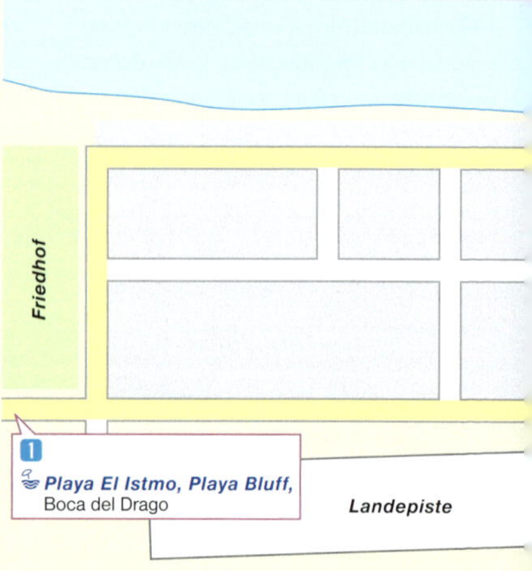


**Übernachtung**
- 4 Lula's B & B / Casa Blanca
- 6 Hotel Cocomo on the Sea
- 7 Hotel Vista Mar
- 10 Hostel Mondo Taitu
- 11 Posada Los Delfines
- 12 Casa Max
- 14 Hotel Las Brisas
- 15 Hotel Cala Luna
- 16 Hotel Swan's Cay
- 20 Hostal Tungara
- 21 Hostel Heike
- 24 Hotel Cayo Zapatilla
- 25 Hotel Laguna
- 29 Hotel Hipocampo
- 30 Hostal Hansi
- 31 Hotelito del Mar
- 32 Hotel del Parque
- 33 Hostal El Coconut
- 34 Bocas Paradise Hotel
- 35 Hotel Tropical Suites
- 38 Hotel Bocas del Toro
- 39 Hotel El Limbo on the Sea
- 43 Hotel Palma Royale
- 48 Hotel Bahía
- 50 Hostal Casa Verde
- 53 Hotel Dos Palmas
- 54 Hotel Olas

**Einkaufen/Sonstiges**
- 42 Farmacía Rosa Blanca
- 47 Red Frog Express (Boot)
- 51 Sprachschule Spanish by the Sea

**Essen und Trinken**
- 1 Guari Guari
- 8 Ripe Tide Bar
- 9 Rest. La Ballena
- 13 Rest. La Casbah
- 17 OM Café & Rest.
- 19 Barco Hundido
- 23 La Chitre
- 26 Restaurant El Pecado
- 37 Buena Vista
- 46 Restaurant The Reef
- 52 El Ultimo Refugio

**Wassersport**
- 36 Starfleet Scuba Diving
- 44 Bocas Watersports

©Reise Know-How 2013
Av. H
Av. G
Av. F
Av. E
Av. Central
Av. D
Av. C
Av. B
Av. A
Calle 6
Calle 5
Calle 4
Calle 3
Calle 2
Calle 1
Kinder-
spielplatz
Fußballfeld
Flughafen-
gebäude
Methodistenkirche
Katholische
Kirche
Feuerwehr
Polizei
Wassertaxi
Stromversorgung
Fähre nach
Almirante
4
6
7
8
9
10
11
12
13
14
15
16
17
19
20
21
23
24
25
26
29
30
31
32
33
34
35
36
37
38
39
42
43
44
46
47
48
50
51
52
53
54

# Praktische Hinweise

## An- und Weiterreise per Wassertaxi und Fähre

- **Wassertaxis** nach Changuinola sind derzeit eingestellt; **nach Almirante** fahren verschiedene Firmen mit Ihren Wassertaxis, zwischen 6 und 18.30 Uhr halbstündlich, 5–7 $ pro Person.
- Einige Schritte südlich des Hotels *Bahía* befindet sich der Anlegesteg der **Fähre,** die einmal täglich **nach Almirante** fährt.

## An- und Weiterreise per Flug

- Die einfache **Landepiste** und das **Flughafengebäude** liegen wenige Minuten vom Zentrum entfernt.

*Air Panama,* Tel. 3169000, fliegt mehrmals wöchentlich nach **Panama-Stadt, Changuinola** und **David.**

**Flugticktes** sind im Flughafengebäude erhältlich oder im Internet buchbar unter www.airpanama.com.

**Internationale Flugverbindungen** bietet die costaricanische Fluglinie *Nature Air* an, derzeit aber nur nach San José. Aktuelle Informationen über die Fluglinie und deren Ziele finden Sie unter www.natureair.com.

## An- und Weiterreise per Taxi und Bus

- **Taxis** sind bei den Bootsanlegestellen, beim Flughafen und in der Hauptstraße zu finden.
- Der einzige regionale **Bus** pendelt mehrmals täglich zwischen dem Hauptort Bocas und der Boca del Drago.

## Unterkunft

Wegen der Hitze empfiehlt es sich, eine Unterkunft am Meer zu nehmen, weshalb wir unsere Auswahl auch in die Kategorie „Am Wasser“ und „In den Hauptstraßen“ unterteilt haben.

### Am Wasser

- **Hostel Casa Verde,** www.casaverdebocas.com. Backpacker Hostel in kleinem, traditionellem Holzhaus mit Terrasse am Meer. Mehrbettzimmer 13 $ pro Person, im DZ 35 $. Es werden auch Touren angeboten.
- **Hotel Dos Palmas,** Tel. 7579906, EZ 25 $, DZ 30 $. Einfache, etwas ältere, aber saubere Zimmer mit Ventilator oder AC. Großer Pluspunkt ist die gemeinsame Terrasse am Wasser.
- **Hotel Olas,** Tel 757993040, www.hotelolas.com, EZ/DZ ab 45 $. Zweckmäßige Zimmer mit AC und TV, gemeinsame Terrasse, Schwimmmöglichkeit.
- **Hotel Las Brisas,** Tel. 7577549, www.brisasbocas.com. Renoviertes Hotel am Meer gelegen; speziell für Surfer und andere Wassersportler gedacht. Saubere Zimmer mit viel Holz eingerichtet, AC, TV und WLAN; ab 15 $ pro Person.
- **Hotel Vista Mar,** Tel. 7579198, www.hotelvistamar.net. Mittelklassehotel mit Restaurant, Bar und gepflegten Zimmer, einige mit kleinem Balkon. DZ ab 90 $ inklusive Frühstück.
- **Bocas Paradise Hotel,** Tel. 7579546, www.bocasparadisehotel.com. Neues Mittelklassehotel, direkt am Wasser gelegen, mit Restaurant und Bar. DZ ab 99 $.
- **Hotel Cocomo on the Sea,** Tel. 7579259, www.cocomoonthesea.com. Älteres Hotel mit zweckmäßigen Zimmern ab 83 $.
- **Hotel Bocas del Toro,** Tel. 7579018, www.hotelbocasdeltoro.com. Mittelklassehotel mit gut besuchtem Restaurant, lebhafter Bar und kleiner Terrasse mit Strandliegen. EZ/DZ ab 140 $.
- **Hotel El Limbo on the Sea,** Tel. 7579062, www.ellimbo.com. Mittelklassehotel, das schon bessere

Zeiten gesehen hat. Entäuschende Zimmer ab 100 $. Restaurant, Bar und Terrasse mit Strandliegen.

■ **Hotel Tropical Suites,** Tel. 7579880, www.bocastropical.com. Mittelklassehotel, recht teuer.

### In den Hauptstraßen

Im Zentrum von Bocas kann es abends wegen der Musik aus den Bars laut werden.

■ **Hostel Heike,** Tel. 7579708, www.hostelheike.com. Beliebtes Hostel mit einfachen Zimmern, aber schöner Terrasse und Lounge mit Hängematten, Liegen und Internet. Derselbe Besitzer betreibt auch das **Hostel Mondo Taitu,** Tel. 7579425. www.mondotaitu.com. Typisches Backpacker Hostel, sehr einfach und lebhaft mit Bar. Beide Hostels: 10–12 $ pro Person mit Ventilator oder AC, Gemeinschaftsbad.

■ **Tungara,** Tel. 7579864, www.tungara.com. Kleines, sauberes Hostel in buntem Holzhaus, mitten im Zentrum gelegen; ab 20 $ pro Person im Mehrbettzimmer. Gegenüber, an der anderen Seite des Parks, liegt das **Hostal El Coconut,** Tel. 65301970, www.bocasdeltorohostal.com. Preise ab 10 $ pro Person.

■ **Hostal Hansi,** Tel. 7579085, www.hostalhansi.bocas.com. Eher eine Pension als ein typisches Hostel. Traditionelles Haus mit ordentlichen Zimmern, Gemeinschaftsküche und WLAN. Fast alle Zimmer haben Bad. EZ ab 11 $, DZ ab 25 $. Günstig.

■ **Casa Max,** Tel. 7579120. Zweckmäßige, etwas vernachlässigte Zimmer mit Ventilator. Gemeinschaftsbalkon und kleiner Garten. EZ 25 $, DZ 35 $.

■ **Hotel Hipocampo,** Tel. 7579472, www.bocas.com/hipocampo.htm. Holzhaus mit zweckmäßigen Zimmern, alle mit AC und TV. EZ 30 $, DZ 40 $.

■ In der gleichen Preiskategorie befinden sich das Hotel **Cayo Zapatilla,** Tel. 7579844, www.cayozapatilla.com, und die **Posada Los Delfines,** Tel. 757

## Die Schildkröte und der Leguan

Dieses uralte Märchen der *Indígenas* der Provinz Bocas del Toro erzählt die Geschichte, wie die Schildkröte eigentlich zu ihrem Panzermuster kam. Und wie so viele Märchen beginnt auch dieses mit: Es war einmal ...

... ein Leguan, der eine Schildkröte zu einer Wette überredete, um zu sehen, wer von beiden der Mutigste sei. Um das herauszufinden, mussten beide von einem Baum in einen mit Steinen gefüllten Fluss springen. Der Leguan war als erster an der Reihe, er atmete tief ein, hielt die Luft an, sprang in das Wasser und kletterte mit einem Grinsen im Gesicht an der anderen Flussseite wieder an Land. Dank seines schlanken, gelenkigen Körpers hatte er den Sprung unverletzt überstanden.

Jetzt war die Schildkröte an der Reihe. Verängstigt, die Augen geschlossen, sprang sie in das tosende Wasser des Flusses. Dabei schlug sie an einen Felsen und ihr Panzer zerbrach in viele Stücke. Ein Fisch und eine Languste, die die Wettkämpfer beobachtet hatten, eilten der Schildkröte zu Hilfe. Die Languste schenkte der verzweifelten Schildkröte ein Stück ihres Fühlers als Draht, vom Fisch bekam sie eine Gräte als Nadel, damit sie ihren Panzer nähen konnte. Als die Schildkröte mit dem Flicken ihres Panzers fertig war und das Muster ansah, sagte sie mit Tränen in den Augen: „Wenn mich der Leguan so sieht, wird er mich sicher auslachen und verspotten. Ich bleibe von nun an für immer im Wasser ..."

9963, www.posadalosdelfines.net. Große Zimmer oberhalb einer Pizzeria. Teurer, aber nicht besser ist das Hotel **Cala Luna,** Tel. 7579066, www.calaluna bocas.com; alle EZ 50 $, DZ 70 $.

■ **Casa Blanca,** Tel. 7579738, www.casablanca bocas.com. Gepflegtes, kleines *Guesthouse,* nette Zimmer mit AC und TV ab 50 $.

■ **Hotel del Parque,** Tel. 7579008. Nettes Haus mit kleinen, warmen Zimmer im Erdgeschoss und größeren, luftigeren Zimmern im ersten Stock. Gemeinschaftsbalkon. EZ/DZ ab 44 $.

■ **Hotel Laguna,** Tel. 7579091, www.thehotella gunabocas.com. Rustikal eingerichtete Zimmer, oberhalb des Restaurants *El Pecalo.* DZ ab 85 $.

■ **Hotelito del Mar,** Tel. 7579861, www.hotelito delmar.com. Kleines, freundliches Mittelklassehotel mit modernen Zimmern, alle mit AC, ab 62 $.

■ **Lula's Bed and Breakfast,** Tel. 7579057, www. lulabb.com. Rustikale, etwas altmodische Zimmer. EZ 66 $, DZ 77 $ inkl. Frühstück.

■ **Hotel Palma Royale,** Tel.7579979, www.pal maroyale.com. Neues und derzeit eines der besten Hotels mit modernen Zimmer und Suites ab 100 $ inkl. Frühstück. Gutes Restaurant.

■ **Gran Hotel Bahía,** Tel. 7579626, www.ghba hia.com. Sicher eines der ältesten Hotels auf der Insel, aber doch (oder gerade deswegen) noch immer recht stimmungsvoll. Angenehme Zimmer mit AC; großer Gemeinschaftsbalkon. Wurde renoviert. EZ ab 73 $, DZ ab 80 $ inkl. Frühstück. Gute Wahl.

■ **Hotel Swan's Cay,** Tel. 7579090, www.swans cayhotel.com. Mittelklassehotel mit klassisch eingerichten Zimmer. Die Zimmer im alten Gebäude sind etwas enttäuschend. Restaurant, Swimmingpool und Garten mit Strandliegen am Meer bilden allerdings die Pluspunkte. EZ/DZ ab 80 $.

## Essen und Trinken

Die meisten Hotels am Wasser haben ein kleines Restaurant und/oder eine Bar direkt am Meer, oft mit *Happy Hour* am Nachmittag. Es gibt auch eine Vielzahl an Restaurants und nette Bars im Ort.

■ **Restaurant La Ballena,** gute Pizzen und Pastagerichte gegen Preise wie zu Hause. Gute Weinkarte.

■ **Restaurant El Pecado,** mittelmäßiges Lokal mit italienischer und internationaler Küche. Auch zum Frühstücken. Moderate Preise. Zentrale Lage mit Terrasse an der lebhaften Hauptstraße.

■ **OM Café** sorgt für Abwechslung: indische Curry-Gerichte in asiatischer Atmosphäre oder Müsli und Früchtensaft am Morgen.

■ **La Chitre,** Fast-Food-Lokal mit wenig Ambiente, aber eine der billigsten Adressen. Auch günstig zum Frühstücken.

■ **Restaurant The Reef,** älteres Restaurant mit einfacher Terrasse am Wasser und panamaischer Standardküche.

■ **El Ultimo Refugio,** einfaches, nettes Lokal am Wasser; gut für einen Mojito oder anderen Cocktail.

■ **Guari Guari,** eines der besseren Restaurants der Insel; serviert internationale Küche.

■ **La Casbah,** Caféteria mit guter mediterraner Küche. Beliebt.

■ **Buena Vista,** die Burger à la *McDonald's* sind die Spezialitäten in diesem einfachen Grilllokal am Wasser.

■ Eine der beliebtesten Bars in Bocas ist **Barco Hundido,** die bis spät in die Nacht geöffnet ist. Ungezwungene Atmosphäre, am Wasser gelegen und auch noch preisgünstige Drinks sorgen für die große Popularität.

■ Das gleiche gilt auch für der **Ripe Tide Bar.** Über das Essen scheiden sich die Geister, aber dieses, zur Bar umgebaute, alte Fischerboot ist beliebt.

## Strände

■ Die Isla Colón ist sicher nicht das Strandparadies schlechthin, aber es gibt doch **akzeptable Buchten** und **kleine Sandstrände.** Das beliebteste Ziel ist die im Nordwesten der Insel gelegene **Boca del Drago,** die Drachenbucht, mit einem langen, teilweise mit Palmen bestandenen Strand. Und wenn Meer und Wind mitspielen, kann man hier angenehm in der Sonne liegen und sich im Wasser abkühlen. Für Essen und Trinken gibt es ein kleines Restaurant. Die Boca del Drago kann man als lohnenswerten **Tagesauflug** einstufen. Ein Bus pendelt zwischen Bocas und Boca del Drago, und die Landschaft zu beiden Seiten der Strecke verschönert die 40-minütige Fahrt. Genaue Abfahrtszeiten erfahren Sie in den Hotels oder bei der Haltestelle am Parque Central. Der Bus kann auch in der Hauptstraße angehalten werden.

■ Die **Playa El Istmo** liegt zwar Bocas am nähesten, doch stören Sandfliegen oft das Strandvergnügen. Fürs leibliche Wohl sorgt das Restaurant *El Paraiso* mit guten Fischgerichten und kubanischer Küche.

■ Die Ostküste der Isla Colón ist zum Baden zu wild, dafür aber zum Wellenreiten geeignet. Einer der Strände dort ist die **Playa Bluff,** bekannt wegen der Meeresschildkröten, die jährlich zur Eiablage hierher kommen.

■ Mehr Strände finden Sie noch auf den vorgelagerten Inseln, wie etwa die weißen Strände der **Cayo Zapatillo,** die bis jetzt noch allen Touristen am besten gefallen haben.

## Aktivitäten

■ **Tauchen und Schnorcheln:** Mit dem Marinenationalpark Bastimentos vor der Haus-tür sind Tauch- und Schnorchelausflüge eine Selbstverständlichkeit geworden.

Professionell arbeitende und gut ausgestattete PADI-Tauchschulen, die unterschiedliche Tauchkurse, diverse Bootstauchgänge und Schnorchelausflüge anbieten, sind: *Bocas Watersports* (Infos unter www.bocaswatersports.com) und *Star Fleet Eco-Adventures* (Infos unter www.starfleetscuba. com).

Zu den lohnenswerten **Tauchstellen** gehören *The Garden, Cristobal Light* (Wrack), *Hospital Point* und *Coral Cays,* wo man u.a. Ammenhaie, Seepferdchen, Papageien- und Engelfische, Muränen, Krabben, Garnelen, Meeresschildkröten, Schwämme, Hirn- und Geweihkorallen zu Gesicht bekommt.

■ **Bootsausflüge:** Im Zentrum des Ortes werden von diversen Büros und Organisationen Bootstouren zu den vorgelagerten Inseln und Stränden für 15 bis 20 $ pro Person angeboten, inklusive Schnorchelausrüstung. Zudem gibt es Ausflüge zum Fischen, Touren mit Katamarans und die Möglichkeit, Kajaks zu mieten. Informieren Sie sich bei anderen Reisenden über Für und Wider der einzelnen Touren bzw. Veranstalter. Auf eigene Faust kann man sich zur kleinen **Isla Caranero** (ca. 5 Minuten) übersetzten lassen, wo man zu Fuß viel erkunden kann.

Eine schöne, lohnenswerte **Tour** führt in das seit 1993 unter Naturschutz stehende und von der *Association of Friends and Neighbors of the Coast and Nature (AAMVECONA)* betreute **Feuchtgebiet Humedales San San Pock,** nördlich von Changuinola gelegen, wo man unter anderem Seekühe beobachten kann.

■ **Rad- und Wandertouren:** Die Isla Colón bzw. ihr Wegenetz eignet sich nicht gerade für eine abwechslungsreiche Rad- oder Wandertour, doch kann man auf eigene Faust an der Küste entlang Richtung Playa Bluff (siehe unter „Strände") gehen. Fahrräder werden von den meisten Unterkünften und Geschäften im Zentrum von Bocas del Toro zum Mieten angeboten.

■ **Feste:** Mitte September findet jedes Jahr die *Feria del Mar* statt, eine kirmesähnliche Veranstaltung mit viel Musik, Tanz, Essen und Trinken, die meist bis in die frühen Morgenstunden andauert. Nach vier Tagen ist das Spektakel schließlich wieder vorbei. Am 16. November wird die Gründung der Provinz Bocas del Toro gefeiert, am 23. November *La Día de Bastimentos* auf der Isla Bastimentos.

720pa hz

## Adressen A–Z

- **Apotheke:** An der Hauptstraße gibt es verschiedene *Farmacias* mit den notwendigsten Medikamenten.
- **ATM:** Die *Banco Nacional de Panamá,* geöffnet Mo–Fr von 8 bis 13.30 Uhr, wechselt Reiseschecks. Einziger Geldautomat im Ort.
- **Post:** im Palacio Municipal, geöffnet Mo–Sa von 8.30 bis 17 Uhr.
- **Sprachschule:** *Spanish by the sea,* hinter dem *Hotel Bahía,* Tel. 7579518, bietet unterschiedliche Kurse an (Infos unter www.spanishbythesea.com).
- **Internet:** Die meisten Unterkünfte bieten ihren Gästen gratis WLAN an, gegen Gebühr auch die Benutzung des Internet-Computers.
- **Touristeninformation:** nahe der Anlegestelle für Wassertaxis. Erwarten Sie aber nicht zu viel, unregelmäßige Öffnungszeiten.
- **Wäscherei:** Die meisten Hotels bieten Wäscheservice an.

◁ Schnorchelvergnügen bei Bocas del Toro

# Isla Caranero

Gegenüber Bocas del Toro liegt die kleine Insel Caranero, die nun langsam auch beginnt, die Früchte des ständig anwachsenden Tourismus auf den Nachbarinseln zu ernten. Immer mehr Hotels öffnen ihre Pforten, und eine steigende Zahl von Touristen entflieht dem hektischen Bocas, denn die Isla Caranero ist ein Platz zum Erholen. Und wem die Ruhe zu viel wird, der kann in 5 Minuten mit dem Boot nach Bocas übersetzen.

## Unterkunft, Essen und Trinken

- **Hostal Gran Kahuna,** Tel. 7579551, www.grankahunabocas.com. Hostal direkt am Palmenstrand gelegen. Perfekter Ort zum Entspannen; ab 12 $ pro Person.
- **Aqua Lounge,** derzeit kein Telefon; www.bocasaqualounge.info. Sehr einfaches Hostel, dafür jede Menge Partystimmung. Am Wasser gelegen, mit Bar und vielen Aktivitäten; ab 11 $ pro Person.
- **Faro del Colibri,** Tel. 7577315, www.farodelcolibri.com. Die attraktiven, kleinen Bungalows direkt auf dem Wasser mit Privatterrasse begeistern viele Touristen; ab 60 $.
- **Hotel Tierra Verde,** Tel. 7579903, www.hoteltierraverde.com. Schönes Holzhaus in einem Palmenhain mit Zimmern ab 65 $. Beliebt bei Surfern.
- **Careening Cay Resort,** Tel. 7579157, www.careeningcay.com. Holzhütten und Bungalows einfach, aber sauber mit Ventilator oder AC, ab 39 $ inkl. Frühstück. Stimmungsvolle Bar und Restaurant.
- **Casa Acuario,** Tel. 7579563, www.casaacuario.com. Auffallendes Holzhaus über dem Wasser. Dafür sind die Zimmer für 88 $ sehr einfach.

# Isla Bastimentos

Auf der 800 Einwohner zählenden Isla Bastimentos geht alles noch seinen relaxten karibischen Gang, existiert noch der Tante-Emma-Laden anstelle des Supermarktes und die Dorfkantine statt der Sportbar. Autos, Mopeds und Straßen sind im heißen, staubigen Dorf Bastimentos (meistens nur Ol Bank genannt) unbekannt. Die Hauptstraße bildet ein betonierter Pfad, der an der Anlegestelle beginnt und beim Friedhof endet. Hauptattraktion und laut vieler Touristen das schönste Ziel des Archipels ist **Red Frog Beach,** der seinen Namen von den roten Pfeilgiftfröschen erhalten hat, die man noch auf dem Strand beobachten kann. Der herrliche **Sandstrand** liegt abseits des Dorfes Bastimentos im Nationalpark und ist vom Anlegesteg aus in nur wenigen Minuten zu Fuß erreichbar. Eintritt 5 $. Die meisten Besucher kommen als Tagestouristen zum Red Frog Beach. Mittlerweile gibt es aber entlang des Strandes und im tropischen Wald einige Unterkünfte und Restaurants, die immer mehr begeisterte Touristen für längere Zeit anziehen. Wer nicht nur am Strand faulenzen oder in der *Beachbar* herum hängen will, kann eine **Canopytour** machen (ab 55 $ bei den *Red Frog Beach Villas*).

Östlich des Red Frog Beach liegt der **Turtle Beach,** westlich des Red Frog Beaches liegt die **Playa Wizard.** Der Sandstrand ist vom Dorf aus in etwa 45 Minuten zu Fuß erreichbar. Der zum Teil mit Kies und Stufen befestigte Weg dorthin beginnt bei einer Abzweigung von der Dorfstraße neben dem Hostal Bastimentos und führt auf einen Hügelrücken, wo man in einer Kakaofarm Getränke und selbst hergestellte Kosmetika und *Repellents* (Antimückenmittel) erhält. Ab der Farm ist der Weg zum Strand mit an Bäumen befestigten Kunstblumen markiert. Gehen Sie diesen Wanderweg nicht allein, achten Sie darauf, dass Sie noch bei Tageslicht wieder zurückgehen, und passen Sie am Strand auf Ihre Wertsachen auf.

Achtung! An beiden Stränden herrscht eine starke Unterströmung, und die Wellen können manchmal sehr hoch werden.

## Praktische Hinweise

### An- und Weiterreise

- Von den **Bootsanlegestellen in Bocas del Toro** aus kann man sich für ein paar Dollar auf die Isla Bastimentos übersetzen und wieder abholen lassen. Dabei sollten Sie angeben, ob Sie zum Dorf oder zum Red Frog Beach möchten. Der Strand liegt nämlich weiter weg, und die Fahrt dorthin kostet deshalb auch etwas mehr.
- Der **Red Frog Express** bietet mehrmals täglich eine Überfahrt zum Red Frog Beach ab Bocas an.

### Unterkunft

- **Hotel Caribbean View,** Tel. 7579442, www.hotelcaribbeanview.bocas.com. Auffallendes, schönes Holzhaus auf dem Wasser mit Restaurant/Bar. Rustikal eingerichtete Zimmer mit Privatbad ab 55 $.
- **Bocas Bound Hostel,** Tel. 69490330, www.bocasbound.com. Nettes Hostel mit Beachbar/Restaurant in guter Lage beim Red Frog Beach. DZ mit Bad ab 55 $. Beliebt, deshalb besser reservieren.
- Im Dorf Bastimentos gibt es noch einige einfache Unterkünfte, wie das **Coral Paradise,** Tel. 66863129,

www.coralparadise.bocas.com und das **Hostal Bastimentos,** Tel. 7579053.

■ **Palmar Tent Lodge,** Tel. 68808640, www.palmartentlodge.com. Schlafen in einem komplett eingerichteten **Zelt** am Red Frog Beach; ab 15 $ pro Person. Ein besonderes Erlebnis.

■ Luxus findet man unter anderem in der **La Loma Jungle Lodge,** Tel. 66195364, www.thejunglelodge.com und den **Red Frog Beach Villas,** www.redfrogbeach.com, zu der auch die *Bastimentos Canopytour* gehört.

■ Teure Alternativen sind das **Al Natural Resort,** www.alnaturalresort.com, das **Casa Cayuco,** www.

☐ Red Frog Beach

151pa hz

# Banane ist nicht gleich Banane

... dafür sorgt nicht nur die Qualität, sondern auch die Bezeichnung *Dollar-Banane, EU-Banane* und *AKP-Banane*. Mit **AKP-Banane** bezeichnet man jene gelben Früchte, die aus den Entwicklungsländern des afrikanischen und pazifischen Raumes stammen, während die **EU-Banane** von den kleinen Plantagen auf den Kanarischen Inseln und den ehemaligen englischen und französischen Karibikkolonien kommen.

Die **Dollar-Banane** ist die eigentliche *Chiquita*, das Produkt der nordamerikanischen Multis *United Brand, Del Monte* und *Standarfruit (Dole-Banane)*. Seit dem Beginn der Bananenindustrie in den ersten Jahren des 20. Jahrhunderts beherrschen sie den Markt.

Die **Massenproduktion** in Lateinamerikas sogenannten „Bananenrepubliken", wie Guatemala, Honduras, Costa Rica und Ecuador, geht auf Kosten der Menschen und wirkt sich auf die Preise aus.

Die unehrliche Konkurrenz zwischen den amerikanischen Multis und den kleinen Züchtern auf den Kanarischen und Karibischen Inseln entfachte 1993 einen Streit zwischen den Befürwortern der EU-Banane und jenen der Dollar-Banane. Plötzlich wurde voller Empörung über die Produktionspraktiken der US-Multis gesprochen, zugunsten der EU-Banane, die in viel kleineren Plantagen unter besseren Arbeitsbedingungen produziert wird. Nach wochenlangen Gesprächen und Streitigkeiten einigten sich die EU-Politiker auf eine **Einfuhrbeschränkung der Dollar-Banane in die EU-Staaten.**

Welche **Auswirkungen** diese Quotenregelung **auf Lateinamerika** haben wird, ist noch ungewiss. Sicher ist aber, dass sich die Arbeit auf den Plantagen in Lateinamerika dadurch nicht geändert hat. Im Gegenteil: Sicher wird man Hintertüren in der Regelung finden und als Verlierer bleiben Pflücker, Giftsprüher, Verpacker und Verlader zurück. Man braucht kein Wirtschaftsstudium zu absolvieren, um daraus die Konsequenzen abzuleiten: Weniger Einkommen für die Bananenriesen bedeutet eine Einschränkung der Produktionskosten, wodurch sich die Arbeitsumstände in Panama, aber auch in anderen lateinamerikanischen Ländern sicher nicht verbessern werden. Und fast die gesamte Bevölkerung von Bocas del Toro lebt von der gelben Frucht bzw. ist von ihr abhängig.

Ein **Besuch auf einer Bananenfinca** nahe Changuinolas ist erschreckend: Die Arbeiter laufen mit rostigen Pumpen auf dem Rücken durch die Plantage und besprühen ungeschützt stundenlang die Stauden mit Pestiziden und chemischen Düngemitteln. Das führt zu Hauterkrankungen, zur Unfruchtbarkeit und häufig sogar zur Erblindung der Arbeiter. Andere Arbeiter schleppen die bis zu 50 kg schweren Bananentrauben auf den Schultern zu einem seilbahnähnlichen Förderband, das von Schleppern mit um ihre Körper gewundenen Seilen gezogen wird, um so bis zu 20 Bananentrauben in nur einem Arbeitsgang an den Rand der Plantage zu befördern.

Alles soll natürlich rasch gehen, denn schließlich bezahlen die Multis pro Stückzahl, allerdings einen unter jeder Kritik liegenden Preis. Das gilt auch für die Arbeiter und Arbeiterinnen in der Verpackungsfabrik. Sie zerschneiden die Bananentrauben in „handliche" Formate, tauchen sie in ein Bad aus Wasser und Chemikalien für die Konservierung und verpacken sie in Kartons für den Transport.

Die *Chiquitas* kommen noch unreif und grün auf die Bananendampfer und werden nach Europa verschifft, wo sich die Kunden nun ihren Kopf zerbrechen, welche Banane sie letztendlich kaufen sollen: die AKP-, die EU- oder doch die Dollar-Banane? Denn schließlich ist Banane nicht gleich Banane.

casacayuco.com, und die **Tranquilo Bay Eco Lodge,** www.tranquilobay.com.

### Essen und Trinken

- Die meisten Unterkünfte sorgen mit einem oft kleinem Restaurant und einer Bar selbst für das leibliche Wohl ihrer Gäste und servieren auf Wunsch Frühstück und Abendessen.
- Die Anlaufstellen und Treffpunkte vieler Reisender schlechthin sind die **Open-Air-Restaurants Roots** und **Mantis** mit guter Atmosphäre, guter lokaler Küche und freundlichem Personal.

## Parque Nacional Marino Isla Bastimentos

Wunderschöne Korallenriffe, feinsandige Strände, Lagunen, Mangroven- und Feuchtwälder bestimmen das Bild des ca. 13.000 ha großen **Nationalparks** Isla Bastimentos – die „Proviant-Insel", wie das Eiland von *Kolumbus* wegen seines großen Tierbestandes getauft wurde. Weniger als ein Drittel des Nationalparks entfällt auf die Isla Bastimentos, der größere Teil gehört der Unterwasserwelt und den kleinen, verstreut liegenden Koralleninseln und Sandbänken *(cayos)*. Sie bilden geschützte Lagunen und breiten sich alle vor der Südwestküte der Isla Bastimentos aus, nur die Cayo Zapatillo liegt etwas abseits. Aller Wahrscheinlichkeit nach sind diese Inseln ein Restmassiv des submarinen Riffgürtels, der fast die gesamte Bahía de Almirante und die Laguna de Chiriquí im Norden begrenzt und gleichzeitig gegen die Wellen des Atlantiks schützt.

Der Nationalpark wurde 1988 als gemeinsames Projekt von *INRENARE,* wie die Nationalschutzbehörde einst hieß, und *ANCON* geschaffen. Gründe dafür waren die **Brutplätze der Meeres- und Lederschildkröten** an der Playa Larga auf der Isla Bastimentos und die **Flora und Fauna des maritimen Bereichs,** über die bis heute nur wenig bekannt ist. Fest steht nur, dass das marine Gebiet zu den besten Tauch- und Schnorchelrevieren entlang der Karibischen Küste Zentralamerikas gezählt wird. Die jüngsten Forschungen über die Tierwelt oberhalb des Wasserspiegels haben dagegen spektakuläre Informationen ergeben, die das anfangs zögernde Interesse an dem Gebiet schlagartig ansteigen ließen. Die Inselwelt beherbergt **Insekten, Kriechtiere** und **Lurche,** die wegen ihrer Einzigartigkeit zu einem Vergleich mit den Galapagos-Inseln anregten.

Dieser Vergleich ist etwas übertrieben, hat aber dazu geführt, dass einige Mitglieder von *ANCON* und *INRENARE* Ecuadors weltberühmte Inselgruppe und den bekannten Marinenationalpark in Belize besuchten, um Informationen aus erster Hand zu sammeln über **Naturschutz,** der Hand in Hand mit dem Tourismus geht.

# Ausflug nach Costa Rica

## Überblick

Das Festland ist im Gegensatz zu den vorgelagerten Inseln weniger interessant und steht ganz im Zeichen der Chiquita-Banane.

## Changuinola

Hinter dem exotisch klingenden Namen Changuinola versteckt sich ein **Handelsstädtchen,** das mit der Bananenindustrie zum **Einkaufszentrum** für die regionalen Bewohner beiderseits der internationalen Grenze gewachsen ist.

Der Busbahnhof und der Markt für Gemüse und Obst sowie zahlreiche Geschäfte für Kleidung dominieren das **lebhafte Zentrum** Changuinolas.

Gegenüber Almirante ist Changuinola für Touristen, die sich auf dem Weg nach bzw. von Costa Rica befinden, eine bessere Option für einen Stopp.

### Praktische Hinweise

#### An- und Weiterreise per Bus

- Vom Busbahnhof im Zentrum von Changuinola fahren Busse **nach Guabito** zwischen 7 und 18 Uhr alle 15 Minuten und **nach Almirante** und **David** zwischen 8 und 17 Uhr mehrmals täglich.

#### An- und Weiterreise per Flug

- **Air Panama,** Tel. 3169000, fliegt wöchentlich nach **Panama-Stadt, David** und **Bocas del Toro.**
- Die **Flugticktes** sind online unter www.airpanama.com oder direkt am Flughafen *(Base Line)* erhältlich, der sich wenige Kilometer nördlich des Zentrums von Changuinola befindet.

#### Unterkunft, Essen und Trinken

- Weniger zu empfehlen sind die **einfachen Zimmer** (ab 15 $) im *Hotel Alhambra* und *Hotel Carol,* Tel. 7588731, nahe dem Busbahnhof, die auch stundenweise benutzt werden. Brauchbare Zimmer für eine Nacht findet man auch im *Semiramis* und im *Golden Sahara.* Wenn es aber nicht unbedingt notwendig ist, sollte man nach Costa Rica, Bocas del Toro, David oder Panama-Stadt weiterreisen.
- Preiswerte Tagesmenüs bieten viele **Lokale im Zentrum.**

#### Weitere Hinweise

- **Geld/ATM:** *Banco Nacional de Panamá,* im Zentrum, Mo–Fr 8–13.30 Uhr und *Banco del Istmo,* ggb. dem Flughafen, Mo–Fr 9–15 Uhr.

## Guabito

Die kleinen **Grenzorte Guabito** (Panama) und **Sixaola** (Costa Rica) sind durch den Río Sixaola getrennt und mit einer **abenteuerlichen Eisenbahnbrücke** verbunden, die heute nur noch von großen Bananenlastkraftwagen und Bussen benutzt wird. Reisende müssen die Brücke zu Fuß überqueren und die Grenzformalitäten am Anfang bzw. am Ende der Brücke durchlaufen. Für Menschen mit Höhenangst kann es bei der Überquerung machmal zu Problemen kommen.

⊡ Arbeitsalltag in Changuinola

## Praktische Hinweise

■ **Weiterreise nach Costa Rica:** Wer von Bocas del Toro nach Costa Rica reisen möchte, sollte für die Anreise bis zur Grenze mit mind. 3 Std. rechnen plus Wartezeiten und Grenzformalitäten. Der erste **Direktbus** ab der Grenze nach San José fährt gegen 10 Uhr, der letzte gegen 14.30 Uhr – Costa-Rica-Zeit! Beachten Sie also die **Zeitverschiebung** (Costa Rica -1 Std. gegenüber Panama) und verlassen Sie sich nicht auf die Abfahrtszeiten, die sich hier allzu rasch ändern.

**Busse** ab der Grenze nach **Bri Bri, Puerto Viejo de Talamanca, Cahuita** und **Puerto Limón** gibt es bis etwa 17 Uhr. Es fährt täglich auch ein **Direktbus** von Changuinola nach San José (10 Uhr). Bei sinkender Nachfrage wird dieser Bus sicher wieder eingestellt. Deshalb rechtzeitig vor Ort erkundigen.

153pa hz

727pa hz

# 7 Der Osten

So weit entfernt, aber doch so schön: die Islas San Blas und die unberührte Natur des Dariéns. Ein Be-

such bei den Kuna-Indianern lohnt sich allemal.

< Kuna mit Panflöte

# COMARCA DE SAN BLAS

Immer mehr Touristen besuchen die San-Blas-Region, um diese **eigenständige Welt** zu bewundern. Jahrhundertelang waren die **Kuna** durch die Serranía de San Blas und die Serranía del Darién vom Rest des Landes abgeschnitten, wodurch sie ihre Kultur weitgehend beibehalten konnten.

**NICHT VERPASSEN!**

**Naturschutzgebiet Nusagandí,** das Naturschutzgebiet verfügt über fantastische Wanderwege, auf denen man einen guten Einblick in die vielfältige Natur des Feuchtwaldes erhält | 252

**Diese Tipps erkennt man an der gelben Hinterlegung.**

# San-Blas-Inseln

Zu den **farbenprächtigsten und schönsten Regionen des Landes** zählt zweifelsohne die Comarca de San Blas, zu deren gesamten Territorium ein recht schmaler Kontinentalstreifen entlang der nordöstlichen Karibikküste sowie zahlreiche, teils winzige, dem Festland vorgelagerte Inseln gehören.

Nach einem gut einstündigen Flug mit einer zweimotorigen Maschine, der die Magennerven bis über die Reizgrenze hinaus strapazieren kann, bezaubern die mit urwüchsiger Vegetation überzogenen Berghänge der Serranía de San Blas und **eine Kette aus ca. 365 Inseln und Inselchen,** die nur wenige Bootsminuten vom Festland entfernt liegen.

Diese paradiesischen Inseln bilden die Heimat der **Kuna** (auch *Tule* genannt). Sie sind eine der wenigen ursprünglichen Kulturen des amerikanischen Kontinents, die von der kolonialen Epoche und ihren Folgen kaum berührt wurden.

## Geschichte

Während der **kolonialen Epoche** versuchten die Spanier wiederholt die Kuna in die Knie zu zwingen, da diese den wichtigen Küstenbereich zwischen Cartagena (Kolumbien) und Portobelo kontrollierten und dabei die Piraten unterstützten. Mitte des 18. Jahrhunderts gaben die Spanier ihren Kampf endgültig auf und schlossen mit den Kuna ein Abkommen: Die Kuna mussten ab sofort keine Angriffe mehr fürchten und die Spanier hatten einen Handelspartner gewonnen, womit gleichzeitig die Unterstützung für die Piraten wegfiel.

Nach der Eröffnung des Panamakanals (1914) versuchte die Landesregierung jahrelang, mit einer neuen Siedlungspolitik die Kuna nach „spanischer" Art zu unterwerfen. Das Resultat war schließlich ein **Kuna-Aufstand** im Jahre 1925, der als **Revolucíon de Tule** in die panamaische Geschichte eingegangen ist. Die Kuna gingen nach einem kurzen, heftigen Kampf als Sieger hervor und riefen eine selbstständige Republik aus. Im Jahr 1930 wurde letztendlich ein Kompromiss geschlossen: Die panamaische Regierung garantierte die **Souveränität der Kuna** in ihrem als *Kuna Yala* bezeichneten Territorium, allerdings unter dem Dach der panamaischen Republik. Heute zeigt die Landesregierung das semiautonome Gebiet der Kuna gerne als Paradebeispiel vor, um den Unterschied zwischen der Lage der Kuna und der schlechten Situation der eingeborenen Völker in anderen lateinamerikanischen Ländern zu unterstreichen. Der große Kaziken-Rat der Kuna musste und muss allerdings die panamaische Regierung wiederholt an die Souveränität der Kuna und an die Verantwortlichkeit des Staates erinnern.

## Die Kuna heute

Die Kuna kennen die moderne Welt auf der anderen Seite der Serranía de San Blas, denn viele Männer arbeiten in Panama-Stadt, wo ihre Kochkünste gerühmt werden. Das Kuna-Volk zeigt aber

☒ In einem Dorf auf einer der San-Blas-Inseln

wenig Bedarf am Lebensstil des 20. Jahrhunderts. Auf den Inseln der Kuna läuft das Leben seit jeher im selben Rhythmus ab. Am Morgen fahren die Kuna mit ihren Einbaumbooten zum Fischen oder auf das Festland, um Süßwasser zu holen und dort ihre Felder zu bestellen.

Schätzungsweise 50 San-Blas-Inseln und wenige Siedlungen auf dem panamaischen Festland sowie in Kolumbien sind bebaut mit den kleinen traditionellen Häusern aus Bambus, Schilf und Palmblättern. Jede Insel bietet Unterkunft für Hunderte von Menschen. Die Gemeinschaft wird vom Kaziken und vom Dorfrat angeführt, die gemeinsam über den traditionellen Lebensstil nach alten, ungeschriebenen Gesetzen wachen.

Eine dieser Vorschriften beschäftigt sich mit straffällig gewordenen Personen. Sie werden in der Regel auf einsame Inseln verbannt, wo sie allein leben und sich von Kokosnüssen und Fischen ernähren müssen, bis die Strafe abgesessen ist. Eine andere Regel gilt dem **Aussehen der Frau.** Ihre auffallende Tracht besteht aus einem bunten Wickelrock, einer Bluse, die von der charakteristischen *mola* (siehe Exkurs „La mola“) geschmückt wird und farbenprächtigen Perlenschnüren, mit denen die Fuß- und Handgelenke umwickelt sind. Gelegentlich verdeckt ein gelb-rotes Batiktuch den einheitlichen Kurzhaarschnitt, der für die verheirateten Frauen vorgeschrieben ist.

Die außergewöhnliche Farbintensität der Tracht ist eine Augenweide auch für Außenstehende und macht die Kuna-Frauen zu einem beliebten **Fotomotiv.** Als auf den Inseln bekannt wurde, dass man in Panama-Stadt Ansichtskarten mit Abbildungen von Kuna-Frauen für 25 Cents pro Stück verkauft, entschlossen sich die Kuna dazu, für jedes Foto,

122pa hz

das auf den Inseln gemacht wurde, die gleiche Summe zu verlangen. Mit der steigenden Inflation liegt der „Fototarif" gegenwärtig bei einem US-Dollar.

Die Frauen konzentrieren sich neben ihrer Hausarbeit auf den **Verkauf der mola,** die sich zu einem begehrten Souvenir entwickelt hat. Das Geschäft mit den Touristen, aber auch mit Großhändlern aus den USA floriert bestens und trägt wesentlich zu der Existenzgrundlage der Kuna bei – eine gute Ergänzung zu ihrem traditionellen Handel mit Kokosnüssen.

Der **Tourismus auf den Inseln** wird zum Schutz der Kuna-Kultur in bewusste Bahnen gelenkt. Touristen sind nur auf bestimmten Inseln willkommen und wer individuell eine Insel besuchen möchte, der benötigt eine Erlaubnis des jeweiligen Dorfrates oder des Kaziken.

1999 haben die Kuna ein **Tourismus-Statut** mit 52 Regeln herausgebracht, welches eine Überfremdung ihrer Heimat verhindern soll. In den Jahren davor mussten sie immer wieder beobachten, wie spärlich bekleidete Touristen mit Video- und Fotokameras respektlos durch die Dörfer zogen oder nackt im Meer badeten. Das Statut wurde Reiseveranstaltern und diplomatischen Vertretungen vor Ort übergeben. Wer nun als Tourist eine dieser Regeln nicht beachtet, wird schonungslos von der Insel verwiesen.

Zudem sind große Hotelanlagen in der Comarca de San Blas unerwünscht und können dank des semiautonomen Status verhindert werden. Die touristischen Unterkünfte sind in das Ortsbild integriert und werden von den Kuna selbst betrieben, denn Geschäfte in der Tourismusbranche werden schon immer mit und nicht über die Kuna gemacht. Besucher sind auf den Inseln willkommen, allerdings nur, wenn sie Rücksicht nehmen auf Land und Leute.

Eine der 365 Inseln im Archipel San Blas

# Praktische Hinweise

## An- und Weiterreise per Flug

- Die San-Blas-Inseln sind am einfachsten auf dem Luftweg mit kleinen, oft einmotorigen Flugzeugen erreichbar. Die **Propellermaschinen** landen in den Regel auf einer holprigen Graspiste am Festland. Von hier aus geht es dann mit kleinen Booten zu den vorgelagerten Inseln weiter. Die Flüge werden täglich von *Air Panama* durchgeführt und sind unter www.airpanama.com oder am Schalter der Fluglinie im nationalen Flughafen Albrook in Panama-Stadt buchbar. Die Preise liegen je nach Ziel zwischen 50 $ und 80 $. Nehmen Sie nur wenig Gepäck mit, denn zu viele Kilos kosten Extragebühren.

## An- und Weiterreise auf dem Landweg

In Panama-Stadt gibt es ab der Plaza 5 de Mayo (Privat-)**Taxis nach Cartí Sugdop** am Festland (ca. 3 Stunden), von wo aus man mit dem Boot auf die vorgelagerten Inseln übersetzen kann. Helfen dabei kann u.a. *Germain Peréz* von *Cartí Homestay,* Tel. 67343454 oder 61076268, http://daytourskunayala.yolasite.com

## Allgemeines und Anreise

- Die San-Blas-Inseln unterscheiden sich kaum voneinander, nur die Insel El Porvenir ist wegen der **Kreuzfahrtschiffe,** die hier regelmäßig anlegen, des Flughafens und eines kleinen Museums etwas lebhafter.
- Jeder Besucher, egal auf welchem Weg er kommt, wie lange er bleibt und wo er absteigt, wird **registriert** und muss eine **Touristensteuer** zahlen, die zwischen 4 und 6 $ variiert.
- Wer **individuell anreist,** kann bereits am Flughafen nach **Zimmern** fragen bzw. wird ohnehin

# La mola – von der Körperbemalung zum Kunsthandwerk

Die Kuna-Frauen sind weit über die Landesgrenzen hinaus wegen der farbenprächtigen, einzigartigen *molas* bekannt, die die Vorder- und Rückseite ihrer Blusen zieren.

Für die Herstellung einer *mola* wird eine Technik angewandt, die als umgekehrte Applikation bezeichnet wird. Die Muster werden dabei mit Scheren aus zwei oder mehreren übereinanderliegenden, miteinander kontrastierenden Stoffschichten ausgeschnitten und anschließend gesäumt. Durch dieses Herstellungsverfahren hebt sich das leuchtende Muster von der meistens roten oder schwarzen Oberschicht ab. Auf den ersten Blick erscheint manche *mola* als buntes Linienspiel, in dem sich die Motive erst bei genauer Betrachtung erkennen lassen. Vögel, Schildkröten, Leguane, Fische, Affen oder Blumen bilden die häufigsten Vorlagen, aber auch Themen aus dem Alltagsleben und geometrische Figuren werden für die Muster verwendet. Die tierartigen und geometrischen Motive sind Symbole einer magischen Welt, die auch in den Kuna-Liedern und den Kuna-Erzählungen wachgehalten werden. Für die Herstellung einer *mola* benötigt die Kuna-Frau zwischen 40 und 70 Stunden, die sich über mehrere Wochen verteilen.

Die *mola* entwickelte sich von der Körperbemalung, die bei den Chocó heute noch gang und gäbe ist, über die Textilbemalung, die mit den Kontakten zu den Europäern im 18. Jahrhundert entstanden ist, bis hin zu den geschnittenen und genähten Textilbildern, die vor etwa 150 Jahren zum erstenmal auf den Blusen der Kuna auftauchten. Die Themen sind lange Zeit gleich geblieben und werden auch heute noch verwendet. In den letzten Jahrzehnten ist allerdings mit dem anwachsenden Interesse an der *mola* als Kunsthandwerk oder als T-Shirt- und Taschenverzierung eine Kommerzialisierung sichtbar geworden. Viele Motive werden deshalb nach dem Geschmack der Touristen ausgewählt, die mit Vorliebe nach den grellfarbenen molas mit einem Papagei, einem Tukan, einer Tropenblume oder mit einem „Gruß aus Panama" greifen.

Die schönsten *molas* sind allerdings jene aus zweiter Hand. Sie zeigen wohl am besten die Kreativität der Künstlerinnen und spiegeln gleichzeitig die Kuna-Traditionen. Unter vielen von ihnen kann man bei sorgfältiger Auswahl durchaus echte Kunstwerke mit bleibendem Wert finden.

084pa hz

darauf angesprochen. Im Zimmerpreis (ab 55 $ pro Person, inklusive Vollpension) sind der Transfer vom/zum Flughafen und häufig auch Ausflüge zu anderen Inseln enthalten. Dafür erhält man ein einfaches Zimmer (mit Gemeinschaftsbad und -WC) im inseltypischen Baustil, schnellen Kontakt zu den Kunas und einen guten Einblick in das Leben der jeweiligen Gastfamilie.

- Wer es etwas bequemer haben möchte, der sollte sich an einen **Reiseveranstalter** oder direkt an die nachfolgenden Unterkünfte wenden, die zwischen 55 und 200 $ pro Person kosten.
- In jedem Fall sind **Getränke** wie Cola oder Bier bei den **Unterkünften** erhältlich, im Preis sind sie jedoch nicht enthalten und kosten zwischen 2 und 4 $. Zudem können wir nur empfehlen, eine **Schnorchelausrüstung** mitzunehmen.
- Jeder **Reiseveranstalter** in Panama-Stadt führt eine andere Insel in seinem Programm. Der Preis liegt bei etwa 200 bis 400 $ pro Person; dafür erhält man eine Übernachtung, die Transfers und Vollpension – alkoholische Getränke müssen allerdings extra bezahlt werden. Ein Verlängerungstag kostet 130–250 $ pro Person.

## Unterkunft

- **Isla El Porvenir** (Flughafeninsel): *Hotel El Porvenir,* Tel. 67182826, www.hotelporvenir.com.
- **Isla Wichubualá:** *Hotel Anai,* Tel. 2393025; *Hotel Kuna Niskua,* Tel. 2275308.
- **Isla Ukuptupu:** *Cabañas Ukuptupu,* Tel. 6746 5088 oder 67447511, www.ukuptupu.com.
- **Isla Narasgandup Bipi:** *Cabañas Narasgandup,* Tel. 2566239 oder 65318173, www.sanblaskunayala.com.
- **Isla Achuerdub** (Hook Island): *Cabañas Anzuelo,* Tel. 6733454 oder 65179850, www.anzuelocabins.yolasite.com.
- **Isla Carti:** *Carti homestay,* Tel. 67343454, www.cartihomestay.com und www.cartihomestaykunalaya.blospot.com.
- **Isla Aligiandi:** *Dad Ibe Islands Lodge,* Tel. 6112 5448 oder 2938795, www.dadibelodge.net.
- **Sapibenega/Playón Chico** (Flughafen): *The Kuna Lodge,* Tel. 2151406, www.sapibenega.com.
- **Isla Uaguinega** (Privatinsel, Flughafen Manitupu): *Uaguinega Dolphin Logde,* Tel. 836533, http://dolphinlodgepanama.com.
- **Isla Achutupo:** *Akwadup Lodge,* Tel. 61377668, www.sanblaslodge.com; *Coral Lodge,* Tel. 8365434, www.corallodge.com.
- **Isla Yandup:** *Yandup Island Logde,* Tel. 2020854, www.yandupisland.com.
- **Isla Nalunega:** *Hotel San Blas,* Tel. 65525757.
- **Isla Nusatupo/Río Sidra:** *Hotel Kuna Yala,* Tel. 3157520.
- **Isla Kuanidup:** *Cabañas Kuanidup,* Tel. 66356 737 oder 66564673, http//kvanidup.8k.com.
- **Isla Kwandule:** *Cabañas Kwandule,* Tel. 2696313.
- **Isla Nargana/Corazon de Jesús:** *Nargana Lodge,* kein Telefon, ist eine etwas preisgünstigere Alternative zu den anderen Unterkünften.

## Weitere Informationen

- **Geld wechseln** und **Telefonieren** ist vor Ort nur beschränkt möglich. Nehmen Sie daher Bargeld mit, am besten kleine Dollarnoten.
- Von den Inseln werden **Bootsfahrten zum Festland** (Tierbeobachtung) und zu **anderen Inseln** angeboten, aber nur in Begleitung eines lokalen Bewohners.
- Auch wenn Sie für jedes **Foto** ein paar Dollar bezahlen, heißt das noch lange nicht, dass Sie auch wahllos fotografieren dürfen.
- **Schwimmen:** Ist wegen seichten Wassers nur teilweise möglich. Nacktbaden kann zur **Verweisung von der Insel** führen.

# Naturschutzgebiet Nusagandí

An den zur Karibikseite geneigten Hängen der Serranía de San Blas haben die Kuna das ca. 70.000 ha große Naturschutzgebiet Nusagandí geschaffen, um die vorrückende Zivilisation bzw. die **landhungrigen Bauern zu stoppen.** Seit den frühen 1980er Jahren roden die *campesinos* an der Pazifikseite bis an die „grüne" Grenze des Naturschutzgebietes, die entlang der Kontinentalen Wasserscheide verläuft und gleichzeitig auch die Grenze der Comarca de San Blas bildet. Ein ausgedehnter, fast baumloser Grasteppich überzieht die zur Pazifikseite gewandten Hänge und Täler, während sich an der Karibikseite unberührter Primärwald ausbreitet. Eine Zerstörung der Landschaft auf dieser Seite würde eine **Existenzbedrohung für die Kuna** darstellen, denn der Wald liefert ihnen alles, was sie zum Leben benötigen.

Mit der Gründung der Umweltorganisation *Proyecto para el Manejo de Areas Silvestre de Kuna Yala (PEMASKY)* haben die Kuna ein Projekt zur Erhaltung der urwüchsigen Gebiete in der Comarca de San Blas gestartet. Die Initiative wurde von Umweltorganisationen aus den USA unterstützt und langsam bekommt das Kuna-Projekt auch durch die wachsende Tendenz zum Ökotourismus Rückenwind.

Auf einer Höhe von gut 350 m wurde inmitten des Naturschutzgebietes eine **Lodge** samt Verwaltungsbüro errichtet. Von dort aus führen insgesamt **acht Wanderwege** durch Nusagandí, auf denen man einen guten Einblick in die vielfältige Natur des Feuchtwaldes erhält. Die freundlichen Parkaufseher führen die Besucher zu Wasserfällen, Aussichtspunkten und Flüssen und weisen unterwegs auf die vielen versteckten Tiere hin, die das ungeschulte Auge übersehen würde. Sie kennen fast von jedem Baum, Strauch und jeder Blume den Namen und die Nutzbarkeit. Auf dem sogenannten „Pfad der Heilpflanzen" werden die heilkräftigen Pflanzen der Kuna vorgestellt und erläutert. In Nusagandí lassen sich außerdem sehr gut exotische Vögel und Affen beobachten. Unüberhörbar ist der schwarze **Mantelbrüllaffe,** der am frühen Morgen, wenn sich der Dunstschleier noch über Nusagandí ausbreitet, mit seinem lautstarken Gebrüll die Touristen aus dem Schlaf reißt.

## Praktische Hinweise

- **Eintritt:** 6 $ pro Person.
- Die einfache, saubere **Lodge** verfügt über 20 Betten (25 $ pro Person und Tag), eine sanitäre Anlage und eine große Terrasse mit einem Ausblick auf das Kronendach des Waldes. Etwa 200 m östlich der Lodge wurden ein überdachter Essplatz und eine kleine Küche mit Kühlschrank erbaut, welche die Gäste benutzen können. **Lebensmittel** müssen selbst mitgenommen werden, gesammeltes Regenwasser ist zum Kochen vorhanden. Mit **Wasser** sollten Sie aber sparsam umgehen, vor allem in der Trockenzeit.
- Außerdem **sollten mitgebracht werden:** ein Schlafsack, eine Taschenlampe, ein Regenschutz, trockene Kleidung zum Wechseln (auch Schuhe), Gaskartuschen für die vorhandenen Campinglampen und haltbare Nahrungsmittel wie Reis oder Bohnen für die Parkaufseher, die Sie darüber hinaus auch zum Mitessen einladen sollten.

■ Nusagandí liegt beidseitig der einzigen **Straße,** die nach Cartí in die Comarca de San Blas führt. Sie zweigt von der *Carretera Interamericana* nahe der Siedlung El Llano ab. Eine **Busverbindung** nach Nusagandí gibt es nicht. Obwohl ständig Ausbesserungsarbeiten an der Straße durchgeführt werden, ist ein **Jeep** mit hohem Radstand erforderlich. Bei starken Regenfällen verwandelt sich die Straße in eine tiefe Lehmpiste.

■ Für die individuelle Anreise sei eine **Bettreservierung** empfohlen bei: *AEK-PEMASKY,* Calle 37/ Ave. Perú, Edif. Manuel Enrique, 2.Stock, ofic. 210, Tel. 2257603, Panama-Stadt.

■ **Burbayar Lodge,** Tel. 2366061 oder 69495700, www.burbayar.com. Das Chalet, außerhalb des Nationalparks gelegen, steht unter amerikanischer Leitung und bietet Pauschalangebote gegen gehobene Preise an, inklusive Transport ab/bis Panama-Stadt, Zimmer mit Vollpension und Trekkingtouren ab dem Hotel.

☐ Traditioneller Reigentanz der Kuna

083pa hz

# PROVINZ DARIÉN

Aus der Vogelperspektive zeigt sich die Provinz Darién als ein unendliches, dampfendes **Pflanzenmeer,** das von vielen breiten Flüssen durchzogen und das an den Randzonen vom Vormarsch der Kulturlandschaft bedrängt wird. Diese „grüne" Hölle, die *Vasco Núñez Balboa* und seine Männer bei der Durchquerung der Landenge im Jahre 1513 an den Rand der Verzweiflung brachte, hat sich kaum verändert und hat noch immer die gleiche Wirkung auf moderne „Entdeckungsreisende". Das gesamte Pflanzenmeer aus tropischem Regenwald ist als **Nationalpark Darién** geschützt und bildet für die legendäre „Traumstraße" Panamericana, die von Alaska bis nach Feuerland führt, eine natürliche Barriere – eine Hürde, die man nur über Flüsse und schmale Urwaldpfade bewältigen kann. Unter den härtesten Travellern gilt die als **Darién-Trek** berühmte Expedition von Panama nach Kolumbien als eine Monstertour – schwer, aber unvergesslich.

## Geschichte

Während der kolonialen Epoche spielte die Darién-Region nur eine nebensächliche Rolle, da für die **Spanier** einzig und allein die Goldvorkommen interessant erschienen. Die ständigen Auseinandersetzungen mit den Piraten und den Ureinwohnern veranlasste die Spanier im Jahre 1789 zum Rückzug aus dem Gebiet. Die kleinen Befestigungsanlagen und kolonialen Siedlungen wurden nahezu leer hinterlassen.

## Vorbereitung

Der individuelle Besuch der Provinz Darién verlangt eine gute Vorbereitung. Restaurants, Lebensmittelläden und Bäckereien vor Ort sind sehr dünn gesät, weshalb man bereits in Panama-Stadt ausreichend **Verpflegung** kaufen sollte,

NICHT VERPASSEN!

- **Parque Nacional Darién,** gilt als das faszinierendste und umfangreichste Naturschutzgebiet Panamas und ist das größte zusammenhängende Regenwaldgebiet in Zentralamerika | 263

**Diese Tipps erkennt man an der gelben Hinterlegung.**

Provinz Darién
0 20 km
©Reise Know-How 2013
14 Lago Bayano, Panama-Stadt
PROVINZ PANAMA
KARIBISCHES MEER
Comarca de San Blas
Serranía del Darién
Torti
Cañazas
Agua Fría
Los Monos
Río Chucunaque
Puerto Obaldía
Golfo de Urabá
Cerro Pachito Parado 591 m
Cerro Gandi 1160 m
257 Metetí
Puerto Quimba
266 La Palma
Cerro Armila 1421 m
KOLUMBIEN
266 Golfo de San Miguel
Reserva Forestal Chepigana
Reserva Forestal Canglón
Serranía de Tacarcuna
Río Chico
258 Yaviza
Cerro Tanela 1415 m
Cerro Tacarcuna 1875 m
Serranía de Bagre
Río Mogué
261 El Real
Pinogana
Boca de Cupe
Río Pucuro
Garachiné
Sambú
Station Rancho Frío
Cerro Pirre 1200 m
Pucuro
Paya
Serranía del Sapo
Boca de Sabalo
Station Cruce de Mono
263 Parque Nacional Darién
Darién Gap
Station de Balsas
Río Balsas
Serranía de Pirre
Palo de Las Letras
Turbo
Cristales
Travesía
Cerro Setetute 1220 m
Río Turia
Parque Nacional Los Katios
Bijao
Cacarica
Manené
Bahía Piña
Serranía de Jungurudó
267 Jaqué
KOLUMBIEN
Río Atrato
Cerro Cocaina 1052 m
PAZIFIK
99 Ortsbeschreibung auf Seite 99

vor allem für die Tour in den Nationalpark Darién.

Das **Lebensmittelangebot vor Ort,** wenn ein Laden überhaupt vorhanden ist, beschränkt sich auf Dosennahrung (Bohnen, Thunfisch und Sardinen), Bier, Wasser, süße Limonaden und ab und zu H-Milch. Die Produkte sind außerdem erheblich teurer als in Panama-Stadt. Frisches Obst und Gemüse sind hier kaum erhältlich.

Das **Trinkwasser** aus der Leitung schmeckt abgestanden und ist als bedenklich einzustufen, darüber hinaus gilt die Region als **choleragefährdet.** Das Wasser sollte immer abgekocht (mindestens 10 Minuten) oder mit Micropur-Tabletten oder mit einer Filterpumpe gereinigt werden. Zur Geschmacksverbesserung kann man noch Zitronensaft hinzufügen.

Wegen der Choleragefahr ist auch vom Verzehr von **Fisch** und sonstigen **Meerestieren** abzuraten.

### Warnung

Der seit Jahren anhaltende Krieg im Westen Kolumbiens reicht mittlerweile tief in die panamaische Darién-Region hinein. Immer noch wird von den diplomatischen Vertretungen dringend **abgeraten, über Land von Panama nach Kolumbien einzureisen (Darién-Trek).** Wer trotzdem die Tour wagt, sollte sich darüber im klaren sein, dass er ein gesetzloses Kriegsgebiet betritt und auch als Tourist nicht verschont wird. Dies hat sich schon mehrmals bestätigt. Es wurden bereits zwei deutsche und zwei österreichische Touristen entführt und zwei davon ermordet. Weder die panamaischen noch die kolumbianischen Behörden sehen sich derzeit in der Lage, die Sicherheit der regionalen Bevölkerung zu garantieren, ganz zu schweigen von der Sicherheit der Touristen.

**Auskünfte** über die aktuelle Situation im Grenzgebiet erteilen die Deutschen Botschaften in Bogotá und in Panama-Stadt sowie auch das Auswärtige Amt in Berlin (www.auswaertiges-amt.de).

Der **Besuch des Nationalparks Darién** und eine Trekkingtour darin gelten dagegen als relativ sicher. Doch auch hier sollte man sich vorher über die aktuelle Sicherheitslage erkundigen!

# Von Panama-Stadt nach Yaviza

Ca. 280 asphaltierte Kilometer trennen Panama-Stadt von Yaviza, wofür der Bus ungefähr 6–7 Stunden benötigt.

Nur sehr **dünn besiedelte Gebiete** berühren in dieser Region die *Carretera Interamericana,* und ab und zu trifft man auf eine Siedlung von Kleinbauern, die man wegen ihrer typischen Panamahüte eindeutig als „neue" Kolonisten von der zentralen Pazifikküste einstufen kann. Cañitas und Tortí sind solche neuen Siedlungen, in denen Rast gemacht wird, wobei einfache Restaurants, kleine Läden sowie eine Tankstelle die Buspassagiere und den Bus versorgen.

Der ständige **Hunger nach urwüchsigem Land** ist eine der größten Bedrohungen für die Natur der Provinzen Panamá und Darién und hat bereits Meter für Meter des Vegetationskleides dahingerafft. Dort, wo neue Wege angelegt werden, erscheinen schon nach kurzer

Zeit die Siedler auf der Suche nach Weideflächen für ihre Rinderherden.

## Lago Bayano

Anfang der 1970er Jahre wurde von der staatlichen Elektrizitätsgesellschaft *IHRE* der Río Chepo zur **Stromerzeugung** aufgestaut und dadurch eine große Fläche des umliegenden waldreichen Gebietes geflutet. Ein Großteil der regionalen Bewohner, vorwiegend Emberá, wurden zwangsläufig umgesiedelt, unter anderem in den Nationalpark Chagres. *IHRE* schützt heute die Restbestände des Waldes, der sich auf den Inseln und um den See ausbreitet.

Der Name **Bayano** führt weit zurück in die Geschichte, in eine Zeit, als entflohene Sklaven *(cimarrones)* in dieser Region eine kleine Siedlung errichteten, die mit dem umliegenden Wald eine natürliche Festung hatte. Einer der legendären Anführer der Entflohenen hieß *Bayano*, der gemäß den afrikanischen Sozialstrukturen und Traditionen als König anerkannt war und über ca. 1200 *cimarrones* regierte. In der zweiten Hälfte des 16. Jahrhunderts war *Bayano* ein gefürchteter Rebell, der mit seinem Volk gezielte Überfälle auf die Plantagen und die Handelskarawanen der Spanier durchführte. Er versetzte sie in Angst und Schrecken, bis *Bayano* sich den Spaniern freiwillig stellte, im Tausch gegen die Freiheit von zahlreichen wieder gefangenen *cimarrones*. Nach seiner Auslieferung wurde *Bayano* nach Spanien überführt, wo seine Spur für immer verschwand.

Außer dem Namen erinnert heute nichts mehr an den damaligen Rebellen. Die *cayucos* (Einbaumboote), die am Ufer des Sees liegen, gehören den *Indígenas*, deren Siedlungen an den Ufern im dichten Grün verborgen sind. Die Besucher, die sich hierher verirren, zeigen ein spezielles Interesse an der **Vogelwelt** der Bayano-Region, denn das Gebiet gilt als biologische Grenze zwischen Süd- und Zentralamerika. Südamerikanische Vogelarten, wie beispielsweise der Rotrücken-Sensenschnabel, ein quicklebendiger Baumsteiger mit einem auffallend gebogenen Schnabel oder der Elstertyrann mit seinem schwarz-weißen Federnkleid, sind bekannte Arten vom Südkontinent, die bis hierher vorgedrungen sind.

### Praktische Hinweise

- Eine kurze Unterbrechung der Reise mit öffentlichen Verkehrsmitteln lässt sich auf Grund des **geringen Busverkehrs** entlang der Strecke und wegen der **fehlenden Übernachtungsmöglichkeiten** nur sehr schwer gestalten.
- Gelegentlich steht die **biologische Station** auf der Isla Majé für Naturfreunde offen. Genaue **Informationen** erhalten Sie bei der *Panamá Audubon Society*, Tel. 2325977, www.audubon.org, in Panama-Stadt.

## Metetí

Nahe der unscheinbaren Siedlung Agua Fría beginnt die Provinz Darién. Vom tropischen Regenwald ist hier kaum noch etwas zu sehen. Ein Bild aus gerodeter und kultivierter Landschaft gleitet beidseitig der Straße an den Buspassagieren vorbei. In Metetí wird oft eine kurze Pause eingelegt.

Der Ort besteht aus verstreut liegenden Wohnhäusern, einigen Restaurants und Pensionen und einem Werkzeug- und Lebensmittelladen. In Metetí besteht zudem die Möglichkeit, nach **Puerto Quimba** zu fahren und von dort aus mit dem im Stundentakt verkehrenden Boot (ca. 3 $ pro Person) nach **La Palma** weiterzureisen.

Biertransport im Dschungel Dariéns

## Yaviza

Die letzten Kilometer der *Carretera Interamericana* führen entlang einiger winziger Siedlungen, in denen sich das Rad der Zeit nur mühsam dreht. Nach einer guten Stunde erreicht man den Anlegesteg von Yaviza, wo Amerikas „Traumstraße" endet.

Die Ortsbewohner betrachten neugierig die Passagiere, die nach einer 6–7-stündigen Fahrt steif aus dem Bus klettern. Ständig hängt eine tropische Feuchtigkeit über Yaviza, einem kleinen, wenig attraktiven Ort, dessen ungepflegter Ein-

086pa hz

druck von den halbverfallenen Holzhäusern und den dazwischen liegenden Rinnsalen verstärkt wird. Yaviza kann in der Trockenzeit ein Ausgangspunkt für eine Tour in den Nationalpark Darién und für den Darién-Trek nach Kolumbien sein. Der bessere Ausgangspunkt ist aber El Real.

Die **Ortsgeschichte** geht bis in die Mitte des 17. Jahrhunderts zurück. Zu dieser Zeit gründeten die Spanier an der Krümmung des Río Chucunaque ein Fort unter dem Namen *San Jeronimo de Yaviza*, das zum Schutz der Goldminen im Hinterland gedacht war. Von diesem Fort sind heute nur noch spärliche Trümmer am Flussufer sichtbar.

Die Nachkommen der Sklaven, die damals in den Goldminen als Arbeitskräfte eingesetzt wurden, bilden heute die Mehrheit der **Dorfgesellschaft.** Mit dem Anbau von *platanos* (Mehlbananen) und Bohnen können sie sich gerade über Wasser halten. Die Natur bietet zusätzlich Fisch, Fleisch und Holz, das für den Bau ihrer Häuser und des wichtigsten Transportmittels der Region, den *cayuco* genannten Kanus, verwendet wird.

# Praktische Hinweise

## An- und Weiterreise

- Die **Busse nach Panama-Stadt** fahren vom Anlegesteg meist zwischen 6 und 8 Uhr ab.
- Vom Anlegesteg fahren **Boote nach El Real** (ca. 45 Minuten), eine regelmäßige Verbindung gibt es aber nicht. Wenn ein Bus aus Panama-Stadt am späten Nachmittag in Yaviza eintrifft, fahren fast immer Boote für die regionale Bevölkerung nach El Real (5 $/Person). Ansonsten muss man mit den Bootsfahrern über den Preis verhandeln. Richtlinie: 35–40 $ pro Boot (ungeachtet der Anzahl der Passagiere), plus Benzinkosten von ca. 2,50 $ pro Gallone (max. 6 Gallonen!).

## Unterkunft, Essen und Trinken

- **Unterkunftsmöglichkeiten** in Yaviza bieten die *Hospedajes Yadrian* und *Las Tres Américas*, oberhalb der gleichnamigen Bar, EZ 7, DZ 14 $.
- Lokale Gerichte gibt es in den beiden **Restaurants** des Ortes, dem *Mi Retorno* nahe der Hospedaje und dem *Interiano* in der Nähe des Anlegestegs.
- In den **kleinen Läden** des Ortes gibt es nur eine beschränkte Auswahl an Produkten.
- **Brötchen** gibts in der *Panadería* gegenüber der Kirche (rechtzeitig vorbestellen).

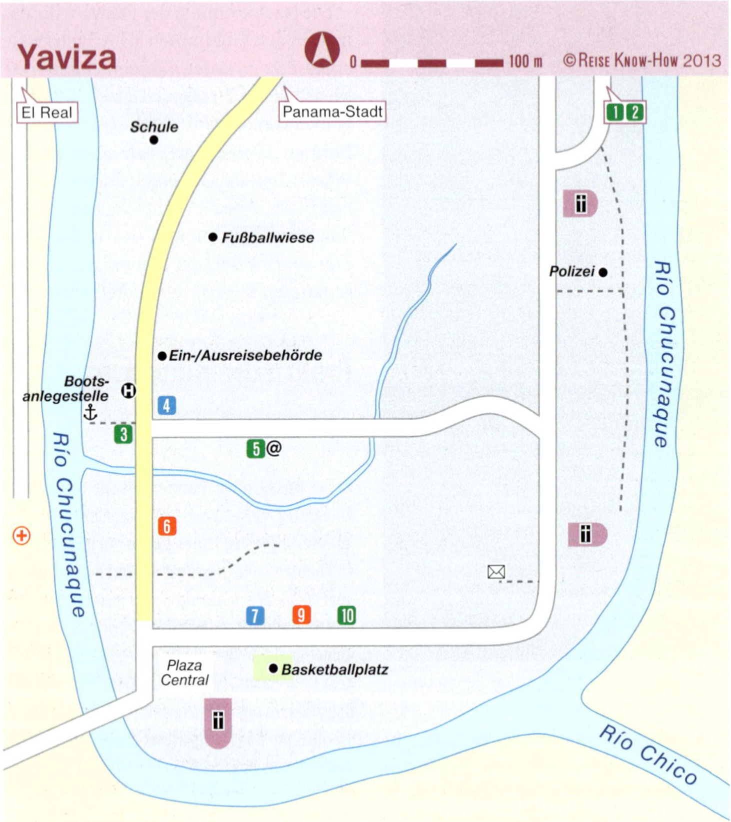


**Übernachtung**
6 Hospedaje Yadrian
9 Hospedaje Las Tres Américas

**Essen und Trinken**
4 Restaurant Interiano
7 Restaurant Mi Retorno

**Einkaufen/Sonstiges**
1 ANAM-Büro
2 Laden Casa Rody
3 Kiosk El Reposo
5 Laden Armandito
10 Laden Novedades Juanita

## Weitere Informationen

■ **Geldwechsel** ist nicht möglich, weshalb man ausreichend kleine Dollarnoten mitbringen sollte.

■ **Telefonieren** kann man über Funk vom Postamt aus.

■ Das **ANAM-Nationalparkbüro** beschäftigt sich v.a. mit Aufforstungs- und Informationsprojekten.

Gute Informationen über den Nationalpark Darién erhalten Sie auch im Büro in El Real.

# El Real

Wenn das kleine Flugzeug aus Panama-Stadt hoch über dem Kronendach des Waldes seine Schleife zieht, um zur Landung auf der kurzen **Asphaltpiste** von El Real anzusetzen, kommt Leben in den sonst eher trägen Ort. Außer Passagieren bringt die Maschine auch Post, Werkzeug und Medikamente aus der Großstadt mit. Die wenigen Touristen, die etwas bleich aus der Maschine klettern, kommen nach El Real, um nach Kolumbien weiterzureisen oder um den Nationalpark Darién zu besuchen.

El Real ist ein vom feucht-heißen Klima eingeschnürter Ort mit wenigen, teils betonierten Gassen, die von blühenden Sträuchern, Mangobäumen und Kokospalmen sowie von einfachen Holzhäusern gesäumt werden. Seine knapp 1200 Einwohner setzen sich vorwiegend aus *Afro-coloniales* und *Chocó* zusammen. El Real war im 17. und 18. Jahrhundert ein kleines, unbedeutendes Verwaltungszentrum, doch mögliche sehenswerte Spuren aus der kolonialen Geschichte sind längst verschwunden.

Der Besucher wird sich schnell an den einfachen, stresslosen **Alltagsrhythmus** anpassen. Bei einem Drink in den beiden Bars oder auf den Stiegen des kleinen Geschäftes CoMi-Pettunga und am Nachmittag beim täglichen Basketballspiel kommt man mit der freundlichen Bevölkerung leicht in Kontakt. Am Wochenende steigt die Stimmung, und aus den beiden Bars dröhnt Ragga- und Salsamusik, bis die tägliche Stromabschaltung gegen 2 Uhr nachts dem Treiben ein Ende setzt. Dann stören nur noch bellende Hunde die Stille der Nacht.

## Praktische Hinweise

### An- und Weiterreise per Flug

- Die **Landepiste** liegt ca. 15 Gehminuten südlich des Zentrums. *Air Panama* haben ihre Flüge allerdings derzeit eingestellt.

### An- und Weiterreise per Boot

- **Nach Yaviza:** Nach Bedarf gibt es ein Boot (5 $ pro Person) nach Yaviza, als Anschluss für den Bus nach Panama-Stadt.
- **Nach Boca de Cupe** (Richtung **Kolumbien)** gibt es nach Bedarf Verbindungen für ca. 15 $ pro Person, ansonsten muss für die Reise nach Kolumbien mit den Bootsführern verhandelt werden. Preisrichtlinie: ca. 60 $ pro Boot, plus Benzinkosten für die Hin- und Rückfahrt. Beachten Sie bitte die Warnung am Beginn dieses Kapitels!
- **Nach La Palma** gibt es keine regelmäßigen Verbindungen. Die Fahrt dauert etwa 6 Stunden und kostet 100 $ pro Boot, inklusive Benzinkosten.

### An- und Weiterreise zu Fuß

- Östlich der Schule führt ein breiter **Weg** parallel zur Elektrizitätsleitung **nach Pinogana,** einem Dorf am Río Tuira ohne Übernachtungsmöglichkeit. Für die Strecke benötigt man ca. 1½ Stunden. Für 1 $ werden Sie in Pinogana mit einem *cayuco* an das andere Ufer übergesetzt. Ab dort sind es weitere 1½ Stunden **nach Yaviza** entlang einem deutlich sichtbaren, angenehmen Weg durch Sekundärwald.

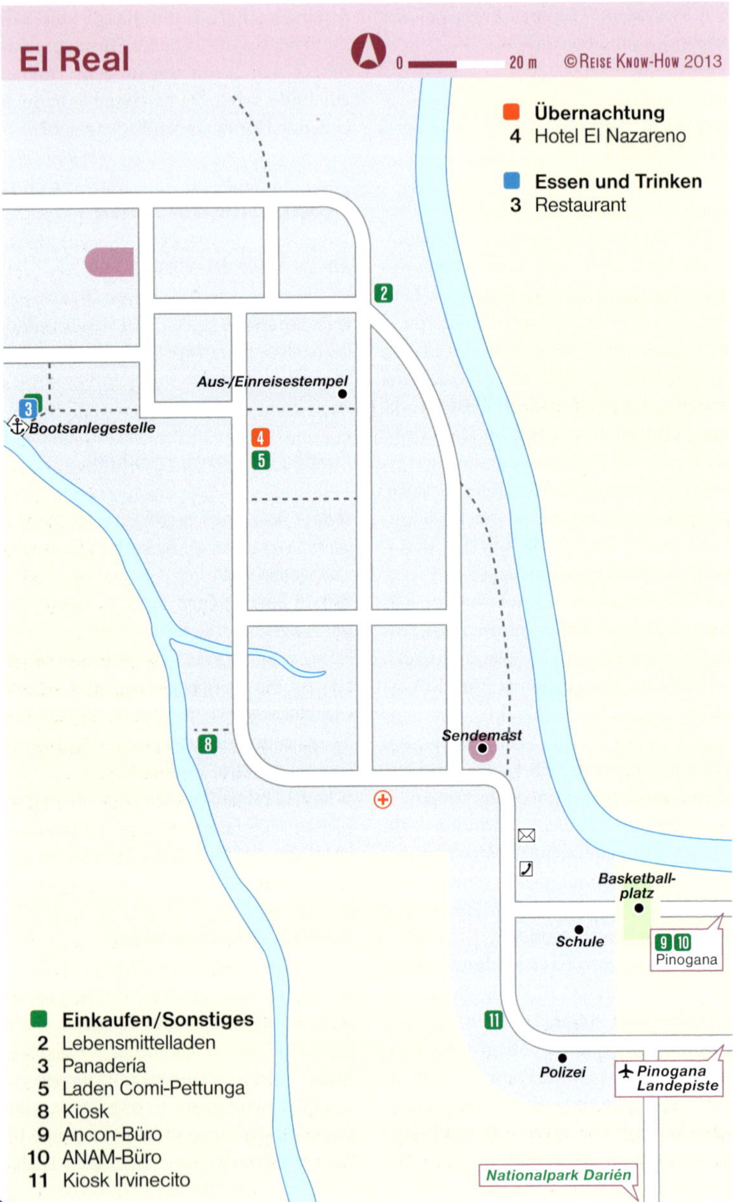
El Real
0
20 m
©Reise Know-How 2013
Übernachtung
4 Hotel El Nazareno
Essen und Trinken
3 Restaurant
Aus-/Einreisestempel
Bootsanlegestelle
Sendemast
Basketball-platz
Schule
Pinogana
Polizei
Pinogana Landepiste
Nationalpark Darién
Einkaufen/Sonstiges
2 Lebensmittelladen
3 Panadería
5 Laden Comi-Pettunga
8 Kiosk
9 Ancon-Büro
10 ANAM-Büro
11 Kiosk Irvinecito

■ Die Strecke nach Pinogana kann auch als **Ausflug** empfohlen werden. Entlang des Weges lassen sich die Panama-Perückenäffchen und die lebhaften Montezuma-Krähenstirnvögel *(oropèndola de montezuma)* blicken. Diese schwarzgefiederten Vögel aus der Familie der Stärlinge sind an ihrem auffallenden Ruf erkennbar und am besten bei ihren hängenden Glockennestern zu beobachten.

## Unterkunft, Essen und Trinken

■ Die einzige **Unterkunft** des Ortes ist das *Hotel El Nazareno,* Tel. 2283673, EZ/DZ 10 $, mit einfach ausgestatteten Zimmern mit Ventilator und gemeinsamem Balkon. Die in den Zimmern vorhandenen Duschen und Toiletten können wegen des häufigen Wassermangels oder des fehlenden Wasserdrucks fast nie benutzt werden, weshalb die Gäste auf die gemeinsame Dusche/Toilette mit einer großen Wassertonne im Erdgeschoss angewiesen sind.

■ *Comida típica* gibt es nur im kleinen, neben der Bootsanlegestelle liegenden **Restaurant,** das auch als Bäckerei fungiert. Sowohl das Essen wie auch die Brötchen müssen jeweils einen Tag vorher bestellt werden.

■ Konservendosen, H-Milch und sonstige Lebensmittel des täglichen Bedarfs gibt es im kleinen **Laden** östlich der Kirche.

## Weitere Informationen

■ **Geldwechsel** oder Abheben an einem Geldautomaten ist nicht möglich, weshalb man genügend Bargeld (kleine Dollarnoten) mitnehmen sollte.

■ Ein öffentlicher **Münzapparat** (nur für Inlandsgespräche) befindet sich nahe der Post. **Briefe** sollten Sie lieber in der Großstadt einstecken.

■ **Informationen über den Nationalpark Darién** gibt es bei *ANAM* an der Straße nach Pinogana. Im *ANAM*-Büro bekommt man auch einen Führer für den Besuch des Parks zugewiesen.

# Parque Nacional Darién

Der touristische Höhepunkt des Ostens ist zweifelsohne der Nationalpark Darién, der sich entlang der panamaisch-kolumbianischen Grenze von Küste zu Küste erstreckt. Sein **tropischer Berg- und Regenwald** gilt – samt vielem, was in und unter dem Kronendach läuft, fliegt, kriecht, wächst und blüht – als das faszinierendste und umfangreichste Naturschutzgebiet Panamas und als das größte zusammenhängende Regenwaldgebiet in Zentralamerika. Genügend Gründe für die UNESCO, das 580.000 ha große Naturschutzgebiet 1981 zum *World Heritage Site* (Welterbe) und zwei Jahre später zum Biosphären-Reservat zu erklären.

Das überwältigende Pflanzenmeer Dariéns birgt eine **ungeahnte biologische Vielfalt.** Allein schon in der Region um den 1200 m hohen Cerro Pirre wurden rund 450 Vogelarten registriert. Seltene Gattungen, wie etwa der Panama-Jaguar, der Ozelot, der Mittelamerikanische Tapir und die Harpyie, die außer im Darién nur noch im Amazonas-Gebiet anzutreffen ist, lassen das Herz des Naturliebhabers höher schlagen. Häufig kann man natürlich die weniger seltenen Arten beobachten, wie etwa Agutis, Mantelbrüllaffen, Panama-Perückenäffchen, bunte Schmetterlinge, Blattschneider-Ameisen und grell leuchtende Baumsteigerfrösche. Ihre Farbe warnt die gefräßigen Waldbewohner vor dem tödlichen Gift, das sich in ihren Hautdrüsen bildet. Die Chocó benutzen dieses wirksame Gift traditionell für die Jagd. Sie kennen den Park wie ihre Westentasche, mit allen Tieren und Pflanzen, die für den Menschen gefährlich oder nützlich sind. Sie sind deshalb als Parkaufseher eingesetzt und führen die Touristen sicher auf schmalen Pfaden durch den Wald.

Die **Beziehungen zwischen den verschiedenen Lebensformen** im Darién-Regenwald sind komplex und unlöslich miteinander verflochten und durch den Bedarf an Wasser und Sonnenlicht bestimmt.

Ein gutes Beispiel dafür ist die **Bromelie.** Sie lebt als „Untermieter" auf dem Ast eines Urwaldriesen, fängt mit ihrer Blattrosette das vom Baumwipfel tropfende Wasser auf und bildet damit ein Mikrobiotop, in dem unter anderem Frösche und Insekten leben. Oder auch die Pflanzen, die ziehend, kletternd oder würgend versuchen, nach oben zu gelangen und dabei den benutzten Baum allmählich in die Knie zwingen, wonach nicht nur sie selber, sondern auch unzählige andere Pflanzen, die jahrelang am Boden auf ihre Chance gewartet haben, rasch und kerzengerade nach oben zum lebenswichtigen Licht schießen. Auf die umgefallenen Urwaldriesen stürzen sich schließlich die Mikroorganismen, die im ständigen Kampf um Nährstoffe für den Boden nur noch wenig abfallen lassen. Kein Wunder also, dass die Wurzeln der Bäume nicht sehr tief in dem nährstoffarmen Erdreich stecken und sich häufig als riesige Stüt-

198pa hz

089pa hz

zen oberhalb des Bodens etabliert haben – eine einzigartige Welt, in der es viel zu entdecken, zu beobachten und zu genießen gibt.

## Praktische Hinweise

- Die **beste Zeit für einen Parkbesuch** liegt in der Trockenperiode, etwa zwischen Januar und März. In den restlichen Monaten ist der Boden tiefmorastig und die Mücken sind eine noch größere Plage als in der Trockenzeit.
- Für den Besuch benötigen Sie unbedingt eine **Genehmigung** des *ANAM*-Büros in Yaviza oder El Real (5 $).
- Das Büro in El Real stellt für 12 $ pro Tag und Gruppe einen **Führer** zur Verfügung, ohne dessen Hilfe man den Weg zum Park nicht finden kann.
- In El Real kann für 10 $ pro Tag ein **Pferd** als Gepäck- und Proviantträger angemietet werden.
- Vergessen Sie nicht, **Proviant für den Führer** einzupacken und Ihren **Müll** wieder mitzunehmen.

## Die Stationen im Park

- **Station Rancho Frío** (auch **Station Cerro Pirre**) liegt etwa 3–4 Gehstunden von El Real entfernt am Fuß des Cerro Pirre. In der Regenzeit kann der Fußmarsch durch eine Bootsfahrt auf dem Río Pirre auf etwa 1 Stunde verkürzt werden.

< Wasserfall im Darién

^ Station Rancho Frío

■ Die Station **Cruce de Mono** liegt am Osthang des Cerro Pirre nahe Boca de Cupe, das mit dem Boot über den Río Tuira ab El Real (ca. 2–3 Stunden; 60 $ pro Boot) oder in einem ca. 6-stündigen Fußmarsch über Pinogana erreichbar ist. Ab Boca de Cupe sind es weitere 5–6 Gehstunden zur Station entlang des Río Cupe. Cruce de Mono liegt abgelegen und eignet sich gut zur Beobachtung von exotischen Vierbeinern.

■ Beide Stationen verfügen über **Schlafplätze** (5 $ pro Person und Tag), eine **Kochmöglichkeit, Trinkwasser,** eine Toilette und eine **Waschmöglichkeit** am Fluss. Die Benutzung der Einrichtungen kostet zusätzlich 1 $ pro Person und Tag und muss direkt bei den Stationen bezahlt werden. Von den Stationen aus können zahlreiche Touren durch den Regenwald unternommen werden: von Kurztouren zu Wasserfällen in der näheren Umgebung der Station bis hin zur Besteigung des Cerro Pirre, die etwa 10–12 Stunden pro Strecke in Anspruch nimmt. Am Gipfel des Cerro Pirre gibt es lediglich eine **Notunterkunft.**

■ Die **Station de Balsas** liegt am gleichnamigen Río unweit von Boca de Sábalo und ist mit dem Boot ab El Real direkt erreichbar. Die Station wurde in erster Linie zur Eindämmung der illegalen Jagd und der Rodung und für Aufklärungs- und Aufforstungsprojekte errichtet.

# Pazifikküste

## La Palma

La Palma, die **Hauptstadt der Provinz Darién,** liegt am Mündungsufer des Río Tuira. Der kleine Ort mit knapp 1800 Einwohnern besitzt das gleiche träge Flair wie El Real oder Yaviza. Während der kolonialen Epoche hatte La Palma den Ruf eines Piratennestes, das vor allem Unterschlupf für englische Seeräuber bot.

Unweit von La Palma öffnet sich der **Golfo de San Miguel,** jene Bucht, an der *Vasco Núñez Balboa* seine Entdeckungstour von der Atlantik- zur Pazifikküste, quer durch den Darién-Regenwald, glorreich beendete. *Balboa* und seine Männer waren auf der Suche nach Gold, Edelsteinen und Ruhm für sich selbst und ihr Vaterland. Ihre Raubzüge führten landeinwärts über den Río Tuira oder entlang der Pazifikküste, wo es unter anderem Perlen in den umliegenden Gewässern des heutigen Archipielago de las Perlas zu erbeuten gab.

La Palma bildete bis vor einigen Jahren das **„Tor" zum Darién.** Mit der guten Landverbindung nach El Real bzw. Yaviza hat sich diese Situation geändert, obwohl in der Regensaison noch immer ein verrosteter Frachtkahn zwischen Panama-Stadt und La Palma verkehrt. Durch die enorme Distanz zwischen La Palma und dem Nationalpark Darién ist der Ort aus touristischer Sicht weniger interessant.

### Praktische Hinweise

■ La Palma wird derzeit nicht mehr angeflogen. Bleibt für die An- bzw. Rückreise nur das Boot. Für die ca. 6-stündige **Bootsfahrt** nach El Real werden ca. 100 $ pro Boot verlangt.

■ **Unterkunftsmöglichkeiten** bietet das *Hotel Biaguiru* und die Pensionen *Takela* und *Tuira* (10 $ pro Zimmer), **Essen** gibt es in einfachen Restaurants nahe dem Hafen.

> Menschenleerer Strand an der Pazifikküste

## Jaqué

Ca. 50 km von der kolumbianischen Grenze entfernt liegt der kleine **Fischerort** Jaqué, der von den Ausläufern der Serranía de Jungurudó eingeschlossen ist. In seiner unmittelbaren Nähe, an der Bahía de Piña, befindet sich das **Luxusresort Tropical Star Lodge** (www.tropicstar.com), in dem Hochseefischen angeboten wird. Ab und zu geht ein **Kreuzfahrtsschiff** in der Bucht vor Anker, damit die Passagiere einen Tagesausflug zum nahe gelegenen semiautonomen Gebiet der Emberá unternehmen, die *Indígenas* bestaunen und deren Kunsthandwerk kaufen können. Eine erschreckende Invasion fotografierender Touristen, ohne Rücksicht auf Land und Leute.

### Praktische Hinweise

- Jaqué ist mit dem **Flugzeug** ab **Panama-Stadt** mehrmals wöchentlich erreichbar. **Unterkunftsmöglichkeiten** gibt es im *Resort* zum Wochentarif.

099pa hz

700pa hz

# 8 Vor der Reise

Panama ist der Kanal. Und was sonst noch? Viele Tipps und Infos bevor die Reise beginnt.

In der Provinz Bocas del Toro

# Das Wichtigste in Kürze

Ausführlichere Informationen zu den einzelnen Punkten finden Sie im Kapitel „Praktische Reisetipps A–Z".

## An- und Weiterreise

Der **internationale Flughafen** des Landes liegt ca. 28 km östlich von Panama-Stadt (internationaler Code: PTY). **Direktverbindungen** gibt es nur selten und diese sind teuer. Die preisgünstigsten **Verbindungen ab Europa** bieten *Condor, KLM, Iberia* und verschiedene US-amerikanische Linien, bei allen aber immer mit Umsteigen und/oder mindestens einem Zwischenstopp. Von Panama gibt es Flugverbindungen in viele Städte des **amerikanischen Kontinents,** einschließlich der Karibikinseln.

Mit dem **Bus** ist Panama ab Costa Rica erreichbar. Durch die guten Busverbindungen zwischen Panama und Costa Rica sind eventuell auch Billigflüge in die costaricanische Hauptstadt San José eine Anreisemöglichkeit. Zwischen Kolumbien und Panama besteht keine Überlandverbindung.

## Einreisebestimmungen

Für die Einreise nach Panama und einen Aufenthalt bis zu 90 Tagen genügt ein **gültiger Reisepass** für die Staatsbürger eines EU-Landes und der Schweiz. Man beachte, dass seit Juni 2012 **jedes Kind über ein eigenes Reisedokument verfügen muss,** wenn es Deutschland verlässt. Es reicht nicht mehr aus, wenn es im Reisepass eines Elternteils eingetragen ist. Der Aufenthalt kann vor Ort verlängert werden. Für die **Verlängerung** benötigen Sie aber viel Zeit und Geduld. An den Grenzkontrollstellen, vor allem am internationalen Flughafen, herrschen flexible **Zollkontrollen.** Etwas genauer und bürokratischer ist dagegen die **Passkontrolle,** wobei man bereits bei der Anreise im Flugzeug bzw. bei der Überlandeinreise im Bus ein Einreiseformular ausfüllen muss.

## Essen und Trinken

Als Gourmet-Paradies kann Panama nicht eingestuft werden. Die gängigsten und **typischen Gerichte** setzen sich aus Reis, Bohnen, gebackenen Bananen und etwas Fleisch oder Fisch zusammen. Als **Durstlöscher** erhält man meist frische Fruchtsäfte, Limonaden und Bier. Nachgespült wird mit einem inländischen Rum *(ron)* oder mit *seco*, einem wodkaähnlichen Getränk. In vielen **Restaurants** ist Rauchen unerwünscht, vereinzelt auch verboten. Normalerweise ist in den Restaurantpreisen kein Trinkgeld enthalten. Für die Bedienung sind als Richtlinie etwa 10 % vom Rechnungsbetrag üblich.

## Geld

Die **offizielle Landeswährung,** der **Balboa** (B/.), ist nur als Münzgeld im Umlauf, Banknoten gibt es nur in US-Dollar ($). Beim Einwechseln spielt das keine

Rolle, beide stehen im Verhältnis 1: 1. Im Frühjahr 2010 wurden von den Banken kaum noch **Reiseschecks** eingetauscht, und auch mit der **Maestro-(EC-)Karte** konnte man an den ATMs (Bankomaten) kein Geld mehr abheben, auch wenn das Maestro/Cirrus-Logo angebracht war. Die Situation hat sich inzwischen wieder normalisiert und man kann wieder Geld am ATM beheben. Hin und wieder kann es aber trotzdem zu Problemen kommen, weshalb es ratsam ist, mehrere Zahlungsmittel (EC-Karte, Bargeld, Kreditkarte) mitzunehmen und sich vorab bei seinem Geldinstitut über den aktuellen Stand zu informieren. Der Euro ist kein gängiges Zahlungsmittel, kann aber in Panama-Stadt eingetauscht werden (schlechter Kurs!).

## Gesundheit

Siehe „Reise-Gesundheits-Information“ im Anhang. Laut WHO, der Weltgesundheitsorganisation, besteht zur Einreise nach Panama zur Zeit keine **Impfverpflichtung**. Bei einer Tour in den Osten des Landes (Darién) sollte eine Gelbfieberimpfung und ein Schutz gegen Malaria nicht fehlen (siehe „Reise-Gesundheits-Information“ im Anhang).

## Informationen

In Deutschland ist derzeit folgendes panamaisches Touristenbüro etabliert:

- **Panamaisches Institut für Tourismus (ATP),** Joachim Karnatz Allee 45, D-10557 Berlin. Tel. 030-22605822, ipat@gmx.de.

### Schreibweise von Internetadressen und Abkürzungen in diesem Buch

- **Internetadressen,** die über zwei Zeilen verlaufen, sind nur dort mit einem Trennstrich getrennt geschrieben, wo dieser zur Adresse gehört.
- **Abkürzungen in diesem Buch:**

| | |
|---|---|
| AC | *Aircondition* (Klimaanlage) |
| ANAM | Staatliche Naturschutzbehörde |
| Apdo., Aptdo. | *Apartado Postal* (Postfach) |
| Ave., Av. | *Avenida* (große Straße) |
| B/. | *Balboa* (Landeswährung) |
| C&W | Telefongesellschaft |
| Cd. | *Ciudad* (Stadt) |
| Cl. | *Calle* (kleine Straße) |
| COTEL | Post |
| Ct. | *Centesimo* (Münze) |
| DBZ | Dreibettzimmer |
| DZ | Doppelzimmer |
| Edif. | *Edificio* (Gebäude) |
| Esq. | *Esquina* (Ecke) |
| EZ | Einzelzimmer |
| Loc. | *Local* (Geschäft) |
| No., N. | *Numero de la casa* (Hausnummer) |
| Nvo. | *Nuevo* (neuer Stadtteil) |
| Ofic., Ofc. | *Oficina* (Büro) |
| Pma. | Panamá (gilt nur für Panama-Stadt) |
| Pto. | *Puerto* (Hafen) |
| Sta. | *Santa* (Heilige) |
| Sto. | *Santo* (Heiliger) |
| Urb. | *Urbanisación* (Neubausiedlung) |

## Kleidung

Leichte, atmungsaktive Sommerkleidung ist anzuraten. Bei einem Aufenthalt in der westlichen Bergregion sind Pullover und Jacke vonnöten. Auch gutes Schuhwerk und Regenschutz sollten in dieser Region keinesfalls fehlen.

## Klima

Die **Temperaturen** schwanken lediglich zwischen Tag und Nacht. Sie bewegen sich ganzjährig zwischen 25 und 30 C° in den Tieflagen sowie zwischen 15 und 20 C° in der Bergregion um 100 m. Die **Luftfeuchtigkeit** schwankt regional und ist in den Monaten September/Oktober am höchsten.

## Mietwagen

Generell benötigen Sie kein Mietfahrzeug, die **öffentlichen Verkehrsverbindungen** sind gut ausgebaut, so dass Sie (bis auf wenige Ausnahmen) auf das Auto verzichten können. Bei den Orten, Nationalparks, Sehenswürdigkeiten etc. wird in diesem Buch immer auch die Verbindung mit öffentlichen Transportmitteln angegeben, was Ihnen nicht nur Geld sparen, sondern auch bei der optimalen Urlaubsplanung zu Hause helfen wird. Ein **Jeep** sollte rechtzeitig reserviert werden, da diese Fahrzeuge häufig ausgebucht sind.

## Pauschal oder individuell?

**Organisierte Reisen** werden derzeit nur von einigen wenigen europäischen Veranstaltern und oft nur in Kombination mit anderen zentral- und südamerikanischen Ländern angeboten. Vor Ort können Sie bei verschiedenen Reiseveranstaltern Touren in das ganze Land buchen. Aber auch **auf eigene Faust** ist Panama leicht zu bereisen.

## Reisedauer

Trotz der geringen Größe Panamas sollten Sie für die Reise mindestens zwei Wochen rechnen, schon allein wegen der langen Anreisezeit und der Klimaveränderung.

## Reisekosten

Panama ist, gemessen an europäischen Reisezielen, kein preiswertes Land und liegt im Preisvergleich mit anderen zentralamerikanischen Ländern etwa gleich mit Belize und Costa Rica.

## Reisezeit

Panama ist ganzjährig zu bereisen, doch eine Reise durch das Land lässt sich am angenehmsten **zwischen Ende Dezember und Ende Februar** gestalten.

## Routenplanung

Die Drehscheibe bei den öffentlichen Verkehrsmitteln ist Panama-Stadt und da von hier jeweils nur eine Straße Richtung Norden, Osten und Westen führt, lassen sich am besten folgende **Touren** kombinieren:

- **Nach Norden:** Panamakanal (Gatún-Schleusen), die Zentrale Karibikküste (Isla Grande) und die San-Blas-Inseln.
- **Nach Osten:** nur die Provinz Darién (Nationalpark Darién) und das Naturschutzgebiet Nusagandí.
- **Nach Westen:** die Zentrale Pazifikküste (Strände, El Valle), die Halbinsel Azuero (Kultur pur) und die Provinzen Chiriquí (Bergregion, Vulkan Barú) und Bocas del Toro (Mariner Nationalpark).
- Von der Hauptstadt aus lassen sich **an einem Tag** erreichen: der Panamakanal (Miraflores-Schleusen), die Inseln Isla Taboga und Isla Contadora sowie die Nationalparks am Ostufer des Panamakanals.

## Panama im Überblick

**Offizieller Name:** República dePanamá
**Internationales Autokennzeichen:** PA
**Fläche:** 77.082 km²
**Lage:** im Südosten Zentralamerikas
**Klima:** feuchtheißes Tropenklima in den Tieflagen, kühleres, frühlingshaftes Klima in der westlichen Bergregion
**Höchster Berg:** Vulkan Barú, 3475 m
**Größte Insel:** Isla de Coibá, 493 km²
**Längster Fluss:** Río Chucunaque, 231 km
**Größter See:** Lago Gatún, 424 km²
**Hauptstadt:** Ciudad de Panamá (Panama-Stadt)
**Staats- und Regierungsform:** präsidiale Republik
**Unabhängigkeit:** seit November 1903
**Präsident der Republik:** Ricardo Martinelli (seit Juli 2009)
**Regierungschef:** Ricardo Martinelli (seit Juli 2009)
**Einwohnerzahl:** 3,51 Mio. (2012)
**Sprachen:** Spanisch (Amtssprache), Englisch und verschiedene Indianersprachen
**Religion:** Katholizismus und Protestantismus
**Währung:** Die offizielle Währung heißt Balboa (B/.), der US-Dollar ($) wird aber als Zahlungsmittel verwendet.
**Wirtschaft:** Den größten Teil zum Bruttoinlandsprodukt (BIP) trägt der Dienstleistungssektor (79 %) bei, gefolgt von der Industrie (17 %) und der Landwirtschaft (4 %).
**Arbeitslosenquote:** ca. 4,5 % (2011)
**Bruttosozialprodukt:** ca. 14.300 $ pro Einwohner (2011)
**Hauptexportgüter:** Bananen, Garnelen und Rohrzucker
**Hauptimportgüter:** Maschinen, Erdöl und Chemieprodukte

016A-S-P

## Sicherheit

Die Hauptursache für die Kriminalität liegt in den großen Gegensätzen zwischen der sozial schwachen und der gehobenen Schicht, vorwiegend in Panama-Stadt und Colón. Für übertriebene Ängstlichkeit besteht aber kein Grund. Unterwegs sind Vorsicht und Verständnis der beste Schutz.

## Sport

Neben den hotelgebundenen Sportarten wie Tennis oder Golf, bietet Panama Möglichkeiten zum Wandern, Tauchen, Schnorcheln, Surfen und Rafting.

## Unterkunft

Die **Zimmerqualität** in den Hotels ist landesweit betrachtet eher als gering einzustufen, die **Hotelkapazität** ist sehr beschränkt, mit Ausnahme von Panama-Stadt, David, Boquete, El Valle de Antón und Bocas del Toro, wo Unterkünfte für jeden Geschmack und Geldbeutel zu finden sind. Campingplätze sind nicht vorhanden. In den letzten Jahren kommen verstärkt und über das ganze Land verstreut **Hostels** hinzu.

## Versorgung

Selbstversorger werden in Panama auf keine Probleme stoßen, die Supermärkte sind voll mit (Import-)Waren.

Fähre bei Almirante

# Was Sie unbedingt wissen sollten

Damit unterwegs keine Missverständnisse, Überraschungen oder Enttäuschungen auftreten, sollten Sie folgendes wissen:

- Die Landeshauptstadt **Ciudad de Panamá** wird immer mit *Panamá* (abgekürzt: *Pma.*) bezeichnet, das Landesinnere mit *Interior*.
- Viele **Hotels** entsprechen nicht europäischem Standard. In der Hochsaison (Dezember bis Mai) und an Wochenenden gelten in den Touristenorten erhöhte Zimmerpreise (oft bis zu 100 %), dafür gibt es in der Nebensaison und wochentags Ermäßigungen.
- Viele **Naturschutzgebiete** verfügen kaum über eine Infrastruktur. Der Besuch ist oft nur mit Parkaufsehern und Genehmigung möglich, die Sie im Büro der staatlichen Naturschutzbehörde ANAM in Paraíso erhalten.

### Warnhinweis

**Achtung!** Im panamaisch-kolumbianischen Grenzgebiet wütet seit Langem ein Krieg, der die **Durchquerung des Darién** zu einem lebensgefährlichen Unternehmen macht. Aktuelle Informationen erhalten Sie bei der Deutschen Botschaft in Panama-Stadt und beim Auswärtigen Amt (www.auswaertiges-amt.de bzw. www.bmaa.gv.at oder www.dfae.admin.ch, siehe auch Warnhinweis im Kapitel „Provinz Darién“).

■ **Probleme beim Geldwechseln** oder **Bargeldabhebungen** mit der Maestro-(EC-)Karte können schon mal vorkommen (s. Kapitel „Geld").

■ Die **Bürokratie** nimmt in Panama oft sehr viel Zeit und Geduld in Anspruch.

■ In einem **Museum** zu **fotografieren** oder zu filmen ist nur mit einer Genehmigung des Kulturministeriums in Panama-Stadt möglich.

■ Beim **Fotografieren von Menschen** sollten Sie immer um Erlaubnis fragen.

■ Die **Comarca de San Blas** (San-Blas-Inseln) sind am einfachsten mit dem Flugzeug erreichbar. Bootsverbindungen gibt es ab Cartí (Cartí Sugdup), das mit Privatautos (Allradantrieb) ab Panama-Stadt (5 de Mayo) in circa 3 Stunden erreichbar ist. Auf dieser Route gibt es derzeit keine öffentlichen Verkehrsmittel.

■ Es gibt zahlreiche, fast menschenleere **Strände.**

■ Die **Provinz Darién** ist mit dem Bus ganzjährig erreichbar (Yaviza). Dagegen wurden die Flüge nach El Real vorübergehend eingestellt. Für die Reise in die Provinz Darién bzw. in den Nationalpark Darién werden Lebensmittel benötigt. Wenn mehrere Tage geplant sind, sollten Sie hygienisch verpackte, haltbare und leicht zuzubereitende Trekking-Nahrung aus Europa mitbringen. Das Trinkwasser in Darién muss entkeimt werden.

Sonst ist das **Leitungswasser** in Panama von sehr guter Qualität und kann getrunken werden.

■ In Panama wird **Spanisch** gesprochen. An der Karbikküste spricht man zusätzlich Englisch, ansonsten kommt man mit Englisch nur bedingt weiter.

■ Auf eine Frage wird nicht mit „Ich weiß nicht" geantwortet und eher eine falsche als gar keine Antwort gegeben.

701pa hz

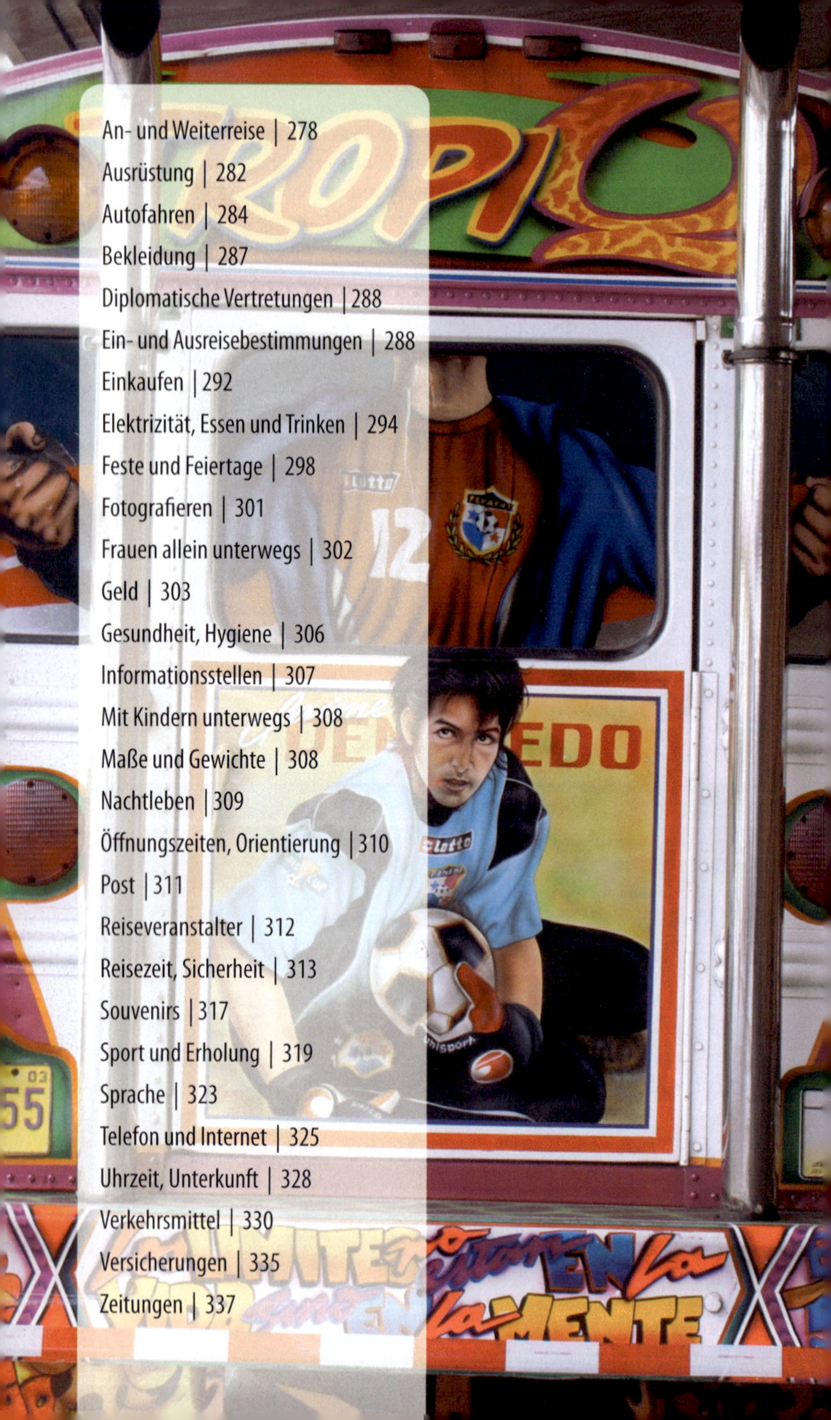

702pa hz

# 9 Praktische Reisetipps A–Z

Von A wie Anreise bis V wie Verkehrsmittel: Hier finden Sie nützliche Reiseinformationen und Reisetipps in alphabetischer Reihenfolge.

< Am Busbahnhof von Panama-Stadt

# An- und Weiterreise

## Luftweg

Direktverbindungen aus dem deutschsprachigen Raum nach Panama bestehen einmal wöchentlich mit *Condor* von Frankfurt (mit Zwischenlandung in Santo Domingo in der Dominikanischen Republik). Daneben gibt es Umsteigeverbindungen mit *Air France* in Kooperation mit *Delta Air Lines* via Paris und Atlanta, mit *Continental Airlines* via New York, mit *Delta Air Lines* via Atlanta, mit *KLM* via Amsterdam und mit *Iberia* via Madrid.

Die **Flugdauer** von Deutschland, Österreich und der Schweiz nach Panama-Stadt mit Zwischenlandungen oder Umsteigen unterwegs liegt bei 13–14 Stunden.

Man kann von Deutschland, Österreich und der Schweiz auch zunächst nach San José in Costa Rica fliegen. Von dort gibt es mehrmals täglich Flüge nach Panama-Stadt und nach David. Sie sind aber relativ teuer. Für ein paar Dollar kommt man mit dem Direktbus täglich von San José nach Panama-Stadt (ca. 15 Std.), David (ca. 8 Std.) und Chanquinola (6 Std.) sowie in die Grenzorte Sixaola (5 Std.) und Paso Canoa (7 Std.).

Panama-Stadt ist darüber hinaus mit zahlreichen anderen **Städten in Lateinamerika** (z.B. Belize, Bogotá, Caracas, San Salvador, Guatemala-Stadt, Tegucigalpa, Managua, Mexico City, Baranquilla, Cali, Cartagena, La Paz, Lima, Medellín, Quito und Santiago de Chile) per Fluglinie verbunden.

### Flugpreise

Je nach Fluggesellschaft, Jahreszeit und Aufenthaltsdauer in Panama kostet ein Flug von Deutschland, Österreich und der Schweiz nach Panama-Stadt und zurück ab etwa 1000 € (einschl. aller Steuern, Gebühren und Entgelte), nach San José in Costa Rica gibt es etwas günstigere Verbindungen. Die Termine für den Tarifwechsel sind festgelegt; **Hauptsaison** in Panama ist während der Osterferien, der Sommerferien und der Weihnachtsferien. Preiswertere Flüge sind mit **Jugend- und Studententickets** (je nach Airline alle jungen Leute bis 29 Jahre und Studenten bis 34 Jahre) möglich. Außerhalb der Hauptsaison gibt es einen Hin- und Rückflug von Frankfurt nach Panama-Stadt ab etwa 800 €.

**Kinder** unter zwei Jahren fliegen ohne Sitzplatzanspruch für 10 % des Erwachsenenpreises, ansonsten werden für ältere Kinder die regulären Preise je nach Airline um 25–50 % ermäßigt. Ab dem 12. Lebensjahr gilt der Erwachsenentarif oder ein besonderer Jugendtarif (s.o.).

Gelegentlich bieten die Fluggesellschaften **befristete Sonderangebote** an. Dann kann man z.B. mit *Delta Air Lines* für unter 700 € von Düsseldorf, Frankfurt, Stuttgart und München nach Panama-Stadt und zurück fliegen. Solche Tickets haben in der Regel eine befristete Gültigkeitsdauer und eignen sich nicht für Langzeitreisende.

Ob es für die gewünschte Reisezeit gerade Sonderangebote für Flüge nach Panama gibt, lässt sich im Internet auf der Website von Jet-Travel (www.jet-travel.de) unter „Flüge“ entnehmen, wo sie als **Schnäppchenflüge** nach Mittel- und Südamerika mit aufgeführt sind.

In Deutschland gibt es von Frankfurt aus die häufigsten Verbindungen nach Panama-Stadt. Tickets für Flüge von und nach anderen deutschen Flughäfen sind oft teurer. Da kann es für Deutsche attraktiver sein, mit einem **Rail-and-Fly-Ticket** per Bahn nach Frankfurt zu reisen (entweder bereits im Flugpreis enthalten oder nur 30 bis 60 € extra). Man kann je nach Fluglinie auch einen preiswerten **Zubringerflug** der gleichen Airline von einem kleineren Flughafen in Deutschland buchen. Außerdem gibt es **Fly & Drive-Angebote,** wobei eine Fahrt vom und zum Flughafen mit einem Mietwagen im Ticketpreis enthalten ist.

### Buchung

Folgende **zuverlässige Reisebüros** haben meistens günstigere Preise als viele andere:

- **Jet-Travel,** Buchholzstr. 35, D-53127 Bonn, Tel. 0228-284315, Fax 284086, www.jet-travel.de. Auch für Jugend- und Studententickets. Sonderangebote auf der Website unter „Schnäppchenflüge".

## Mini-„Flug-Know-how"

### Check-in

Nicht vergessen: Ohne einen **gültigen Reisepass** kommt man nicht an Bord. Auch Kinder, die Deutschland verlassen, brauchen ein eigenes Reisedokument.

Bei den innereuropäischen Flügen muss man mindestens **eine Stunde vor Abflug** am Schalter der Airline eingecheckt haben.

### Das Gepäck

In der Economy-Class darf man in der Regel nur **Gepäck bis zu 20 kg pro Person** einchecken und zusätzlich ein Handgepäck von 7 kg in die Kabine mitnehmen, welches eine bestimmte Größe von 55 x 40 x 23 cm nicht überschreiten darf. In der Business Class sind es meist 30 kg pro Person und zwei Handgepäckstücke, die insgesamt nicht mehr als 12 kg wiegen dürfen. Man sollte sich beim Kauf des Tickets über die Bestimmungen der Airline informieren.

Fluggäste dürfen **Flüssigkeiten** oder Vergleichbares in ähnlicher Konsistenz (z.B. Getränke, Gels, Sprays, Shampoos, Cremes, Zahnpasta, Suppen, Käse) nur in der Höchstmenge von je 0,1 Liter als Handgepäck mit ins Flugzeug nehmen. Die Flüssigkeiten müssen in einem durchsichtigen, wiederverschließbaren Plastikbeutel transportiert werden, der maximal einen Liter Fassungsvermögen hat. Da sich diese Regelungen jedoch ständig ändern, sollte man sich beim Reisebüro oder der Fluggesellschaft nach den derzeit gültigen Regelungen erkundigen.

Aus Sicherheitsgründen dürfen **Taschenmesser, Nagelfeilen, Nagelscheren,** sonstige Scheren und Ähnliches nicht mehr im Handgepäck untergebracht werden. Diese sollte man unbedingt im aufzugebenden Gepäck verstauen, sonst werden diese Gegenstände bei der Sicherheitskontrolle entsorgt. Darüber hinaus gilt, dass Feuerwerke, leicht entzündliche Gase (in Sprühdosen, Campinggas), entflammbare Stoffe (in Benzinfeuerzeugen, Feuerzeugfüllung) etc. nichts im Passagiergepäck zu suchen haben.

- **Globetrotter Travel Service,** Löwenstr. 61, 8023 Zürich, Tel. 044 2286666, www.globetrotter.ch. Weitere Filialen, siehe Website.

Die vergünstigten Spezialtarife und befristeten Sonderangebote kann man nur bei wenigen Fluggesellschaften in ihren Büros oder direkt auf ihren Websites buchen; diese sind immer auch bei den oben genannten Reisebüros erhältlich.

Im Übrigen sollte man wissen, dass die günstigsten Flüge keineswegs immer online im Internet buchbar sind. Häufig haben *Jet-Travel* und der *Globetrotter Travel Service* auf Anfrage preiswertere Angebote.

## Last-Minute-Flüge

Wer sich erst im letzten Augenblick für eine Reise nach Panama entscheidet, kann Ausschau nach Last-Minute-Flügen halten, die von einigen Airlines mit deutlicher Ermäßigung ab etwa 14 Tage vor Abflug angeboten werden, wenn noch Plätze zu füllen sind. Diese Last-Minute-Flüge lassen sich nur bei Spezialisten buchen.

- **L'Tur,** www.ltur.com, Tel. 00800-21212100 (gebührenfrei für Anrufer aus Europa); 165 Niederlassungen europaweit.
- **Lastminute.com,** www.lastminute.de, (D-)Tel. 01805-284366 (0,14 €/Min.), für Anrufer aus dem Ausland Tel. 0049-89-4446900.
- **5 vor Flug,** www.5vorflug.de, (D-)Tel. 01805-105105 (0,14 €/Min.), (A-)Tel. 0820-203085 (0,14 €/Min.).
- **Restplatzbörse,** www.restplatzboerse.at, (A-) Tel. (01) 580850.
- **www.e-flights.de**

### Jet Lag – Probleme mit der Zeitverschiebung

Ärzte definieren Jet Lag als „die Summe sämtlicher subjektiver Befindlichkeitsstörungen, die durch Zeitverschiebung eintreten", stellen aber auch fest, dass es keine Krankheit ist.

Die **Umstellung der inneren Uhr** dauert einige Tage, und es ist ganz normal, wenn man nach einem langen Flug nicht oder nur schlecht schlafen kann. Die Anpassung der inneren Uhr an die Ortszeit verläuft mit einer Geschwindigkeit von ein bis drei Stunden pro Tag.

Bei der Beachtung einiger **Regeln** treten die Symptome weniger stark auf:

So früh wie möglich an die Zeit im Zielland anpassen. Die Schlafzeiten in den ersten drei Nächten nach der Zeitumstellung auf etwa 8 Stunden beschränken. Sonst besteht die Gefahr, dass man nach einem „erholsamen" Schlaf von vielleicht 10 oder 12 Stunden in der nächsten Nacht partout nicht einschlafen kann.

Nach der Zeitumstellung in der ersten Woche tagsüber nicht schlafen und möglichst viel im Freien aufhalten, denn Sonnenlicht erleichtert das Wachbleiben und die Zeit-Kompensation.

Im Flugzeug am besten gar keinen Alkohol trinken, statt dessen Fruchtsäfte oder Wasser. Schlaf- und Aufputschmittel meiden.

Oftmals kommt die Verdauung nach einer großen Zeitverschiebung nicht so recht in Gang. Wer im Flugzeug vegetarisches Essen bestellt und im Zielland ballaststoffreiche Kost zu sich nimmt, tut sich da erheblich leichter ...

# Landweg

Für den Grenzübertritt auf dem Landweg benötigt man außer einer Ein- bzw. Ausreisekarte, die bei der Busgesellschaft oder am Grenzkontrollposten erhältlich ist, auch ein **Weiterreiseticket.** Es genügt ein Busticket, das allerdings bei Nichtbenutzung vom Busunternehmen nicht zurückerstattet wird. Meist reicht schon die Vorlage eines Flugtickets ab San José.

## Von/nach Costa Rica

Die panamaisch-costaricanische Grenze lässt sich an zwei Stellen überqueren. Der **Grenzübergang Paso Canao** liegt direkt an der *Carretera Interamericana.* Der Kontrollposten ist täglich von 8 Uhr (in Costa Rica von 9 Uhr) bis Mitternacht geöffnet. Die Busfahrten zwischen Panama und Costa Rica sind auf diese Zeiten abgestimmt.

Der andere, viel ruhigere Grenzübergang liegt an der karibischen Küste bei den kleinen Grenzorten **Guabito** (Panama) und **Sixaola** (Costa Rica). (Infos zur Ausreise siehe auch: „Der Westen", „Provinz Bocas del Toro", „Nach Costa Rica"). Den costaricanischen Ausreisestempel gibt es kurz vor der Brücke über den Río Sixaola. Bei der Einreise nach Panama findet auf panamaischer Seite kurz nach der Brücke die Passkontrolle statt (11.30 bis 12.30 und 17 bis 8 Uhr geschlossen). Oft werden das Weiterreiseticket und die Bonität geprüft. Nach der Kontrolle warten beidseitig des Dammes Kleinbusse und Taxis, um Touristen zu den **Wassertaxis** nach Bocas zu bringen.

## Nach Kolumbien oder Nachbarländern

Auch **Bootsverbindungen** werden Sie vergeblich suchen. Der einzige Weg von Panama nach Kolumbien oder einem anderen südamerikanischen Land ist der Luftweg, unter anderem mit *Avianca, SAM* oder *COPA.*

## Internationale Busverbindungen

Ab Panama-Stadt, Changuinola und David (siehe dort) bestehen Busverbindungen in die **costaricanische** Hauptstadt **San José,** sowie nach **Nicaragua, El Salvador, Honduras** und **Guatemala** (mit Umsteigen in San José). Genaue Informationen finden Sie unter Panama-Stadt, Changuinola und David.

# Seeweg

Auf dem Seeweg nach Panama? Das ist zwar möglich, jedoch kostet diese spezielle Anreise für echte Schiffsliebhaber viel Zeit und Geld. Die Reedereien *Hamburg-Süd* und die *Frachtschiff-Touristik Käpitän Zylmann GmbH* beispielsweise bieten **Rundreisen** auf einem Frachtschiff in komfortablen Passagierskabinen an, inklusive der Durchquerung des

### Buchtipp

- Zum Thema Fliegen ist der Titel **„Fliegen ohne Angst"** von *Frank Littek* aus der Praxis-Reihe im Reise Know-How Verlag erschienen.

130pa hz

Panamakanals. Mehr Infos dazu finden Sie unter: www.hamburgsued-frachtschiffreisen.de und www.zylmann.de.

Eine preisgünstigere Variante könnte eine **Kreuzfahrt** ab Miami oder Los Angeles inklusive der Durchquerung des Kanals sein. Auch darüber findet man viele Informationen im Internet, unter anderem bei www.derkreuzfahrer.de.

Wer Auto, Wohnmobil oder Motorrad nach/von Panama verschiffen möchte, was eine ziemlich kostspielige Angelegenheit ist, wendet sich am besten an einen Spediteur.

Wegrestaurant auf der Strecke Panama – Costa Rica

## Ausrüstung

Für die Panamareise ist eine spezielle Ausrüstung nicht erforderlich, egal ob Sie mit dem Mietwagen, mit öffentlichen Verkehrsmitteln oder zu Fuß unterwegs sind. Auf Grund der Reiseart und des Zielgebietes sollten Sie jedoch Folgendes berücksichtigen: Beschränkt sich die Reise überwiegend auf **Panama-Stadt** (als Ausgangspunkt) und auf Tagesausflüge in die nähere Umgebung, wie etwa zum Panamakanal, zur Isla Taboga oder zum Naturschutzgebiet Isla Barro Colorado, reichen ein stabiler, stoßfester Koffer und ein Tagesrucksack völlig aus.

# Checkliste Ausrüstung

Die folgende Checkliste soll Ihnen als Orientierungs- bzw. Entscheidungshilfe dienen. Außerdem ersparen mitgebrachte Dinge die zeitraubende Suche vor Ort.

- **Schlafsack:** Aus hygienischen Gründen kann ein leichter Schlafsack und/oder ein Laken gute Dienste leisten. Die **Isoliermatte** kann zu Hause bleiben, wenn nicht im Zelt oder im Freien übernachtet wird. Für eine Übernachtung unter den Sternen ist eine **Hängematte** geeignet.
- **Moskitonetz:** Unbedingt anzuraten für die Provinzen Bocas del Toro, Darién und Colón sowie für die Comarca de San Blas, vor allem aber bei Dschungeltouren. Etwas zum Befestigen nicht vergessen!
- **Regenschutz:** Ein Regenschirm oder eine Regenjacke (evtl. ein Regenponcho, der auch den Rucksack schützt) sollte ständig dabeisein.
- **Sonnenschutz:** Sonnenbrille, Kopfbedeckung, Sonnencreme (zu Beginn mit hohem Lichtschutzfaktor) und Lippenschutz.
- **Insektenschutz:** Wegen der ständigen Anwesenheit blutrünstiger Moskitos ist ein Repellent für ganz Panama unerlässlich.
- **Reiseapotheke**
- **Fernglas:** Empfehlenswert zur Beobachtung der Tierwelt (vor allem der Vögel).
- **Landkarten:** Topografische Karten sind in Panama-Stadt im *Instituto Nacional Geográfico Tommy Guardia* erhältlich. Die Karten stammen größtenteils aus den 1960er Jahren, werden aber langsam überarbeitet.
- **Kleidung und Schuhe:** s.u. „Bekleidung".
- **Badeanzug/Badehose/Bikini:** „Oben ohne" und FKK ist unüblich. Außerdem sollten die Badesachen sogar eine „entsprechende" Größe aufweisen.
- **Hand-/Badetücher:** In fast allen Unterkünften werden Hand- und Badetücher zur Verfügung gestellt. Aus hygienischen Gründen sollten die eigenen vorgezogen werden.
- **Hygieneartikel:** Dusch-/Badeschuhe (sollten auch zum Baden im Meer geeignet sein), Seife, Shampoo, Kamm oder Haarbürste, Zahnbürste und -pasta, Rasierklingen und -schaum, Papiertaschentücher, Hautcreme, Nagelschere, und Tampons (alles auch vor Ort erhältlich).
- **Dokumente und Geld:** Bargeld (möglichst ein komfortables Kontingent an kleinen US-Dollarnoten), Kreditkarten, Impfausweis, Reisepass, Personalausweis (bei Verlust des Reisepasses hilfreich), nationaler Führerschein, Blutgruppenausweis, Flugtickets, sonstige Reiseunterlagen wie etwa Hotel- oder Mietwagen-Voucher, Reiseversicherung (Notfallausweis) sowie Kopien sämtlicher Dokumente und Unterlagen.
- **Praktische Kleinigkeiten:** Bauch- und/oder Beingurt, wasserdichtes Etui für Dokumente und Geld, Vorhängeschloss (zur Sicherung des Rucksackes), Klebeband (zum Flicken von Löchern im Moskitonetz), Trinkflasche, Wasserdesinfektionsmittel, Schreibwerkzeug, Wörterbuch oder Sprachführer, Reiselektüre, Ersatzbrille bzw. -kontaktlinsen, Taschenmesser, Taschenlampe und Kerzen (bei Stromausfall), Nähzeug, Radio (Weltempfänger) und Reisestecker-Set.

Utensilien zum Waschen sind nicht vonnöten. Jede **Wäscherei** verkauft für wenig Geld Waschpulver und verfügt über einen Trockner.

Für eine Tour mit **öffentlichen Verkehrsmitteln** kreuz und quer durch das Land hat sich eine strapazierfähige Reisetasche mit breitem Riemen oder ein Rucksack als praktisch erwiesen.

Sind **Trekkingtouren** geplant, so ist ein Rucksack mit gutem Tragesystem unerlässlich. Zum Verschließen der Reisetasche oder des Rucksackes kann ein kleines Vorhängeschloss dienen.

Das Gepäckstück wird in den meisten Fällen auf dem **Busdach** transportiert. Es wird dabei immer mit einer Plane abgedeckt, trotzdem kann ein wasserdichter Überzug vor Nässe und Verschmutzung einen zusätzlichen Schutz bieten. Bei **Bootsfahrten,** vor allem in den Provinzen Bocas del Toro und Darién und der Comarca de San Blas, sollte ein solcher Überzug nicht fehlen.

# Autofahren

## Straßen- und Verkehrssituation

Panama hat für lateinamerikanische Verhältnisse ein gutes Straßennetz, jedoch erschweren die geografischen Bedingungen die Erschließung des gesamten Landes. Die Haupt- sowie die meisten Nebenstraßen haben eine Asphalt- oder eine Betondecke. Probleme gibt es an der gesamten Karibischen Küste und im Osten des Landes. In diesen Regionen sind nur vereinzelt Straßen vorhanden, die größtenteils unasphaltiert und mit großen Rissen und Löchern übersät sind. An der Verbesserung des Straßennetzes wird gearbeitet, was allerdings noch einige Zeit in Anspruch nehmen wird. Genaue Informationen über den Straßenzustand erhalten Sie bei den jeweiligen Ortsbeschreibungen.

Die **Hauptverkehrsachsen** des Landes sind die *Carretera Interamericana,* auch als *Panamericana* bezeichnet (Paso Canoas – Panama-Stadt – Chepo – Yaviza), die *Carretera Transístmica* (Panama-Stadt – Colón), die *Carretera Nacional No. 2* auf der Halbinsel Azuero (Divisa – Chitré – Pedasí) und die *Carretera* von David über Chiriqui Grande und Almirante nach Changuinola.

Die Tatsache, dass die *Interamericana* und die *Transístmica* die einzigen Straßenverbindungen zwischen der Haupt-

004pa hz

stadt und den anderen Landesteilen sind, führt auf diesen Straßen zu einer starken Verkehrsbelastung, vor allem durch die Lastkraftwagen. Hinzu kommt noch, dass die Panamaer kaum einen Schritt ohne ihr geliebtes Vehikel machen, was vor allem an Wochenenden und Feiertagen regelmäßige Staus zur Folge hat.

In der Hauptstadt sieht die Verkehrssituation außer am Sonntagvormittag ziemlich schlecht aus: Täglich zwischen 8 und 10 und zwischen 16 und 18 Uhr kommt es zum **Verkehrschaos.** Zwar bemühen sich Polizisten mit hektischen Handzeichen und mit Trillerpfeifen, etwas Ordnung ins Chaos zu bringen, doch allem Anschein nach vergeblich. Oft kommt der Verkehrsfluss für Minuten völlig zum Erliegen, wobei das nachfolgende Hupkonzert auch nicht viel ändern kann.

Wenn Sie beabsichtigen, ein Auto zu mieten, werden Sie als ausländischer Autofahrer einige Zeit benötigen, um sich an den **Fahrstil** der Panamaer zu gewöhnen. Im Allgemeinen wird kein allzu agressiver Fahrstil bevorzugt. Die Busfahrer in Panama-Stadt sind dabei die Ausnahme. Ihnen gegenüber sollte immer Vorsicht angebracht sein, da sie sich von der Haltestelle ohne Rücksicht in den Fließverkehr wieder einordnen. Die Polizei steht dem Problem in Anbetracht der Verkehrssituation und der zahlreichen Busse machtlos gegenüber.

**Touristen** gegenüber sind Verkehrspolizisten eher verständnisvoll. Bei einer kleinen Verkehrsübertretung drücken sie hin und wieder sogar ein Auge zu.

◁ Der „Kennzeichenbaum" – ein Wunder der Natur

## Verkehrsregeln und -schilder

In Panama besteht Rechtsverkehr, und die Verkehrsregeln sind an das internationale System angepasst. Zu beachten ist unbedingt die **Gurtanlegepflicht,** das Verbot, defekte Fahrzeuge mit einem Abschleppseil zu bewegen, es muss eine **Abschleppstange** sein, und die Einhaltung der **Höchstgeschwindigkeit** *(velocidad maximo)* von 100 km/h auf der Autobahn, 80 km/h auf der Landstraße und 40 km/h im Ortsgebiet. Die Geschwindigkeitsbegrenzung wird in Stundenkilometer (Kph) angegeben.

### Kleine Vokabelliste rund ums Auto

| | |
|---|---|
| *alto* | Stop |
| *altura (anchura) maxima* | maximale Höhe (Breite) |
| *caseta de peaje* | Mautstelle |
| *ceda el paso* | Vorrang geben |
| *cruze de ganado* | Viehwechsel |
| *curva peligrosa* | gefährliche Kurve |
| *despacio* | langsam fahren |
| *desvío* | Umleitung |
| *flujo rapido (lento)* | Fahrstreifen für schnellere (langsamere) Fahrzeuge |
| *no adelantar* | Überholverbot |
| *no estacionar* | Parken verboten |
| *lento niños* | Achtung Kinder! |
| *peatones* | Fußgänger! |
| *salida (entrada) de camiones* | Lkw-Aus(Einfahrt) |
| *un solo carril* | nur einspurig befahrbar |
| *una vía* | Einbahnstraße |

Die meisten **Verkehrsschilder** (gelber Untergrund mit schwarzer Aufschrift) sind auch ohne Spanischkenntnisse deutlich erkennbar. Damit es trotzdem zu keinen Missverständnissen im „Schilderwald“ Panamas kommt, haben wir die wichtigsten Verkehrstafeln übersetzt (siehe Kasten „Kleine Vokabelliste rund um's Auto“).

## Parken

Vielerorts, vor allem in und um die Einkaufszentren der Städte, bestehen **Kurzparkzonen.** Sie sind durch Bodenmarkierungen nicht erkennbar, sondern nur durch die beim Parkplatz aufgestellten Automaten. Achten Sie darauf, dass der Automat auch funktioniert. Für etwa 12 ct. können Sie ca. 15 Minuten parken.

Öffentliche Parkhäuser oder **bewachte Parkplätze** sind kaum vorhanden, doch haben viele Hotels Garagen oder bewachte Parkflächen. In den Seitenstraßen der Großstädte gibt es tagsüber Autowächter, für diesen Service wird in der Regel mindestens 50 ct. verlangt.

## Führerschein und Geldbuße

Zum Lenken eines Fahrzeuges benötigen Sie Ihren nationalen Führerschein und Reisepass. Bei einer Geldstrafe wegen einer Verkehrsübertretung wird Ihr Führerschein vom Polizisten vorläufig einbehalten. Nach ca. 14 Tagen (auch wenn die Bezahlung der Strafe früher erfolgte) erhalten Sie Ihren Führerschein in Panama-Stadt zurück.

## Benzin

Normalerweise gibt es keine Probleme bei der Versorgung mit Treibstoff. Viele Erdölmultis haben in Panama Tankstellen errichtet, die oft 24 Stunden geöffnet sind. Im Reiseteil wird speziell auf Tankstellen bzw. auf die letzte Tankmöglichkeit hingewiesen.

Der Treibstoff *(gasolina)* wird als Super- *(super)* und Normalbenzin *(regular, maxima)* sowie Diesel *(diesel)* pro Gallone (3,78 Liter) abgegeben. Zudem gibt es Sorten besserer Qualität, die *premium* oder *optima* heißen.

## Verhalten bei Pannen und Unfällen

Die meisten Fahrzeuglenker führen **kein Pannendreieck** mit sich. Achten Sie deshalb unterwegs auf die Besonderheit, dass Äste, Zweige, alte Ölkanister und dergleichen oft das Pannendreieck ersetzen. Während der Dunkelheit ist diese Form der Absicherung sehr gefährlich. Im Notfall kann auch eine Taschenlampe als Absicherung dienen.

Nach jedem **Unfall** (auch wenn er noch so klein ist!) sollte sofort der Autovermieter verständigt werden, der bei einem größeren Schaden die nötigen Schritte einleiten wird, wie etwa die Verständigung eines Abschleppdienstes oder die Beschaffung eines Ersatzautos. Bei einem Unfall mit Blechschaden muss laut Mietvertrag die Polizei verständigt werden, damit es im Nachhinein kein „böses Erwachen“ gibt, wenn um die Schuldfrage und Schadenssumme gestritten wird. Im Falle eines Unfalles mit

131pa hz

Personenschaden sind dem Gesetz nach alle Beteiligten verpflichtet, die Polizei zu verständigen. In diesem Fall sollten Sie in Ihrem Interesse versuchen, sofort mit der Botschaft oder dem Konsulat Kontakt aufzunehmen.

Bestens befahrbar: die Carretera Interamericana

## Bekleidung

Das äußere Erscheinungsbild gilt in Panama als persönliche Visitenkarte, und ohne Ausnahme wird auf ein **gepflegtes Aussehen** großen Wert gelegt. Ob lange Hose, Rock, Kleid, Bermudahose, Hemd oder T-Shirt spielt dabei keine Rolle. Der sogenannte „Tramper-Look" – Shorts, Mini-Röcke (die mehr zeigen als verhüllen) oder sogar zerrissene Kleidung – sind im Alltag nicht gerne gesehen und bei einem Behördenbesuch absolut tabu.

Im Allgemeinen hat sich legere, **strapazierfähige Kleidung** aus Baumwolle oder Leinen am besten bewährt, um dem ständig feucht-heißen Klima zu trotzen. Nehmen Sie daher möglichst leichte, lockere Kleidung aus Naturfasern mit, lange und kurze Hosen, kurzärmelige T-Shirts oder Polo-Shirts sowie einen warmen Pullover und/oder eine Jacke für höher liegende Regionen, wie Boquete, Cerro Punta oder El Valle.

Für **Trekkingtouren** in Dschungel- und Mangrovengebieten empfiehlt sich zum Schutz gegen die blutrünstigen Moskitos körperbedeckende, atmungsaktive Kleidung. Als Schuhwerk geeignet sind wasserabweisende Wanderschuhe und/oder leicht trocknende Sandalen (für eine Flussdurchquerung). Für den Stadtaufenthalt sollten Sommerschuhe mitgenommen werden. Turnschuhe aller bekannten Marken gibt es in der Hauptstadt zu äußerst günstigen Preisen.

# Diplomatische Vertretungen

## Im deutschsprachigen Raum

■ **Deutschland:** Botschaft von Panama, Wichmannstr. 6, 10787 Berlin, Tel. 030-22605811, Fax 030-22605812, www.botschaft-panama.de.

■ **Österreich:** Botschaft von Panama, Goldschmiedgasse 10/403, 1010 Wien, Tel. 01 5872347, Fax 01-5863080.

■ **Schweiz:** Generalkonsulat von Panama, Rue de Lausanne 72, 1202 Genf, Tel. 022-7150450, Fax 022-7380363.

## In Panama

■ **Deutsche Botschaft** *(Embajada de Alemania)*, Calle 53 Este, Urbanización Marbella, Edificio World Trade Center, piso 20, Panama-Stadt, Tel. 2637733, 2637991 oder in dringenden Notfällen auch unter 6517 3200, www.panama.diplo.de.

■ **Österreichisches Honorarkonsulat** *(Consulado Honorariode Austria)*, Calle Sevilla, Casa F 7b, Villa de las Fuentes Nr. 1, Panama-Stadt, Tel. 2604525, Mobil: 650 02390.

■ **Generalkonsulat Schweiz** *(Consulado general de Suiza)*, Edificio Casa Blanca, Planta baja, Bella Vista, Calle 44 y Avenida Justo Arosemena, Tel. 3959 922, Fax 3959923.

# Ein- und Ausreisebestimmungen

(Stand: April 2013)

## Einreise

Für die Einreise nach Panama benötigen Staatsangehörige aus einem EU-Land und der Schweiz einen gültigen Reisepass, der ab der Einreise mindestens noch 6 Monate gültig ist. Dies gilt auch für Kinder, die aus Deutschland einreisen, bzw. dort ausreisen, es reicht nicht mehr aus, dass sie im Reisepass ihrer Eltern eingetragen sind. Die Aufenthaltsdauer ist auf maximal 90 Tage begrenzt

### Achtung!

Da sich die **Einreisebedingungen** kurzfristig ändern können, raten wir, sich kurz vor Abreise beim Auswärtigen Amt (www.auswaertiges-amt.de bzw. www.bmaa.gv.at oder www.dfae. admin.ch) oder der jeweiligen Botschaft darüber zu informieren!

und kann vor Ort bei Bedarf verlängert werden. Der Nachweis eines **Rück- bzw. Weiterreisetickets** sowie ausreichender **Geldmittel** für die Dauer des Aufenthaltes wird offiziell verlangt.

### Vokabelliste rund um's Thema Einreise

| | |
|---|---|
| *sexo* | Geschlecht |
| *nombre completo* | vollständiger Name |
| *apellidos* | Familiennamen |
| *nombres* | Vornamen |
| *país de nacimiento* | Geburtsland |
| *edad* | Alter |
| *nacionalidad* | Nationalität |
| *ocupacion* | derzeit ausgeübter Beruf |
| *domicilio permanente* | permanenter Wohnsitz |
| *Ciudad* | Stadt |
| *estado* | Bundesland |
| *país* | Land |
| *dirección postal* | Hauptanschrift |
| *pasaporte no.* | Reisepassnummer |
| *lugar de expedicion* | Ausstellungsort des Reisepasses |
| *motivo de viaje* | Grund der Reise |
| *recreo* | Vergnügen bzw. Tourist |
| *negocio* | Geschäftsreise |
| *convención* | Konferenz |
| *otros* | andere Gründe mit Angabe |
| *tiempo de estadia en Panamá* | Aufenthaltsdauer in Tagen *(dias)* |
| *puerto de embarque* | Einreiseort |
| *domicilio en Panamá* | Adresse in Panama (Hoteladresse in Panama-Stadt reicht) |

### Einreisekarte

Im Transportmittel oder direkt an der Grenze erhalten Sie kostenlos eine Einreisekarte *(Tarjeta de Embarque).* Sie ist in spanischer und englischer Sprache abgefasst und sollte in einer dieser Sprachen und in Blockbuchstaben ausgefüllt werden. Zur Erleichterung beim Ausfüllen der Einreisekarte siehe Kasten

## Devisen und Zoll

**Touristen** dürfen zollfrei einführen:

- In- und ausländische **Devisen** in Form von Bargeld und/oder Reiseschecks, die für den Aufenthalt benötigt werden.
- **Geschenke** bis zu einem Gesamtwert von 50 $.
- Gegenstände, die für den **persönlichen Bedarf** während der Reise bestimmt sind, wie Kleidung, Toilettenartikel, Schuhe, Sportgeräte und Ähnliches.
- Drei Flaschen **alkoholische Getränke** sowie 500 **Zigaretten** oder 500 g Tabak.
- Für die **Mitnahme eines Tieres** wird ein tierärztliches Zeugnis benötigt, das von einer Diplomatischen Vertretung Panamas beglaubigt wurde und eine Genehmigung vom *Ministerio de Agricultura, Comercio y Industrias, Departemento de Sanidad Animal.* Für Hunde und Katzen wird auch ein internationales Tollwutimpfzeugnis verlangt, aus dem hervorgeht, dass die letzte Impfung mindestens 30 Tage und höchstens 16 Monate zurückliegt. Nach der Ankunft in Panama kommt das Haustier für 40 Tage in Quarantäne. Die Kosten werden vom Besitzer getragen (ca. 20 $ pro Tag).
- **Einfuhrverbot** besteht für Waffen, Munition, Vögel, Frischfleisch, tierische

Erzeugnisse, frische Blumen, Früchte und Lebensmittel. Fertiggerichte, wie etwa abgepackte Trekkingnahrung, sind davon nicht betroffen.

## Aufenthaltsverlängerung

Die Aufenthaltsverlängerung *(prorroga de turista)* obliegt der *Dirección Nacional de Migración,* einer Abteilung des *Ministerio de Gobierno y Justicia* (siehe „Panama-Stadt", „Adressen A–Z").

Um vor Ort den Aufenthalt verlängern zu können, benötigen Sie neben einer Portion Geduld und mindestens zwei Urlaubstagen folgendes: zwei Passfotos jüngeren Datums, eine Kopie des Reisepasses (Daten der Person und des Reisepasses sowie Einreisestempel), eine Kopie des Ausreisetickets, 12 $ Bargeld (2 $ für die Administration, 10 $ für die panamaische Legitimation), ein Antragsformular *(solicitud de prorroga de turista),* erhältlich am Schalter der Einreisebehörde, und einen Brief in Spanisch. Der Brief muss an den *Director de Migración* gerichtet sein mit dem Betreff: *solicitado prorroga.* Außerdem muss er die persönlichen Daten, Reisepassnummer, Nationalität und den Verlängerungsgrund enthalten.

Mit den Unterlagen gehen Sie zur **Einreisebehörde,** wo Sie nach dem Haupteingang rechts im kleinen Schalterraum einen Einlaufstempel auf das Antragsformular erhalten. Danach beginnt im Hauptschalterraum (hinter dem Haupteingang links, am Ende des Ganges) der bürokratische Weg mit der Durchsicht der Unterlagen, Registrierung der Person, Entnahme eines Fingerabdrucks und der Bezahlung der Verwaltungsgebühr. Für diesen Ablauf benötigen Sie im günstigen Fall etwa 3 Stunden. Am nächsten Tag wird im „staatlichen" Fotostudio (trotz der beiden abgegebenen Passfotos) ein Foto gemacht, das dann Ihre Identifikationskarte (mit Aufenthaltsdauer) zieren wird.

Wer die **Bürokratie umgehen** will, reist für drei Tage nach Costa Rica aus. Bei erneuter Einreise erhalten Sie die Erlaubnis für weitere 90 Tage Aufenthalt.

## Ausreise

Wer nicht vor Ort den Aufenthalt verlängert hat, benötigt für die Ausreise lediglich eine **Ausreisekarte** *(Tarjeta de Desembarque),* die beim Transportunternehmen oder an der Grenzkontrolle erhältlich ist. In den meisten Fällen wird Ihnen eine Ein-/Ausreisekarte ausgehändigt, wobei der untere Teil für die Ausreise bestimmt ist. Zur Erleichterung beim Ausfüllen der Ausreisekarte folgt die Übersetzung:

### Vokabelliste rund um's Thema Ausreise

| | |
|---|---|
| *pais y ciudad de destino* | Ausreiseland und -stadt |
| *tiempo de estadia en este lugar* | Aufenthaltsdauer nur für Panamaer |
| *compañia* | Nameder Transportgesellschaft |
| *vuelo no.* | Flugnummer |
| *paz y salvo no.* | Nummer der Ausreisegenehmigung (nur wer Aufenthalt verlängert hat) |

## Ausreisegenehmigung

Die Ausreisegenehmigung *(paz y salvo)*, die nur benötigt wird, wenn Sie den Aufenthalt verlängert haben, erhalten Sie im *Ministerio de Hacienda y Tesoro* (siehe „Panama-Stadt", „Adressen A–Z"). Sie sollte maximal sieben, mindestens aber zwei Tage vor der Ausreise beantragt werden. Als Tourist mussen Sie nur den Punkt 2 des Formulares ausfüllen. Damit gehen Sie zum für Touristen vorgesehenen Schalter (hinter dem Haupteingang links). Nach Erledigung der Verwaltungsangelegenheiten erhalten Sie an der Kasse gegen eine geringe Gebühr das Ausreiseformular (blaues DIN A5-Blatt). Damit gehen Sie zur *Dirección Nacional de Migración,* wo Sie einen Ausreisestempel erhalten und im Register ausgetragen werden. Dabei wird die Legitimations-Karte einbehalten. Das Ausreiseformular bleibt in Ihrem Besitz und muss bei der Ausreise dem Grenzbeamten vorgelegt werden.

## Rückeinreise nach Europa

Bei der Rückeinreise gibt es auch auf europäischer Seite Freigrenzen, Verbote und Einschränkungen. Folgende Freimengen darf man zollfrei einführen in die EU und die Schweiz:

- **Tabakwaren** (für Personen ab 17 Jahren): 200 Zigaretten oder 100 Zigarillos oder 50 Zigarren oder 250 g Tabak oder eine anteilige Zusammenstellung dieser Waren
- **Alkohol** (für Personen ab 17 Jahren) **in die EU:** 1 l Spirituosen (über 22 Vol.-%) oder 2 l Spirituosen (unter 22 Vol.-%) oder eine anteilige Zusammenstellung dieser Waren, und 4 l nicht-schäumende Weine, und 16 l Bier; **in die Schweiz:** 2 l bis 15 Vol.-% und 1 l über15 Vol.-%.
- **Andere Waren** (in die EU): für See- und Flugreisende bis zu einem Warenwert von insgesamt 430 €, alle Reisende unter 15 Jahren 175 € (bzw. 150 € in Österreich); in die Schweiz: neuangeschaffte Waren für den Privatgebrauch bis zu einem Gesamtwert von 300 CHF. Bei Nahrungsmitteln gibt es innerhalb dieser Wertfreigrenze auch Mengenbeschränkungen.

Wird die Wertfreigrenze überschritten, sind **Einfuhrabgaben** auf den Gesamtwert der Ware zu zahlen und nicht nur auf den die Freigrenze übersteigenden Anteil. Die Berechnung erfolgt entweder pauschal oder nach dem Tarif jeder einzelnen Ware zuzüglich sonstiger Steuern.

**Einfuhrbeschränkungen** bestehen u.a. für Tiere, Pflanzen, Arzneimittel, Betäubungsmittel, Feuerwerkskörper, Lebensmittel, Raubkopien, verfassungswidrige Schriften, Pornografie, Waffen und Munition; in Österreich auch für Rohgold, in der Schweiz auch für CB-Funkgeräte.

## Nähere Informationen

- **Deutschland:** www.zoll.de oder unter Tel. 0351-44834510.
- **Österreich:** www.bmf.gv.at oder unter Tel. 01-51433564053.
- **Schweiz:** www.ezv.admin.ch oder unter Tel. 061-2871111.

# Einkaufen

Der Panamakanal macht das Land zum **Einkaufsparadies** schlechthin. Das trifft aber nur auf Panama-Stadt und auf die Freihandelszone der Hafenstadt Colón zu. Das Straßenbild in diesen Städten erweckt den Eindruck, als sei der Tag einzig und allein dem Einkaufsbummel vorbehalten. Gefragt sind dabei vorwiegend billige Kleidungsstücke, Sportschuhe und elektronische Geräte. Dementsprechend groß ist auch die Palette des Angebots, das von der Billigware bis hin zum Luxusartikel reicht. Die große Auswahl bietet hohe Qualität zu sehr günstigen Preisen, was auch die Bürger der Nachbarstaaten Costa Rica und Kolumbien anlockt.

Vor den Geschäften stehen **Verkäufer** und versuchen mit stimmgewaltigem Einsatz die Waren unter die Leute zu bringen, verständlich, wenn man bedenkt, dass sie zum niedrigen Monatslohn eine Verkaufsprovision kassieren.

Wie fast überall sonst auf der Welt fehlen in den Schaukästen der exklusiven Geschäfte die Preisschilder, die anderswo immer vorzufinden sind. Grundsätzlich aber wird über den **Preis** nicht gehandelt, es sei denn, Sie kaufen mehrere Souvenirs in einem Geschäft, auf kleine-

ren Märkten, in der Freihandelszone von Colón in größeren Mengen oder auch Foto- oder Elektrogeräte. Vor allem in der Fotobranche wird mit Richtpreisen hantiert, die sich unter dem Einfluss der Konkurrenz als sehr flexibel herausstellen. Es lohnt deshalb durchaus, sich in verschiedenen Geschäften „gut" nach dem Preis zu erkundigen.

Im Angebot der großen **Supermärkte** ist beinahe alles zu finden, was das Herz begehrt (und der Magen verträgt): vom geschmacklosen, plastikverpackten Käse aus den USA über spanischen Sherry, japanischen Thunfisch in Dosen bis hin zu teuren Importartikeln wie Schweizer Schokolade oder Käse „Made in Holland".

703pa hz

Aber nicht nur das Angebot hält einen Vergleich mit dem in Europa stand: Beim Einkaufen lässt sich rasch feststellen, dass die Preise für Lebensmittel sich nur gering von den unseren unterscheiden. Ladenschlusszeiten fehlen bei den Supermärkten, die in der Regel zwischen 9 und 19 Uhr geöffnet haben. In Panama-Stadt haben einige sogar 24 Stunden geöffnet. Taschen müssen aus Angst vor Ladendiebstählen in Supermärkten und in größeren Kaufhäusern immer am Eingang abgegeben werden.

Billige und zweifelsohne frische Produkte finden Sie auf zentralen **Märkten** oder an **Straßenständen,** wo Kleinbauern aus der Umgebung täglich ihre Ware anbieten. Für exotische Früchte wie Papayas, Mangos oder Ananas, aber auch für Gemüse und Kräuter sind Sie hier an der richtigen Adresse. In das bunte Marktleben mischt sich auch die indianische Bevölkerung, die schönes Kunsthandwerk zum Kauf anbietet (siehe „Souvenirs" und „Menschen und Kultur", „Kunsthandwerk").

Während Sie bei der **Bezahlung** in großen Kaufhäusern, Supermärkten, Bekleidungs- und Schmuckgeschäften häufig die Auswahl haben zwischen der Kreditkarte oder Bargeld, wird auf den Märkten und in kleinen Geschäften nur gegen bare Münze, sprich *dólares,* verkauft. Achtung! 50er- und 100er-Dollarnoten werden nahezu in jedem Geschäft aus Furcht vor Falschgeld abgewiesen.

◁ Markt in Bocas del Toro

# Elektrizität

Die **Netzspannung** beträgt landesweit 110 Volt Wechselstrom (60 Hertz), weshalb Sie einen Spannungswandler (falls das Gerät nicht umschaltbar ist) und zur Benutzung der Flachsteckdosen bzw. -stecker einen Adapter benötigen.

Das *Instituto de Recursos Hidráulicos y Electrificación (IRHE)* hat mittlerweile im ganzen Land ein gut funktionierendes Stromnetz aufgebaut. Als Quellen für die Stromgewinnung dienen ausschließlich Wasserkraftwerke. Zu **Stromsperren** kommt es von Fall zu Fall in der Provinz Bocas del Toro und ständig in der Provinz Darién zwischen zwei und sechs Uhr früh.

# Essen und Trinken

Die panamaische Gastronomie lässt sich als Mischung aus unterschiedlichen Speisen umschreiben, deren Wurzeln in indianischen, spanischen, italienischen, karibischen und chinesischen Rezepten zu finden sind. Im Alltag heißt das *comida tipica,* eine deftige Kost, in der so ziemlich alles steckt, was der Mensch zum Leben braucht.

## Frühstück

Die Magennerven werden am Morgen zum erstenmal strapaziert: Als Frühstück *(desayuno)* bevorzugt man *hígado* (gebackene Leber mit angebratenen Zwiebeln), *bistec* (Rindfleisch), *salchichas* (Würstchen in einer Tomaten-Zwiebel-Sauce) oder *huevos* (Eier). Als Beilage gibt es *patacones* (frittierte und gesalzene Scheiben unreifer Mehlbananen), *yuca* (frittierte Kassave-Stücke) oder *tortillas.*

*Tortillas,* die typisch zentralamerikanischen Maismehlbrötchen, sind durch den Erfolg der mexikanischen Küche in Europa schon lange keine Unbekannten mehr. Panama, auf der Schwelle zwischen Süd- und Zentralamerika, hat hingegen seine eigene Variante entwickelt: Die panamaische *tortilla* ist eine kleine, etwa 1 cm dicke Scheibe, geschmacklich aber unverkennbar aus Maismehl hergestellt. Eine verwandte Art sind die knusprigen *carimañolas:* fingerlange Röllchen, die aus pürierter Kassave und Hackfleisch bestehen.

Wer den Tag allerdings leichter beginnen möchte, sollte *empenadas* (mit Käse oder Fleisch gefüllte Maismehltaschen) oder *hogaldres* (frittierte Frühstücksbrötchen aus Weizenmehl ohne Füllung) vorziehen. Die *hogaldres* werden, Ihrem Wunsch entsprechend, mit sehr jungem, weißem panamaischem Käse serviert oder mit gelben Importkäsescheiben überbacken.

## Mittagessen

Zur Mittagszeit wird sich „richtig“ der Magen vollgeschlagen: Fleisch, Innereien, Geflügel, Fisch oder Meeresfrüchte bilden traditionell die Hauptbestandteile des Mittagessens *(almuerzo), die* die wichtigste Mahlzeit im Tagesablauf der Panamaer ist. Die Gerichte werden begleitet von *arroz* (Reis), *pure de papas* (Kartoffelpürée), *macarrón* (Spaghetti) und der bekanntesten Beilage Lateinamerikas, den *frijoles* (Bohnen). Für zusätzliche Kohlenhydrate sorgen süße *maduros* oder *tajadas* (gebackene Streifen reifer Mehlbananen).

## Zubereitungsarten

Die Variation der Gerichte liegt in der Zubereitung: *à la criolla* (in einer Tomaten-Zwiebel-Sauce), *à la plancha* (gegrillt), *apanado* (paniert), *frito* (frittiert) oder *guisado* (gedünstet). Salz, Pfeffer und frischer Koriander bilden die Grundpfeiler, um den Geschmack zu verfeinern. LiebhaberInnen des scharfen Essens finden auf jedem Tisch eine Flasche *salsa picante,* die man vorsichtshalber testen sollte, bevor man sie über das Essen gibt. Als „Geschmacksverbesserung" gibt es zusätzlich das Tomaten-Ketchup. Es verrät den Einfluss des „American Way of Life", der in der panamaischen Gastronomie deutlich seine Spuren hinterlassen hat: Hamburger *(hamburguesa),* Hot Dogs *(perro caliente)* und Sandwiches für jeden Geschmack sind nicht zu übersehen. Und sie sind als kleine Mahlzeit zwischendurch oder am Abend sehr beliebt bei den Panamaern.

## Spezialitäten

In einem Land, dessen Name sich mit „Fisch im Überfluss" übersetzen lässt, ist es nicht verwunderlich, dass **Fisch und**

Restaurant in Boquete

704pa hz

**Meeresfrüchte** ganz oben auf der Menükarte stehen. Große Popularität genießt der *Ceviche,* ein Cocktail aus rohem Meerrabe, mariniert in Limettensaft, frischem Chillipfeffer und Zwiebeln. Wegen der Choleragefahr sollten Sie aber auf diesen Imbiss verzichten. Bedenkenlos genießen können Sie *corvina al ajillo* (gebackener Meerrabe mit Knoblauch) oder *pargo frito* (frittierte Sackbrasse). Im ländlichen Gebiet kann zu günstigen Preisen eine frische Languste *(langosta)* verzehrt werden. Das zartrosa Fleisch wird in der Regel von der Schale befreit, bevor es serviert wird. Eine Spezialität auf der Península de Azuero sind die *longorones* (Bohrmuscheln), die meistens gekocht auf den Tisch gelangen. Mit einer Delikatesse kann auch die Provinz Bocas del Toro aufwarten: dem *fufú,* einer in Kokosmilch gekochten und geschmackvoll zubereiteten Fischart.

Aber es gibt auch **andere Spezialitäten,** die nicht aus Fisch oder Meeresfrüchten bestehen, wie zum Beispiel das Gericht *Ropa Vieja* (wörtl.: Alte Kleidung), das aus zerkleinertem Rindfleisch, gemischt mit Zwiebeln, Knoblauch, Tomaten und grünem Pfeffer, besteht. Eine weitere Köstlichkeit ist das *tamal,* ein fantasievolles Gericht aus püriertem, gut gewürztem Mais, vermischt mit Oliven, Rosinen und Hühnerfleisch, das in ein Bananenblatt gewickelt serviert wird. Schmackhaft ist auch die *pastel de yuca,* das in Aussehen und Geschmack der italienischen Lasagne sehr ähnlich ist.

Das **Nationalgericht** par excellence ist *Sancocho de Galina,* eine Hühnerfleischsuppe mit Gemüse, Knollen und frischem Koriander. Das Huhn *(pollo)* trifft man übrigens in vielen Varianten an, unter anderem als beliebtes Gericht *arroz con pollo* (gebackener Reis, gemischt mit Hühnerfleisch und Gemüse).

Als Einstieg in die panamaische Küche können die *picados* empfohlen werden. Diese variationsreichen **Appetithäppchen** werden oft in Kneipen und Bars als Begleitung zu den Getränken angeboten, vergleichbar mit den *tapas* in Spanien.

## Restaurants

Da eine sogenannte Betriebskantine in den großen Firmen kaum existiert, nutzt man zum Mittagessen das reichhaltige Angebot der **Selbstbedienungsrestaurants,** wo für etwa 3 $ verschiedene Gerichte in Buffettform angeboten werden. Für die Touristen bringt dies den Vorteil, dass bei der Auswahl von unbekannten Gerichten die Augen und die Nase entscheiden können. In den Restaurants der kleinen Orte beschränkt sich die Auswahl auf das sogenannte *comida criolla,* das aus dem lateinamerikanischen Standardtrio Reis, Bohnen und Fleisch oder Fisch zusammengestellt wird.

Die Bezeichnung „Restaurant" steht in abgelegenen Gebieten mehr oder weniger für einige Tische und Stühle in einem Privathaus, wo *la mamá* selbst den Kochlöffel schwingt. Auch die populären **Essensstände** *(fuente de soda),* die entlang der Landstraßen und bei Festveranstaltungen anzutreffen sind, werden meist von Frauen geführt. Wegen des nicht zu unterschätzenden Gesundheitsrisikos sollte aber der Verstand über den Hunger siegen.

Als Alternative zu Restaurants mit lokaler Küche finden Sie in Städten immer wieder **chinesische** und **italienische Lo-**

**kale.** Über das größte Angebot an **internationaler Küche** verfügt natürlich Panama-Stadt, wo die gesamte Welt der Gastronomie zu finden ist. Das Angebot reicht vom argentinischen Steak über japanisches Sushi bis hin zum Schweizer Käsefondue. Und natürlich auch das geschmacklose Essen der renommierten Fast-Food-Ketten.

## Getränke

In Panama ist es üblich, ein Glas **Wasser** zum Essen zu servieren. Dabei handelt es sich in der Regel um normales, mit Chlor aufbereitetes Leitungswasser, das man, außer in abgelegenen Gebieten, bedenkenlos trinken kann.

Wer mehr Wert auf Geschmack legt, sollte zu den erfrischenden Fruchtsäften greifen. Die mit Wasser oder Milch zubereiteten **Säfte** *(chichas)* gibt es in jeder Geschmacksrichtung, wie z.B. *tamarindo* (Tamarinde), *guanábana* (Ochsenherzapfel) oder *naranjillo* (Baumtomate). Sie sind hervorragende Durstlöscher, aber bei vielen Touristen bisher eher unbekannt. Dagegen brauchen die *chichas* aus *mango, papaya* oder *piña* (Ananas) wohl keine nähere Erklärung. Fremdartig in der Runde der Durstlöscher ist die populäre *chicha arroz con piña,* ein süßes, milchähnliches Getränk aus Reis, Ananas, Zimt und Kornsaft *(cebada).*

Das **Bier** fehlt auch in Panama nicht. Das Sortiment weist neben den nationalen Biersorten *Atlas, Balboa, Soberana* und *Panamá* auch Marken wie *Budwei-*

Pause am Fruchtsaftstand

199pa hz

*ser, Corona* und das unter Lizenz gebraute *Löwenbräu* auf, das „Lowenbrau" ausgesprochen wird.

Bei Festen oder Gesellschaftsessen kommt manchmal auch eine Flasche **Wein** auf den Tisch. Wein ist in Panama nicht billig, da der Rebensaft nicht im Land selbst produziert wird. Die Regale sind aber voll mit Weinen aus der ganzen Welt.

Um eine richtige panamaische Feier zu komplettieren, darf auf keinen Fall der lokal hergestellte **Rum** *(ron)* und *seco* (eine Art Wodka) fehlen – na dann, *Salud!*

# Feste und Feiertage

Zwischen Anfang November und Ostern befindet sich ein Großteil der Bevölkerung in Feststimmung. Die Wochen während dieser Zeit werden von nationalen und regionalen Feiertagen und von religiösen Festen *(fiestas patronales)* beherrscht. Das hat aber auch unangenehme Begleiterscheinungen: Während dieser Monate gerät der Arbeitsalltag aus den Fugen, kaum etwas lässt sich schnell organisieren, niemand ist erreichbar und viele nehmen es mit der Arbeitsmoral am „Tag danach" nicht so genau oder sind durch das (be-)rauschende Fest sowieso nicht ansprechbar.

⊡ Typische Straßenparade

Unter dem Motto *viva* – was an sich bereits mehr Dynamik in sich birgt als nur „es lebe hoch" – wird mit Herz, Seele und natürlich mit viel Alkohol gefeiert. Die Hauptattraktion ist zweifelsohne der Karneval, wobei die schönsten und „heißesten" Paraden in Las Tablas, Penonomé und Portobelo stattfinden.

Der Feiertag beginnt meistens am **Vormittag** mit patriotischen Reden prominenter Politiker und Bürger sowie dem Hissen der Fahne, während die Nationalhymne abgespielt wird. Nach dem formellen Akt kommt allmählich Stimmung auf: Die ersten Schulkapellen (eine Vielzahl wartet nervös in den Seitengassen) marschieren durch die sauber gefegten, von Menschenmassen flankierten Straßen und zeigen dem Publikum ihr ganzes Können in Sachen Musik. Für

### Die schönsten Feste mit wechselndem Datum

- **Februar/März – Karneval.** Sehr spektakulär ist der Karneval in Las Tablas und Penonomé sowie in Panama-Stadt.
- **März** – *Festival del Bunde y el Bullarengue* (traditionelle Nationaltänze werden aufgeführt), in La Palma.
- **Juli** – *Festival de la Pollera* (Fest der Nationaltracht), in Las Tablas mit der Wahl der schönsten Tracht.
- **August** – *Festival Anual de Los Congos,* Begegnung der verschiedenen Congo-Gruppen in der Provinz Colón.
- **August** – *Festival de la Cuadrilla* (afro-antillianisches Fest), auf den Inseln der Provinz Bocas del Toro.
- **Ende November** – *Festival del Tambor Chiricano,* folkoristisches Fest in David.

die Mädchen und Jungen ist die Parade ein aufregender Augenblick, auf den sie ein ganzes Jahr warten und wofür sie natürlich fleißig üben mussten. Und weder die brütende Hitze, noch ein plötzlich auftretender Regenschauer bringt den temperamentvollen Auftritt ins Wanken. Zwischen den Kapellen marschieren reihenweise in nationale oder regionale Trachten gekleidete Mädchen, die sich

007pa hz

## Fest- und Feiertagskalender

Dieser Fest- und Feiertagskalender gibt einen Überblick über die **schönsten und wichtigsten Feste** im Land. Halten Sie aber unterwegs die Augen offen, da am Straßenrand auf lokale Veranstaltungen hingewiesen wird.

- **1. Januar** – *Año Nuevo* (Neujahr), landesweit. Sehr populär ist das am Silvestertag gegen Mitternacht stattfindende, karnevalsähnliche Fest in Las Tablas.
- **6. Januar** – *Día de Reyes* (Tag der Heiligen Drei Könige), landesweit mit Prozessionen und folkloristischen Festen. Interessant sind die Veranstaltungen in Chiriquí und auf der Halbinsel Azuero, vor allem in Macaracas.
- **11. Februar** – *Fiestas de la Virgen de Lourdes* (Fest der Jungfrau von Lourdes), in den Provinzen Coclé und Los Santos.
- **21. Februar** – *Aniversario de la Revolución Tule* (Jahrestag der Tule-Revolution), nur auf den San-Blas-Inseln.
- **19. März** – *Fiestas Patronales de San José,* in den Provinzen Los Santos, Herrera, Veraguas und Coclé sowie in David.
- **1. Mai** – *Día del Trabajo* (Tag der Arbeit), landesweit.
- **3. Mai** – *Día de La Cruz* (Tag des Kreuzes), Wallfahrten in den Provinzen Coclé, Veraguas, Los Santos und Herrera.
- **5. Mai** – *Conmemoración del Polvorín,* landesweite Fackelumzüge der Feuerwehren.
- **16. Juli** – *Fiestas Patronales de la Virgen del Carmen* (Schutzpatronin der Fischer), Isla Taboga, Isla Grande und in der Provinz Bocas del Toro.
- **20. Juli** – *Fiestas Patronales de Santa Librada,* nur in Las Tablas.
- **24. September** – *Fiestas de la Virgen de Las Mercedes,* Beginn des populären *Festival Nacional de La Mejorana* in Guararé.
- **5. Oktober** – *Llegada de Cristóbal Colón* (Ankunft von *Kolumbus*), nur in Bocas del Toro.
- **12. Oktober** – *Descubrimiento de América* (Feier zur Entdeckung Amerikas), vorwiegend an der Karibikküste.
- **21. Oktober** – *Festividad del Milagroso Cristo Negro* (Fest des wundertätigen Cristo Negro), nur in Portobelo.
- **1. November** – *Fundación de La Villa de Los Santos,* Feier zur Stadtgründung von Los Santos.
- **3. November** – *Separación de Columbia* (Trennung von Kolumbien), landesweit.
- **4. November** – *Día de la Bandera* (Tag der Nationalfahne), landesweit mit Paraden, vor allem durch Schulklassen.
- **5. November** – *Grito de Independencia* (Unabhängigkeit von Kolumbien), landesweit.
- **10. November** – Erster Ausruf der Unabhängigkeit von Spanien, landesweit.
- **16. November** – *Fundacion de la Provincia Bocas del Toro,* Provinz Bocas del Toro.
- **23. November** – *Día de Bastimentos,* Isla Bastimentos, Bocas del Toro.
- **27. November** – *Festividad de la Medalla Milagrosa,* in der Provinz Veraguas.
- **27./28. November** – *Desfile de Antorchas,* Fackelumzüge zu Ehren der Feuerwehrgründung in Panama-Stadt.
- **28. November** – *Independencia de España* (Unabhängigkeit von Spanien), vorwiegend in der Provinz Panamá und in Boquete.
- **4. Dezember** – *Fiestas Patronales de Santa Bárbara,* in Las Minas und Los Santos.
- **8. Dezember** – *Día de La Madre* (Muttertag), landesweit.
- **24. Dezember** – *Noche Buena* (Heiliger Abend), landesweit.
- **25. Dezember** – *Navidad* (Weihnachten), landesweit.
- **31. Dezember** – *Víspera de Año Nuevo* (Silvester), landesweit.

mit eleganten, schwungvollen Bewegungen in Szene setzen, damit man sie in voller Pracht bewundern kann. „Sehen und gesehen werden", darum dreht sich alles am Vormittag – nicht nur für die in der Parade Mitmarschierenden, sondern auch für die Zuschauer am Straßenrand, die der Hitze mit Sonnenschirmen und Getränken aus der Kühlbox trotzen.

Während der **Mittagszeit** steht neben einem Essen der Verwandtenbesuch auf dem Programm, natürlich in schönster Kleidung. Doch die Straßen werden dadurch nicht leergefegt. Spontan tauchen Musikanten mit Trommeln, Geigen und Akkordeons auf, die mit ihren Rhythmen und Melodien viele zum Tanzen und Singen bewegen. Am späten Nachmittag folgt vielerorts ein Intermezzo in Form eines Rodeos, eines Wettkampfes mit dem Lasso, eines erbarmungslosen Hahnenkampfes oder einer panamaischen Variante des Stierkampfes: Kein für das Tier tödlich endender Kampf, wie es in Spanien üblich ist, sondern ein „Spiel des Panameño mit dem Stier", wie es die lokale Bevölkerung bezeichnet. Das „Spiel" aber dauert in der Regel nicht lange. Bereits nach wenigen Minuten verliert der ermüdete Stier das Interesse am flatternden Tuch und er räumt unversehrt die Arena für den nächsten „Gegner".

**Nach Einbruch der Dunkelheit** sind die Paraden, Stierkämpfe oder Rodeos bereits vergessen und jetzt wird richtig gefeiert mit allem, was dazugehört. Die Feier findet meistens in einem dafür bestimmten *jardín de cerveza* (auch für Frauen zugänglich) statt, mit *cantadores und cantadoras* (folkloristische Sänger und Sängerinnen), Tanzmusik und selbstverständlich Essen und Trinken. Und unter dem Motto „Je später der Abend, desto schöner die Gäste", kommt dann auch der Moment für die festlich gekleideten *señoritas.* Sie sind immer mit älterer weiblicher Begleitung (als Aufpasserin) unterwegs, denn schließlich könnte der „richtige" Mann gefunden werden – ein Heiratsmarkt à la Panamá.

Ebenfalls mit einer Tanzveranstaltung enden die zu Ehren der lokalen Schutzpatrone abgehaltenen **fiestas populares,** die mit farbenfrohen Prozessionen begonnen wurden.

Einen besonderen Stellenwert unter den Veranstaltungen genießen die zahlreich stattfindenden **ferias,** die eine Mischung aus Jahrmarkt und Landwirtschaftsmesse im kleinen Rahmen sind. Die *ferias* werden regelmäßig veranstaltet, sind allerdings für die Touristen nur vereinzelt interessant, wie beispielsweise die Kaffee- und Orchideen-Messe in Boquete.

# Fotografieren

## Empfohlenes Verhalten beim Fotografieren

Während einer **Veranstaltung,** außer bei Szenen, die das Leben der Indígenas betreffen, gibt es beim Fotografieren in der Regel keine Probleme. Auch was **Kinder** betrifft, werden sie keine Schwierigkeiten zu erwarten haben: Sie laufen häufig selbst vor die Kamera, um stolz zu posieren. Vorsichtiger dagegen sollte man beim Fotografieren von Alltagsszenen sein, vor allem wenn Menschen direkt betroffen sind. Ein gutes Teleobjektiv gewährt zwar die entsprechende Distanz, doch sollte man immer um **Erlaubnis** fragen. Ein Satz in der Landessprache, ein freundlicher Blick und eine entsprechende Geste können Wunder wirken und sogar der Auftakt einer kleinen Begegnung sein, an der man viel mehr Freude hat als an einem anonymen, „gestohlenen“ Bild. Möchte jemand nicht fotografiert werden, ist das unbedingt zu respektieren, nicht zuletzt, um sich selber Ärger zu ersparen. Die Bitte um Erlaubnis ist besonders wichtig bei der indianischen Bevölkerung Panamas, z.B. muss auf den San-Blas-Inseln vor dem Fotografieren von Menschen unbedingt um Erlaubnis gefragt und pro Foto 1 $ bezahlt werden.

In allen **Museen** des Landes besteht ein generelles **Fotoverbot.** Damit möchte das Kulturministerium verhindern, dass die wenigen historischen Gegenstände (die meisten wurden von den Amerikanern ohne Genehmigung in die Museen der USA gebracht) in einem anderen Land kopiert und dort ausgestellt werden. Die Genehmigung zum Fotografieren erteilt das Kulturministerium, wobei strenge Auflagen erteilt werden, unter anderem, dass die Fotos bzw. der Film vor der Abreise dem Ministerium vorgelegt werden müssen. Eine finanzielle Anerkennung wird zudem erwartet.

# Frauen allein unterwegs

Die Tatsache, dass allein reisenden Frauen in vielen Reiseführern ein separates Kapitel gewidmet wird, spricht bereits Bände. Und immer noch sind spezifische Hintergrundinformationen für Touristinnen notwendig. Im Fall Lateinamerika heißt das: In welchem Maße sind die Machos wirkliche Machos?

Zur Beruhigung aller Frauen, die Panama bereisen möchten: Die **Position der Frau in Panama** weicht im Allgemeinen nicht weit ab von der in Mitteleuropa. So werden Bürgermeisterinnen, Ministerinnen oder Geschäftsführerinnen sehr häufig angetroffen und in der panamaischen Gesellschaft normal akzeptiert. Als Frau eine Karriereleiter hochzuklettern zählt sicher nicht zur Ausnahme. Das betrifft vor allem den städtischen Bereich. In ländlichen Gebieten gilt die Hauptaufgabe der Frau der Sorge um Familie und Haushalt.

In der Kommunikation mit dem männlichen Geschlecht ist nicht die Tatsache entscheidend, dass eine selbstbewusste Frau allein unterwegs ist, sondern vielmehr ihr **Aussehen.** Die Kleidung und Haare, das Make-Up und das Benehmen machen hier sehr viel aus: Wer im kurzen Rock, wenig verhüllenden T-Shirt oder ohne BH unterwegs ist, wird bei manchem *Panameño* die Machismo-Seite ansprechen. Wer auf Respekt und Distanz Wert legt, sollte deshalb auf das äußere Erscheinungsbild achten. Die Bequemlichkeit kommt trotzdem nicht zu kurz, denn Frauen in kniclangen oder langen Hosen gehören zum täglichen Straßenbild. Am ruhigsten wird die Reise verlaufen, wenn Sie so wenig wie möglich Ihre Weiblichkeit betonen. Auch auf anzügliche Mimik, zweideutige Gesten oder missverständliche Bemerkungen sollten Frauen besser verzichten.

Unbedingt beachten sollten Sie, dass für Frauen der Besuch in einer *cantina* (auch *bodega*) und eines *jardín de cerveza* als **absolutes Tabu** gilt. Die anrüchigen Kneipen sind ausschließlich der Männerwelt vorbehalten, und Frauen, die diese Kneipen betreten, werden ausnahmslos als Prostituierte eingestuft.

Aber mal ehrlich unter Frauen gesagt: Panama ist nicht vom Macho-Virus befallen wie andere lateinamerikanische Länder. In Ausnahmefällen, in denen Sie mit einem unangenehmen Annäherungsversuch konfrontiert werden, zeigen Sie am besten keine Reaktion oder schütteln Sie ihren „Verehrer" mit *„no hablo Español"* („Ich spreche kein Spanisch") ab. Wer diese kleinen Hinweise beachten wird, kann als alleinreisende Frau einen stressfreien Urlaub in Panama genießen.

# Geld

## Währung

Im täglichen Zahlungsverkehr dreht sich alles um den **amerikanischen Dollar ($)**, der seit 1904 als gesetzlich anerkanntes Zahlungsmittel gilt und die „panamaische Währung" schlechthin ist. Aus Nationalstolz werden die Geldbeträge jedoch immer in der offiziellen Landeswährung angegeben, dem **Balboa** (1 B/. = 100 *centésimos*). Er spielt aber nur eine Nebenrolle, da es Banknoten nur in US-Dollars *(dólares)* gibt. In den 1940er Jahren wurden Balboa-Banknoten gedruckt, doch sie kamen nur kurz in Umlauf.

Als **Münzen** *(monedas)* sind panamaische *centésimos* (ct.) und amerikanische *cents* (ct.) in folgender Größe im Umlauf:

1 ct. *(un centésimo de balboa)*
5 ct. *(cinco centésimos de balboa)*
10 ct. *(decimo de balboa)*
25 ct. *(cuarto de balboa)*
50 ct. *(medio de balboa)*
1 ct. *(one)*
5 ct. *(five)*
10 ct. *(one dime)*
25 ct. *(quarter Dollar)*
50 ct. *(half Dollar)*

Der Balboa ist dem US-Dollar im Verhältnis 1:1 angeglichen und **voll konvertierbar.**

## Bargeld, Reiseschecks und Kreditkarten

Die Mitnahme von **Euros** ist nicht ratsam, da diese ungünstig eingetauscht werden müssen.

Stattdessen empfiehlt sich die Mitnahme eines für den Urlaub ausreichenden **US-Dollar-Bargeldbetrages,** der sich aus 1-, 5- und 10-Dollarnoten zusammensetzt. Große Dollarnoten wie die 50er- und 100er-Banknoten sollte man immer ablehnen, da viele Geschäfte, Restaurants oder Kaufhäuser in Panama die Annahme dieser Banknoten verweigern. Das geschieht teilweise aus Geldmangel, teils aber auch aus Angst vor Falschgeld.

**Reiseschecks** werden von Banken eingetauscht. Es kommt aber hin und wieder zu Problemen, weshalb es anzuraten ist, mehrere Zahlungsmittel, also Maestro-(EC-)Karte, Bargeld und Kreditkarte, mitzunehmen, für den Fall der Fälle.

Nahezu alle großen Geschäfte, Supermärkte, Hotels, Restaurants und Tankstellen akzeptieren die **Kreditkarte** von *American Express, Visa* und *MasterCard.* Auf diese Zahlungsart sollten Sie sich aber nicht ausschließlich verlassen. Bargeld mit der *Visa*- und der *MasterCard*-Kreditkarte erhalten Sie unter Eingabe des jeweiligen **PIN-Codes** in den Filialen der *Banco Nacional de Panamá (BNP), Banistmo* und an *Bargeldautomaten (ATM),* die in den meisten Städten und Touristenorten vorhanden sind.

Bargeld mit der Maestro-(EC-)Karte an sogenannten **ATM's** *(Automated Teller Machine)* gibt es wenn das Logo von *Maestro* und/oder *Cirrus* vorhanden ist. Auch hier kann es zu Problemen kommen, weshalb die Mitnahme von mehreren Zahlungsmitteln anzuraten ist.

Ob und wie hoch die **Kosten für die Barabhebung** sind, ist abhängig von der kartenaustellenden Bank und von der Bank, bei der die Abhebung erfolgt. Man sollte sich daher vor der Reise bei seiner Hausbank informieren, mit welcher Bank sie vor Ort zusammenarbeitet. Im ungünstigsten Fall wird pro Abhebung eine Gebühr von 5,5 % des Abhebungsbetrags per Kreditkarte berechnet.

Für das **bargeldlose Zahlen per Kreditkarte** werden ca. 1–2 % für den Auslandseinsatz berechnet.

Bei **Verlust oder Diebstahl** der Geldkarte oder Reiseschecks sollte man diese umgehend sperren lassen. Für deutsche Maestro- und Kreditkarten gibt es die einheitliche **Sperrnummer 0049-116116** und im Ausland zusätzlich 0049-30-40504050. In Österreich und der Schweiz gelten hingegen:

- **MasterCard,** internationale Tel. 001-636-7227 111 (R-Gespräch).
- **VISA,** internationale Tel. 001-410-581 9994.
- **American Express,** (A-)Tel. 0049-69-9797 2000; (CH-)Tel. 0041-44-6596333.
- **Diners Club,** (A-)Tel. 0043-1-501350; (CH-)Tel. 0041-58-7508080.

### Wechselkurse

Stand: April 2013

- 1 US-$ = 0,73 €
- 1 € = 1,37 US-$
- 1 US-$ = 0,97 CHF (Schweizer Franken)
- 1 CHF = 1,05 US-$

Kommen Reiseschecks abhanden, muss der Verlust oder Diebstahl umgehend bei der örtlichen Polizei und auch bei *American Express* bzw. *Travelex/Thomas Cook* gemeldet werden:

- **American Express Reiseschecks,** (D-)Tel. 0049-69-97971850; (A-)Tel. 0043-1-5450120; (CH-) Tel. 0041-17454020.
- **Travelex/Thomas Cook Reiseschecks,** mehrsprachiger Computer für alle Länder Tel. 0044-1733318949.

## Geld wechseln und überweisen

**Wechselstuben** sind ausschließlich in Panama-Stadt vorhanden. Euro eintauschen ist problematisch, am besten lassen Sie die heimische Währung zu Hause.

Die beste Adresse für eine **schnelle Geldüberweisungen** ist die *Western Union Bank*, die Zweigstellen vor allem in Panama-Stadt hat (siehe Telefonbuch oder unter www.westernunion.com). Der Betrag wird immer in US-Dollar ausgezahlt.

Spezielle Tipps für **Blitzüberweisungen** sind im Notfall-Exkurs im Kapitel „Sicherheit" zu finden.

## Reisekosten

Im Verhältnis zu anderen zentralamerikanischen Ländern liegt Panama bei den Reisekosten im Spitzenfeld, was aber nicht heißen soll, dass eine Reise durch das Land für europäische Touristen kaum erschwinglich ist. Wie überall hängt es von individuellen Ansprüchen ab, welchen Umfang die Urlaubskasse haben muss. Werden kaum hohe Ansprüche gestellt, kann von einem Tagessatz von 30 bis 35 $ pro Person ausgegangen werden.

### Reisekosten in Panama

| | |
|---|---|
| **Unterkunft** | |
| DZ, sehr einfaches Hotel | |
| (im Schlafsaal) | 10–15 $ |
| (im DZ) | 30 $ |
| DZ, mittlere Klasse | 50–90 $ |
| DZ, Luxusklasse | ab 100 $ |
| **Essen** | |
| Selbstbedienungsrestaurant | ab 3 $ |
| Gehobenes Restaurant | ab 15 $ |
| Bier | 2 $ |
| Kaffee | 75 ct. |
| Fruchtsaft | ab 1 $ |
| Erfrischungsgetränke | ab 1 $ |
| **Bus** | |
| Stadtbus | 25 ct. |
| Intercitybus | zwischen 3 und 15 $ |
| **Taxi** | |
| Kurzstrecke in der Stadt | 1,50–2 $ |
| (Größere Entfernungen nach Vereinbarung) | |
| **Flugticket** (Inland einfach) | 40–80 $ |
| **Boottickets** | 4–5 $ |

# Gesundheit

**Aktuelle Informationen** zum Thema Gesundheit und Vorsorge sind im Anhang in der **„Reise-Gesundheits-Information Panama"** zu finden, dort werden die wichtigsten Krankheiten, ihre Verbreitung in Panama und empfohlene Vorsorgemaßnahmen aufgeführt.

Jede Reise in ein tropisches Land – und dazu gehört nun einmal auch Panama – birgt immer ein gewisses **Gesundheitsrisiko.** Aber nur keine Angst! Panama hat im Vergleich zu anderen Tropenländern kein überhöhtes Risiko und durch eine umfassende Beratung in den Impf- und Tropeninstituten oder bei Ärzten mit Spezialsprechstunde Reisemedizin (mindestens sechs Wochen vor der Abreise), durch vorbeugende Impfungen und durch richtiges Verhalten vor Ort kann das Risiko einer Erkrankung stark reduziert werden. Wird Ihre Urlaubsfreude durch eine **leichte Erkrankung** getrübt, finden Sie größtenteils mit den Medikamenten der Apotheken *(farmacias)* vor Ort Hilfe. Wenn es sich um eine **schwerwiegende Erkrankung** handelt, sollten Sie ein Privatkrankenhaus (siehe „Panama-Stadt" und „David") konsultieren, das zwar nicht billig ist, aber eine gute medizinische Betreuung gewährleisten. Versuchen Sie in jedem Fall die **Botschaft** zu kontaktieren. Sie verfügt häufig über Vertragsärzte; das Botschaftspersonal kann darüber hinaus auch hilfreich dolmetschen.

## Impfungen

Welche Impfungen in Panama vorgeschrieben und empfohlen sind, ist im Anhang unter „Reise-Gesundheits-Information Panama" aufgeführt. Über den jeweils tagesaktuellen Stand können Sie sich direkt auf der Website des *Centrums für Reisemedizin* (www.crm.de) informieren, darüber hinaus auch bei den diplomatischen Vertretungen von Panama, den Impfzentren und Tropeninstituten.

# Hygiene

Panama weist im Allgemeinen einen deutlich niedrigeren Lebensstandard auf als die Länder Zentraleuropas. Das bedeutet, dass Sie andere hygienische Bedingungen vorfinden werden als zu Hause. Hinzu kommt, dass die Hotels, Restaurants etc. in ländlichen Regionen kaum auf internationalen Tourismus eingestellt sind. Das zeigt sich besonders deutlich im **sanitären Bereich.** Die Badezimmer und Toiletten entsprechen in vielen Fällen keinesfalls dem von Mittel-

### Buchtipps

- Zum Thema Reisemedizin sind die Titel **„Selbstdiagnose und Behandlung unterwegs"** von *Dr. Dürfeld* und *Prof. Dr. Rickels* und **„Wo es keinen Arzt gibt"** von *David Werner* aus der Praxis-Reihe im Reise Know-How Verlag erschienen.

europa gewohnten hygienischen Standard. **Öffentliche Toiletten** sind kaum vorhanden.

Leitungswasser, das beispielsweise in Restaurants regelmäßig vor dem Essen serviert wird, sollte man vor allem in abgelegenenen Gebieten vorsichtshalber meiden (auch beim Zähneputzen!). Zwar wird das **Wasser** oft in einer einfachen Anlage gesäubert und chloriert, absolute Sauberkeit ist aber nicht garantiert.

Das Wasser in Glasbehältern, die oft in öffentlichen Ämtern und Restaurants stehen, ist bedenkenlos trinkbar, ebenso abgekochtes Wasser aus dem Supermarkt und natürlich alle abgekochten Getränke wie Kaffee oder Tee.

Für Trekking-Touren kann man auch spezielle Wasserfilter oder Entkeimungstabletten mitnehmen.

# Informationsstellen

## In Europa

- **Autoridad de Turismo (ATP),** Joachim-Karnatz-Allee 45, 10787 Berlin, Tel. 030 22605822, Fax 22605812, www.atp.gob.pa, Sprechzeiten: Mo–Fr 9–13 Uhr (Panamaische Tourismusbehörde).
- **Schweizer Zentrale für Handel, Abt. Mittelamerika,** Stampfenbacher Straße 85, 8035 Zürich, Tel. 01 3655151.
- **Informationsstelle Lateinamerika,** Heerstraße 205, 53111 Bonn, Tel. 0228 658613, www.ila-bonn.de.
- **Lateinamerikan. Institute in Österreich:**

Schlickgasse 1, 1090 Wien, Tel. 01 3107465, www.lai.at.

Rittergasse 2/P, 8010 Graz, Tel. 0316322517, www.lai-graz.at.

Karfreitstraße 6/1, 9020 Klagenfurt, Tel. 0463 54989, www.lai-kaernten.at

## In Panama

- **Autoridad de Turismo (ATP),** *Centro de Convenciones Atlapa,* Vía Israel, Apartado 4421, Zona 5, Panama-Stadt, Tel. 5267000, Fax 5264002, www.ipat.gob.pa, geöffnet: Mo–Fr von 8 bis 16 Uhr.
- **Autoridad de Turismo (ATP),** internationaler Flughafen von Panama-Stadt, Tel. 2384356 oder 2384102, geöffnet: täglich von 8 bis 24 Uhr.

135pa hz

Just arrived – auf dem Weg zur Infostelle

- **Deutsch-Panamaische Industrie- und Handelskammer,** Area Bancaria, Edificio Magna Corp., piso 4, oficina 411, Tel. 269 9358, http://panama.akh.de.
- **Smithonian Tropical Research Institution** *(STRI)*, Ave. Roosevelt No. 401, Tupper Edificio, Panama-Stadt, Tel. 2128000, Fax 2128148 (Biologisches Forschungsinstitut).
- **Asociación Nacional para la Conservación de la Naturaleza** *(ANCON)*, Cerro Ancón, Calle Amelia Denis de Icazá, Edif. 153, Quarry Heights, Panama-Stadt,Tel. 3140050 und 51 oder 3140060 und 62, www.ancon.org (Naturschutzorganisation).
- **ANAM** *(Autoridad Nacional del Ambiente)*, Sede Principal, Edif. 804, Albrook, Panama-Stadt, Postadresse: Apdo C zona 0543 Balbá, Ancón, Ciudad de Panamá (Staatliche Naturschutzbehörde Panamas), www.anam.gob.pa.
- **Panamá Audubon Society,** Casa no. 2006-B, Llanos de Curundú, Panama-Stadt, Tel. 2325977, www.audubonpanama.org.

## Internet

Im Internet ist vieles zu finden über Reisen in oder nach Panama. Wir nennen hier die interessantesten Websites oder *pajinas web* wie man in Panama sagt:

- **www.visitpanama.com:** Attraktive Seiten der Tourismusbehörde mit allgemeinen Informationen in Englisch.
- **www.centralamerica.com/panama:** Weniger ansprechende Website mit allgemeinen Infos über das Land, die Hauptsehenswürdigkeiten, einigen Hotels und Ausflügsmöglichkeiten (Englisch).
- **www.panamainfo.com:** Allgemeine Informationen, teilweise in Englisch.
- **www.bocas.com:** Viele Hintergrundinformationen in Englisch über die Inselwelt von Bocas del Toro.
- **www.pancanal.com:** Live-Kamera von der Miraflores-Schleuse.
- **www.airpanama.com:** Aktuelle Inlandsflugpläne.
- **www.copaair.com:** Aktuelle, internationale Flugverbindungen von Copa.
- **www.panamarailroad.org:** Etwas über Panamas Eisenbahn.
- **www.cybercafe.com:** Aktuelle Liste mit Internetcafés in Panama.
- **www.scubaspots.com:** Die schönsten Schnorchel- und Tauchstellen der Welt, unter anderem auch von Panama.

# Mit Kindern unterwegs

„Oh wie schön ist Panama", heißt das bekannte Kinderbuch des berühmten Autoren *Janosch*, das mit seinem Thema, der Begegnung mit fremden Menschen und Dingen unterwegs, den „Nagel auf den Kopf" trifft. Die Tourismusbranche Panamas ist allerdings nur in wenigen Orten auf internationale Touristen ausgerichtet, nicht zu sprechen von Touristen mit (Klein-)Kindern. Wir können deshalb eine Reise mit kleinen Kindern nach Panama nicht empfehlen.

# Maße und Gewichte

In Panama finden neben dem metrischen System auch die Maß- und Gewichtseinheiten des **englisch-amerikanischen Systems** Verwendung.

### Umrechnungstabelle

| | |
|---|---|
| 1 *pulgada* (Zoll) | 2,54 cm |
| 1 *pie* (Fuß) | 30,48 cm |
| 1 *yarda* (Yard) | 91,44 cm |
| 1 *milla* (Meile) | 1,609 km |
| 1 *onza* (Unze) | 28,34 g |
| 1 *libra* (Pfund) | 453,59 g |
| 1 *galón* (Gallone) | 3,785 l |
| 1 *tonelada larga (long ton)* | 1016,074 kg |

Wird die **Temperatur** in Fahrenheit angegeben, dient eine Formel zur Umrechnung in Celsius: Von der Fahrenheit-Zahl 32 abziehen und das Ergebnis durch 1,8 teilen.

# Nachtleben

Die Möglichkeiten, wie und wo Sie den Abend verbringen können, werden in der jeweiligen Ortsbeschreibung im Reiseteil genauer erwähnt. Generell kann man sagen, dass das Nachtleben in Panama weder überraschend noch variationsreich ist. Das betrifft auch die lebhafte Metropole Panama-Stadt. In den Orten im **Landesinneren** spielt sich das Nachtleben in den *cantinas* und *jardíns de cervezas* ab. Frauen sollten diesen von der Männerwelt dominierten Kneipen fernbleiben, aber auch für männliche Touristen ist es besser, sie halten etwas Distanz zu diesen anrüchigen Kneipen, wo Trunkenbolde und Prostituierte das Stammpublikum bilden. Die einzige Ausnahme dabei bildet der *jardín de cerveza,* wenn er im Open-Air-Stil erbaut ist – damit man nichts vertuschen kann. In der von allen Seiten einsehbaren Freiluftkneipe mit einem zweckmäßigen Dach gibt es „Action" an bestimmten Fest- und Feiertagen (siehe „Feste und Feiertage"), gelegentlich auch an Wochenenden. Dann treten lokale Musiker auf, die mit Salsa- und Merengue-Liedern für gute Stimmung sorgen und die Anwesenden zum Tanzen anregen. Das Landleben steht ansonsten eher unter dem Motto: „Mit den Hühnern schlafen gehen und mit ihnen aufstehen".

Das Unterhaltungsangebot in **Panama-Stadt** ist im Vergleich zum Landesinneren weitaus größer, doch auch in der sonst so lebhaften Stadt können angenehme Kneipen, Straßencafés, Diskotheken, Konzert- oder Theaterveranstaltungen an einer Hand abgezählt werden. Bei einem Besuch einer Disco wird auf gute Kleidung Wert gelegt: Turnschuhe und kurze Hosen sind unerwünscht. Das gleiche gilt auch für Konzert- und Theaterbesuche. Für den Besuch einer Disco muss in der Regel mit einem Eintritt von mehreren Dollar pro Person gerechnet werden. Frauen haben häufig freien Eintritt.

Der größte Anteil im Unterhaltungssektor von Panama-Stadt kann den **Kinos** zugeschrieben werden. Sie zeigen die neuesten Filme aus Amerikas Traumfabrik Hollywood, meistens in amerikanischer Originalversion mit spanischen Untertiteln.

Eine gute und informative Unterhaltungsmöglichkeit bietet das Kino in der *Universidad de Panamá,* das neben Dokumentarfilmen gelegentlich auch sehr kritische Filme zu vielen panamaischen Alltagsthemen zeigt. Im Anschluss an die Filmvorführung wird des Öfteren über den Filminhalt diskutiert. Die Diskussion setzt sehr gute Spanischkenntnisse voraus, eignet sich aber hervorragend, um Kontakte zu knüpfen.

# Öffnungszeiten

Bei den Öffnungszeiten kommt es landesweit zu kleinen Differenzen. Eine genaue Angabe erfolgt im Reiseteil. Die nachstehend aufgeführten Zeiten sollen nur als grobe Orientierung dienen.

### Öffnungszeiten

- **Banken:** Mo–Fr von 9 bis 13.30 Uhr, teilweise auch am Sa von 9 bis 12 Uhr.
- **Behörden:** Mo–Fr von 9 bis 15 Uhr, ohne Mittagspause.
- **Geschäfte:** Mo–Fr von 9 bis 19 Uhr, am Sa nur bis 18 Uhr.
- **Museen:** Di–So von 10 bis 17 Uhr, montags geschlossen.
- **Postämter:** Mo–Fr von 9 bis 17 Uhr, teilweise auch samstags geöffnet.

# Orientierung

Panamas Orte sind in den meisten Fällen nach spanischem Vorbild angelegt, mit einem **rechtwinkligen, schachbrettartigen Straßensystem,** in dessen Mitte sich ein zentraler Platz *(Parque* oder *Plaza Central)* befindet. Die **Straßen** werden mit *Vía, Avenida* oder *Calle* bezeichnet und sind mit einer Nummer versehen. Zusätzlich findet man die Bezeichnung *Norte* (Norden), *Sur* (Süden), *Este* (Osten) und *Oeste* (Westen), die die Lage der Straße, von der *Plaza Central* aus gesehen, anzeigt. In Großstädten werden die Straßen häufig auch noch mit einem Namen versehen (z.B. Avenida 4 Sur Nicanor de Obarrio), fest verankert sind die zusätzlichen Namen jedoch nicht.

In der Regel findet man sich im Straßensystem schnell zurecht, das gilt auch für Touristen, die zum ersten Mal panamaischen Boden betreten. Um die Orientierung, aber auch die Suche nach einer Adresse zu erleichtern, befinden sich in diesem Buch viele detaillierte Stadt- und Umgebungspläne.

## Adressen

Die schwer nachzuvollziehende Vergabe von **Hausnummern,** vor allem **in Panama-Stadt,** macht die Suche nach einer Adresse gewöhnungsbedürftig. Da vielerorts das Nummernschild fehlt, ist man oft sogar auf die Hilfe eines Taxifahrers angewiesen. Bei der Angabe einer Adresse in Panama-Stadt wird deshalb weitgehend auf die Hausnummer verzichtet. Von den Bewohnern und Firmen werden generell der Straßen- und Gebäudename sowie der Name des Stadtteils zur Orientierung angegeben (z.B. Avenida 3 Simón Bolívar, Edificio Universal, Bella Vista). Die Bezeichnung ist auf den ersten Blick zwar eindeutig, doch die Suche nach der Adresse ist in Anbetracht der oft kilometerlangen Straßen ein langwieriges Unternehmen. Außerdem erhält man auf Visitenkarten bzw. findet man im Telefonbuch oft nur die Postfachadresse, wodurch ein Anruf unbedingt erforderlich ist. In kleinen Orten genügt bei der Adresse der vollständige Name und die Ortschaft.

Wegen der unzulänglichen Adressenangabe vor Ort haben wir in diesem Reiseführer die wichtigen Institutionen im Stadtplan eingezeichnet und/oder die Adresse so aufgebaut, dass Sie keine Schwierigkeiten bei der Suche haben werden. Die Angabe Ave-nida 1/Calle 3 und 4 bedeutet, dass sich die gesuchte Institution an der Avenida 1 zwischen den Straßen 3 und 4 befindet; Avenida 1/Calle 3 bedeutet, dass die gesuchte Institution an der Straßenecke liegt (s. auch: **Verzeichnis der Abkürzungen** im Kapitel „Vor der Reise“).

# Post

Die panamaische Post, *COTEL (correos y telégrafos),* arbeitet im Vergleich zu anderen lateinamerikanischen Ländern eher schnell, aber nicht immer zuverlässig. Sehr wichtige Dokumente sollte man deshalb sicherheitshalber in die Hände eines Kurierdienstes legen (siehe weiter unten).

**Briefe und Postkarten** benötigen auf dem Luftweg *(correo aéreo)* nach Europa ca. 7 bis 8 Tage. Dazu muss die Sendung allerdings in einer größeren Stadt abgegeben werden. In abgelegenen Gebieten wird die Post oft nur einmal pro Woche abgeholt, was die **Postlaufzeit** um weitere 10 bis 14 Tage verlängern kann.

Da kaum **Briefkästen** vorhanden sind, gibt man die Sendung direkt im Postamt *(estafeta)* ab, das durch ein gelb-blaues

116pa hz

Schild mit der schwarzen Aufschrift *correos y telégrafos* erkennbar ist.

**Briefmarken** *(estampillas)* erhalten Sie nur im Postamt. Ein 100-g-Brief nach Europa kostet auf dem Luftweg 70 ct., eine Postkarte 40 ct.

Für **Schnellsendungen** (bis maximal 20 kg) arbeitet die panamaische Post mit dem bekannten EMS-System *(Express Mail Service)*. Dadurch kann die Postlaufzeit nach Europa bis auf vier Tage verkürzt werden. Ein 500-g-Brief kostet in diesem Fall stolze 25 $.

**Kurierdienste,** wie z.B. *DHL, World Courier, United Parcel Service* oder *Jetex*, arbeiten nicht schneller als die Post, dafür aber zuverlässiger. Ein auf diesem Weg nach Europa gesendeter Brief kostet zwischen 26 und 48 $.

Für weniger wichtige **Pakete** sollte man aus Kostengründen den Luft- oder Seeweg bevorzugen. Ein Paket kostet per Luftfracht ca. 10 $/kg und benötigt nach Europa gleichlang wie der Brief. Auf dem Schiffsweg braucht die Sendung ca. 4 bis 5 Wochen, sie kostet dafür aber nur 5 $ pro Kilogramm.

**Postlagernde Briefe** schicken Ihre Familienangehörigen, Freunde oder Bekannten am besten an die Botschaft oder an ein Hauptpostamt der Hauptstadt (siehe „Panama-Stadt“, „Adressen A–Z“). Die Anschrift sollte den vollständigen Namen des Empfängers (keine Abkürzung!), den Vermerk *posta restamo* (postlagernd), das Hauptpostamt mit der Zone *(entrega general, zona ...)*, Ciudad de Panamá (für die Hauptstadt) und República de Panamá aufweisen. Fehlt bei der Adresse die Zone, wird der Brief automatisch an das zentrale Hauptpostamt weitergeleitet. Auf keinen Fall aber sollte der Absender fehlen, damit die Post den Brief bei Nichtabholung (die Aufbewahrungsfrist ist ungefähr 6 Wochen) wieder zurücksenden kann. Postlagernde Briefe können am Schalter *listo de correos* abgeholt werden, jedoch nur unter Vorlage des Reisepasses. Wer im Besitz einer *American-Express-Karte* ist, kann sich die Post an das *Amexco*-Büro in Panama-Stadt zusenden lassen.

# Reiseveranstalter

Das Geschäft mit organisierten Touren befindet sich derzeit in den Händen von wenigen Veranstaltern. Die größten und renommiertesten Anbieter, die Touren kreuz und quer durch Panama organisieren, sind mit ihren Büros in Panama-Stadt vertreten. Die folgende Auflistung zeigt diese Anbieter, sagt aber nichts über Qualität und Service des einzelnen Veranstalters aus.

- **Adventures Panama,** Avenida La Amistad, Plaza Psar, Local 1, www.aventuraspanama.com.
- **Ancón Expeditions of Panama,** Calle Elvira Mendez, Edif. El Dorado, Bella Vista, Panama-Stadt, www.anconexpeditions.com.
- **Margo Tours,** Calle 51 neben dem Restaurant *Las Tinajas,* Local no. 24, www.margotours.com.
- **Extreme Panama Tours,** Boulevard El Dorado, *Centro Comercial Camino de Cruzes,* local no. 10, Aptdo. 6–2681 El Dorado, Panama-Stadt, www.extremepanama.com.
- **Panama Star Tours,** Calle Ricardo Arias, Edif. Comi, local no. 2PB, Aptdo. 87–2774, zona 7, Panama-Stadt, www.panamastar.com.
- **Panama Travel Experts,** Calle Eusebio Morales, neben dem *Sevilla Suites Hotel,* www.panamatravelexperts.com.

- **Gray Line,** www.grayline-panama.com.
- **Eco Circuitos,** www.ecocircuitos.com.
- **Pesantez Tours,** *Centro Comercial Paitilla,* Avenida Balboa, www.pesantez-tours.com.
- **Gamboa Tours,** Spezialist für Ausflüge in, rund um und durch den Panamakanal, www.gamboatours.com.

# Reisezeit

## Trockenzeit

Wer die Reise nach wettergünstigen Bedingungen plant und/oder dem europäischen Winter entfliehen möchte, ist zwischen Mitte Dezember und Mitte März in Panama am Besten aufgehoben. Während dieser Monate herrscht die sogenannte Trockenzeit (*verano* = Sommer) vor und die Reise wird sich angenehmer und flexibler gestalten lassen als in den restlichen Monaten des Jahres. Plötzlich auftretende Regengüsse *(aguazeros)* sind aber auch während der Trockenzeit keine Seltenheit. Die geringsten Regentage verzeichnen die ersten Wochen des Jahres. Im Januar zeigt der Himmel sich von seiner schönsten Seite, doch schafft die Sonne eine oft unerträgliche Hitze. Davon sind vorwiegend die tiefliegenden Gebiete betroffen, während man in den Bergen von Chiriquí das ganze Jahr hindurch frühlingshaftes Wetter vorfindet.

Bei der Reiseplanung sollte man neben dem Wetter aber auch die zahlreichen Feste beachten (siehe „Fest- und Feiertagskalender“), wovon die meisten in der Trockenperiode stattfinden.

## Regenzeit

In den restlichen Monaten des Jahres, der sogenannten Regenzeit (*invierno* = Winter), gestaltet sich eine Reise kreuz und quer durch Panama etwas schwieriger, da Boots- oder Busverbindungen wegen Schlechtwetter ausfallen können bzw. die Regenfälle einige Straßen unpassierbar machen. Laut Statistik werden ca. zwei Drittel der Kalendertage als Regentage eingestuft, an denen die Regenfälle oft am späten Nachmittag losbrechen und bis zum Einbruch der Dunkelheit anhalten. Während dies im September und Oktober am häufigsten passiert, regnet es von November bis April meistens nur nachts. Von Mai bis August muss man tagsüber mit zwei Regenschauern rechnen. Viele Panamaer empfinden jedoch die oft nur kurz anhaltenden Regengüsse als eine erfrischende Abwechslung in der tropischen Hitze.

# Sicherheit

Während der Noriega-Diktatur, aber besonders während der Zeit nach der US-Invasion im Jahr 1989 hatte Panama unter den zentralamerikanischen Ländern den schlechtesten **Ruf in puncto Sicherheit.** Diese Aussage, der man unterwegs in Zentralamerika noch immer begegnen wird, betraf in erster Linie Panama-Stadt und Colón. Das Landesinnere war davon kaum betroffen. Daran hat sich bis heute nichts geändert. Touristen haben im Interior keine außerordentlichen Vorsichtsmaßnahmen zu beachten. Wie überall auf der Welt kann es auch dort zu

Gelegenheitsdiebstählen kommen, von Überfällen ist aber nur sehr selten die Rede, schon gar nicht auf Touristen.

Im **Brennpunkt der Kriminalität** stehen nach wie vor Panama-Stadt und Colón, wo mittlerweile eine sogenannte Touristenpolizei geschaffen und speziell zum Schutz von touristischen Einrichtungen aller Art abgestellt wurde. Dadurch konnte die Sicherheit für die Besucher erheblich verbessert werden. Über die lokalen Fernsehsender flimmern täglich Berichte über diverse Verbrechen in diesen Städten, doch das sind wir mittlerweile auch von europäischen Großstädten gewöhnt. Sicher kann die Kriminalität nicht vom Tisch gewischt werden, doch sollte sie nicht dazu führen, Panama als Reiseziel deswegen den Rücken zu kehren. Mit den nötigen Vorsichtsmaßnahmen (siehe „Notfall-Tipps") kann das Risiko eines Diebstahls oder Überfalls verringert werden, ganz kann es aber nirgends ausgeschlossen werden. Aktuelle Reisehinweise neben Hinweisen zur allgemeinen Sicherheitslage erteilen:

- **Deutschland:** www.auswaertiges-amt.de und www.diplo.de/sicherreisen (Länder- und Reiseinformationen), Tel. 030-5000-0, Fax 5000-3402.
- **Österreich:** www.bmeia.gv.at (Bürgerservice), Tel. 05-01150-4411, Fax 05-01159-0 (05 muss immer vorgewählt werden).
- **Schweiz:** www.dfae.admin.ch (Reisehinweise), Tel. 031-3238484.

## Diebstahl und Überfall

Wenn Sie das Opfer eines **Diebstahls** geworden sind, sollten Sie Ruhe bewahren, das Geschehene kann sowieso nicht mehr rückgängig gemacht werden. Nachdem Sie eine komplette Liste mit den gestohlenen Sachen angelegt haben, wenden Sie sich an die nächste Polizeidienststelle. Vergessen Sie die Anzeigenbestätigung nicht, wenn möglich in mehrfacher Ausfertigung! Sie wird bei der Neuausstellung der Reisedokumente von der Botschaft, der Fluggesellschaft etc. und beim Schadensersatz von der Versicherung zu Hause verlangt.

Während der Diebstahl niemals eine direkte Bedrohung für die Betroffenen darstellen wird, ist bei einem **Überfall** die direkte Gefahr hautnah zu spüren. Denken Sie deshalb daran, dass Kriminelle, die mit Überfällen ihren Unterhalt finanzieren, nicht lange herumfackeln und von der Waffe Gebrauch machen. Lassen Sie die Vernunft siegen und spielen Sie nicht den Helden. Nehmen Sie den Überfall stillschweigend hin, ansonsten riskieren sie am Ende noch ihr Leben – womöglich für eine „Handvoll" Dollars.

## Drogen und Prostitution

Die mächtigen Kokainkartelle, die ihren Sitz in Panamas östlichem Nachbarland Kolumbien haben, benutzen neben anderen lateinamerikanischen Ländern auch Panama als Transitland für den weltweiten Drogenhandel. Die kaum kontrollierbaren Küsten- und Dschungelgebiete und der weltumspannende Schiffsverkehr durch den Panamakanal bieten dafür die idealen Bedingungen.

Durch den ständigen Transit bleiben auch Drogen im Land „hängen", die über Kleindealer im Straßenverkauf an die Endverbraucher verkauft werden. Vor allem in den sozial schwächeren Schichten Panamas ist in den letzten Jahren der **Gebrauch von Drogen** aller Art sprunghaft angestiegen. Die Regierung steht dem Drogenmissbrauch eher machtlos gegenüber, und eine Lösung ist wegen der großen sozialen Probleme kaum in Sicht.

Ebenfalls einen deutlichen Anstieg verzeichnet man bei der **Prostitution,** die einerseits zur Beschaffung von Geld für den Drogenkonsum dient, andererseits aber durch die Schifffahrt seit eh und je in Panama vorhanden ist. Besondere Zentren der Prostitution sind die Hafenstädte, in erster Linie Colón und Panama-Stadt, wo die Dunkelziffer der Prostituierten bereits jede Vorstellungskraft übertrifft.

## Notfall-Tipps

### Vorbeugemaßnahmen

- In Panama besteht kein **Versicherungsschutz im Krankheitsfall.** Deshalb ist es unbedingt ratsam, eine Auslands-Reise-Krankenversicherung (siehe „Versicherungen") abzuschließen. Bei erhöhtem Sicherheitsbedarf kann auch eine Reise-Notfall-Versicherung bzw. ein Schutzbrief nützlich sein.
- Ein **Impfpass** und evtl. ein **Gesundheitspass** mit Blutgruppe, Allergien, benötigten Medikamenten u.Ä. sollte mit auf die Reise genommen werden.
- Bei der Hausbank sollte man sich über die **Korrespondenzbank im Reiseland** und Möglichkeiten der **Geldüber weisung** informieren, außerdem sollte man sich über Notfallhilfen und Sperrmodalitäten des **Kreditkarteninstituts** kundig machen (siehe Kap. „Geld").
- Für Postempfang und Kontoverfügung sollten bei der Post bzw. Bank an vertrauenswürdige Personen **Vollmachten** ausgestellt werden. Gegebenenfalls sollte man seinem Rechtsanwalt eine Vertretungsvollmacht für Notfälle geben.
- **Zu Hause** ist zu klären, wer im Notfall telefonisch erreichbar ist. Dort sollten die eigene Bankverbindung und die Versicherungsadressen hinterlassen werden.
- Auf alle Fälle sollte man sich **Kopien** von Pass (inklusive Visumseite), Flugticket, Kredit- und Scheckkarten, Reiseschecks und sonstigen Dokumenten anfertigen, sie wasserdicht verpacken und stets getrennt von den Originalen aufbewahren. Ein ausreichend hoher **Sicherheitsgeldbetrag** sollte immer getrennt von der Reisekasse aufbewahrt werden.
- Die **Dokumente** sollten am Körper (Brustbeutel, Geldkatze u.Ä.) aufbewahrt oder im Hotelsafe gegen ausführliche Quittung hinterlegt werden.
- Wertvoller **Schmuck** sollte am besten zu Hause bleiben.
- Tauschen Sie nur **kleine Geldbeträge** in der Bank und/oder bezahlen Sie soweit als möglich mit der Kreditkarte, dadurch führen Sie nie größere Bargeldbeträge mit sich. Wenn doch, dann an verschiedenen Stellen verwahren.
- An den **Strand** sollte nur das Allernötigste mitgenommen werden.
- Bei auffälliger Trageweise der **Foto- bzw. Videoausrüstung** wird den Dieben am deutlichsten Ihr „Reichtum" gezeigt. Die Ausrüstung sollte deshalb so unauffällig wie möglich transportiert und im-

mer im Blick behalten werden. Außerdem so tragen, dass das Handgepäck nicht leicht entrissen werden kann. Ein guter **Gepäckverschluss** verhindert beispielsweise den raschen Zugriff eines Taschendiebes.

- Stellen Sie das **Mietfahrzeug** immer auf einem bewachten Parkplatz ab.
- Beachten Sie die **Hinweise der lokalen Bevölkerung** bezüglich der Meidung von Straßen, Gebieten, Bezirken etc. (und die im Reiseführer erwähnten Hinweise, vor allem bei Panama-Stadt und Colón).
- Sinnvoll ist es, sich einen persönlichen Notfall-Pass zu erstellen und ihn wasserdicht und sicher am Körper aufzubewahren. Eingetragen werden sollten: eigene persönliche Daten, die eigene Adresse und die von einer Kontaktperson zu Hause inkl. Tel. und Fax, die eigene Bankverbindung, Notruf-Telefonnummern der Kranken- und/oder Reise-Notfall-Versicherung bzw. der Schutzbrieforganisation, Adresse und Telefonnummer der deutschen Vertretung im Reiseland (s.u. Stichpunkt „Diplomatische Vertretungen“), Nummern des Passes, des Flugtickets, der Reiseschecks, der Kreditkarten usw.

## Im Krankheitsfall

- Im Krankheitsfall muss man die Kosten für eine Behandlung zunächst selber tragen. Um von der Reisekrankenversicherung die Kosten rückerstattet zu bekommen, muss man sich vom Arzt eine **ausführliche Bescheinigung** über Diagnose und Behandlungsmaßnahmen, einschließlich verordneter Medikamente, sowie eine **Quittung** über die bezahlte Behandlung ausstellen lassen. Auch von Apotheken sollte man sich Quittungen ausstellen lassen.
- Bei **schweren Fällen** sollte außer dem Notfallservice der Versicherung auch die Botschaft bzw. das Konsulat informiert werden.

## Verlust von Dokumenten/Geld

- Von der **Polizei** sollte ein ausführliches Protokoll ausgestellt werden.
- Den betroffenen Stellen sollte der **Verlust zügig gemeldet** werden, möglichst zusammen mit Nummern bzw. Kopien der verlorenenen Dokumente (Pass: Botschaft bzw. Konsulat, Tickets: Fluggesellschaft; Kreditkarten/Reiseschecks: Bank).
- Botschaften bzw. Konsulate stellen bei Passverlust einen **Ersatzpass** aus, nachdem die Identität geklärt ist. Beste Voraussetzung dafür ist eine Fotokopie des Originals. Sonst wird beim Einwohnermeldeamt der Heimatstadt angefragt, was natürlich Zeit kostet.

## Beschaffung von Geld

- **Blitzüberweisung** von der **Hausbank.** Dazu sollte man schon vor der Reise die jeweiligen Bedingungen, insbesondere die Korrespondenzbank im Reiseland, klären.
- **Blitzüberweisung** durch **Verwandte.** Spezialisiert auf schnellste Verbindungen ist die *Western Union Bank.*
- Vertreter des **Kreditkarteninstituts** zahlen nach Klärung der Identität ein Notfallgeld. Auf eine rasche Ausstellung der Ersatzkarte sollte man nicht in jedem Fall vertrauen.
- **Reise-Notfall-Versicherungen** zahlen in der Regel je nach Vertragsklauseln bis

zu 1500 € Notfalldarlehen, direkt über Vertreter im Reiseland, falls vorhanden.

■ Die **Botschaften bzw. Konsulate** leihen nur in absoluten Ausnahmefällen Geld; zumeist wird Hilfe nur in Form von Rückflugticket oder Zugfahrkarte gewährt. Allerdings kann in Notfällen eine Information an Verwandte zu Hause erfolgen, die das benötigte Geld auf ein Konto des Auswärtigen Amtes einzahlen müssen.

# Souvenirs

Die künstlerischen Ausdrucksformen der ursprünglichen Bevölkerung Panamas haben neben ihrer religiösen oder alltäglichen Funktion (siehe auch Kapitel „Menschen und Kultur", „Kunsthandwerk") mit dem Tourismus auch einen kommerziellen Stellenwert bekommen.

## Mola

Die *mola* ist dabei das beste Beispiel. Dieses farbenprächtige **Textilkunstwerk** der Kuna-Frauen, das normalerweise ihre Blusen ziert, ist ein beliebtes Souvenir und Sammelobjekt. Das einzigartige, zu

Auf dem Markt in Panama-Stadt

705pa hz

Beginn vielleicht etwas naiv erscheinende „Textilgemälde", fasziniert bei näherer Betrachtung durch versteckte Motive, Farbenspiel, Anwendung und Technik, nicht zuletzt aber auch durch die Individualität und Kreativität, die im Muster zum Ausdruck kommt. Der beste Ort, um *molas* zu kaufen, ist bei den Kunas selbst, entweder auf den San-Blas-Inseln oder an einem Straßenstand in der Hauptstadt, wie etwa in Panamá Viejo. Einer der am besten auf *molas* spezialisierten Souvenirläden befindet sich in Panama-Stadt beim Hotel *El Panamá* (siehe Kap. „Panama-Stadt", „Einkaufen", „Souvenirs").

## Chachira

Eine andere landestypische Handarbeit ist die *chachira,* eine breite **Halskette,** die zur Guaymí-Tradition gehört. Sie besteht aus vielen kleinen Kunststoffperlen, die ein farbenprächtiges Muster bilden.

## Cháchara

Von den Guaymí stammt auch die *cháchara,* eine kleine **Umhängetasche** in natürlichen Farben. Die Grundtechnik der *cháchara* beruht auf Knüpfarbeit. Das künstlerische Handwerk wird vorwiegend in der Provinz Chiriquí an der *Carretera Interamericana* nahe dem Ort Tolé zum Kauf angeboten.

## Holzskulpturen

Schwieriger erhältlich, aber sicher eine Suche wert, sind die **Tagua-Figuren** aus der Elfenbeinnuss (Kern der Steinpalme) und die Skulpturen aus dem dunkelroten Hartholz der Cocobolo (Wollbaumsorte). Diese Arbeiten sind die stolzen Produkte der Chocó-Indígenas aus der Darién-Provinz. Edel und beeindruckend wirken die Tier- und anthropomorphen Gestalten, einige dieser Kunstgegenstände erreichen sogar Museumsqualität. Die schönsten Exemplare erhalten Sie in den Dörfern im Darién oder auf dem Markt bei Panamá Viejo.

## Keramik

Keramikarbeiten, die oft mit präkolumbischen Symbolen dekoriert sind, gehören zur Spezialität der Bevölkerung der **Península de Azuero.** Im Ort La Arena, 3 km vor Chitré gelegen, preisen die Geschäfte entlang der Hauptstraße vor allem Vasen, Schalen, Kaffee- und Teetassen an. In der Keramikwerkstatt Chitrés kann man sich Keramikstücke nach seinen Wünschen anfertigen lassen.

## Steinschnitzereien

Aus präkolumbischer Zeit datiert die Steinschnitzerei, für die **Speckstein** (Steatit) verwendet wird. Leider werden neben den traditionellen Gegenständen zunehmend kitschige Produkte für die Touristen angefertigt.

## Panamahut

Aus der Reihe der praktischen Mitbringsel ist der typische Panamahut (siehe auch Kap. „Halbinsel Azuero") zu erwähnen, der seine Funktion als optimaler Sonnenschutz bereits während der Reise unter Beweis stellen wird. Der markante Strohhut mit seinem Muster gehört zum kolonialen Erbe und ist auf der Península de Azuero, in Penonomé und in Panama-Stadt erhältlich.

## Hängematte

Die in ganz Lateinamerika beliebte Hängematte *(hamaca)* fehlt auch in Panama nicht. Die meisten Exemplare tragen jedoch den Vermerk *Made in Columbia.* Ihr Körper wird sich an dieser Tatsache aber weniger stören, wenn er entspannt auf der Hängematte zwischen zwei Palmen schaukelt.

## Weitere Souvenirs

Generell betrachtet, besteht für jeden Geschmack und Geldbeutel eine große Auswahl an landestypischen Mitbringseln: Von teuren Replikaten präkolumbischer **Goldschmuckstücke,** die in den Juwelierläden der Hauptstadt zu bewundern sind, über traditionelle **Trachten** und geflochtene **Korbwaren** bis hin zu farbenprächtigen **Teufelsmasken** aus Pappmaché. Und nicht zu vergessen, die vielen **Kassetten und CD's** mit *musica latina* oder *folklórica.*

Egal welches Souvenir mit nach Hause gebracht wird, zu den schönsten Erinnerungen zählen zweifelsohne die Reiseerlebnisse, die von Ansichtskarten, Fotos oder einem Bildband nachhaltig bekräftigt werden.

# Sport und Erholung

## Wandern und Trekking

Eine Wanderung durch den faszinierenden Tropenwald, der „grünen" Welt aus unbekannten Pflanzen und Geräuschen, zählt sicher zu den schönsten Reiseerlebnissen. Mit einem Waldspaziergang wie zu Hause ist eine solche Wanderung aber keineswegs vergleichbar.

Die Unterschiede beschränken sich nicht nur auf Tier- und Pflanzenwelt, sondern liegen auch in der **Anreise.** Sie ist in vielen Fällen eine mühsame und abenteuerliche Angelegenheit und generell erreicht man die Naturschutzgebiete erst nach einem Fußmarsch, im günstigen Fall nach einer Jeep- oder Bootsfahrt.

Nur sehr selten geht es danach über ausgeschilderte Wanderwege weiter. Durch die abgelegenen Gebiete führen oft nur **schmale Pfade,** die von der lokalen Bevölkerung als „Straßen" zur nächsten Siedlung, zu ihren Anbau- und Jagdgebieten oder von den Parkaufsehern für einen Kontrollgang benutzt werden. Die Zugänglichkeit der Gebiete für die Wanderer wird durch diesen lokalen Verkehr stark bestimmt, denn nimmt die Benutzung der Pfade ab, wird der Weg in kurzer Zeit von der Natur zurückerobert. Und eine Pflege der Wege durch die Parkverwaltung liegt noch in ferner Zukunft.

Ohne ortskundige **Führer** wird das Gebiet für die Besucher dann zu einem Labyrinth. Welche Touren individuell gemacht werden können und für welche Touren ein Führer ratsam ist, finden Sie im Reiseteil bei der Beschreibung des jeweiligen Naturschutzgebietes.

**Mehrtägige Trekkingtouren** lassen sich kaum individuell durchführen. Für solche Touren ist eine gründliche Vorbereitung unbedingt notwendig. Die gesamte Verpflegung muss dabei mitgetragen werden, ein Zelt oder besser eine Hängematte, ein Moskitonetz, eine Regenplane als „Dach", eine umfassende Reiseapotheke, Insektenschutz, wasserfest verpackte Kleidung und Schuhe zum Wechseln dürfen nicht fehlen. Das Wichtigste dabei, gute topografische Karten, existieren zwar, sie sind aber leider veraltet. Für die Orientierung, aber auch für den Kontakt zur lokalen, meist indianischen Bevölkerung, den man benötigt, um im Dorf zu übernachten, ein Boot zu organisieren oder um eine Trinkwasserstelle zu finden, sind Sie deswegen auf orts- und sachkundige Führer angewiesen. In Panama treffen regelmäßig moderne „Entdeckungsreisende" ein, um auf eigene Faust auf die Suche nach dem Abenteuer zu gehen. Sie unterschätzen häufig die praktischen Pro-

Unterwegs in der Boca del Dragon, Isla Colón

706pa hz

bleme und die Gesetze des Regenwaldes. Diese leichtsinnigen Unternehmen, vor allem im Darién-Dschungel, haben bereits dramatische Folgen gehabt.

**Reiseveranstalter** vor Ort und in Europa, die organisierte Trekkingtouren anbieten, finden Sie unter „Reiseveranstalter", zusätzliche Informationen bei den Ortsbeschreibungen.

## Schnorcheln und Tauchen

Wer einmal einen Blick unter die Wasseroberfläche eines tropischen Sees oder Meeres geworfen hat, der scheint von der Schönheit und der Vielfältigkeit des Neptun-Reiches für immer verzaubert zu sein. Für Neulinge im Tauchsport aber ist das Angebot in Panama sehr beschränkt.

**Tauchkurse** mit international anerkanntem Zertifikat (PADI) werden unter anderem in Bocas del Toro, der besten Adresse zum Tauchen, angeboten und an der Pazifikküste im Golfo de Chiriquí. Ein Tauchkurs kostet ab 200 $, eine Tauchtour mit Bootsfahrt, Ausrüstung und zwei Tauchgängen kostet ca. 50 $. Die Ausrüstung für Schnorchler kann bei einer Bootsfahrt meist kostenlos benutzt werden.

Ausführliche Informationen erhalten Sie unter anderem bei:

- **Scuba Panamá,** Panama-Stadt, Tel. 2613841, www.scubapanama.com.
- **Star Fleet Eco-Adventure,** Bocas del Toro, Tel. 7579630, www.starfleetscuba.com.
- **Bocas Watersports,** Bocas del Toro, Tel. 7579 541, www.bocaswatersports.com.
- **Scuba Coiba,** Santa Catalina, Veraguas, Tel.2634 366, www.scubacoiba.com.
- **Ocean pulse,** Boca Chica, www.oceanpulse.co.uk.
- **Dutch Pirate,** Isla Colón, Bocas, www.thedutchpirate.com.
- **Coral Dreams,** Isla Contadora, www.coral-dreams.com.
- **La Buga Panama,** Bocas del Toro, www.labugapanama.com.

## Canopy

Canopy gehört eher den Freizeitvergnügen als den Sportarten an. Man gleitet dabei auf einem Seil von Baumwipfel zu Baumwipfel und kann so das Kronendach des Tropenwaldes aus einer anderen Perspektive betrachten. Canopy-Touren werden derzeit in El Valle und Boquete angeboten (siehe dort).

## Kajak, Rafting und Surfen

Die Sportarten auf den Wellen des Meeres oder in den Stromschnellen der Flüsse stecken in Panama noch in der Entwicklung. Einen ersten Schritt in Richtung Professionalität machte Rafting, die spektakuläre, nicht ganz ungefährliche Schlauchbootfahrt auf einem tosenden Fluss. Rafting wird derzeit von verschiedenen Veranstaltern auf den Flüssen Chagres nahe Panama-Stadt und Chiriquí in Boquete durchgeführt (Adresse siehe „Der Westen", „Boquete", „Adressen A–Z, Tourenveranstalter").

Das **Windsurfen** kann in Panama mit dem Wellenreiten à la Hawaii nicht mithalten, denn es fehlen die Vermieter für die nötige Windsurfausrüstung.

Durch den Einfluss der Amerikaner entstand mehr der Hang zum **Wellenreiten.** Viele Panamaer der jüngeren Gene-

ration, aber auch in Panama lebende Amerikaner begeben sich am Wochenende in Richtung Strand, wobei das Kunststoffboard auf dem Autodach die Aktivität leicht erkennen lässt: Wellenreiten. Die Brandungswellen an beiden Küsten Panamas sind laut Kennern hervorragend. Als absolute Spitzenklasse gilt die Brandung an der Playa Venado im Süden der Halbinsel Azuero sowie jene an der Playa Santa Catalina in der Provinz Veraguas, wo im Sommer 2010 die Weltmeisterschaften stattfanden.

- **www.aventuraspanama.com**
- **www.fluidadventurespanama.com**

## Hochseefischen

In den Werbeprospekten des panamaischen Touristenamtes werden oft farbenfrohe Seiten dem in Nordamerika populären Hochseefischen gewidmet: „Starke" Männer, die wie in *Hemingways* Buch *„Der alte Mann und das Meer"* mit angespannter Angelrute gegen einen Marlin ankämpfen und später stolz neben dem Fang für ein Foto posieren. Zum Glück sind die Kosten dieser Freizeitbeschäftigung derart hoch, dass sie

⌃ Schnorchelvergnügen bei Bocas del Toro

707pa hz

nur von wenigen ausgeübt werden kann. Ein Tag auf hoher See, alles inklusive, kostet stolze 400 $. Mehr Informationen gibt es unter:

- **www.coibadventure.com**

## Golf und Tennis

Die beiden Sportarten mit dem kleinen Ball können nur in Privatclubs, den sogenannten Country Clubs oder Clubs Campestre, ausgeübt werden. Members only, also nur Mitglieder, haben dabei Zutritt zum Gelände, doch wird für internationale Besucher hin und wieder eine Ausnahme gemacht. Die meisten Golf- und Tennisplätze befinden sich in der Nähe des Panamakanals. Weitere Informationen gibt es unter: www.golfin panama.com und www.panamatennis club.com.

# Sprache

Auf Grund der kolonialen Vergangenheit lässt sich die **offizielle Landessprache** nicht schwer erraten: **Spanisch.** Doch wie beispielsweise im deutschsprachigen Raum die Bayern sich in der Aussprache, Wortwahl und Betonung von den Berlinern, die Österreicher von den Schweizern unterscheiden, sind auch im riesigen Lateinamerika gravierende sprachliche Unterschiede zu beobachten. Überall dort, wo die Kolonisatoren ihre Sprache, das *Castellano,* hinterlassen haben, wurde es von den *Indígenas,* Weißen, afrikanischen Sklaven und deren Nachkommen abgeändert, „verfeinert" und zu einem **landestypischen Dialekt** gemacht. Die panamaische Variante fällt durch schnelles Sprechen auf. Dabei bleiben häufig Buchstaben sprichwörtlich „im Hals stecken", was zu Beginn für das Ohr eines Fremden etwas gewöhnungsbedürftig sein wird.

Die Panamaer passen ihr Tempo aber gerne an, wenn sie merken, dass Sie einige Brocken Spanisch im Gepäck mitgebracht haben. Allein die Tatsache, dass Sie versuchen, in der Landessprache zu kommunizieren, bringt Ihnen viel Achtung ein, denn schließlich kommen immer wieder Touristen, die davon ausgehen, dass die Panamaer Englisch sprechen bzw. sich bemühen müssen, diese Sprache zu verstehen. Das ist aber ein gewaltiger Irrtum: Erstens sind sie schließlich Besucher und zweitens „läuft" ohne Spanisch überhaupt nichts in Panama.

Eine Ausnahme, bedingt durch die jahrzehntelange Anwesenheit der Amerikaner, bildet die Hauptstadt, wo Besucher sich teilweise auch mit **Englisch** zurechtfinden können. An der Karibikküste, ausgenommen der Comarca de San Blas, wird neben dem Spanisch ebenfalls Englisch gesprochen. Dort haben sich zu Beginn des 20. Jahrhunderts Arbeiter aus dem karibischen Raum niedergelassen, deren Nachkommen zweisprachig aufgewachsen sind. Das an der Karibikküste gesprochene Englisch unterscheidet sich von der Standardsprache der Briten allerdings erheblich. Es überwiegt

## Typisch panamaische Ausdrücke

| | |
|---|---|
| *aracha* | Kakerlake, Küchenschabe |
| *biruli* | eine Schilfart, die für Handarbeiten benützt wird |
| *bonchao* | vom englischen *bunch* (Menge) |
| *botla* | vom englischen *bottle* (Flasche) |
| *buco* | vom französischen *beaucoup* (viel) |
| *buenas!* | Kurzform für Guten Morgen (- Mittag, - Abend oder - Tag). |
| *caimanear* | betrügen oder erpressen |
| *carro* | vom englischen *car* (Auto) |
| *cayuco* | schmales Einbaumkanu oder -boot |
| *chácara* | kleine Tasche aus Pflanzenfasern |
| *chanche* | Teil eines Lotterieloses |
| *chanchero* | Losverkäufer |
| *chingongo* | Kaugummi |
| *chitra* | Sandflohart |
| *guachimán* | vom englischen *watchman* (Bewacher) |
| *guacharaca* | Musikinstrumente aus (Flaschenkürbis) |
| *marketa* | vom englischen *market* (Markt) |
| *mi amor* | geläufige, Anrede; wörtlich: „mein Schätzchen" oder „meine Geliebte" |
| *mejorana* | lautenähnliches Saiteninstrument |
| *montuno* | nationale Männertracht |
| *nursa* | vom englischen *nurse* (Krankenschwester) |
| *paco* | Polizist |
| *panela* | als Süßigkeit verkaufter Klumpen aus unraffiniertem Rohrzucker |
| *paquetazo* | Wahlbetrug |
| *picaflor* | „Don Juan" der Männerwelt |
| *plata* | Geld (wörtlich: Silber) |
| *pollera* | nationale Frauentracht |
| *quincha* | Mauer aus Schilf und Lehm |
| *ringuiar* | vom englischen *ring* (läuten, klingeln) |
| *saloma* | auffallender Falsett-Ton |
| *tuna* | karnevalsähnliche Straßenparade |

ein melodiöser Dialekt, dessen Wurzeln im **Pidgin-Englisch** der karibischen Inseln verankert sind. Der Wortschwall, der auf Sie niederbricht, lässt sich schwer entwirren. Bei der Kommunikation mit einem Touristen wird aber rasch auf ein deutlicheres Englisch oder, wenn Sie es wünschen, auf die offizielle Landessprache gewechselt.

Generell möchten wir aber darauf hinweisen, dass **Spanischkenntnisse** eine Grundvoraussetzung sind, um Panama zu bereisen und um seine Bevölkerung kennenzulernen. Reisende, die kein oder nur wenig Spanisch beherrschen, können in den **Sprachschulen** vor Ort Spanischkurse belegen. Folgende Schulen bieten Kurse auf verschieden hohen Niveaus an:

- **Language & International Relations Institute (ILERI),** Avenida La Amistad 42G, El Dorado, Panama-Stadt, Tel. und Fax 00507 2604424, www.ileripanama.com.
- **Spanish Learning Center of Panama,** El Cangrejo, Panama-Stadt, Tel.2133121, www.spanishpanama.com.
- **Spanish by the sea,** Bocas del Toro, Isla Colón, hinter dem *Hotel Bahía,* Tel. 7579518, www.spanishbythesea.com. Eine Zweigstelle der Schule gibt es in Boquete.
- **Habla Ya Language Center,** Boquete, Tel. 720 1294, www.hablayapanama.com.

Wer nur wenig Zeit zur Verfügung hat, um die Sprache zu lernen, dem empfehlen wir, den Sprachführer **„Spanisch für Panama – Wort für Wort“** aus der Kauderwelsch-Reihe des Reise Know-How Verlags einzupacken. Das Büchlein enthält eine vereinfachte Grundgrammatik sowie einen Grundwortschatz und verschiedene Redewendungen, die auf die Bedürfnisse des Reisenden unterwegs abgestimmt sind. Für die richtige Aussprache ist der AusspracheTrainer auf Audio-CD erhältlich.

Der Gebrauch von **Anglizismen** beschränkt sich hauptsächlich auf Panama-Stadt und die Karibikküste, mit Ausnahme der San-Blas-Inseln. Eingeführt wurden sie von den Arbeiterfamilien, die ursprünglich von den Karibischen Inseln nach Panama gekommen waren.

**Amerikanismen** sind allesamt jüngeren Datums und haben sich vorwiegend im technischen Bereich sowie im Internet durchgesetzt, wie zum Beispiel: *clotch* (von *clutch* – Kupplung) oder *suische* (von *switch* – Schalter). Neuerdings werden immer mehr englische Wörter ohne Abänderung benutzt, wie beispielsweise *slides* (Dias) oder *mall* (Einkaufszentrum), ein Phänomen, das übrigens auch im deutschsprachigen Raum nicht mehr fremd ist.

Viele Wörter, die man tagtäglich in Panama auf der Straße hört, sollte man übrigens nicht unbedingt als salonfähig betrachten. Eine allzu **saloppe Ausdrucksweise** wird auch in Panama nicht in jedem Gesellschaftskreis geschätzt.

# Telefon und Internet

Panama verfügt über ein ausgezeichnetes **Telefon- und Kommunikationsnetz,** das durch das britische Unternehmen *Cable & Wireless (C&W)* ständig erweitert und verbessert wird.

## Telefonnummern

**Ortsvorwahlen** – wie in europäischen Breiten üblich – sind nicht vorhanden. Die Telefonnummer setzt sich aus sieben Zahlen zusammen, wobei die ersten drei Zahlen auf den Ort hinweisen (z.B.: Las Tablas 974, Chitré 996 oder Penonomé 997).

Alle Teilnehmernummern sind derzeit in einem einzigen **Telefonbuch** *(guia telefonica)* aufgelistet.

## Mobiltelefon/Handy

Sein Handy kann man getrost daheim lassen, wenn man kein Quad-Band hat, denn in Panama wird das seltene GSM 850 und GSM 1900 verwendet. Das einfachste ist, sich in Panama selbst ein **Handy mit Prepaid-Karte** zu kaufen. Beides zusammen kostet ca. 20–25 $, und man kann sicher und günstig damit telefonieren.

012pa hz

## Inlandsgespräche

Inlandsgespräche können am preiswertesten aus einem **Münzfernsprecher** erfolgen, der im Stadtgebiet an großen Plätzen und Straßen, im **C&W-Büro** und im Postamt vorhanden ist. Durch den großen Andrang bei den Apparaten sollte man jedoch mit einer längeren Wartezeit rechnen. Zum Telefonieren benötigen Sie Münzen von 5 ct., 10 ct. oder 25 ct. Die Gesprächskosten liegen je nach Distanz zwischen 10 und 60 ct. pro Minute.

## Gespräche nach Europa

Auch Gespräche nach Europa und natürlich in den Rest der Welt können mittlerweile ohne Probleme und durchaus preiswert aus öffentlichen Münzfernsprechern geführt werden. Dazu benötigen Sie eine Telefonwertkarte *(tarjeta)*, die im Wert von 5, 10 und 20 $ unter anderem an Kiosken, in den Cable & Wireless-Büros und in Postämtern erhältlich ist. Eine 10-$-Karte reicht für ein Gespräch von mehreren Minuten nach Europa. Achten Sie beim Kauf unbedingt darauf, dass sich die Telefonwertkarte noch in der Originalverpackung befindet, vor allem wenn Ihnen die Karte von einem Straßenhändler angeboten wird.

☐ Öffentliches Telefon an einem Busbahnhof

## Fax

Im Zeitalter des Internet verliert das Fax immer mehr an Bedeutung. Die öffentlichen Stellen, von denen aus man ein Fax versenden kann, werden deshalb rar. Wenden Sie sich daher am besten an die Hotelrezeption. Auch Internetcafés bieten teilweise einen Faxversendservice an.

## Internet

Die Internet-Kommunikation ist mittlerweile aus allen größeren Städten und touristischen Orten des Landes möglich, vor allem von Panama-Stadt, David und Bocas del Toro aus.

Für eine Stunde am virtuellen Highway werden in den Cybercafés durchschnittlich 2 $ pro Stunde berechnet, www.cybercafes.com.

### Internationale Vorwahlen

- **Deutschland:** 0049
- **Österreich:** 0043
- **Schweiz:** 0041
- **Panama:** 00507

### Wichtige Telefonnummern in Panama

- **Polizei:** 104
- **Feuerwehr:** 103
- **Nationale Vermittlung:** 101
- **Internationale Vermittlung:** 106
- **Auskunft:** 880

# Uhrzeit

Panama liegt in der Zone der *Eastern Standard Time* des Weltzeitsystems. Der Unterschied zur Mitteleuropäischen Zeit (MEZ) beträgt minus 6 Stunden, während der europäischen Sommerzeit minus 7 Stunden. Gegenüber Kolumbien gibt es keine Zeitdifferenz, gegenüber Costa Rica plus eine Stunde.

# Unterkunft

## Preise

„Der Schlaf ist doch die köstlichste Erfindung", behauptete einst *Heinrich Heine*, vorausgesetzt, man findet einen angenehmen Platz dazu. Und daran kann es in Panama an einigen Orten scheitern. So lässt sich beispielsweise zwischen der Zimmerqualität und dem Preis oft kein logischer Zusammenhang konstatieren. Ein anderes Phänomen taucht in den **Strandhotels** entlang der Zentralen Pazifikküste auf: Dort sind die Hotels fast ausschließlich auf Wochenendtouristen angewiesen, mit Ausnahme der Ferienzeit. Gäste, die an Wochentagen ein Zimmer mieten, erhalten oft bis zu 50 % Ermäßigung, so bieten es jedenfalls die Hotelmanager an. Aus der Sicht des Kunden entspricht der um 50 % ermäßigte Tarif der tatsächlichen Zimmerqualität. Das bedeutet aber im Umkehrschluss, dass an den Wochenenden das Zimmer zu stark überhöhtem Preis angeboten wird.

Diese panamaischen Besonderheiten treffen auf die mehr als 100 Hotels in **Panama-Stadt** nicht zu. In der Hauptstadt stimmt generell das Preis-Leistungs-Verhältnis. Die Hotels arbeiten mit festen Zimmerpreisen. Über einen Preisnachlass kann bei einem Aufenthalt von ab einer Woche verhandelt werden. Bei Reservierung vorab per Fax oder E-Mail gibt es bei manchen Hotels automatisch einen Preisnachlass.

Die **Bezahlung** des Zimmers erfolgt im Voraus. Bargeld in US-Dollar und die gängigen Kreditkarten werden als Zahlungsmittel nur in Hotels mit Zimmern ab ca. 50 $ akzeptiert. Zum Zimmerpreis kommt die 10 %ige Steuer oft noch hinzu. Die in diesem Reiseführer erwähnten Zimmerpreise (EZ = Einzelzimmer, DZ = Doppelzimmer, DBZ = Dreibettzimmer) werden **inklusive dieser Steuer** angegeben.

## Kategorien

Die Unterkünfte in Panama werden entsprechend ihrer Ausstattung als *pensión* (auch *hospedaje* oder *residencial*), *cabaña, apartemento* oder als *hotel* bezeichnet.

### Pension

Die billigsten Zimmer findet man in einer *pensión,* wo der Zimmerpreis je nach Ortslage zwischen 20 und 25 $ pro Nacht variiert. Ob man dafür auch eine ruhige Nacht erwarten kann, bleibt dahingestellt: Der Begriff *pensión* steht im ganzen Land als Synonym für das **Stundenhotel** und die *pensión* wird in dieser Eigenschaft auch verwendet.

137pa hz

Das Preis-Leistungs-Verhältnis in einer *pensión* ist ebenfalls kein Thema, denn mehr als ein Kreuzschmerzen verursachendes Bett, eine nicht hygienisch erscheinende (Gemeinschafts-)Dusche und ein Dach über dem Kopf darf man von einer solchen Unterkunft nicht erwarten.

## Residencial

In eine ausstattungsmäßig bessere Kategorie kann die *residencial* eingeordnet werden. Die Zimmer verfügen neben einer einfachen Ausstattung in der Regel immer über Dusche und Fernseher, werden aber in einigen Orten ebenfalls stundenweise vermietet. Die *residencial* ist mit Preisen zwischen 25 und 40 $ eine gute Option für Touristen.

## Cabaña

Eine typisch lateinamerikanische Unterkunft, die *cabaña*, kann man meistens in Strandnähe antreffen. Unter dem Begriff *cabaña* versteht man ein freistehendes Häuschen mit sauberer Ausstattung und mehreren Betten. Die *cabaña* ist vor allem für den Familienurlaub ausgerichtet. Die Preise liegen um 50 $ und werden immer pro *cabaña* gerechnet, ungeachtet dessen, wie viele Personen darin übernachten werden.

Erholung pur in der Hängematte

### Apartamento

Auf *apartamentos* (auch *aparthotels*), die über eine komplett ausgestattete Küche, ein oder zwei Schlafzimmer und eine Ess- und Sitzgelegenheit verfügen, trifft man nur in Panama-Stadt. Angesichts der Hotelpreise in der Stadt, der täglich anfallenden Kosten für Essen, Trinken etc. lohnt sich die Miete eines Apartments (ab 70 $ pro Tag inklusive Nebenkosten) für Touristen eher nicht. Wer längere Zeit in Panama bleiben möchte und ein Apartment mieten will, sollte über den Tagesmietsatz verhandeln.

### Hotel

Der größte Anteil bei den Unterkünften haben Hotels, die in jeder Preislage und Ausstattungskategorie anzutreffen sind. Für ein Hotelzimmer sollte man im Durchschnitt ab 60 $ pro Zimmer rechnen, ungeachtet ob Einzel- oder Doppelbenutzung. Dafür kann man mit einem Privatbadezimmer, einer Klimatisierung und/oder einem Ventilator und natürlich mit einem obligatorischen Fernsehapparat rechnen, denn auf die täglichen Seifenopern möchten die Panameños und Panameñas nicht verzichten.

### Hostel und Camping

Das *Hostel*, eine Art Jugendherberge mit Mehrbettzimmer (*Dormitory*, oft auch abgekürzt als Dorm), ist in Panama auf dem Vormarsch, und in den letzten Jahren entstanden in vielen touristischen Orten solche Unterkünfte. Die Preise pro Person und Nacht beginnen bei 10 $.

Offizielle Campingplätze werden Sie vergeblich suchen. Zwar gibt es Wildcampingplätze, die auf kein Verbot der Behörde stoßen, doch mit sanitären Anlagen dürfen Sie dort nicht rechnen.

# Verkehrsmittel

## Bus

### Aufbau des Busnetzes

In Panama wurde ein gut funktionierendes Bussystem aufgebaut, in das beinahe jeder noch so kleine Ort eingebunden ist, mit verkehrstechnisch bedingter Ausnahme der Orte in der Comarca de San Blas (nur mit dem Flugzeug zu erreichen) und Darién (nur mit Boot oder Flugzeug zu erreichen).

Alle wichtigen Überlandfahrten beginnen bzw. enden im zentralen Verkehrsknotenpunkt **Panama-Stadt.**

Von hier aus erreicht man mehrmals täglich die **wichtigen Busknotenpunkte** wie etwa Penonomé, Santiago und David entlang der *Carretera Interamericana*, Chitré, Los Santos und Las Tablas auf der Halbinsel Azuero sowie Colón und Almirante an der Karibikküste. Während nach David, Colón und Almirante nur große Überlandbusse mit ca. 50 Sitzplätzen eingesetzt werden, verkehren zu den übrigen Knotenpunkten moderne Kleinbusse mit maximal 24 Sitzen.

Von den Knotenpunkten aus bedienen Kleinbusse für maximal 8 Personen die abseits gelegenen **Dörfer,** aber auch die verstreut liegenden Farmen *(hatos)*. Das letzte Glied im System bildet das sogenannte *Pick Up,* ein zum Bus umgebauter Lastkraftwagen, der auf schwer befahrbaren, unasphaltierten Straßen zum Einsatz kommt, wodurch die Panamaer auch die **kleinsten Siedlungen** erreichen können.

### Ausstattung der Busse

Viele Busunternehmen werden privat geführt. Die **Kleinbusse** sind komfortabel und modern, jedoch ohne Klimaanlage ausgestattet.

Bei den großen **Überlandbussen** handelt es sich oft um die alten amerikanischen „Silberpfeile" (Greyhoundbusse), die etwas unbequemer sind, dafür aber über eine Klimaanlage verfügen. Bei Fahrten im klimatisierten Bus sollte ein Pullover immer griffbereit sein.

### Sitzplätze

Um einen Sitzplatz müssen Sie nicht bangen, da die Unternehmen wegen einer gesetzlichen Bestimmung keine Stehplätze verkaufen dürfen. Wegen der strengen Polizeikontrollen wird das Gesetz befolgt. Ausnahmen bilden die Stadtbusse von Panama-Stadt, bei denen die Polizei wegen des großen Andrangs ein Auge zudrückt. Durch die Bestimmung kommt es zu keinen überfüllten Bussen (eine Seltenheit in Lateinamerika), allerdings hält ein Bus unterwegs nur an, wenn ein Sitzplatz frei ist. Sie sollten deshalb immer am Busbahnhof in den Bus einsteigen.

### Fahrpreise und Fahrpläne

Bei den **Fahrpreisen** handelt es sich um feste Preise, die je nach Distanz variieren. So kostet zum Beispiel ein Ticket von Panama-Stadt nach Colón 3 $, nach David 13 $ und nach Almirante 22 $. Touristen werden beim Fahrpreis nicht übers Ohr gehauen. In Kleinbussen wird immer beim Aussteigen bezahlt.

Tickets im **Vorverkauf** gibt es nicht selten nur für Überlandbusse. Wegen der hohen **Abfahrtsfrequenzen** müssen Sie bei den anderen Bussen jedoch nicht um einen Platz bangen. Sie sollten aber ca. 30 Minuten vor der Abfahrt am Busbahnhof sein, um einen guten Sitzplatz zu bekommen. Klappt es nicht, warten Sie höchstens 30 bis 45 Minuten bis zur Abfahrt des nächsten Busses. **Fahrpläne** sind auf großen Busbahnhöfen vorhanden. Die Abfahrtszeiten werden auf einer schwarzen Tafel mit Kreide notiert oder am Ticketschalter ausgehängt.

Vorsicht! Auf den **Busbahnhöfen** geht es recht chaotisch zu, darum achten Sie stets auf Ihr Gepäck und vor allem auf Taschendiebe.

## Fähre und Boot

Um das Verkehrsnetz fast lückenlos zu ergänzen, sind Fähren *(ferrys)* und Boote *(lanchas)* unentbehrlich. Regelmäßige Bootsverbindungen bestehen **täglich** zwischen Panama-Stadt und Isla Taboga und zwischen Changuinola, Almirante und Bocas del Toro. Zudem gibt es **wöchentliche** Fährverbindungen zwischen Panama-Stadt und La Palma, El Porvenir und Puerto Obaldía sowie zwischen Almirante und Bocas del Toro.

Wie bei den Bustickets gibt es auch bei den Fähr- und Bootstickets **Festpreise.** So kostet beispielsweise die Fahrt von Bocas del Toro nach Changuinola 5 $, nach Almirante 3 $ pro Person, von Panama-Stadt zur Isla Taboga 5 $. Bei Bootsfahrten im **Darién** sind die Preise variabel – man muss um den Preis feilschen. Als Einzelreisender hat man dabei die schlechtesten Karten, da zum Preis jeweils noch die Treibstoffkosten hinzugerechnet werden.

## Flugzeug

Auf das Flugzeug kann nicht zur Gänze verzichtet werden. Die Anreise zu den San-Blas-Inseln z.B. lässt kaum eine andere Möglichkeit der Anreise zu. Dass man dafür aber tief in die Tasche greifen muss, ist keineswegs der Fall: Die **Preise** für ein einfaches Ticket variieren zwischen 40 und 80 $, Retourtickets kosten das Doppelte.

*Aeroperlas* (www.aeroperlas.com) hat im Februar 2012 seinen Betrieb vorläufig eingestellt. Die **nationale Fluglinie** schlechthin ist *Air Panama* (www.airpanama.com). Die **Flugzeuge** sind teils sehr klein, oft nur einmotorig (nach San Blas) ausgestattet und der Flug (vor allem durch Wolken oder bei Schlechtwetter) strapaziert oftmals den Magen.

☒ Mit dem Bus unterwegs in Panama

## Mietauto

Sämtliche Autovermieter *(Alquiler de Automóviles)* haben ihre Büros in Panama-Stadt und in David am nationalen sowie internationalen Flughafen.

Die Preise der jeweiligen Verleihfirmen variieren stark. Am preisgünstigsten buchen Sie einen Mietauto über das Internet. Auf jeden Fall lohnt es sich, um die Preise zu handeln, vor allem wenn Sie das Auto länger mieten werden. Für einen normalen Pkw müssen Sie mit ca. 40 $ pro Tag und mit 250 $ pro Woche, für einen Jeep mit etwa 90 $ pro Tag und 500 $ pro Woche rechnen. Im Preis sind die Versicherung und eine unbeschränkte Kilometerzahl enthalten.

707pa hz

## Taxi

Auf die Benutzung des Taxis kann man weitgehend verzichten, abgesehen von **Panama-Stadt,** wo man bei der Suche nach einer Adresse oft auf einen Taxifahrer angewiesen ist, und von **Colón,** wo die Benutzung des Taxis aus Sicherheitsgründen empfehlenswert ist.

Die **übrigen aus touristischer Sicht interessanten Orte** sind nicht allzu groß. Die Hotels, Sehenswürdigkeiten, Busbahnhöfe etc. liegen in den meisten Fällen in unmittelbarer Nähe des Zentrums und lassen sich zu Fuß leicht erreichen.

Die Taxifahrer sind per Gesetz seit 2008 verpflichtet, die Preisliste sichtbar im Taxi anzubringen, was aber eher die Ausnahme ist als die Regel. Als Richtlinie für eine Taxifahrt in der Hauptstadt kann man von etwa 3–5 $ ausgehen. Das entspricht der Fahrt vom Stadtteil Bella Vista zum zentralen Busbahnhof bei Albrook. Da die Taxifahrer bei Touristen versuchen werden, den Fahrpreis höher zu veranschlagen, sollte man sich vor dem Einsteigen immer nach dem Preis bzw. der Preisliste erkundigen.

**Taxistandplätze** befinden sich oft vor großen Hotels, ansonsten können sie über die Hotelrezeption oder direkt bei den Taxizentralen bestellt werden (siehe „Panama-Stadt“, „Adressen A–Z“). Direkt an der Straße ist die Suche nach einem Taxi wohl weniger erfolgreich. Die

Taxifahrer halten zwar an, doch für kurze Strecken erscheint ihnen das Geschäft zu wenig lukrativ.

Taxis können auch von mehreren Personen mit unterschiedlichen Fahrzielen geteilt werden, falls die Ziele an der Strecke liegen. Das geschieht vor allem am internationalen Flughafen. Während die Fahrt pro Taxi vom Flughafen in die Innenstadt 24 $ (Fixpreis) kostet, wird bei einem **Sammeltaxi** 10 $ pro Person berechnet. Die Taxis fahren los, wenn sie ausgelastet sind.

Neben den normalen Taxis gibt es auch sogenannte **Touristentaxis,** die im Gegensatz zu den normalen Taxis äußerlich nicht erkennbar sind. Die Fahrer, die häufig auch die Besitzer des Fahrzeugs sind, halten speziell in Hotels nach Kunden Ausschau. Touristentaxis können stundenweise oder für Ausflüge gemietet werden, wie zu den Miraflores-Schleusen des Panamakanals, was ca. 35 $ kostet (inklusive einer Wartezeit von etwa einer Stunde).

### Entfernungen auf dem Landweg

**(von Panama-Stadt)**

| | |
|---|---|
| **Boquete** | 480 km |
| **Capira** | 55 km |
| **Cerro Punta** | 513 km |
| **Chepo** | 58 km |
| **Chitré** | 252 km |
| **Colón** | 80 km |
| **David** | 440 km |
| **Divisa** | 215 km |
| **El Valle** | 126 km |
| **La Chorrera** | 30 km |
| **Las Tablas** | 282 km |
| **Paso Canoas** | 494 km |
| **Pedasí** | 324 km |
| **Penonomé** | 151 km |
| **Portobelo** | 105 km |
| **Puerto Armuelles** | 530 km |
| **San Carlos** | 90 km |
| **Santiago** | 250 km |
| **Soná** | 296 km |
| **Volcán** | 497 km |
| **Yaviza** | 280 km |

## Trampen

Mit dieser Art des Reisens werden Sie in Panama kein Glück haben: Das Trampen ist hier unbekannt, beinahe jeder Panameño besitzt ein Fahrzeug und die niedrigen Preise für öffentliche Verkehrsmittel bzw. das gutausgebaute Verkehrsnetz geben kaum Anlass zum Trampen.

## Zug

Eisenbahnfans werden in Panama enttäuscht werden. Das ca. 355 Schienenkilometer umfassende Eisenbahnnetz hat für den Personenverkehr sehr wenig Bedeutung. Die Züge werden ausschließlich zum Gütertransport verwendet. Lediglich die Verbindung von Panama-Stadt nach Colón ist auch auf den Personenverkehr ausgelegt. Die Fahrt, die z.T. entlang des Panama-Kanals führt, dauert

An der Zentralen Pazifikküste

723pa hz

etwa 1 Std. und kostet 22 $ für die einfache Fahrt. Derzeit wird täglich eine Fahrt pro Richtung angeboten. Die Website **www.panamarailroad.org** liefert mehr Informationen über Panamas Eisenbahn, vor allem zur Geschichte.

# Versicherungen

Egal welche Versicherungen man abschließt, hier ein Tipp: Für alle abgeschlossenen Versicherungen sollte man die **Notfallnummern** notieren und mit der **Policenummer** gut aufheben! Bei Eintreten eines Notfalles sollte die Versicherungsgesellschaft unverzüglich telefonisch verständigt werden!

Der Abschluss einer **Jahresversicherung** ist in der Regel kostengünstiger als mehrere Einzelversicherungen. Günstiger ist auch die **Versicherung als Familie** statt als Einzelpersonen. Hier sollte man nur die Definition von „Familie" genau prüfen.

## Krankenversicherung

Unverzichtbar ist der Abschluss einer **Auslandsreise-Krankenversicherung,** da zwischen Panama und den europäischen Ländern kein Versicherungsabkommen besteht. Das bedeutet, dass bei einer Erkrankung sämtliche Behandlungskosten von Ihnen getragen werden. Bei einem Arztbesuch fallen dabei die Kosten weniger ins Gewicht als bei einem Krankenhausaufenthalt, der etwa 100 $ pro Tag plus der medizinischen Betreuung kostet. Im Fall eines Krankenhausaufenthaltes muss übrigens eine

Kaution von 2000 $ oder ein blanko unterzeichneter Voucher der Kreditkarte hinterlegt werden, egal, ob man Versicherungsschutz hat oder nicht.

Bei Abschluss der Versicherung – die es mit bis zu einem Jahr Gültigkeit gibt – sollte auf einige Punkte geachtet werden. Zunächst sollte ein **Vollschutz ohne Summenbeschränkung** bestehen, im Falle einer schweren Krankheit oder eines Unfalls sollte auch der **Rücktransport** übernommen werden. Diese Zusatzversicherung bietet sich auch über einen Automobilclub an, insbesondere wenn man bereits Mitglied ist. Diese Versicherung bietet den Vorteil billiger Rückholleistungen (Helikopter, Flugzeug) in extremen Notfällen.

Wichtig ist auch, dass im Krankheitsfall der **Versicherungsschutz über die vorher festgelegte Zeit hinaus** automatisch verlängert wird, wenn die Rückreise nicht möglich ist.

**Schweizer** sollten bei ihrer Krankenversicherungsgesellschaft nachfragen, ob die Auslandsdeckung auch für Panama gewährleistet ist. Sofern man keine Auslandsdeckung hat, kann man sich kostenlos bei *Soliswiss* (Gutenbergstr. 6, Postfach, 3001 Bern, Tel. 031-3807030,

Ein typischer panamaischer Bilderbuchstrand

www.soliswiss.ch) über Krankenversicherer informieren.

**Zur Erstattung** der Kosten benötigt man ausführliche **Quittungen** (mit Datum, Namen, Bericht über Art und Umfang der Behandlung, Kosten der Behandlung und Medikamente).

### Andere Versicherungen

Ob es sich lohnt, weitere Versicherungen abzuschließen wie eine Reiserücktrittsversicherung, Reisegepäckversicherung, Reisehaftpflichtversicherung oder Reiseunfallversicherung, ist individuell abzuklären. Gerade diese Versicherungen enthalten viele **Ausschlussklauseln,** sodass sie nicht immer Sinn machen.

098pa hz

Die **Reiserücktrittsversicherung** für 35–80 € lohnt sich nur für teure Reisen und für den Fall, dass man vor der Abreise einen schweren Unfall hat, schwer erkrankt, schwanger wird, gekündigt wird oder nach Arbeitslosigkeit einen neuen Arbeitsplatz bekommt, die Wohnung abgebrannt ist u.Ä. Nicht gelten hingegen: Terroranschlag, Streik, Naturkatastrophe etc.

Die **Reisegepäckversicherung** lohnt sich seltener, da z.B. bei Flugreisen verlorenes Gepäck oft nur nach Kilopreis und auch sonst nur der Zeitwert nach Vorlage der Rechnung ersetzt wird. Wurde eine Wertsache nicht im Safe aufbewahrt, gibt es bei Diebstahl auch keinen Ersatz. Kameraausrüstung und Laptop dürfen beim Flug nicht als Gepäck aufgegeben worden sein. Gepäck im unbeaufsichtigt abgestellten Fahrzeug ist ebenfalls nicht versichert. Die Liste der Ausschlussgründe ist fast endlos ... Überdies deckt häufig die Hausratsversicherung schon Einbruch, Raub und Beschädigung von Eigentum auch im Ausland. Für den Fall, dass etwas passiert ist, muss der Versicherung als Schadensnachweis ein Polizeiprotokoll vorgelegt werden.

# Zeitungen

Informationen über lokale und internationale Zeitungen und Zeitschriften finden Sie im Kapitel „Staat und Gesellschaft" bei „Massenmedien".

709pa hz

# 10 Land und Natur

Als geografisches Bindeglied zwischen Nord- und Südamerika profitiert Panama in vieler Hinsicht von beiden Kontinenten.

◁ In der Umgebung von Boquete

# Geografie

## Lage, Größe und Grenzen

Panama bildet den südöstlichsten Zipfel der **zentralamerikanischen Landbrücke,** die auf panamaischem Territorium mit 51 km die schmalste Stelle Zentralamerikas zwischen dem Karibischen Meer und dem Pazifischen Ozean aufweist. Panamas **geografische Lage** im Gradnetz der Erde wird durch den 77. und 83. Grad westlicher Länge und den 7. und 9. Grad nördlicher Breite definiert.

Das Staatsgebiet Panamas hat die Form eines langezogenen, horizontal liegenden S. Mit einer **Gesamtfläche** von 77.082 km$^2$, einschließlich der ehemaligen Kanalzone, ist Panama um ca. 10 % größer als der Freistaat Bayern. Stellt man einen Vergleich zu den anderen zentralamerikanischen Ländern an, liegt Panama im Mittelfeld, noch vor Costa Rica (51.100 km$^2$), Belize (22.965 km$^2$) und El Salvador (21.041 km$^2$). Zum Staatsgebiet gehört auch ein über 300.000 km$^2$ großer maritimer Bereich, in dem rund 1000 kleine und größtenteils unbewohnte **Inseln** liegen.

Panamas natürliche **Grenzen** bilden im Norden das Karibische Meer und im Süden der Pazifische Ozean. Im Osten grenzt es an Kolumbien, im Westen an Costa Rica.

# Landschaften Panamas

Rund 70 % der panamaischen Oberflächenstruktur werden von Tiefebenen, Becken und Hügelländern mit Höhen bis zu 700 m dominiert. Die verbleibenden 30 % werden von Mittel- und Hochgebirgen beherrscht. Diese grobe Betrachtung der Oberfläche ermöglicht eine Gliederung des Landes in folgende **acht Großlandschaften:**

- die **Landenge Zentralpanamas**
- die **Zentralkordillere**
- die **Nördliche Tiefebene**
- die **Südliche Tiefebene** mit den **Halbinseln Burica** und **Soná**
- die **Halbinsel Azuero**
- der **Nordöstliche Gebirgsbogen**
- der **Südöstliche Gebirgsbogen**
- das **Bayano**- und das **Chucunaque-Becken.**

## Landenge Zentralpanamas

Keine andere Landschaft in Panama wurde so stark vom Menschen beeinflusst wie der Istmo Central de Panamá. Mit dem Bau des **Panamakanals** gab der Mensch der Landenge teilweise eine neue Oberflächengestalt. So wurde beispielsweise der parallel zur Pazifikküste verlaufende, knapp 200 m hohe Culebra-Rücken nahe dem Ort Gamboa im wahrsten Sinn des Wortes „durchschnitten“. Um die Kanalschifffahrt aber erst zu ermöglichen, wurde mithilfe des Río Chagres jene Einsenkung geflutet, die heute größtenteils den Verlauf des Kanals bestimmt. Dabei wurden große Flächen des Hügellandes beiderseits der Einsenkung überschwemmt, wodurch der ca. 424 km² große **Gatún-See** entstand, der größte See Panamas. Die ehemaligen Erhebungen des Hügellandes ragen heute als **Inseln** aus dem Wasser des Sees. Trotz der ökologischen Katastrophe, wie die Flutung von vielen Wissenschaftlern schlicht bezeichnet wurde, sind Teile des Isthmus in ihrer natürlichen Vielfalt erhalten geblieben. Diese Gebiete werden heute in Form von Nationalparks geschützt, als Ausgleich zum menschlichen Eingriff in die Natur.

## Östlich des Kanals

Der Isthmus erstreckt sich von den Ausläufern der Zentralkordillere im Westen bis hin zu den Ausläufern des Nordöstlichen Gebirgsbogens im Osten und von der Karibikküste im Norden bis an die Pazifikküste im Süden. Östlich des Kanals breitet sich ein ca. 20 bis 25 km breites, vorwiegend mit tropischem, immergrünem Regenwald bedecktes **Hügelland** aus. Dort befinden sich die Nationalparks Soberanía und Camino de Cruzes und der im Zuge des Kanalbaus aufgestaute Lago de Alajuela (auch Madden-See genannt), der die Wasserversorgung für den Kanal, vor allem während der Trockenzeit, gewährleistet.

Im Norden begrenzt das Hügelland die **Colón-Tiefebene;** ein Küstenstreifen, in dem, mit der über 100.000 Einwohner zählenden Stadt Colón, das größte Ballungszentrum an der Karibikküste entstanden ist, das als das am zweitdichtesten besiedelte Gebiet Panamas gilt. Im Süden schiebt sich zwischen das Hügelland und die Pazifikküste eine **Tiefebene,** die als Llanura de Panamá, weiter östlich als Llanura de Pacora bezeichnet wird. Während die Tiefebene um Pacora überwiegend als Agrarland genutzt wird, breitet sich parallel zur Küste auf der Llanura de Panamá das Häusermeer von Panama-

### Panamas Geografie in Daten

- **Gesamtfläche:** 77.082 km²
- **Nord-Süd-Ausdehnung:** minimal 51 km, maximal 178 km
- **Ost-West-Ausdehnung:** 770 km
- **Ebenen, Becken und Hügelländer:** 70 %
- **Gebirge:** 30 %
- **Landesgrenze mit**
  Kolumbien: 263 km
  Costa Rica: 278 km
- **Küstenlänge**
  Karibikküste: 1287 km
  Pazifikküste: 1700 km
- **Flüsse**
  Río Chucunaque: 231 km
  Río Turia: 230 km
  Río Balsas: 152 km
- **Inseln**
  Isla de Coiba: 493 km²
  Isla del Rey: 234 km²
  Isla Cébaco: 80 km²
- **Berge**
  Vulkan Barú: 3475 m
  Cerro Fábrega: 3335 m
  Cerro Itamut: 3279 m
- **Seen**
  Lago Gatún: 424 km²
  Lago Bayano: 186 km²
  Lago Alajuela (Madden-See): 57 km²

## Landschaften

1 Laguna de Chiriquí
2 Llanura de Panamá
3 Llanura de Pacora
4 Istmo Central de Panamá
5 Colón-Tiefebene
6 Valle de Tonosí
7 Bahía Chame
8 Isla Cébaco
9 Isla Jicarón
10 Cerro Fábrega 3335 m
11 Cerro Itamut 3279 m
12 Cerro Echandi 3162 m
13 Vulkan Barú 3475 m
14 Cerro Gaital 1173 m
15 Cerro Tanela 1415 m
16 Cerro Tacarcuna 1875 m
17 Cerro Pirre 1200 m
18 Cerro Piña 1581 m
19 Cerro Pachito Parado 591 m
20 Cerro Hoya 1559 m
21 Cerro Canajagua 830 m
22 Cerro Santiago 2121 m
23 Cerro Flonera 1450 m
24 Cerro Cartí 748 m
25 Cerro Grande 800 m
26 Cerro Filo de La Cordillera 703 m
27 Cerro Alto de Las Huacas 515 m

Stadt aus. Diese Tiefebene erreicht mit den Vorstädten San Miguelito und Tocumen eine Ost-West-Ausdehnung von ca. 30 km. Knapp die Hälfte der Gesamtbevölkerung Panamas lebt in dieser Region.

### Westlich des Kanals

Westlich des Kanals liegt ein 30 bis 35 km breiter Streifen, dessen Nordhälfte von einem mit tropischem Regenwald bedeckten **Küstenstreifen** und dem Gatún-See geprägt wird. Der küstennahe Primärwald wurde – wie so vieles in der ehemaligen Kanalzone – von den Amerikanern zu militärischen Zwecken genützt. Seit der Übergabe des Panamakanals an Panama sind diese Militärbasen verschwunden. Die pazifiknahe Hälfte des Streifens prägen der **Culebra-Rücken** und die sich südlich anschließende, fruchtbare **Chorrera-Tiefebene,** die allerdings nahe der Küste allmählich der Siedlungspolitik geopfert wird.

## Zentralkordillere

Von der costaricanischen Grenze im Westen bis zum Isthmus Zentralpanamas im Osten erstreckt sich über eine Länge von ca. 300 km die Cordillera Central, die zusammen mit dem Nordöstlichen Gebirgsbogen die **Kontinentale Wasserscheide** zwischen dem Atlantik und Pazifik bildet.

## Westteil

Die höchsten Erhebungen der Zentralkordillere liegen im zerklüfteten Westteil, der **Serranía de Talamanca,** die dort durch steile Hangneigungen über Terrassen zu den Küsten hin abfällt. In dieser unwegsamen und unbesiedelten Bergregion an der Grenze zu Costa Rica erheben sich die Berge Fábrega (3335 m), Itamut (3279 m) und Echandi (3162 m), die in ihrer Höhe nur vom weiter östlich liegenden Vulkan Barú (3475 m) überragt werden. In der Umgebung des seit Langem erloschenen Vulkans liegen fruchtbare und klimatisch gemäßigte Täler und Hochebenen, die bereits vor unserer Zeitrechnung besiedelt waren, nicht zuletzt wegen ihrer Fruchtbarkeit, die heute speziell den Anbau von Zitrusfrüchten und Kaffee begünstigt. Der Kaffee aus dieser Region findet übrigens als Exportgut auch den Weg nach Europa, jedoch unter dem Namen internationaler Multi-Konzerne.

## Ostteil

Je weiter die Cordillera Central nach Osten ragt, desto mehr verliert sie an Höhe. Im östlichen Teil, der **Serranía de Tabasará,** ragen die Gipfel nur noch selten über 1500 m hinaus und nördlich der Stadt Penonomé fallen die Gipfel sogar unter 1000 m ab. Die letzte markante Erhebung im Ostteil, der Cerro Gaital (1173 m), scheint ein letztes Aufbäumen

## Die Provinzen

| | Fläche km² |
|---|---|
| Chiriquí | 8.653 |
| Bocas del Toro | 3.897 |
| Comarca Ngöbe Buglé | 4.848 |
| Veraguas | 11.239 |
| Herrera | 2.341 |
| Los Santos | 3.805 |
| Coclé | 4.927 |
| Panamá | 11.887 |
| Colón | 4.890 |
| Darién | 16.671 |
| Comarca de San Blas | 2.357 |

der Zentralkordillere zu sein, bevor sie allmählich vom Isthmus von Panama verdrängt wird. Von touristischer Bedeutung in dieser Region ist der Nationalpark Altos de Campana nahe Capira und der am Fuße des Cerro Gaital liegende Ort El Valle. Seine klimatisch günstige Lage und waldreiche Umgebung machen das ruhige Dorf am Kraterboden eines erloschenen Vulkans zum beliebten Ausflugsziel.

### Vegetation

Die Vegetationsdecke der Zentralkordillere weist wie keine andere Landschaft Panamas **extreme Kontraste** auf: Während die breiten, flach abfallenden Hänge an der Nordseite größtenteils noch mit tropischem Regenwald und entsprechend der Höhe mit Berg- oder Nebelwald bedeckt sind, die in den großen Nationalparks El Copé und La Amistad geschützt sind, zeigen die Hänge an der Südseite schonungslos die Folgen einer konsequenten Rodung auf: zusammenhängende Waldflächen sind nicht mehr vorhanden, lediglich vereinzelte Bauminseln unterbrechen die von Menschenhand geschaffene Savannenlandschaft. Die ursprünglichen Waldbestände wichen neuem Weideland oder neuen Anbaugebieten. Der Kahlschlag wird deutlich sichtbar auf der Fahrt nach bzw. von Chiriquí Grande, das in der Nördlichen Tiefebene liegt. Dabei wird kurz nach dem Stausee Fortuna die kontinentale

Wasserscheide überquert, die wie eine Grenze zwischen dem gerodeten Gebiet und der unberührten Region erscheint.

## Nördliche Tiefebene

Jener Küstenstreifen, der sich zwischen die Nordhänge der Zentralkordillere und das Karibische Meer schiebt, bezeichnet man als **Llanura del Norte,** eine Tiefebene, die sich vom Zentralisthmus bis zur Grenze mit Costa Rica erstreckt.

### Westlicher Teil

Der westliche Teil der Tiefebene um die Ballungszentren Changuinola und Almirante liegt eindeutig in den Händen des amerikanischen Bananen-Multis *United Fruit.* Riesengroße **Bananenplantagen** haben die ursprüngliche Vegetation bis an die Hänge der Zentralkordillere zurückgedrängt und nur die küstennahen Gebiete blieben davon weitgehend verschont. Dort wird die wirtschaftliche Nutzung von kaum durchdringbaren **Mangrovenwäldern** verhindert.

### Archipel von Bocas del Toro

Mit Mangroven sind die vielen, teils dünn besiedelten **Inseln** des Archipiélago de Bocas del Toro überzogen, die sich unmittelbar vor der Küste ausbreiten. Im

Gegensatz zum weniger attraktiven Festland gelten die Riffe und Inseln des Archipels, welche mit dem marinen Nationalpark Isla Bastimentos ihre Krönung erhielten, als Paradies für Taucher und Vogelliebhaber.

### Östlicher Teil

Östlich der Península de Valiente, wo mit zunehmendem Verlauf die Küstenlinie im Vergleich zum Westteil schwächer gebuchtet ist, liegt eine **schwer zugängliche Region,** die wegen der fehlenden Infrastruktur von der Zivilisation weitgehend noch unbeeinflusst geblieben ist. In dieser größtenteils mit tropischem Regenwald bedeckten Landschaft am **Golfo de los Mosquitos** leben an den vielen mit Mangroven überwucherten Flussmündungen kleine indianische Gemeinschaften, die der Natur ein Stück Land mühsam abgerungen haben, um dort ihre Pfahlbauten zu errichten und die wichtigsten Nahrungsmittel anzupflanzen.

## Südliche Tiefebene

Die Llanura del Sur, wie das Gebiet zwischen der Zentralkordillere und dem Pazifik sowie dem Zentralen Isthmus und Costa Rica genannt wird, gliedert sich in zwei große Ebenen: Die Llanura Central um San Carlos und Penonomé im Osten und die Llanura Chiricana um David im Westen. Die beiden Ebenen sind zwar räumlich durch das Bergland der Halbinsel Soná voneinander getrennt, bilden aber gemeinsam die **landwirtschaftlich bedeutendste Region** von Panama.

### Llanura Central

Die Llanura Central, die sich von der Bahía de Chame bis zum Golfo de Montijo ausdehnt, weist größtenteils **Savannencharakter** auf. Dabei handelt es sich aber nicht um eine natürliche Graslandschaft, sondern um eine vom Menschen geschaffene landwirtschaftliche Nutzfläche. In weiten Teilen der Ebene steht im Vordergrund der Agrarwirtschaft Viehzucht und Milchproduktion sowie der Anbau von Zuckerrohr (in der Gegend um die Stadt Aguadulce). Aber ganz ohne touristische Reize ist diese Region nicht: Die schwach gebuchtete Küste zwischen der Punta Chame und der Playa Farallón bietet herrliche, oft kilometerlange Sandstrände, an denen man ungestört die Sonne genießen kann.

015pa hz

## Llanura Chiricana

Savannencharakter weist auch die flächenmäßig weitaus kleinere Llanura Chiricana auf, die sich zwischen der Serranía de Talamanca und dem Pazifik sowie zwischen den Halbinseln Burica und Soná ausbreitet. Die auf den Weideflächen grasenden **Rinderherden** enden größtenteils als Schlachtvieh, weshalb dieser Winkel des Landes auch das Etikett „Fleischkammer" Panamas trägt. Wegen der intensiven landwirtschaftlichen Nutzung der Ebene musste auch in dieser Region die ursprüngliche Vegetation weichen. Lediglich an der stark gebuchteten Küste trifft man noch auf die ursprüngliche Vegetation: ein scheinbar undurchdringliches Dickicht aus Mangrovenwäldern.

## Halbinseln Burica und Soná

Im Westen reicht die Chiricana-Tiefebene bis zur **Halbinsel Burica,** die zur Hälfte zum Staatsgebiet Costa Ricas gehört. Die leicht hügelige Halbinsel ist mit Bananenplantagen überzogen und für Touristen deshalb weniger interessant.

Im Osten stößt die Chiricana-Tiefebene an das grasüberzogene Bergland der **Halbinsel Soná,** die auch als Península de Las Palmas bezeichnet wird. Sie ragt zwischen dem Golfo de Montijo und dem Golfo de Chiriquí kaum weiter als 35 km in den Pazifischen Ozean hinein. Ihr Bergland, dessen Gipfel nicht über

Stumme Zeugen vulkanischer Tätigkeit im Hinterland von Penanomé

800 m reichen, zählt übrigens zu einer Gebirgskette, die parallel zur Cordillera Central verläuft, jedoch größtenteils unter dem Meeresspiegel des Pazifiks verborgen liegt. Auch die gebirgigen **Inseln im Golfo de Chiriquí** und Golfo de Montijo gehören dieser Kette an, wie beispielsweise die Islas Contreras, Jicarón und Cébaco sowie die unter Naturschutz stehende Isla de Coiba.

## Halbinsel Azuero

Das S-förmige Staatsgebiet wird durch die Península de Azuero etwas aus der Bahn geworfen. Sie unterbricht deutlich den Küstenverlauf zwischen der Bahía de Parita und dem Golfo de Montijo, wo sie, leicht nach Südosten gewendet, bis ca. 100 km in den Pazifischen Ozean hineinragt. Die fruchtbare Ebene im **nordöstlichen Teil** der Halbinsel, die vegetationsmäßig der Llanura Central angehört, wird von ausgedehnten Zuckerrohrplantagen dominiert. In dieser für Touristen weniger reizvollen Landschaft gibt es allerdings an der Küste in der mit Mangroven überwucherten Bahía de Parita interessante Naturgebiete: den Nationalpark Sarigua und die Wildtierreservate Ciénega del Mangle und Isla Peñón de la Honda.

Im **Südwesten** der Halbinsel wird die Landschaft dominiert vom Azuero-Bergland und vom Canajagua-Massiv, die – wie das Bergland von Soná – zu der unter dem pazifischen Meeresspiegel liegenden Gebirgskette zählen. An den überwiegend baumlosen, grasbewachsenen Hängen grasen Rinderherden, gelegentlich auch Schafe. Die Waldreservate Montuoso und La Tronosa sowie der Nationalpark Cerro Hoya sind die letzten zusammenhängenden Waldgebiete auf der Península de Azuero.

## Nordöstlicher Gebirgsbogen

Entlang der Karibikküste vom Zentralen Isthmus bis hin zur kolumbianischen Grenze erstreckt sich der **Arco Oriental del Norte**. Dieser Gebirgsbogen ist die Fortsetzung der Zentralkordillere und bildet mit ihr die Kontinentale Wasserscheide, doch reichen seine Gipfel kaum über 100 m. Er setzt sich zusammen aus der Sierra Llorona de Portobelo, dem Nudo (Gebirgsknoten) del Mamoní und der Serranía de San Blas im Westen sowie der Serranía del Darién und der Serranía de Tacaruna im Osten. Hier wird mit dem Cerro Tanela (1415 m) und der höchsten Erhebung, dem Cerro Tacarcuna (1875 m), die 1000-m-Grenze überschritten.

Die **Vegetationsdecke** des Gebirgsbogens weist ein ähnliches Bild auf wie die der Cordillera Central: Während die bis knapp an die Küste reichenden, steil abfallenden Nordhänge völlig mit Primärwald bedeckt sind, werden die flacher geneigten Südhänge durch den großen Landhunger der Bauern allmählich kahlgeschlagen. Im reichbewaldeten äußersten Westen des Gebirgsbogens liegen die Nationalparks Chagres und Portobelo, nördlich des Bayano-Sees in der Serranía de San Blas das reizvolle Privatreservat Nusagandí.

Der Landstrich zwischen der Kontinentalen Wasserscheide und der Karibikküste sowie die davor gelagerten In-

014pa hz

seln gehören zum semiautonomen Gebiet des **Kuna-Volkes,** das auf den Inseln wohnt, während der schmale Küstenstreifen als Agrarfläche benutzt wird.

## Südöstlicher Gebirgsbogen

Der **Arco Oriental del Sur** weist im Vergleich zum nördlich liegenden Gebirgszug kein zusammenhängendes Gefüge auf. Der westliche Teil, die **Serranía de Majé,** ist deutlich durch die tief in das Land einschneidende Mündung des Río Turia vom Ostteil getrennt, der aus den Serranías del Sapo, de Jungurudó und de Pirre gebildet wird. Zum unzusammenhängenden Gebirgsbogen zählt auch noch der **Archipiélago de las Perlas,** eine Inselgruppe im Golfo de Panamá, der mit der populären Isla Contadora über ein Bade- und Tauchparadies *par excellence* verfügt.

⌃ Feuchtsavanne

### Darién-Dschungel

Von touristischem Großkaliber und das Paradies in Panama schlechthin ist der Darién-Dschungel, der sich entlang der Grenze zu Kolumbien ausbreitet. Das **größte zusammenhängende Regenwaldgebiet Zentralamerikas** reicht von Küste bis zu Küste und bedeckt dabei die Hänge der Serranías del Darién, de Tacaruna, del Sapo sowie de Pirre. Inmitten dieser nur mit dem Boot oder zu Fuß erreichbaren Dschungelregion wohnen indianische Stämme noch heute in authentischer Lebensweise und Umgebung.

Von Panama-Stadt aus führt eine unasphaltierte Straße an den Rand des Darién-Dschungels, die in Yaviza endet. An der Verbesserung wird gearbeitet, was ein Fortschritt für diese eher vernachlässigte Region ist. Die Straße zieht aber auch ein unkontrollierbares Aufrücken der Zivilisation mit sich und wird in Zukunft eine Bedrohung für die Natur und die dort lebenden Menschen darstellen.

## Bayano- und Chucunaque-Becken

Zwischen den beiden Gebirgsbögen im Osten liegen diese beiden, teilweise noch mit Primärwald bedeckten Beckenlandschaften, die gemeinsam vom Ort Chepo bis an die Grenze mit Kolumbien reichen. Dieser Teil Panamas weist wegen der fehlenden Infrastruktur noch relativ wenig Kulturland auf, doch ein Vormarsch der Bauern ist bereits sichtbar.

### Bayano-Becken

In der östlichen Hälfte breitet sich das wesentlich kleinere Cuenca del Bayano aus. Es erhielt seinen Namen vom Río Bayano, der das Becken vom Nordosten nach Südwesten durchfließt und in die Bahía de Panama mündet. Nahe dem Ort Cañita wurde der Fluss zum zweitgrößten See Panamas, dem Lago Bayano, aufgestaut, der sowohl zur Stromerzeugung als auch als Wasserreservoir dient.

### Chucunaque-Becken

Wie das Bayano-Becken erhielt auch das in der westlichen Hälfte liegende Cuenca del Chucunaque seinen Namen durch den Fluss, der es durchfließt. Der **Río Chucunaque,** der im Nordwesten der Serranía del Darién entspringt, ist mit 231 km der längste Fluss Panamas. Er entwässert mit seinen zahlreichen Nebenflüssen das gesamte westliche Gebiet und mündet bei El Real in den Río Turia, der in den weit in das Land reichenden Golf de San Miguel mündet.

# Klima

Panama liegt, sowohl geografisch als auch klimatisch gesehen, vollständig in den Tropen. Das bedeutet, dass **feuchtheißes Klima** überwiegt, welches den menschlichen Organismus stark belastet, noch dazu, wenn man aus dem kalten, europäischen Winter kommt. Im Unterschied zum Klima in unseren Breiten zeichnet sich das tropische Klima durch zwei wesentliche Merkmale aus: das Fehlen thermischer Jahreszeiten und geringere Schwankungen im Temperaturverlauf eines Jahres als zwischen Tag und Nacht.

Die Jahresdurchschnittstemperatur liegt in der warmen Zone Panamas (*tierra caliente,* bis 700 m) zwischen 25 und 27 Grad, in der gemäßigten Zone (*tierra templada,* von 800 bis 1800 m) zwischen 16 und 22 Grad, in der kalten Zone (*tierra fría,* von 1800 bis 3000 m) bei 15 Grad und darunter sowie in der eisigen Zone (*tierra helada,* ab 3000 m) bei 10 Grad und darunter.

Wegen des Fehlens von thermischen Jahreszeiten spricht man in Panama von einer Trocken- (*verano* = Sommer) und einer Regenzeit (*invierno* = Winter).

Die **Trockenzeit** dauert meist von Mitte Dezember bis Mitte April und verzeichnet dabei ca. 60 % Sonnentage mit rund 9 Stunden Sonne pro Tag.

Die restlichen Monate werden stark von der **Regenzeit** geprägt, was allerdings nicht heißen soll, dass die Sonne sich während dieser Zeit im „Urlaub" befindet. Die höchsten **Niederschlagsmengen** werden vor allem im Oktober und im November gemessen. Ausschlaggebend für die Regenfälle sind u.a. die Zentralkordillere und der Nordöstliche Gebirgsbogen, welche die Kontinentale Wasserscheide bilden und das Land in eine immerfeuchte Karibikseite und eine wechselfeuchte Pazifikseite teilen.

Die geringsten Niederschlagsmengen verzeichnet man an der Ostküste der Halbinsel Azuero und östlich der Halbinsel an der Zentralen Pazifikküste bis einschließlich der Hauptstadt mit 1300 bis 1500 mm pro Jahr.

Die höchsten Mengen werden am Westflügel der Cordillera Central (3500–4500 mm) und an der Karibikküste (3500–5000 mm) gemessen, wo-bei dort die Spitzenwerte in kleinen Gebieten zwischen 6000 und 7000 mm pro Jahr liegen. Die **durchschnittliche Luftfeuchtigkeit** im Jahr beträgt ca. 88 %.

## Klimazonen

- **Heißes, sehr feuchtes Klima:** Im westlichen Teil der Karibikküste und im Umland von Portobelo.
- **Heißes, feuchtes Klima:** Auf der Halbinsel Burica, im westlichen und östlichen Teil der Chiricana-Tiefebene, auf der Halbinsel Soná, an der Südwestküste der Halbinsel Azuero, im östlichen Teil der Karibikküste, in der Landenge von Zentralpanama (außer der Hauptstadt) und den Beckenlandschaften von Darién.
- **Heißes, trockenes Klima:** In Panama-Stadt, im Umland von David, an der Nordostseite der Halbinsel Azuero und in den Ebenen um die Städte San Carlos und Santiago.
- **Gemäßigtes, trockenes Klima:** An den niedrigliegenden Südhängen der Cordillera Central.
- **Gemäßigtes, sehr feuchtes Klima:** Im Westflügel der Cordillera Central um Boquete, in der Gipfelregion der Serranía de San Blas, der Serranía de Tacarcuna, der Serranía del Sapo und der Serranía de Pirre.

# Flora

Im tropischen Klima Panamas blühen und gedeihen alle jene Pflanzen, die wir in Europa nur aus den Tropenhäusern der Botanischen Gärten oder aus Schaufenstern der Pflanzenläden kennen. In ihrem natürlichen Umfeld wachsen die Pflanzen darüber hinaus noch üppiger, größer, leuchtender und faszinierender.

Von tropisch immergrünen Wäldern, die sich wie ein Teppich über die Nordhänge der Zentralkordillere und den Osten des Landes ausbreiten, bis hin zur Vegetation der *Sabanas* (Savannen) an der Pazifikküste entfaltet sich ein **unübersehbarer Artenreichtum an Pflanzen:** Mehr als 1000 Orchideenarten, etwa 150 Bromeliensorten, über 100 Farngattungen und eine Vielzahl an Philodendron-, Heliconien- und Lilienarten wurden bis jetzt von den Forschern gefunden und registriert, ganz zu schweigen vom breiten Spektrum der über und über mit Blättern, Pilzen oder Farnen behangenen, riesenhaft erscheinenden Bäume. Über 300 Baumarten sind im kleinen Panama heimisch und stehen den im Vergleich bescheidenen 50 Baumsorten im großflächigen Mitteleuropa gegenüber.

Die beeindruckenden Zahlen der Pflanzenarten vermitteln aber nur einen

## Vegetationszonen

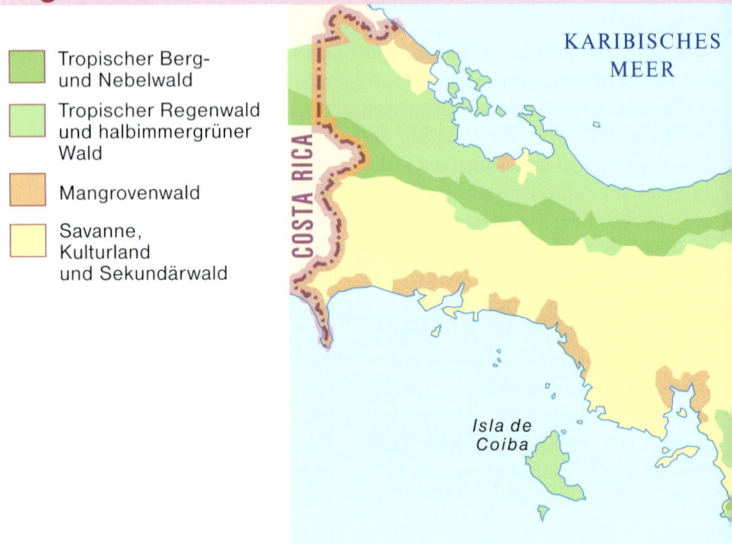


kleinen Einblick in die panamaische Pflanzenwelt, denn immer wieder werden neue Arten gefunden und zahlreiche Pflanzenarten warten noch auf auf ihre „Entdeckung“ durch die Wissenschaft.

## Tropischer Regenwald

Das Vegetationskleid wird grob betrachtet durch zwei Faktoren bestimmt: die Niederschlagsmenge und die Höhenstufe. Da die Atlantikseite und der Osten des Landes die größten Niederschlagsmengen verzeichnen, gedeiht in diesen Gebieten natürlicherweise der tropische Regenwald – eine Vegetationsform, die besonders die europäischen Besucher faszinieren wird, denn die „grüne Hölle“ scheint in den westlichen Industrieländern zum Synonym für Abenteuer und Entdeckung geworden zu sein. Doch das Bild einer immergrünen undurchdringlichen Pflanzenwelt betrifft Panama nur teilweise.

Die üppige Vegetation gedeiht hauptsächlich im **Kronendach** des Regenwaldes, wo die Sonnenstrahlen ihre Existenz sichern. Gleichzeitig entziehen die Baumwipfel dem Unterwuchs sehr viel Licht, aber auch den nötigen Niederschlag. Unter den natürlichen Sonnen- und Regenschirmen, in einer vielgeschichteten, bis zu 60 Meter hohen dämmerigen Welt, wird ein ständiger Kampf ums Überleben geführt: Kletternd, wür-

gend, schlingend oder windend arbeiten sich junge Pflanzen ihren Weg nach oben zum Sonnenschein – oft auf Kosten der festverankerten Pflanzen. Während die Lianen und Baumarten wie die Würgerfeige zu destruktiven Methoden greifen, versuchen andere Pflanzen, wie die Epiphyten, ihre Existenz auf rücksichtsvollere Weise zu sichern: Als „Untermieter" quartieren sie sich auf anderen Pflanzen ein, ohne dabei ihren Wirt zu schädigen. Die Baumstämme, Äste und Zweige werden von der Natur fantasievoll dekoriert, u.a. von farbenprächtigen Orchideen, gekräuselten Farnen, hängenden Flechten oder Moosdecken.

Die Vegetation am morastigen **Boden des Regenwaldes** ist durch die geringe Licht- und Wassermenge auf Sparbetrieb eingestellt. Dort unten, in drückender Schwüle und unter diffusem Licht, warten manche winzigen Sträucher oder Stängelchen oft jahrelang auf ihre Chance, um nach oben zu gelangen. Wenn die Zeit gekommen ist, schießen sie unglaublich rasch und kerzengerade empor, um einen besseren Platz in der helleren Schicht des Regenwaldes einzunehmen.

Der immergrüne tropische Regenwald konnte in Panama in nur mit mangelhafter Infrastruktur ausgestatteten Gebieten überleben. Das Eintauchen in den faszinierenden und einzigartigen Tropenwald gestaltet sich deswegen schwierig, ist aber nicht unmöglich.

## Berg- und Nebelwald

Ab der 700-m-Grenze geht der immergrüne Regenwald bzw. vielerorts das die ursprüngliche Vegetation verdrängende Agrarland in den tropischen Berg- und Nebelwald über. Von Ferne bereits vermittelt die waldbedeckte Gebirgslandschaft ein märchenhaftes Bild, in dem weiße Wolkenmassen sich mit der saftiggrünen Vegetation vermischen. Durch die konstante Luftfeuchtigkeit weist der Berg- und Nebelwald einen ähnlichen Charakter auf wie der tropische Wald in den tiefliegenden Zonen. Die auffälligsten Unterschiede im Blickfeld des Wanderers sind der üppige Unterwuchs und die unglaubliche Menge an Epiphyten. Gattungen wie etwa die Bromelien (Ananasgewächse) mit ihren markanten Blattrosetten scheinen sich in der permanenten Feuchtigkeit sehr wohl zu fühlen. Die Bergregion um El Valle und um die Nationalparks Altos de Campana, Vulkan Barú und La Amistad sowie das privatgeführte Schutzgebiet Nusagandí bieten Möglichkeiten im Überfluss, um diese prächtige Welt selbst in Augenschein zu nehmen.

Die Gegend um El Valle und den Vulkan Barú gilt übrigens als Fundgrube für tropische **Orchideen.** Aus der Reihe der Orchideen, der Königin unter den blühenden Pflanzen, stammt auch die **Nationalblume Panamas:** *la flor del Espíritu Santo* („Die Blume des Heiligen Geistes"). In wissenschaftlichen Kreisen wird sie als *Peristeria elata* bezeichnet. Mit ihren fleischigen und schneeweißen Blütenblättern sowie der in der Mitte befindlichen pantoffelförmigen, weißen Lippe, umrahmt von rotvioletten Punkten, macht diese Orchidee ihrem Namen alle Ehre. Die Nationalblume ist nur im September blühend anzutreffen. Sie stellt als Bodengewächs der wechselfeuchten Zone einen Gegensatz zu den Epiphyten dar, die in ständig nassen Regionen auf den Bäumen gedeihen.

## Savanne

Die panamaische Sabana täuscht durch ihren Namen: Es besteht hier nicht die ursprüngliche Graslandvegetation, die uns aus Naturdokumentationen vertraut ist, sondern eine vom Menschen geschaffene **Kulturlandschaft.** Der seit Jahrhunderten voranschreitende Rodungs- und Überweidungsprozess hat enorme Teile der ursprünglichen Pflanzendecke an der Pazifikseite verdrängt. Die zwischen den Agrarflächen übriggebliebenen bzw. neugepflanzten Laub abwerfenden und immergrünen Bäume sowie mannshohe Gräser und saisonal blühende Sträucher formen grüne Inseln in einer sonst von Kühen und Zuckerrohr beherrschten Landschaft. Die Bäume, die in dieser artenarmen Landschaft überlebt haben, verdanken ihre Existenz entweder ihrer Funktion als Schattenspender für Mensch und Tier, wie etwa der *corotu,* dessen Laubkrone sich nur wenige Meter über dem Boden ausbreitet oder dem Glauben der lokalen Bevölkerung, die einige Baumriesen als Häuser der Götter respektieren.

> Wald in der Nähe von Boquete

## Aufforstungen

Verschiedene Organisationen versuchen mittlerweile durch Neupflanzungen die Rodungsschäden im bescheidenen Umfang zu reparieren. Ein bemerkenswertes Phänomen tritt bei diesen Aufforstungsprojekten an die Oberfläche: Die lokale Bevölkerung und die verantwortlichen Institutionen ziehen landesuntypische Nadelbäume aus Nordamerika den heimischen Arten vor. Als Argument wird u.a. angegeben, dass Nadelbäume schneller wachsen und dekorativer seien. Dieses panamaische Aufforstungsprogramm hat sich bis heute nur auf kleinen Arealen in der Provinz Chiriquí und auf der Halbinsel Azuero durchgesetzt.

710pa hz

## Mangrovenwälder

Im Tidenbereich der gesamten Küsten des Landes spielen diese Probleme keine Rolle. Dort sind die Lebensbedingungen für die Pflanzen derart rau, dass nur die Mangrove in dieser unwirtlichen Umwelt gedeihen kann. Die unverwüstliche Tropenpflanze hat sich hervorragend an die Bodenverhältnisse adaptiert.

Während des Hochwassers vermittelt der Mangrovenwald den Eindruck eines überfluteten Waldes, der im Salzwasser allmählich absterben müsste. Doch der Schein trügt: Die Tidenpflanze ist äußerst robust und scheidet überschüssiges Salz mit speziellen „Salzdrüsen“ aus. Die gute Anpassung lässt sich am deutlichsten während der Ebbe erkennen: Dann zeigen die Pflanzen ihr beeindruckendes

712pa hz

und undurchdringliches Flechtwerk von Stelzwurzeln, die im Schlickboden fest verankert sind, sowie von Atemwurzeln, die wie Spargel aus der salzigen Masse hervortreten – allerdings schmeckt Spargel eindeutig besser.

# Fauna

## Säugetiere

Für Tierliebhaber eröffnet sich in Panama ein kleines Paradies, in dem sowohl Arten aus Südamerika wie auch aus Zentralamerika vorkommen. Die meisten der ca. 225 Säugetierarten leben sehr zurückgezogen in der immergrünen Vegetation der Naturschutzgebiete, die selten von Menschen betreten wird. Durch die gute Anpassung an die Umgebung und die Scheu gegenüber den Menschen bleiben sie den Augen ungeübter Beobachter oft verborgen.

### Affen

Eine Ausnahme bilden dabei die Affen *(monos)*, die in Panama bzw. in ganz Lateinamerika zu den Neuwelt- oder Breitnasenaffen gezählt werden. Die perfekten Akrobaten kommen oft aus dem dichten Blätterwerk neugierig hervor, um die „Eindringlinge" aus sicherer Entfernung zu beobachten. Dabei versuchen das ca. 20 cm große **Panama-Perückenäffchen** *(mono tití, yerré* oder *mono araña)*, der bewegliche **Geoffroy-Klammeraffe** *(mono colorado)* und das tagaktive **Totenkopfäffchen** *(mono ardilla)*, ihre Neugierde durch einen guten Aussichtspunkt in den Ästen zu befriedigen, was wiederum eine Beobachtung durch die Touristen ermöglicht. Kaum zu sehen, dafür aber zu hören, ist der **graubraune Nachtaffe** *(mono nocturno* oder *jajuná)*, der meistens während einer Vollmondnacht mit seinem Ruf Weibchen lockt und der stimmgewaltige **Mantelbrüllaffe** *(mono negro* oder *mono alluador)*, der mit seinem über einige Kilometer hörbaren Gebrüll die morgendliche Geräuschkulisse des Regenwaldes übertönt – und so manchen ahnungslosen Touristen aus dem Schlaf reißt.

### Raubkatzen

Während die Affen den Menschen weniger zu fürchten haben – er zählt ja selbst zur Ordnung der Primaten – sieht es bei den Raubkatzen schon bedenklicher aus. Die schlimmste Bedrohung ist in erster Linie der Fellhandel. Obwohl weltweit sehr engagiert gegen den Handel gekämpft wird, besteht nach wie vor eine große Nachfrage nach Fellen, die so manche Katzenart an den Rand der Ausrottung gebracht hat. So ist es nicht verwunderlich, dass die Beobachtung einer freilebenden Raubkatze heutzutage zum reinen Glücksfall wird. Zu den in Panama lebenden und am stärksten bedrohten Kleinkatzen-Arten zählen unter anderem die **Wieselkatze** *(tigrillo congo)*, die **Langschwanzkatze** *(tigrillo* oder *maragay)* und der **Ozelot** *(manigordo)*, der wegen seines ocker- bis orangegelben, schwarz gepunkteten Fells zum begehrtesten „Objekt“ der Pelzindustrie wurde. Der Ozelot ist übrigens die meistgejagte Kleinkatze auf dem gesamten amerikanischen Kontinent. Ein ähnliches Schicksal erleidet auch der zu den Großkatzen zählende **Panama-Jaguar** *(tigre)*, der nur noch selten die Regenwälder im Osten des Landes durchstreift und der **Puma** *(león americano)*.

## Kleinere Raubtiere

Neben den graziös anmutenden Raubkatzen gibt es kleine, gefräßige Räuber, die auf der Suche nach Nahrung oft schwere Schäden in kultiviertem Gebiet verursachen. Sie entwickeln sich langsam zur Plage und wurden (und werden noch immer) schonungslos gejagt und dabei immer weiter in die geschützten Gebiete zurückgedrängt. Zu den Plagegeistern gehören der **Mittelamerikanische Fischotter** *(cutarra)* und der **Südamerikanische Fischotter** *(nutria* oder *gato de agua)*, die das Problem für die Zuchtfischerei schlechthin sind, sowie die gefräßige **Tayra** *(gato negro)*, die in Größe und Gestalt dem Marder ähnlich ist. Auf ihrer Suche nach Nahrung, zu der unter anderem auch Früchte gehören, dringt sie tief in die Bananenplantagen ein und verursacht dabei große Schäden. Ebenso eine Plage für den Menschen ist der zur Kleinbären-Familie zählende **Nordamerikanische Waschbär** und der **Krabbenwaschbär** *(gato manglatero)*, die als Plünderer durch das Land ziehen. Auf der ständigen Suche nach Nahrung machen sie auch vor Hühnereiern und Abfällen nicht halt.

## Nasenbären

Eine besondere Gattung aus der Kleinbärenfamilie ist der **Südamerikanische Nasenbär** *(gato solo)*, dessen leicht nach oben gebogene, rüsselähnliche Schnauze ein typisches Merkmal ist. Sein Lebensraum reicht von der Tiefebene über trockene Gebirgswälder bis hin zu Grassteppen. In erster Linie ernährt sich der Nasenbär von Insekten und Obst, gelegentlich auch von Fröschen, Eidechsen, Mäusen und jungen Schildkröten.

## Ameisenbären

Weniger abwechslungsreich ist dagegen der Speiseplan des Ameisenbärs, der sich – wie der Name schon andeutet – vorwiegend von Ameisen und Termiten ernährt. Von der Familie der Ameisenbären gibt es weltweit insgesamt nur vier Arten, die alle in Panama heimisch sind, so der **Große Ameisenbär** *(oso caballo)*, der **Zwergameisenbär** (*tapacara* oder *gato balsa*) der **Nördliche Tamandua** und der **Südliche Tamandua** *(oso hormiguero)*. Das typische Merkmal für diese Tiere ist ihre röhrenförmige Schnauze und die lange Zunge, die mit klebrigem Speichel bedeckt wird, um das Fangen von Ameisen und Termiten zu erleichtern.

## Gürteltiere

Eine tödliche Gefahr für die Ameisen und Termiten bilden auch das nachtaktive **Nacktschwanz-Gürteltier** *(armadillo rabo puerco)*, das **Siebenbinden-** und das **Neunbinden-Gürteltier** *(armadillo)*. Sie verfügen wie die Ameisenbären über eine klebrige, allerdings breitere Zunge, mit der Ameisenhügel und Termitenbauten regelrecht geplündert und oftmals bis zu 40.000 Ameisen pro Mahlzeit vertilgt werden.

Durch die große Anpassungsfähigkeit des Gürteltieres an seine Umwelt wird die Population in den tropischen Wäldern Panamas auf über 50 Tiere pro Quadratkilometer geschätzt. Die Chance ist deshalb sehr hoch, dem exotischen Tier in freier Wildbahn zu begegnen.

### Faultiere

Eine große Population wurde in Panama auch beim sprichwörtlich für seine Langsamkeit berühmten Faultier *(mono perezoso)* festgestellt. Neben den Feuchtwäldern im Darién und jenen entlang der Karibikküste gilt vor allem das Naturmonument Isla Barro Colorado als Heimat für das **Zweifingerfaultier** *(Unau)*, das **Hoffmann-Zweifingerfaultier** und das **Dreifingerfaultier** *(Aï)*. Faultiere leben ausschließlich auf Bäumen, wo sie in ihrer typischen Haltung – mit dem Rücken nach unten hängend – die meiste Zeit verbringen. Als Nahrung werden Blätter, Blüten und Früchte bevorzugt, aber alles in greifbarer Nähe, damit für die Nahrungssuche keine unnötige Energie verschwendet wird.

### Hirscharten und Nagetiere

Große Populationen wie bei den Gürtel- oder Faultieren können primär nur bei solchen Arten entstehen, die nicht in panamaischen Kochtöpfen landen. Die Jagd nach dem begehrten Fleisch ist in verschiedenen Landesteilen noch immer der Fall, weshalb vor allem bei Nagetieren und Hirscharten, wie etwa **Großmazama** *(venado corzo)*, **Graumazama** *(venado corzo-chocolate)* oder **Weißwedelhirsch** *(venado cola blanco)*, bereits drastische Rückgänge verzeichnet werden. Vor allem in der Provinz Darién wird die abwechslungsarme Speisekarte mit vielen Nagetieren ergänzt, wie etwa dem zu den Nabelschweinen zählenden **Weißbartpekari** *(puerco de monte)*, auch als Bisamschwein bezeichnet, dem **Halsbandpekari** *(saíno)* und dem **Wasserschwein** *(capibara)*, das mit einer Länge von bis zu einem Meter und einem Gewicht von bis zu 50 Kilogramm das weltweit größte Nagetier ist und deshalb eine besonders „reiche" Beute darstellt. Ebenfalls auf der Menükarte steht der nachtaktive **Goldhase** *(conejo pintado)*, dessen zartes Fleisch besonders begehrt ist. Er zählt zur Familie der Agutis *(ñeque)*, war einst im ganzen Land verbreitet und lebt heute nur noch in wenigen bewaldeten, flussnahen Gebieten. Ein ähnliches Schicksal wie die Nagetiere erleidet auch der in tropischen Bergwäldern beheimatete **Mittelamerikanische Tapir** *(macho de monte)*, der wegen seines schmackhaften Fleisches, vor allem aber wegen seiner Haut, die sich zu hochwertigem Leder verarbeiten lässt, bereits aus kommerziellen Gründen gejagt wird, was ihn schließlich auf die Liste der bedrohten Arten brachte.

### Beuteltiere

Zu den ständigen Bewohnern des Landes gehört auch die tagaktive **Wollbeutelratte** *(zorra roja)* und das weniger menschenscheue **Nordopossum** *(zorra)*, das seine Jungen mit Vorliebe auf dem Rücken transportiert. Dabei wird der Schwanz auf den Rücken gebogen und dient so den Jungtieren als „Haltestange".

## Insekten und andere Wirbellose

Während einer Wanderung durch ein Naturschutzgebiet sollte man nicht nur den optisch großen Tieren seine Aufmerksamkeit schenken. Auch die Insekten und wirbellosen Tiere haben Beachtung verdient, denn schließlich sind sie am artenreichsten vertreten, u.a. mit **Bienen, Wespen, Heuschrecken, Grillen, Käfern, Spinnen** und mit den **Libellen,** die in Panama den lustigen Namen *caballitos del diabolo* („Teufelspferdchen") erhalten haben. Besonders farbenprächtig sind die **Schmetterlinge,** von denen es rund 1500 Arten gibt. Die schillerndsten Erscheinungen sind die blauschillernden Morpho-Falter *(azul real)*, von denen einige Arten eine Flügelspannweite von bis zu 15 cm erreichen – ein herrlicher Kontrast zum dichten Grün des Regenwaldes.

## Amphibien

Bei einem Blick auf den Boden des Regenwaldes eröffnet sich eine faszinierende Welt, deren Bewohner oft nur wenige Zentimeter groß sind, wie etwa die **Kröten** *(sapos)* und **Frösche** *(ranas)*, die mit vielen Arten aus der Familie der Südfrösche, Laubfrösche, Glasfrösche und Engmaulfrösche vertreten sind. Einige Arten heben sich hervor, teils durch ihre Färbung, wie etwa der goldfarbene, mit schwarzen Punkten übersäte Stummelfußfrosch *rana dorada* (lateinisch *Atelopus zeteki)*, teils durch ihre überdimensionale Größe gegenüber ihren

711pa hz

Grille

Artgenossen, wie etwa die **Aga-Kröte,** die mit einer Größe von bis zu 23 cm kaum zu übersehen ist.

## Baumsteigerfrösche

Eine besondere Erwähnung verdienen die Baumsteigerfrösche, die sehr giftige biologische Substanzen in ihren Hautdrüsen erzeugen. Durch ihre grell leuchtenden Hautfarben (hellrot, rosa, blau, grün, gold und violett, oft mit dunklen Zeichnungen) werden ihre Fressfeinde, aber auch der Mensch vor ihrer Giftigkeit gewarnt. Neben dem **Zwerg-Panamabaumsteiger** ist auch der **Zweifarb-Blattsteigerfrosch** heimisch, der über das wirksamste aller Gifte verfügt: Bereits 0,00001 g seines Hautdrüsensekrets reichen aus, um eine erwachsene Person ins Jenseits zu befördern. Das wirksame Gift wird von einzelnen Indianerstämmen als Pfeilgift für die Jagd verwendet.

Ein „Spezialist" auf dem Gebiet der Froschjagd ist die auf der Isla Barra Colorado heimische **Fransenlippen-Fledermaus.** Bei Untersuchungen wurde festgestellt, dass diese Fledermaus *(murcielago)* fähig ist, die Lockrufe der Frösche zu unterscheiden und dadurch giftige Arten meiden kann.

## Reptilien

Nicht minder gefährlich als die Baumsteigerfrösche sind die Schlangen, wobei der Biss nicht immer tödlich verlaufen muss. Schlangen sind in der Regel scheue Tiere, die beim Anblick eines Menschen rasch im Unterholz verschwinden. Bei einer Wanderung im Regenwald sollten Sie trotzdem ab und zu nach unten blicken und nicht bedenkenlos Ihren Fuß vor den anderen setzen, da unter anderem die giftige **Schweinsnasen-Lanzenotter** *(nariz de puerco),* die **Mittelamerikanische Lanzenotter** *(terciopelo)* und die sehr giftige **Echte Korallenschlange** *(coral venenosa)* Ihre Wege kreuzen können. Keine Giftzähne besitzen die **Falsche Korallenschlange** *(falsa coral)* und die Königsschlange *(boa),* die allgemein unter dem Namen **Boa Constrictor** besser bekannt ist.

Auch viele Reptilien sind so gefährdet, dass sie teilweise streng geschützt werden. Dazu gehört auch der zu den Alligatoren zählende **Kaiman** *(babilla)* und der **Grüne Leguan** *(iguana verde),* dessen Aussehen an eine Miniaturausgabe eines Sauriers erinnert. Der Grüne Leguan zählte jahrelang im Land bzw. in ganz Zentralamerika wegen seines weißen, zarten Fleisches zu den besonderen „Leckerbissen". Trotz der ehemals großen Population des Leguans erreichte er durch die Jagd rasch die Schwelle der Ausrottung. Seine durch Menschenhand verursachte Vernichtung konnte allerdings durch die deutsche Forscherin *Dagmar Werner* in Panama einigermaßen gestoppt werden. Ihr gelang es, den Grünen Leguan in Gefangenschaft zu züchten, womit ein entscheidender Schritt gegen das Aussterben dieser Tierart getan wurde.

018pa hz

Zur speziellen „Delikatesse" zählen auch die Eier der **Bastardschildkröte** *(tortuga mulato)* und der **Echten Karettschildkröte** *(tortuga carey),* die jährlich zwischen August und November Tausende Eier in die Sandstrände der Pazifikküste ablegen. Als besonderer Brutplatz gilt der Südstrand der Isla Cañas, wo die Eier vor dem kommerziell bedingten Zugriff des Menschen durch besondere Bestimmungen entsprechend geschützt werden. Am Strand der Isla Cañas bzw. an den Stränden entlang der Pazifikküste trifft man auch auf die **Unechte Karettschildkröte** *(tortuga cahuama),* die **Suppenschildkröte** *(tortuga verde* oder *tortuga blanca)* und die **Lederschildkröte** *(tortuga canal),* die mit einer Länge von bis zu 185 cm und einem Gewicht von bis zu 700 kg die größte auf der Welt lebende Schildkröte ist. Die erwähnten Schildkröten-Arten leben vorwiegend in warmen Meeren und treten in Panama nur periodisch auf, wogegen einige Arten aus der großen Familie der Landschildkröten *(tortuga terrestre)* permanent im Land heimisch sind.

Kaiman

## Fische

So unterschiedlich die Fauna sich an Land präsentiert, so variationsreich ist sie auch unter Wasser. In den **Flüssen und Seen** Panamas wurden mehr als 200 Arten gezählt, die aber größtenteils den Augen verborgen bleiben – falls der Fisch nicht gedünstet, gebacken oder gegrillt auf Ihrem Teller landen wird, wie etwa die bekannte Regenbogenforelle *(trucha).* Besser, aber nicht ohne technische Hilfsmittel zu beobachten ist die Fauna im **Meer,** die über eine große Artenvielfalt verfügt. Auch bei uns verbreitete Arten wie Herings-, Lachs- oder Karpfenfische stehen mit ihrem Aussehen allerdings im Schatten der exotischen, teils prächtig gefärbten Fische, die in allen Formen vorkommen – mal kugelrund, mal gertenschlank. Die weitgehend intakten Korallenriffe der beiden Meere bieten ideale Lebensbedingungen für die exotischen Fische und natürlich auch die besten Voraussetzungen für die Taucher, die Fische hautnah zu erleben.

## Vögel

Unter Vogelkennern und -liebhabern gilt Panama als besonders lohnenswertes Ziel: Gegenwärtig sind ca. 900 heimische Vogelarten und rund 130 Zugvogelarten bekannt, die in bestimmten Gebieten hervorragend zu beobachten sind.

### Papageien

Aus Panamas Artenvielfalt exotischer Vögel zählen die Papageien *(guacamaya)* wahrscheinlich zu der weltweit bekanntesten Gattung. Wegen ihrer Popularität als Käfig- oder Ziervogel sowohl in Europa als auch in den Herkunftsländern entstand ein großer illegaler Handel, der dazu geführt hat, dass viele Papageien-Arten bereits als bedroht oder stark gefährdet eingestuft werden. Auch die Papageien in Panama blieben von den illegalen Geschäften nicht verschont, weshalb sie in freier Wildbahn eher selten zu sehen sind.

Papageien gehören zur großen Ordnung der *Psittaciformes*. Sie haben in der Regel ein prächtig gefärbtes Federkleid, wobei in vielen Fällen eine Grünfärbung überwiegt. Zu den farbenprächtigsten, in Panama heimischen Arten gehört unter anderem der **Hellrote Ara** oder **Arakanga** *(guacamaya bandera)* und der **Grünflügelara** *(guacamaya roja),* die beide ein regenbogenfarbenes Federkleid haben. Weniger bunt, aber nicht minder schön ist der rot-grüne **Rotbugara** *(guacamaya guaquito),* der grünblaue **Bechsteinara** *(guacamaya verde),* der gelb-blaue **Gelbbrustara** oder **Ararauna** *(guacamaya azul)* und die grüne **Gelbscheitelamazone** *(loro moña amarilla),* die eine auffallende Gelbfärbung des Kopfes hat.

## Tukane

Die Tukanfamilie *(tucánes)* ist mit 6 Arten in Panama vertreten. Am häufigsten kann der **Fischertukan** beobachtet werden, der mit einer Länge zwischen 46 und 56 cm zur größten Art neben dem Riesentukan zählt. Im vorwiegend dunklen Federkleid des Fischertukan ist die orange oder gelb gefärbte Brust sowie die türkisblaue Stelle rings um das Auge besonders auffällig. Charakteristisch für ihn ist zudem der grüne, leicht nach unten gebogene Schnabel, dessen Spitze rot oder rotbräunlich gefärbt ist. Ein dem Fischertukan ähnlich gefärbtes Federkleid besitzt der selten vorkommende **Swainsontukan.** Er ist im Vergleich zu seinem Verwandten etwas kleiner und an seinem braun-gelben Schnabel leicht erkennbar. Ebenfalls zu den seltenen Arten zählt der **Halsbandarassari** (dunkles Federkleid, helle Brust mit schwarzem Querstreifen), der **Feuerschnabelarassari** (dunkle Federn, orangegelbe Brust mit rotem Querstreifen, rötlichbraun-schwarzer Schnabel) und der **Gelbohrarassari** (dunkelgrünes Federkleid, schwarz-gelber Schnabel, gelber Fleck hinter dem Auge).

## Ordnung Trogons

Aus der Ordnung Trogons wurden in Panama 11 Arten gezählt, u.a. der **Goldkopftrogon,** der **Schwarzschwanztrogon** und der **Sperberschwanztrogon.**

Der Trogon ist ein mittelgroßer, scheuer Feuchtwaldbewohner mit einer Durchschnittsgröße von etwa 25 cm, einem leicht nach unten gebogenen Schnabel und einem breiten, horizontal abgeschnittenen Schwanz. Bei der Farbenpracht des Gefieders wird in meist das Weibchen vom Männchen übertroffen, dessen Federn eine bunte Farbmischung aus grün, braun, orange, gelb, rosa oder rot aufweisen.

Eine besondere Schönheit aus der Ordnung Trogons ist der grün-rot gefärbte männliche **Quetzal** (lat. *Pharomachrus mocino),* der wegen seiner bis zu einem Meter langen Schwanzfedern

(Körperlänge bis zu 38 cm) in der Vergangenheit erbarmungslos gejagt und dadurch stark dezimiert wurde, vor allem von der ursprünglichen Bevölkerung, die seine Schwanzfedern gerne als Kopfschmuck verwendete.

Der heute stark bedrohte Quetzal kann nur in abgelegenen Nebelwäldern überleben, wo er ungestört ist. Dort nistet er vorwiegend in Baumhöhlen. Doch durch die fortschreitende Waldrodung wird sein Lebensraum systematisch eingeengt und seine Population zunehmend geringer. Der Quetzal wurde in Panama ausschließlich in der westlichen Bergregion um Boquete und Cerro Punta bis in eine Höhe von etwa 2500 m beobachtet.

### Kolibris

Von Meereshöhe bis in eine Höhe, wo noch nektarproduzierende Pflanzen wachsen, leben die kleinsten Vögel der Welt: die Kolibris, bei denen der dünne, leicht gebogene Schnabel, das metallisch glänzende Gefieder und der insektenähnliche Schwirrflug die charakteristischen Merkmale sind. In Panama wurden von den weltweit 335 bekannten Kolibriarten gegenwärtig 55 verschiedene gezählt, die in allen Regionen des Landes beheimatet sind.

### Sperlingsvögel

Auf der Landenge am stärksten vertreten sind die Sperlingsvögel, was in keiner Weise als Überraschung gilt, denn sie bilden die artenreichste und größte Vogelgruppe der sogenannten „Neuen Welt". Dazu zählen unter anderem auch die in unseren Breiten bekannten **Finken, Meisen, Schwalben** und **Drosseln.** Sie stehen allerdings oft mit ihrer Farbenpracht im Schatten ihrer exotischen Verwandten, wie der gelb-, braun- und/oder grüngefiederten **Tyrannen,** die eine eigene große Familie innerhalb der Ordnung Sperlingsvögel bilden, oder der bunten und kontrastreichen **Tangaren, Schmuck-** und **Schnurvögel.** Zu den Sperlingsvögeln zählen auch die **Stärlinge,** die gern in Lichtungen, am Waldrand, in weniger baumreichen Niederungen sowie in Plantagen leben. Ihr schwarzes oder braunes Federkleid wird mit gelben, roten oder orangefarbenen Punkten oder Flecken verschönert.

Stärlinge sind in Panama mit einer besonderen Art vertreten: die **Stirnvögel,** die vor Ort als *oropendulas* bezeichnet werden. Neben dem bis zu 48 cm großen, braunen **Krähenstirnvogel** (lateinisch *Psarocolius decumanus melanterus),* der nur in Panama und Nordkolumbien vorkommt, fällt vor allem der kleinere **Montezumastirnvogel** *(ordopendula montezuma)* und der **Rotkopfstirnvogel** auf: durch ihre an Zweigen hängenden, langen Beutelnester, aber vor allem durch ihren besonderen Ruf, der sich anhört, als treffe ein Tropfen auf die Wasseroberfläche.

### Wasservögel

Bei einem Blick auf die Wasservögel, im Speziellen auf die Ordnung der Ruderfüßer, heben sich besonders der **Braune Pelikan, Tölpel, Kormoran, Schlangenhalsvogel** und der **Fregattvogel** hervor, die in großen Kolonien auf den menschenleeren Inseln und Inselchen Panamas leben, während an den Binnenlandseen Stelzvögel wie der **Reiher, Ibis, Storch** oder der **Löffler** beheimatet sind.

## Hühnervögel

Aus der artenreichen Ordnung der Hühnervögel sollte der bis zu einem Meter große **Tuberkelhokko** *(pavón* oder *pava rubia)* nicht unerwähnt bleiben, der vorwiegend in feuchten bis wechselfeuchten Hochwäldern lebt. Zu den auffälligsten Merkmalen in seinem schwarzen Gefieder zählt die gelbe Zeichnung am Schnabelansatz, worauf eine ebenfalls gelbgefärbte kleine Hornkugel sitzt und seine gekrausten Kopffedern, die er vor allem während der Balz als „Verschönerung" aufrichtet.

## Greifvögel

Die letzte erwähnenswerte Ordnung in der panamaischen Vogelwelt sind die Greifvögel, von denen einige häufig, andere wiederum kaum zu sehen sind, wie z.B. der weißköpfige **Fischbussard,** der **Prachtadler,** dessen aufgestellte Kopffedern auffällig sind, oder der zu den Falken zählende **Schopfkarakara,** der eine dunkle „Kappe" zum restlichen, hellgefärbten Kopf trägt. Am häufigsten trifft man unterwegs auf den bis zu 40 cm großen **Gelbkopfkarakara** und den fast doppelt so großen **Truthahngeier,** der zu den Neuweltgeiern zählt und als Aasfresser und Restevertilger die „Gesundheitspolizei" der Tierwelt verkörpert.

Aus der Greifvogelwelt Panamas ist letztendlich die zu den Bussardartigen zählende eindrucksvolle **Harpyie** (lateinisch *H. harpyia)* besonders hervorzu-

019pa hz

heben. Sie gehört mit einer Körpergröße zwischen 90 und 110 cm und ihren mächtigen Krallen zu den kräftigsten Raubvögeln der Welt. Zu ihren Beutetieren zählen unter anderem Affen, Faultiere und sogar ausgewachsene Stachelschweine. Die Harpyie kann heute ausschließlich im Darién-Regenwald, dort aber nur noch selten beobachtet werden. Durch die großflachige Abholzung des Regenwaldes in allen zentralamerikanischen Ländern wurden ihre Bestände drastisch dezimiert, weshalb sie auf der langen Liste der stark bedrohten Tiere einen vorderen Platz einnimmt. Im Botanischen Garten *Summit* werden Zuchtversuche unternommen, die bis heute erfolglos blieben.

Der Greifvogel erhielt übrigens seinen Namen von einem Fabelwesen der griechischen Mythologie, in den mit Harpyien ursprünglich Sturmdämonen, später hässliche Riesenvögel mit Frauenköpfen bezeichnet wurden.

# Natur- und Umweltschutz

Die Natur- und Umweltschutzpolitik der panamaischen Regierung ist bei Weitem noch nicht so fortgeschritten, wie es auf den ersten Blick erscheint. Auch die bisher geschaffenen Naturschutzgebiete können darüber nicht hinwegtäuschen. Die staatliche Institution *ANAM (Autoridad Nacional del Ambiente)* und die privat geführten Vereine *ANCON (Asociación Nacional para la Conservación de la Naturaleza), Grupo Azuero Natural Ecológico* (in Guararé) und *PA.NA.MA. (Fundación de Parques Nacionales y Medio Ambiente)* sind zwar ständig bemüht, die Natur- und Umweltschutzentwicklung voranzubringen, doch entscheidende Schritte werden von vielen Faktoren gehemmt.

## Problem Brandrodung

Eines der größten Probleme bildet dabei die Agrarwirtschaft, die traditionell auf der Brandrodung basiert.

Bei dieser uralten und in den Tropen weit verbreiteten Methode wird zunächst das Land mit der Machete (Buschmesser) von Sträuchern, später mit der Axt von Bäumen gesäubert. Die geschlagenen Bäume und Sträucher werden in der Trockensaison vollständig verbrannt, wobei auch ein beträchtlicher Teil der fruchtbaren Oberfläche vernichtet wird. Nach etwa zwei Jahren ist der dann durch diese Methode entstandene Ackerboden bereits ausgemergelt. Der Bauer wird daher gezwungen, neues Land zu suchen, womit die ganze Prozedur von vorne beginnt. Wegen der kurzfristigen Nutzbarkeit des Agrarbodens entstand logischerweise ein enormer Landhunger bei den panamaischen Bauern, der die allmähliche **Entwaldung** großer Landstriche nach sich zog. In Panama besteht außerdem das ungeschriebene Gesetz, dass jene Person auf das Land Besitzansprüche stellen kann, die es der Natur abgerungen hat und so sind mittlerweile große Agrarflächen, vor al-

☒ Truthahngeier

lem in der Provinz Chiriquí und auf der Halbinsel Azuero, im Besitz von nur wenigen Bauern. Der größere Rest an Kleinbauern muss nach wie vor in abgelegene Gebiete vordringen, um den Kampf zwischen Mensch und Natur aufzunehmen, wobei letztendlich die Natur auf der Strecke bleiben wird.

## Probleme für den Umweltschutz

Die unübersehbare Entwaldung und die ständig wachsende Erosion haben bereits enorme Ausmaße angenommen. Den Kleinbauern kann dabei kein Vorwurf gemacht werden, denn schließlich kämpfen sie um ihre Existenz. Vielmehr ist es die **Aufgabe der Regierung,** zukunftsorientiert zu denken und Alternativen für die regionale Bevölkerung anzubieten, aber auch umweltschützende Maßnahmen zu treffen und diese mit der nötigen Kraft durchzusetzen. Pläne sind dazu vorhanden, doch zwischen dem Beamtenleben in der modernen Hauptstadt und dem praktischen Alltag des Interior klafft noch immer eine zu große Lücke, um einen entscheidenden Durchbruch zu erreichen. Die sachkundige Aufklärung der Bevölkerung, die Begleitung von Aufforstungsprojekten sowie die Stimulierung für eine andere Urbarmachung und Nutzung der Fläche bleiben oft im bürokratischen Apparat hängen. Es sind momentan die privatge-

führten Vereine und ausländische Institutionen wie die Deutsche Gesellschaft für technische Zusammenarbeit (GTZ), die mit Kontakt zur ländlichen Bevölkerung kleine Erfolge verbuchen können.

Große Probleme der Natur- und Umweltschutzpolitik sind der Geldmangel, die richtige Verteilung des verfügbaren Budgets und die Organisation, wie etwa bei der **Müllbeseitigung,** die in ärmeren Gebieten des Interior und den Elendsvierteln von Panama-Stadt, im Besonderen aber in der Umgebung von Colón nicht oder nur schlecht funktioniert. Und wo die staatliche Organisation weitgehend fehlt, greift die unaufgeklärte Bevölkerung zur Selbsthilfe und kippt den Müll in die Natur – vom Plastiksäckchen bis hin zum Autoreifen.

Am stärksten wirkt sich der Geldmangel und die falsche Budgetverteilung im Bereich der **Naturschutzgebiete** aus. Für die Einhaltung der gesetzlichen Bestimmungen wird deutlich mehr Wachpersonal für geschützte Gebiete und eine bessere Ausrüstung benötigt, als derzeit zur Verfügung stehen. Durch diesen Mangel können die oft unsichtbaren Grenzen der Naturschutzgebiete nur beschränkt gegen die landhungrigen Bauern geschützt oder der illegalen Jagd im Schutzgebiet ein Riegel vorgeschoben werden. Zudem arbeiten die oft fach- und ortskundigen Parkwächter unter schlechten Bedingungen und gegen geringe Entlohnung. Diese Tatsachen führen vielerorts zu Resignation und Frustration der Parkaufseher. Mit einem neuen Verteilerschlüssel für das verfügbare Budget zu Gunsten der Parkaufsicht, anstatt das Geld in den Rachen der großen und oft unnötigen Administration des Umweltministeriums zu schütten, könnte der Natur sicher bedeutend mehr geholfen werden. Doch bis heute wurde daran nichts geändert, was sicher am wenig motivierten Beamtenapparat, vor allem aber an der Unfähigkeit und der Kurzsichtigkeit vieler verantwortlicher Personen liegt.

## Ökotourismus

Eine entscheidende Wende in vielen Bereichen bringt vielleicht der sogenannte *Ecoturismo* (Ökotourismus), der von Costa Rica nach Panama hinübergeweht ist. Panamaische Delegationen sind wegen dieses Tourismustrends bereits nach Belize, Costa Rica und auf die Galapagos-Inseln gereist, wo sie über prakti-

schen und theoretischen Naturschutz mit allen positiven und negativen Folgen beraten wurden. Da vor allem das klassische Ökotourismusland Costa Rica in Nordamerika und Europa einen unvorhersehbaren Touristenboom ausgelöst hat und dadurch wiederum vor neue Probleme beim Naturschutz gestellt wurde, versucht Panama aus den positiven und negativen Erfahrungen seines Nachbarn zu lernen. Und mit konsequentem Ökotourismus, der die Natur mehr schützt als ausnützt, wird in Panama ein Weg eingeschlagen, der hoffentlich auch das gesteckte Ziel erreicht.

## Naturschutzgebiete

Ca. 29 % des Staatsterritoriums stehen unter Naturschutz, das entspricht einer Fläche von rund 22.354 km$^2$. Ca. 17,7 % der Staatsfläche bestehen aus Nationalparks, etwa 0,8 % bilden Wildtierreservate, Naturmonumente und Erholungsgebiete und rund 10,5 % verteilen sich auf unterschiedlich genutzte Waldreservate, die aber für die Öffentlichkeit im Allgemeinen unzugänglich bleiben.

Von den rund 45 Naturschutzgebieten sind zwei Drittel für touristische Zwecke gedacht, doch einige Gebiete stehen am Beginn der touristischen Entwicklung. Generell fehlen Öffnungszeiten, Eintrittspreise, Parkwächter und markierte Wanderwege. Laut Auskunft der Angestellten im *ANAM*-Hauptbüro soll sich dies mit dem Ökotourismus aber in naher Zukunft ändern. Für den **Besuch eines Naturschutzgebietes** benötigt man generell eine Genehmigung, die auch für mehrere Gebiete und Personen ausgestellt wird. Die Ausstellung der Genehmigung erfolgt nur im *ANAM*-Hauptbüro in Paraíso und dauert in der Regel drei bis vier Tage. Weitere Informationen erhalten Sie unter den jeweiligen Naturschutzgebieten bei den Ortsbeschreibungen im Reiseteil.

### Kategorien der Naturschutzgebiete

■ **Parque Nacional** *(P.N.):* Der Begriff „Nationalpark“ unterliegt verschiedenen strengen Kriterien. Generell muss das zum Nationalpark erklärte Gebiet eine Fläche von mindestens 1000 ha aufweisen und über ein intaktes Ökosystem verfügen, das vom Menschen in keiner Weise bzw. nur in geringer Weise berührt wurde oder über ein herausragendes Merkmal der Region (wie etwa Gesteinsformationen) oder über ein Merkmal von nationalem oder internationalem Interesse verfügen. Der Nationalpark soll neben seiner Schutzfunktion auch schulischen und wissenschaftlichen Zwecken, zur Erholung und in gewissem Maß auch dem Tourismus dienen.

■ **Refugio de Vida Silvestre** *(R.V.S.)*: Das sogenannte „Wildtierreservat" soll – wie der Name schon verrät – in erster Linie den Fortbestand bedrohter Tiere sichern und ihren natürlichen Lebensraum schützen, sowohl der dort ständig beheimateten Spezies oder Gemeinschaften wie auch jener, die sich hier nur kurzfristig aufhalten, wie zum Beispiel die Zugvögel. Bis heute wurden in Panama 10 Wildtierreservate kreiert, vor allem zum Schutz der Wasservögel.

■ **Monumento Natural** *(M.N.)*: Das Naturmonument ist in seinem Charakter ein bedeutungsvolles und wissenschaftlich interessantes Naturgebiet. Im Augenblick werden nur die natürlichen Badestellen Los Pozos de Calobre und die Isla Barra Colorado als Naturmonument bezeichnet, die vollständig der Leitung des amerikanischen *Smithonian Tropical Research Institute* unterliegt.

■ **Area Nacional de Recreo** *(A.N.R.)*: Der Begriff „Erholungsgebiet" bedarf wohl keiner genauen Erklärung. In Panama wurden die momentan vorhandenen Gebiete (Parque Metropolitano, Area Recreativa Lago Gatún und Parque Municipal y Jardín Botánico Summit) immer in der Nähe von Ballungszentren (in diesem Fall in der Nähe von Panama-Stadt und von Colón) errichtet, um der Bevölkerung eine Möglichkeit zur Erholung in nächster Nähe zu schaffen.

■ **Reserva Forestal** *(R.F.)*: An dieses Gebiet mit seiner Funktion als Waldreserve werden zwei Maßstabe angelegt: einerseits wird es angemessen genutzt, andererseits wird bei der Entwicklung des Waldes und der Aufforstung geholfen.

■ **Bosque Protectore** *(B.P.)*: Der „Schutzwald" soll die Ausdehnung der Kulturfläche verhindern, weshalb bei diesem Gebiet auch bereits gerodete Flächen miteinbezogen wurden, auf denen Wiederaufforstung (allerdings sehr langsam) betrieben wird. Zudem fungiert das Gebiet als Unterrichtsprojekt, vor allem im richtigen Umgang mit natürlichem Lebensraum.

■ **Reserva Hidrológica:** Diese Gebiete dienen ausschließlich dem Zweck der Wasserspeicherung, weshalb sie sich rund um Stauseen befinden.

◁ Rinderherden verdrängen immer mehr die ursprüngliche Flora und Fauna des Landes

## In den Nationalparks

■ Die **Öffnungszeiten** der Nationalparks variieren zwar, sie liegen aber generell zwischen 8 und 17 Uhr.

■ Der **Eintritt** in einen Nationalpark kostet 5 $ pro Person. Dieser Betrag wird direkt am Eingang des Nationalparks von den dortigen ANAM-Rangern einkassiert.

■ **Aktuelle Informationen** erhalten Sie bei der Naturschutzbehörde ANAM (Adresse siehe Panama-Stadt) oder auf deren Internetseite www.anam.gob.pa.

716pa hz

# 11 Staat und Gesellschaft

Indianer, Spanier, Piraten, Franzosen und Nordamerikaner: viele haben ihren Stempel auf Panamas spannende Geschichte gedrückt.

In Boquete

# Geschichte

## Frühgeschichtliche Spuren

Bereits lange vor der Ankunft der Spanier haben die ursprünglichen Bewohner Lateinamerikas die geografischen Vorteile Panamas erkannt und sie für kulturelle und kommerzielle Beziehungen zwischen den verschiedenen Völkern Zentral- und Südamerikas benutzt.

Der **Tauschhandel** erstreckte sich damals vom heutigen Mexiko über Panama bis nach Peru, was mit dem Fund eines panamaischen Goldobjektes in einem Maya-Tempel in Chichén Itzá auf der mexikanischen Halbinsel Yucatán bewiesen ist.

Die Übereinstimmungen zwischen den archäologischen Funden von Monagrillo auf der panamaischen Halbinsel Azuero und den Keramikgegenständen der sehr alten Valdivia-Kultur an der ecuadorianischen Küste belegen die Kontakte nach Südamerika, die außerdem auch mit auffallenden Parallelen gegenüber dem präkolumbischen Goldschmuck aus Panama, Kolumbien und Peru untermauert werden können.

Außer diesen Hinweisen auf die Existenz eines weitreichenden Tauschhandels ist über die Menschen und ihre Lebensgewohnheiten auf panamaischem Territorium vor der Ankunft der Spanier sehr wenig bekannt, aber auch noch wenig erforscht. Viele Zeugnisse aus der Vergangenheit liegen noch in der panamaischen Erde verborgen.

### Paläoindianische Periode (bis 8000 v. Chr.)

Mithilfe der bis heute in Panama gefundenen Gegenstände, die sich in Art und Alter unterscheiden, konnte ein kleiner Zipfel des Zeitschleiers gelüftet werden. Die älteste nachzuweisende Kultur Panamas, die **Cultura de Macapale** (auch **Cultura Madden,** benannt nach Ausgrabungen im Jahr 1959 nahe dem Madden-See am Ufer des Río Chagres), datiert aus der Zeit um das Jahr 9000 v. Chr. Sie fällt in die paläoindianische Periode (vom Auftreten der ersten Menschen bis etwa 8000 v. Chr.), in der nomadische Jägervölker auf dem amerikanischen Kontinent leben.

Die vom nordamerikanischen Archäologen *Dam Sanders* am Ufer des Río Chagres gefundenen Steinwerkzeuge mit scharfen Kanten aus kristallinem Quarz belegen die Existenz von **Jägervölkern** in Zentralpanama. Bei diesen Funden wurden verblüffende Ähnlichkeiten mit den Steinwerkzeugen der wahrscheinlich ältesten Kultur Nordamerikas, der Großwildjäger-Kultur, festgestellt. Dadurch und durch die ebenfalls in Panama zum Vorschein gebrachten, riesigen Mammutknochen und -zähne wird die allgemein akzeptierte Theorie bestätigt, nach der die ursprüngliche Bevölkerung Amerikas über eine inzwischen versunkene Landbrücke im nördlichen Teil des Pazifiks (Beringmeer) auf der Jagd nach potenzieller Beute von Asien nach Alaska kam, immer weiter nach Süden wanderte und nach und nach den amerikanischen Kontinent und somit auch Panama besiedelte.

Spuren von nomadischen Jägervölkern wurden auch in anderen Teilen Pa-

# Panamas Staatssymbole

Panamas Unabhängigkeit ging so rasch über die Bühne, dass erst kurz vor der offiziellen Ausrufung der Souveränität am 3. November 1903 das Fehlen der Staatssymbole registriert wurde. In den letzten Tagen und Stunden arbeitete man ohne Unterbrechung, um zunächst das wichtigste Symbol, die Fahne, bei der Ausrufung präsentieren zu können. Zur Erinnerung an diesen feierlichen Moment wird seit 1955 jährlich am 1. November der *Dia de la Bandera* (Tag der Fahne) abgehalten.

Die **Nationalfahne** *(bandera nacional)* wird aus vier gleichgroßen Rechtecken gebildet. In der oberen Fahnenhälfte befindet sich rechts ein rotes Rechteck, Sinnbild für die konservativen Kräfte des Landes, links ein weißes Rechteck mit einem blauen Stern in der Mitte, der die Reinheit und die Rechtschaffenheit symbolisiert. In der unteren Hälfte zeigt die Komposition an der linken Seite ein blaues Rechteck, Sinnbild für die liberalen Kräfte des Landes, an der rechten Seite ein weißes Rechteck mit einem roten Stern in der Mitte, der die Autorität und das Gesetz darstellt.

Der Entwurf eines **Nationalwappens** *(escudo nacional)* zählte zu den ersten Aufträgen der jungen panamaischen Regierung, wobei die Wahl auf eine Kreation von *Nicanor Villalaz* fiel. Nach einigen Abänderungen durch seinen Bruder *Sebastián* erhielt es 1904 seine definitive Gestalt.

Das Wappenschild zeigt in der Mitte ein breites, horizontal liegendes Band, worauf die Landenge (Symbol des panamaischen Territoriums), das Wasser (Sinnbild der beiden Weltmeere) und der strahlendblaue Himmel mit dem untergehenden Mond und der aufgehenden Sonne (Symbol der Unabhängigkeit) abgebildet sind. Unterhalb des Bandes liegt ein Füllhorn (Zeichen des Reichtums) im blauen Wappenfeld und ein goldenes Rad mit Flügel (Zeichen des Fortschritts) im weißen Feld. Der obere Schildteil besteht aus einem weißen Feld mit gekreuzten Waffen (Sinnbild des Streites und dessen Ende) und einem roten Feld mit gekreuzten Werkzeugen (Symbol der Arbeit). Hinter dem Wappenschild, das von Nationalfahnen flankiert wird, tritt nach oben hin der Adler als Repräsentant der Souveränität hervor. Mit seinem Schnabel hält er eine weiße Schleife fest, auf der die Worte *Pro Mundi Beneficio* (Für eine humanitäre Welt) geschrieben sind. Oberhalb des Adlers prangen, bogenförmig angeordnet, neun goldene Sterne, welche die heutigen Provinzen des Landes darstellen.

Die **Nationalhymne** *(himno nacional)* entstand drei Jahre nach der Ausrufung der Unabhängigkeit. Die Musik entstammt einem 1897 von *Santos Jorge* komponiertem Schullied, dessen ursprünglicher Wortlaut durch einen passenderen Text des panamaischen Dichters *Jeró nimo Ossa* ersetzt wurde.

Um die Auflistung der Nationalsymbole zu vervollständigen, darf die Nationalblume, die schneeweiße Orchidee Flor de la Espítritu Santo, und der Nationalvogel, der seltene Raubvogel Harpyie, nicht fehlen.

namas gefunden, unter anderem in einer Höhle auf der Halbinsel Azuero. Bei den Spuren deutet alles darauf hin, dass die Höhle den Großwildjägern als Aufenthaltsraum diente – eine Art prähistorische Herberge.

## Mesoindianische Periode (8000–2000 v. Chr.)

In der an die paläoindianische Periode anschließenden mesoindianischen Zeit (etwa 8000 bis 2000 v. Chr.) verliert die Großwildjagd immer mehr an Bedeutung gegenüber dem Fischfang und der Sammelwirtschaft, womit die Jägernomaden die ersten **Ansätze zur Sesshaftigkeit** zeigen.

Typische **Spuren** aus diesem Zeitraum sind die aus organischem Material, wie etwa Tierknochen und Muschelschalen, hergestellten Waffen und Werkzeuge. Ein besonderes Zeugnis der mesoindianischen Periode sind die *concheros* (Muschelhaufen), die als natürliche Müllhaufen hinterlassen wurden und unter anderem im Nationalpark Sarigua auf der Halbinsel Azuero bis heute erhalten geblieben sind.

Die ältesten in Panama gefundenen typischen Spuren aus der mesoindianischen Periode datieren aus der Zeit um 5000 v. Chr. Sie wurden am Cerro Mangote in der Provinz Coclé entdeckt, wobei auch die erste Grabstätte zum Vorschein kam.

Während diese Funde von Wissenschaftlern leicht zu interpretieren waren, blieben die unter anderem in der Gegend um El Valle und in den Bergen Chiriquís entdeckten **Petroglyphen** (Steininschriften) bis heute rätselhaft.

## Präklassische Periode (2000 v. Chr. – 500 n. Chr.) und neoindianische (klassische) Periode (500–1500 n. Chr.)

Der Zeitraum zwischen ca. 2000 v. Chr. bis etwa 500 n. Chr. wird als präklassische Periode bezeichnet. Es handelt sich hier um eine **Übergangsphase** von der mesoindianischen zur neoindianischen Zeit, auch als klassische Periode bezeichnet, die ca. 500 n. Chr. beginnt und mit der Siedlungspolitik der Spanier am Beginn des 16. Jahrhunderts endet. Obwohl das erste Jahrtausend dieser Phase allgemein als Präkeramikum bezeichnet wird, findet man bei Ausgrabungen nahe Monagrillo auf der Halbinsel Azuero bereits einfache Gebrauchsgegenstände aus Ton, die um 2100 v. Chr. angefertigt wurden und welche damit zu den ältesten Keramikarbeiten dieses Kontinents zählen.

Durch die schlicht geformten Gegenstände erkennt man bei der mesoindianischen Zivilisation bereits eine **Sesshaftigkeit,** die in der präklassischen Periode ihre typischen Merkmale entwickelt, wie etwa kleine Siedlungen, welche die gesamte klassische Periode kennzeichnen werden. In Panama entstehen zwischen 1000 v. Chr. bis 500 n. Chr. die ersten Zeremonienstätten und kleinen Siedlungen *(aledas* oder *cacicazgos)* mit einer Sozialstruktur, in der die höchste Autorität vom Kazike (auch *cacique* = Häuptling) verkörpert wird. Im Alltagsleben der Dorfgemeinschaften entwickeln sich Gegenstände, welche Entwicklungsfortschritte deutlich erkennen lassen: von schmucklosen Gebrauchsgegenständen zu immer feiner verarbeiteten und variationsreicheren Kunstobjekten.

Wichtige Aufschlüsse über diese Zeit kamen von den **Grabstätten,** die vielerorts freigelegt wurden. Man unterscheidet zwischen primärer und sekundärer Bestattungsmethode. Die sekundäre Art, bei welcher der Leichnam getrocknet, danach in Tücher gewickelt und in einer Urne beigesetzt wurde, steht auf einer niedrigeren Stufe als die primäre Bestattungsmethode, die auch als *guaco* (Grabbeigabe, aus der Quechua-Sprache) bezeichnet wird. Bei der primären Art wurde der Körper in gebückter oder ausgestreckter Haltung und – regionalbedingt – in Rücken-, Bauch- oder Seitenlage bestattet. Rund um den Toten legte man verschiedene Alltagsgegenstände und Opfergaben. Von den Wissenschaftlern werden die Grabbeigaben als Glaubenshinweis auf ein Leben nach dem Tod gewertet. Hierzu passt auch die Mitbestattung der Frau und/oder der Sklaven eines hochrangigen Mannes. Aus der Haltung der gefundenen Skelette lässt sich schließen, dass die „Mitreisenden" oft lebend begraben wurden. Den sozialen Status und das Ansehen des Toten kann man neben den Mitbestatteten, auch an der Qualität und Quantität der Grabbeigaben ablesen.

Eine andere Kategorie aufschlussreicher Funde aus der neoindianischen Periode bilden die 1949 im Valle del Cerro Punta in der Bergregion Chiriquís entdeckten *monolitos* (Monolithen): die fast körpergroßen, einzigartigen **Statuen** wurden aus einem einzigen Felsbrocken angefertigt. Die detaillierte und lebendige Formgebung der Kultfiguren deutet bereits auf eine hohe Kulturstufe hin, die nach dem Fundort des Zeremonialzentrums dieser Zivilsation als Cultura de Barriles bezeichnet wird. Durch einen Ausbruch des Vulkans Barú um 600 n. Chr. wird das Tal bei Cerro Punta unter einem dicken Lavateppich begraben, der

Rätselhaft: Petroglyphen

die Barriles-Kultur zum Aussterben bringt. Ihr beeindruckendes Erbe von kunstvollen Steinfiguren und Keramiken kann im Museum *Reina Torres de Araúz* in Panama-Stadt bewundert werden.

Eine monumentale **Kultanlage** jüngeren Datums, einer der bedeutendsten Funde in Panama, wurde in den 1930er Jahren durch eine Gruppe von Wissenschaftlern unter der Leitung des bekannten nordamerikanischen Archäologen *Samuel Lothrop* auf dem Privatgebiet der wohlhabenden Familie *Conte* in der Provinz Coclé freigelegt: Über hundert kunstvoll dekorierte Keramikgegenstände, feinster Schmuck aus Gold und organischem Material sowie stilisierte Steinfiguren kamen dabei zum Vorschein. Sie bilden das imponierende Erbe einer Zivilisation, die nach dem Fundort als Sitio Conte benannt wird. Viele dieser Kostbarkeiten wurden durch die Archäologen in verschiedene **Museen der USA** gebracht, wie etwa in das *Museum of the American Indian* in New York. Im Falle Sitio Contes besonders traurig, da diese Kultur als Repräsentant für jene Kulturstufe gilt, die während der Ankunft der Spanier in Panama bestand. Zur Aufklärung und zum Bewusstsein der eigenen Identität, wären die Reichtümer in Panama besser aufgehoben.

Trotz der meist illegal ausgeführten Kulturgüter ist in den Museen *del Penonomé* und *Reina Torres de Araúz* in Panama-Stadt sowie im *Parque Archeológico El Caño* eine kleine, aber ehrwürdige Kollektion zu bewundern. El Caño hat übrigens als einzige Ruinenstätte Panamas einen besonderen Stellenwert im Land, trotz ihrer weniger spekatuklären Ausstattung im Vergleich zu anderen meso- und südamerikanischen Zeremonienzentren. Vielleicht auch deswegen, weil die kreisförmig aufgestellten Basaltsäulen die Vergangenheit besser dokumentieren können, als die leblosen Gegenstände in den Museumsvitrinen – oder sind es die alten Geister, die über dem Zeremonienplatz schweben?

## Kulturgebiete

Obwohl das kulturelle Erbe Panamas eine bestimmte Schlussfolgerung über die Aktivitäten frühgeschichtlicher Kulturen zulässt, kann damit die Frage, welche Völker nun auf der Landbrücke zwischen Nord- und Südamerika lebten, bis heute nicht eindeutig geklärt werden. Nach den Fundorten, den schriftlichen Berichten der Spanier und den heute von indianischen Stämmen besiedelten Gebieten lassen sich drei große Kulturgebiete nachweisen: Die heutigen Provinzen Chiriquí und Bocas del Toro im Westen, die Zentralprovinz sowie die Provinz Darién und die Comarca de San Blas im Osten des Landes. Es bleibt aber weitgehend die Frage offen, ob die heute auf panamaischem Territorium lebenden *Indígenas* die Nachkommen der frühgeschichtlichen Völker Panamas sind oder ob sie durch Immigration die Landenge erreicht haben. Für die letzte Theorie sprechen die ethnischen Gemeinsamkeiten der panamaischen Ureinwohner mit südamerikanischen Völkern, aber auch die Flüchtlingsströme und die Zwangsumsiedlung während der kolonialen Epoche. Der genaue Nachweis der Wurzeln der panamaischen Bevölkerung bleibt nach wie vor sehr lückenhaft.

## Historischer Wendepunkt

„1501, **Rodrigo Galván de Bastidas** entdeckt Panamá“, dröhnt es wie ein einziger Schrei aus den Kehlen der Schulkinder, auf die Frage des Lehrers hin, wann die Periode von „El Panamá Hispano“ denn begonnen habe. Der Tatsache, dass der aus Sevilla stammende Kaufmann *Bastidas,* der *Kolumbus* auf seiner zweiten Fahrt begleitet, einige Tauschgeschäfte im Norden Südamerikas tätigt und dann entlang der Nordost-Küste Panamas bishin zu den San-Blas-Inseln segelt, ist dieses Ereignis nicht gewidmet.

*Cristóbal Colón,* die spanische Bezeichnung für **Christoph Kolumbus,** ist nach *Bastidas* der zweite Name in der chronologischen Reihe von Fakten und Zahlen über die Entdeckung Panamas. Der weltweit als Entdecker der „Neuen Welt“ gefeierte *Kolumbus* hat zwar nicht als erster Mensch die Landenge ins Visier genommen, doch wird ihm die Ehre zugeschrieben, im Jahre 1503 die erste **europäische Siedlung** auf dem Festland gegründet zu haben: Santa María de Belén an der Karibikküste Panamas.

*Kolumbus* tritt seine vierte und letzte Reise über den westlichen Seeweg nach „Asien“ im Mai 1502 an, auf der Suche nach einer Meeresdurchfahrt, die laut *Paolo Toscanellis* (falschberechneter) Weltkarte von 1474 weiter südlich von „Indien“ nahe des „Indonesischen Archipels“ liegen musste. Er segelt mit seiner Flotte entlang der, von ihm während seiner ersten Reisen entdeckten *Insulis Indie* (womit die heutigen Großen Antillen gemeint sind), an die Ostküste „Asiens“. In Wirklichkeit geht die Flotte an der Nordküste des heutigen Honduras vor Anker. Bei diesem kurzen Aufenthalt erfährt er von der Existenz eines sagenhaften Goldlandes im Süden des Kontinents (womit das Inka-Reich in Peru gemeint ist).

*Kolumbus,* der noch stets davon überzeugt ist, Asien entdeckt zu haben und sich dabei auf die Berichte *Marco Polos* aus dem 13. Jahrhundert und die Weltkarte *Toscanellis* stützt, setzt die Suche nach der Meeresdurchfahrt fort. Die Flotte segelt vorerst entlang der honduranischen Küste in Richtung Osten, später in Richtung Süden nach Costa Rica und Panama. Trotz hartnäckiger Suche kann Kolumbus die Meeresdurchfahrt nicht entdecken. Wenn er schon nicht mit konkreten Beweisen über die Durchfahrt nach Spanien zurückkehren wird, dann kann er dem spanischen Königspaar mindestens Informationen über ein **sagenhaftes Goldland** geben. Kolumbus ist durch den stets beibehaltenen Südkurs im Glauben, sich nahe des Goldlandes zu befinden, weshalb die Flotte an der Karibikküste Panamas vor Anker geht.

Da er einen Ausgangspunkt für geplante Expeditionen nach dem Goldland benötigt, gründet er nahe dem heutigen Puerto Obaldía die **Siedlung Santa María de Belén.** Doch die Gründung steht unter keinem guten Stern: Die ständigen Angriffe der einheimischen Stämme, die nach wenigen Monaten vom schlechten Benehmen der europäischen Eindringlinge genug hatten, die großen Moskitoscharen, das feucht-heiße Klima, die dichte Tropenvegetation, das ungastliche Bergland und die mangelhafte Ernährung lassen die Moral der Mannschaft rasch sinken.

Die ungünstigen Lebensbedingungen zwingen *Kolumbus* und seine Mannschaft, am 16. April 1503 unverrichteter Dinge nach Spanien zurückzukehren. Damit endet zwar die Rolle des großen Entdeckers in Panama, das sagenhafte Goldland lockt aber immer wieder Abenteurer auf die Landenge.

## Vasco Núñez de Balboa

Acht Jahre nachdem Kolumbus und seine Mannschaft Panama verlassen hatten, betritt der Abenteurer *Vasco Núñez de Balboa* die Landenge. Sein Lebenslauf weist aber keine großen Taten auf, mit Ausnahme der Entdeckung des Pazifiks.

*Balboa* wird vermutlich um 1474/75 in einem kleinen Ort mit dem Namen Jerez de los Caballeros in der spanischen Hochebene, der Estremadura, geboren. Mit etwa 25 Jahren entschließt er sich, die weite Welt zu sehen und heuert auf dem Schiff von *Rodrigo Galván de Bastidas* an. Nach wenigen ruhmreichen Taten und Jahren taucht *Balboa* **1510** in Colonia de San Sebastián am Golfo de Urabá auf, einer kleinen Siedlung, die im äußersten Westen der 1508 gegründeten Provinz Nueva Andalucia (im heutigem Grenzgebiet Panama-Kolumbien) liegt.

Kurze Zeit nach der Ankunft von *Balboa* zerstören einheimische Stämme San Sebastián. Auf Anraten *Balboas* errichtet man **1511** einen neuen Stützpunkt an der fruchtbaren und ausgedehnten Karibikküste Panamas auf dem Hoheitsgebiet der Provinz Castilla del Oro (Gold-Kastillien), das sich von Panama bis nach Honduras erstreckt. Man tauft die Siedlung auf den Namen **Santa María La Antigua del Darién,** nach der Schutzpatronin der spanischen Stadt Sevilla.

Etwa zur gleichen Zeit ist der vom spanischen *König Ferdinand* zum ersten Gouverneur von Castillo de Oro ernannte Kaufmann *Diego de Nicuesa* in diesem Gebiet unterwegs. Seine Reise steht aber unter keinem glücklichen Stern: Nach der Zerstörung der 1510 durch ihn gegründeten Siedlung Nombre de Dios kommt er mit nur 70 Mitgliedern der ursprünglich aus 700 Mann bestehenden Mannschaft in Santa María an. Als *de Nicuesa* offiziell Anspruch auf den Ort erhebt, vertreiben die Ansässigen ihn samt seiner Mannschaft.

Trotz des Sieges ist der aus etwa 300 Habenichtsen, Kaufmännern und Glücksrittern bestehende Haufen in Santa María alles andere als „ein Herz und eine Seele". Um nicht an den Kontroversen innerhalb der eigenen Reihen zu

> Vasco Núñez de Balboa

scheitern, installieren sie eine **Bürgerversammlung,** wobei *Balboa* nach den damaligen Prinzipien die höchste Autorität erhält. Kurze Zeit später erkennt auch die spanische Krone *Balboas* Führungskraft an und er bekommt zusätzlich die Titel Captián und Administrador de La Antigua verliehen. Mit den neuen Funktionen erreicht *Balboa*, dass die Existenz der Bewohner von Santa María durch die Versorgung von Santo Domingo aus gesichert wird.

Nun wenden sich die Bewohner dem eigentlichen Grund der Ortsgründung zu: der **Suche nach Perlen, Gold und Edelsteinen.** In einem Brief von *Balboa* aus dem Jahr 1513, der an *König Ferdinand* gerichtet ist, entspricht das noch größtenteils unerforschte Hinterland eindeutig den Vorstellungen der Europäer: „*In dieser Provinz wurden viele reiche Minen entdeckt, Gold gibt es in großer Menge und man ist auf ca. 30 goldführende Flüsse gestoßen, die ihre Quelle in einem Gebirge haben, das etwa zwei leguas (ca. 11 km) vom Ort entfernt liegt*". *Balboa* erhält für die geplanten Expeditionen durch den dichten Dschungel kräftige Unterstützung des Kaziken *Careta,* der sich zu einer Allianz mit den Kolonisten entschlossen hatte. Der Pakt wird mit der losen Verbindung zwischen *Balboa* und *Caretas* Tochter *Anayansi* besiegelt.

### Entdeckung des Pazifik

Während einer der vielen Expeditionen, die wegen der Habgier der Kolonisten besser als Raubzüge zu umschreiben sind, durchquert *Balboa* mit seinen Männern das Gebiet des Kaziken *Comagre.* Von ihm erfahren sie, dass jenseits des Gebirges ein Königreich liegt, in dem es Gold in großem Überfluss gibt. Am **1. September 1513** bricht *Balboa* mit 200 Kolonisten auf, um die Landenge zu überqueren und das *Mar del Sur* (Südsee) zu finden. Unter ihnen befindet sich auch *Francisco Pizarro,* der später als Entdecker und brutaler Zerstörer des Inka-Reiches einen unrühmlichen Platz in der Geschichte einnimmt. *Careta* gibt *Balboa* zur Begleitung 800 Einheimische mit, ohne deren Überlebenserfahrung und Orientierung im grünen Labyrinth die Expedition für die Europäer bereits in den ersten Tagen gescheitert wäre. Aber auch mit der Erfahrung der Indígenas ist die Expedition auf dem sumpfigen Boden und durch den fast ständig dämmerigen Wald eine Tortur: Zahlreiche Kolonisten sterben an Fieber, Durchfall oder Erschöpfung.

Nach mehr als drei anstrengenden Wochen lacht *Balboa* endlich das Glück: Er blickt zum erstenmal auf eine einsame Bucht und das Mar del Sur, dessen Wellen allmählich im weitentfernten Horizont untertauchen. Am **29. September 1513,** am Sankt-Michaels-Tag, küsst *Balboa* den Sandstrand und nimmt im Namen des spanischen Königs *Ferdinand* den Pazifischen Ozean *(Grand Océano)* „in Besitz". Zu Ehren des Erzengels Michael benennt er die einsame Bucht Golfo de San Miguel.

Bei weiteren Erkundungen entlang der Küste entdeckt die Expedition eine Inselgruppe mit reichen Perlenvorkommen, die heute als Archipiélago de las Perlas auf den Karten vermerkt ist. Am **19. Januar 1514** kehrt *Balboa* schließlich mit einer stark dezimierten Mannschaft nach Santa María La Antigua zurück, um seine Entdeckung bis nach Europa triumphierend zu verkünden.

## Die Spanier kommen

In Europa hegt man immer mehr Zweifel an der Vorstellung von *Kolumbus,* Asien entdeckt zu haben. Nicht zuletzt durch den Brief *Balboas* an *König Ferdinand* im Jahre 1513, worin er schreibt, dass es sich bei dem Land um eine *Tierra*

*Incógnita,* ein unbekanntes Gebiet handle, das neue Perspektiven biete. Die mittelalterliche Tradition der Kreuzzüge entflammt erneut, angetrieben von der **Gier,** die Beute so rasch wie möglich nach Europa zu bringen und damit gleichzeitig Gott und seiner Majestät zu dienen.

## Pedrarias Dávilla

Während *Balboa* mit seinen Männern unter extremen Bedingungen die Landenge überquert, trifft man in Sevilla schon die Vorbereitungen für die **Eroberung und Kolonisation** des unbekannten Landes. Für die Provinz Castillo del Oro erhält diese Aufgaben der damals bereits 70-jährige Edelmann *Pedro Arias de Avilla,* besser bekannt als *Pedrarias Dávilla,* der sich seinen Ruhm im Kampf gegen die Mauren in Nordafrika und um die iberische Stadt Granada verdiente.

Am 30. Juni 1514 erreicht *Pedrarias* mit seiner imposanten, aus 22 Schiffen bestehenden Armada und einer ca. 2000 Mann starken Besatzung die Küste bei Santa María de La Antigua. Durch ihre Ankunft ändert sich die Situation im kleinen Ort schlagartig: Die langen Erfahrungen im Zusammenleben mit den Einheimischen und die locker gehandhabten demokratischen Strukturen von *Balboa* und seinen Männern müssen der Arroganz und der Macht der alten, traditionsverbundenen Garde weichen. *Pedrarias* hätte sich am liebsten sofort seines Rivalen entledigt, aber *Balboa* genießt in seiner Position den Schutz *König Ferdinands,* der ihn aus Anerkennung für die Entdeckung des Pazifiks zum Gouverneur der neuen Provinz Tierra Nueva del Mar del Sur ernennt.

## Entmachtung Balboas

Während *Balboas* Auftreten gegenüber der einheimischen Bevölkerung noch in einigen Bereichen mit Takt verbunden ist, kennzeichnen sich die von *Pedrarias* angeordneten Expeditionen ins Landesinnere durch **brutale Gewalt und Raub.** *Balboas* Kontakte zu den Einheimischen sind durch das Auftreten *Pedrarias* und seiner Männer bereits schwer belastet. Durch eine Scheinehe mit *Pedrarias* in Europa lebender Tochter versucht *Balboa,* den Frieden einigermaßen aufrecht zu erhalten, doch vergeblich: Der Machtkampf zwischen *Pedrarias* und *Balboa* erreicht seinen Höhepunkt, als *König Ferdinand* stirbt und sein Enkel *Karl V.* den Thron besteigt. Der neue Herrscher beschließt, *Pedrarias* durch *Lope de Sosa* zu ersetzen. Aber noch ist der politische Kampf nicht gewonnen. *Pedrarias* ordnet die Inhaftierung *Balboas* an, unter dem Vorwand, dass dieser an einem Mordkomplott gegen den ersten Gouverneur *Diego de Nicuesa* beteiligt gewesen sei. Der Entdecker der Südsee wird zum Tode verurteilt und schließlich am 12. Januar 1519 enthauptet. *Lope de Sosa* kommt nie nach Santa María und *Pedrarias* wird 1525 im hohen Alter von 83 Jahren nach Nicragua versetzt.

## Eroberung Panamas

Rund 25 Jahre nach *Bastidas* Ankunft in Panama ist die Eroberung des Landes beinahe abgeschlossen. Ein großer Teil dieser Aufgabe geht auf das Konto von *Gaspar de Espinosa,* der die Zentrale Pazifikküste Panamas erobert, nicht ohne oft langanhaltende **Gegenwehr** der indianischen Stämme. An die meisten Kaziken und ihre Stämme erinnern heute nur noch geografische Namen wie Chepo, Natá, Penonomé oder París. Eine Ausnahme bildet dabei der Kazike *Urracá,* der mit seinem Volk den europäischen Eindringlingen neun Jahre lang erbitterten Widerstand leistet. Von einer geschützten Lage in der Zentralkordillere aus bekämpfen sie erfolgreich die Konquistadoren mit einer Guerillataktik, die die Spanier zur Aufgabe veranlasst. Sie kehren wieder in ihr Gebiet an der Küste zurück und überlassen Urracá und seinem Volk die Bergregion. Dieser erfolgreiche Kampf gegen die Spanier während der Kolonialisierung ist für große Teile der Bevölkerung das Symbol für ihr Selbstbewusstsein und für ihre Unabhängigkeit.

Welch schiefliegende Weltanschauung in der damaligen Zeit auf der iberischen Halbinsel herrschte, wird sehr deutlich durch das von *Pedrarias* mitgebrachte **Requerimiento** (Mahnung) illustriert, ein in Latein verfasstes Dokument, worin nicht nur der katholische Glaube und der päpstliche Beschluss von 1494, der die Erde außerhalb Europas in einen portugiesischen und einen spanischen Teil gliedert, erwähnt wird, sondern auch die Aufforderung an die Indígenas, den katholischen Glauben anzunehmen und sich wie Untertanen des spanischen Königs zu benehmen – schließlich leben sie zu Unrecht auf „seinem" Land. Dieses Dokument soll den neuen „Untertanen" vor jedem Angriff der spanischen Soldaten von den Heerführern vorgelesen werden, damit sie sich freiwillig diesen Bestimmungen fügen können. Im Alltag sieht das so aus: Die Soldatenführer verzichten auf die leeren Phrasen, in der Überzeugung, dass das Recht sowieso auf der Seite der Kolonisten steht und beginnen sofort mit dem Angriff.

Die brutal geführten Kämpfe und die viel bessere Bewaffnung der spanischen Soldaten verringern nach Schätzungen des Anthropologen *Darcy Ribeiro* in den ersten Jahrzehnten der Kolonisation die ursprüngliche Bevölkerung Mittel- und Südamerikas um mehr als die Hälfte. Auch die von Europa eingeschleppten Infektionskrankheiten, gegen die die Indígenas keine Widerstandskraft haben, dezimieren die ursprüngliche Bevölkerung: Bei der Ankunft der Spanier lebten zwischen 250.000 und 500.000 Menschen in Panama, heute stellen die indianischen Stämme nur noch 88.000 der rund 2,4 Millionen Einwohner.

### Aufteilung der Beute – Landverteilung und Sklaverei

Die Sklavenarbeit, egal ob in der Mine, auf dem Land, im Transport oder im Haushalt, ist ein unentbehrlicher Faktor im wirtschaftlichen, sozialen und politischen Bereich. Menschliche Arbeitskraft ist der wirkliche Reichtum der Neuen Welt. Die Kolonisten sind nicht in der Absicht nach Panama gekommen, sich ihre Hände mit Arbeit zu beschmutzen. Als Selbstverständlichkeit importieren die Spanier das seit dem Mittelalter in Europa vorherrschende System der **Leibeigenschaft** in die Neue Welt.

Jede Person, die an der Eroberung teilnimmt bzw. in irgendeiner Form ihren Beitrag dazu leistet, wie etwa die Kaufmänner, die meistens die Expeditionen finanzieren, hat ein Recht auf ein Stück

Land in der Kolonie und die dort lebenden Ureinwohner. Diese Form der Landverteilung heißt *ecomienda*, wobei die Position und das Ansehen der Person die Größe des Landes bestimmt.

Die Leibeigenen werden neben ihrer kostenlosen Arbeit auch zu Abgaben an den *ecomendero* (Landbesitzer) vepflichtet. Im Gegenzug für das kostenlose Land und die Arbeiter verpflichtet sich der Landbesitzer samt seiner Gefolgschaft zum Militärdienst. In einigen Fällen wird der Einsatz mit der Erweiterung des Grundbesitzes samt dort lebenden Indígenas belohnt. Die *ecomienda* bildet die Basis für die heutigen Latifundien: die Großgrundbesitze. Sie bilden heute eines der größten Probleme im gesamten lateinamerikanischem Raum. Wenn der militärische Einsatz des *encomenderos* nicht mit entsprechendem Land abzugelten ist, dann fungieren Sklaven als „Bezahlung". Es versteht sich von selbst, dass die *encomienda* für die Kolonisten den besten Weg zum Reichtum bedeutet.

Die einzige Verantwortlichkeit des *encomendero* gegenüber seinen Leibeigenen beschränkt sich auf die Sorge für ausreichende Ernährung und „gute" Erziehung im christlichen Glauben. Dass auf dem Weg zum Reichtum die Nützlichkeit über der Menschlichkeit steht, bedarf wohl keiner weiteren Erläuterung, schließlich kommen die Kolonisten mit dem Traum, sich rasch zu bereichern und als vermögende Personen wieder zurückzukehren.

Viele Kolonisten müssen allerdings feststellen, dass sich das „Goldparadies" als ein raues, mit unbekannten Krankheiten drohendes Land entpuppt, in dem ein Haus eine einfache, aus Lehm und Stroh bestehende Hütte ist, im besseren Fall eine Bretterbude mit Palmblattdach. Manche erreichen statt der triumphalen Rückkehr nur eine mit harter Arbeit mögliche, schlichte Existenz, die sich vom Leben auf der iberischen Halbinsel nicht wesentlich unterscheidet. Man arbeitet entweder als Bauer, Fischer, Kaufmann, Spediteur, Wirt oder Handwerker. Die Hoffnung auf ein besseres Leben erwacht von neuem mit der Entdeckung von Peru. Viele Kolonisten kehren Panama den Rücken und machen sich auf den Weg in das neue gelobte Traumland.

## Panama, das koloniale Transitzentrum

### Suche nach einer Schiffsverbindung

Die Suche einer Westroute nach Asien verschwindet mit der Entdeckung des neuen Kontinents nicht ganz von der Bühne. Bevor *Pedrarias* 1525 nach Nicaragua versetzt wird, bekommt er von der spanischen Krone den Auftrag, eine Schiffsverbindung zwischen dem Atlantik und dem Pazifik zu suchen. 1519, kurz nach *Balboas* Hinrichtung, verlegt er den Stützpunkt von Santa María de La Antigua in die neue, an der Pazifikküste liegende Siedlung Nuestra Señora de la Asunción de Panamá. Aus dem damals noch unscheinbaren Ort, der an der Stelle einer Indianersiedlung errichtete wurde, entwickelt sich im Laufe der Geschichte die spätere Hauptstadt des Landes, Ciudad de Panamá (Panama-Stadt). Von der neuen Siedlung aus ordnet *Pedrarias* Expeditionen in alle Himmelsrichtungen an, um eine **Verbindung zwischen den Weltmeeren** zu finden.

Da ein Erfolg sicher nicht in kurzer Zeit zu erwarten ist, entscheidet *Pedrarias*, das 1510 zerstörte Nombre de Dios neu aufzubauen.

## Camino Real

Als das Vorhaben in die Tat umgesetzt ist, verbindet man Nombre de Dios an der Karibikküste mit der Siedlung Nuestra Señora de la Asunción de Panamá an der Pazifiküste mit einen **Landweg,** der den Namen *Camino Real* erhält – die königliche Straße. Eine große Bezeichnung für einen kraftraubenden Mauleselpfad, der durch dichte tropische Vegetation über die Serranía de San Blas führt und für den man einer viertägigen Qual ausgesetzt ist. Während der Regenzeit ist die Alternative zum Mauleselpfad, der *Camino de Cruces*. Er führt teils über Land, teils über den Río Chagres und ist heute größtenteils in den Panamakanal eingebunden.

Als 1525 eine Expedition von *Pedrarias* etwa auf der Höhe des heutigen El Salvador einem aus Mexico gestarteten Entdeckungszug von *Hernán Cortés* begegnet, ist der Traum einer interozeanischen Schiffsverbindung vorläufig beendet, doch Panamas Rolle als Transitzentrum wegen der kürzesten interozeanischen Landverbindung auf der zentralamerikanischen Landbrücke gesichert.

## Umschlagplatz für die Schätze der „Neuen Welt"

Mit der „Entdeckung" und Plünderung Perus durch die Spanier wachsen Nombre de Dios und Nuestra Señora de la Asunción de Panamá rasch zu den bedeutungsvollsten Umschlagplätzen auf dem amerikanischen Festland an. Als die ersten spanischen Schiffe mit Getreide, Waffen, Möbel, Stoffen, Glas, Öl, Papier und anderen, in den Kolonien dringend benötigten Produkten beladen, Nombre de Dios erreichen, wartet bereits die reiche Beute der Raubzüge in Peru: Gold, Silber, Perlen, Gewürze, Mais, Tabak und Kakao. Zum Bersten gefüllt beladen, treten die Schiffe die Rückreise an.

Der Handel zwischen der iberischen Halbinsel und den Kolonien blüht. Ab Mitte des 16. Jahrhunderts sendet man jährlich zwei, später eine **Handelsflotte** nach Nombre de Dios, um die Schätze aus der „Neuen Welt" nach Spanien zu bringen. Im Vergleich mit heutigen Supertankern, die bis zu 500.000 BRT fassen, würden die damaligen Segelschiffe (100–300 BRT) eher wie zu groß geratene Nussschalen wirken. Trotzdem muss es ein eindrucksvolles Schauspiel gewesen sein, wenn die durchschnittlich 63 Schiffe umfassende Handelsflotte vor der Küste vor Anker ging.

## Piraten

Der Erfolg der Spanier lässt rasch Neid bei den anderen Seefahrtsmächten aufkommen. Besonders England, aber auch Frankreich und Holland beteiligen sich daran, Spanien einen Teil der kostbaren Schätze abzujagen. Jedes Jahr werden immer mehr Galeonen (Vieldeck-Segelkriegsschiffe) eingesetzt, um die Sicherheit der aus Schonern und Karavellen (mehrmastige Segelschiffe) bestehenden Handelsflotte auf der Rückfahrt nach Se-

## Spanisches Kolonialreich



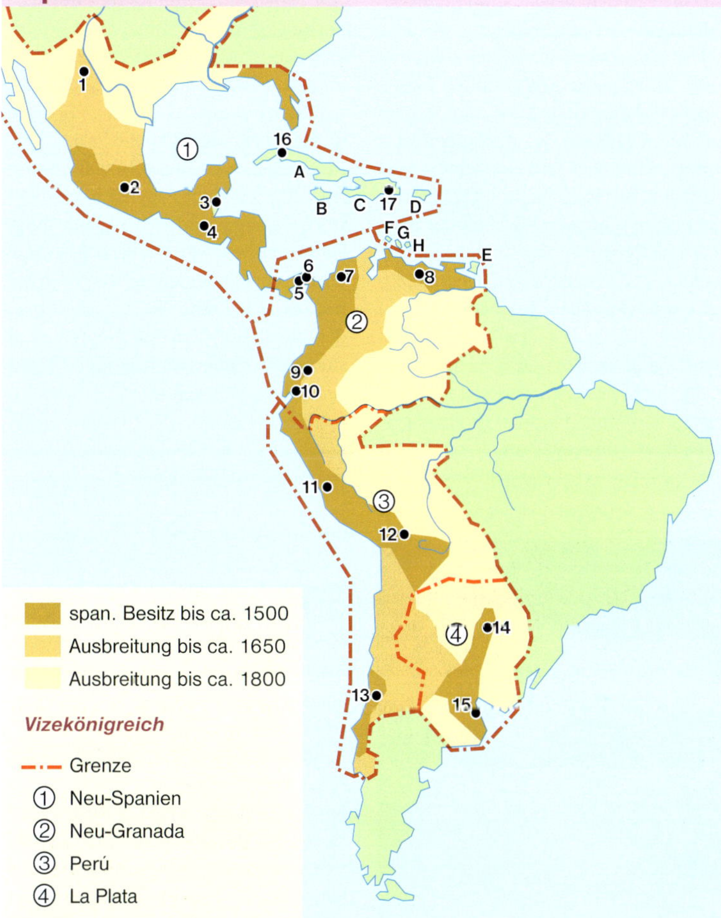


**1** El Paso
**2** Mexiko-Stadt
**3** Belize
**4** Guatemala-Stadt
**5** Panamá
**6** Portobelo
**7** Cartagena
**8** Caracas
**9** Quito
**10** Guayaquil
**11** Lima
**12** La Paz
**13** Santiago
**14** Asunción
**15** Buenos Aires
**16** Havana
**17** Santo Domingo
**A** Kuba
**B** Jamaika (brit.)
**C** Haiti (franz.)
**D** Puerto Rico
**E** Trinidad
**F** Aruba (niederl.)
**G** Curaçao (niederl.)
**H** Bonaire (niederl.)

villa zu gewährleisten. Nicht nur wegen der Piraten, sondern auch aufgrund von Stürmen erreichen viele Schiffe samt Besatzung ihren Heimathafen nie wieder.

Der Ruf von den bis an den Rand mit Gold und Edelsteinen gefüllten Lagerhallen in Nombre de Dios und Nuestra Señora de la Asunción de Panamá verbreitet sich rasch und ebenso, dass die kostbaren Schätze sehr schlecht bewacht über einen schmalen Pfad von der Pazifik- an die Karibikküste transportiert werden. 1572 überfällt der legendäre Pirat **Francis Drake** die mit peruanischem Silber bepackte Mauleselkarawane auf dem Camino Real. Am Neujahrstag 1596 taucht der englische Seeräuber erneut auf, diesmal plündert er die Lagerhallen in Nombre de Dios.

023pa hz

Durch die Überfälle wachgerüttelt, verlegt man aus strategischen Gründen den Hafen von Nombre de Dios nach Portobelo. Am 28. Januar 1671 erleben die Spanier den **größten Überfall** in ihrer Kolonialzeit: Der berüchtigte Seeräuber *Henry Morgan* überfällt Portobelo und zieht plündernd an die Pazifikküste, wo er die damals knapp 10.000 Einwohner zählende Stadt Panamá nahezu zerstört. Panama-Stadt wird später einige Kilometer westwärts erneut aufgebaut, dort wo heute das Häusermeer der Metropole sich ausbreitet. Einige Ruinen der alten Stadt (Panamá Viejo) sind als stumme Zeugen einer bewegten Vergangenheit erhalten geblieben.

## Menschenhandel

### Indianische Sklaven

Panama ist aber mehr als nur der größte Warenumschlagsplatz des neuen Kontinentes: Die schwindende Zahl an indianischen Sklaven in Panama, Peru und auf den Großen Antillen führt zu einem lebhaften Menschenhandel, der über die Landenge erfolgt. Als sogenannte „Menschendepots“ fungieren Städte in Kolumbien, Venezuela und speziell in Nicaragua, wo das lukrative Unternehmen sich zum wichtigsten Geschäft entwickelt hat. Allein in Nicaragua werden in den ersten 20 Jahren nach der „gelobten Entdeckung“ 400.000 bis 600.000 Menschen ihrem Heimatboden entrissen, um die Nachfrage an Arbeitskräften in anderen spanischen Imperien zu befriedigen.

Sir Francis Drake

## Afrikanische Sklaven

Der große Einsatz des Missionars und früheren Anwalts *Bartolomé de Las Casas* führt zur Durchsetzung eines Verbots, die Ureinwohner zu versklaven. Aber es sind eher wirtschaftliche als moralische Motive, die zu diesem Verbot führen. *Las Casas* schlägt den Kolonisten vor, die indianischen Sklaven durch afrikanische zu ersetzen und sein Vorschlag kommt zu einer Zeit, als man die Nachfrage an Arbeitskräften immer schwieriger mit Indios abdecken kann. Anfangs kann der Handel mit afrikanischen Sklaven, seit dem 15. Jahrhundert eine begehrte Ware auf den internationalen Handelsmärkten, gegen die kostenlosen indianischen Sklaven nicht konkurrieren. Las Casas ist sich der Folgen seines Vorschlages völlig bewusst, denn mit dieser Idee sind die sozialen und kulturellen Strukturschäden für die ursprüngliche Bevölkerung nicht mehr zu beheben und für die afrikanischen Völker fängt das Drama erst an.

Bereits in den ersten Jahren der Eroberung genehmigt die spanische Krone großzügig die **Einfuhr von afrikanischen Sklaven** – für persönliche Dienstleistungen natürlich, wie es immer wieder interpretiert wird. Jene Sklaven, die man als *negros ladinos* bezeichnet, kommen von der iberischen Halbinsel, wo sie bereits „zivilisiert" wurden und mittlerweile auch etwas Spanisch sprechen. Im Gegensatz zu den negros ladinos bezeichnet man die Sklaven, die direkt aus Afrika kommen, als *negros bozales,* die „Dummen".

Das erste Schiff mit afrikanischen Sklaven erreicht Panama bereits 1527, noch bevor der Vorschlag *Las Casas'* zur Sprache kommt. Der Handel, der die Unterschrift des Augsburger Handelsunternehmens der Welser trägt, ist aber nur als „kleiner Fisch" in dem später bestens florierenden Geschäft einzustufen, das die Holländer, Engländer und Franzosen dominieren. Spanien selbst ist wegen fehlender Kolonien in Afrika nicht als direkter Lieferant am Menschenhandel beteiligt, sondern be- tätigt sich nur als Zwischenhändler.

Die Wurzeln der heute in Panama lebenden schwarzen Bevölkerungsgruppe liegen in weit zerstreuten Gebieten wie etwa Senegal, Nigeria, Kongo, Angola, Moçambique oder Sudan.

## Cimarrones

In historischen Dokumenten finden sich immer wieder Hinweise darauf, beispielsweise durch die Namen von **rebellierenden Sklaven,** wie *Antón Congo* oder *Luis de Moçambique.* Vor allem *Luis de Moçambique* zählt zu den respektierten und furchterregendsten Anführern der entflohenen Sklaven. In den Tropenwäldern Panamas, die für die Sklaven eine natürliche Festung bilden, errichten die Entflohenen *(cimarrones)* ihre eigenen Dörfer, die als *palenques* bezeichnet werden. Von ihnen aus starten die entflohenen Sklaven, häufig auch gemeinsam mit regionalen indianischen Stämmen, Überfälle auf Reisende, Handelskarawanen und auf Haciendas, um sich mit lebensnotwendigen Dingen und Waffen zu versorgen, aber auch, um versklavte Frauen zu befreien, damit ihr Fortbestehen gesichert ist. Vor allem die *cimarrones Felipillo* und *Bayano* haben mit gutorganisierten Überfällen und Attacken um die Mitte des 16. Jahrhunderts großen Erfolg, womit sie Angst und Schrecken unter der weißen Bevölkerung verbreiten. Die weiße Herrschaftsschicht wehrt sich mit drakonischen und barbarischen Strafen und versucht damit, die entflohenen, aber auch die arbeitenden Sklaven einzuschüchtern. Trotz der schrecklichen Foltermethoden lassen sich die Sklaven nicht in die Knie zwingen und immer wieder gelingt es Sklaven, sich der Knechtung bis zum offiziellen Ende der Sklaverei im Jahre 1851 zu entziehen.

### Umfang des Sklavenhandels

Wie viele afrikanische Sklaven nach Panama gebracht wurden, lässt sich heute nicht mehr eindeutig nachweisen, denn einerseits wurden mehr als die Hälfte der in Nombre de Dios, Portobelo und Panamá (Panama-Stadt) angekommenen Sklaven sofort in andere Kolonien nach Südamerika gebracht. Andererseits wurden die Sklaven niemals registriert, da viele von ihnen wegen des spanischen Handelsmonopols durch illegalen Handel mit der holländischen und der englischen Konkurrenz nach Panama gekommen sind. Nach Schätzungen stehen zu Beginn des 17. Jahrhunderts ungefähr 14.000 Sklaven einer Minderheit von etwa 4400 Weißen gegenüber.

Im Verlauf der Geschichte bestimmen die aus den verschiedenen Rassen gewachsenen Gruppen von Mulatten, Mestizen und sonstigen *mezclas* (Mischungen) immer mehr das Bevölkerungsbild im Land.

## Auf dem Weg in die Unabhängigkeit

### Verfall der spanischen Kolonien

Das 17. und 18. Jahrhundert wird von **Rivalitäten zwischen den europäischen Großmächten** dominiert, worin die Überseegebiete wohl oder übel miteinbezogen sind. Der unaufhaltsame politische und ökonomische Niedergang sowie die bürokratische und zentralistisch orientierte Politik Spaniens führen zum Verfall der spanischen Kolonien.

Panamas Bevölkerung, vor allem aber die Kaufleute und Händler, sichern sich zunächst ihre Existenz mit gut florierenden, aber **illegalen Tauschgeschäften** mit den Holländern und Engländern, wobei die begehrten Kolonialwaren gegen Kleidung, Waffen oder Sklaven den Besitzer wechseln. Die illegalen Geschäfte finden meist an einsamen Buchten, aber auch ungeniert auf öffentlichen Plätzen der Hafenstädte statt, wobei, gegen entsprechende Bezahlung, die örtlichen Behörden ein Auge zudrücken.

### Ende des Transitverkehrs

Durch die Tauschgeschäfte ist zwar die **Rezession** einige Zeit abgewendet, doch aufgeschoben ist nicht aufgehoben: **Mitte des 18. Jahrhunderts** stürzt Panama in eine tiefe Wirtschaftskrise, die mit der Zerstörung Portobelos in einem der zahlreichen Kriege zwischen Spanien und England beginnt. Im Wiederaufbau der karibischen Hafenstadt sieht die spanische Krone nun keine Perspektive mehr, weshalb sie auch die jährlich stattfindenden Großmarktveranstaltungen einstellt.

Mit dieser Entscheidung, die faktisch einem **Handelsverbot** gleichkommt, setzt die spanische Krone einen vorläufigen Schlussstrich unter Panamas Position im Tranistverkehr. Ab diesem Zeitpunkt transportiert man die kostbaren Schätze aus Peru auf dem direkten Weg um das Kap Horn auf die iberische Halbinsel. Diese Tatsache ist auch ein ausreichender Grund für die anderen Seefahrermächte, sich von Panama abzuwenden.

Da die wirtschaftliche Zukunft Panamas dadurch sehr unsicher ist, setzt sich ein großer Teil der Handels- und Kaufmannsschicht in Richtung Peru in Bewegung. In Panama bleibt die Masse der armen Bevölkerung, die Großgrundbesitzer und die Beamten zurück, deren Zukunftsperspektiven eher düster aussehen. Ihre wirtschaftliche und politische Bewegungsfreiheit erhält zudem durch die spanische Krone auch noch Zügel angelegt.

## Unzufriedenheit unter den Criollos

Die Landenge, die seit 1535 als Real Audiencia Panamá (königlicher Gerichtsbezirk mit judikativer, politischer und administrativer Verantwortlichkeit) dem Vizekönigreich Peru, ab **1718** dem Vizekönigreich Nueva Granada untergeordnet ist, wird von der spanischen Krone zur Commandancia General de Tierra Firma degradiert. Ein großer Name für die **Randprovinz,** die außer einigen militärischen Verfügungsrechten jetzt von der Verwaltung in Santa Fé de Bogotá total abhängig ist.

Die Unfähigkeit der Regierung in Bogotá, der Rezession in Panama entgegenzuwirken, schafft vor allem unter den im Land geborenen Weißen, den *criollos,* die Basis für das **Streben nach einem eigenen Kurs.** Die *criollos* sind in der Regel als Kaufleute, Händler und Großgrundbesitzer tätig, weshalb die mit dem Handelsverbot ausgelöste Rezession ihre Existenz am meisten gefährdet. Im Streben nach einem neuen Kurs bekommen die *criollos* wenig Unterstützung von den *peninsulares,* wie man die weiße Bevölkerungsgruppe bezeichnet, die sich ihrer Geburt in Spanien rühmt und in festen, gutbezahlten Beamtenpositionen sitzt.

Auch die Regierung in Bogotá und die spanische Krone haben kein offenes Ohr für das Bitten und Betteln der *criollos,* das Handelsverbot aufzuheben. Ihre Aufmerksamkeit richtet sich auf die fortschreitenden Revolutionen in anderen Teilen des Kontinents.

## Unabhängigkeit von Spanien

Als Marschall *Murgoón* mit seinen Truppen im Oktober 1821 Panama verlässt, um die spanische Streitmacht im Vizekönigreich Peru zu verstärken, ergreifen die *criollos* ihre Chance. Am **10. November 1821** ertönt der erste Ruf nach Freiheit *(el grito)* in La Villa de Los Santos auf der Halbinsel Azuero. Ohne großen Widerstand und ohne Blutvergießen entfernen die *criollos* dort den Stadtrat aus seinem Amt. Die Nachricht über das Ereignis verbreitet sich wie ein Lauffeuer von Ort zu Ort und als die Meldung am 28. November Panama-Stadt erreicht, muss sich auch die dort etablierte Regierung dem neuen Geist fügen.

Doch der richtige Führer mit einer politischen Vision fehlt dem kleinen, dünnbesiedelten Land, dessen Bevölkerung zu Beginn des Jahres 1821 von der ersten nationalen Zeitung von den Ideen erfährt, die die anderen südamerikanischen Staaten bereits aus Europa übernommen haben: „Freiheit, Gleichheit und Brüderlichkeit".

### Anschluss an die Großkolumbianische Republik

Die von kurzer Dauer geprägte panamaische Revolution basiert nicht wie in den meisten südamerikanischen Ländern auf dieser Parole, sondern sie strebt in erster Linie nach absoluter **Handelsfreiheit.** Das erklärt, warum Panama sich mit großen Handelspartnern zusammenschließt, was gleichzeitig auch einen Schutz gegen mögliche Angriffe von Spanien sichert. Aus historischer und wirtschaftlicher Perspektive liegt ein **Bündnis** mit dem alten Handelspartner Lima auf der Hand. Aber das Vizekönigreich Peru ist die letzte spanische Hochburg auf dem südamerikanischen Kontinent. Panama bleibt deshalb nur die Option, sich der Großkolumbianischen Republik anzuschließen, die sich aus Venezuela, Kolumbien und Ecuador (das alte Vizekönigreich Nueva Granada) zusammensetzt.

Unter der präsidialen Führung des mittlerweile zur starken Persönlichkeit in Südamerika herangewachsenen Venezolaners *Simón Bolívar*, in Lateinamerika auch bekannt als *El Libertador* (Der Befreier), tritt Panama in ein neues Zeitalter.

## Unvollendete Revolutionen

### Der Traum Simón Bolívars

Nachdem die Spanier beinahe zur Gänze vom amerikanischen Kontinent vertrieben worden sind, versucht *Simón Bolívar,* ein **lateinamerikanisches Staatenbündnis** nach dem Vorbild der USA zu realisieren. Für ihn scheint Panama die besten geografischen Voraussetzungen zu bieten, um einen Kongress über die Einheit und die gemeinsame Zukunft der ehemaligen spanischen Kolonien abzuhalten. *Bolívar* untermauert seine Wahl mit den (sinngemäß übersetzten) Worten: *„Wenn die Welt eine einzige Hauptstadt wählen müsste, dann wäre der Isthmus von Panama der beste Platz [...] im Zentrum der Welt, wo eine Hand nach Asien, die andere nach Amerika und Europa reichen würde ...".*

Der am **22. Juni 1826** in Panama-Stadt eröffnete **Congreso Bolivariano** steht aber vom Beginn an unter keinem guten Vorzeichen. *Bolívars* Traum von den Vereinigten Staaten Lateinamerikas scheitert bereits mit der Absage von Chile, Brasilien, Bolivien, Argentinien, Uruguay und Paraguay. In den südlichen Ländern Südamerikas beginnen die ersten Grenzkonflikte zu entflammen, zudem legt man bereits die Basis für die späteren diktakorischen Traditionen fest.

### Haltung der USA

Die USA verhält sich im Gegensatz zu den absagenden Ländern etwas diplomatischer: Sie entsendet zum Kongress zwar einen Delegierten, doch bereits sein verspätetes Eintreffen in Panama-Stadt signalisiert die Missachtung des geplanten Staatenbündnisses. Außerdem hat der US-Vertreter den anwesenden Delegierten und den europäischen Beobachtern eine deutliche Botschaft zu überbringen: „Amerika den Amerikanern", womit allerdings eher gemeint ist, „Amerika den Nordamerikanern". Das zeigt sich im 19. Jahrhundert am zunehmenden Expansionismus und im 20. Jahrhundert durch die aggressive Einmischungspolitik der USA in verschiedenen lateinamerikanischen Ländern, vor allem in Panama.

In erster Linie betrifft diese deutliche Aussage des damaligen US-Präsidenten *James Monroe* aus dem Jahr 1823, die auch als **Monroe-Doktrin** oder *Manifest Destiny* bezeichnet wird, die europäischen Großmächte, besonders die Kolonialmächte Spanien und Großbritannien, denen man damit unmissverständlich klarmacht, sich nicht in die Angelegenheiten der jungen Länder Süd- und Mittelamerikas einzumischen. Aus diesem Grundprinzip heraus entwickeln sich die USA allmählich zum mächtigen Polizeiorgan des Kontinents, dessen Einsatz nur von eigenen Belangen, ökonomischen Interessen und einer stattlichen Dosis an Überlegenheitsgefühl bestimmt wird.

## Fiasko für Bolívars Traum

Der Kongress war ein Fiasko für *Bolívars* Traum oder, wie er es selbst ausdrückte: *„Mir erscheint es, als hätte ich jahrelang Wasser ins Meer geschüttet ...".* Als Konsequenz aus seinen Misserfolgen zieht er sich völlig aus der Politik zurück. Die Beobachtung des endgültigen Zerfalls seines Traumes, die Großkolumbianische Republik (in Lateinamerika auch als „Schoßkind Bolívars" bezeichnet), bleibt dem großen Freiheitskämpfer nicht erspart. *Bolívar*, der im Verlauf des Zusammenbruchs immer mehr verbittert, stirbt 1830 in Kolumbien. Erst nach seinem Tod wird er zum großen Mythos erhoben, der heute in allen lateinamerikanischen Staaten allgegenwärtig ist.

## Schwieriger gemeinsamer Weg mit Kolumbien

Kolumbien und Panama gehen nach dem Kongress einen gemeinsamen Weg als **República de Nueva Granada.** Doch mehr als ein Versuch, dadurch den Differenzen, die man in anderen Ländern antrifft, aus dem Weg zu gehen, scheint es nicht zu sein. Die historischen, traditionellen, geografischen und wirtschaftlichen Differenzen zwischen Panama und Kolumbien geben Anlass genug zu verschiedenen Krisen, sowohl innerhalb des flächenmäßig größeren Kolumbiens wie auch zwischen den beiden Ländern.

Diese Kontraste bilden den richtigen Nährboden für Panamas Liberalisten und Nationalisten, die gemeinsam nach **Autonomie** streben. Einen erfolgreichen Schritt in diese Richtung macht **1840** General *Tomás Herrera* (1804–1854), unter dessen Führung Panama sich von Kolumbien trennt. Die Geburt des **Estados Libre del Istmo** ist aber keine logische Folge politischer Zukunftsperspektiven, sondern ist mehr bestimmt durch die Befürchtung, in den kolumbianischen Bürgerkrieg verwickelt zu werden.

Nachdem sich allerdings das Gewitter des Bürgerkrieges in Kolumbien verzogen hat, gehen Panama und Kolumbien ein Jahr später wieder Hand in Hand einen **gemeinsamen Weg.** Panamas Haltung gegenüber Kolumbien kommt zwar nicht von ganzem Herzen, aber das Land ist wegen seiner Unfähigkeit für die eigene Sicherheit zu sorgen und dem Mangel an kompetenten Persönlichkeiten mit politischer Sicht, an seinen großen Nachbarstaat eng gefesselt.

**Mitte des 19. Jahrhunderts** erscheint mit *Justos Arosemena* (1817–1896) erstmals ein politisch ambitionierter Mann auf der panamaischen Bildfläche, der eine Änderung dieser Situation bringt. Durch seine Überredungskunst und nach langen diplomatischen Verhandlungen mit der Regierung in Kolumbien entwickelt sich Panama im Jahre 1855 zu einem **föderativen und autonomen, aber nicht unabhängigen Staat.** Die militärische Führung und die Kontrolle über den interozeanischen Transitverkehr bleiben nach wie vor in den Händen der Zentralregierung in Bogotá.

30 Jahre nach diesem gewaltigen Schritt Panamas in Richtung Unabhängigkeit ist vor allem der Misserfolg des Föderalismus in Kolumbien schuld daran, dass man Panama in den Streit zwischen den Konservativen und Liberalen miteinbezieht. Der Streit erreicht seinen Höhepunkt im sogenannten **1000-Tage-Krieg** – *la Guerra de los Mil Días* (1899–1902). Nach zahlreichen Kämpfen und hohen Verlusten auf beiden Seiten folgt am **21. November 1902** an Bord des vor Panama-Stadt vor Anker liegenden US-Kriegsschiffes Wisconsin die Besiegelung des Friedens, der als **La Paz de Wisconsin** in die Geschichtsbücher eingeht.

Nur ein Jahr später wird sich Panama definitiv von Kolumbien abspalten und am 3. November 1903 – 85 Jahre nach der Unabhängigkeit von Spanien – ist die **República de Panamá** eine vollendete Tatsache, wobei allerdings die USA tatkräftig mitgeholfen und dabei ihr „Netz“ über Panama ausgelegt hat.

## Netz aus Machenschaften

### Außenpolitik der USA

Die außenpolitischen Schritte der USA im 19. Jahrhundert orientieren sich an dem *Manifest Destiny,* der „offenkundigen Bestimmung“ (und ideologischen Rechtfertigung) der USA, lateinamerikanische Länder zu annektieren (wie im Fall Mexikos, das die Hälfte seines Territoriums 1848 an die USA verliert), ihre eigene Kultur in diesen Ländern zu verbreiten und für Wohlstand zu sorgen. Die **imperialistische Vorstellung,** in der die USA vom Nordpol bis zum Südpol reichen und dabei vom Atlantik und Pazifik begrenzt sein soll, trifft unter der US-Bevölkerung auf eindeutige Zustimmung. Und über Panama soll, aufgrund seiner geografisch günstigen Lage, das imperialistische Netz langsam ausgebreitet werden.

### Bidlack-Mallarino-Treaty

Das Auslegen des Netzes beginnt **1846** mit dem Bidlack-Mallarino-Treaty, einem Vertrag, der vom US-Botschafter in Kolumbien *Benjamin Bidlack* und dem kolumbianischen Außenminister *Manuel Mallarino* ausgehandelt wird. Im Vertrag ist der **unbeschränkte Transitverkehr** am Isthmus von Panama für die USA und ihre Bürger, über jeden derzeit existierenden oder später konstruierten Weg, festgelegt. Im Gegenzug übernimmt die USA das Recht und die Pflicht, die Sicherheit des Transitverkehrs auf der Landenge zu gewährleisten, womit die USA zum erstenmal die offizielle **Ermächtigung** erhält, in Panama **militärisch einzugreifen.** Nach der Meinung der panamaischen Bevölkerung haben weder die US-Regierung noch die kolumbianischen Amtskollegen gefragt – Panama hat stillschweigend das Abkommen zu dulden. Vielerorts wäre in diesem Fall eine Revolution ausgebrochen, aber auf der Landenge ordnet man scheinbar die politischen Interessen den ökonomischen unter.

## Lukrative Geschäfte

Nach dem Abschluss des Vertrages entwickeln sich auf der Landenge lukrative Geschäfte. Als im sogenannten „Wilden Westen" auch noch der Goldrausch ausbricht, beginnen die Geschäfte wie in der **Hochkonjunktur** der spanischen Zeiten zu laufen. Denn die Verbindung von der nordamerikanischen Westküste zur Ostküste dauert mit dem Planwagen bis zu einem halben Jahr, der Weg mit einer Postfähre der *Pacific Mail Steamship Company* von den USA nach Panama, über den Mauleselpfad und den Río Chagres (Camino de Cruces) an die Küste und mit einer Postfähre wieder in die USA, dagegen „nur" zwei Monate.

Als man **1850** auch noch mit dem Großprojekt der ersten **interozeanischen Eisenbahnverbindung** auf der Landenge beginnt, schwebt die Bevölkerung in den Wolken; vor allem die Kaufmannselite, die nach der Fertigstellung der Eisenbahn eine enorme Steigerung des Transitverkehrs und ihrer Geschäfte erwartet. Der Bauauftrag geht an die *Panama Railroad Company,* eine rasch gegründete Tochterfirma der *Pacific Mail Steamship Company,* die einen großen Teil der Fährverbindungen USA–Panama–USA kontrolliert.

Billige Arbeitskräfte, die für den Eisenbahnbau unbedingt benötigt werden, kommen vor allem von den Karibikinseln Jamaica, Martinique, Guadeloupe und Barbados. Sie verrichten unter **erbärmlichen Bedingungen** die härteste Arbeit, inmitten des mit tödlichen Tropenkrankheiten verseuchten Regenwaldes. Bis zur Fertigstellung des letzten Streckenabschnitts im Jahre **1855** haben schätzungsweise mehr als 25.000 Menschen ihr Leben gelassen – und das für einen Schienenweg, der 14 Jahre später durch die Konkurrenz der transkontinentalen Eisenbahnverbindung in Nordamerika seine Bedeutung verliert.

## Militärische Intervention der USA

Mit der Fertigstellung der Eisenbahn bleibt ein großes Heer an Arbeitslosen übrig, die in der Folgezeit einen Platz am Rande der Gesellschaft einnehmen. Ihre wachsende Unzufriedenheit äußert sich bereits ein Jahr nach der Inbetriebnahme der Eisenbahnstrecke durch **massive Unruhen,** bei denen mehrere US-Bürger ums Leben kommen. Als die Unruhestifter auch noch die Eisenbahnstrecke durch eine Besetzung lahmlegen, ist dies für die USA Grund, ihre militärische

Stärke in Panama zu demonstrieren, was mit dem Bidlack-Mallarino-Vertrag von 1846 völlig legitim ist. Der kurze, aber durch kräftiges Säbelrasseln unterstützte Auftritt der US-Marine im Jahre **1856** ist nur der Beginn einer Reihe von militärischen Interventionen auf panamaischem Territorium, die noch folgen werden.

## Französisches Kanalbauprojekt

Während die USA sich durch die Nachwehen des Bürgerkrieges im eigenen Land mehr um nationale Interessen kümmern muss, erscheint **1876** in Panama eine kleine französische Delegation unter der Führung des Ingenieurs *Ferdinand de Lesseps.* Sie sind auf der Suche nach einer geeigneten Stelle, um den alten Traum einer interozeanischen Wasserverbindung in die Tat umzusetzen. Nach gründlichen Untersuchungen wird durch die französische Kanalgesellschaft drei Jahre später das Startsignal zum Bau einer Wasserstraße gegeben (siehe „Der Panamakanal"). Wie beim Bau der interozeanischen Eisenbahn, fallen auch beim Kanalprojekt die vorwiegend aus Jamaica stammenden Arbeiter massenweise den tropischen Krankheiten zum Opfer.

## Unruhen und erneute Intervention

Die sozialen Missstände während des Projekts und der Sieg der Konservativen in Kolumbien sind die wesentlichen Faktoren, die im **März 1885** in Panama-Stadt zu Unruhen führen, an denen sich die liberale Elite aus Kolumbien gemeinsam mit den Arbeitern und Arbeitslosen beteiligt. General *Rafael Aizpuru* tritt dabei als „starker Mann" hervor, der mit seinen Truppen die Stadt besetzt. Nach ihrer raschen Einnahme lässt sich der General zum Militär- und Regierungschef von Panama ausrufen. Währenddessen haben an der Karibikküste Panamas die kolumbianischen Liberalen unter der Führung von *Pedro Prestán* die Hafenstadt Colón besetzt, in der sich eine Plünderungs- und Zerstörungswelle unaufhaltsam durch die Stadt wälzt. Da die Unruhen immer größere Ausmaße annehmen, läuten in Nordamerika abermals die Alarmglocken. Die US-Marine erhält grünes Licht für eine rasche Intervention in Panama, um die „Interessen der USA zu wahren". Innerhalb von zwei Wochen ist der Konflikt eingedämmt, die militärische Intervention erfolgreich abgeschlossen und Panama nun wieder recht sicher unter der kolumbianischen-Führung.

## Kanalbauinteresse der USA

In den Folgejahren wächst aus strategischen und ökonomischen Gründen das Interesse der USA an der „eigenen" interozeanischen Wasserverbindung in Zentralamerika. Zum Ärger der USA behindert aber Großbritannien mit seinem politischen Anspruch auf Nicaraguas Ostküste, die sogenannte Moskitoküste, die Option einer Verbindung über den Nicaragua-See und den Río San Juan, dem Grenzfluss zwischen Costa Rica und Nicaragua. Panama ist bereits an die Franzosen gebunden. *De Lesseps* hat allerdings mit großen finanziellen und technischen Problemen beim Kanalbau zu kämpfen.

Als **1898** der Kampf gegen die Natur definitiv aufgegeben und der Bau ohne weitere Zukunftspläne eingestellt wird, sehen die USA endlich eine Chance. Doch müssen sie die Hürde des **Clayton-Bulwer-Vertrages** nehmen, der 1850 von den USA und Großbritannien unterzeichnet wurde, um das Kräfteverhältnis der beiden Nationen in Zentralamerika im Gleichgewicht halten zu können. Mit diesem Vertrag verzichten beide Nationen auf eine eigenständige Kontrolle über eine Kanalroute und über jedes Gebiet in Zentralamerika. Da Großbritannien seine imperialistischen Blicke weitgehend auf Südafrika richtet und dort an einen Krieg gefesselt ist, ignorieren die USA den Vertrag. Noch vor 1900 nimmt die US-Regierung mit der kolumbianischen Führung die ersten Verhandlungen über eine Kanalroute in Panama auf, die trotz zahlreicher Unterredungen zu keiner Lösung führen.

Im **Januar 1903** legt die US-Regierung ihr **letztes Angebot** auf den kolumbianischen Tisch: Ein Betrag von 10 Mio. US-Dollar ist sofort nach der Vertragsunterzeichnung fällig und 250.000 US-Dollar sind ab dem 9. Jahr nach der Fertigstellung des Kanals jährlich zu bezahlen, als eine entsprechende Ablöse für die notwendigen Baugründe und die autonomen Rechte darüber. Im Zuge der Verhandlungen hat aber ein Machtwechsel in Bogotá stattgefunden und die neue Regierung scheint einen Strich durch die amerikanische Rechnung zu machen.

## Endgültige Trennung von Kolumbien

Während die Amerikaner ungeduldig auf die Reaktion der Kolumbianer warten, wenden sie sich zum erstenmal direkt an Panama. Hinter verschlossenen Türen entwirft man das Konzept für eine endgültige Trennung Panamas von Kolumbien. Im Gegenzug erhalten die USA vom unabhängigen Panama **sämtliche Rechte für den Bau eines Kanals.** Unter dem Druck der mit der Einstellung des Kanalbaus ausgelösten Wirtschaftkrise und da auch Nicaragua ein Kandidat für die interozeanische Verbindung ist, bleibt Panama nichts anderes übrig als in das Konzept der USA einzuwilligen und sich dadurch freiwillig in eine Marionettenrolle zu begeben. Als die kolumbianische Regierung am **12. August 1903** das Angebot der USA ablehnt, ist der weitere Ablauf bereits festgelegt. In kürzester Zeit und unter den Augen der US-Militärs löst sich Panama von Kolumbien und erklärt am **3. November 1903** seine **Unabhängigkeit.** Der triumphale Ausruf des damaligen US-Präsidenten *Theodore „Teddy" Roosevelt* „I took the canal" hallt über den gesamten amerikanischen Kontinent.

## Kanal-Vertrag

Bereits zwei Wochen später findet in Washington die Unterzeichnung des **Hay-Bunau-Varilla-Vertrages** statt, benannt nach dem US-Außenminister *John Hay* und dem Vertreter der französischen Kanalgesellschaft *Phillipe Bunau-Varilla.* Die Passagen in den Artikeln zwei und drei des Vertrages haben das größte politische Gewicht für Panamas Zukunft: *„Die Republik Panama gestattet den USA auf ewige Zeit die Benutzung, Eingemeindung und Kontrolle über eine je 5 Meilen (ca. 8 km) breite Landzo-*

*ne beidseitig des noch zu konstruierenden Kanals [ ...] den Bau, Unterhalt, Betrieb und Schutz des Kanals. Die Republik Panama überträgt den USA alle Rechte, Befugnisse und Amtsgewalten innerhalb der im Artikel zwei erwähnten Landzone ...".*

Als **Abgeltung** erhält Panama die im letzten Angebot an Kolumbien festgesetzten Beträge und die Kanalgesellschaft 40 Mio. US-Dollar für den Verkauf der Konzession. Kolumbien bekommt im Jahr 1925 letztendlich für die Anerkennung von Panamas Souveränität 25 Mio. US-Dollar. Die amerikanische „Dollar-Diplomatie" hat zum gewünschten Resultat geführt.

## In festen Händen der USA

Nach der offiziellen Unabhängigkeit Panamas führt die USA die Regie auf der panamaischen Politbühne weiter. Die Zusammensetzung der ersten panamaischen Regierung erhält die volle Zustimmung der USA, denn das Gesicht der Regierung bestimmt größtenteils die **konservative Elite,** die in der Vorbereitungsphase zur Unabhängigkeit bereits ihre Loyalität gegenüber den USA gezeigt hat. Zum Beispiel ist *José Arango* der Anwalt und *Manuel Amador* der Betriebsarzt der *Panama Railroad Company.* Es ist nicht verwunderlich, dass diese privilegierte Minderheit widerstandslos akzeptiert, dass die USA über ihre Schultern hinweg mitregieren.

Durch das „Mitspracherecht" der USA, erhält die panamaische Verfassung einen Zusatzartikel, der es ermöglicht, dass das **US-Militär** in jedem Teil der jungen Republik sofort **intervenieren** kann, um die öffentliche Ruhe, Ordnung und Sicherheit wieder herzustellen. Ein Freibrief, den die USA in den folgenden Jahrzehnten regelmäßig ausnützen wird.

Als *Manuel Amador,* der erste Präsident Panamas, 1908 auf demokratischem Weg seinen Platz für den Nachfolger räumen muss, drückt die US-Regierung „ihren" Kandidaten, den konservativen *José de Obaldía,* nach oben. 1912, 1918 und in den frühen 1920er Jahren können die Liberalen zwar den populären *Belisario Porras* erfolgreich an die **politische Front** schieben, aber nicht ohne Konflikte und Kompromisse mit den USA, die deutlich auf der konservativen Seite stehen.

Für die Bevölkerung ist das politische Tauziehen eine leere Phrase. Neue politische Töne erklingen seit der Souveränität kaum noch, dazu kommt die große Weltwirtschaftskrise. 1925 und 1932 versucht die Bevölkerung, mithilfe von **Arbeiterstreiks und Aufständen** umfangreiche Sozialreformen zu erzwingen. Die panamaische Regierung unterstreicht ihre Unfähigkeit und Inkompetenz dadurch, dass sie das Problem durch die in der Kanalzone stationierten US-Soldaten „lösen" lässt. Immer wieder aufflammende Streiks und Unruhen reißen langsam das politische Ruder herum. Die panamaische Regierung, zum erstenmal auf einem leicht gegen die USA gerichteten Kurs, setzt 1936 eine **Revision des Kanalvertrages** durch. Dabei erhöht sich die jährliche Pachtgebühr auf 430.000 US-Dollar und die USA verzichtet auf ihr Interventionsrecht außerhalb der Kanalzone. Die Hauptforderung, die Aufhebung des Sonderstatus der Kanalzone, lehnt die USA ab. Stattdessen erweitert sie während des Zweiten Weltkrieges ihre Ansprüche auf die Errichtung von militärischen Anlagen auf panamaischem Territorium, da der Krieg auch den Kanal bedrohen könnte.

Der weltweit beispiellose Sonderstatus der Kanalzone, die wie eine nordamerikanische Insel mit eigenen Gesetzen, Briefmarken, Steuersystemen etc. inmitten Panamas liegt, ist es vor allem, der eine neue Gruppe in der politischen Landschaft erscheinen lässt. Die Kanalzone ist ein Dorn im Auge der *Partido Panameñista Auténtico* (PPA), die unter der Führung von *Arnulfo Arias de la Madrid* steht. Unter seinem Slogan „Panama den Panameños“, richtet sich die **nationalistische PPA** aber nicht nur gegen die ungeladenen Dauergäste, sondern auch gegen die schwarze und chinesische Bevölkerungsschicht.

Die Parole findet prompt Gehör bei der Restbevölkerung, und *Arias* gewinnt die Präsidentenwahl 1940. Das Präsidentenamt ist allerdings ein sehr unsicherer Posten, der bis zum Beginn der Diktatur 1968 von nicht weniger als 16 verschiedenen Politikern eingenommen wird, wobei der immer populärer werdende *Arnulfo Arias* das Amt auch von 1949 bis 1952 und vom 1. bis zum 11. Oktober 1968 besetzt.

Eine weitere Gruppe gewinnt immer mehr an politischer Bedeutung: die **Polizeieinheit.** Zu Beginn der 1950er Jahre kommt aus ihren Reihen Kolonel *José Remón* an die politische Front, der von 1952 bis 1955, mit einem kurzen Intermezzo, Präsident und Polizeichef in einer Person und damit der mächtigste Mann in Panama ist. *Remón* fügt, trotz einiger Proteste im Land und unter den Augen der USA, die Polizei und das Militär zur **Nationalgarde** *(Guardia Nacional)* zusammen. Damit schafft er ein politisches Werkzeug, das später vor allem von General *Omar Torrijos* und General *Manuel Antonio Noriega* missbraucht wird.

Zum x-tenmal kommt es zu Verhandlungen für einen neuen Kanalvertrag. Die überarbeitete Version im Jahre **1955,** der **Remón-Eisenhower-Vertrag,** enthält aber keine fundamentalen Änderungen. Die Erhöhung der jährlichen Pachtgebühr auf 2 Millionen Dollar ist lediglich Augenwischerei, weil sie in keinem realen Verhältnis zum Gewinn der *Panama Canal Company* steht.

## Studentenunruhen

Unter dem Leitspruch „Schluss mit dem Sonderstatus – Souveränitätsbeginn Panamas in der Kanalzone!“ beginnt während der Feier zur Unabhängigkeit im **November 1958** der politische Kochtopf überzulaufen. Mit Spruchbändern und Nationalfahnen ausgerüstet, marschieren die Studenten demonstrativ in Richtung Kanalzone, um Panamas Anspruch durch das Hissen der Nationalfahne zu unterstreichen. Die regelmäßig durchgeführten Demonstrationen, die 1959 durch viele Arbeiterstreiks kräftige Unterstützung erhalten, enden stets in gewalttätigen Konfrontationen, sowohl mit panamaischen Polizeieinheiten als auch mit den in der Zone stationierten US-Soldaten. Und jede Konfrontation fordert zahlreiche Verletzte, vor allem auf der Studentenseite.

Um die Stimmung einigermaßen einzudämmen, „genehmigt“ die US-Regierung großzügig das Hissen der panamaischen Fahne an öffentlichen Gebäuden in der Kanalzone, als „Anerkennung der

Souveränität Panamas in der Kanalzone". Doch viele US-Bürger ignorieren die neue Bestimmung. Die Provokationen erreichen am **7. Januar 1964** einen Höhepunkt, als in der Kanalzone nordamerikanische Studenten der Balboa-Universität ihren Schultag mit dem Hissen der amerikanischen Fahne beginnen, jedoch das panamaische Symbol unbeachtet liegen lassen. Als Antwort darauf protestieren die panamaischen Studenten lautstark in den Straßen von Panama-Stadt. Am Morgen des 9. Januar begeben sie sich in Richtung Balboa-Universität, um selbst für die Einhaltung der neuen Bestimmung zu sorgen – die panamische Nationalfahne, das Symbol für die Unabhängigkeit, soll neben den Stars and Stripes hochgezogen werden.

Was als harmlose Demonstration beginnt, endet in einem Alptraum für beide Seiten. Die Bevölkerung im ganzen Land erlebt live über das Fernsehen und Radio, wie US-Soldaten die Demonstration mit brutaler Gewalt niederschlagen.

Der jahrelang von der panamaischen Bevölkerung unterdrückte Ärger bricht durch und richtet sich gegen alle US-Symbole, die man in rasender Wut und unter großem Beifall zerstört. Das Ende des blutigen **„Fahnenstreits"** am 12. Januar 1964 hinterlässt eine erschreckende Bilanz: 22 Tote und über 100 Verletzte.

Panama versucht, sein Recht auf internationaler Ebene zu erhalten und legt den Streitfall der OAS (Organisation Amerikanischer Staaten) und dem Internationalen Gerichtshof vor. Beide Institutionen verurteilen einstimmig die von der USA eingesetzte Gewalt als unverhältnismäßig, doch Konsequenzen sind damit für die USA nicht verbunden. Die OAS bringt beide Länder wieder an den Verhandlungstisch und sucht die Lösung der Probleme in einem neuen Kanalvertrag. Zwischen 1964 und 1967 kommt es zum Entwurf des **Robles-Johnson-Vertrages,** benannt nach dem panamaischen Präsidenten *Marco Robles* und seinem nordamerikanischem Amtskollegen *Lyndon Johnson.*

Der von der panamaischen Bevölkerung größtenteils abgelehnte Vertrag ist das Hauptthema in der Wahlkampagne für die **Präsidentenwahl** im **Jahre 1968,** bei der vor allem *Arnulfo Arias* mit seinem Nationalismus geschickt die richtige Marschroute anzeigt und damit auf großen Zuspruch in der Bevölkerung stößt. Aber kaum hat er das Präsidentenamt am 1. Oktober 1968 unter großem Beifall der Bevölkerung übernommen, zeigt sich *Arias* dazu bereit, den vorliegenden Kanalvertrag ohne Revision zu unterschreiben. Das Volk fühlt sich von *Arias* schamlos hintergangen. Nach lautstarken Protesten gegen *Arias* und den daraus erwachsenden Unruhen, dringen die Führungsoffiziere der Nationalgarde immer weiter an die politische Front vor.

## „Zärtliche Diktatur"

### Der Putsch

Die Führungsoffiziere der Nationalgarde stürzen in einer Blitzaktion am 11. Oktober 1968, nur 10 Tage nach seinem Wahlsieg, den Präsidenten *Arnulfo Arias* – „Im Namen des Volkes". Sie installieren eine **provisorische Militärjunta,** die unter der Führung der beteiligten Putschisten *José María Pinilla* und *Bolívar Urrita* steht. Der Putsch wird als *Revolución Diferente* („Abweichende Revolution") ettikiert, später wird daraus die *Dictadura con Cariño* – die „zärtliche Diktatur". Damit beginnt eine Periode, in der die Militärs langsam die exekutive, die legislative und die judikative Staatsgewalt auf sich konzentrieren und dadurch die Kontrolle über die Gesellschaft festigen. Um entsprechend ihrer Aussage „Im Namen des Volkes" zu handeln, errichten sie 1969 eine *Junta Civil* (Bürgerregierung), mit *Demetrio Basilio „Jimmy" Lakas* (1969–1978) als Präsidenten an der Spitze.

## Omar Torrijos

Im ständigen **Macht- und Positionskampf innerhalb der Militärs** am Ende der 1960er, Anfang der 1970er Jahre, konsolidiert sich die Macht zunehmend auf eine Person: den charismatischen *Omar Torrijos*, dessen größter Traum ein sozialistisches, aber nicht marxistisches und von der USA unabhängiges Mittelamerika ist. Mithilfe des im Sog *Torrijos'* mitschwimmenden *Manuel Antonio Noriega* und loyaler Truppen der Nationalgarde gelingt es *Torrijos*, die Herrschaft zu übernehmen.

Um seine Macht zu untermauern, setzt er 1972 eine **neue Verfassung** in Kraft, die unter anderem die Nationalgarde auf eine Machtstufe mit den drei anderen Staatsgewalten stellt, die ein zusätzliches Legislativorgan vorsieht und die *Torrijos* außergewöhnliche Machtkompetenz verleiht. Mit dem neuen Grundgesetz kreiert *Torrijos* eine zu seinen Gunsten ausfallende Zwei-Drittel-Stimmenmehrheit in der zivil-militärischen Koalition. Zudem verbietet er das öffentliche Auftreten der oppositionellen Parteien und schränkt die Pressefreiheit ein.

*Torrijos* erweist sich aber im Verlauf seiner Diktatur als Mann mit zwei Gesichtern. Dabei überwiegt die sozialistische Seite, die mit **Reformen** im Bereich der Landwirtschaft, des Unterrichts, der Gesundheit und der Infrastruktur die Position der unteren und mittleren Bevölkerungsschicht enorm verbessert.

Die diktatorische Hälfte weist die typischen Schattenseiten lateinamerikanischer Machthaber auf: **Skrupellosigkeit, zunehmende Menschenrechtsverletzungen und Korruption.** Ein weiterer negativer Aspekt seiner Herrschaft ist der rasch anwachsende öffentliche Sektor. *Torrijos* vergrößert diesen Bereich nicht, um damit die Arbeit effizienter organisieren zu können, sondern vielmehr, um seinen Freunden und Verwandten einen Posten zu verschaffen. Das Pfründesystem hat in Panama bereits eine lange Tradition, denn mit jedem Machtwechsel schreibt man fleißig Namen auf die ohnehin lange Liste der staatlichen Gehaltsempfänger bzw. streicht welche von ihr.

Sowohl die Reformen, wie die umfangreichen Personalkosten belasten den Staatshaushalt schwer. Die Lösung des **wirtschaftlichen Problems** sieht *Torrijos* in ausländischen Firmen, die er vor allem mit Steuererleichterungen in das Land lockt. Binnen kurzer Zeit schießen in Panama-Stadt die Banken wie Pilze aus dem Boden und in Colón öffnet die Freihandelszone seine Pforten.

Auf **internationaler Ebene** präsentiert sich *Torrijos* ebenfalls in wechselhafter Gestalt: Er unterhält eine sehr enge Beziehung zu den Sandinisten in Nicaragua, zu *Fidel Castro* und zur Führungsspitze der damaligen DDR. Gleichzeitig bietet er dem *Schah von Persien* und seiner Gattin einen permanenten Wohnsitz in Panama an und verfügt über gute Kontakte nach Venezuela und in die USA.

Trotz seiner Wechselhaftigkeit beherrscht *Torrijos*' Außenpolitik ein Thema, das für seine Vorgänger zum Trauma wurde: der Panamakanal. Während seine Vorgänger aber meistens am Gängelband der US-Regierung hingen, erweist sich *Torrijos* als ein Gegner mit „Haaren auf den Zähnen", wie es einige US-Politiker so nebenbei bemerken.

## Moralischer Sieg über die USA

Im März 1973 tritt der Sicherheitsrat der Vereinten Nationen in Panama zusammen, wodurch die Studentenunruhen während der 60er Jahre ein Nachspiel erhalten. Die **USA** müssen anhören, wie eine Resolution vorgelegt wird, die sie **wegen Verletzung der Rechte Panamas verurteilt.** Nur durch die Benutzung des Vetorechts bewältigt die USA dieses politische Spiel. Nach der verlorenen Abstimmungsrunde verlassen die nordamerikanischen Abgeordneten demonstrativ den Saal. Der Sieg, wenn auch nur moralischer Natur, geht voll auf *Torrijos*' Konto.

## Neuer Kanalvertrag

Ein Jahr nach der Versammlung nehmen die USA und Panama die Verhandlungen über einen neuen Kanalvertrag auf, die schließlich zum **Torrijos-Carter-Vertrag** führen. Mit der Unterzeichnung durch General *Omar Torrijos* und US-Präsident *Jimmy Carter* am 7. September 1977 in Washington beginnt ein neues Kapitel in der panamaischen Geschichte. Und David hat Goliath besiegt: Der Vertrag enthält unter anderem, dass der Sonderstatus der Kanalzone mit sofortiger Wirkung aufgehoben wird, die Kanalverwaltung bis zur offiziellen Übergabe des Kanals an Panama am 31. Dezember 1999 unter die Verantwortlichkeit beider Länder fällt und die Kanalzone und der Isthmus den Status der Neutralität erhalten. Ferner werden großzügige finanzielle Unterstützungen von Seiten der USA bis zur offiziellen Übergabe des Kanals vereinbart. Auf Grund des Vertrages wird im 21. Jahrhundert die Souveränität und Verwaltung des Kanals voll und ganz in den Händen von Panama liegen. Nur 18 % der ehemaligen Kanalzone bleiben auch nach der Jahrtausendwende weiterhin als Militärgebiet in den Händen der USA. Dieser kleine Minuspunkt im Vertrag kann die Freudentänze in Panama nicht aufhalten und verschafft *Omar Torrijos* starken Rückhalt in der Bevölkerung und eine Konsolidierung seiner Macht.

## Demokratisierung

Mit der langsamen demokratischen Öffnung des Torrjios-Regimes kommt es 1978 zu einer **Verfassungsreform,** die aber keine grundlegenden Änderungen bringt. Ein Jahr später wird das **Parteienverbot aufgehoben.** Als „Vorsorge" wurde von *Torrijos* bereits 1978 die *Partido Revolucionario Demócratico (PRD)* gegründet, die sich aus den regierenden

Militärs zusammensetzt und dadurch die Zwei-Drittel-Mehrheit in der zivil-militärischen Koalition hat. Da *Torrijos* überzeugt ist, mit der *PRD* auch ohne seine diktatorische Macht seine Stellung in der Politik halten zu können, kündigt er **freie Wahlen** an.

Doch er kommt nicht mehr in den Genuss eines eventuellen Wahlsieges: Am 31. Juli 1981 stirbt General *Omar Torrijos* bei einem **Flugzeugabsturz** in den Bergen nahe Coclésito. Kurz danach tauchen die ersten Sabotagegerüchte auf, doch handfeste Beweise dafür oder eventuelle Drahtzieher können nicht ausfindig gemacht werden. Sein Tod bleibt bis heute ein Rätsel, doch hinter vorgehaltener Hand wird gemunkelt, dass nur einer für diesen Anschlag in Frage kommen könne: der aufwärtsstrebende *Manuel Antonio Noriega*.

## Panama unter Noriega

### General Paredes

Nach *Torrijos* Tod entflammt ein **Machtkampf** unter den dienstältesten Offizieren der Nationalgarde, in den *Noriega* bereits kräftig involviert ist. Da noch einige Barrieren vor ihm liegen, wartet er geduldig auf seine Chance und baut im Hintergrund langsam die letzten Stufen für seinen Weg an die Spitze auf.

*Noriega* muss zunächst *General Paredes* das Schlachtfeld überlassen, der als Sieger aus dem Kampf hervorgeht und der neue Machthaber in Panama wird. Damit der von *Torrijos* eingeschlagene demokratische Weg für die Bevölkerung erkennbar bleibt, kommt es **1983** unter *Paredes* zu einer Verfassungsreform. Die in einem Referendum gebilligte **Änderung des Grundgesetzes** eliminiert die 1972 verankerte Machtkompetenz der Nationalgarde und das zusätzliche Legislativorgan und garantiert Panama eine parlamentarische Demokratie und der Bevölkerung wesentliche Grundrechte und verfassungsmäßige Freiheiten. Was auf den ersten Blick als entscheidender Schritt in Richtung Demokratie aussieht, erweist sich bei genauerer Betrachtung als reine Fassade. Die politische Vormachtstellung der Nationalgarde bleibt weiterhin unangetastet und die ständigen Manipulationen demokratischer Institutionen vom immer mächtiger werdenden *Noriega* lassen den Demokratisierungsprozess im Keim ersticken.

Als die Bevölkerung das fadenscheinige Spiel langsam durchschaut, verspricht General *Paredes* **freie Wahlen,** die von der zivil-militärischen Regierung für Mai 1984 festgesetzt werden. Auf „Anraten“ *Noriegas* zieht sich *Paredes* nach dem Wahlversprechen sofort zurück, um sich offiziell „einer politischen Karriere zu widmen“, womit *Noriega* auch die letzte Hürde zur Spitze beseitigt hat.

### Noriega, der Mann im Hintergrund

Am **16. Dezember 1983,** der in Panama zum „Tag der Loyalität“ ausgerufen wird, übernimmt General *Noriega* den **Oberbefehl der Nationalgarde,** die er mit diversen uniformierten Einheiten zur *Fuerzas de Defensas* zusammenlegt und im Verlauf seiner Herrschaft durch loyale Spezialtruppen ausbauen wird (siehe Kapitel „Staat und Politik“, „Militär und Polizei“). Damit schafft er sich ein politisches Werkzeug, um seine Macht in Pa-

# El Comandante Noriega

Im Juli 2010 hat ein Gericht in Paris den ehemaligen Machthaber Panamas, **Manuel Noriega,** im Alter von 76 Jahren wegen Geldwäsche zu sieben Jahren Haft verurteilt. Zuvor hatte er bereits 17 Jahre in Florida wegen Drogendelikten im Gefängnis gesessen. Nach einem „kurzen Aufenthalt" in Frankreich wird *Noriega* im Dezember 2011 an Panama ausgeliefert, wo er eine weitere Haftsrafe von 20 Jahren der Beteiligung an der Ermordung politischer Gegner verbüßen wird. Aufgrund seines hohen Alters wird er die Strafe aber in seiner Heimat als Hausarrest antreten können.

Manuel Antonio Noriega Moreno wird am 11. Februar 1934 im stark heruntergekommenen Stadtteil Santa Ana in Panama-Stadt als uneheliches Kind geboren. Da ihn sein Vater, ein Schürzenjäger und Alkoholiker, verleugnet, wächst „Tony", wie er während der Kindheit gerufen wird, bei seiner leiblichen Mutter auf, einer ehemaligen Hausangestellten der Familie Noriega. Tony verbringt seine Jugend in der Nähe seines Geburtsortes, einer anrüchigen Gegend um die Calle 13, die Sal si puedes („Verschwinde, solange Du kannst") genannt wird. Noriega leidet stark unter Akne, die sein Gesicht pockennarbig erscheinen lässt und derentwegen er am Höhepunkt seiner Macht von seinen Feinden den (heimlichen) Beinamen La Piña („Die Ananas") erhält. Als seine Mutter noch vor seinem ersten Schuljahr stirbt, kommt er als Pflegekind zu seiner Taufpatin, die sich in den Folgejahren liebevoll um kümmert.

Nach erfolgreichem Abschluss der Primär- und Sekundärschule erhält *Noriega* **1947** einen **Studienplatz am Instituto Nacional,** wo er im Verlauf seiner Schulzeit mit der politischen Studentenszene in Kontakt kommt. Dabei lernt er seinen älteren Halbbruder *Luis Carlos Noriega* kennen, von dessen Existenz er bis zu diesem Zeitpunkt nichts ahnte. *Luis Carlos,* der von der Familie *Noriega* wegen seiner homosexuellen Veranlagung verstoßen wurde, ist **politisch sehr aktiv** und lehrt seinen Halbbruder das ABC der Politik. *Tony Noriega* engagiert sich stark in der Szene, liest viele politische Bücher, unterstützt Demonstrationen, hält Reden, trifft einflussreiche Politiker und wird zweimal in den Nationalen Studentenkongress gewählt. Während der Zeit am Instituto Nacional ist *Noriega* antimilitärisch eingestellt und als Präsident *Remón* in den frühen 1950er Jahren die Polizei und das Militär zur *Guardia Nacional* (Nationalgarde) vereinigt, steht *Noriega* an vorderster Front, um lautstark gegen die Vereinigung zu protestieren.

Nach seinen politisch „lehrreichen" Jahren am Instituto Nacional und dem **erfolgreichen Abschluss 1953,** möchte er Medizin studieren. Sein Ansuchen an der Universidad de Panamá wird aber abgelehnt, denn die beste Universität des Landes hat nur offene Türen für die Kinder der reichsten und mächtigsten Familien Panamas. Auch bei anderen Versuchen stößt *Noriega* immer wieder auf Barrieren, die ihm vor allem wegen seiner Herkunft aus der „armen" Schicht in den Weg gelegt werden.

Wegen der bitteren Erfahrungen und der geringen Chance auf einen Platz an der Universität, tendiert der einstige Antimilitarist immer mehr zum Militarismus. *Noriega* glaubt mit der „entsprechenden" Uniform, die zudem noch mit Macht verbunden ist, einen Ausgleich für seine Herkunft schaffen zu können. Mithilfe seines Halbruders *Luis Carlos,* der inzwischen in Peru in der diplomatischen Vertretung von Panama arbeitet, wird *Tony* **1957 in einer Militärakademie in Peru** aufgenommen, wo er bereits in seinem ersten Ausbildungsjahr indirekten **Kontakt zum amerikanischen Geheimdienst CIA** *(Central Intelligence Agency)* bekommt. Die CIA soll in Peru die zukünftigen Offiziere „im Auge" behalten, vor allem jene, die zur kommunistischen Szene neigen. Auf der Suche nach „geeigneten Mitarbeitern" fällt der junge Kadett *Manuel Antonio Noriega* postiv auf, doch eine Rekrutierung kommt für die CIA nicht in Frage. Durch seinen Halbbruder *Luis Carlos,* der Kontakte zur CIA hat, kommt die Verbindung zustande und ab diesem Zeitpunkt „horcht" *Noriega* seine Mitschüler aus und erhält dafür die ersten US-Dollars von der CIA.

Nach 5-jähriger Ausbildung wird *Noriega* als Leutnant ausgemustert. Er **kehrt 1962 nach Panama zurück,** doch zu dieser Zeit besteht kein Bedarf an Offizieren, weshalb er sich mit verschiedenen Jobs über Wasser hält. Durch Zufall lernt *Noriega* den späteren Diktator *Omar Torrijos* kennen, was ein entscheidender Wendepunkt in seinem Leben ist. *Torrijos*, der kurz davorsteht, als Garnisonskommandant die Nationalgarde in der Provinz Chiriquí zu übernehmen, findet an *Noriega* großes Gefallen. *Torrijos* holt ihn nach Chiriquí, wo *Noriega* **1963** als Leutnant die Polizei in David übernimmt und 1966 als Hauptmann die Garnison der **Nationalgarde** befehligt. Zu Beginn der 1970er Jahre hilft *Noriega* seinem Förderer *Torrijos* an die Macht zu kommen und erhält wegen seiner Loyalität den Major-Titel.

**Mitte der 1960er** Jahre hilft die CIA in Panama einen Geheimdienst aufzubauen, den G–2, der aus einer Gruppe Nationalgardisten besteht. *Torrijos* wählt für die **Top-Secret-Abteilung** *Noriega* aus, um die spärliche Sammlung von Informationen zu überwachen. **Mitte der 1970er** Jahre erhält *Noriega* den **Chefposten des Geheimdienstes.** Sein Amtskollege bei der CIA ist 1976 *George Bush*, der später den Befehl zur Invasion geben und damit *Noriega* stürzen wird.

*Noriega* fühlt sich in der neuen Rolle als Leiter des Geheimdienstes wohl. Niemand ist vor seiner Bespitzelung sicher, vor allem jene nicht, die ihm auf „dem Weg nach oben" eventuell Steine in den Weg werfen könnten. *Noriega* legt ein großes und penibel geführtes Archiv an und mithilfe der oft peinlichen Informationen werden seine Konkurrenten im Machtkampf gnadenlos erpresst und langsam auf das Abstellgleis geschoben. Auch über die USA sammelt er Top-Secret-Informationen, die bei Bekanntgabe für die US-Regierung sehr blamable Folgen haben könnten.

Im Verlauf seiner G–2-Tätigkeit **arbeitet** *Noriega* immer enger **mit der CIA zusammen,** die ihn in den USA und Panama gewissenhaft ausbildet, u.a. in psychologischer Kriegsführung. Die CIA, die in Panama über ein gutes Netz an Informanten, Zuträgern und zumeist als Diplomaten getarnten Agenten verfügt, ist von *Noriegas* Fähigkeiten begeistert, weshalb sie ihn als „Aktivposten" einstufen und großzügig bezahlen lässt. Ohne Wissen der CIA steht *Noriega* aber auch im Dienst von anderen Geheimdiensten, z.B. von Nicaragua, Kuba, Libyen und Israel. *Noriega* kauft und verkauft Informationen, wobei er aus einem Minimum an Informationen ein Maximum für sich selbst bezieht.

Wegen seiner **Drogenkontakte nach Kolumbien** wird er auch für die US-Drogenbekämpfungsbehörde DEA interessant. Und mit ihnen spielt *Noriega* das gleiche Spiel wie mit der CIA. Ohne das Wissen der DEA sind die verhafteten Dealer meistens *Noriegas* größte Konkurrenten im Drogenhandel oder jene seiner Freunde des kolumbianischen Medellín-Kartells, dessen oberster Boss kein geringerer ist als der im Dezember 1993 von der Polizei getötete *Pablo „Padre" Escobar.*

Mit den Drogengeschäften, wobei auch „Geldwäsche" in Panama betrieben wird, kommt *Noriega* zu **Reichtum,** den er dazu benutzt, immer mehr loyale Personen um sich zu scharen und seine Macht auszubauen.

Während der 1960er- und 1970er Jahre manipuliert sich *Noriega* nach oben. Als *Torrijos* am 31. Juli 1981 unter mysteriösen Umständen bei einem Flugzeugabsturz stirbt, ist für *Noriega* endgültig der „Weg nach oben" frei.

nama zu verankern. Die politische Bühne betritt er selbst nur selten. Er agiert weiterhin im Hintergrund, wo er das politische Ruder fest in seinen Händen hält.

Von seiner Machtübernahme bis zu seinem Sturz im Dezember 1989 sind alle **Präsidenten** von *Noriegas* Wohlwollen abhängig. Die sogenannten „Fingerpräsidenten" erscheinen ebenso rasch, wie sie wieder verschwinden: *Jorge Illueca* (1984), *Nicolás Ardito „Nicky" Barletta* (1984–1985), *Eric Aturo Delvalle* (1985–1988), *Manuel Solís Palma* (1988–1989) und *Francisco Rodríguez* (1989), der das letzte Staatsoberhaupt unter *Noriega* sein wird.

## Der Narco-Diktator

Doch *Noriegas* Macht und die Loyalität seiner Männer kostet Geld, ziemlich viel Geld und er benützt jede Möglichkeit, um an „harte" Dollars zu kommen. Zu einer scheinbar unversiegbaren Geldquelle gehören die schmutzigen **Geschäfte mit Kolumbiens Drogenkartell,** was ihm einen in der Geschichte einmaligen Titel einbringt: Narco-Diktator. Nach und nach häufen sich die Anschuldigungen gegen ihn, beim weltweiten Drogenhandel seine Hände im Spiel zu haben, doch es fehlen bisher die handfesten Beweise.

Einen Einblick in die undurchsichtigen Geschäfte *Noriegas* möchte **Hugo Spadafora** bringen. Er gilt als unerschrockener **Noriega-Gegner,** lebt aber die meiste Zeit im Ausland, als Widerstandskämpfer an verschiedenen Fronten. Als *Spadafora* öffentlich erklärt, dass er nach Panama zurrückkehren und Beweise gegen *Noriega* auf den Tisch legen wird, wartet man gespannt auf seine Enthüllungen, zu denen es aber nie kommen wird. Trotz guter Tarnung fällt *Spadafora* bei seiner Einreise von Costa Rica nach Panama der Nationalgarde in die Hände, die ihn unter einem Vorwand in Concepción nahe der costaricanischen Grenze sofort in Haft nimmt. Nach tagelangen Folterungen (wofür es Zeugen gibt!) findet man seinen enthaupteten Körper (der Kopf bleibt bis heute verschwunden) in einem US-Postsack auf costaricanischem Territorium. Trotz Zeugen bleibt der Mord bis heute unaufgeklärt. Und eine Verbindung zu *Noriega* ist ebenfalls nicht nachzuweisen, er hält sich zur Tatzeit (rein zufällig) in Paris auf.

## Druck auf Noriega

Mit dem grauenhaften Mord an *Hugo Spadafora* zeigt das Noriega-Regime der panamaischen Bevölkerung erstmals sein wahres Gesicht. Als ihm Juni 1986 in Miami und Tampa die ersten **Beweise** gegen *Noriega* **wegen Drogenhandels** auftauchen und zudem ein Jahr später an die Öffentlichkeit durchsickert, dass *Noriega* aller Wahrscheinlichkeit nach **1984 die Wahl manipuliert** hat, beginnt sein Imperium langsam einzustürzen. Die US-Regierung, die über *Noriegas* „Fehltritte" der letzten Jahre wegen seiner verlässlichen Informationen für die CIA und DEA großzügig hinwegsah, distanziert sich von *Noriega*.

Auch der **innenpolitische Druck** auf *Noriega* wird immer größer. Die Bevölkerung organisiert ab 1987 regelmäßig Demonstrationen, die den Namen *Cruzadas Civilistas* (Bürgerkreuzzüge) erhalten. Sie eskalieren immer zu blutigen

Konflikten zwischen den Demonstranten und noriegatreuen Soldaten.

Präsident *Eric Aturo Delvalle* versucht mit US-Unterstützung im Februar 1988, *Noriega* aus seinem Amt zu entfernen, doch die regimegetreue Mehrheitsfraktion des Parlaments lässt *Delvalle* ablösen und setzt an seine Stelle *Manuel Solís Palma. Delvalle* flüchtet in die USA, wo er sich bei der sonst nicht so zimperlich agierenden **US-Regierung** (wenn es um Panama geht) über die mangelhafte Hilfe beschwert. Die US-Regierung unter *Ronald Reagan* denkt nicht daran, beim Sturz mit dem Militär entscheidend mitzuwirken, denn im November 1988 stehen in den USA Präsidentenwahlen auf dem Kalender und weder Vizepräsident *George Bush*, der die Wahl 1988 gewinnen wird, noch der amtierende US-Präsident *Ronald Reagan* lassen sich auf die waghalsige Trittbrettfahrt ein.

Ein **Embargo gegen Panama** scheint der US-Regierung die einzige und zu diesem Zeitpunkt vernünftigste Lösung zu sein. Kurz nach dem Sturz *Delvalles* werden deshalb schwere Sanktionen verhängt, die Panama an den Rand des wirtschaftlichen und sozialen Abgrundes bringen und die für innenpolitische Unruhe sorgen. Der Druck auf den Diktator wächst zwar damit an, bringt ihn aber nicht zu Fall. *Noriega* versucht die innenpolitische Lage zu stabilisieren und wieder in den Griff zu bekommen, um damit die bevorstehenden Wahlen im Mai 1989, „nach seinem Geschmack" über die Bühne zu bringen. Die panamaische Bevölkerung ergreift bei den Wahlen die Chance, mit ihrer Stimmabgabe ihre Unzufriedenheit auszudrücken.

## Wahlen von 1989

Das Parteienverbot der 1970er Jahre und der mühevolle Wiederaufbau während der 1980er Jahre haben keine wirkungsvollen Einzelparteien zum Vorschein gebracht. Zur Wahl im Mai 1989 treten deshalb nur zwei große **Parteienbündnisse** an: die regimetreue *Coalición de la Liberación Nacional* (COLINA) und die oppositionelle *Alianza Demócratica de Oposición Civilista* (ADOC).

Als **Kandidaten** für das Präsidentenamt stehen sich *Guillermo Endara Gallimany* von der ADOC und *Carlos Duque Caen* von der COLINA gegenüber. Doch beide Kandidaten bringen nicht die günstigsten Voraussetzungen mit: *Endara* gilt nur als Notlösung für die Kandidatur, da der ADOC-Top-Kandidat *Arnulfo Arias* wenige Monate vor der Wahl gestorben ist und *Duque Caen* ist seit langer Zeit ein guter „Geschäftsfreund" *Noriegas.*

Während der Stimmenauszählung zeichnet sich bereits ein **deutlicher Wahlsieg Endaras** ab. Als *Noriega* erkennt, dass sein Geschäftsfreund keine Chance hat, die Wahl auf legale Weise zu gewinnen, lässt er von seinen loyalen Männern kurzerhand die Wahl manipulieren. Nach „amtlichen" Ergebnissen steht plötzlich *Duque* als Sieger fest. Die oppositionelle ADOC wirft General *Noriega* und der von ihm gestützten Regierung eindeutigen **Wahlbetrug** vor und ruft die Bevölkerung zu spontanen Demonstrationen auf. *Endara* und seine beiden Kandidaten für die Vizepräsidentenämter ziehen mit einer Menschenmasse in Panama-Stadt durch die Avenida Central in Richtung von *Noriegas* Hauptquartier, um für die Anerkennung ihres Wahlsieges zu demonstrieren.

Noch bevor der Demonstrationszug das Hauptquartier erreicht, kommt es vor der Santa-Ana-Kirche zur Eskalation zwischen den Demonstranten und *Noriegas* „dunklen Schatten", die brutal zuschlagen und dabei *Endara,* der wenige Tage später ins Exil fliehen wird, und seine Kandidaten verletzen.

Um weiteren Eskalationen vorzubeugen, verkündet der von der Regierung kontrollierte Wahlausschuss drei Tage später die **Annullierung der Wahl** mit der Begründung, dass Wahlurnen und -unterlagen verschwunden seien und dass internationale Wahlbeobachter, unter anderem die Ex-US-Präsidenten *Jimmy Carter* und *Gerald Ford,* die Auszählung der Stimmen wesentlich erschwert hätten. Neuwahlen lehnt die Regierung strikt ab. Als Kompromiss wird angeboten, die Amtszeit des scheidenden Präsidenten *Solís Palma* bis 1991 zu verlängern. Die Opposition bleibt jedoch in jeder Hinsicht hart, lehnt auch eine Übergangsjunta ab und besteht auf den Wahlsieg *Endaras.* Auch internationale Vermittlungsversuche fruchten nicht, wodurch sich die Lage zwischen den USA und *Noriega* gefährlich zuspitzt. Um die Situation einigermaßen zu beruhigen, lässt *Noriega* den „Wahlsieger" *Duque* abtreten und durch seinen Freund *Francisco Rodríguez* ersetzen, der am **1. Oktober 1989** das Präsidentenamt übernimmt.

## Fehlgeschlagener Putsch

Einen Tag nach *Rodríguez'* Amtsantritt versucht Major *Moisés Giroldi Vega,* der eigentlich zu den loyalsten Männern *Noriegas* zählt, die Unruhen auszunützen und das politische Steuer durch einen Putsch herumzureißen. Er kann dabei auf die Militärhilfe der USA rechnen. In einer waghalsigen Aktion dringt *Giroldi* in das Hauptquartier *Noriegas* ein. Doch die lückenhafte Deckung der USA (vor allem bei der Flughafensperre) ermöglicht es den Noriega loyalen, in Chiriquí stationierten *Machos del Monte,* mit dem Flugzeug in Panama-Stadt zu landen und ihrem Kommandanten zu Hilfe zu eilen. Der Putsch scheitert im Ansatz und kostet Major *Giroldi* das Leben.

Die Konsequenz daraus ist ein völlig durchgedrehter *Noriega,* der sich mit seinen loyalen Truppen ab jetzt für „unverwundbar" hält. Kurz nach dem Putschversuch erklärt sich *Noriega* zum *Maximo Lider* Panamas – sein letzter politischer Schritt.

## US-Invasion

US-Präsident *George Bush* und sein Krisenstab arbeiten bereits fieberhaft an einer Lösung, die letztendlich nur eine **militärische Intervention** in Panama vorsieht, obwohl die Konsequenz daraus der Verlust von US-Militärbasen in Europa oder Asien sein könnte. Trotz des negativen Beigeschmacks entschließt sich die Regierung zur Aktion. Damit diese auch gerechtfertigt und durch den Kanalvertrag abgedeckt ist, gibt man als Gründe an, dass *Noriega* ein unkontrollierbares Risiko für den Panamakanal sei und er jederzeit die Transitverbindung durch Sabotage unterbrechen könnte. Das würde aber heißen, dass die US-Soldaten nur den Kanal beschützen, jedoch *Noriega* nicht verhaften könnten. Die US-Regierung erwähnt deshalb im gleichen

Atemzug die fertiggestellten Anklagen und **Haftbefehle** gegen *Noriega* **wegen Drogenhandels.** Das erklärt auch den Umstand, warum *Noriega* von DEA-Beamten und nicht von den US-Militärs verhaftet wird.

Unter dem Decknamen *Operation Just Cause* (siehe Exkurs) fallen die USA mit ca. 200 Hubschraubern, 110 Flugzeugen und etwa 25.000 Soldaten am **20. Dezember 1989** in Panama ein. Noch bevor die Aktion beginnt, wird *Endara* in eine US-Basis in Panama gebracht und dort als Präsident vereidigt. Mit seiner offiziellen Zustimmung zur Invasion hat die „Rechtfertigung“ für ein militärisches Eingreifen ein weiteres Standbein erhalten.

Für internationale Beobachter der US-Außenpolitik bleibt trotz allem die Intervention nicht zweifelsfrei, vor allem wenn man ihr Fazit betrachtet: 23 US-Soldaten, 3 US-Zivilisten und ca. 7000 (laut offizieller Stelle in Panama) panamaische Soldaten und Zivilisten wurden getötet, 324 US-Soldaten und ca. 3000 panamaische Soldaten und Zivilisten wurden verwundet, etwa 25.000 Menschen wurden obdachlos. Der entstandene Sachschaden betrug ca. 1,5 Milliarden US-Dollar. Ein sehr hoher Preis für Panamas Freiheit, die das Etikett *Made in USA* trägt – wie so vieles in Panama der letzten Jahrzehnte, vor allem General *Noriega*.

## Das Chaos danach

Mit der Verhaftung *Noriegas* im Januar 1990 ist zugleich ein Aufatmen in der panamaischen Bevölkerung spürbar. In vielen Landesteilen bricht eine Welle von **euphorischen Feiern** los. Doch gleichzeitig kommt für die Bevölkerung auch die ernüchternde Konfrontation mit der Realität: Die Gerechtigkeit *Made in USA* hat zwar gesiegt, aber *Noriegas* Diktatur, die nach der Invasion aufgehobenen US-Sanktionen von 1988/89 und die militärische Intervention haben in Panama eine **wirtschaftliche Katastrophe** und ein **politisches Chaos** hinterlassen.

### Koalitionsregierung unter Endara

Als sich der Staub der Invasion einigermaßen gelegt hat, kommen die Wahlzettel vom Mai 1989 – oder was davon noch übrig ist – unter dem Patronat der USA zur Neuauswertung. Auf der Basis dieser Stimmenauszählung entsteht unter dem bereits vereidigten Präsidenten und Regierungschef *Guillermo Endara* eine Koalitionsregierung, in der das Oppositionsbündnis ADOC mit der stimmenstärksten Partei, der *Partido Demócrato Cristiano* (PDC), zwei Drittel der Parlamentssitze erhält. Die Restsitze entfallen auf die regimetreue Vereinigung COLINA, in der die von *Torrijos* gegründete *Partido Revolucionario Democratíco* (PRD) das Sagen hat.

### Wirtschaftliche Krise

Einer der ersten Programmpunkte nach dem sofortigen Amtsantritt der neuen Regierung ist die **Bewältigung der hohen Auslandsverschuldung,** die die Regierung zu drastischen Sparmaßnahmen im Staatshaushalt zwingt. Da die vor der Invasion versprochene Finanzhilfe der USA bis zum März 1990 noch immer

# Operation Just Cause

Panama-Stadt, Mittwoch, **20. Dezember 1989:** Der Tag ist erst wenige Minuten alt, als sich die ersten US-Soldaten mit Panzerfahrzeugen vom Norden her durch den Bezirk Ancón auf die Altstadt zubewegen. Ihr Ziel ist das Hauptquartier General *Noriegas*, die *Comandancia* an der Avenida A im ärmlichen Stadtteil El Chorrillo. Über der Stadt liegt in der nächtlichen Schwüle eine unheimliche, bedrohende Spannung, die sich auf die panamaischen Soldaten überträgt. Sie patroullieren nervös und schwerbewaffnet, rund um die Comandancia und bemerken nicht, wie die Amerikaner sich langsam der Avenida A nähern. Die seit fünfzehn Jahren größte Militäraktion der USA ist angelaufen – die Operation „Gerechte Sache".

Um 0.45 Uhr, 15 Minuten früher als geplant, kommt der Befehl zum **Angriff.** Die nächtliche Ruhe verwandelt sich in einen ohrenbetäubenden Sturm von Gewehrsalven, Explosionen und Leuchtraketen. Am künstlich erhellten Himmel tauchen die ersten Transportflugzeuge auf, die schwerbewaffnete US-Fallschirmspringer über dem gesamten Stadtgebiet absetzen. Gleichzeitig legen einige Kampfhubschrauber in kürzester Zeit die Comandancia in Schutt und Asche. Innerhalb von wenigen Minuten verwandelt sich El Chorrillo in ein Flammenmeer, das in den Holzbaracken einen guten Nährboden findet. Der Überraschungseffekt des explosiven Angriffes erstickt den Widerstand im Keim und einige panamaische Soldaten kapitulieren sofort. Nach ca. sechs Stunden Kampf sind die meisten panamaischen Soldaten zur Aufgabe bereit.

Obwohl hochtechnische Abhörgeräte und Waffen eingesetzt werden, gelingt es den US-Soldaten aber nicht, in der ersten Phase der Invasion das eigentliche Ziel – General *Noriega* – zu ergreifen. Er befindet sich zum Zeitpunkt des Angriffes auf die Comandancia in einem Versteck am Rande der Stadt. Gegen 3 Uhr meldet sich *Noriega* über einen versteckten Radiosender und versichert dabei „bis zum Ende" zu kämpfen ...

Am **Vormittag des 20. Dezember** liegen über der Stadt dicke Rauchwolken, in der die US-Hubschrauber ihre Beute suchen. Vom Angriff am schwersten getroffen sind El Chorrillo, San Miguelito und Panama Viejo. Zerbombte, teils noch brennende Häuser, dutzende Autowracks, massenweise Plünderer, die durch die Avenida Central ziehen, fast bis an den Rand der Unkenntlichkeit getarnte „Rambos" und US-Panzerfahrzeuge beherrschen das Straßenbild.

Die US-Soldaten haben mittlerweile systematisch die Stadt infiltriert. Sie suchen fieberhaft nach *Noriega*, der geschickt mit einem unauffälligen Auto in Bewegung bleibt und dabei ständig sein Versteck wechselt. Mit jeder Stunde, die er in Freiheit verbringt, vergrößert sich die Angst der US-Regierung, *Noriega* nie verhaften zu können. Hinzu kommt noch die beängstigende Spekulation eines Guerilla-Krieges, der die USA sicher länger als geplant in Panama binden würde – von einem Scheitern der Aktion gar nicht zu sprechen.

In den folgenden Tagen geht das „Katz-und-Maus-Spiel" in Panama weiter. Wegen der **erfolglosen Suche** greift die US-Regierung zu anderen Mitteln: Sie setzt eine Belohnung in Höhe von 1 Mio. US-Dollar aus für Informationen, die zur Verhaftung *Noriegas* führen. Innerhalb kürzester Zeit gehen zahlreiche Meldungen im Hauptquartier der Amerikaner ein, allerdings ist keine darunter, die zur Ergreifung *Noriegas* führt. Gleichzeitig versuchen die US-Militärs, die hohen panamaischen Offiziere zur Aufgabe zu überreden, was im Verlauf der nächsten Stunden auch gelingt.

Nahezu alle **Soldaten kapitulieren,** wodurch auch die Kaserne in Río Hato, die größte militärische Bastion in Panama, unter amerikanische Kontrolle fällt. Durch die Kapitulation verringert man für *Noriega* die Zufluchtsorte und vor allem die wichtige Unterstützung von seiten seiner loyalen Militärs. Der Kreis um *Noriega* wird drastisch kleiner, aber noch immer wissen die US-Soldaten nicht, wo er sich versteckt hält. Als man durch einen „heißen Tipp" endlich das leere Versteck bei einem seiner Geschäftsfreunde entdeckt, wird die Schlinge allmählich zugezogen.

*Noriega* erkennt den Ernst seiner Lage und flüchtet am **24. Dezember** in die **vatikanische Botschaft,** den einzigen Zufluchtsort, den die US-Strategen übersehen hatten. Als der päpstliche Nuntius offiziell verkündet, dass *Noriega* sich in der Botschaft aufhält, verbreitet sich die Meldung wie ein Lauffeuer durch die Stadt. Innerhalb kürzester Zeit wird die Umgebung der Botschaft von Soldaten hermetisch abgeriegelt, ein Betreten des exterritorialen Gebietes ist aber nicht möglich. Zwischen die Soldaten mischen sich immer wieder panamaische Demonstranten, die den Kopf des Diktators fordern. Der belagerungsähnliche Zustand zermürbt *Noriega*, der sich seiner aussichtslosen Lage immer deutlicher bewusst wird, langsam.

Nach mühevollen Verhandlungen, wobei der Nuntius als Vermittler tätig ist, stellt sich *Noriega* am **3. Januar 1990** gegen 21 Uhr den Beamten der DEA. Vor der vatikanischen Botschaft wartet bereits ein Hubschrauber, der den Diktator zur US-Basis Fort Clayton bringt. Am nächsten Tag wird er nach Miami geflogen **und wegen Drogenhandels unter Anklage gestellt.**

Über die US-Invasion wurde übrigens der Dokumentarfilm *The Panama Deception* gedreht, der 1992 als beste Dokumentation mit dem Oscar auszeichnet wurde.

nicht erfolgt ist, tritt *Endara* im gleichen Monat in einen befristeten Hungerstreik (der wegen der Fettleibigkeit des Präsidenten unter der Bevölkerung Anlass zur Belustigung ist). Schließlich genehmigt die US-Regierung ein humanitäres Hilfsprogramm für Panama, an dem sich auch die Europäische Gemeinschaft und Japan beteiligen.

Erneute **Sparmaßnahmen,** Kündigungen im öffentlichen Sektor und großangelegte Streiks stürzen das Land allmählich in ein Chaos. Hinzu kommt noch, dass *Endara* und seine Leute wegen Drogengeldwäsche unter **Korruptionsverdacht** geraten. Bei dem Versuch der Regierung, *Noriegas* Geschäfte zu durchleuchten, hebt man das Bankgeheimnis in Panama auf. Doch die US-Drogenbekämpfungsbehörde DEA stellt fest, dass nach der Invasion die Drogengeldwäsche größere Dimensionen angenommen hat als zu *Noriegas* Zeiten.

Die kaum mehr kontrollierbare Kriminalität in den Großstädten stellt die Regierung vor zusätzliche Probleme. Auch die ehemaligen paramilitärischen Spezialeinheiten *Noriegas* terrorisieren die Einwohner der Hauptstadt mit einer Serie von Überfällen auf Banken, Luxusgeschäfte, gehobene Restaurants, Firmen und Privathäuser. Daraufhin löst man 1991 die von *Noriega* geschaffene *Fuerzas de Defensa de Panamá* (FDP) auf und kreiert daraus die *Fuerza Pública* (FP), eine Polizeieinheit mit militärischen Sonderaufgaben. Als weitere Maßnahme gegen die Gewalt verspricht die Regierung jeder Person 150 US-Dollar pro abgegebener Waffe.

Die durch den langsamen Zerfall des ADOC-Bündnisses zersplitterte und durch erneuten Verdacht der Geldwäsche gegen *Endara* diskreditierte Regierung beharrt weiterhin auf ihrem Sparkurs, der laut Statistik das Wirtschaftswachstum **1992** um ca. 10 % ansteigen lässt und damit als Erfolg auf das Konto der Regierung verbucht wird. Doch die vom Bauboom und von Umsatzrekorden in der Freihandelszone Colón ausgelöste **Konjunktur** hat ihren Grund darin, dass in beiden Branchen noch immer Drogengelder „gewaschen" werden, weshalb vom Wachstum nur eine kleine Gruppe profitiert.

Ernstzunehmende **Sozialreformen scheitern** nach wie vor an Geldmangel, was zu einem Anstieg der Arbeitslosigkeit auf über 30 % und zu Demonstrationen führt. Als kleinen Erfolg kann die Regierung die Bekämpfung der Kriminalität verbuchen, die man mit konsequenten Maßnahmen stark eindämmt.

Im **November 1992** wird eine **Verfassungsreform** von einer Zwei-Drittel-Mehrheit der Bevölkerung deutlich **abgelehnt.** Das „Nein" ist aber weniger als Überzeugung zu werten, sondern es entsteht vielmehr aus Protest gegen die Endara-Regierung. Die größten Gegner der Verfassungsreform kommen aus den Reihen der PRD, was auch verständlich ist, denn die Reform sah unter anderem die Abschaffung der im Polizeiapparat verankerten Streitkräfte vor.

## Amnestiedebatte

Kaum ist der **Jahreswechsel 1992/93** vollzogen, bricht im Parlament ein hochexplosiver Streit aus: die Debatte um eine Amnestie für die rund 50 aus Zivilisten und Militärs bestehenden Noriega-Getreuen. Während *Noriega* im Juli 1992 in Florida bereits zu 40 Jahren Haft verurteilt wurde, sitzen seine Männer in Panama noch immer in Untersuchungshaft, größtenteils auf Grund von vage formulierten Anklageschriften, was übrigens von *Amnesty International* stark kritisiert wurde. Die PRD schlägt daher ein Gesetz vor, das die Einstellung der Verfahren und die Aussetzung möglicher Strafen gegen die Anhänger *Noriegas* vorsieht, wogegen es von seiten der Bevölkerung zu heftigen Protesten kommt.

## Fortsetzung des Regierungskurses

Die prekäre Situation der zersplitterten Regierung und die opportunistische Haltung *Endaras* erhalten zusätzliches Gewicht durch die Tatsache, dass in den ersten Regierungsjahren nicht weniger als fünf erfolglose Versuche innerhalb der Koalition stattfinden, *Endara* auf das Abstellgleis zu schieben. Trotz allen politischen Intrigen, wirtschaftlichen Krisen und chaotischen Zuständen im Land setzt die Endara-Regierung ihren drastischen Sparkurs bis zu den Wahlen im Mai 1994 weiter fort. Doch in der **politischen Bilanz der Endara-Regierung** wiegen die negativen Aspekte, wie etwa der Niveauverlust im Gesundheits- und Unterrichtsbereich oder die hohe Arbeitslosenrate, viel mehr als die Erfolge, zu denen die ab 1993 wiederhergestellte öffentliche Ruhe, Ordnung und Sicherheit zählen. Menschenrechte und bürgerliche Freiheiten gedeihen besser als je zuvor in der Geschichte Panamas.

## Erste Freie Wahlen

Die Wählerstimmen in Panama hängen weniger von der demokratischen Ausrichtung einer Partei ab als vom wirtschaftlichen Erfolg, der sich erst am Ende einer Regierungsperiode zeigt. Und da *Endara* und seine zerbröckelte Koalitionsregierung während ihrer Periode keine großen wirtschaftlichen Erfolge verbuchen konnten, war ein Regierungswechsel bei den Wahlen 1994 bereits vorprogrammiert.

Unter den Augen von rund 2500 Wahlbeobachtern, darunter auch der Ex-US-Präsident *Jimmy Carter*, finden am **8. Mai 1994** die ersten freien Wahlen in Panama seit rund 25 Jahren statt. Rund 1,5 Mio. Bürger sind zum Urnengang aufgerufen und wie man später feststellt, geben 78 % der Wahlberechtigten ihre Stimme ab. Während bei fast allen vorangegangenen Urnengängen in Panama die USA einen „Wunschkandidaten" bestimmt hatte, beschränkt sich ihre Rolle bei diesen Wahlen einzig und allein auf den Beobachterstatus. Die Wahlberechtigten haben als Alternative zur diskreditierten Endara-Regierung eine Auswahl unter 18 Parteien und 7 Kandidaten für das Präsidentenamt.

Sehr gute Siegeschancen werden dem ehemaligen Juristen und jetzigen Hollywoodschauspieler, Salsa-Sänger und Liedermacher *Rubén Blades* eingeräumt, der die autoritäre politische Kultur des Landes revolutionieren möchte. Mit seiner **basisdemokratisch orientierten Partei** *Papa Egoró* (Mutter Erde) will er für eine neue politische Stimmung im Land sorgen. *Blades* endet mit 17 % der Stimmen an dritter Stelle. Mit 29 % der Stimmen an die zweite Stelle kommt die Witwe *Arnulfo Arias', Mireya Moscoso,* die als Spitzenkandidatin der **Demokratischen Allianz** die Elite der Kaffeebarone und Viehzüchter vertritt.

Zum neuen Präsidenten und Regierungschef wird mit einem Drittel der Stimmen **Ernesto Pérez Balladares** gewählt. Er kommt aus dem Lager der PRD, jener Partei, die der politische Arm der herrschenden Militärs war. Die 1978 von *Torrijos* gegründete Partei hat nun abermals für fünf Jahre das Sagen im Land und kann sich vorwiegend auf die Beamten, Staatsangestellten und Arbeitslosen stützen.

*Balladares,* der wegen seiner körperlichen Konstitution auch als *El Toro* („Der Stier") bezeichnet wird, erklärt nach seinem Wahlsieg, dass er **nicht zum Militarismus zurückkehren** wird. Dabei unterstreicht er die einstige Verbindung zu *Torrijos* und dessen Sozialreformen, unter dessen Herrschaft er Finanz- und Wirtschaftsminister war. In erster Linie will *Balladares* mit dem Aufbau der Nation beginnen. Das bedeutet unter anderem die Schaffung neuer Arbeitsplätze, die Bekämpfung der Korruption und der Drogengeldwäsche, die Reformierung der paramilitärischen Einheiten innerhalb des Polizeiapparates und die Säuberung der wichtigsten Posten von den noch immer sehr zahlreich vorhandenen Regimetreuen.

*Balladares* setzt seine politischen Vorhaben mit harter Hand um. Es gelingt ihm, die Wirtschaft neu zu beleben und die Arbeitslosenrate, die Staatsverschuldung und die Inflation zu senken. Zudem konzentriert er sich auf die Verbesserung der Infrastruktur und die Übergabe des Kanals zur Jahrtausendwende. Die Rückgabe der Kanalrechte beinhaltet auch den Abzug der US-Truppen. Doch ohne Militär kann Panama den Kanal nicht ausreichend schützen. Beide Parteien einigen sich daher auf die Errichtung eines Antidrogenzentrums in der Kanalzone. Unter diesem Deckmantel bleibt ein Teil der US-Truppen in Panama stationiert.

Dass die Stationierung nicht überall auf fruchtbaren Boden fällt, war zu erwarten, doch mehr Staub wirbelt *Balladares'* Idee auf, die Verfassung zugunsten seiner zweiten Kanditatur bei den Wahlen im Mai 1999 zu ändern. Begründet wird der Vorschlag mit der positiven wirtschaftlichen Entwicklung. Doch letztendlich entscheidet immer noch das Volk, mit welchem Präsidenten es in das neue Jahrtausend gehen möchte: Im August 1997 stimmen zwei Drittel der Bevölkerung gegen eine Wiederkandiatur *Balladares'*. Ausschlaggebend für das deutliche „Nein" ist *Balladares'* Vergangenheit während der Noriega-Diktatur.

### Kanalübergabe

Nach ihrem zweiten Anlauf gewinnt im Mai 1999 *Mireya Moscoso* die Präsidentenwahl. Eine ihrer ersten Amtshandlungen ist die offizielle Übernahme des Panamakanals am **14. Dezember 1999,** die im Beisein hoher in- und ausländischer Persönlichkeiten aus Politik und Wirtschaft erfolgt. Mit der Kanalübergabe endet die fast hundert Jahre dauernde Herrschaft der USA in diesem Teil Panamas, und für die panamaische Regierung beginnt das große Kopfzerbrechen, was mit den **ungenutzten Flächen** und leerstehenden Gebäuden, die die Amerikaner nach ihrem Abzug hinterlassen haben, passieren soll (mehr dazu siehe unter „Aktuelle Politik").

Seit den Wahlen im Jahre 2009 bekleidet *Ricardo Martinelli* sowohl das Amt des Präsidenten als auch das Amt des Regierungschefs.

# Staat und Politik

## Staats- und Regierungsform

In der **Verfassung** *(Constitución)* vom 20. Mai 1983 wird Panama als ein demokratischer, unitarischer, republikanischer und repräsentativer Staat definiert, dessen **offizieller Name** *República de Panamá* lautet.

### Exekutive

Der Präsident ist **Staatsoberhaupt** und Regierungschef zugleich. An seiner Seite stehen zwei **Vizepräsidenten** und die **Minister,** die vom Präsidenten berufen und entlassen werden. Sie bilden zusammen die exekutive Staatsgewalt, den **Kabinettsrat** *(Consejo de Gabinete),* in dessen kollektiver Verantwortung die Ausrufung des Notstandes und das zeitlich beschränkte Außerkraftsetzen von Verfassungsrechten liegt.

Der **Präsident** wird direkt vom Volk (allgemeines Wahlrecht für alle Bürger ab 18 Jahren) für eine Amtszeit von 5 Jahren gewählt, wobei die einfache Mehrheit genügt, um das Präsidentenamt zu erreichen. Eine Wiederwahl ist frühestens nach zwei Wahlperioden möglich.

### Legislative

Die gesetzgebende Gewalt übt laut Verfassung das **Einkammernparlament** *(Asamblea Legislativa)* aus. Dieses setzt sich derzeit aus 71 Abgeordneten *(Legisladores)* zusammen, die gleichzeitig mit dem Präsidenten auf Wahlkreisebene für 5 Jahre gewählt werden. Zu ihren Rechten und Pflichten gehören unter anderem die Ratifizierung oder Ablehnung internationaler Verträge und Vereinbarungen, die Billigung oder Veränderung des Staatshaushaltsplanes oder die Gewährung politischer Amnestien.

### Judikative

Die judikative Gewalt obliegt dem aus neun Richtern bestehenden **Obersten Gerichtshof** *(Corte de Suprema de Justicia)*. Diese werden vom Präsidenten für 10 Jahre ernannt und müssen vom Parlament bestätigt werden. Im Zweijahresrhythmus werden je zwei Richter ausgetauscht, um die Zusammensetzung zu variieren. Der obersten Gerichtsbehörde folgen **drei Justizregionen** mit 5 Distriktsgerichten mit je 10 Richtern, die vom Obersten Gerichtshof bestimmt werden.

### Verwaltungsmäßige Aufteilung

Verwaltungsmäßig gliedert sich Panama in neun **Provinzen** *(provincias)* mit je einer Provinzhauptstadt und – für Lateinamerika beispielhaft – zwei **semiautonome Territorien** der Indígenas: Die Comarca de San Blas und die Comarca de Emberá (Teil der Volksgruppe Chocó in Darien). An der Spitze der Provinz steht ein vom Präsidenten ernannter Gouverneur *(Gobernador)* als Leiter des Provinzialrates *(Consejo Provincial)*.

Die Provinzen sind in insgesamt 67 **Distrikte** *(districtos)* mit je einer Distrikthauptstadt *(cabecera)* gegliedert. Die Distriktregierung bezeichnet man als Munizipalrat *(Consejo Municipal)*, dessen Leiter als Bürgermeister *(Alcalde)*. Er wird direkt vom Volk für 5 Jahre gewählt.

An unterster Stelle der Verwaltung stehen 510 kleine **Verwaltungsgebiete** *(corregimientos)*, die die Mosaiksteine für die Distrikte sind.

## Militär und Polizei

### Marsch des Militärs in die Politik

Während in der ersten Hälfte des 20. Jahrhunderts die panamaischen Streitkräfte der unteren Sozialschicht zugeordnet wurden und eine eher unbedeutende Rolle in der Politik des Landes spielten, erhielt das Militär ab 1950/51 eine politische Rolle, die in den 1970er Jahren von *Omar Torrijos* entscheidend vergrößert und in den 1980er Jahren von *Manuel Antonio Noriega* ausgenutzt wurde. Der erste Schritt des Militärs in Richtung Politik wurde vom Präsidenten *José Antonio Remón* gemacht. Er kreierte mit der Zusammenlegung der Polizeieinheiten und der Streitkräfte die damals rund 3000 Mann starke **Nationalgarde** *(Guardia Nacional)*, ein willkürliches Instrument, mit dessen Hilfe 1968 der regierende Präsident *Arias* gestürzt wurde.

Der entscheidende Schritt zur **politischen Vormachtstellung** der *Guardia Nacional* wurde vom Diktator *Omar Torrijos* in den 1970er Jahren gemacht. Er vergrößerte die National-garde auf 5000 Mann (im weiteren Verlauf seiner Herrschaft dann auf 10.000 Mann) und stellte sie 1972 in einer neuen Verfassung auf die gleiche Machtstufe mit den drei anderen Staatsgewalten. Unter *Torrijos* wurden zudem die Löhne der Soldaten verbessert, vor allem jene der ranghöchsten Offiziere, die jetzt nicht mehr der unteren Sozialschicht angehörten, sondern langsam eine Elite mit besonderen Privilegien darstellten.

## Unter Noriega

1983 wurde die Nationalgarde unter den Befehl *Noriegas* gestellt, der in einer umfassenden **Reorganisation** die berühmt-berüchtigte *Fuerzas de Defensa de Panamá* (FDP) geschaffen hat. Er vergrößerte sie bis zur US-Invasion 1989 auf 16.000 Mann, wovon zwei Drittel von Soldaten gebildet wurden, den Rest stellten diverse uniformierte Einheiten.

Der schlechte Ruf der *Fuerzas de Defensa* wurde aber nicht auf die gesamte Einheit bezogen, sondern nur auf die von *Noriega* geschaffenen **Spezialtruppen.** Neben der stärksten Pro-Noriega-Streitmacht, dem *Batallón 2000* und der 5. Schützenkompanie, die von den loyalsten Noriega-Männern geführt wurden, waren es vor allem kleine Spezialtruppen, die durch Terroranschläge Angst unter der Bevölkerung verbreiteten, wie die UESAT, die aus vielen Kleingruppen bestand, von Israel ausgebildet und für „besondere" Aufgaben (ohne Spuren zu hinterlassen) herangezogen wurde.

Einen besonders schlechten Ruf hatte die 7. Schützenkompanie, die als *Machos del Monte* (Die Machos aus den Bergen) allgemein bekannt und für ihre **Brutalität** berüchtigt war. Sie wurden von Kuba

024pa hz

Emblem der Policia Nacional

im Dschungelkampf ausgebildet und waren *Noriega* gegenüber völlig loyal. An Brutalität wurden die *Machos* nur noch vom *Batallón de Dignidad* („Würde-Bataillon") übertroffen, dessen Männer auch als *Digbats* bekannt und gefürchtet waren. Diese irreguläre paramilitärische Truppe wurde 1988 von *Noriega* geschaffen und schlug im Mai 1989 bei der Demonstration für die Anerkennung des Wahlsieges wahllos und brutal auf die Demonstranten ein.

Zur Unterstützung seiner Diktatur in allen Bereichen wurde von *Noriega* der **Strategische Militärrat** (CEM) errichtet. Und schließlich darf *Noriegas* „Lieblingsinstitution" nicht vergessen werden, der panamaische **Geheimdienst** G-2.

Zwischen der Machtübernahme von *Torrijos* und der US-Invasion nahmen in Panama die **Menschenrechtsverletzungen** historische Ausmaße an, blieben aber zahlenmäßig weit unter jenen aus anderen lateinamerikanischen Ländern.

### Nach der Invasion

1991 wurde die *Fuerzas de Defensa de Panamá* (FDP) um 3000 Mann verringert, die höheren Offiziere entlassen oder inhaftiert und als Polizeieinheit *Fuerza Pública* (FP) mit beschränkten militärischen Aufgaben neu organisiert. Die Spezialtruppen *Noriegas* wurden völlig aufgelöst.

Schließlich unterzeichnete im Oktober 1994 die Regierung ein Gesetz, das der FP die militärischen Aufgaben völlig entzieht und sie in eine Polizei von Zivilisten umwandelte. Panama ist somit nach Costa Rica das zweite zentralamerikanische Land ohne Militär. Zwar gibt es innerhalb des neuen Polizeikorps noch immer einige „Herrscher in Uniform", doch Ausnahmen bestätigen bekanntlich die Regel. Im Großen und Ganzen werden Sie als Tourist kaum Probleme mit der Polizei haben, es sei denn, sie geben ihr dazu den nötigen Anlass.

## Aktuelle Politik

Panamas Politik konzentriert sich auf die Privatisierung von Staatsbetrieben und vor allem auf den Neubau bzw. die Erweiterung des Panamakanals (geplantes Bauende: 2014) und die damit verbundene **Entwicklung der ehemaligen Kanalzone.** Denn die beidseitig des Kanals liegenden Gebiete waren nur dem Betrieb und der Sicherheit des Kanals gewidmet und wurden von den Amerikanern daher wirtschaftlich völlig vernachlässigt. Etwa 3200 Hektar Fläche liegen brach, und viele Gebäude stehen leer. Zu einem geringen Teil hat Panama die Gebäude bereits selbst genutzt: Das Fort Clayton wurde zur Stadt des Wissens umgebaut, ein großer Technologiepark, der in den nächsten Jahren zum führenden Wissenschafts- und Hightech-Zentrum der Region ausgebaut werden soll. Zudem möchte man rund um die Kanalschifffahrt zahlreiche Dienstleistungen anbieten, wie etwa die Reparatur, die Wartung und das Auftanken der Schiffe sowie die Versorgung der Besatzung während der stundenlangen Wartezeit bei der Kanaldurchquerung. Die übrigen Flächen und Gebäude sollen für die internationale Seefahrt und Industrie sowie den ausländischen Tourismus entwickelt werden, wofür man zahlungskräftige Investoren mit einem günstigen Steuerklima anlocken möchte. So entstanden auf dem ehemaligen Militärgelände bereits das Hotel *Sol Melía Panamá Canal,* das *Holiday Inn* sowie die *Causeway Amador* mit modernen Hotels, Restaurants, Bars, Shops und einem Kreuzfahrtterminal.

Der eingeschlagene Weg der Modernisierung des Landes wird vom **heutigen Präsidenten** *Ricardo Martinelli,* der das Parteibuch der 1998 gegründeten *Cambio Democratíco* besitzt, fortgesetzt.

# Massenmedien

## Fernsehen und Rundfunk

Fernsehen zählt zu einer der besonderen Leidenschaften in der panamaischen Gesellschaft. Das TV-Gerät wird frühmorgens eingeschaltet und läuft ohne Unterbrechung durch bis zum Sendeschluss in den späten Abendstunden. Den allergrößten Teil des Programmes beherrschen die Werbespots und die endlos erscheinenden Serien über Liebe, Hass und Intrigen.

### Hauptsender

Nationale **Nachrichten** *(noticias)* gibt es jeweils zur Mittagszeit und zwischen 18 und 19.30 Uhr in den drei privat geführten Hauptsendern, *RPC Televisión* (Kanal 4), *Televisora Nacional, TVN* (Kanal 2) und *Telemetro* (Kanal 13). Die wichtigsten internationalen Nachrichten werden meistens im Telegrammstil innerhalb weniger Minuten gebracht. Dazwischen gibt es die bereits angesprochenen Fernsehserien *(novelas)* und die Werbespots, die sogar die Nachrichten unterbrechen. *RPC* und *TVN* beginnen bereits um 5 bzw. 6 Uhr mit einem sogenannten „Frühstücksfernsehen".

### Weitere Sender

Über **Kabel** oder **Satellit** sind diverse andere Sender zu empfangen, die mehrheitlich in spanischer Sprache ausgesendet werden. Die meisten Hotels empfangen *CNN* und *BBC-World,* manchmal sogar die *Deutsche Welle (DW).*

### Radio

Da zwar nicht jeder panamaische Haushalt über einen Fernseher verfügt, aber ganz sicher im Besitz eines Radiogerätes ist, fällt den lokalen Radiosendern ein besonderer Stellenwert im Alltag zu. Ohne ihr weitverbreitetes Netz könnten kaum wichtige Informationen die abgelegensten Winkel des Landes erreichen. Die derzeit etwa **100 Radiosender** bringen mehrere Stunden täglich Politik- und Sportnachrichten, religiöses Allerlei, Unterhaltungs- und Schulsendungen oder geben Tipps über Feste und Feiertagsveranstaltungen in der Provinz.

## Presse

Die Palette an **Tageszeitungen** ist recht breit und die Inhalte der Zeitungen sind sehr differenziert. Es ist nicht ungewöhnlich, dass viele Menschen sich aus mehreren „Blättern" pro Tag informieren.

Eine respektierte Dame im panamaischen Tageszeitungswald ist die seit 1853 bestehende *La Estrella de Panamá* (www.laestrella.com.pa). Sie bildet zusammen mit *La Prensa* (www.prensa.com, teilweise auch in Englisch) und *El Panamá América* (www.pa-digital.com.pa) die beste Informationsquelle für nationale Nachrichten aus allen Sparten.

Dieses Tageszeitungstrio versuchte auch während der Diktaturen, gegenüber den vorherrschenden Machthabern eine kritische Haltung vorzubringen, im Gegensatz zu den regierungstreuen Tageszeitungen *El Siglio* (www.elsiglio.com) und *La Crítica* (www.critica.com.pa). Beide Zeitungen kann man zur typischen Boulevard-Presse rechnen. Mit einer Tagesauflage von 30.000 Stück gehören sie wie das oben erwähnte Tageszeitungstrio zu den landesweit verbreiteten und meistgelesenen Tageszeitungen in Panama.

An **internationaler Presse** findet man kolumbianische und nordamerikanische Tageszeitungen, wie etwa *USA Today, International Herald Tribune* oder *Financial Times.* Die beste Wahl für internationale Nachrichten in englischer Sprache bieten die internationale Ausgabe von *The Miami Herald* sowie die Wochenmagazine *Newsweek* und *Times.*

Für **Touristen** gibt es die kostenlos erhältlichen *The Panama News* (www.thepanamanews.com) sowie den *Focus Panamá* und *The Visitor – El Visitante* (www.thevisitorpanama.com).

### Verkaufsstellen

Die besten Verkaufsadressen internationaler Zeitschriften sind die Filialen der Warenhauskette *Gran-Morrison* und die Apothekenfilialen *Arrocha* in Panama-Stadt. Nationale und internationale Tageszeitungen sind im Straßenverkauf und im Minisupermarkt der Tankstellen erhältlich. Deutschsprachige Tages- oder Wochenzeitungen sind selten.

# Wirtschaft

Panama nimmt in der langen Reihe der Entwicklungsländer sicher nicht einen der unteren Ränge ein, dafür ist das **Bruttoinlandsprodukt** (BIP) mit einem durchschnittlichen Jahreseinkommen von 14.300 $ pro Kopf (2012) zu hoch.

Aber was sagen schon Durchschnittszahlen und Fakten über die Situation der Bevölkerung aus. Tatsache ist, dass ein großer Teil der panamaischen Bevölkerung **unterhalb der Armutsgrenze** lebt und meistens in den Slums von Panama-Stadt und Colón, aber auch unter schweren Bedingungen über das ganze Land verstreut wohnt.

## Agrarbereich

Die Interioraños, wie die Großstadtbewohner die **ländliche Bevölkerung** im Allgemeinen bezeichnen, haben noch den geringen Vorteil, dass sie sich als Kleinbauern mit dem Anbau von Nahrungsmitteln über Wasser halten können. Sie spielen jedoch mit ihren Pro-

026pa hz

dukten nur eine marginale Rolle auf dem inländischen Agrarmarkt, der von geringem Umfang ist, denn mittelständische Landwirtschaftsbetriebe sind dünn gesät und die großen Agrarbetriebe wenden sich primär dem Export zu.

Panamas **Hauptexportgüter** sind Bananen (27,8 %), Garnelen (13,7 %), Rohzucker (11 %) und Kaffee (5 %), die vorwiegend in den USA (47 %), der Europäischen Union (25 %) und in Lateinamerika (21 %) Absatz finden.

Immerhin kann Panama sich mit **Grundnahrungsmitteln** größtenteils selbst versorgen, obwohl in diesem Bereich eine rückläufige Tendenz bemerkbar ist, zugunsten der steigenden Importlebensmittel.

Obwohl ca. 25 % der arbeitenden Bevölkerung in der Agrarwirtschaft tätig sind, steuert dieser Sektor nur 7 % zum Bruttoinlandsprodukt bei. Die Ursache dafür liegt an den **Niedrigpreisen** der Agrarprodukte und dem außergewöhnlich großen Umfang des Dienstleistungssektors.

## Dienstleistungsbereich

Weit über zwei Drittel der Erwerbstätigen haben ihren Arbeitsplatz im Dienstleistungsbereich, der, von der historischen Entwicklung der Landenge bedingt, einseitig auf die Gegend des Kanals ausgerichtet ist. Die größten Arbeitgeber im Dienstleistungsbereich sind der Staat selbst und die Kanalverwaltung.

◁ Finanzmetropole Panama-Stadt

### Banken

An dritter Stelle kommen die internationalen Banken, die wegen der sehr liberalen Bankgesetze, wie etwa der fehlenden Kontrolle bei Transaktionen internationaler Geldinstitute oder dem verschärften Bankgeheimnis, in Panama-Stadt während der 1970er Jahre wie Pilze aus dem Boden geschossen sind. Etwa 125 ausländische Geldinstitute haben derzeit eine Filiale in der Landeshauptstadt, die damit zu den großen **internationalen Finanzzentren** zählt. Zudem wird durch die Verwendung des US-Dollars, der seit dem Kanalbau als offizielles Zahlungsmittel anerkannt wird, die Geldtransaktion noch attraktiver und das Inflationsrisiko niedriger.

Eine negative Folge der liberalen Bankgesetze ist unter anderem die **Drogengeldwäsche,** die in Panama bereits große Ausmaße angenommen hat. 1985 wurde zwar von *Noriega* eine Bank wegen „Geldwäscherei" offiziell geschlossen, doch erfolgte die Schließung mehr aus eigenem Interesse als unter dem Druck der amerikanischen Drogenbekämpfungsbehörde *DEA*.

### Kanal

Von den 79 %, die der Dienstleistungssektor zum Bruttoinlandsprodukt beiträgt, stammt der größte Teil aus dem Kanalbetrieb. Um den Anforderungen des modernen Schiffverkehrs gerecht zu werden, wird der Panamakanal sowohl verbreitert als auch vertieft, und es werden neue, größere Schleusen angelegt. Laut Prognose der *ACP* (Autoridad del Canal de Panamá) sollen sich die Profite des Kanals nach seinem Ausbau in 2014 wegen der größeren Anzahl der Durchfahrten von 1 Milliarde auf bis zu 6 Milliarden US-Dollar pro Jahr erhöhen. Die Einnahmen stammen hauptsächlich aus den Transitgebühren.

Der Kanal hat, neben seiner Funktion als Drehscheibe für die Weltschifffahrt, auch wichtige Bedeutung für die staatliche **Freihandelszone in Colón.** Dort werden täglich große Warensendungen (hauptsächlich Endprodukte) aus dem europäischen, nordamerikanischen und vor allem aus dem asiatischen Raum angeliefert, umgepackt oder vorläufig zwischengelagert und in die Abnehmerländer weitertransportiert, wobei nur eine geringe Einkommensteuer anfällt und keinerlei Zollgebühren für die Importe und Reexporte zu bezahlen sind (mit Ausnahme beim Verkauf nach Panama). Darüber hinaus ist der Handel – wie auch beim Bankgeschäft – noch weit attraktiver durch die Verwendung des US-Dollars. Durch das lukrative Geschäft wurde die Freihandelszone in Colón ein überdimensionales Warendepot mit Handelsagenturen von renommierten internationalen Firmen.

## Billigflagge

Ein weiterer Wirtschaftszweig im freundlichen Steuerklima Panamas ist die sogenannte Billigflagge. Wer einen Blick auf die Liste der größten Handelsflotten der Welt wirft, wird das kleine Land in den oberen Rängen antreffen. Der Schein trügt aber, denn Panamas umfangreiche **Handelsflotte** existiert lediglich **auf dem Papier** und setzt sich mehr oder weniger aus internationalen Reedereien zusammen, die gegen eine geringe Registrationsgebühr das Recht erwerben, unter panamaischer Flagge zu fahren.

Das Angebot der Billigflaggenländer benutzen in der Regel nur zweifelhafte Reedereien, die es mit dem Unterhalt des Schiffes nicht ganz genau nehmen. Auf diese Weise umgeht das Unternehmen nämlich seine Steuer- und Soziallast und die strengen Schiffsinspektionen im eigenen Land. Mit dem Einsatz von unterqualifizierten Arbeitern und Kapitänen und mit der schlechten Wartung der Schiffe werden immer wieder höchst gefährliche Situationen auf den Weltmeeren heraufbeschworen, die katastrophale Folgen haben können.

## Exportdefizit

Panamas Wirtschaft ist traditionell gewachsen mit der Rolle der Landenge als Transitzentrum: vom Eselspfad zum Kanal und vom Kaufmann zum Bankier. Eine Rolle für die **Industrie** war darin nicht vorgesehen, dafür war auch der Binnenmarkt zu klein. Die Güter, die Panama damals benötigte, wurden einfach aus anderen spanischen Kolonien oder von der Iberischen Halbinsel geholt.

In manchen Aspekten hat sich die Lage auch heute nicht viel geändert: Der inländische Absatzmarkt ist durch die geringe Bevölkerungszahl und die relativ niedrigen Einkommen noch immer nicht interessant genug, um eine effiziente Industrie aufzubauen. Hinzu kommt, dass die internationale Konkurrenz es nicht leicht macht, einen Platz auf dem industriellen Weltmarkt zu ergattern. Also geht Panama den vertrauten Weg weiter und **importiert** unter anderem Getreide, Maschinen, Erdöl, chemische Produkte, Autos, Konserven und Toilettenartikel, vorwiegend von US-Unternehmen.

Seit Jahren aber übersteigen die Importausgaben die Exporteinnahmen, womit der **Staatshaushalt** schwer belastet ist. Pläne zur Verringerung der enormen Auslandsverschuldung mit Steuererhöhungen und Senkung der Staatsausgaben haben unangenehme Konsequenzen, wie beispielsweise sinkendes Lohn- und steigendes Preisniveau. Derzeit traut sich keine Regierung, derartig rigorose Maßnahmen durchzusetzen, aus Angst, sich dem Missmut der Bevölkerung auszusetzen und vielleicht wieder die Militärs zu unterstützen.

# Tourismus

Der Tourismus in Panama wächst langsam an. Die touristische Infrastruktur entwickelt sich vor allem sehr positiv in Panama-Stadt, Bocas del Toro, Boquete und in El Valle sowie an einige Stränden der Pazifikküste. Dort trifft man mittlerweile neben Panameños auch vermehrt europäische Touristen an, ebenso wie Touristen aus Israel und Kolumbien. Die Mehrheit der Ausländer sind und bleiben Touristen aus den USA. Die kurze Flugzeit, die Preise und vor allem die einladenden Einwanderungsbedingungen für Pensionäre machen das Land immer mehr für Senioren aus den USA attraktiv. Im Unterschied zu anderen lateinamerikanischen Ländern steht die panamaische Bevölkerung den amerikanischen „Gringos" nicht generell negativ gegenüber. Trotz der jahrhundertelangen Einmischungspolitik hat das Land den USA vor allem in wirtschaftlicher Hinsicht einiges zu verdanken und dessen ist man sich auch bewusst. Die Beziehung zu den Touristen ist kaum von Feindseligkeit oder Arroganz geprägt,

Endlich angekommen

713pa hz

im Gegenteil: Die Tourismusbehörden begrüßen den (Senioren-)Tourismus und fördern den Bau von großen Ferienanlagen mit Wohnungen und Apartments entlang der Pazifikküste.

Die **einheimischen Touristen** beschränken sich mehr auf Tages- und Wochenendausflüge (meistens in ihre Wochenendhäuschen) an die Strände der Pazifikküste, der autofreien Isla Taboga und der kleinen Isla Grande oder in die Berge nach El Valle, Boquete oder Bambito, um der Hitze zu entfliehen. Ein Wochenendtrip mit dem Flugzeug zur Pazifikinsel Contadora oder zu den San-Blas-Inseln bleibt der finanzkräftigen Bevölkerungsschicht vorbehalten. Die wunderschönen, ruhigen Naturschutzgebiete, von denen manche vor der Haustür von Panama-Stadt liegen, scheinen nur ausländische Forscher und Touristen anzuziehen, denn für die Bevölkerung ist es unbegreiflich, dass man die Freizeit in feucht-heißem Tropenwald mit lästigen Moskitos verbringen und daran auch noch Spaß haben kann.

Unter den Auslandszielen der panamaischen Bevölkerung steht Miami ganz hoch im Kurs. Die Destination par excellence für Menschen aus Lateinamerika zieht vorwiegend die finanzkräftige Schicht zum Einkaufsbummel an. Sehr begehrt ist auch Costa Rica, das in den letzten Jahren zahlreiche Touristen mit seinen Naturschönheiten angelockt hat.

Mit Erstaunen wird der **Ökotourismus** im Nachbarstaat beobachtet, der alle in Zentralamerika bekannten Dimensionen gesprengt hat. Ein Stück des gleichen Kuchens möchte sich auch Panama abschneiden, allerdings ein nicht allzu großes Stück. Die lokale Naturschutzbehörde *ANAM* sucht nach einem System, um Panamas Naturgebiete für die Öffentlichkeit besser zugänglich zu machen, gleichzeitig aber der Gefahr von Überbelastung durch Touristenmassen vorzubeugen. Aber die Entwicklung verläuft auf dem normalen bürokratischen Weg. Das heißt, dass in naher Zukunft mit einem gutfunktionierenden System nicht gerechnet werden kann.

714pa hz

Die Impulse für eine bessere **touristische Infrastruktur** gehen derzeit nur von privater Seite aus, zum Beispiel von den lokalen Reisebürobesitzern, die als Pioniere Unterkünfte bauen und die mit Trekkingtouren, Bootsfahrten und/oder Pauschalarrangements auf die Wünsche ausländischer Touristen eingestellt sind.

Die panamaische Tourismusbehörde, die *Autoridad de Turismo de Panama (ATP),* sucht seit Jahren nach Möglichkeiten, um den internationalen Fremdenverkehr gezielt ins Land zu bringen. Große Pläne, Messestände an den internationalen Tourismusbörsen und farbenprächtige Broschüren sind zwar die ersten Ansätze, doch mehr als eine theoretische Entwicklung ist aus der bürokratischen Küche des Institutes nicht zum Vorschein gekommen. Trotzdem bleibt Panama **eines der reizvollsten Länder** Zentralamerikas. Störende Nebenwirkungen des Pauschaltourismus sind unbekannt, was sich in jeder Hinsicht positiv auf Ihren Aufenthalt in Panama auswirken wird.

Auf Restaurantsuche

715pa hz

# 12 Menschen und Kultur

Panameños sind freundlich und freuen sich über Touristen, die ihr kleines Land besuchen. Besucher erwartet eine Regenbogengesellschaft und eine erstaunliche kulturelle Vielfalt.

< Markt in David

# Die Regenbogengesellschaft

Im Bevölkerungsbild Panamas spiegeln sich deutlich die Geschichte und die geografischen Bedingungen des Landes wider: Der Darién vermittelt einen anderen Eindruck als die San-Blas-Inseln, die Halbinsel Azuero, die Provinz Chiriquí oder die Karibikküste – und alle ethnischen Gruppierungen scheinen sich in Panama-Stadt wie die Farben des Regenbogens in einer bunten Komposition zu vereinigen. Die Bevölkerungsgruppen leben nicht immer ganz reibungslos miteinander, doch vor allem in der jüngsten Generation scheint das gegenseitige Verständnis zu wachsen.

## Mischlinge

Die Wurzeln der Regenbogengesellschaft gehen bis in das 16. Jahrhundert zurück, in jene Tage, als die Spanier ihren Eroberungsfeldzug begannen. Da es im Anfangsstadium der Kolonisation an weißen Frauen mangelte, waren intime Kontakte zwischen den Europäern und Ureinwohnerinnen vorprogrammiert. Diese häufig von seiten der Eroberer erzwungenen Beziehungen wurden aber keineswegs beendet, als im Verlauf der Kolonisation die ersten europäischen Frauen ihren Weg in die „Neue Welt" fanden. Die spanischen Männer wandten wegen der neuen Lebensumstände lediglich auf sich selbst die Prinzipien einer toleranten Ehe an. Männliche Eskapaden waren gang und gäbe und führten dazu, dass auch weiterhin **Mischlingskinder** (in Panama als *hispano-indígenas*, weniger als Mestizen bezeichnet), das Licht der Welt erblickten. Vor allem die *encomiendas*, jene Gebiete, die samt der dort lebenden Bevölkerung unter den Eroberern aufgeteilt wurden, waren die Heimat vieler *hispano-indígenas* und später, allerdings in geringerer Anzahl, die Heimat von **Mulatten** *(mulatos)*, die die Nachkommen von Europäern und schwarzen Sklavinnen waren. Die beiden Rassenkombinationen bestimmen größtenteils das Gesicht der panamaischen Gesellschaft. In der Bevölkerungsstatistik wird der Anteil der Mischbevölkerung mit 67 % ausgewiesen. Die *hispano-indígenas* und *mulatos* leben meist in Panama-Stadt und entlang der Pazifikküste, einschließlich der Halbinsel Azuero – die Gebiete der frühen *encomiendas*.

## Weiße Bevölkerung

Die Wurzeln der weißen Bevölkerungsschicht, die sich selbst als Elite bezeichnet, liegen ebenfalls in diesen Regionen. Mit Stolz erzählten bis vor wenigen Jahren die Großeltern ihren Enkelkindern über die Familiengeschichte, allerdings wurde dabei die düstere Seite der kolonialen Vergangenheit immer verdeckt. Man war stolz auf den Familiennamen, der die Zugehörigkeit zur obersten Klasse anzeigte. Obwohl die Zeiten sich verändert haben, gibt es noch immer alteingesessene Aristokratenfamilien, die großes politisches Prestige genießen und auf der langen Liste der panamaischen Ex-Minister, Ex-Regierungsmitglieder und Ex-Präsidenten tauchen immer wieder die gleichen Familiennamen auf.

## Bevölkerung in Zahlen



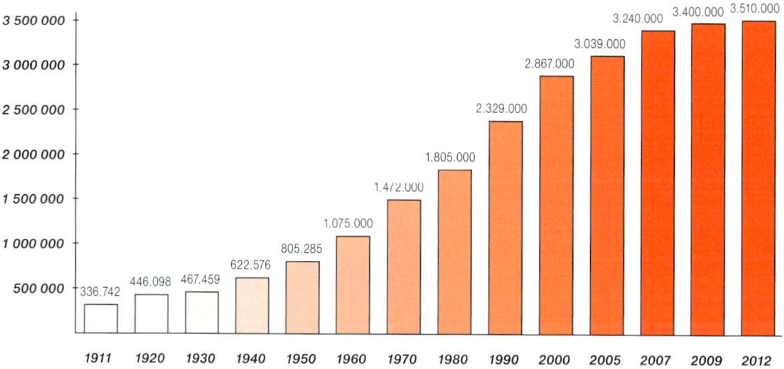


Einwohnerzahlen 1911 - 2012

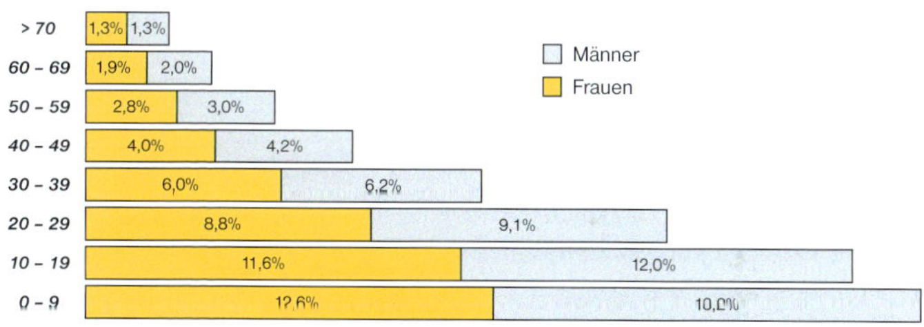


Altersaufbau der Bevölkerung

- **Bevölkerung 2012:** 3,51 Mio.
- **Bevölkerungswachstum:** ca. 1,4 % pro Jahr (2012)
- **Bevölkerungsdichte:** 45 pro km² (2012)
- **Ethnische Gruppen:** Mestizen und Mulatten 67 %, Schwarze 14 %, Weiße 12 %, Indianer 5 %, Asiaten 2 %
- **Durchschnittsalter:** 28 Jahre
- **Geburtenrate:** 19 pro 1000
- **Sterberate:** 5 pro 1000
- **Kindersterblichkeit:** 11 pro 1000
- **Arbeitslosenrate:** 4,5 % (2011)
- **Alphabetisierung:** 95 %
- **Lebenserwartung:** Frauen 80 Jahre, Männer 75 Jahre

Ab der Mitte des 19. Jahrhunderts erhielt die weiße Bevölkerungsschicht einen Zuwachs durch **Immigranten aus Europa,** die vorwiegend aus Frankreich, Griechenland, Italien, aber auch aus Schweden, Deutschland und der Schweiz nach Panama kamen, das in dieser Zeit mit der interozeanischen Eisenbahnverbindung sowie später mit dem Kanal einen wirtschaftlichen Aufschwung erlebte. Ihre Nachfahren tragen heute sicher den größten Teil zu den 12 % Weißen bei, die damit die drittgrößte Bevölkerungsgruppe Panamas bilden.

## Schwarze Bevölkerung

Um 2 % größer als die weiße Bevölkerungsschicht ist Panamas schwarze Bevölkerungsgruppe, die sich in *Afro-coloniales* und *Afro-antillianos* differenziert. Die Gruppierung der **Afro-coloniales** entstammt **Sklaven,** die während der Kolonialzeit als unfreiwillige Immigranten von der Westküste Afrikas auf die Landenge verschleppt wurden. In ihrem kulturellen Erbe treten die afrikanischen Wurzeln teilweise noch deutlich an die Oberfläche, zum Beispiel in der Musik und in den Tänzen. Die *Afro-coloniales* leben verstreut über das ganze Land mit Kerngebieten in der Provinz Colón und im Darién, wo die Sklaven während der Kolonialzeit vermehrt eingesetzt wurden, um in den Minen zu arbeiten. Der Darién, die abgelegene, riesengroße Region im Osten des Landes, bot aber gleichzeitig den entflohenen Sklaven einen sicheren Platz zum Überleben.

☒ Afro-colonial

Die Herkunft der **Afro-antillianos** liegt – wie der Name bereits andeutet – auf den Antillen, jener karibischen Inselwelt, die sich im weiten Bogen von Kuba über Puerto Rico bis nach Trinidad erstreckt. Die Mitte des 19. Jahrhunderts von einer Wirtschaftskrise geschüttelten **Karibikinseln** fungierten als Großmarkt, auf dem man tüchtige und **billige Arbeitskräfte** für die geplanten Projekte in Panama leicht gewinnen konnte. Sie wurden größtenteils als sogenannte Vertragsarbeiter beim Eisenbahnbau, später dann beim Kanalbau eingesetzt oder für Arbeiten auf den unter nordamerikanischer Leitung stehenden Bananenplantagen im äußersten Westen der panamaischen Karibikküste angeworben.

Tausende Menschen verließen ihre karibische Heimatinsel in der Hoffnung, dass sie nach der Fertigstellung des Projekts mit viel Geld nach Hause zurück-

028pa hz

kehren würden. Auf Grund ihres zeitlich begrenzten Aufenthaltes in Panama neigten sie zunächst nicht dazu, sich in die bestehende Gesellschaft einzufügen oder sich ihr anzupassen. Hinzu kamen noch große kulturelle, soziale und sprachliche **Barrieren,** denn die meisten Arbeitskräfte stammten von den französisch geprägten Inseln Martinique und Guadeloupe und aus den englischen Kolonien Barbados, Jamaika und Trinidad, wo die Anglikanische Kirche und britische Sitten dem Alltagsleben ihren Stempel aufgedrückt hatten.

In den Folgejahren, als der Traum vom finanziellen Erfolg und von der Rückkehr bereits ausgeträumt war, verlief die gesellschaftliche Integration der karibischen Arbeiter mühsam und holprig. Ein großes Hindernis dabei bildeten lange Zeit die guten **Arbeitsplätze** in der Panamakanalzone. Von den US-Amerikanern wurden die *Afro-antillianos* wegen ihrer englischen Sprache den spanischsprachigen Panamaern vorgezogen, was ein Dorn im Auge der panamaischen Gesellschaft war.

Die Beziehung zwischen den Panamaern und den *Afro-antillianos* erreichte zu Beginn der 40er Jahre des 20. Jahrhunderts einen Tiefpunkt, als mit der **nationalistisch orientierten Politik** des Präsidenten *Arnulfo Arias* den *Afro-antillianos* die panamaische Staatsbürgerschaft entzogen wurde. Erst mit der Verankerung der Staatsbürgerschaft im Grundgesetz im Jahr 1946 wurden sie vollständig rehabilitiert. Die Frustration und Bitterkeit unter der in Panama geborenen Generation der englischsprachigen schwarzen Bevölkerungsgruppe war groß. Sie fühlten sich heimatlos, die Bindung ihrer Eltern an die karibischen Inseln war ihnen fremd und gleichzeitig wurden sie weder von der panamaischen Gesellschaft noch von der weißen Gemeinschaft in der Kanalzone als gleichwertig akzeptiert.

Im Alltag der Kanalzone äußerte sich die offenkundige **Diskriminierung** in den Farben Gold und Silber: Die mit einem goldfarbenen Etikett versehenen Arbeitsstellen, Kirchen, Schulen und sogar Toiletten waren nur den weißen Nordamerikanern vorbehalten. Alle minderwertigen Dinge wurden mit einem Silberstempel gekennzeichnet und blieben für die schwarzen Bewohner der Kanalzone „übrig".

Mit der Aufhebung des Sonderstatus der Kanalzone im Jahre 1979 verschwand der wirtschaftliche Konkurrenzkampf zwischen den Afro-antillianos und der panamaischen Bevölkerung und die öffentliche **Diskriminierung** durch die weißen Nordamerikaner wurde **aufgehoben.** Mit guter Ausbildung können heute zwar kulturelle Barrieren durchbrochen werden, doch wer die bedauernswerte Situation in der vorwiegend von *Afro-antillianos* bewohnten Hafenstadt Colón, in den Slums von Panama-Stadt oder in Bocas del Toro in Augenschein nimmt, wird feststellen, dass die Mehrheit der schwarzen Bevölkerungsgruppe in Panama noch weit davon entfernt ist, eine wirklich gute soziale Position zu erlangen.

## Asiaten

Eine unauffällige Minorität von 2 % der panamaischen Regenbogengesellschaft bildet die asiatische Bevölkerungsgruppe, deren Herkunft sowohl auf eine direkte Immigrationswelle als auch auf eine Zuwanderung über die karibischen Inseln zurückzuführen ist. Nach der Aufhebung der Sklaverei im karibischen Raum wurden auf dem asiatischen Kontinent, vor allem in Indien und China, **Vertragsarbeiter** angeworben, die die ehemaligen Sklaven ersetzen und ihre Arbeit in den Plantagen der Karibikinseln übernehmen sollten. Ähnlich wie die *Afro-antillianos* entflohen auch die asiatischen Arbeitskräfte den erbärmlichen Lebensumständen ihrer Heimat mit dem Traum, wohlhabend wieder zurückzukehren. Doch als billige Bauarbeiter beim interozeanischen Eisenbahn- und später beim Kanalprojekt konnten sie ihren Traum nicht verwirklichen.

Ihre Nachkommen sind heute über das ganze Land verstreut und leben fast ausschließlich vom Kleinhandel oder von der Gastronomie. Die Beziehung zwischen der asiatischen Minorität und der Restbevölkerung ist schwierig. Ein **Integrationsprozess** wird einerseits wegen der traditionsgebundenen Haltung innerhalb der chinesischen, moslemischen und hindustanischen Kommunen behindert. Auf der anderen Seite steht die nationalistische Stimmung, die seit *Arnulfo Arias* noch immer latent in der panamaischen Gesellschaft vorhanden ist.

## Indianische Bevölkerung

Panamas Besucher werden überrascht und zugleich verführt von der einzigartigen Kultur der Ureinwohner des Landes, wobei der Begriff „Kultur" häufig mit Folklore verwechselt wird, sowohl von internationalen Touristen wie auch

Indianische Bevölkerung

von den meisten Panamaern. Dabei stehen hinter den faszinierenden Trachten, den liebevoll gefertigten Handarbeiten und den heiteren Tänzen der indianischen Ureinwohner komplexe Kulturstrukturen, die unter den schwierigsten Umständen bis heute standgehalten haben und von Generation zu Generation weitergegeben werden.

Die Nachkommen der Ureinwohner sind sicherlich nicht vollständig integriert in die panamaische Gesellschaft, was von vielen Stämmen aus unterschiedlichen Gründen auch abgelehnt wird. Doch mit dem wachsenden Bewusstsein ihrer Identität verdienen und beanspruchen sie Gleichwertigkeit und Respekt für ihre kulturellen Traditionen, die sie trotz jahrhundertelanger Hürden bis heute erhalten konnten. Der Erfolgs-

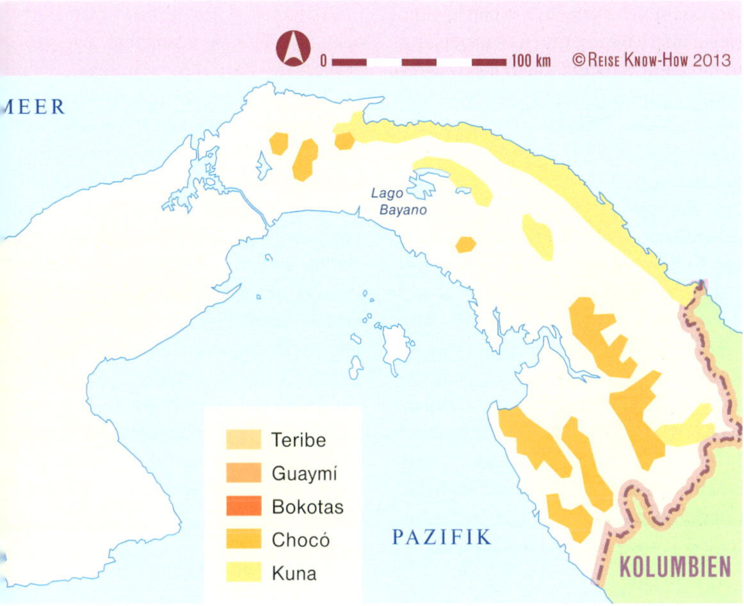


weg der Kuna, einem der drei größten indianischen Völkern des Landes, ist ein Lichtpunkt am Ende des dunklen Tunnels für die anderen Völker Panamas: die Guaymí, Chocó, Teribe und Bokota. Diese fünf, sich stark voneinander unterscheidenden Stämme, jeder mit seinen eigenständigen Traditionen und seiner Sprache, formen gemeinsam die ursprüngliche panamaische Bevölkerungsgruppe, die mit knapp 5 % in der Bevölkerungsstatistik ausgewiesen wird.

## Herkunft der Ureinwohner

Die ursprüngliche Bevölkerung Panamas zählt zu den **Zirkum-Kariben;** ein wissenschaftlicher Sammelbegriff, der für die sehr unterschiedlichen indianischen Inselvölker des karibischen Raumes und die Völker der Anrainerstaaten verwendet wird. Die Zirkum-Kariben sind in mehrere Sprachfamilien unterteilt, die sich wiederum in unterschiedliche Stammesgruppen verzweigen. Die Stämme auf panamaischem Territorium werden der Kariben- und Chibcha-Sprachfamilie zugeordnet.

Noch bevor die Spanier ihren Fuß in die „Neue Welt" setzten, galt das **Chibcha-Volk** als die mächtigste Hochkultur des kolumbianischen Andengebirges. Sie bildeten die kulturelle Brücke zwischen den weiter südlich lebenden Inkas und den Mayas und Azteken im nördlichen Zentralamerika. Wie alle hochentwickelten Kulturen des amerikanischen Kontinents wurden auch die Chibcha durch die Kolonisten ins Verderben gestoßen.

Jene Stammesgruppen, die glücklicherweise überleben konnten, wurden aber in ihrer Entwicklung durch das Eingreifen der Kolonialmächte in die Gesellschafts- und Handelsstrukturen des Kontinents stark behindert. Wenn man die heutigen Kulturen mit denen der präkolumbischen Periode vergleicht, ist generell ein kultureller Rückgang sichtbar. Die panamaischen Stammesgruppen, die Ihnen unterwegs begegnen werden, sollten deswegen nicht als über Jahrhunderte unveränderte „primitive" Kulturen verstanden werden, sondern als dynamische und komplexe Gemeinschaften, die mühsam versuchen, einen Weg in der vorherrschenden Gesellschaft zu finden und dabei großen Belastungsproben ausgesetzt sind.

Kuna Yala ist fast nur auf dem Luft- oder dem Seeweg erreichbar. Die geografischen Barrieren schränken den Kontakt mit der restlichen Bevölkerung des Landes ein. Die eigene Sprache, Lebensweise und die sozialen Strukturen konnten deswegen weitgehend geschützt werden. Dennoch haben die Kuna in verschiedenen Bereichen bewusst die Tür zur modernen, westlich orientierten panamaischen Gesellschaft geöffnet. Mithilfe der Regierung wurden auf einigen Inseln die medizinische Betreuung und die Stromversorgung sichergestellt und Primärschulen errichtet. Für komplexe medizinische Eingriffe und weiterführende Bildung sind die Kuna auf die Einrichtungen in Panama-Stadt angewiesen.

## Kuna

Jene Gruppe, welche die Kunst des Manövrierens in der panamaischen Gesellschaft am besten beherrscht, ist die Kuna-Gemeinschaft (auch Tulé), die sowohl in Panama als auch in Kolumbien angesiedelt ist. Da die Kuna der Regierung in Panama nach zähen Verhandlungen und Auseinandersetzungen ein **semiautonomes Gebiet** abringen konnten, leben von der insgesamt rund 30.000 Seelen zählenden Kuna-Gemeinschaft nur 20 % auf kolumbianischem Territorium. Die Restbevölkerung lebt auf panamaischem Staatsgebiet in der Comarca de San Blas, die in ihrer Sprache als *Kuna Yala* bezeichnet wird; dieses Gebiet ist ein schmaler und langgezogener Küstenstreifen an der Karibikküste mit ca. 360 vorgelagerten Inseln und Inselchen.

Kuna-Frau

029pa hz

Um die Kosten dafür tragen zu können und außerdem die Wünsche der Kuna-Familien, die vom Kugelschreiber bis hin zum Werkzeug reichen, erfüllen zu können, wurde neben ihrem traditionellen Tauschhandel mit Agrarprodukten der **modernen Marktwirtschaft** ein Platz in ihrer Gesellschaft eingeräumt. Die Kuna-Frauen tragen dabei die Hauptlast. Sie erzeugen die *mola* (siehe „Kunsthandwerk"), das wichtigste „Exportprodukt" der Inseln und sie bieten gleichzeitig die Ware in Panama-Stadt zum Kauf an. Die Kuna-Frauen, die an ihren farbenprächtigen Trachten erkennbar sind, obwohl die in der Hauptstadt lebende jüngere Generation sich mittlerweile dem westlichen Modetrend angepasst hat und entsprechend gekleidet ist, bilden im täglichen Straßenbild der Hauptstadt keine Ausnahme mehr; genauso wie die Kuna-Männer, die die Kochlöffel in vielen Restaurants der Hauptstadt oder auf internationalen Schiffen schwingen, womit sie als „Gastarbeiter" zwischen zwei Welten pendeln.

Dass die völlig fremdartigen Welten fundamental getrennt bleiben, dafür sorgen bewusst die Kaziken (Häuptlinge), auch *caciques* oder *sáhilas*, die Verwaltungsspitze der Inseln. Auch in puncto Tourismus wird streng getrennt: Touristen als Einnahmequelle sind zwar immer willkommen, doch nur auf den dafür bestimmten Inseln, denn wer hat schon ständig Lust auf neugierige und dazu noch ahnungslose Topfgucker. Der **selbstbewusste Weg,** der von den Kuna eingeschlagen wurde, ohne dabei ihre Traditionen aus dem Auge zu verlieren, gilt in Lateinamerika als hervorragendes und für andere indianische Gruppen als beneidenswertes Vorbild. Dabei sollte aber nicht unerwähnt bleiben, dass auch die panamaische Regierung ihren Beitrag dazu geleistet hat.

## Guaymí

Die Situation und die Zukunft der Guaymí (auch Ngöbe oder Movere), die mit 52.000 Menschen mehr als die Hälfte der gesamten indianischen Bevölkerung des Landes darstellen, sieht im Vergleich mit den Kuna weniger rosig aus.

Die Erklärung dafür liegt größtenteils in der frühen Kolonialepoche. Auf der **Flucht vor dem spanischen Terror** haben sich verschiedene Kleinstämme der Pazifikküste im äußersten Westen des Landes über die heutige Grenze mit Costa Rica hinaus zwischen der Cordillera Central und der Karibikküste zurückgezogen. Im Schutz dieser schwer zugänglichen Region vereinigten sie sich vermutlich zu einer großen Gruppe, die von der Wissenschaft als Fundament der heutigen Guaymí-Kultur betrachtet wird und die sich aus kulturell verwandten, aber dennoch sehr unterschiedlichen Stämmen zusammengesetzt hat.

Während der kolonialen Periode war die Gruppierung eine sehr **lose Gesellschaftsform,** die wegen der Angriffe der Spanier und des Vorrückens der bekehrenden Missionare immer mobil bleiben musste. Soziale Strukturen mit einer politischen Dachorganisation konnten sich deshalb in ihrer notgedrungen halbnomadischen Existenz nie richtig herauskristallisieren. Die Guaymí hatten also nie genug Zeit und Ruhe eine stabile Einheit formen zu können.

Auch nicht nach der Kolonialzeit, denn mit dem großen Landhunger der

30pa hz

Nachkommen der Kolonisten und mit der europäischen Immigrationswelle im 19. und 20. Jahrhundert schrumpfte das Terrain für die Guaymí zunehmend. Auf Grund dieser schlechten Ausgangslage rutschten sie immer tiefer in die Abhängigkeit von den Weißen und landeten schließlich auf der **Schattenseite der** panamaischen **Gesellschaft.** Im Gegensatz zu den Kunas, die sich zum Schutz ihres kulturellen Erbes gegenüber der „weißen" Gesellschaft bereits einen bestimmten Respekt erzwungen und gleichzeitig einen wirtschaftlich unabhängigen Weg zum Überleben gefunden haben, bleibt der zerbröckelten Guaymí-Gemeinschaft fast nur die Position der geringgeschätzten *campesinos* (Kleinbauern) oder *peones* (Knechte). Ein Blick in die Kaffeeplantagen Chiriquís, wo sie gegen geringe Bezahlung als Knechte arbeiten und unter unmenschlichen Bedingungen leben, sagt mehr als tausend Worte. Die Möglichkeit, ihrem Elend zu entfliehen, scheint entweder in einer vollständigen Gesellschaftsintegration zu liegen, was den Verlust ihrer Traditionen und ihrer Eigenständigkeit zur Folge hätte oder – wie es häufig von den Guaymí-Männern praktiziert wird – sich im Alkoholrausch zu befinden, der ihre Not für kurze Zeit verdrängt.

Der kulturelle Faden wird hauptsächlich noch durch die Guaymí-Frauen gehalten, die oft an ihren langen, farbenprächtigen Kleidern mit geometrischen Mustern erkennbar sind. Aus ihren Reihen ist eine Initiative entstanden, nach Kuna-Vorbild ein semiautonomes Gebiet in der Zentralkordillere zu bewohnen. Im März 1997 erklärte die Regierung einen Küstenstreifen in den Provinzen Bocas del Toro und Coclé sowie einen Teil der Bergregion Chiriquís zur Comarca de Guaymí. Damit ist der erste große Schritt zur semiautonomen Selbst-

Guaymí-Junge

verwaltung getan. Ob es der zerbröckelten Guaymí-Gemeinschaft allerdings auch gelingen wird, eine ähnliche Organisation aufzubauen wie die Kunas, bleibt dahingestellt.

## Bokota

Vom semiautonomen Gebiet der Guaymí könnte auch die kleine Gemeinschaft der Bokota (auch Buglé oder Buglere) profitieren. Diese nur noch knapp 1500 Personen zählende Bevölkerungsgruppe hat sich im jahrhundertelangen Existenzkampf von der Pazifikküste an einen bis heute kaum erschlossenen Landstreifen am Golfo de los Mosquitos **zurückgezogen.** Wie bereits andere Gruppen in der Vergangenheit es getan haben, scheinen auch sie wegen der engen Verbindung zu den Guaymí allmählich in deren Kultur integriert zu werden.

## Teribe

Im westlichen Eck der Provinz Bocas del Toro nahe der Grenze mit Costa Rica leben die Teribe (auch Terraba, Tejibe, Kuekuexkue, Náso oder Norteños), ein Volk, das von einem aus dem Teribegeschlecht der Santana kommenden König noch heute zusammengehalten wird. Vom **stolzen Agrarvolk** mit über 10.000 Menschen, dem Kolumbus auf einer seiner Reisen entlang der westlichen Karibikküste Panamas einst begegnete, sind heute nur noch 2100 übrig geblieben. Sie nehmen eine marginale Position in der panamaischen Gesellschaft ein.

Die erschreckend geschrumpfte Bevölkerungszahl wird überwiegend der **Zwangsumsiedlung** durch die Franziskanermissionare zugeschrieben. Wegen des Glaubenseifers der Missionare wurde ein Großteil des Teribe-Volkes im 17. Jahrhundert in die Missionarssiedlung San Francisco de Terraba an die Pazifikküste Costa Ricas gebracht, wo die Teribe im Laufe der Geschichte langsam verschwanden. Seit den 80er Jahren des 20. Jahrhunderts scheinen sich nun moderne Missionare auf die Teribe zu stürzen: Einige 7-Tage-Adventisten fühlen sich dazu berufen, das alte Bauernvolk nach westlichen Normen zu formen.

Ein starker Gegenfaktor dazu ist nach wie vor der von ihnen anerkannte und respektierte König, auch wenn er – wie es die Teribe selbst formulieren – „ein König ohne Land ist". Die ersten Schritte auf dem Weg zu einem **semiautonomen Territorium** um den Río Teribe wurden bereits unternommen. Aber die Mühlen der Bürokratie in Panama-Stadt mahlen äußerst langsam. Hinzu kommt noch, dass zwischen der modernen Hauptstadt und dem sozialschwachen Bocas del Toro riesige Distanzen liegen, die das Vorhaben der Teribe sicher nicht begünstigen werden.

## Chocó

Im Osten des Landes ergibt sich aus indianischer Sicht eine andere Situation. Im flächenmäßig ausgedehnten Regenwald des Dariéns leben ca. 2000 Kuna-Indianer außerhalb ihres semiautonomen Gebietes und rund 8000 Chocó. Obwohl man die Chocó als ein großes Volk betrachtet, müssen doch noch zwei Untergruppen unterschieden werden: die **Emberá** (auch Katio) und die **Wau-**

**nan** (auch Noanamá), die beide – wie übrigens auch andere autochthone Gruppen im Land – zur Kariben-Sprachfamilie zählen, jedoch jeweils eigenständige Sprachen haben.

Die Wurzeln der Emberá liegen, soweit sich Geschichte in Lateinamerika zurückverfolgen lässt, am Golfo de Urabá, an der Karibikküste des heutigen Kolumbiens. Die Waunan entwickelten sich ebenfalls in Kolumbien, jedoch an der Pazifikküste nahe den Golfos de Cupica und de Tibugá, wo noch immer der größte Teil des insgesamt 55.000 Menschen zählenden Waunan-Volkes in Großgemeinschaften angesiedelt ist. Die Chocó sind dagegen eher „Einzelgänger". Sie leben traditionell mit mehreren Familien in kleinen Dörfern ohne Verwaltungshierarchie zusammen. In der Isolation des Darién-Regenwaldes haben die Chocó lange Zeit relativ ungestört ihre selbstversorgende Agrarwirtschaft führen können.

Aber die fortschreitende Zivilisation und die Gegebenheiten der modernen Zeit verlangen auch von den Chocó eine **Anpassung** und ein Großteil des Chocó-Volkes verlagerte bereits seine Dörfer an den Rand des Regenwaldes, wo den Chocó von der Regierung medizinische Versorgung und Primärschulen für ihre Sprösslinge zur Verfügung gestellt wurden. Jener Bevölkerungsteil der Chocó, der noch im Einklang mit der Natur lebt, schrumpft allmählich auf wenige Kleingruppen zusammen.

Da der **drohende Kulturverlust** bereits erkannt wurde, haben die Chocó seit einigen Jahren ihre Sozialstrukturen geändert und, ähnlich wie die Kuna, die politische Verwaltung in die Hände der Kaziken gelegt, die die Interessen der Gemeinschaft nach außen hin vertreten. Einen großen Erfolg konnten sie vor Kurzem mit der Errichtung eines semiautonomen Gebietes nahe der Pazifikküste verbuchen. Gemeinsam mit den Vertretern der anderen indianischen Gruppen des Landes versuchen sie, bei der panamaischen Regierung auf ein offenes Ohr für die Rechte und Probleme der Indianer zu stoßen.

## Politische Vertretung der Indianer

Für die Koordination der Anliegen der indianischen Bevölkerung wurde die *Coordinadora Nacional de los Pueblos Indígenas de Panamá* (kurz COONAPIP) ins Leben gerufen. Um der panamaischen Regierung Paroli bieten zu können und als sozial und politisch gleichgestellte Partner auf gemeinsamer Ebene mit der Landesregierung verhandeln zu können, wurde 1976 der *Congreso Nacional Indígena* gegründet. Nach einem langen, mühsamen Weg scheint dem einmal jährlich zusammentretenden Kongress im November 1993 endlich der Durchbruch gelungen zu sein. Erstmals wurden den *Indígenas* in Panama-Stadt Räumlichkeiten zur Verfügung gestellt, in denen ein dreitägiger Kongress abgehalten wurde. Vielleicht wurde damit der **Weg zur Anerkennung** der *Indígenas* eingeschlagen, auf dem endlich ihre sozialen, kulturellen, politischen und wirtschaftlichen Belange zur Geltung kommen werden.

Die Karten für die ursprüngliche Bevölkerung sind jetzt nicht schlecht, denn Panama möchte sein gutes Image bei der Indígena-Politik behalten und sich gerne von anderen lateinamerikanischen Ländern unterscheiden, in denen die gegenwärtige Position der Indianer schlechter ist. Zu einer modernen Gesellschaft passt auch eine auf die Interessen der ursprünglichen Bevölkerung gerichtete Politik, davon sind immer mehr Panamaer überzeugt. Und sehr langsam dringt zu ihrem Bewusstsein durch, dass die Wurzeln der Regenbogengesellschaft größtenteils in der indianischen Bevölkerung verankert liegen.

Doch ihr Image in der Öffentlichkeit muss sich noch weiter wandeln, damit die Panamaer endlich stolz auf ihr indianisches Erbe und die überlebenden indianischen Völker sein können. Die bestens organisierten, traditionsbewussten und wirtschaftlich relativ erfolgreichen Kuna kommen diesem Image immer näher. Sie sind Panamas Aushängeschild, weshalb sie von der neuen Entwicklung am meisten profitieren. Aber erst, wenn in den Schulbüchern die Geschichte der *Indígenas* und die der Kolonisten ehrlich beschrieben wird, ist eine der größten Hürden auf dem Weg zur Emanzipation genommen.

# Die Frau in der Gesellschaft

„Die Frau repariert, was der Mann ruiniert", lautet ein in Lateinamerika bekanntes Sprichwort. Damit wird der Finger auf eine gesellschaftliche Schwachstelle gelegt. Ein ansehnlicher Teil der panamaischen Frauen trägt notgedrungen alleine die ökonomische Verantwortung für sich und ihre Kinder. Sicher gibt es auch zahlreiche Familien, in denen die Eltern gemeinsam für den Unterhalt und die Kinder sorgen, aber sie bilden keinesfalls die Mehrheit in Panama.

Der frivole **Lebensstil der Männer** – und darum drehen sich größtenteils die Probleme – tritt in allen Schichten und Bevölkerungsgruppen hervor. Der panamaische Mann pflegt das Image des verführerischen Casanova voller Stolz in der Öffentlichkeit.

Ein Panameño ohne *querida* (Geliebte) ist wie ein Pfau ohne Federn – allerdings wird dieser Vergleich von der Männerseite gemacht. Für die Frau bedeutet die **Geliebte** an der Seite ihres Mannes kein „Schmuckstück", sondern einen Kampf auf Biegen und Brechen, dafür sprechen die hohen Scheidungsraten und inoffiziellen Trennungen. Nur eine kleine Gruppe von Frauen scheint von vornherein auf eine mühsame Beziehung zu verzichten, unter dem Motto: „Besser allein als an der Seite eines verantwortungslosen Herzenbrechers". In der Gesellschaft findet diese Haltung aber wenig Verständnis und das weitverbreitete Klischee „Unsere Männer sind nun eben richtige Männer" illustriert deutlich, wie die panamaische Frau sich der Lebensart ihres Mannes noch immer fügt.

Mit den amourösen Eskapaden der Männer wächst die Zahl der **außerehelichen Kinder** enorm an. Glücklicherweise gibt es keine Konsequenz für das soziale Ansehen der Kinder, da sie eben keine Ausnahme in der Gesellschaft bilden. Nur innerhalb der höchsten Kreise der Gesellschaft, wo die Familienfinanzen und der Schutz des Familiennamens eine wichtige Rolle spielen, sind außereheliche Kinder vom sozialen Standpunkt aus nicht anerkannt.

Die **Betreuung der Kinder** liegt immer in den Händen der Frau, egal, ob es in höheren Kreisen das Kindermädchen ist oder ob die Mutter, Großmutter oder sonstige weibliche Verwandte die Erziehung der Sprösslinge übernimmt. Durch den Zuwandererstrom vom Landesinneren nach Panama-Stadt wird gerade dort das traditionelle Auffangnetz der Familie gestört. Die Betreuungsprobleme werden in der Hauptstadt zwar durch Kindergärten verringert, doch sie können in der unteren, finanzschwachen Klasse das Problem nicht lösen, so dass viele Kinder zwischen zwei Stühle geraten. Die *Dirección Nacional del Niño y la Familia* versucht, die Stellung der Kinder zu verbessern, wobei die Eltern mit Informationskampagnen auf ihre Verantwortung angesprochen werden sollen – ein langer und mühevoller Prozess, der noch in den Anfängen steckt.

Der Blick in den **Arbeitsalltag** zeigt, dass die panamaische Frau darin eine aktive Rolle einnimmt und ihren „Mann“ in jeder Situation steht: ob nun bei der Landarbeit, im administrativen Bereich, als Busfahrerin, Lehrerin, Kellnerin, Dienst- oder Zimmermädchen, aber auch als Ärztin, Anwältin, Börsenmaklerin oder Filialleiterin. Der Beitrag der Frau zur panamaischen Wirtschaft ist sehr hoch, obwohl diese Tatsache öffentlich nicht gerne zugegeben wird.

Panama erscheint den verschiedenen Frauenorganisationen als eine Männerhochburg, die sie jedoch aufzubrechen versuchen. Als Feminismus möchten die Panameñas ihr **Emanzipationsstreben** nicht bezeichnen, auf jeden Fall nicht im Sinne der westlichen Definition. Die sozialen und kulturellen Probleme der verschiedenen Frauen in Panama verlangen nach spezifischen Antworten und vor allem nach einer eigenständigen Richtung. Eine davon ist der *Feminismo Popular,* in dem das Streben nach Gleichheit und Entwicklung des Selbstbewusstseins Hand in Hand geht mit dem Streit um die Grundlagen der Lebensbedingungen. Dieser Alltagsfeminismus entwickelt sich vorwiegend in den Elendsvierteln und armen Regionen.

Die Vertreterinnen aus den unterschiedlichsten panamaischen **Frauenorganisationen** haben sich unter dem Dach des *Foro de Mujer y Desarollo* vereinigt. Dieses „Forum für die Frau und ihre Entwicklung“ hat seine Zukunftspläne auf nationaler Ebene präsentiert, der zur Verbesserung der Position der Frau in verschiedenen Bereichen beitragen soll. Ein wichtiger Punkt darin sieht die Gründung eines Frauenministeriums vor, das hoffentlich nicht an den Mühlen der Bürokratie scheitern wird. Wie es die Vorsitzende des Forums passend formulierte: „*Wir möchten keinen Applaus oder Komplimente, sondern praktischen Erfolg sehen, dann erst wissen wir, dass wir definitiv den langen, mühsamen Weg zur Gleichberechtigung eingeschlagen haben*“.

⊡ Koloniales Gotteshaus in Panama-Stadt

# Religion

Vom historischen Blickwinkel aus betrachtet, ist es nicht verwunderlich, dass sich etwa 87 % der Panamaer zum **katholischen Glauben** bekennen. Er steht damit an erster Stelle vor dem **Protestantismus,** der ca. 7 % der Gesamtbevölkerung für sich gewinnen konnte und der von den englischsprachigen Eisenbahn- und Kanalarbeitern von den Karibikinseln nach Panama gebracht wurde.

031pa hz

Unter dieser offiziellen Decke verbergen sich jahrhundertalte Spuren von **Naturglauben,** die trotz erzwungener Anpassung an das Christentum erhalten geblieben sind. Sogar im offiziellen Glauben ist dafür ein bescheidener Platz eingeräumt. In Zeiten von Epidemien oder persönlichen Problemen wurde und wird auf jedes Mittel zurückgegriffen, um den Unfrieden der Götter und Geister zu besänftigen oder um böse Mächte und Kräfte – wie es die Katholische Kirche ausdrückt, den Teufel – zu vertreiben. Magie, Spiritismus und Schamanismus können dabei genauso behilflich sein, wie das katholische Gebet, denn was das eine nicht hat, kann durch das andere ergänzt werden. In der Öffentlichkeit wird allerdings über den als *santería* bezeichneten Kult nicht gerne gesprochen.

**Religiöse Anlässe** werden landesweit mit folkloristischen Darstellungen kombiniert. Als Höhepunkt gilt dabei der Karneval. In bestimmten Regionen wird fast das ganze Jahr hindurch an der Karnevalsvorbereitung gearbeitet und es sind gerade die Musikkapellen, die farbenprächtigen Kostüme, die geschmückten Wagen (teilweise auch Boote), die tanzende Menschenmasse und die gute Stimmung, die den panamaischen Karneval zu einem der ausgelassensten Feste in Zentralamerika machen – aber ausgelassen wird in diesem kleinen Land fast alles gefeiert.

Blickfänge sind bei katholischen Feiern vielerorts die *diablicos* (maskierte Tänzer), die das „Gute" und „Böse" in ihren Tänzen verkörpern – ein deutliches Beispiel für den mit indianischen und afrikanischen Einflüssen gespickten Katholizismus. Diese sogenannte **Volksreligiosität** kommt auch in den katholischen Gotteshäusern vor, in denen manche Heiligenbilder und Schutzpatrone deutliche indianische oder afrikanische Kennzeichen tragen. Eine prominente Rolle in dieser Reihe „adaptierter" nationaler Schutzpatrone wird durch den *Cristo Negro* (die schwarze Christusfigur) de Portobelo eingenommen. Alljährlich am 21. Oktober machen sich Tausende auf den Weg nach Portobelo an die Karibikküste, um an den Cristo-Negro-Prozessionen teilzunehmen.

Im **Alltag** tritt die Religion nicht deutlich nach außen, denn Kirche und Politik sind in Panama strikt voneinander getrennt. Die in der Verfassung verankerte Religionsfreiheit ist für die Besucher am deutlichsten in Panama-Stadt sichtbar, wo neben katholischen und protestantischen Kirchen auch Hindu-Tempel, moslemische Moscheen und griechisch-orthodoxe Kirchen stehen. Im ländlichen Bereich ist die Kirchenanzahl überraschend niedrig. Dies liegt vor allem an der geringen Zahl der vorhandenen Priester, wobei allerdings der Klerus sich kaum aus Einheimischen zusammensetzt, was wiederum ein Hinweis auf die gegenwärtige Stellung der Kirche in der Gesellschaft ist. In abgelegenen Gebieten werden die „offenen" Stellen in den letzten Jahren verstärkt mit jungen, ambitionierten Missionaren aus den USA besetzt, wie etwa den Sieben-Tage-Adventisten.

Im Gegensatz zu den mittelalterlichen Predigten von Hölle und Verdammnis, mit denen die gläubige Bevölkerung eingeschüchtert wurde, kümmert sich die Katholische Kirche in Panama jetzt verstärkt um praktische, soziale und medizinische Hilfe für die Menschen.

Menschen und Kultur

# Architektur

Im Vergleich zur monumentalen Pracht und zum Prunk in anderen spanischen Ex-Kolonien stehen Panamas architektonische Denkmäler im Schatten. Seit den 70er Jahren des 20. Jahrhunderts wurden in Panama-Stadt zwar Anstrengungen unternommen, diese Situation zu ändern, doch das Bauwesen stand und steht noch immer im Zeichen des **Internationalen Stils.** Die durch kerzengerade Bank-, Apartment- und Bürogebäude geprägte Silhouette von Panama-Stadt vermittelt die Impression einer modernen Großstadt, wie sie so auch in Europa, Asien und Nordamerika anzutreffen ist.

## Traditionelle Bauweise

Der Schutz gegen die Hitze und die Nässe in Kombination mit dem vor Ort vorhandenen Baumaterial sind die Faktoren, welche die **traditionellen Baustile** bestimmen. Mit Gras oder mit Palmblättern bedeckte Dächer erfüllen seit Menschengedenken ihren Zweck und finden noch heute Anwendung beim Bau von Häusern in der Comarca de San Blas und den Provinzen Darién und Bocas del Toro. Das gleiche gilt für die luftdurchlässigen Wände aus Ästen, Schilfrohr oder Mangrovenwurzeln. Eine einfache Lösung gegen das Bodenwasser bildet die Pfahlbaukonstruktion, die im Darién noch genauso verbreitet ist wie im Küstenstreifen der Provinz Bocas del Toro. Die vorwiegend in der Zentralregion und im Westen des Landes angesiedelten spanischen Kolonisten übernahmen die Bautraditionen der Ureinwohner. Die Bauform blieb gleich, nur der Name wurde in *rancho* (Hütte) geändert.

032pa hz

033pa hz

Aufwendiger und prestigeträchtiger sind die **Lehmbauten,** die in Panama als *casas de quinchas* bekannt sind und die vor allem das architektonische Gesicht der Halbinsel Azuero prägen (siehe dort). Die Wände aus gestampftem Lehm erfüllen am besten die menschlichen Bedürfnisse im Tropenklima, die Hitze von den Innenräumen abzuhalten. Weitere charakteristische Merkmale des landestypischen Lehmhauses *(casa típica)* bilden die roten, moosüberwucherten Dachziegel und die überdachte Veranda, auf der man sich erholen, das Straßenleben beobachten und eventuell Besucher empfangen kann.

In feuchteren Gebieten des Landes erweist sich gegenüber dem Lehm das **Holz** als robusteres Konstruktionsmaterial. Das soziale Ansehen der Erbauer spiegelt sich dabei in den Verzierungen der Bauten. Die verwendeten Baustile wurden von architektonischen Tendenzen aus Spanien, Frankreich, der Karibik und den USA beeinflusst. Bei den Ortsbeschreibungen wird unter dem jeweiligen Ort genauer auf dieses Thema eingegangen.

Die Rolle der **Veranda** oder des **Balkons** im Alltagsleben bleibt unabhängig von der Bautradition gleich: Geschützt vor der prallen Sonne oder den heftigen Regenschauern und durchlüftet von einer angenehmen Brise, lässt sich das Tropenklima auf dem Balkon oder der Veranda leichter ertragen.

Balkons und Veranden sind auch die einzigen überlebenden traditionellen Elemente im **Modernisierungsprozess,** wobei Lehm und Holz durch Baumaterialien wie Beton, Ziegelstein, Zink, Stahl, Glas oder Kunststoff ersetzt wurden. Der Anblick von verwitterten und von Termiten angenagten Holzhütten zeigt, weshalb heute meistens Ziegelsteine und Beton verwendet werden.

Die bescheidene Anzahl von **Sakralbauten,** die im Auftrag der spanischen Glaubensverkünder in Panama entstanden ist, wurde im **Barockstil** entworfen – genauer gesagt wurde versucht, die Gebäude dem barocken Baustil in Europa anzugleichen. Bei einem Vergleich mit

„Kolonialstil"

den imposanten europäischen Barockkirchen erscheint die Ausstattung der panamaischen Gotteshäuser allerdings sehr bescheiden. Das liegt daran, dass Beispiele in der Region fehlten, an denen die Architekten ihre Pläne entwickeln konnten, aber vor allem auch an der Tatsache, dass ausreichende Geldmittel, geeignetes Baumaterial und geschulte Künstler, die für eine prunkvolle Innenausstattung notwendig gewesen wären, nicht vorhanden waren. Die Bauherren mussten deshalb einen geeigneten Mittelweg finden, weshalb Barock- und Rokokostil in Panama ein eigenes Gesicht erhalten haben. Nach Gutdünken wurde die Grundkonzeption des spanischen Barocks, der die dekorativen Elemente betont, angewendet. Bei der äußeren Gestaltung von Kirchen kommt das durch die Integration von Muschelschalen in der Einzel- oder Doppelturmfassade, wie z.B. an der Fassade der Kathedrale in Panama-Stadt (siehe „Casco Viejo", „Plaza Independencia"), zum Vorschein. Besonders bei darauffallendem Sonnenlicht entfaltet ihr Perlmuttglanz seine Pracht. In der Kircheninnenausstattung blieben vom Wesenszug des Barock nur Schnitzereien, Vergoldung und bunte Farben übrig.

Das schönste und beeindruckendste Beispiel der lokalen **Holzschnitzkunst** befindet sich in der Provinz Veraguas, im kleinen Ort San Francisco, der nördlich von Santiago liegt. In der äußerlich schlicht wirkenden Dorfkirche wurde durch die Bemalung und Vergoldung der Schnitzereien, die von der Kanzel bis zum Altar alle Gegenstände in der Kirche zieren, ein schmuckvoller theatralischer Effekt unter Einbeziehung heimischer Traditionen geschaffen.

Das Dekorative ist auch ein Wesenszug des **Art déco,** jener Kunstrichtung, die im Europa der 20er Jahre des 20. Jahrhunderts dem Jugendstil folgte. Im Zuge des mit dem Panamakanal anwachsenden internationalen Handels taucht diese Strömung auch in der Architektur von Panama-Stadt auf. Wer bei einem Bummel durch die Fußgängerzone der Avenida Central nicht nur einen Blick auf die Schaufenster richtet, wird überrascht sein von einigen künstlerisch geschmückten Fassaden mit Ornamenten, geometrischen Linien und farbenprächtigen Fliesen. Womit wir auch sagen möchten, dass die Besucher mit einem Auge für das Detail oft an unerwarteten Plätzen in Panama der ästhetischen und kreativen Seite historischer und moderner Baukunst begegnen werden.

# Literatur

## Der Beginn der panamaischen Literatur

Panama ist kein Land mit großem literarischen Vorleben. Während der langen kolonialen Epoche kamen keine literarischen Werke zum Vorschein. In der Mitte des 19. Jahrhunderts änderte sich die Situation langsam, dank der kosmopolitischen Stimmung, die nach der Eröffnung der transkontinentalen Eisenbahn auf dem Isthmus entstand. In den Kulturspalten der panamaischen Zeitungen ist das literarische Echo der europäischen Bewegung der **Romantik** herauszuhören. Aus dem Kreis der Schriftsteller und Dichter der ersten Stunde sind zu erwähnen *Gil Colunje, José María Alemán, Tomás Martín Feuillet* und *Amelia Denis de Icaza,* die einzige Frau in dieser Literaturszene. Ihre Werke weisen das mit Naturliebe verbundene Nationalbewusstsein auf, die Charakterzüge der Romantik. Dieses Bewusstsein ist eine Äußerung der Unzufriedenheit über die von Europa kopierten Strömungen, die unzureichend sind, wenn es darum geht, die lateinamerikanische Kultur zum Ausdruck zu bringen.

## Modernismo

In den traditionellen lateinamerikanischen Kulturhochburgen Mexiko, Peru, Kuba und Argentinien entstanden die ersten Ansätze für eine **eigenständige lateinamerikanische Literatur.** Diese Literatur, die gegenwärtig mit Autoren wie *Isabel Allende, Pablo Neruda, Octavio Paz, Gabriel García Márquez, Jorge Luis Borges* oder *Eduardo Galleano* nahezu weltweit im Brennpunkt des Interesses steht, bekommt ein erstes Profil mit dem Modernismo. In dieser speziell lateinamerikanischen Strömung, die um 1900 aufblühte, wird nach mehr Freiheit, nach anderen Themen und vor allem nach anderen Ausdrucksformen gesucht: „Kunst der Künste wegen, nicht um ihren Inhalt". Der wohl wichtigste Vertreter dieser Strömung ist der Nicaraguaner *Rubén Darío* (1876–1916), ein guter Freund des panamaischen Maestro dieses Genres *Darío Herrera* (1870–1941). Die treibende Kraft in Panama war in erster Linie *Guillermo Andreve* (1879–1940), der die Literaturzeitschrift *El Cosmos* gründete, später *El Heraldo del Istmo.* Die Zeitschriften waren für die panamaischen *modernistas* ein wichtiges Kommunikationsmittel mit ihren Geistesverwandten auf dem Kontinent. Das Streben der *modernistas* nach geschliffener Kunst ist in der panamaischen Literatur am besten repräsentiert durch die Poesie von *Ricardo Miró* (1883–1940). Auf Grund seiner Bücher, wie beispielsweise *El Preludios* (1908) und *Caminos silenciosos* (1929) aus dem Postmodernismo, hat er einen vorderen Platz in der Prominentenreihe hispano-amerikanischer Dichter erhalten. Im eigenen Land würdigte man *Miró* als „den Poeten von Panama".

## Nativismo

Während der Modernismo-Periode wächst eine Generation heran, die ab den 1920er Jahren zum Nativismo tendiert. Eine kulturelle Bewegung auf dem amerikanischen Kontinent, die die **Kultur und die Probleme der eigenen Bevölkerung** in den Mittelpunkt stellt und die deswegen auch als *Indígenismo* bezeichnet wurde. In dieser Bewegung gibt es unterschiedliche Tendenzen, wie *Ruralismo, Regionalismo* und *Paisajismo.* Der wohl wichtigste Wesenszug des panamaischen Nativismo ist die Suche nach dem eigenen, panamaischen Lebensgefühl. Angesichts der nordamerikanischen Dominanz betrachtet man die Vertreter dieser Bewegung auch als literarische Gegner der Kanalzone. Gute Beispiele sind in den Werken von *Demetrio Korsi* (1899–1957) zu finden, welcher zu den bekanntesten Dichtern dieser Periode gehört.

## Gegenwartsliteratur

Ein „heißes" Thema in der modernen Literatur ist die **Beziehung zwischen Panama und den USA.** Zu erwähnen wäre dabei die Trilogie aus der Feder *Candanedos: El Panteon de los Callejones, Goodbye USA* und *Los Luciérnagos de la Muerte,* das die US-Invasion im Jahre 1989 zum Inhalt hat. Das prekäre Thema der Invasion wird vor allem auch von der jüngsten Literaturgeneration behandelt, wie etwa im Buch *Cuando perecen a las ruinas* von *Rogelio Guerra Avila.*

Eine besondere Erwähnung verdient auch die Literatur der afro-panamaischen Autoren *Rafael Pernets* und *Girardo Maloney* sowie die Bücher des Kuna-Indígena *Raúl Leis,* in denen die **sozialen Missstände** der Minoritäten angeprangert werden. *Leis'* Buch, *Machí, un Cuna en la ciudad,* kann übrigens empfohlen werden.

In der panamaischen Literatur nimmt die **Poesie** eine herausragende Stellung ein. Viele Dichter Panamas beschäftigen sich mit dieser Literaturgattung. Dem Roman und der Novelle fehlt es an Tradition, weshalb beide sowohl qualitativ als auch quantitativ schlecht vertreten sind.

Mit den jährlichen **Literaturpreisen** für die verschiedenen Kategorien wird seit den 1950er Jahren mühsam versucht, der panamaischen Literatur neue Impulse zu geben. Autoren, die davon profitierten, waren beispielweise *Rogelio Sinán* (Pseudonym von *Bernardo Alba Dominguez), Cecar Candanedo* und auffallend viele Frauen, wie *Giovanna Benedetti, Beatriz Valdés, Bertalicia Peralta, Rosa María Britton* und *Moravia Ochoa.* Einige Werke von *Ochoa* und *Britton* haben durch Übersetzungen auch ihren Weg ins Ausland gefunden.

Bei einem Blick in die Regale der Buchhandlungen zeigt sich aber, dass die Literatur Panamas erst am Beginn eines langen Weges steht. Es fehlt an Verlagen, Lesern, Zuhörern und vor allem an Autoren, die sich vom Durchschnitt abheben – oder, wie es in der Literaturszene selbst formuliert wird: *„Die Literatur Panamas steckt in einer tiefen Krise ..."*

# Kunsthandwerk

Wer von lateinamerikanischen Kunsthandwerken *(artesanías)* spricht, meint in erster Linie die bunte guatemaltekische Kleidung, die pastellfarbenen ecuadorianischen Teppiche oder die schön verzierten Keramikgegenstände in alter Maya-Tradition. Panamas Erbe alter Kulturen ist da eher unbekanntes Terrain. Doch die farbenprächtige traditionelle Kleidung der Kuna-Frauen oder die Nationaltracht *pollera* gehören sicherlich zu den schönsten Trachten des Kontinents. Der südöstliche Zipfel der zentralamerikanischen Landbrücke überrascht mit einer Palette von unterschiedlichen *artesanías.*

## Goldschmiedekunst

Ein Blick in den Sala del Oro des Museums *Reina Torres de Araúz* in Panama-Stadt bezeugt das fachmännische Können der präkolumbischen Meister der Goldschmiedekunst. Das von den Eroberern so heiß begehrte Edelmetall

Gold hatte bei der ursprünglichen Bevölkerung des Kontinents lediglich einen rein symbolischen Stellenwert. Goldschmuck betonte damals die sozialreligiöse Position des Trägers. Ökonomischen Wert hatte das gelbglänzende, leicht bearbeitbare Metall kaum.

## Frühe Techniken

Dank der Kontakte mit südamerikanischen Völkern wurde die Tradition der Goldschmiedekunst bereits im 3. Jahrhundert unserer Zeitrechnung in Panama gefestigt. In der Anfangsphase wurde das erhitzte Edelmetall zu dünnen **Folien** geschlagen, danach modelliert und mit Meißel oder Stichel dekoriert. Die solchermaßen entstandenen, einfachen Goldamulette waren aber noch weit entfernt vom komplexen Goldschmuck der späteren Perioden.

Bei den Meisterwerken der Folgezeit wurden auf einem flachgeschlagenen Untergrund verschiedene filigran geformte Gegenstände durch **Löten** angebracht, eine Methode, die als *soldadura* bezeichnet wird.

Ein anderes Herstellungsverfahren war das **Gießen des flüssigen Goldes** in eine Matrize. Bei dieser Technik bediente man sich eines einmal verwendbaren Wachsmodells, das über einem Tonkern gefertigt und anschließend noch einmal mit einem Tonmantel bedeckt wurde. Durch Erhitzen floss das Wachs aus den vorher angebrachten Kanälen ab, wodurch ein Hohlraum entstand, der damit für den Goldguss fertig war. In Lateinamerika hat diese Technik den Namen *cera perdida* erhalten: „verlorenes Wachs". In der Endphase des Herstellungsprozesses wurde der Tonmantel zerschlagen – sicher immer wieder ein spannender Moment. Zum Schluss wurde meistens noch durch eine kleine Öffnung der Tonkern der Goldfigur entfernt. Wegen der einmaligen Verwendung der Matrize konnten nie zwei präzise Ebenbilder geschaffen werden, was diese Kunstwerke heute noch kostbarer werden lässt.

## Goldschmiedekunst heute

Die Kuna-Frauen tragen noch heute Amulette in Form von handflächengroßen Ohrringen mit eingemeißelten Dekorationen und große Kolliers mit hauchdünnen, tierähnlichen Kettengliedern. Die Übereinstimmungen mit den schlichten präkolumbischen Goldkunstwerken, die heute in den Vitrinen der Museen glänzen, sind groß.

Direkt von einem Museumsstück abgeleitet ist die Abbildung eines Greifvogels, der heute als Erkennungssymbol des Fernsehsenders *Telemetro* vom Bildschirm flimmert. Für die präkolumbischen Völker galt vor allem der Adler als „Götterbote", der die Seelen der Toten in die Welt der Götter führte. In Panamas Mythologie wurde mit dieser Mission die **Harpyie** bedacht (siehe „Land und Natur", „Fauna"), die meistens in ihrer imponierenden Angriffshaltung dargestellt wird, mit weit ausgebreiteten Flügeln, gespreizten Krallen und mit ihren auffallenden „Federlocken" am Kopf.

In den Schaufenstern und Vitrinen der Juwelierläden sind das Harpyie-Motiv, aber auch andere präkolumbische Motive zwischen dem modern gestalteten Goldschmuck zu bewundern. Der letzte

Schrei in Sachen Schmuck sind Ohrringe, Anhänger und Broschen in Orchideenform. Und die präkolumbische Matrizenmethode dient noch immer als Herstellungsvorbild – selbstverständlich mit moderner Technik, die die Massenwaren erschwinglich macht.

## Keramik

Die in der Pazifikregion Panamas angesiedelte Töpferei kann auf eine lange Tradition zurückblicken. Sie basiert auf präkolumbischen Keramikstilen, die den Höhepunkt um das 7. Jh. erreichten.

Der Höhepunkt fällt in eine Zeit, die als **Klassische Periode** (etwa zwischen dem 3. und 12. Jh.) bezeichnet wird. Die Bandbreite reicht von einfachen Gebrauchsgegenständen über Schalen und Vasen, die mit religiösen Symbolen und geometrischen Motiven verziert sind, bis hin zu Gefäßen und Skulpturen von tier- oder menschenähnlicher Gestalt, die sogenannte zoomorphe oder antropomorphe Figurkeramik.

Es ist beinahe unglaublich, wie es den präkolumbischen Töpfermeistern gelun-

Nach alter Tradition

034pa hz

gen ist, nur durch Modellieren mit der Hand und mit einfachem Werkzeug **einmalige Kreationen** mit einem Überfluss an Einzelheiten hervorzuzaubern. Die Töpfer müssen Künstler ohnegleichen gewesen sein, die ihre Umwelt auf faszinierende Weise darstellten, wie beispielsweise beim sogenannten Tonosí-Stil (benannt nach dem Ort im Süden der Halbinsel Azuero). Dabei wurden die verschiedenen Tonvasen mit je einem Band dekoriert, auf dem menschliche Gestalten eine Last gemeinsam auf ihren Schultern tragen. Ob es sich beim Motiv um einen Ritualtanz oder eine Gemeinschaftsarbeit handelt, ist nicht geklärt.

Die Dekorationen und Formen der Tongegenstände variieren zwar regional, aber einheitlich tauchen **Tiermotive** als mythologische Symbole auf. Auf Grund des in einigen Regionen gehäuften Auftretens bestimmter Tiermotive, vor allem von Schildkröten, Fröschen, Gürteltieren, Krokodilen, Schlangen, Affen und Vögeln, vermutet man, dass diesen Tieren eine wichtige Rolle in der Erlebnis- und Glaubenswelt der ursprünglichen Bevölkerung der Landenge zufiel.

Die **Färbung** der Keramikgegenstände in zwei oder mehreren Erdfarben war ein komplexer Arbeitsgang. Das Farbresultat wurde bestimmt von den natürlichen Farbstoffen, der Tonsorte und dem Brennvorgang, wie etwa durch Flächenabdeckung mit Harz, wodurch die abgedeckten Teile dem oxidierenden Brand nicht ausgesetzt waren und damit Farbkontraste entstehen konnten.

Panamas präkolumbische Keramikarbeiten waren in der Zeit zwischen der Ankunft der Spanier und dem Bau des Panamakanals in Vergessenheit geraten. Dank der archäologischen Funde des 20. Jahrhunderts hat die Bevölkerung die **alte Handarbeit wieder entdeckt.** Mit modernen Hilfsmitteln werden die alten Motive und Formen neu zum Leben erweckt und nicht zufällig in den Regionen der präkolumbischen Hochkultur, der Provinz Coclé und auf der Halbinsel Azuero.

## Textilien

### Mola

Ein Unikum im Textilhandwerk des amerikanischen Kontinents ist die farbenprächtige *mola*, die ursprünglich nur die Bluse der Kuna-Frau schmückte, mittlerweile aber viele Anwendungsformen kennt. Die einmalige **Herstellungstechnik** der *mola* basiert auf sogenannten umgekehrten Applikationen. In mehreren kontrastreichen und überlagerten Baumwolltüchern werden mit Ausschneiden und Umsäumen schmale, dekorative Muster geschaffen. In diesem farbigen Linienspiel lassen sich am häufigsten Tiere aus der Umwelt der Kuna erkennen oder ein faszinierendes Labyrinth von geometrischen Mustern.

Trotz moderner Einflüsse, die sich mittlerweile in die Dekoration eingeschlichen haben, sind viele *molas* von **hohem künstlerischen Wert.** Die Anerkennung für dieses einmalige Kunsthandwerk drückt sich deutlich in der Zahl der *molas* aus, die ihren Weg in die Museen der USA gefunden haben oder die panamaischen Ämter und Häuser schmücken. Wie die *mola* entstanden ist und worauf Sie beim Kauf achten sollten, wird bei der Beschreibung der Comarca de San Blas erwähnt.

### Klöppelspitzen

Ein anderes dekoratives, allerdings im Vergleich mit der *mola* sehr fein verarbeitetes Stück ist die Bordüre von handgearbeiteten Klöppelspitzen auf der *pollera*, der Nationaltracht der Frauen (siehe „Halbinsel Azuero"). Die eleganten, winzigen **Ranken- und Blumenmotive** entstehen durch rasches und geschicktes Kreuzen und Flechten von weißen und/oder bunten Fäden, die um Holzklöppel gewickelt sind. Immer weniger Frauen in Panama beherrschen allerdings diese zeitraubende Präzisionsarbeit. Fast ausschließlich auf der Halbinsel Azuero, der Wiege der spanisch-panamaischen Kultur, kann man eine ältere Generation finden, die die Fachkniffe noch bestens beherrscht. Diese Frauen zaubern die traditionellen Spitzen ohne Vorlage einfach aus dem Gedächtnis und mit schnellen Handbewegungen hervor und plaudern gemütlich nebenbei – das Erkennungs-zeichen für die Fachfrau.

## Sonstige Kunsthandwerke

Die altamerikanische Steinbearbeitungskunst, die monumentale Monolithe (aus Stein gemeißelte Figuren) und dekorative Steintische *(metates)* hinterlassen hat, ist nahezu völlig verschwunden. Die heute praktizierte und von der Zentralpazifikküste stammende **Seifensteinschnitzerei** kann kaum als Spiegelung der präkolumbischen Bildhauerei bezeichnet werden. Sie übertrifft nur gelegentlich das Niveau des Souvenirkitsches.

Andere Werke dagegen haben künstlerischen Wert, sogar Museumsqualität, wie etwa die **Plastiken aus** dem roten **Holz** der Cocobolo (Wollbaumgewächs) und aus *tagua*, der Steinnuss der Elfenbeinpalme, die dem beigefarbenen Zahnbein des Elefanten ähnelt. Diese natürlichen Materialien sind in Panama nur im Regenwald des Darién zu finden. In der geräuscherfüllten Dämmerwelt finden die Künstler des Chocó-Volkes, das die ältesten Bewohner des Gebietes stellt, ihre Inspirationen. Wann immer die Chocó-Männer Lust und Zeit haben, wird das Holzstück oder die Steinnuss aus der Tasche geholt und liebevoll durch Meißeln und Polieren bearbeitet. Die traditionellen mythologischen Figuren verlieren dabei immer mehr an Boden gegenüber den Alltagsmotiven. Die zur Folklore des Chocó-Volkes gehörenden und als solches auch erkennbaren Darstellungen werden von vielen Souvenirjägern leider oft als „primitive" Plastiken eingestuft.

Nützliche Handwerksarbeiten tauchen im Westen des Landes auf, wo die Guaymí handgeknüpfte **Umhängetaschen** *(cácharas)* aus gefärbten Pflanzenfasern herstellen. Auf Grund ihrer Handlichkeit gut praktisch verwendbar werden die Taschen auch von den *campesinos* und neuerdings von Touristen benutzt.

Bei den folkloristischen Festen an der Pazifikküste tauchen gelegentlich **Gewänder aus Rindenbast** auf, auf denen farbige Muster durch einen Stempeldruck aufgebracht wurden. Die etwas steif wirkenden Trachten wurden auch von südamerikanischen Völkern bei ihren religiösen Riten verwendet. Feste Accessoires dieser Trachten sind die einfachen aus dem gleichen Material hergestellten **Tierkopfmasken.** Spektakulärer dagegen sind die aus Pappmaché hergestellten, furchterregenden **Teufelsmas-**

**ken** und Tierköpfe, die bei den *Danzas de Diablicos,* den Teufelstänzen, getragen werden. Die Tänze werden bei katholischen Festen und Prozessionen auf der Halbinsel Azuero aufgeführt.

Zu den landestypischen Handarbeiten gehören ebenfalls der bunte **Glasperlenschmuck** mit auffallenden geometrischen Motiven, der von den Chocó-Indígenas im Alltag, von den Guaymí-Indígenas nur bei Zeremonien getragen wird und das **Flechtwerk** in der Provinz Darién, das für die Anfertigung von Alltagsutensilien verwendet wird.

# Malerei

## Roberto Lewis

Es dauerte sehr lange Zeit, bevor auf der Landenge eine eigenständige Bildende Kunst zur Entwicklung kam. Die erste Initiative dazu kam zu Beginn des 20. Jahrhunderts von *Roberto Lewis.* Seine Porträts, allegorischen Deckengemälde und Wandbilder, die unter anderem die Räume des Teatro Nacional und die des Präsidentenpalastes in Panama-Stadt schmücken, gelten als die ersten panamaischen Werke von großer künstlerischer Bedeutung. Im Stil von *Lewis* dominiert der europäische Trend des **Neubarocks,** den er während seiner Studienzeit an der *Académie Nacionale des Beaux Artes* und am *Collège La Salle* in Paris kennenlernte. Mit der Dynamik, Größe und Beweglichkeit des (Neu-)Barocks bringt er die vaterländische Geschichte und das soziale und kulturelle Bewusstsein seiner Zeit zum Ausdruck.

## Zwischen 1920 und 1950

Nach den ersten zwei von *Lewis* geprägten Jahrzehnten des 20. Jahrhunderts scheint die panamaische Malerei wieder in einen Tiefschlaf zu versinken. Die wenigen Landschaftsbilder und Porträts, die in den Jahren zwischen 1920 und 1950 entstehen, bringen nur die **Nachahmung europäischer Stile.**

## Fünfziger Jahre des 20. Jh.

Die Absage an die traditionelle Landschafts- und Porträtkunst erfolgt in Panama in den 50er Jahren fast auf explosive Weise. Das Signal für diese künstlerische Revolution wird von *Alfredo Sinclair* gegeben. Er kehrt von seinen lehrreichen Jahren an der Argentinischen Schule in Buenos Aires mit dem Drang nach **Abstraktion und Expression** im Gepäck nach Panama zurück. Mithilfe einer Kunstausstellung in Panama-Stadt im Jahre 1950 präsentiert *Sinclair* diese Ausdrucksformen dem Publikum. Seine Ölkompositionen basieren auf besonderer Farbgebung und rufen in der Öffentlichkeit sowohl Erschütterung wie auch Faszination hervor.

Eine Reihe junger Künstler drängt sehnsüchtig auf Erneuerung der Formen auf dem von *Sinclair* gebahnten Weg, um ihr spezifisches Lebensgefühl und ihre Gedanken zum Ausdruck bringen zu können. Die Künstler werden später unter dem Namen **La Generación del '50** einen Platz in der panamaischen Kunstgeschichte erhalten, obwohl die meisten dieser Künstler erst in den Folgejahrzehnten ihren persönlichen und ausgereiften Stil finden werden. Aus der 50er

Generation sind besonders hervorzuheben: *Olga Sánchez, Adriano Herrebarría, Beatriz Briceño, Carlos Arboleda,* der Realist *Alberto Dutary* und *Guillermo Trujillo,* der zweifelsfrei der *maestro* der gegenwärtigen Kunst in Panama ist. *Trujillo* kombiniert viele moderne Ausdrucksformen mit präkolumbischen Einflüssen – eine Kombination, mit der er seine Wiederbegegnung mit Hispano-Amerika dokumentiert – und schafft damit einen imponierenden, von Qualität und Mystik gekennzeichneten typischen Stil. In seinen früh entstandenen Gemälden und späteren Acrylwerken wird eine magische, dynamische Welt sichtbar, worin der Mensch und die Natur im Mittelpunkt stehen.

## Sechziger Jahre des 20. Jh.

Seit den 1960er Jahren versucht das von einer engagierten Künstlergruppe 1962 gegründete *Instituto Panameño de Arte (PANARTE),* die panamaische Kunst weiterzuentwickeln und gleichzeitig beim Publikum mehr Begeisterung und Verständnis zu erwecken. Zu diesem Zweck publiziert das *Instituto PANARTE* eine unregelmäßig erscheinende Zeitschrift. Die Publikation wurde 1993 aus verschiedenen Gründen vorübergehend eingestellt. Außerdem organisiert es Kunstausstellungen, in denen sich neue Talente der Öffentlichkeit präsentieren können. *Coqui Calderón, Manuel Chong Neto* und *Julio Zachrisson* sind einige der talentierten Künstler und Künstlerinnen, die in diesem stimulierenden Klima gefördert werden und die mit ihren **figurativen und semi-figurativen Gemälden** in den Vordergrund treten.

*Coqui Calderóns* Stil entwickelte sich von der Pop-Art, die die Künstlerin während ihres Studiums in New York kennengelernt hatte, zur semi-figurativen Kunst, in der die sichtbare Realität neben der abstrakten Wirklichkeit wahrnehmbar ist. In ihren Öl- und Acrylfarbenwerken spielt sie mit Bewegungen und Formen, worin die Beobachter Landschaften und Menschen erkennen können.

Kompositionen von menschlichen und tierischen Gestalten in Ölfarbe bilden die Visitenkarten von *Manuel Chong Neto,* während *Julio Zachrisson* mit grafischen Techniken arbeitet, um seine von ironischen und fantasievollen Vorstellungen geprägte Welt zum Ausdruck zu bringen.

## Siebziger und achtziger Jahre des 20. Jh.

Anfang der 1970er Jahre entwickelt sich eine Reihe von Künstlern, die nach **neuen Stilen und Themen** suchen, teils in der figurativen Kunst, teils in der reinen Abstraktion, ganz im Stil des alten „Meisters" *Sinclair. Tabo Toral* ist einer dieser Künstler, der mit seiner von spannenden Linienspielen gekennzeichneten geometrischen Malerei der panamaischen Kunst eine neue Dimension verleiht. Aus dem Künstlerkreis der 1970er Jahre ist neben *Tabo Toral* auch *Isabel De Obaldía* zu erwähnen, die in den späten 1980er Jahren konkrete Materialien, wie beispielsweise Glas, in ihre Gemälde miteinbezieht.

## Kunstförderung

Da von der panamaischen Regierung immer großes Desinteresse am Kunstbereich gezeigt wurde (und das wird sich auch mit der gegenwärtig bestehenden Regierung nicht ändern), macht sich um die gegenwärtige Förderung der panamaischen Künste nur das *Instituto PANARTE* verdient, das von Banken und von multinationalen Konzernen finanzielle Unterstützung erhält. Das Sponsorengeld wird hauptsächlich für **Kunstausstellungen** verwendet, da sonst Bevölkerung oder Besucher mit Interesse für die moderne Kunst keine permanenten Ausstellungen in Panama finden werden. Für Kunstinteressierte gilt deshalb die Devise: „Augen und Ohren offenhalten" für die Ankündigungen von wechselnden Ausstellungen nationaler und internationaler Künstler (vor allem aus Lateinamerika) im privat geführten *Museum de Arte Contempráneo* und in den Galerien von Panama-Stadt (siehe dort).

# Musik und Tanz

Die temperamentvollen lateinamerikanischen Tanzrhythmen wie Salsa, Rumba, Mambo und Merengue dringen vielerorts in Panama von den Kneipen auf die Straße. Dabei kann man kaum die Einflüsse indianischer, afrikanischer und europäischer Kulturen erkennen, die über Jahrhunderte hinweg ihr Musikgut in den panamaischen Liedern und Tänzen hinterließen.

Eine Überraschung in der Volksmusik Panamas ist die von den **Kuna-Indígenas** verwendete **Panflöte** *(zampoña)*, die auf dem amerikanischen Kontinent eigentlich nur von den indianischen Kulturen der Andenländer, wie Peru, Ecuador oder Kolumbien, verwendet wird. Panflöten gibt es in verschiedenen Formen, Größen und Materialien. Die von den Kuna verwendete Art hat ein oder zwei Reihen zusammengebundener, unterschiedlich langer Einzelflöten aus Bambus. Sie wurde ursprünglich bei rituellen Festen benutzt, zusammen mit **Rasseln,** die auch als *maracas* bezeichnet werden (ausgehöhlte und mit Steinchen oder Samen gefüllte Kalebassen). Überraschend ist auch die Tatsache, dass die Panflöte nur von den Kuna-Frauen gespielt wird, was in der Musikwelt Lateinamerikas als Besonderheit gewertet wird. Die Kuna-Frauen begleiten ihre Darbietung meistens mit **Reigentänzen.** Besucher der San-Blas-Inseln, der Heimat der Kuna, werden die Gelegenheit erhalten, die Musik- und Tanzdarbietungen der Kuna hautnah miterleben zu können.

Während die Panflöte nur in der Comarca de San Blas Verwendung findet, tauchen landesweit Blasinstrumente auf, wie die aus Holz, Bambus oder Schilf hergestellte **Längs- und Querflöte** *(flautas* und *pitos)* oder das **Muschelhorn** *(fututo).* Sie sind aus dem kulturellen Erbe der ursprünglichen Bevölkerung des Kontinents hervorgegangen.

Die dominierende Rolle in der Musikfolklore Panamas spielen zweifelsfrei die **Trommeln** *(tambores).* Ihre Herkunft lässt sich nicht exakt bestimmen, da sowohl die frühen amerikanischen Kulturen als auch die afrikanischen und europäischen Völker das Instrument zu ihrem Kulturgut zählen. Die afrikanischen

Trommeln, die von Hand- bis Körpergröße und von zylinder- bis kegelförmig reichen, sind übrigens die variationsreichsten auf der Welt. In Panama werden die afrikanischen Trommeln fast immer als kleines Orchester verwendet, während man die Trommeln europäischer und indianischer Herkunft nur einzeln verwendet und sie mit Rasseln oder Melodieinstrumenten begleitet.

Am deutlichsten treten die **afrikanischen Einflüsse an der zentralen Karibikküste** hervor, im landesweit bekannten Gebiet der Congos. Sie sind die Nachkommen afrikanischer Sklaven, deren musikalische und rituelle Darstellungen verblüffende Ähnlichkeiten mit den Traditionen anderer schwarzer Bevölkerungsgruppen in Lateinamerika zeigen. Im Alltagselend der Plantage haben sie sich an die Kulte und Religionen ihrer Vorfahren von der Westküste Afrikas geklammert. Die Trommeln mit ihren aufputschenden Rhythmen nehmen

Selbstgemachte Panflöte, gespielt von einer Kuna-Frau

036pa hz

darin den wichtigsten Platz ein. Die Musik wird generell von einem wenig melodiösen Ruf- und Antwort-Gesang begleitet, wobei der Vorsänger eine oder mehrere Verszeilen singt und der Chor, die Musikanten und Tänzer mit der Wiederholung der Verse anworten.

Wo der Rhythmus so betont wird, dort muss selbstverständlich auch dem **Tanz** eine bedeutungsvolle Rolle zukommen. Wie in der Musik verweisen auch die Tänze der Afro-hispañoles in Panama auf ihre afrikanischen Wurzeln, aber der Einfluss der iberischen Halbinsel ist ebenfalls unübersehbar. Die neu entstandenen Tänze charakterisieren sich durch afrikanische Beweglichkeit und spanische Koketterie. Faszinierende Beispiele bieten nicht nur die **Congo-Tänze,** sondern auch der **Mai-Pole-Tanz** in Bocas del Toro und der **Bullarengue.** Er ist der regionale Tanz im Darién und wird mit akrobatischen, aber gleichzeitig auch sinnlichen Schritten getanzt.

Der iberische Einfluss in der Musik- und Tanzszene ist maßgebend für die heutige **Folklore an der Pazifikküste,** vor allem auf der Halbinsel Azuero. Die Gitarre – eigentlich muss von mehreren Arten gesprochen werden, da zur Zeit der Kolonisation die spanische Gitarre noch nicht vorhanden war – hat dort einen sicheren Platz bekommen, zusammen mit der Violine und dem Akkordeon. Der Vorläufer der spanischen **Gitarre** inspirierte zur Entstehung zahlreicher Variationen. In Panama entstanden die schlanke, fünfsaitige *mejorana*, die kleinere viersaitige *bocona* und die gedrungene, lautenähnliche *socavón* mit drei oder vier Saiten.

Diese Instrumente begleiten die populäre *décima*, einen zehnzeiligen Verstext, der von den **Volkssängern** *(cantadores)*, teilweise auch von Volkssängerinnen *(cantadoras)* zu Gehör gebracht wird, entweder im Bekannten- und Freundeskreis oder öffentlich für ein größeres Publikum. Die Verse werden eher vorgetragen als gesungen. Charakteristisch sind dabei die auffallend hohen Töne und die langgezogenen Silben, um einer Textpointe Nachdruck zu verleihen. Nach dem Text unterscheidet sich die *décima* in zwei Arten: Die *linial* (auch *linia*) basiert auf überlieferten Volksballaden, während die *libre* alle Freiheiten zur Improvisation bietet, am liebsten mit dem nötigen Spott, Humor und mit der nötigen Kritik, wodurch das Publikum die Möglichkeit erhält, mit dem Lied „mitzuleben".

Die Wiege der Volkssänger und -sängerinnen steht auf der Halbinsel Azuero, wo das koloniale Erbe am stärksten gehegt wird. Ein großer Teil der lokalen Bevölkerung lässt sich auf der Halbinsel die Möglichkeit nicht entgehen, einer *cantadera* – einem improvisierten **Wortduell zwischen zwei Volkssängern** – beizuwohnen, wann immer es einen Anlass dazu gibt. Mit den nötigen Scherzen werden abwechselnd Zehnzeiler über Alltagsthemen vorgetragen, mit denen das Publikum sich identifizieren kann, denn dieses entscheidet durch seinen Beifall über Sieg oder Niederlage der Sänger.

Der iberische Einfluss zeigt sich ebenfalls unverkennbar in den **Paar- und Gruppentänzen entlang der Pazifikküste.** Der Akzent fällt dabei auf die schnellen, virtuosen Schritte *(zapateos)* und das Schwenken des typischen Panamahutes des Tänzers und das Schwingen der langen feinen Röcke durch seine

037pa hz

Partnerin. Die Tanzbewegungen haben sehr starke Ähnlichkeit mit dem Fandango, einem dynamischen Volkstanz von der iberischen Halbinsel. Die mit dem Fandango verwandten Tänze werden in Panama mit den Namen **El Punto, Papelón, Paseo, La Curacha, Cumbia** und **Santeña** oder **Mejorana** bedacht. Die beliebten Tänze sind unlösbar mit den Volksliedern verbunden, die deshalb die gleichen Namen wie die dazugehörenden Tänze tragen.

Die **Begleitinstrumente** stammen aus der interkulturellen Spieldose. Neben den bereits erwähnten Saiteninstrumenten und dem Akkordeon sind aus der europäischen Instrumentenpalette gelegentlich die Triangel und verschiedene Kastagnettenarten vertreten. Der kräftige Rhythmus wird generell durch zwei kegelförmige, aller Wahrscheinlichkeit nach afrikanische Trommeln angegeben. Die beiden Rhythmustrommler werden als *el tambor pujador* (der „Antreiber") und als *el tambor replicador* (der „Dämpfer" oder „Widersprechende") bezeichnet. In diesen mit Trommeln ausgetragenen Streit mischen sich die markanten Töne der *churuca* (auch *gürio);* das ist ein Instrument mit indianischen Wurzeln, bei dem die Klänge durch Schrappen entlang der Einkerbungen der Kalebasse (Flaschenkürbis) hervorgezaubert werden.

^ Tambores: „Antreiber" oder „Dämpfer"?

Die erwähnten Musik- und Tanzformen illustrieren, dass die panamaische Musik und die Tänze nicht statisch, sondern immer in Bewegung sind, auf der Suche nach zeitgemäßer Ausdrucksweise. Zu dieser Reihe gehört die **populäre lateinamerikanische Musik,** die mit swingenden Hits auch in Europa bekannt wurde. *Gloria Estefan, Oscar De León* und *Juan Luis Guerra* sind keine Unbekannten in der Musikszene. Panama ist in dieser Szene mit dem prominenten Salsasänger (nebenbei auch Hollywoodschauspieler und 1994 Präsidentschaftskanditat) *Rubén Blades* vertreten.

Ein Neuling der modernen Musikwelt ist die **Ragga.** Ihre dynamischen Rhythmen verraten die afrikanischen Wurzeln, obwohl sie sich für manches Ohr hinter nordamerikanischem und karibischem Einfluss versteckt halten. Die zeitgemäße Musikrichtung Ragga ist eine Mischung aus Rap und Reggae (daher auch der Name), verfeinert mit einer lateinamerikanischen Musiksauce – für jene Generation, die auf die Folklore weniger Wert legt.

In der modernen Hauptstadt fehlen auch die **klassische Musik** und der Tanz nicht. Panamas Sinfonieorchester und das Staatsballett geben regelmäßig im Teatro Nacional und im Atlapa-Zentrum Vorstellungen. Ein prominentes Gesicht in der Tanzszene ist die weltbekannte englische Ballerina *Lady Margot Fonteyn,* die durch ihre Ehe mit Ex-Präsident *Roberto Arias* mit Panama verbunden ist.

Wer die Musik- und Tanzfolklore hautnah miterleben möchte, sollte für die Reiseplanung den Fest- und Feiertagskalender (siehe Kapitel „Praktische Reisetipps A–Z“) beachten.

# Bildungswesen

Von April bis Dezember drückt die panamaische Jugend die Schulbank der Primär- oder zweistufigen Sekundärschule. Kinder vom 7. bis zum 12. Lebensjahr sind zum Besuch der Grundschule verpflichtet und bis zum 15. Lebensjahr muss die erste Stufe der Sekundärschule absolviert werden. Regional wird das Gesetz allerdings flexibler interpretiert, da die Landarbeit für die junge Generation mancherorts Priorität vor dem Schulbesuch genießt. Zudem kann wegen des deutlichen Mangels an Sekundärschulen im ländlichen Bereich, vor allem in den dünnbesiedelten Regionen, die **Schulpflicht** nur von 60 % der Jugendlichen erfüllt werden, während die Grundschulen mit fast 100 % ausgelastet sind. Gegenwärtig stehen 2600 Grundschulen nur 390 Sekundärschulen gegenüber.

› Panamaische Schülerinnen und Schüler

ESCUELA OFICIAL NOCTURNA LAS TABLAS
TRABAJO
ESFUERZO
SUPERACION
1979

105pa hz

Eine weitere Hürde sind die **Schulkosten.** Obwohl der Unterricht kostenlos erfolgt, müssen die Eltern die Schuluniformen und die Schulbücher ihrer Kinder in der Sekundärschule selbst finanzieren, was für sozial schwache Familien ein großes Problem darstellt. Viele Jugendliche müssen deshalb nach der Primärschule mit 12 Jahren die Ausbildung beenden und ihren Beitrag zum Familienunterhalt leisten, entweder mit Feldarbeit oder mit Tätigkeiten auf der Straße, weshalb junge Schuhputzer, Autowäscher oder Zeitungsverkäufer mittlerweile zum typischen Straßenbild von Panama-Stadt gehören.

Jene Kinder, die ihre Ausbildung nach der Grundschule fortsetzen können, erhalten in der ersten Stufe der **Sekundärschule** eine dreijährige allgemeine Ausbildung. Freiwillig kann anschließend die gleich lange zweite Stufe der Sekundärschule besucht werden, die die Schüler auf das Studium an einer Universität vorbereitet.

Etwa 7 % der Grundschulen und etwa 16 % der Sekundärschulen stehen unter **privater Leitung** und verfügen über eine bessere Lehrmittelausstattung, aber auch über ein größeres Ansehen in der panamaischen Gesellschaft. Das Prestige einer Schule, vor allem das einer Universität erleichtert in vielerlei Hinsicht die Karriere, was allerdings auch mit dem nötigen „Kleingeld" verbunden ist.

Panama verfügt über acht gute **Universitäten,** aber etwa die Hälfte der panamaischen Studenten absolviert ihr Studium an einer prestigereichen Universität im Ausland, mit Vorliebe in den USA oder in Mexiko, wobei die Studienrichtungen Medizin und Betriebswirtschaft am populärsten sind. Wer in Panama studiert, muss neben dem Prestigeverlust noch eine finanzielle Hürde nehmen: In Panama wird kein Stipendium vergeben, weshalb viele Studenten tagsüber arbeiten müssen, um abends ihrem Studium nachgehen zu können.

Für Erwachsene, die ihre Ausbildung erweitern oder Versäumtes nachholen möchten, gibt es verschiedene, meistens in Panama-Stadt etablierte **Abendschulen,** die allgemeine und berufsbildende Kurse anbieten, deren Besuch in der Regel aber vom Staat nicht bezahlt wird.

Mit dem immer kleiner werdenden Budget für das Bildungswesen wird sich die **Analphabetenrate** von derzeit 12 % auch in Zukunft nicht verringern lassen.

# Gesundheit

Die Anzeigen in den Zeitungen und die zahlreichen Schilder an den Hauswänden in Panama-Stadt, mit denen die Kliniken und Ärzte aller Fachrichtungen auf ihre Dienste aufmerksam machen, erwecken den Eindruck, als sei es um das Gesundheitswesen im Land bestens bestellt. Aber der Eindruck täuscht, denn außerhalb der Hauptstadt hat das Gesundheitswesen, vor allem im öffentlichen Bereich, keinen guten Ruf.

Während der Torrijos-Diktatur wurde zwar ein **Dezentralisierungsprozess des Gesundheitswesens** in Gang gesetzt, wodurch mittlerweile jede Provinzhauptstadt über ein medizinisches Zentrum, also ein regionales Krankenhaus, verfügt, doch die Qualität der Ausrüstung und der Versorgung lässt leider noch häufig zu wünschen übrig.

Die kleinen Provinzorte werden von diesen Zentren aus etwa ein- bis dreimal pro Woche von einem Allgemeinmediziner besucht. Wegen des Mangels oder des Fehlens medizinischer Ausrüstung in den Orten beschränkt sich die medizinische Hilfe oft nur auf die Verschreibung von Tabletten. In dünnbesiedelten Winkeln des Landes, wie beispielsweise in den Provinzen Bocas del Toro und Darién ist die **medizinische Versorgung als katastrophal einzustufen.** Gute Allgemeinmediziner oder fachgerecht ausgebildete Pflegekräfte, die freiwillig in der Einöde leben möchten, können in Panama an einer Hand abgezählt werden. Als Trostpflaster auf die regionalen Wunden machen viele Medizinstudenten ihr Praktikum im *Interior.*

Einziger Pluspunkt des Gesundheitswesens ist die **kostenlose** oder gegen einen symbolischen Betrag gewährte **Versorgung,** wodurch auch die Allerärmsten auf medizinische Hilfe nicht verzichten müssen. Selbstverständlich erfolgt diese Hilfe nur in **öffentlichen Krankenhäusern,** die aber vielerorts keinen vertrauenerweckenden Eindruck machen. Die regionalen Krankenhäuser werden von der Bevölkerung häufig auch als „Orte wo man hineingeht, aber nicht mehr herauskommt ..." definiert.

Wer es sich leisten kann, legt sein Leiden, auch wenn es noch so klein ist, in die Hände eines **Privatkrankenhauses oder -arztes,** was auch Besuchern dringend zu empfehlen ist.

Vielleicht sind die jüngsten Krankenhäuser in David und in Panama-Stadt ein Wendepunkt in der Gesundheitsvorsorge. Der Bau dieser modernen, öffentlichen Spitäler geht aber nicht auf das Konto des Staates, sondern wurde mit großzügigen Spenden von wohlhabenden Panameños und Firmen sowie Geldern aus nationalen Lotterien finanziert.

DON
Pollo
Pollo FRITO
Pollo Asado
Hamburguesa
SPOT
Carta Vieja

721pa-hz

# 13 Anhang

< Schwätzchen an der Imbissbude

# Glossar

## A

*abajo:* unten
*aeropuerto:* Flughafen
*alcalde:* Bürgermeister
*alto:* Stop, Höhe (geografisch)
*amigo:* Freund, Bekannte(r)
*ANAM:* Autoridad Nacional del Ambiente
*ANCON:* Asociación Nacional para la Conservación de la Naturaleza, privater Naturschutzverein
*apartado postal:* Postfach
*archipiélago:* Archipel
*arriba:* oben
*artesanía:* Kunsthandwerk
*avenida:* breite Straße

## B

*bahía:* Bucht
*Balboa:* offizielle Landeswährung, benannt nach Vasco Núñez Balboa
*balneario:* öffentlicher Naturschwimmplatz
*baño:* eigentlich Bad, häufig auch Toilette
*barco:* Schiff
*barrio:* Stadtviertel, Vorstadt
*boca:* Mund, Schnauze, Flussmündung
*bocas:* kleine Happen, die zu den Getränken serviert werden
*bombera:* Feuerwehr
*buceo:* Tauchsport
*buque:* Schiff

## C

*caballero:* Herr, Reiter
*cabecera:* Distrikthauptstadt
*cabo:* Kap
*cacique:* siehe Kazike
*calle:* Straße
*calzada:* Wellenbrecher
*camino:* Weg
*campesino:* Kleinbauer
*campo de aterrizaje:* Landepiste ohne flugtechnische Einrichtung
*Carretera Interamericana:* wichtigste Straße in Panama, Teil der „Traumstraße" *Panamericana* (Alaska-Feuerland)
*Carta Vieja:* panamaischer weißer oder dunkler Rum
*casa:* Haus
*casa de quincha:* Kolonialhaus aus Lehm, Holz, Schilf und Stroh; besonders auf der Halbinsel Azuero
*cascada:* Wasserfall
*caudillo:* Staatsoberhaupt
*cayuco:* Einbaumkanu
*centro comercial:* Einkaufszentrum
*centro de salud:* Gesundheitszentrum, regional oft für Krankenhaus verwendet
*cerro:* Anhöhe, Bergspitze
*cerveza:* Bier
*cervezería:* Bierstube, Bierbrauerei
*ceviche:* roher Fisch, mariniert in Zitronensaft
*chacara:* Umhängetasche aus Pflanzenfasern
*chachira:* bunte Perlenkette der Guaymí
*chicha:* Getränk aus Früchten, Wasser oder Milch und Zucker
*chitras:* kleine blutsaugende Fliegen
*CIA: Central Intelligence Agency,* US-Geheimdienst
*cine:* Kino

*colectivo:* Sammeltaxi oder -bus
*colina:* Hügel bis maxial 600 m
*Colón:* spanisch für Kolumbus
*Comarca:* semiautonomes Gebiet der Indianer
*comida típica:* landestypisches Essen
*communidad:* Gemeinschaft
*consejo:* Verwaltungsrat
*cordillera:* Kordillere
*corregimiento:* Verwaltungsbezirk
*cráte:* Krater
*criollos:* panamaische Weiße
*Cruz Roja:* Rotes Kreuz
*cuenca:* Becken (geografisch)
*cueva:* Höhle

## D

*DEA:* Drugs Enforcement Agency, US-Drogenbekämpfungsbehörde
*DIA:* Defense Intellligence Agency, US-Militärgeheimdienst
*districto:* Distrikt

## E

*enconomienda:* koloniales Landverteilungsystem, bei dem die auf dem Land lebenden Indianer als Leibeigene zugewiesen wurden
*ensenada:* Bucht, Flussmündung
*esclusa:* Kanalschleuse
*estación ferrocarril:* Eisenbahnstation
*estampilla:* Briefmarke

## F

*farmacía:* Apotheke
*faro:* Leuchturm
*finca:* Grundstück, Bauernhof, in Panama mehr ein Teil einer großen (Bananen-)Plantage
*frontera:* Grenze

## G

*ganaderia:* Rinderzucht
*gobernador:* Gouverneur
*golfo:* Golf (geografisch)
*gringo:* Fremder, speziell verwendet für Nordamerikaner
*guineo:* kleine Obstbanane

## H

*hacienda:* Landgut, Farm
*hamaca:* Hängematte

## I

*iglesia:* Kirche
*indígenás:* Eingeborene(r), Einheimische(r), spanische Bezeichnung für Indianer
*interior:* Binnenland, Landesinnere
*isla:* Insel
*istmo:* Isthmus, Landenge
*-ita* oder *-ito:* Verkleinerungsform

## K

*Kanalzone:* Gebiet beidseitig des Kanals, das 1914–1979 unter US-Verwaltung stand
*Kasematte:* dick ummauerter, schusssicherer Raum in einer Befestigungsanlage
*kazike* (auch *Cacique*): Oberhaupt eines indianischen Volkes
*Kuna Yala:* semiautonomes Gebiet der Kuna-Indianer

## L

*lago:* See
*laguna:* Lagune, wird auch für kleine Stauseen verwendet
*lancha:* Boot mit Außenmotor

*latifundio:* Großgrundbesitz
*legislador:* Abgeordneter
*llanura:* Tiefebene

## M

*mar:* Meer
*mercado:* Markt
*meseta:* Hochplateau
*mirador:* Aussichtspunkt
*mejorana:* panamaische Gitarre
*merengue:* lateinamerikanischer Tanz
*mola:* Textilhandwerk der Kuna-Frauen
*montaña:* Berg
*montuno:* Nationaltracht der Männer
*muelle:* Pier

## N

*nudo:* Gebirgsknoten
*nuevo/nueva:* neu

## O, P

*OAS:* Organisation Lateinamerikanischer Staaten
*país:* Land
*panadería:* Bäckerei
*panameña:* Panamaerin
*panameño:* Panamaer
*paseo:* Promenade
*parada:* Bushaltestelle
*parque:* Park
*península:* Halbinsel
*pensión:* einfache Unterkunft, Stundenhotel
*peone:* Knecht
*pesquera:* Fischerei
*Petroglyphen:* Felszeichnungen
*Pick Up:* kleiner Lastkraftwagen, auf dessen Ladefläche Fahrgäste transportiert werden
*piscina:* öffentliches Schwimmbad
*pista de aterrizaje:* Landepiste mit kleiner flugtechnischer Einrichtung
*playa:* Strand
*plaza:* Platz
*población:* Population
*pollera:* Nationaltracht der Frauen
*provincia:* Provinz
*puente:* Brücke
*puerto:* Hafen
*punta(o):* Stelle

## R

*Ragga:* musikalische Mischung aus Rap und Reggae
*refresco:* Erfrischungsgetränk
*repelente:* chemisches Insektenschutzmittel
*represa:* Staudamm
*río:* Fluss
*ropa vieja:* eigentlich „Alte Kleidung", in Panama ein scharf gewürztes Reis-Fleisch-Gericht

## S

*salchicha:* Würstchen
*salsa:* Sauce
*Salsa:* lateinamerikanischer Tanz
*salto:* Wasserfall
*sancocho:* panamaische Nationalspeise (Hühnersuppe)
*santería:* religiöser Kult mit christlichen, indianischen und afrikanischen Einflüssen
*Santa:* Heilige
*Santo:* Heiliger
*seco:* panamaischer klarer Schnaps
*Semana Santa:* Osterwoche
*sendero:* Weg, Pfad
*serranía:* Bergland, Gebirge
*sierra:* Bergkette
*sombrero montuno:* Panamahut

*STRI:* Smithonian Tropical Research Institute, nordamerikanisches biologisches Forschungsinstitut
*surcusal:* Filiale

## T

*tamale:* Gericht aus Mais, Fleisch und Gewürzen, in Bananenblatt gekocht
*Transístmica:* Straße zwischen Panama-Stadt und Colón
*tuna:* Straßenfest, -parade

## U

*UNESCO:* United Nations Educational, Scientific and Cultural Organization; UNO-Sonderorganisation für Erziehung, Wissenschaft und Kultur

## V, W

*valle:* Tal
*vía:* große Durchfahrtsstraße
*villa:* Dorf, Siedlung
*virgen:* Jungfrau (Maria)
*WHO:* Weltgesundheitsorganisation

722pa hz

# Literaturtipps

Leider ist in den Buchhandlungen und im Internet nicht viel Literatur über Panama zu finden. Zudem sind viele alte Bücher vergriffen.

- *Le Carré, John:* **Der Schneider von Panama.** Amüsanter Spionagethriller. Heyne-Verlag.
- *Zencey, Eric:* **Die Panama-Affäre.** Ein Thriller über den Skandal in Frankreich über das Scheitern der Franzosen bei der Bau des Panamakanals. DTV.
- *Olowaili, Antje:* **Schwester der Sonne.** Lesenswerter Reisebericht über die Kunas in Panama. Die Autorin verbrachte ein Jahr bei den Kunas auf den San-Blas-Inseln. Helmer-Verlag.
- *Maritza López:* **Kauderwelsch Spanisch für Panama – Wort für Wort** (mit AusspracheTrainer).

Die beliebten Sprechführer aus der Buchreihe Kauderwelsch haben sich auf Reisen millionenfach bewährt. Der Vokabeltrainer funktioniert ohne das Wörterbuch und kann auf allen CD-Playern eingesetzt werden.

- *Hegen, Hannes:* **Die Digedags in Panama.** Comics. Buchverlag Junge Welt.
- *Janosch:* **Oh wie schön ist Panama.** Lustiges Kinderbuch über die Abenteuer von Bär und Tiger auf ihrer Traumreise nach Panama. Beltz-Verlag.

# HILFE!

**Dieser Reiseführer** ist gespickt mit unzähligen Adressen, Preisen, Tipps und Infos. Nur vor Ort kann überprüft werden, was noch stimmt, was sich verändert hat, ob Preise gestiegen oder gefallen sind, ob ein Hotel, ein Restaurant immer noch empfehlenswert ist oder nicht mehr, ob ein Ziel noch oder jetzt erreichbar ist, ob es eine lohnende Alternative gibt usw.

Unsere Autoren sind zwar stetig unterwegs und versuchen, alle zwei Jahre eine komplette Aktualisierung zu erstellen, aber auf die Mithilfe von Reisenden können sie nicht verzichten.

**Darum: Schreiben Sie uns,** was sich geändert hat, was besser sein könnte, was gestrichen bzw. ergänzt werden soll. Nur so bleibt dieses Buch immer aktuell und zuverlässig. Wenn sich die Infos direkt auf das Buch beziehen, würde die Seitenangabe uns die Arbeit sehr erleichtern. Gut verwertbare Informationen belohnt der Verlag mit einem Sprechführer Ihrer Wahl aus der über 220 Bände umfassenden Reihe „Kauderwelsch“. Bitte schreiben Sie an:

**Reise Know-How Verlag**, Peter Rump GmbH | Postfach 140666 | D-33626 Bielefeld
oder per E-Mail an: info@reise-know-how.de

**Danke!**

# Reise-Gesundheits-Information Panama

**Stand: April 2013**


Die nachstehenden Angaben dienen der Orientierung, was für eine geplante Reise in das Land an Gesundheitsvorsorgemaßnahmen zu berücksichtigen ist. Die Informationen wurden uns freundlicherweise vom *Centrum für Reisemedizin* zur Verfügung gestellt. Auf dessen Homepage **www.crm.de** werden diese Informationen stetig aktualisiert. Es lohnt sich also, dort noch einmal nachzuschauen.

## Klima

Tropisches Klima mit gleichbleibend hohen Temperaturen und hoher Luftfeuchtigkeit; Westhälfte immerfeucht, Pazifikseite wechselfeucht mit Trockenzeit von Januar bis April (mit Ausnahme von Darién); durchschnittliche Temperatur ganzjährig um 27° C, im Bergland um 20° C.

## Einreise-Impfvorschriften

- Bei Direktflug ab Europa: **keine Impfungen vorgeschrieben**

Nach Angaben des panamaischen Gesundheitsministeriums ist eine Gelbfieber-Impfung bei Einreise aus Infektionsgebieten erforderlich.

### Gelbfieber-Impfbescheinigung erforderlich bei Einreise aus:

Angola · Äquatorialguinea · Argentinien · Äthiopien · Benin · Bolivien · Brasilien · Burkina Faso · Burundi · Ecuador · Elfenbeinküste · Franz. Guayana · Gabun · Gambia · Ghana · Guinea · Guinea-Bissau · Guyana · Kamerun · Kenia · Kolumbien · Kongo, Rep. · Kongo, Dem. Rep. · Liberia · Mali · Mauretanien · Niger · Nigeria · Peru · Ruanda · Sao Tomé & Principe · Senegal · Sierra Leone · Somalia · Sudan · Suriname · Tanzania · Togo · Trinidad & Tobago · Tschad · Uganda · Venezuela · Zentralafrikanische Republik

### Reisebedingung 1:

Reise durch das Landesinnere unter einfachen Bedingungen (Rucksack- /Trecking- /Individualreise) mit einfachen Quartieren/Hotels; Camping-Reisen, Langzeitaufenthalte, praktische Tätigkeit im Gesundheits- o. Sozialwesen, enger Kontakt zur einheimische Bevölkerung wahrscheinlich.

### Reisebedingung 2:

Aufenthalt in Städten oder touristischen Zentren mit (organisierten) Ausflügen ins Landesinnere (Pauschalreise, Unterkunft und Verpflegung in Hotels bzw. Restaurants mittleren bis gehobenen Standards).

### Reisebedingung 3:

Aufenthalt ausschließlich in Großstädten oder Touristikzentren (Unterkunft und Verpflegung in Hotels bzw. Restaurants gehobenen bzw. europäischen Standards).

### Wichtiger Hinweis

Welche Impfungen letztendlich vorzunehmen sind, ist abhängig vom aktuellen Infektionsrisiko vor Ort, von der Art und Dauer der geplanten Reise, vom Gesundheitszustand sowie dem noch vorhandenen Impfschutz des Reisenden.

Da im Einzelfall unterschiedlichste Aspekte zu berücksichtigen sind, empfiehlt es sich immer, rechtzeitig (etwa 4 bis 6 Wochen) vor der Reise eine persönliche Reise-Gesundheits-Beratung bei einem reisemedizinisch erfahrenen Arzt oder Apotheker in Anspruch zu nehmen (Anschriften qualifizierter Beratungsstellen, nach Postleitzahlgebieten sortiert, siehe www.crm.de).

### Malaria-Risiko (ganzjährig)

- mittleres Risiko im ländlichen Tiefland folgender Provinzen (alle auf der Karibik-Seite): Bocas del Toro, Colón, Veraguas, San Blas (Festland) und Darién mit höherem Anteil von *P. falciparum* vor allem im Grenzgebiet zu Kolumbien, z.T. chloroquinresistent;
- geringes Risiko in den tiefer gelegenen ländlichen Gebieten der übrigen Provinzen;
- sehr geringes oder kein Risiko in Stadtgebieten sowie in der Kanalzone.

**Vorbeugung:** Ein konsequenter Mückenschutz in den Abend- und Nachtstunden verringert das Malariarisiko erheblich (Expositionsprophylaxe). Die wichtigsten Maßnahmen sind:

- In der Dämmerung und nachts Aufenthalt in mückengeschützten Räumen (Räume mit aircondition, Mücken fliegen nicht vom Warmen ins Kalte).
- Beim Aufenthalt im Freien in Malariagebieten abends und nachts weitgehend körperbedekkende Kleidung (lange Ärmel, lange Hosen).
- Anwendung von insektenabwehrenden Mitteln an unbedeckten Hautstellen (Wade, Handgelenke, Nacken). Wirkungsdauer ca. 2–4 Std.
- Im Wohnbereich Anwendung von insektenabtötenden Mitteln in Form von Aerosolen, Verdampfern, Kerzen, Räucherspiralen.
- Schlafen unter dem Moskitonetz (vor allem in Hochrisikogebieten).

Ergänzend ist die Mitnahme von Anti-Malaria-Medikamenten (Chemoprophylaxe) zur notfallmäßigen Selbstbehandlung (Stand-by-Behandlung) zu empfehlen. Zu Art und Dauer der Chemoprophylaxe fragen Sie Ihren Arzt oder Apotheker bzw. informieren Sie sich in einer qualifizierten reisemedizinischen Beratungsstelle. Malariamittel sind verschreibungspflichtig.

### Aktuelle Meldungen

**HIV-Test:** Für Langzeitaufenthalte wird ein HIV-Test in Spanisch verlangt.

## Empfohlener Impfschutz

**Generell:** Tetanus, Diphtherie, Hepatitis A, Gelbfieber (1)

### Je nach Reisestil und Aufenthaltsbedingungen im Lande sind außerdem zu erwägen:

| Impfschutz | Reisebedingung 1 | Reisebedingung 2 | Reisebedingung 3 |
|---|---|---|---|
| Typhus | x | | |
| Hepatitis B (2) | x | | |
| Tollwut (3) | x | | |

(1) bei Reisen ins Landesinnere speziell der Provinzen Chepo, Darién und San Blas empfohlen
(2) vor allem bei Langzeitaufenthalten und engerem Kontakt zur einheimischen Bevölkerung.
(3) bei vorhersehbarem Umgang mit Tieren

## Reiseapotheke

Vergessen Sie nicht, eine kleinere oder größere Reiseapotheke mitzunehmen (wenigstens Medikamente gegen Durchfall, Fieber und Schmerzen sowie Verbandstoff, Pflaster und Wunddesinfektion), damit Sie für kleinere Notfälle gerüstet sind.

Nicht vergessen: Medikamente, die der Reisende ständig einnehmen muss!

Wenn Sie spezielle Fragen zur Reiseapotheke haben, wenden Sie sich am besten an eine lokale Apotheke mit reisemedizinisch qualifizierten Mitarbeitern.

## Kurzbeschreibung von Erkrankungen, die in der Region auftreten können

■ **Cholera:** Die Kontamination von Nahrungsmitteln oder Trinkwasser (Brunnen) mit Cholera-Vibrionen führt meist zu endemischen Ausbrüchen, selten zu Einzelerkrankungen. Bei mangelhafter Sanitärhygiene kann sich die Krankheit explosionsartig ausbreiten. Die Inkubationszeit ist kurz (einige Stunden bis Tage). Plötzlich einsetzende, schmerzlose, wässrige Durchfälle evtl. mit Erbrechen, meist ohne Fieber, führen rasch zu lebensbedrohlichen Flüssigkeitsverlusten. Es gibt auch mildere Verlaufsformen.

■ **Dengue-Fieber** (Synonym: Siebentagefieber): Dengue- und verwandte Viren sind in den Tropen und Subtropen weit verbreitet. In diesen Regionen kommt es immer wieder zu Ausbrüchen mit zahlreichen Krankheitsfällen. Die Übertragung erfolgt nicht direkt von Mensch zu Mensch, sondern ausschließlich durch Stechmücken. Die Inkubationszeit beträgt 5–7 Tage. Das Krankheitsbild ist grippeähnlich: Fieber, starke Kopf- und Gliederschmerzen, Druckschmerz hinter dem Auge, bisweilen flüchtige Hautrötung. Die akuten Symptome klingen nach einer Woche ab, die Rekonvaleszenz mit allgemeiner Abgeschlagenheit kann sich jedoch länger hinziehen. Insgesamt ist die Erkrankung gutartig und heilt komplikationslos aus.

Bestimmte Varianten können gelegentlich einen schwereren Verlauf mit Blutungsneigung oder Schocksymptomen hervorrufen. Kinder sind hiervon eher betroffen als Erwachsene, Einheimische häufiger als Touristen.

Die Diagnose wird zunächst symptomatisch gestellt, sie kann später durch Blutuntersuchungen bestätigt werden.

■ **Diphtherie:** Bakterielle Infektion, die meist durch Tröpfcheninfektion übertragen wird. Symptome sind Fieber um 38 Grad, leichte Rachenentzündung mit grau-weißen Belägen und süßlichem Mundgeruch und Allgemeinerscheinungen. In schweren Fällen kann es zu einer Halsschwellung mit Luftnot, zu Herzmuskelentzündung und zu Nervenlähmungen kommen. In tropischen Ländern siedelt sich die Diphtherie öfter in Hautgeschwüren an.

Diagnose durch Bakterien-Nachweis aus dem Rachen.

■ **Gelbfieber:** Durch Stechmücken übertragene, tropische Viruserkrankung. Keine Ansteckung von Mensch zu Mensch. Hauptreservoir des Erregers sind Affen mit menschlichen Einzelerkrankungen in abgelegenen Regionen (Buschgelbfieber). Die Übertragung Mensch-Mücke-Mensch kann in besiedelten Gebieten zu epidemischen Ausbrüchen führen (Stadtgelbfieber). Die Krankheit beginnt plötzlich mit hohem Fieber und Allgemeinerscheinungen. Nach einer Woche kann eine dramatische Verschlechterung mit Gelbsucht und Blutungen eintreten, dabei können lebensbedrohendStörungen von Herz, Kreislauf, Leber, Niere und Hirn auftreten.

Zur Sicherung der Diagnose dienen Spezialuntersuchungen. Das Gelbfieber unterliegt einer strengen internationalen Melde- und Quarantänepflicht.

**Hepatitis A:** Diese Virusinfektion der Leber ist weltweit verbreitet, besonders in Entwicklungsländern. Die Inkubationszeit liegt zwischen 2 und 6 Wochen. Die Erkrankung beginnt mit Grippegefühl, Fieber, Appetitlosigkeit, Übelkeit und Erbrechen. Nach einigen Tagen wird der Urin dunkel und der Stuhl hell, schließlich entwickelt sich eine Gelbsucht (zuerst im Weiß der Augen bemerkbar). Der weitere Verlauf ist unterschiedlich, meist leicht, besonders bei Kindern. Gelegentlich kommt es bei Erwachsenen zu schwereren und länger anhaltenden Krankheitsbildern (bis zu einigen Monaten). Dauerschäden treten nicht auf. Die Diagnose wird durch Blutuntersuchungen auf Leberzellfermente und spezifische Antikörper gesichert. Die Übertragung erfolgt faekal-oral. Das Virus wird vorwiegend über verunreinigte Nahrung und Trinkwasser aufgenommen, häufig über Muscheln, Austern und Krebstiere, aber auch über Milch, kaltes Fleisch und andere Speisen.

**Hepatitis B:** Diese Viruserkrankung der Leber ist weltweit verbreitet, besonders in tropischen Ländern. Die Inkubationszeit liegt zwischen 2 Wochen und 6 Monaten. Die Krankheit beginnt mit Grippegefühl, Fieber, Appetitlosigkeit, Übelkeit und Erbrechen. Nach einigen Tagen wird der Urin dunkel, der Stuhl hell, es kommt zur Gelbsucht (zuerst im Weiß der Augen bemerkbar). Der weitere Verlauf ist unterschiedlich. Die Krankheitsdauer liegt nicht unter 4 Wochen. In ca. 10 % der Fälle rechnet man mit Komplikationen, schweren oder chronischen Verläufen, vereinzelt mit Dauerschäden.

Infektiös sind Blut und andere Körperflüssigkeiten von Erkrankten und Virusträgern (in Mitteleuropa 0,1–0,5 %, in einzelnen tropischen Ländern über 20 % der Bevölkerung). Die Übertragung erfolgt über entsprechende Kontakte; Bluttransfusionen, unsterile Spritzen, Nadeln und Instrumente (z.B. bei unqualifizierten medizinischen Eingriffen, Drogenabhängigen, Tätowierungen) sowie beim Geschlechtsverkehr.

**Malaria:** Malaria wird durch einzellige Parasiten (Plasmodien) verursacht und durch bestimmte Stechmücken (Anophelen) übertragen. Leitsymptom ist Fieber, begleitet von Kopf- und Gliederschmerzen mit starkem Krankheitsgefühl. Schüttelfröste und Schweißausbrüche können vorkommen. Die „bösartige" Malaria (tropica) hat eine Inkubationszeit von 7–12 Tagen. Sie kann rasch zu lebensbedrohlichen Zuständen mit Koma, Nierenversagen und Schock führen. Die „gutartige" Malaria (tertiana) kann nach 9–16 Tagen auftreten, bisweilen noch bis zu einem Jahr nach der Rückkehr. Spätere Rückfälle sowie eine dritte Art (Malaria quartana) sind extrem selten.

Die Diagnose wird während der akuten Erkrankung durch den mikroskopischen Parasitennachweis im Blut gesichert, nachträglich kann sie noch durch spezielle Antikörperuntersuchungen geführt werden. Trotz zunehmender Resistenzprobleme ist die Malaria bei rechtzeitiger Behandlung heilbar.

**Tetanus** (Wundstarrkrampf): Tetanusbakterien können bei Wunden jeder Art, auch bei Bagatellverletzungen, in die Haut gelangen. Besonders gefährdet sind mit Straßenstaub oder Erdreich verschmutzte Wunden und Tierbisse. Die Erreger sondern ein Gift ab, das nach einer Inkubationszeit von 1–2 Wochen (die Wunde ist meist schon verheilt) zu schweren, schmerzhaften Muskelkrämpfen und Lähmungen mit Todesfolge führen kann.

Die Diagnose wird aus den klinischen Symptomen gestellt.

**Tollwut** (Synonyme: Rabies, Lyssa): Viruserkrankung von Tieren, die gelegentlich auf den

Menschen übertragen wird und immer tödlich endet. Die Inkubationszeit liegt in der Regel zwischen 1–3 Monaten. Infektiös ist der Speichel eines tollwütigen Tieres, und zwar 3–5 Tage vor Ausbruch der Symptome bis zu seinem Verenden nach 7–10 Tagen. Der Mensch infiziert sich durch Bissverletzungen, meist von Hunden und Katzen, aber auch durch Einbringen von deren Speichel in verletzte Hautstellen oder unverletzte Schleimhäute (Augen). Die Krankheit beginnt beim Menschen mit Schmerzen und Kribbeln im Bereich der meist bereits verheilten Bissstelle und führt über Krämpfe, Erregungszustände und Lähmungen innerhalb von 2 Wochen zum Tod.

■ **Typhus** (englische Bezeichnung: typhoid fever): Typhusbakterien werden mit verunreinigter Nahrung und Trinkwasser aufgenommen. Nach einer Inkubationszeit von ca. 2 Wochen entwickelt sich hohes Fieber mit schwerem Krankheitsgefühl und Lethargie, das unbehandelt mehrere Wochen anhalten kann. Komplikationen wie Darmblutung und Bauchfellentzündung können tödlich verlaufen. Beim „Paratyphus" handelt es sich um verwandte Erreger, die ein ähnliches, meist etwas milderes Krankheitsbild hervorrufen.

Die Diagnose ist aus dem Blut, später aus dem Stuhl zu sichern.

## Unter www.crm.de finden Sie

■ **Adressen von Apotheken** mit qualifizierter Reise-Gesundheits-Beratung (sortiert nach Postleitzahlgebieten).

■ **Adressen von Impfstellen** und **Ärzte** mit Spezialsprechstunde Reisemedizin (sortiert nach Postleitzahlgebieten).

■ **Aktuelle Fassung** der hier vorgestellten Gesundheitsinformationen zu Panama (unter Stichpunkt „Länderinformationen")

■ Abruf eines **persönlichen Gesundheitsvorsorge-Briefes** für die geplante Reise.

# Weiterer Titel für die Region von REISE KNOW-HOW

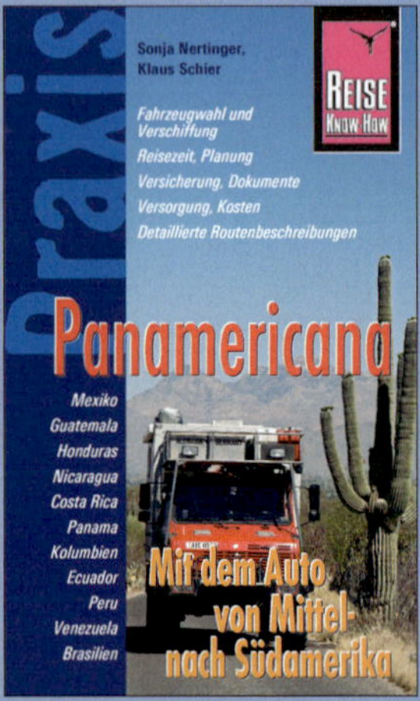


**Panamericana – mit dem Auto von Mittel- nach Südamerika**
S. Nertinger, K. Schier
**978-3-8317-1596-1**
160 Seiten

Über 50 Fotos
Interessante Exkurse
Register & Griffmarken

**8,90 Euro [D]**

Die Panamericana durchquert als Nord-Süd-Achse den gesamten amerikanischen Kontinent und ist als System von Fernstraßen ein wichtiges Bindeglied zwischen Mittel- und Südamerika. Wie man sich auf eine Reise mit dem eigenen Fahrzeug durch Mexiko, Guatemala, Honduras, Nicaragua, Costa Rica, Panama, Kolumbien, Venezuela und Brasilien vorbereitet und was einen unterwegs erwartet, dazu gibt das vorliegende Buch Auskunft und Tipps.

**www.reise-know-how.de**

# Register

## A



## B

# Die Autoren

Das niederländisch-österreichische Duo *Linda O'Bryan* und *Hans Zaglitsch* zieht es seit den 1980er Jahren immer wieder nach Zentral- und Südamerika, wo Lindas Wurzeln liegen. Wenn sie nicht gerade in Lateinamerika unterwegs sind, leben und arbeiten sie als Reisebuchautoren bevorzugt in den Niederlanden. Mit ihren Publikationen versuchen sie, ihre Liebe und Faszination für das temperamentvolle, abwechslungs- und kontrastreiche Lateinamerika auf andere Reisende zu übertragen. Panama ist eines der Länder, in das sie sich verliebt haben, was schließlich zu diesem Buch führte.

190pa hz